Ulrich Saft

KRIEG IN DER HEIMAT

Das bittere Ende zwischen Weser und Elbe

Titelfoto: „Sterbender Soldat“ auf dem Friedhof Kirchboitzen. Die einzige bekannte Skulptur auf einem Friedhof zwischen Weser und Elbe für Soldaten des 2. Weltkrieges.

ISBN 3-9801789-3-5

1. Auflage Oktober 1988
2. Auflage Januar 1989
3. verbesserte Auflage Januar 1990
4. überarbeitete Auflage April 1992

Lektorat: P. Kempkens, Soltau

Gesamtherstellung: Druckerei J. Gronemann, 3030 Walsrode.

„... wir sind beide Niedersachsen und müssen doch unser Heimatland verteidigen."

Oberfeldwebel Berthold Giesemann, Panzer-Korps „Großdeutschland", gefallen am 15. April 1945 in Nettelkamp bei Uelzen.

Inhaltsverzeichnis

Die Geschichte der Besiegten 7
Nur „Sonnenfinsternis“ und keine Zukunft 9
Angriff ist die schlechteste Verteidigung 17
Der schwache linke Flügel 21
Die Panzer-Kompanie aus Oerbke 27
SS-Bataillon gegen Panzer-Division 35
Die Kampfgruppe „Wiking“ in Hannover 53
Nebelwerfer im Kampf bei Celle 67
Das offene Tor zwischen Heide und Harz 83
Festung Rethem 103
Brückenkopf Schwarmstedt–Essel 127
Entscheidung im Ostenholzer Moor 157
Der Kampf um Winsen und Wolthausen 169
Wienhausen und der Phyrrussieg am Hahnenmoor 183
Die stille Hölle 197
„Wietze-Front“ und „Heide-Linie“ 221
Uelzen und drei Ritterkreuze 235
„Wüstenratten“ in Kirchboitzen, Walsrode und Fallingbostel 263
Verden – Festung ohne Verteidiger 283
Visselhövede, Neuenkirchen und das Ende eines Regiments 299
Soltau und der Kessel–Willenbockel 325
Das Ende von „Clausewitz“ bei Fallersleben 345
Zwischen Weser und Wümme 373
Bremen im Rücken 387
„Standuhr“ zwischen Wietzendorf und Munster 403
Die „Guards Division“ in Rotenburg, Zeven und Bremervörde 417
Vor den Toren Hamburgs 447
„Enterprise“ zwischen Dömitz, Lauenburg und Lübeck 483
„Vae victis!“ oder „Keine Gnade den Besiegten!“ 515
Anhang – Soldatengräber, Taktische Zeichen, Dienstgrade,
Quellen, Personenverzeichnis, Ortsverzeichnis 525

Die Geschichte der Besiegten

Deutschland im April 1945

Die Geschichte der Besiegten schreibt immer der Sieger.

Mit dem Ende des 2. Weltkrieges entstand so das Bild vom häßlichen Deutschen. Es wurde direkt von der alliierten Kriegspropaganda in die noch heute gültige Geschichtsbetrachtung übernommen. Da sich die Sieger selbst Absolution erteilten, blieb nur die deutsche Schuld. So wurde unsere „jüngste Vergangenheit“ zu einer Schwarzweißzeichnung ohne Grautöne. Aber diese Vergangenheit, die fast zwei Generationen alt ist, ist noch lange nicht vorbei. Sie wird uns regelmäßig – mindestens am 8. Mai jeden Jahres – wieder ins Bewußtsein gerufen. Hierbei wird sie immer schlimmer: Die dem deutschen Volk zur Last gelegte Schuld wächst, die Zahl deutscher Kriegsopfer sinkt. Aus den ehemaligen Feinden sind mittlerweile „Befreier“ geworden, die ihre Erinnerung an den einstigen Triumph immer pompöser feiern. Die „gezähmten Deutschen“ haben den Mut verloren, zu retten, was wahr ist. Sie wagen auch nicht, von der Schuld anderer zu reden, denn das klingt nach „Aufrechnung“ und war schon immer verboten. So wird auch zukünftig jede Generation der nächsten mehr Schuld übergeben, als sie selbst übernommen hat.

Die vorliegende Dokumentation versucht einen anderen Weg der Geschichtsbetrachtung. Sie sieht nicht zurück, sondern blickt aus damaliger Sicht in die Zukunft, – die es damals nicht gab. Sie nutzt die militärische Situation nur als Rahmen, in dem sich im April 1945 zahllose Einzelschicksale zwischen Weser und Elbe erfüllten. Vor allem diesen ist der Verfasser in jahrelanger Kleinarbeit nachgegangen, denn nur sie sind die Steine, die zusammengesetzt das Mosaik unserer Geschichte ausmachen. Sie sind selten schwarz oder weiß, sondern meistens beides.

Ohne Rücksicht auf bestehende Meinungen und Vorurteile wurden alle noch erreichbaren Dokumente, aber auch Bildmaterial und Erlebnisberichte zusammengetragen. An dieser Stelle ist daher jenen zu danken, die als Zeitzeugen oder Angehörige ehemaliger Soldaten die Erstellung dieser Dokumentation unterstützt haben. In- und ausländische Institutionen sowie Lokalhistoriker, die ebenfalls unersetzliche Hilfe leisteten, sind im Anhang aufgeführt. Trotzdem blieb das Gesamtbild unvollständig und in einigen Fragen ohne klare Antwort.

Auf moralische Wertungen konnte dennoch verzichtet werden. Wer unbedingt richten und werten will, der greife anschließend zur Elle, aber nicht zu der von heute. Mit ihr läßt sich der Endkampf zwischen Weser und Elbe nicht messen.

Jeder Abschnitt der Geschichte hat sein eigenes Maß.

Die Nachgeborenen haben natürlich immer das bessere. Das hat aber nur selten etwas mit Fortschritt zu tun, sondern mehr mit der Ignoranz damaliger Gegebenheiten.

Diese Dokumentation ist ein Tagebuch der Niederlage. Sie wurde für die Geschlagenen geschrieben und jene zahllosen Unbekannten, die im unentrinnbaren Sog des Unterganges umkamen. Ihre Steinkreuze stehen als mahnende Zeugen an Weser, Aller und Elbe. Aber auch zwischen den Flüssen gibt es zahlreiche Grabstätten von Kriegsopfern. Die größte liegt mitten in der Heide, wo sich damals ein Konzentrationslager befand. Niemand kommt daran vorbei.

Nur „Sonnenfinsternis“ und keine Zukunft

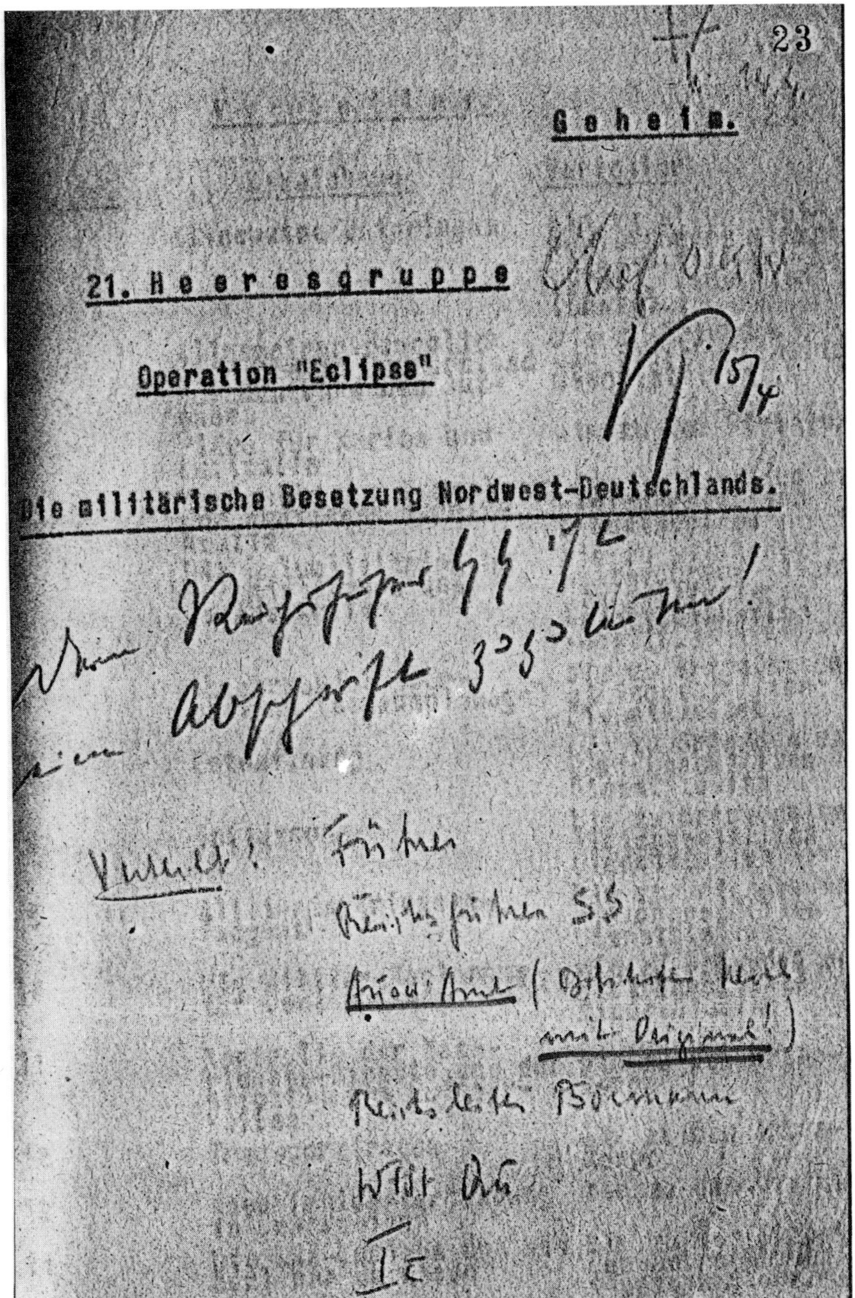

23

Geheim.

21. Heeresgruppe

Operation "Eclipse"

Die militärische Besetzung Nordwest-Deutschlands.

Deckblatt der „Eclipse“-Übersetzung

Vom 7. April bis zum 3. Mai 1945 starben zwischen Weser und Elbe zirka 5.000 deutsche Soldaten. Aus heutiger Sicht ein unglaublicher Aberwitz und blanker Wahnsinn. Aber eben auch nur aus heutiger Sicht. Damals glaubten viele noch immer an die Wunderwaffen und den versprochenen Endsieg. Schließlich waren die V–1 und V–2 die ersten Raketen und die Me-262 der erste Düsenjäger dieses Krieges gewesen. Auch die schnellen Erfolge zu Beginn waren noch nicht vergessen: Polen und Frankreich waren in „Blitzkriegen" überrannt worden. Die Briten hatten nur „versehentlich" aus der Umklammerung bei Dünkirchen entkommen können. Auch die Sowjet-Armee war in knapp einem halben Jahr bis vor die Tore Moskaus zurückgeworfen worden. Obwohl der Untergang zum Greifen nahe war, wollten ihn viele Deutsche aus diesen und anderen Gründen nicht wahrhaben.

Letztlich grassierte auch die vage Hoffnung, daß sich die Westalliierten mit den Resten der Wehrmacht gegen die Sowjet-Armee verbünden würden, um den Vormarsch des Bolschewismus in Europa aufzuhalten.

Allesamt waren das trügerische Illusionen, Strohhalme, an die sich das verzweifelte Deutschland klammerte, wie der Ertrinkende kurz vor dem sicheren Untergang. Was der damaligen Grundstimmung völlig fehlte, war die Hoffnung auf eine Zukunft nach der drohenden Niederlage. Denn niemand wußte, was nach dem verlorenen Krieg werden sollte; weder die Soldaten, noch die Bevölkerung, noch nicht einmal die befreiten Gefangenen in den großen Lagern. Einer von ihnen, der spätere Bundestagspräsident Dr. Eugen Gerstenmaier, sagte in einer Predigt unmittelbar nach seiner Befreiung: „Wir wissen nicht, was das neue Blatt der Weltgeschichte, was die Zukunft bringen wird." Wenn es für Deutschland überhaupt eine Zukunft gab, dann sicherlich keine glückliche.

Schließlich hatten auch die Westalliierten nicht einem einzigen Deutschen irgend etwas versprochen; weder Demokratie, noch Freiheit oder gar ein Wirtschaftswunder. Der Volksmund formulierte daher sarkastisch, aber treffend: „Genießt den Krieg, der Frieden wird fürchterlich!" Diese Überzeugung wog schwerer als alle Durchhalteparolen. Die damaligen Gegner hatten das Ihrige dazu beigetragen. „Nazi-Deutschland ist ein Feind der Menschheit und muß vernichtet werden", so lautete das anglo-amerikanische Leitmotiv seit 1941. Im Januar 1943 einigten sich

V–1-Rakete

Me-262-Düsenjäger

die Westalliierten auf die „Unconditional Surrender“, – auf die „Bedingungslose Kapitulation“ –, die von den Deutschen zu fordern sei. Ein folgenschwerer Fehlgriff, denn er eröffnete der Goebbels-Propaganda neue Möglichkeiten.

In seiner bekannten Sportpalastrede verkündete der Reichspropagandaminister einen Monat später den „Totalen Krieg“. Lauter Jubel und Beifallsstürme waren die Antwort. Der französische Historiker Raymond Cartier ist der überzeugten Auffassung: „Von nun an konnte der Krieg nur noch bis zum bitteren Ende durchgefochten werden.“

Die angedrohte Vernichtung und die bedingungslose Kapitulation Deutschlands nahmen in mehreren alliierten Geheimstudien seit Januar 1944 sehr konkrete Formen an. Schließlich aber einigten sich die Verbündeten auf die Operation „Eclipse“. Ein Exemplar dieser Studie wurde von deutschen Truppen erbeutet. Am 15. April lag die Übersetzung von „Eclipse“ dem Oberkommando der Wehrmacht vor. Der Inhalt war der deutschen Führung schon seit Januar bekannt. Generaloberst Jodl sagte im Nürnberger Prozeß aus, er habe Hitler im Januar nicht zur Kapitulation raten können, weil ihm „Eclipse“ bekannt gewesen sei. „Eclipse“ bedeutet treffenderweise „Sonnenfinsternis“ und erläuterte, was mit Deutschland nach seiner Kapitulation zu geschehen habe. Erstaunlicherweise ist dieses wich-

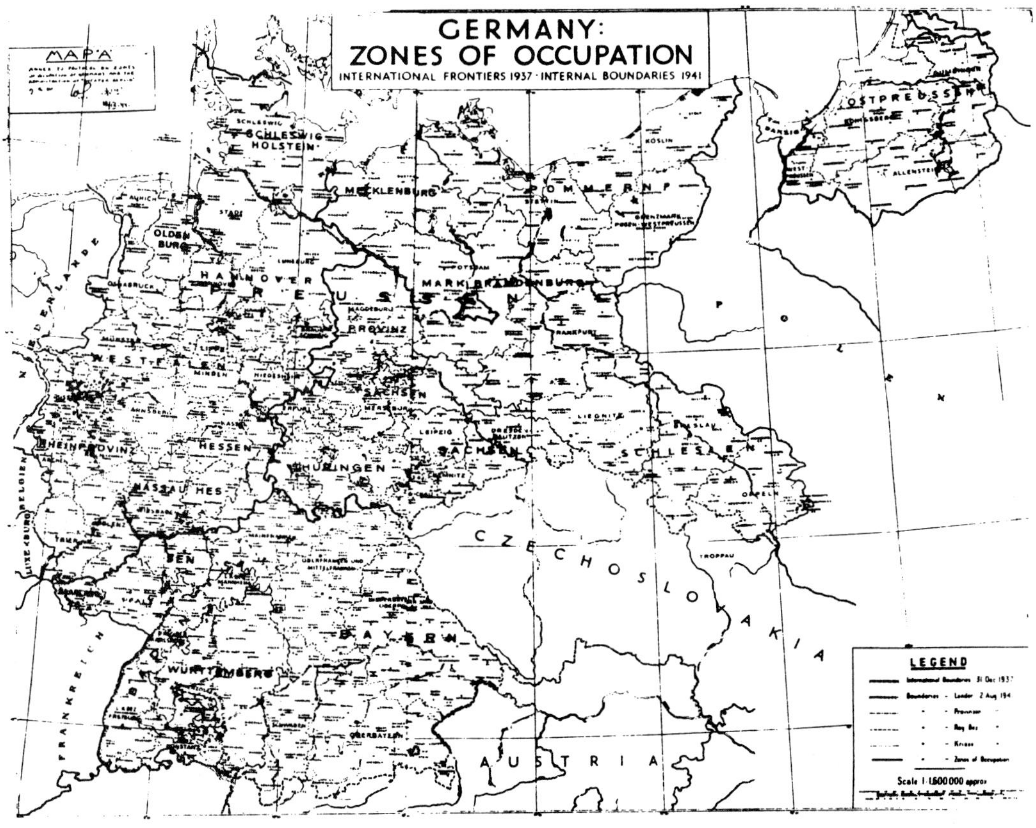

Die Original-Karte zu „Eclipse“ ist verschwunden. Die abgebildete Karte entstand am 12. September 1944. Sie dürfte der „Eclipse“-Karte sehr nahekommen.

tige Dokument von unserer gültigen Geschichtsschreibung nur selten verwendet worden. Es liegt in seiner Originalübersetzung in zwei deutschen Instituten; in beiden Fällen jedoch unvollständig. Es fehlt die Karte, die im Text mehrfach als Anlage erwähnt wird. Es ist die Karte von der Aufteilung Deutschlands in drei „nationale Zonen"; gemeint waren die Besatzungszonen. Aber auch ohne die Karte ist klar, daß die Zerstückelung Deutschlands lange vor Kriegsende eine abgemachte Sache und kein politischer Zufall war. „Sonnenfinsternis", die bei den Briten bis zu den selbständigen Kompaniechefs verteilt wurde, war keine Kriegspropaganda, sondern der Plan einer politischen Operation, der noch heute die Situation in Mitteleuropa bestimmt. Die geplante „Sonnenfinsternis" wurde Wirklichkeit. Wie sie aussehen sollte, stand schon im Vorwort: „Von Anfang an muß den Deutschen klar gemacht werden, daß sie eine geschlagene Nation sind." Diese Deutlichkeit füllte 88 Seiten. Neben der Einteilung in drei Zonen – an die Franzosen hatte man offensichtlich erst später gedacht – ging es um die „totale Niederlage und eine totale Besetzung", darum, „ . . .daß die Deutschen nicht in unserem Sinne verhandeln können", und die Feststellung: „Deutschland muß völlig umgeschult werden." Aber man dachte auch an „ . . . eine brit. Verbindungs- und Nachschublinie nach Berlin durch die russ. Zone . . ." und an die Verbündeten. „ . . .um den Amerikanern einen Eingangshafen in Deutschland zu übergeben, wird eine Enklave im Gebiet Bremen-Bremerhaven errichtet (siehe Karte K a)." Besonders ausführlich wurde „ . . .die Jagd nach Kriegsverbrechern" behandelt. Auch über deren Anzahl und Unterbringung hat es offenbar ziemlich klare Vorstellungen gegeben. „Während der ersten Phase werden schätzungsweise vier Lager im Bereich der Heeresgruppe für Kriegsverbrecher und Verdächtige benötigt." Auch das Urteil über SS-Angehörige stand fest. „ . . .diese sind . . . schärfstens zu beobachten, bis zur erfolgten Untersuchung, wonach sie als Kriegsverbrecher und Verdächtige festgestellt, verhaftet und unter Entlassung aus der deutschen Wehrmacht in ein Konzentrationslager verbracht werden." Gegen Schluß hieß es noch: „Alle Deutschen gelten von vornherein als . . verräterisch . . ."

„Sonnenfinsternis" war für Deutschland die Aburteilung ohne Verhandlung. Außer „Eclipse" gab es aber noch den „Morgenthau-Plan", der Deutschland anschließend zu einem Volk von Kleinbauern machen sollte. Wie ernst derart rigorose Planungen zu nehmen waren, ließ die alliierte Kriegsführung tagtäglich erkennen. Die Trümmerwüsten der vernichteten deutschen Städte waren unübersehbar. Die verschütteten und verbrannten Leichen waren noch lange nicht alle

Luftmarschall Harris

Ausgebombt, aber noch einmal davongekommen

beigesetzt. Luftmarschall Harris, Chef des britischen Bomberkommandos, hatte sich zum Ziel gesetzt, „. . .den Deutschen die Seele aus dem Leib zu bomben.“ Trotz vieler Kilotonnen Sprengstoff schaffte er das nicht. Manchmal erreichte er auch nur das Gegenteil und hat die verhärmten Notgemeinschaften in den Großbunkern und Hauskellern nur noch fester zusammengeschweißt. Allerdings war im April die Atombombe noch nicht einsatzbereit; sonst hätte aus Hamburg, Berlin oder Dresden sehr schnell ein deutsches Hiroshima werden können. An der Ostfront war es nicht besser. Dort walzten sowjetische Panzerkolonnen über hilflose Flüchtlingstrecks. Verstümmelt, vergewaltigt und erfroren sind Tausende umgekommen. Viele entzogen sich der asiatischen Brutalität durch Selbstmord. Insgesamt starben auf der Flucht vor dem sowjetischen Rachefeldzug mehr als zwei Millionen Menschen. Meistens waren es Kinder, Frauen und Greise.

Der furchtbare Krieg, der von deutschem Boden ausgegangen war, schlug mit allen Geißeln zurück. Er tat das wahllos und ohne Erbarmen. Er unterschied nicht zwischen guten und bösen Deutschen. Er mordete. Der entstellteste aller Leichname war die Moral. Alle waren in ihrem Namen angetreten. Nun aber ging es um die Vernichtung Deutschlands, um das „finis Germaniae“. Hierzu waren offensichtlich alle Mittel recht. Geschont wurde jedenfalls keines. So blieb nur der „Kampf bis zum bitteren Ende“ und der „Sturz in das Dunkel“. Eine deutsche Zukunft hat man dahinter nicht ahnen können. Daß wir heute wissen, was besser gewesen wäre, weist uns nur als Nachgeborene aus; nicht als jene, die damals gewußt hätten, was zu tun wäre, und schon gar nicht als diejenigen, die auch danach gehandelt hätten. Zu alledem wurde der Kampf bis zum bitteren Ende durch die Grau-

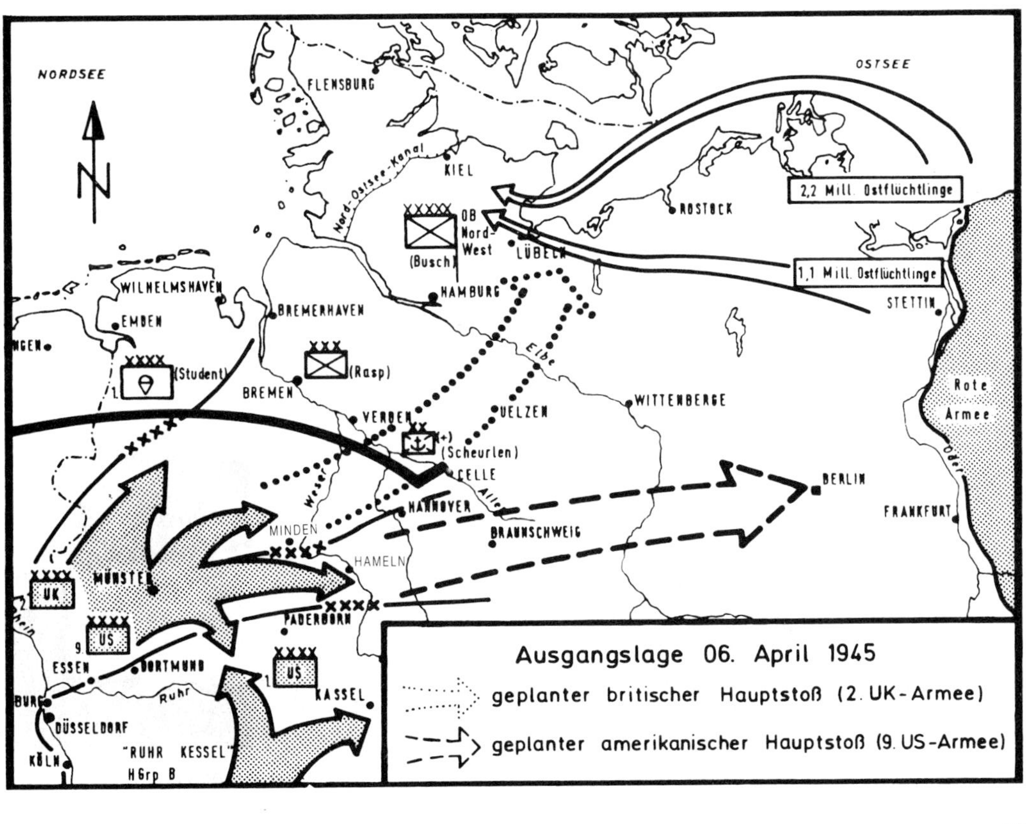

samkeit der siegreichen Sowjet-Armee gerechtfertigt. Je länger nämlich die ins Wanken geratene Ostfront den zehnfach überlegenen Gegner verlangsamen konnte, um so mehr Flüchtlingstrecks gelang die Flucht nach Westen. Auch der Krieg zwischen Weser und Elbe diente diesem Zweck. Das erklärte Ziel des britischen Feldmarschalls Montgomery war es, die Ostsee im Raum Lübeck möglichst schnell, auf jeden Fall aber vor den Sowjets zu erreichen, um deren Vordringen nach Schleswig-Holstein zu verhindern. Offenbar glaubte er nicht, daß sich sein Verbündeter an alle Abmachungen und „Eclipse" halten würde. Die britische und die deutsche Operationsplanung waren somit gegen die Rote Armee gerichtet; dennoch schlossen sie sich gegenseitig aus. Sofern ein schneller britischer Vorstoß zur Ostsee gelang, war der Strom der Ostflüchtlinge zunächst unterbrochen. Auf britisches Entgegenkommen zu hoffen, war nach Lage der Dinge unberechtigt. Also mußten auch die Briten mit allen Mitteln aufgehalten werden. Während dies geschah, konnten 1,1 Millionen Deutsche auf dem Landweg nach Westen gelangen. Diese Zahlenangabe ist nicht sehr genau, aber sicherlich nicht übertrieben. Auf dem Seeweg wurden im Zeitraum vom 23. Januar bis zum 8. Mai 1945 insgesamt 2.200.000 Menschen vor dem Zugriff der Sowjet-Armee gerettet. Die deutsche Kriegs- und Handelsmarine hatte damit in unermüdlichem, selbstlosem Einsatz die größte Rettungsaktion der Kriegsgeschichte bewältigt. Im Frühjahr 1945 gelangten unter den unbeschreiblichsten Verhältnissen ungefähr 3.300.000 Menschen aus den ehemaligen Ostgebieten in die spätere britische Besatzungszone. Für Statistiker sind derartige Angaben unbefriedigend. Aber das deutsche Drama im Jahr '45 war ohne Beispiel und daher auch ohne sichere Zahlen. Erst Jahre später, nach Abschluß der noch folgenden Vertreibungen, wurde

Einer der ungezählten Trecks (IWM)

eine Volkszählung durchgeführt. Auch diese bestätigte, daß sich nach vorsichtigen Schätzungen im Frühjahr '45 täglich zirka 27.000 Menschen aus dem Osten im späteren „Westen“ in Sicherheit brachten. Für diese haben die deutschen Soldaten an der Ostfront und zwischen Weser und Elbe gekämpft.

Die aus dieser Gesamtsituation resultierende Haltung der Soldaten und die Stimmung in der Bevölkerung beschrieb der für die Verteidigung von Niedersachsen u. a. verantwortliche General der Infanterie Günther Blumentritt: „Im Gegensatz zu 1917/18/19 gab es 1945 keine Revolution, keine roten Fahnen, keine Gehorsamsverweigerung! Frappierend, wenn ich das Ende des I. Krieges und des letzten überdenke! Nirgends Insubordination, nirgends Verhetzung, nirgends kommunistische Tendenzen wie 1918/19! Die Truppen waren apathisch, willig, gehorsam, stumm, sehr müde! Aber keine Revolte! Große Teile der Truppe bestanden aus 16- bis 19jährigen Buben mit 4 bis 6 Wochen Ausbildung, ohne Schanzzeug, Verbandpäckchen, Fahrzeuge pp., oft mit langen Hosen. Patriotische – aber verlorene Jugend. Die anderen Teile waren Trümmer alter Divisionen, erledigt, fertig.“ Über die norddeutsche Bevölkerung schrieb der General: „Ab Teutoburger Wald nach Norden und Nordosten, bis zu den Küsten, immer aufrechter, Haltung bewahrender, für uns eingestellt.“

Diese „Patriotische – aber verlorene Jugend“, diese „Haltung bewahrende“ Zivilbevölkerung kämpfte in unterschiedlicher Weise ums Überleben. Eines taten weder die einen noch die anderen, sie warteten nicht auf ihre Befreier. Auf diese Idee ist erst unsere neuere Geschichtsschreibung gekommen und hat dabei übersehen, daß es beim Einzug der damaligen Sieger keine jubelnden Mengen am Straßenrand und keine Blumensträuße gegeben hat. Ein einziges Mal nur soll Ähnliches vorgekommen sein: Am 3. Mai in Putlos wurden die Briten freudig begrüßt, weil sie vor den Russen da waren; nicht als Befreier, sondern als das kleinere Übel.

Angriff ist die schlechteste Verteidigung

Generaloberst Carl Hilpert ging an der Spitze seiner ungeschlagenen Armee am 8. Mai 1945 in Gefangenschaft und verstarb am 1. Februar 1947 in einem Moskauer Gefängnis.

Die letzten Angriffe scheiterten trotz aller Anstrengungen. – Der Krieg war endgültig verloren.

Bevor es in Norddeutschland zum hoffnungslosen Kampf gegen die anglo-amerikanischen Divisionen kam, verbrauchte Hitler, Oberbefehlshaber der Wehrmacht, die letzten schlagkräftigen Truppen.

Die deutsche Generalität widersprach selten und gehorchte immer. Das mißlungene Attentat vom 20. Juli 1944 hatte vielen das Kreuz gebrochen, andere im Glauben an die „Vorsehung“ bestätigt. Nachdem die Westalliierten am 6. Juni 1944 in der Normandie gelandet waren und an der Ostfront seit dem 22. Juni die Heeresgruppe-Mitte durch eine sowjetische Großoffensive aufgerieben worden war, mußte man endgültig zur Verteidigung auf die „Innere Linie“, das heißt auf die kürzeste, zurückgehen. Aber Hitler befahl das Gegenteil. Als am 10. Oktober 1944 die Heeresgruppe-Nord von der Sowjet-Armee eingeschlossen worden war, verbot er den immer noch möglichen Ausbruch. Somit standen 39 annähernd intakte Divisionen mit dem Rücken zur Ostsee und fielen für die Verteidigung des Reichsgebietes aus. Hitler wollte mit ihnen einen großräumigen Flankenangriff führen, wenn die Sowjet-Offensive erst einmal zum Stehen gekommen war.

Wenig später wurde in Hitlers Befehlsbunker der Angriffsplan „Wacht am Rhein“ entworfen. Zu diesem Zeitpunkt standen im Nordteil der Westfront den 470.000 deutschen Soldaten nicht weniger als 3.700.000 Westalliierte gegenüber. Dennoch ordnete Hitler am 4. Dezember 1944 an, „. . . unter Ausnutzung der Schlechtwetterlage die gesamten englischen Kräfte und den Nordflügel der 1. amerikanischen Armee von ihren rückwärtigen Verbindungen abzuschneiden und sie . . . zu vernichten.“ Dieser absolut chancenlose Angriff wurde mit ganzen 28 Divisionen gegen mehr als 30 Divisionen des amerikanischen Nordflügels geführt. Er hatte nur einen Vorteil: Er überraschte. Je länger er jedoch dauerte, desto hoffnungsloser wurde er. Trotzdem gaben die deutschen Soldaten ihr Bestes. Für einige war es die zweite Offensive durch die Ardennen. Die erste war 1940 zur Inkarnation des „Blitzfeldzuges“ geworden. Das Rad der Geschichte drehte sich seither jedoch in die andere Richtung. So wurde der deutsche Angriffskeil immer dünner und spitzer. Nur drei Angehörige der 2. Panzer-Division erreichten Dinant an der Maas. Dort fielen sie. Sie hatten gerade ein Drittel des Weges zurückgelegt, den Hitler befohlen hatte. Die chancenlose Ardennen-Offensive im Dezember 1944 kostete 90.000 Gefallene, Verwundete und Gefangene. Dennoch setzte Hitler seine offensive Strategie fort.

Anfang Januar 1945 befahl er, die 6. Panzer-Armee aus der Westfront herauszulösen und nach Ungarn in Marsch zu setzen. Bereits am 24. Dezember hatte er die 3. SS-Panzer-Division „Totenkopf“ und die 5. SS-Panzer-Division „Wiking“ aus dem Raum Warschau nach Ungarn befohlen, um Budapest zu befreien. Dort waren ca. 60.000 Soldaten eingeschlossen. Kurz vor Budapest kam der deutsche Angriff zum Stehen. Das war am 6. Januar 1945. Mit Unterstützung des III. Panzer-Korps und des IV. SS-Panzer-Korps wurde er am 18. Januar 1945 erneut aufgenommen. Trotz einiger Fortschritte scheiterte die Entsetzung von Budapest erneut an dem entschlossenen und weit überlegenen Gegner. Als die Eingeschlossenen ihre hoffnungslose Lage erkannten und fast alle Munition verschossen war, versuchten sie am 11. Februar den verzweifelten Ausbruch. Er mißlang. Nur 785 von ihnen erreichten die deutschen Linien. Die anderen fielen oder gerieten in sowjetische Gefangenschaft. Trotzdem setzte Hitler seine Offensive fort. Die vom Rhein abgezogenen Divisionen der 6. SS-Panzer-Armee traten mit den bereits gescheiterten Panzer-Korps erneut zum Angriff nach Südosten an. Nach anfänglichen Erfolgen blieb auch dieser Angriff liegen. Die abgeschlagenen deutschen Verbände gerieten nun selbst in die Gefahr, eingeschlossen zu werden. Nur mit viel Mühe konnten sie sich einer Umfassung und damit der vollständigen Vernichtung entziehen. Der von Beginn an hoffnungslose Angriff auf die sowjetischen Verbände in Ungarn hatte die deutsche Wehrmacht 15.117 Gefallene, Verwundete und Gefangene sowie 400 Panzer gekostet. Alles in allem: sieben kriegsstarke Divisionen.

Zwischenzeitlich hatte sich die Kurland-Armee fast sieben Monate lang gegen einen mehr als zehnfach überlegenen Feind erfolgreich verteidigt. Erst als die Wehrmacht mit Wirkung vom 8. Mai 1945 an allen Fronten kapitulierte, mußte auch sie die Waffen strecken. Sie war zwar erschöpft, aber ungeschlagen. Ihr Kom-

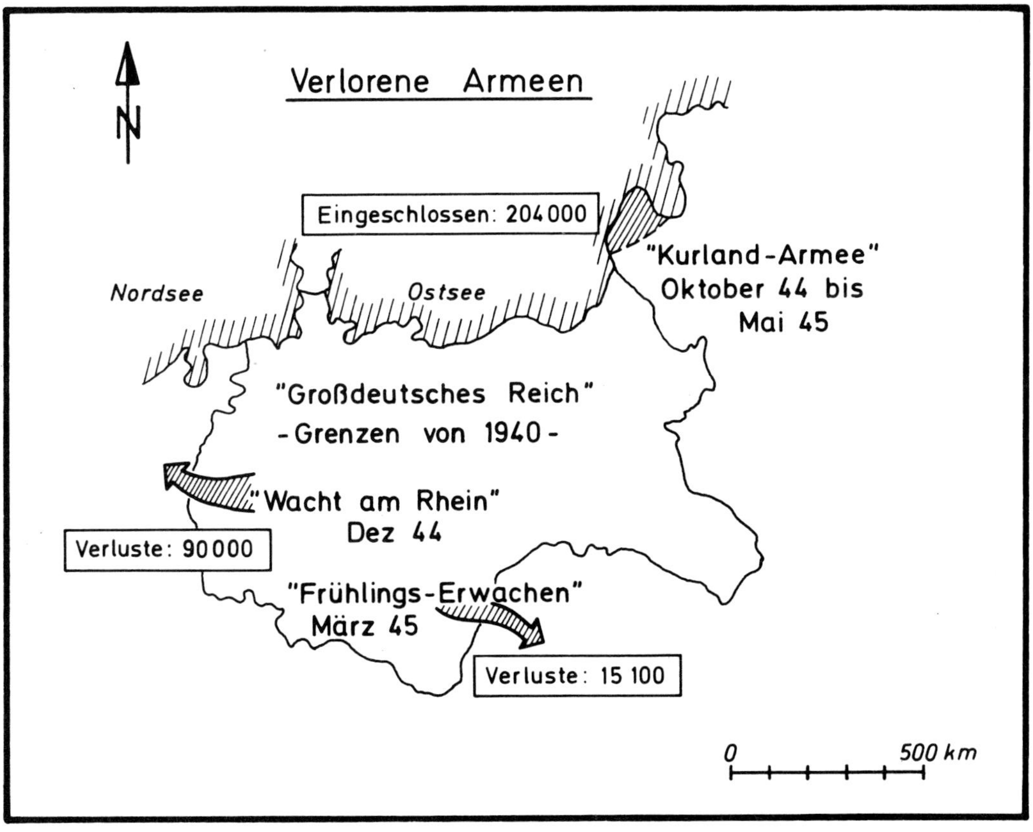

mandierender General, Generaloberst Hilpert, versuchte wenige Tage vor der Kapitulation, über den Seeweg wenigstens Teile seiner Armee nach Westen zu evakuieren. Die Marine, aber auch die Luftwaffe taten alles, was in ihren Kräften stand. Ebenfalls die Küstenpioniere, deren General sich jedoch erschoß, bevor er im Handgemege in Gefangenschaft geraten konnte. Trotz aller Anstrengungen lagen für die wartenden Truppenteile aber stets zu wenig Schiffe in den Häfen. Wer auf ihnen keinen Platz fand, war so gut wie verloren. Trotzdem gab es keine Panik. Werner Haupt schreibt in seiner Dokumentation über die Kurland-Armee, daß sie eine Haltung bewahrte, „. . . die ihrer Größe wegen von keinem Dichter besungen werden dürfte.“ Offiziere, deren Einheiten nicht vollständig evakuiert werden konnten, verließen die rettenden Boote und traten zu den Resten ihrer geschmolzenen Verbände zurück. In anderen Fällen bildeten die Wartenden eine Gasse für die Schwächsten, die Verwundeten und die Familienväter. Als das letzte der rettenden Schiffe die Anker lichtete, riefen ihm die zurückbleibenden Kameraden nach: „Grüßen Sie die Heimat von allen Kurlandkämpfern!“ Es folgte ein „Hurra“ auf die Truppe und das Vaterland, das nur die wenigsten von ihnen wiedersehen würden. Innerhalb von nur drei Tagen konnten trotz allem 25.700 Mann nach Schleswig-Holstein evakuiert werden. Anschließend ging Generaloberst Hilpert an der Spitze von 42 Generalen, 8.038 Offizieren und 181.032 Mannschaften und Unteroffizieren sowie 14.000 lettischen SS-Soldaten in sowjetische Gefangenschaft. Damit begann das Ende.

Zunächst wurden die Offiziere von ihrer Truppe getrennt, dann wurden allen die Köpfe geschoren. Es folgte der lange Weg in die Gefangenenlager. Die meisten sind dort umgekommen. Es waren jene, die ihren schwächeren Kameraden den Weg auf die Schiffe ermöglicht hatten. Sicher ist richtig, daß sich die Größe ihrer Haltung nicht besingen läßt. Auch wir Nachgeborenen können da nur schweigen und vielleicht fragen, wo eigentlich das Denkmal für Generaloberst Hilpert und seine Männer steht.

Es hat zu dieser Zeit des Krieges auf allen Seiten und auf allen Führungsebenen fragwürdige militärische Entscheidungen gegeben. Doch seit dem Sommer 1944 war Hitlers Drang zur Offensive, der sich auch im Durchhalte-Befehl an die Kurland-Armee ausdrückte, sicherlich einer der verhängnisvollsten Fehler. Der britische Historiker Liddell Hart schrieb hierüber: „Der Angriff erwies sich als die schlechteste Verteidigung – er vernichtete Deutschlands Aussicht auf jeden ernsthaften Widerstand in der Zukunft.“ Das Stehenlassen der Kurland-Armee, „Wacht am Rhein“ und „Frühlings-Erwachen“ hatten mehr als 300.000 Mann und einige tausend Kampffahrzeuge gekostet. Sie waren das furchtbare Opfer der Illusion geworden, daß der Krieg noch in der Offensive zu gewinnen sei.

Hitler hatte diese Operationen selbst entworfen und gegen den Chef des Generalstabes, Generaloberst Heinz Guderian, durchgesetzt. In allen Fällen hatte der Panzergeneral heftig widersprochen und bei Hitler regelmäßig Wutausbrüche ausgelöst, die meistens bis zum Verlust der Selbstbeherrschung führten. Guderian wurde von Hitler am 28. März 1945 beurlaubt. Von diesem Tage an hatten nur noch zwei Generale die Möglichkeit, auf Hitler einzuwirken: Der Chef des Oberkommandos der Wehrmacht, Generalfeldmarschall Wilhelm Keitel, und der Chef des Wehrmachtsführungsstabes, Generaloberst Alfred Jodl. Beide Generale waren der Suggestivkraft Hitlers absolut erlegen. Gleichgültig, was er befohlen hätte, von ihnen war keine Opposition zu erwarten.

Der schwache linke Flügel

Generalfeldmarschall Ernst Busch, Oberbefehlshaber „Nord-West"

Bis Anfang April hatte die Rote Armee den Unterlauf der Oder erreicht. Sie stand damit 70 Kilometer vor Berlin. Weiter im Süden hatte sie den Fluß bereits überschritten und dabei Breslau eingeschlossen. Im Südosten waren die Sowjets bis dicht vor Wien vorgestoßen.

Die anglo-amerikanischen Verbände hatten im Westen den Rhein zwischen Straßburg und Nymwegen in breiter Front überschritten. Die Heeresgruppe B unter Generalfeldmarschall Model war mit 350.000 Mann im „Ruhrkessel“ eingeschlossen. Eigentlich war schon ganz Deutschland zu einem riesigen Kessel geworden, aus dem es kein Entkommen mehr gab.

Im Norden drohte zusätzlich der Würgegriff von Ost- und Westfront Deutschland zu durchtrennen. Die 2. britische Armee und die 9. amerikanische Armee waren mit insgesamt 20 Divisionen und schier unbegrenzter Luftwaffenunterstützung in schnellen Vorstößen auf Niedersachsen bis dicht an die Weser herangekommen. Diesen voll ausgerüsteten und kriegserfahrenen Feindverbänden stand auf deutscher Seite das letzte Aufgebot gegenüber. Es setzte sich aus Splittergruppen ehemaliger Divisionen, aus den Trossen der eingeschlossenen Heeresgruppe B sowie aus Alarm- und Ersatzeinheiten von Wehrmacht, Waffen-SS und Reichsarbeitsdienst (RAD) zusammen. Aber auch Marinesoldaten, denen es an Schiffen fehlte, und Piloten, deren Maschinen aus Treibstoffmangel nicht mehr starten konnten, wurden eingesetzt. Sie alle verfügten selten über schwere Waffen und wurden meist nur durch ortsfeste Flak-Geschütze im Erdkampf unterstützt. In ganz Norddeutschland standen in der gesamten Schlußphase des Krieges sicherlich nicht mehr als 150 Jagd-, Kampfpanzer und Sturmgeschütze zur Verfügung. Alleine die gegen sie anrollenden Kampfpanzer der Westalliierten zählten 1.013 Stück, von anderen gepanzerten Fahrzeugen ganz zu schweigen.

An der Weser, die quer zur feindlichen Angriffsrichtung verlief, hätten die anglo-amerikanischen Verbände nachhaltig aufgehalten werden müssen. Doch genau das passierte nicht. Auch die Operationen zwischen Weser und Aller wurden aus deutscher Sicht zu einem militärischen Debakel. Hierfür gab es mehrere Gründe. Vor allem ließ der schnelle Vorstoß der Briten und Amerikaner aus Richtung Ruhrgebiet nur wenig Zeit für Verteidigungsvorbereitungen. Es fehlte deutscherseits aber auch an einem eindeutigen Operationsplan, an Tatkraft, Entschlossenheit und straffer Führung. Überwiegend also „Führungsfehler“, die einigen hohen Offizieren angelastet werden mußten. So jedenfalls überquerte die 2. U.S. Panzer-Division am 5. April die Weser südlich Hameln ohne Probleme. In Hameln selbst marschierten die Amerikaner erst am 7. April ein. Sie waren etwas vorsichtiger geworden, nachdem ungefähr 100 Fahnenjunker aus Sennelager befristeten Widerstand geleistet hatten. Sie selbst berichteten darüber: „Vor Hameln beharkte uns ein deutsches MG . . .“

Nördlich Minden, bei Petershagen, setzte die 6. U.K. Luftlande-Division am 6. April über die Weser. Einige schwache deutsche Stoßtrupps leisteten verbissenen Widerstand, dieser war aber ohne Zusammenhang und konnte auch den Bau einer Kriegsbrücke nicht verhindern. Die Briten hatten einen Panzer, einen Spähwagen und einige Lkw verloren, aber dafür verfügten sie über einen sicheren Brükkenkopf auf dem Ostufer der Weser. Viel zu spät rollten deutsche Kampfpanzer heran. Der Ortschronist berichtet von 25 Stück. Er hat sich aber in der Hektik jener Tage verzählt. Es waren kaum mehr als fünf „Panther“ und sechs „Tiger“ und gehörten zur ehemals stolzen Panzer-Lehrdivision.

2. U.S. Panzer-Division überwindet die Weser bei Ohr, südlich Hameln, am 5. April. (SAS)

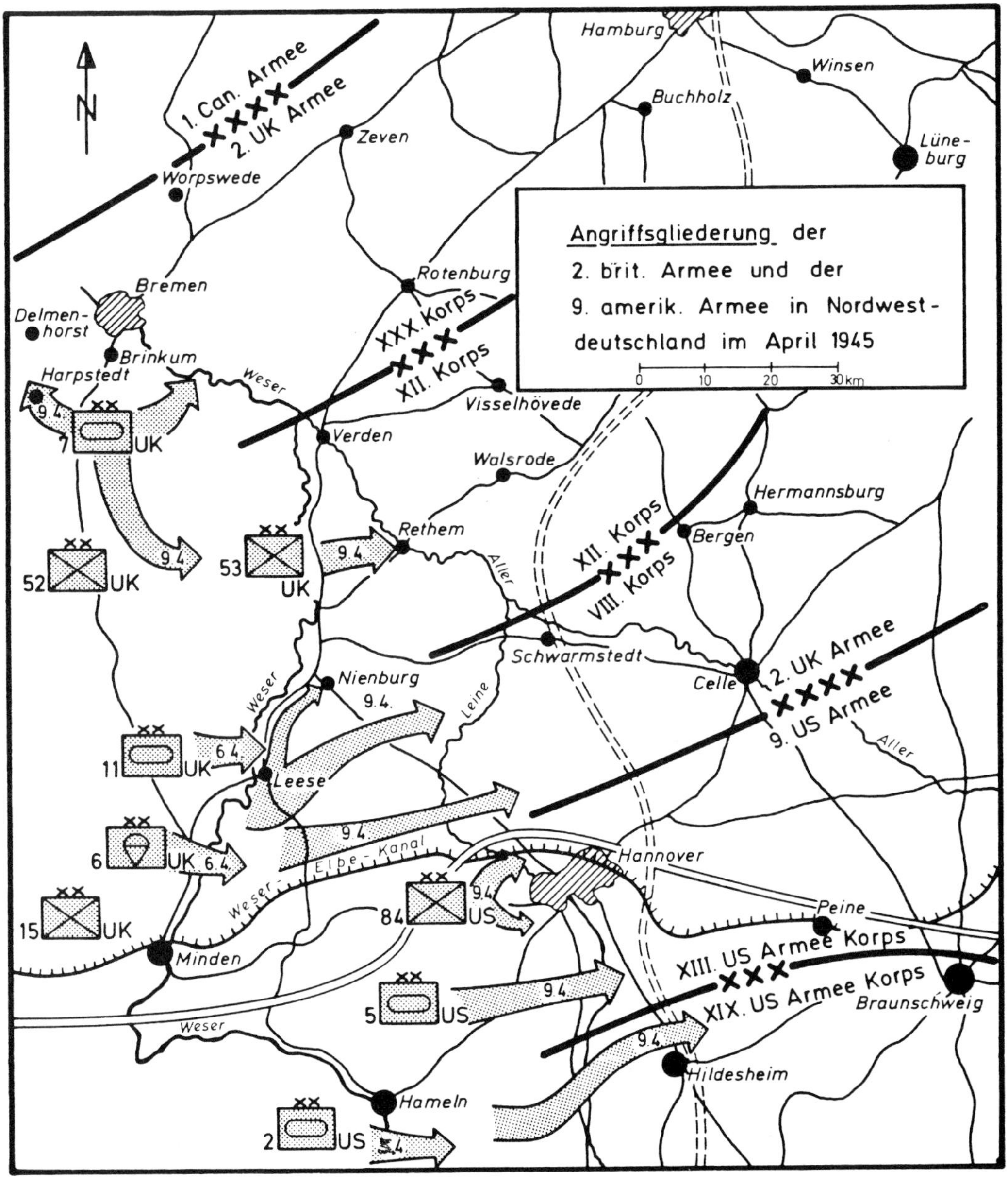

Zu nachweislich ernsten Kämpfen kam es an der Weser nur bei Stolzenau-Leese. Dort zwang ein junges SS-Bataillon die 11. U.K. Panzer-Division, den Umweg über die Kriegsbrücke bei Petershagen zu machen. Die 7. U.K. Panzer-Division, die „Desert Rats", die ihren Namen von den Schlachten in Nordafrika hatte, marschierte am 7. April kampflos in Hoya ein. Da auch dort die Weser-Brücke bereits gesprengt war, drehten die „Wüstenratten" nach Norden ab. Am 8. April standen sie kurz vor Achim. Nienburg wurde am 9. April kampflos besetzt.

Die „Weser-Front" war damit an vier Stellen durchstoßen und praktisch zusammengebrochen. Die vielleicht geplante deutsche Truppenverteilung kann heute nur noch bruchstückhaft nachvollzogen werden. Eine zusammenhängende Abwehrfront gab es in Niedersachsen erstmals an der Aller.

Für die Verteidigung von Holland und Norddeutschland bis einschließlich Braunschweig war der Oberbefehlshaber „Nord-West", Generalfeldmarschall Ernst Busch, verantwortlich. Er unterstand dem Oberkommando der Wehrmacht (OKW) unmittelbar. Der 60jährige Feldmarschall war ein hochdekorierter Soldat. Bereits im 1. Weltkrieg hatte er sich als Hauptmann den „Pour le mérite" verdient. Während der Weimarer Republik war er Kommandeur des berühmten Potsdamer Infanterie-Regiments 9. Aber die mehr als 40 Jahre Soldatenleben, und davon vor allem zehn Jahre Krieg, hatten den Feldmarschall ausgebrannt. Busch war ein kranker Mann. Er starb noch im Jahre '45 in britischer Kriegsgefangenschaft.

Die dem Feldmarschall unterstellte 1. Fallschirm-Armee sollte unter Führung des erprobten Generaloberst Student Holland und Norddeutschland bis einschließlich Oldenburg verteidigen. Hieran schloß sich die Armeegruppe des Generals der Infanterie Günther Blumentritt an. Dieser war sieben Jahre jünger als sein Generalfeldmarschall und trug das Ritterkreuz mit Eichenlaub. Blumentritt unterstand das Korps–Ems unter Führung des Generals der Infanterie Rasp. Dieses hatte den Raum beiderseits Bremen und die Hansestadt selbst zu verteidigen. Ostwärts von Verden begann der Verantwortungsbereich der 2. Marine-Infanterie-Division. Er reichte bis Winsen. Diese Division, die in unmittelbar nächster Zeit noch durch eine Kampfgruppe der Panzertruppenschule Bergen verstärkt werden sollte, unterstand Busch ebenfalls.

General der Infanterie Günther Blumentritt

Am 20. April 1946 (!) zeichnete der ehemalige Oberst i.G. Geyer aus dem Stab des Generalfeldmarschalls Busch eine ziemlich genaue Lagekarte. Er tat dies in Gefangenschaft und immerhin nur aus dem Gedächtnis. Einige Fehler waren dabei nicht vermeidbar. Zum Beispiel hat die 2. Marine-Infanterie-Division niemals geschlossen, sondern nur mit einem Bataillon kurzfristig an der Weser gestanden. Auch ist die Kampfgruppe-Grosan nie für Celle ver-

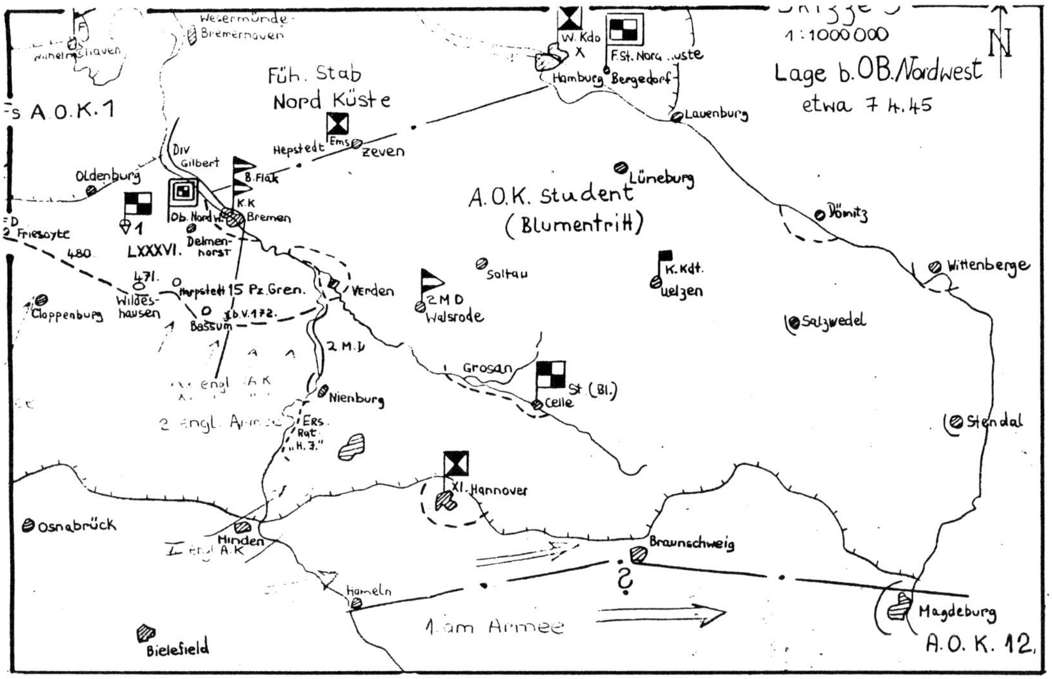

Lageskizze des Oberst i. G. Geyer von 1946

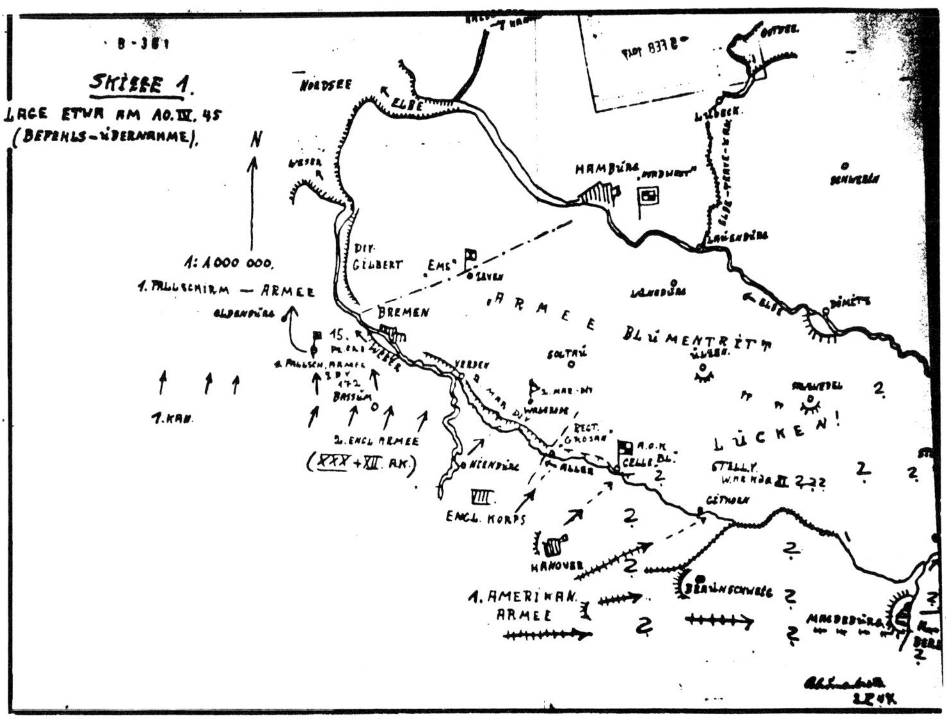

Lageskizze des Generals der Infanterie Blumentritt von 1946

antwortlich gewesen. Trotzdem macht die Karte sehr deutlich, wie ungleich die deutschen Kräfte verteilt waren. Während im Raum Bremen-Oldenburg mehrere Divisionen standen, war die Aller bis Celle zwar durchgehend, aber viel schwächer besetzt. Für den Raum Hannover war das (Mob) Korps XI verantwortlich. Von deutschen Kräften bei Braunschweig und südlich davon wußte der Oberst offenbar nichts.

Auch General der Infanterie Blumentritt, der das Kommando erst am 10. April in Celle von Generaloberst Student übernommen hatte, kam zu einer ähnlichen Lagefeststellung: „Auf der großen Strecke zwischen Raum Celle nach Süden und beiderseits Hannover, war ein großes ?! . . . die großen West-Oststrassen nördlich des Harzes, also durch und beiderseits Hannover auf Braunschweig und Magdeburg, waren praktisch frei."

Die von Blumentritt erstellte Skizze zeigt in diesem Geländeabschnitt nur Fragezeichen und „Lücken". Dennoch kam er verständlicherweise zu der Auffassung: „Eine Umgruppierung vom rechten nach dem linken Flügel kam am 10. 4. überhaupt nicht mehr in Frage." Zum damaligen Zeitpunkt war es dafür sicherlich längst zu spät. Allerdings konnte die nunmehr eingetretene Lage niemanden überraschen.

Spätestens nachdem die anglo-amerikanischen Truppen über den Rhein vorgestoßen waren, mußten die verantwortlichen Generale mit einem weiteren Angriff in Richtung Osnabrück-Hannover-Braunschweig rechnen. Trotzdem waren die letzten verfügbaren deutschen Kräfte von Generalfeldmarschall Busch sehr merkwürdig eingesetzt worden. Es handelte sich hierbei um das Werfer-Regiment 2 und das 2. Alarm-Bataillon aus Munsterlager. Das Regiment verfügte über 54 Werfer, neun Panzerabwehr-Geschütze und 27 Maschinengewehre. Seine Personalstärke betrug 1.000 Mann, für die ausreichend Transportraum zur Verfügung stand. Das Alarm-Bataillon verfügte über neun infanteristisch ausgerüstete Kompanien und zählte knapp 1.500 Mann. Transportraum hatte es nicht. Beide Verbände waren am 25. und 26. März zunächst nach Ostfriesland, später in den Raum zwischen Bremen und Verden verlegt worden; also genau dorthin, wo sich hinter der Weser bereits die meisten deutschen Kräfte befanden. Wie sich diese deutsche Gefechtsgliederung auswirkte, zeigte sich in der zweiten Aprilwoche mit aller Deutlichkeit.

Do-Werfer auf Transportfahrzeug „Maultier"

Die Panzer-Kompanie aus Oerbke

Panzeroffiziere in Fallingbostel/Oerbke, Anfang 1945.
Zweiter von rechts: Major Schulze

Im August 1943 war die Panzertruppenschule von Berlin/Wünsdorf nach Bergen verlegt worden. Das Panzer-Lehrregiment war in Fallingbostel ins Lager Oerbke gezogen. Im Januar 1945 wurde durch das Regiment die Panzer-Lehrdivision aufgestellt. Diese kam an der Westfront an allen Brennpunkten zum Einsatz. Im ehemaligen Standort Fallingbostel/Oerbke war nur ein Aufstellungsstab zur Bildung weiterer Lehrregimenter verblieben.

Die Panzer-Lehrdivision wurde am 3. April im Ruhrkessel eingeschlossen. Zu diesem Zeitpunkt war ihre Personalstärke von ehemals 15.000 auf knapp über 1.000 Mann gesunken. Sie verfügte auch nur noch über zehn ihrer einst 190 Kampfpanzer. Während die Division mehrere erfolglose Ausbruchsversuche unternahm, hatte Major Schulze, Träger des Eichenlaubes zum Ritterkreuz, als Führer des Aufstellungsstabes in Fallingbostel aus den letzten einsatzfähigen Panzern die sogenannte Kampfgruppe-Schulze gebildet. Diese bestand aus fünf „Panthern“, die er selber führen wollte, und sechs „Tiger“-Panzern, die er Oberleutnant Rudolf Fehrmann unterstellte. Der Oberleutnant ließ seine Panzer am Turm mit einem großen F kennzeichnen. Außerdem wurden sie numeriert. Von 01 bis 05, der sechste erhielt unerklärlicherweise die Nummer 13. Nach einigen Verzögerungen marschierte die Kampfgruppe-Schulze in Richtung Weser. Vermutlich sollte sie zu ihrer alten Division. Als Schulze aber mit seinen elf Panzern am 6. April die Aller bei Rethem erreicht hatte, ging die britische Luftlande-Division bereits bei Petershagen über die Weser. Am 7. April war die Kampfgruppe-Schulze in Nienburg. Am 8. April verlegte sie zum Forsthaus Landwehr am Nordrand des Schaumburger Waldes, dicht bei Wiedensahl. Von ihren ehemals elf Panzern hatte sie noch zehn. Ein „Tiger“ war auf dem Marsch mit Getriebeschaden ausgefallen. Insgesamt befand sich Major Schulze mit seinen Männern in einer unglaublichen Lage.

Da er wegen der Tiefflieger nur nachts marschiert war, hatte er bisher keinerlei Feindberührung und ahnte daher auch nicht, daß die Briten längst an ihm vorbei bis Neustadt/Rbg. vorgestoßen waren. Somit stand er mit den letzten zehn Panzern aus der Lüneburger Heide am Abend des 8. April mehr als 30 Kilometer ohne jeden Infanterieschutz hinter den feindlichen Linien. Trotzdem hielt Major Schulze an dem Auftrag, seine Division zu erreichen, fest und befahl den Angriff auf den britischen Brückenkopf. Am nächsten Morgen fuhren die fünf „Panther“ Richtung Wietersheim. Gegen Mittag kam nur der Panzer des Majors zurück. Die anderen waren ausgefallen. Wenig später versuchte Oberleutnant Fehrmann mit seinen fünf „Tiger“-Panzern einen erneuten Vorstoß. Drei Kilometer vor der Ortschaft, am Westrand von Frille, tauchten im Straßengraben unvermutet britische Fallschirmjäger auf. Fehrmann erhielt einen Panzerfausttreffer am Turm, der nicht durchschlug, und kurz darauf einen Treffer an der Walzenblende, der die Kanone bewegungsunfähig machte. Der Oberleutnant befahl den beiden nachfolgenden „Tigern“, beiderseits an ihm vorbeizuziehen. Im Zen-

„Tiger“-Panzer

trum dieses einfachen, aber wirkungsvollen Manövers lag eine große Kartoffelmiete. Bevor sie unter Feuer genommen wurde, kamen mehr als 30 Briten mit erhobenen Händen hervor. Für Fehrmann war dieser „Erfolg“ ein Unglück, denn was sollte er mit britischen Fallschirmjägern anfangen? Laufen lassen konnte er sie auf keinen Fall. In diesem Moment erhielt er über Funk den Befehl, sich mit seinen Teilen auf den Friedhof in Frille zurückzuziehen. Der ohnehin sehr fragwürdige Panzerangriff auf den feindlichen Brückenkopf war damit beendet.

Oberleutnant Rudolf Fehrmann, hier noch Leutnant, führte die letzte „Tiger“-Kompanie an der Weser.

Bevor Fehrmann nach Frille zurückfuhr, wurden die Briten erleichtert. Als sie ihre Taschen geleert hatten, lag am Straßenrand ein großer Haufen. Er bestand vorwiegend aus deutschen Orden des 1. Weltkrieges und Medaillen des „Kyffhäuser-Bundes“. Dazwischen befanden sich aber auch viele Zigarettenschachteln britischer Herkunft. Die Panzerbesatzungen teilten die Beute gerecht und fuhren befehlsgemäß zum Friedhof nach Frille. Dort übergab Oberleutnant Fehrmann seinen wehrlosen Panzer „F 02“ an Unteroffizier Franzen mit dem Auftrag: „Zunächst bringen Sie die gefangenen Briten zum Gefechtsstand. Dann fahren Sie nach Fallingbostel und lassen sich eine neue Kanone einbauen. Anschließend kommen Sie zur Kampfgruppe zurück. Wir werden zunächst versuchen, in Richtung Bückeburg vorzustoßen.“

Unteroffizier Erich Franzen kam trotz der unübersichtlichen Lage ein paar Stunden später in Langenhagen an. Sein Sprit war fast verbraucht. Er fuhr zum Flugplatz. Als sein Fahrer den Tankwart um Betriebsstoff bat, hob dieser die Achseln: „Sprit haben wir nicht mehr.“ Unteroffizier Franzen hatte neben dem Kommandantensitz den Mantel seines Chefs liegen. Beim schnellen Umsteigen hatte ihn Fehrmann vergessen. Der Unteroffizier hängte sich den Offiziermantel über die Schultern, stellte sich in den Panzerturm und schnautzte den Tankwart an: „Wer ist ihr Kommodore?“ Der Tankwart sagte: „Jawohl, Herr Oberleutnant!“ und füllte den Tank des „F 02“ bis oben.

Soldatenfriedhof Ilvese

Am 10. April bekam der „Tiger" in Fallingbostel eine neue Kanone und eine neue Blende. Seine Kampfgruppe erreichte er nicht mehr. Dafür spielte er jedoch in einem Heidemoor eine wichtige Rolle.

Bei den mehrtägigen Kämpfen im Raum um Petershagen waren mindestens 45 deutsche Soldaten gefallen. 13 von ihnen gehörten zur Kampfgruppe-Schulze, einer zum SS-Bataillon 12. Dieser hieß Alfred Schülke und war vermutlich als Melder in das kleine Dorf Ilse geschickt worden. Als die Briten anrückten, schoß er mit einer Panzerfaust den Spitzenpanzer bewegungsunfähig.

Stunden später wurde Schülke hinter einem Schuppen mit Genickschuß tot aufgefunden. Er ruht zusammen mit den anderen Gefallenen auf dem Soldatenfriedhof Ilvese.

Die Kampfgruppe bestand am 10. April noch aus fünf Panzern, einem „Panther" und vier „Tigern". Sie marschierte am nächsten Tag nach Bückeburg, das seit vier Tagen von Amerikanern besetzt war. Durch ihren Vorstoß nach Süden waren Schulze und seine Männer nämlich in den Gefechtsstreifen der 9. U.S. Armee gewechselt; aber das machte keinen Unterschied. Hinter den feindlichen Linien war er in jedem Falle. So war jede Ortschaft, die sie durchfuhren, bereits vom Feind besetzt. Bevor es jedoch zum Schußwechsel kam, waren die fünf deutschen Panzer bereits vorbeigebraust. Schließlich konnten nur noch Wald- und Wiesenwege benutzt werden. Hierbei fuhren sich zwei „Tiger" hoffnungslos fest, ebenso der „Panther", der sie zu bergen versuchte. Letztlich mußten alle drei gesprengt werden. Die Besatzungen sollten versuchen, sich zu den eigenen Linien durchzuschlagen. Das gelang vermutlich keinem. Auch Oberleutnant Fehrmann geriet hierbei in amerikanische Gefangenschaft. Die zwei verbliebenen „Tiger" wurden am selben Tage von einem amerikanischen Panzerverband in der Nähe von Achum gestellt. In diesem ungleichen Gefecht wurde der Panzer des Feldwebels Bellof mit der unerklärlichen Bezeichnung „F 13" mehrfach getroffen. Die Besatzung kam jedoch glücklich davon und machte sich auf den Weg. Nur der Kommandant, der Eichenlaubträger Paul Schulze, stieg auf den letzten Panzer seiner Kampfgruppe, den „Tiger" F 05, um. Fahrer war Unteroffizier Frieling. Dieser brachte den Panzer am Westausgang des nächsten Ortes neben einer brennenden Scheune in Stellung.

Unteroffizier Eberhard Frieling fuhr seinen „Tiger" noch bis in den Deister.

Nur knapp 500 Meter entfernt rollte die amerikanische Panzerkolonne, vermutlich die „Sherman" der 5. U.S. Division, nach Osten. Der letzte Panzer aus Fallingbostel stand im schützenden Rauch der brennenden Scheune und konnte sich nicht bewegen. Hinter ihm lag offenes, deckungsarmes Gelände, vor ihm defilierten amerikanische Bataillone. Seine Besatzung hatte die vorbeifahrenden Panzer gezählt und war ungefähr bei 120 angekommen, da

Beim Bergen festgefahren: Der letzte „Panther“ der Kampfgruppe-Schulze.

Bei Achum wurde der „Tiger“ F 13 abgeschossen.

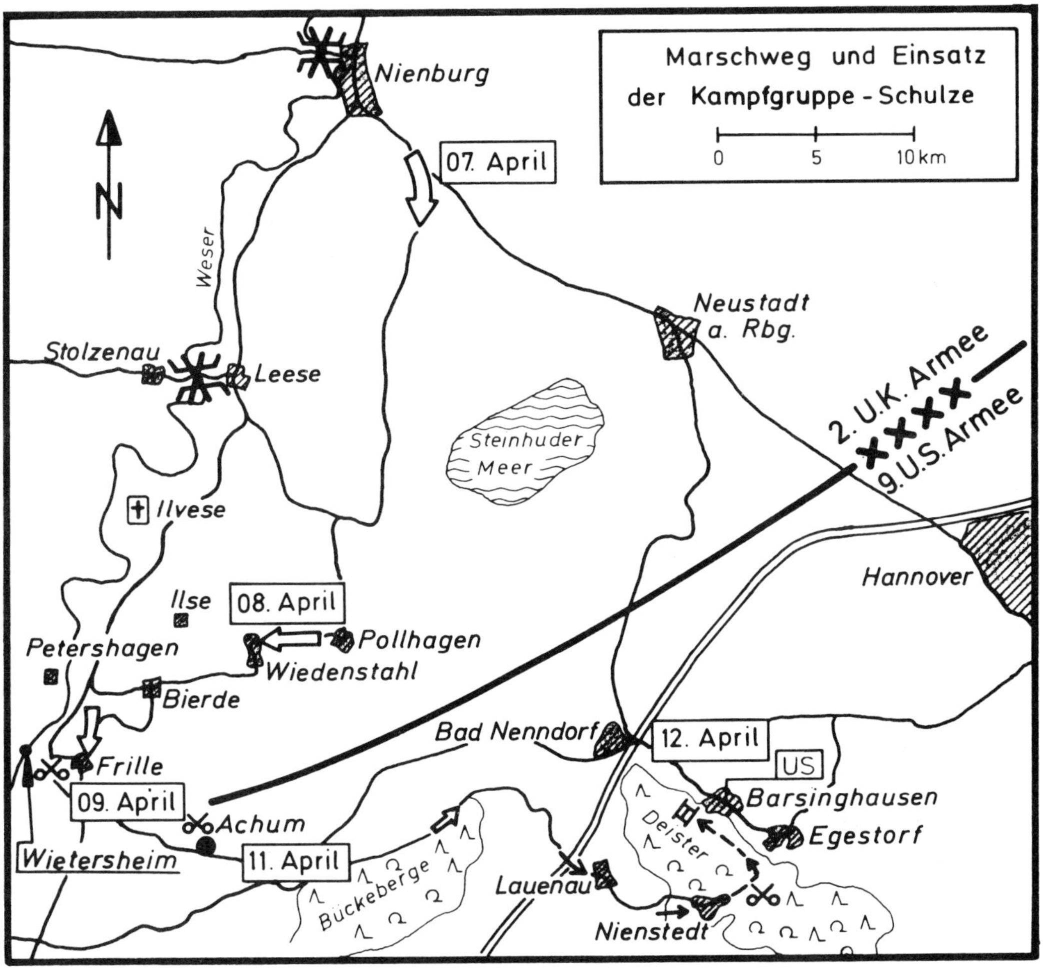

drehte der Wind, und auch der Rauch war weniger geworden. So stand der „Tiger“ urplötzlich blank und bloß neben der ausgebrannten Scheune. Die amerikanische Kolonne stockte. Erst schwenkten fünf, bald darauf zehn „Sherman“-Rohre in seine Richtung. Aber dessen Besatzung hatte die Gefahr kommen sehen. Der Richtschütze hielt längst auf den Drehkranz des nächsten Feindpanzers an. Als Major Schulze „Feuer“ brüllte, war der erste Schuß schon raus. Treffer. Die deutsche 8.8 Kanone ruckte nach links. Treffer. – Treffer. – Treffer. Drei „Sherman“ und ein Spähpanzer brannten. Unteroffizier Frieling hatte den Rückwärtsgang schon lange eingelegt. Er fuhr den Panzer hinter die abgebrannte Scheune, wendete auf der Hochachse, daß die Erdplaggen flogen, und jagte über das gerade bestellte Feld. „Nur nicht festfahren“, hämmerte es in ihm. Dann gab er Vollgas. Die „Shermans“ hatten eine Feuerfront gebildet und schossen, was die Rohre hergaben. Frieling fuhr zickzack. Er nutzte jede kleine Bodenwelle, die Schutz versprach. Trotzdem ruckte es dreimal im Panzer. Er wurde einmal im Laufwerk getroffen, zweimal am Turm. Der Ladeschütze sackte verwundet zusammen, aber der „Tiger“ konnte entkommen. Kurz darauf hatte er wieder eine feste Straße unter den Ketten.

Bei Wendthagen wurde ein U.S. Sprit-Lkw gestoppt. Er war auf der Rückfahrt und hatte daher nur wenig volle Kanister. Immerhin war auch eine Landkarte erbeutet worden, mit der ein Weitermarsch geplant werden konnte. Nachts überquerte der „F 05“ die Autobahnbrücke bei Lauenau. Auf der Autobahn rollten endlose amerikanische Kolonnen. Sie fuhren mit voller Beleuchtung und ohne Marschabstände; wie im tiefsten Frieden. Major Schulze entschloß sich daher, den Nienstedter-Paß zu benutzen. Er hoffte, daß die U.S. Kolonnen diese kurvenreiche und sehr steile Seitenstraße aussparen würden. Auf jeden Fall wollte er seinen letzten Panzer hinter die eigenen Linien bringen. Das war ein absolut unmögliches Unterfangen, denn zu diesem Zeitpunkt standen die Briten bereits mit starken Kräften jenseits der Aller, und die amerikanischen Spitzen erreichten gerade die Elbe. Das alles aber wußte er nicht und befahl: „Richtung Nienstedt. Marsch.“ In der Morgendämmerung durchfuhren sie die kleine Ortschaft, jetzt ebenfalls mit voller Beleuchtung. Am Ortsausgang erkannten sie in einiger Entfernung einen Militärpolizisten mit Armbinde, Taschenlampe und Kelle. Er winkte dem Panzer von weitem und zeigte Richtung Nienstedter-Paß. Unteroffizier Frieling mußte unwillkürlich grinsen und gab Vollgas. Der „F 05“ brauste an dem verdutzten Amerikaner vorbei, dem Deister entgegen. Vor der ersten Serpentine stoppte er. Auf kurzer Distanz standen dort ein „Sherman“, ein Spähwagen und zwei Radfahrzeuge. Nach zwei Volltreffern der 8.8 Kanone nahmen die restlichen Amerikaner die Hände hoch. Nur einer lief davon und öffnete das Tor einer nahen Feldscheune. Erst vereinzelt, dann in Gruppen, drängten verdutzte deutsche Soldaten ins Freie. Es waren fast 200. Ihr bisheriger Bewacher verteilte mit einiger Verlegenheit mehrere Schachteln Zigaretten. Major Schulze dauerte das alles schon viel zu lange. Er rief den Befreiten zu: „Wer mitkommen will, steigt auf die Ami-Lkw. Die anderen schlagen sich auf eigene Faust durch.“

Wenig später rasselte der „Tiger“ bergauf. Hinter ihm fuhr ein Lkw mit weißem Stern und vollbesetzt mit Soldaten, die sich gerade noch dürftig mit den Handfeuerwaffen ihrer ehemaligen Bewacher ausgerüstet hatten. Kurz vor der Kammhöhe kam eine Kolonne aus Radfahrzeugen entgegen. Der „Tiger“ stoppte erneut und nahm die Kanone auf „11 Uhr“. Gerade noch rechtzeitig erkannte Major Schulze, daß es sich um Sanitätsfahrzeuge handelte, und winkte sie vorbei. In unmittelbarer Nähe der „Hohen Warte“ überraschten sie eine aus zwei Jeeps bestehende Patrouille. Eines der Fahrzeuge, auf dem ein schweres MG montiert war, nahmen sie mit. In den frühen Morgenstunden war der Südrand von Egestorf endlich erreicht. Von einer erschrockenen Einwohnerin erfuhr Schulze, daß auch dieser Ort bereits vor einigen Tagen, nämlich am 8. April, besetzt worden war, und daß im drei Kilometer entfernten Barsinghausen sogar ein hoher Stab der Amerikaner läge. Was Schulze und Unteroffizier Frieling größere Sorgen machte, waren die fast leeren Tanks ihres Panzers. Betriebsstoff war unter den gegebenen Verhältnissen auch nicht mehr aufzutreiben. Spätestens jetzt wird der Major seine Absicht, irgendwohin durchzustoßen, aufgegeben haben. Er faßte einen letzten, verzweifelt anmutenden Entschluß. „Wir greifen den Gefechtsstand in Barsinghausen an. Dazu wird der Sprit noch reichen.“

Ein Egestorfer Junge erbot sich freiwillig, die Soldaten durch den Deister zu führen. Auf steilen, schmalen Wegen rollte der „Tiger“ am Nordostrand des Waldes entlang. Nach hinten und vorne wurde er von 30 Infanteristen gesichert. Unteroffizier Frieling: „In der Nähe eines Denkmals bekamen wir Einsicht in den Ort. Dort stand ein Posten. Eine unbemerkte Annäherung war nicht möglich.“ Der Major entschloß sich, den Angriff daher über Forsthaus Hohenbostel und Nenndorfer Straße, also aus nordwestlicher Richtung zu führen. Bevor er mit seinem „Tiger“ jedoch am Forsthaus ankam, war der Betriebsstoff endgültig verbraucht. Bewegungsunfähig stand „F 05“, der letzte seiner Kampfgruppe, am dichtbewachsenen Nordosthang des Deisters. Auch für die 35 erschöpften Soldaten war diese Phase des Krieges zwangsläufig zu Ende. Der Major drückte jedem die Hand und riet, sich alleine oder in kleinen Gruppen „Richtung Heimat“ durchzuschlagen. Wenig später zündete Unteroffizier Frieling eine Sprengladung im Kampfraum seines Panzers.

Einige Wochen danach erreichte er nach vielen Umwegen, aber unversehrt seinen Heimatort Ostenholz, in dessen unmittelbarer Nähe sich furchtbare Kämpfe abgespielt hatten; – ungefähr zur gleichen Zeit, als er seinen Panzer im Deister sprengen mußte.

SS-Bataillon gegen Panzer-Division

Generalmajor G.P.B. Roberts, Kommandeur der 11. U.K. Panzer-Division

Gesprengte Weser-Brücke in Nienburg (IWM)

Der zweite Truppenteil, der in diesen Tagen ernstzunehmenden Widerstand leistete, war das SS-Panzergrenadier-Ausbildungs- und Ersatzbataillon 12 der 12. SS-Panzer-Division „Hitlerjugend". Seine Soldaten gehörten mit zu den jüngsten des gesamten Krieges. Ihr Einsatz hat daher nur eine sehr kurze Vorgeschichte.

Erst Ende Januar 1945 hatte das Bataillon 1.600 Rekruten im Bahntransport nach Ungarn in Marsch gesetzt. Sie waren die letzte Verstärkung, die Hitler in seiner sinnlosen Ungarn-Offensive und im Traum von großen Ölfeldern fern der Heimat verbrauchte. Zuvor aber, noch im Januar, waren in Nienburg frisch gemusterte Wehrpflichtige angekommen. Es waren 1.000 Jungen der Jahrgänge 1927/28. Die meisten von ihnen hatten sich freiwillig zur Waffen-SS gemeldet. Sie wurden auf sieben Ausbildungskompanien verteilt und bezogen auf umliegenden Dörfern ihr Quartier.

Ihre Ausbildung stand unter dem Leitsatz: „Gelobt sei, was hart macht." Der Gefechtsdienst, dabei das Schießen mit Gewehr und Panzerfaust, stand im Mittelpunkt. Fußmärsche, nie unter 20 Kilometern, gehörten dazu. Die 17jährigen Rekruten ertrugen diese Belastungen ohne Murren, denn die verfügbare Ausbildungszeit war knapp. Sie wurde mit der täglich näherrückenden Westfront immer kürzer. Der Tag ihres ersten Einsatzes war absehbar.

Am 29. März ging der Feind, die 11. britische Panzer-Division, bei Wesel über den Rhein. Genau diese Division würde eine Woche später der direkte Gegner werden. Aber davon wußten diese Rekruten nichts, als sie in diesen Tagen bei Erichshagen auf einer Waldlichtung vereidigt wurden. Ein hoher Parteifunktionär sagte in seiner Ansprache: „Es gibt kein Zurück mehr, es gibt nur ein Vorwärts. Es gibt nur ein Handeln bis zur letzten Konsequenz. Es gibt nur Sieg oder Untergang." Als es damals auf der Lichtung bei Erichshagen dämmerte, glaubten auch diese 1.000 jungen Deutschen an den Sieg, den man schon längst „Endsieg" nannte. Aber ihr Schicksal war die militärische Lage und die 11. U.K. Panzer-Division. Am 5. April stand das SS-Bataillon 12 am Weserabschnitt südlich Nienburg zwischen Estorf und Schlüsselburg. Zur ersten Feindberührung kam es jedoch bei Glissen, zehn Kilometer westlich der Weser. Ein vorgeschobenes Panzerjagdkommando der 6. Kompanie schoß den britischen Spitzenpanzer ab. Nur der Funker überlebte.

10.5 cm Flak-Geschütz

Das Jagdkommando fiel im Feuer einer Sprenggranate. Der Bataillonskommandeur, Hauptsturmführer Peinemann, nahm am Nachmittag alle vorgeschobenen Kräfte zurück, so daß sämtliche Übergänge über die Weser unverzüglich gesprengt werden konnten. Der Kampf um die Weser südlich Nienburg begann. Sehr schnell zeichnete sich der britische Angriffsschwerpunkt im Raum Stolzenau ab.

Oberstfeldmeister Heinrich Kutscher, Chef der RAD-Batterie 1./531

Dort war die Brücke am 5. April, um 11.00 Uhr ebenfalls von deutschen Sprengkommandos zerstört worden. Auf dem rechten Weserufer waren insgesamt vier Kompanien beiderseits der Ortschaft Leese in Stellung gegangen. Über Artillerie und Panzer verfügte Hauptsturmführer Peinemann nicht. Lediglich die 1. Batterie des Reichsarbeitsdienst (RAD)-Flak-Regiments 531 stand in unmittelbarer Nähe. Trotz guter Beobachtungsmöglichkeiten bis zur Weser konnte der Fluß selbst wegen der stark abfallenden Ufer nicht eingesehen werden. So gelang es dem 8. Bataillon der „Rifle Brigade", mit Schlauchbooten unbemerkt überzusetzen. Ein erster, schwacher Brückenkopf war gebildet. Erst als die britischen Pioniere mit dem Brückenschlag begonnen hatten, eröffnete die 10.5 RAD-Flak-Batterie des Oberstfeldmeisters Kutscher das Feuer. Viele Kriegsbrückenteile wurden zerstört. Zehn Soldaten des „Corps of Royal Engineers" stürzten tot in die Weser. Zirka 30 trieben verwundet im Fluß. Der Brückenschlag stoppte. Die britischen Gefallenen wurden Wochen später auf dem „War Cemetery" in Hannover-Ahlem beigesetzt.

Im Morgengrauen des 6. April traten die 5. und 7. Kompanie des SS-Bataillons zum Gegenangriff an. Ein militärisch sehr fragwürdiges Unterfangen. Das 8. Bataillon der „Rifle Brigade" war den jungen SS-Soldaten an Zahl doppelt überlegen und hatte sich in den wenigen Gebäuden des Gutes Vorwerk festungsartig eingerichtet. Die beiden SS-Kompanien mußten aber in deckungsarmem Gelände über schweren Ackerboden vorgehen. Der Angriff blieb daher bald liegen, obwohl die 5. Kompanie bis auf 300 Meter an den Brückenkopf herankam. Wenig später stürzten sich britische „Tempest"-Jagdflieger auf die jungen Soldaten, die sich mitten auf dem Feld eingraben mußten. Als die Maschinen verschwunden waren, dröhnte es wenig später erneut am Himmel. Aber diesmal waren es deutsche. Einige Focke-Wulf und Ju-87 griffen die Brückenstelle an. „Mit Bravour", wie die jungen deutschen Soldaten feststellten. Bei den britischen Pionieren gab es erneut empfindliche Verluste. Aber auch der Stuka des Oberleutnants Köhler erhielt einen Treffer. Nachdem er seine 500 kg Bombe ausgeklinkt hatte, stürzte er mit einem Rauchschweif ab.

Gegen Mittag traf in Stolzenau das 46. Commando zur Verstärkung ein. Es zählte fast 600 Mann und galt berechtigt als Elite-Infanterie. Ebenso die nachfolgenden

Brigadier Mills-Roberts, Kommandeur der 1. „Commando Brigade"

Generalmajor Bols, Kommandeur der 6. „Airborne Division"

drei weiteren Commandos, die zusammen die 1. „Commando Brigade" bildeten. Ihr Kommandeur war der aus den „Irish Guards" hervorgegangene Brigadier Derek Mills-Roberts. Ein ebenso sympathischer, wie hochdekorierter Offizier. „Admired by all ranks . . ." – „Bewundert von allen Dienstgraden" –, wie ihm im Nachruf noch 35 Jahre später bestätigt wurde. Für den Berufssoldaten Mills-Roberts war jeder Flußübergang eine absolut lösbare Aufgabe. Er war mit seiner Brigade allen anderen voraus in der Normandie gelandet. Er hatte als erster über Maas und Rhein angegriffen. Er würde auch die Weser überwinden und alle anderen Flüsse, die noch kommen sollten. Tatsächlich waren es später nur noch zwei, aber seine Brigade war stets die erste auf dem feindlichen Ufer. Gegen 13.00 Uhr setzte das 46. Commando mit Sturmbooten nördlich Leese über den Fluß und ging sofort zum Angriff über. Aus britischer Sicht hatte er keinen Erfolg: „Je mehr wir vorwärts kamen, um so heftiger wurde der Widerstand der fanatischen SS-Truppen. Deshalb mußten wir uns eine Meile vor dem Dorf eingraben. Dort harrten wir bis Mitternacht aus. Dann befahl die Brigade über Funk den Rückzug in den Brückenkopf." Das SS-Bataillon 12 hatte seine Feuertaufe auch gegen einen zahlenmäßig weit überlegenen Gegner bestanden.

Der Chronist der 11. Panzer-Division urteilte: „. . . insgesamt war es ein schlechter Tag." Auch für den nächsten Tag rechneten sich die Briten offenbar keine Erfolgschancen gegen das SS-Bataillon aus. Sie gingen daher 15 Kilometer südlich von Stolzenau bei Petershagen über die Kriegsbrücke der 6. Luftlande-Division. Lediglich das 8. Bataillon der „Rifle Brigade" und die zwischenzeitlich vollständig eingetroffene „Commando Brigade" sollten das SS-Bataillon weiterhin frontal binden. Die Masse der Division sollte von Süden und Südosten angreifen. Bereits

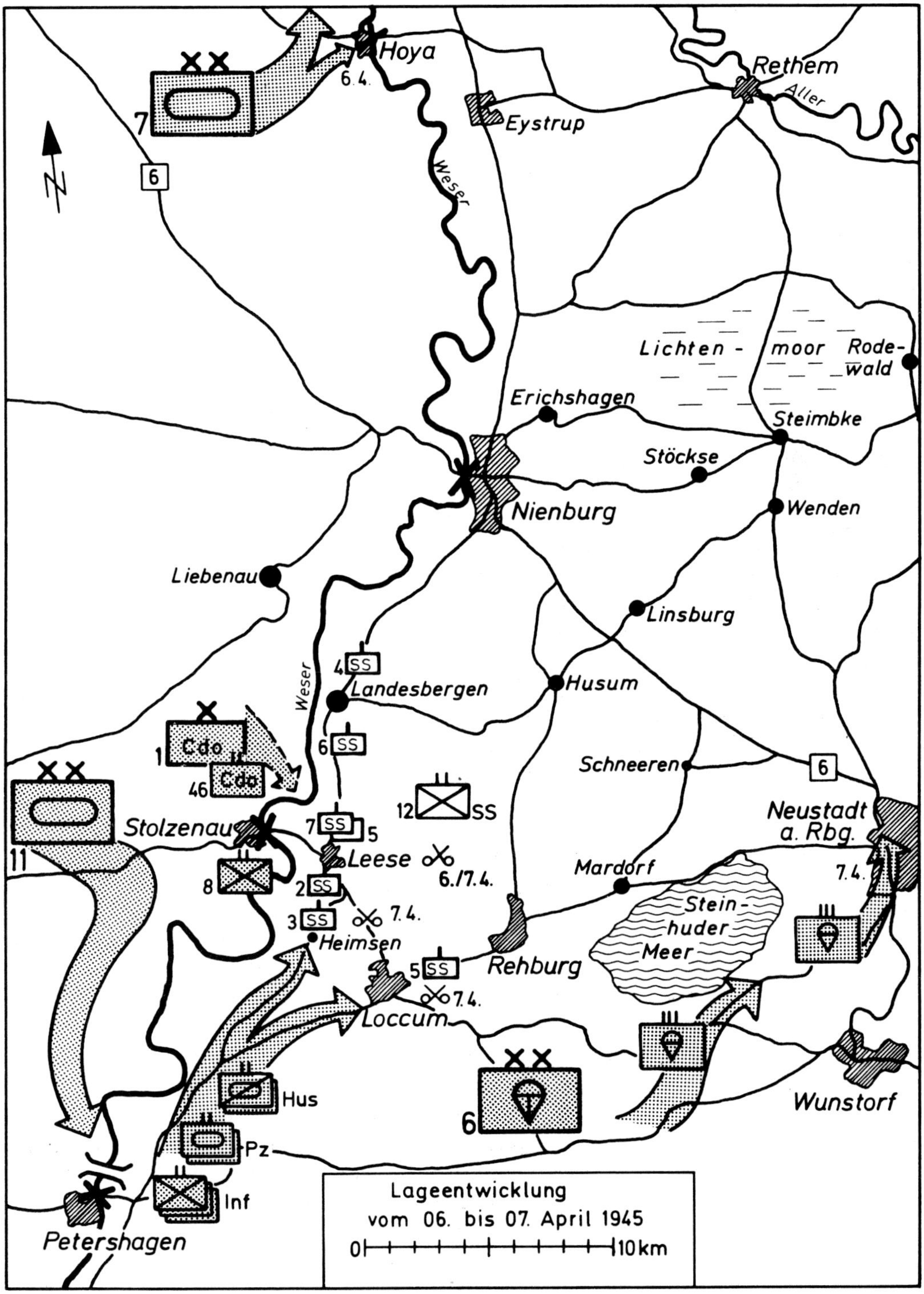
Hoya
6.4.
7
6
Rethem
Aller
Eystrup
Weser
Lichten - moor
Rode-
wald
Erichshagen
Steimbke
Stöckse
Nienburg
Wenden
Liebenau
Linsburg
4 SS
Landesbergen
Husum
Weser
1 Cdo
46 Cdo
6 SS
Schneeren
11
12 SS
Neustadt
a. Rbg.
Stolzenau
7 SS 5
Leese
8
6./7.4.
Mardorf
7.4.
2 SS
3 SS
7.4.
Heimsen
Stein-
huder
Meer
5 SS
Rehburg
7.4.
Loccum
Hus
6
Wunstorf
Pz
Inf
Petershagen
Lageentwicklung
vom 06. bis 07. April 1945
0 10km

gegen Mittag standen den SS-Soldaten die zirka 140 Panzer der beiden Aufklärungs-Bataillone in der linken Flanke. Diesen folgten zwei weitere Panzer-Bataillone und drei Infanterie-Bataillone. Insgesamt waren somit 4.800 britische Infanteristen und mindestens 280 Panzer gegen das SS-Bataillon angetreten. Hauptsturmführer Peinemann erkannte die bedrohliche Lage gerade noch rechtzeitig. Er befahl eine Kompanie nach Heimsen, eine andere nach Loccum. An beiden Orten konnte der britische Flankenstoß gestoppt werden. Hierbei kam den Deutschen vor allem das Gelände zugute. Wegen des häufig moorigen Untergrundes und vieler Waldstücke waren die britischen Verbände auf Straßen und befestigte Wege angewiesen. Ihre Überlegenheit konnten sie daher nur selten voll zum Tragen bringen. So war es auch an diesem 7. April nicht gelungen, das SS-Bataillon 12 aus Leese hinauszudrängen. Der Kriegsbrückenschlag bei Stolzenau ruhte daher noch immer. Aber das war nur die Ruhe vor dem Sturm, der am nächsten Tag Peinemanns Kompanien wegfegen würde.

In Loccum, Heimsen und Leese standen sie jeweils einem Feind gegenüber, der rein infanteristisch sechs- bis zehnfach überlegen war, von seinen Panzern, der Artillerie und der „Royal Air Force" ganz zu schweigen. Außerdem waren im Laufe des Tages zwei Regimenter der Luftlande-Division südlich am Steinhuder Meer entlang vorgestoßen. Für das SS-Bataillon stellten sie eine erhebliche Flankenbedrohung dar. Sie sperrten zusätzlich eine wichtige Rückzugsstraße nach Osten. Wenn nicht in den nächsten Stunden etwas Entscheidendes passieren würde, dann drohte den schwachen deutschen Kräften am Sonntag, dem 8. April, eine militärische Katastrophe. Sie konnten leicht an jeder Stelle durchstoßen und im Laufe des Tages vollständig aufgerieben werden.

Leese war bereits seit Tagen von seinen Einwohnern verlassen worden. Glücklicherweise, denn für die kleine Ortschaft begann die Katastrophe noch am Abend. Sie wurde sturmreif geschossen. Die Flugzeuge der „Royal Air Force" jagten ihre Raketen in Scheunen und Bauernhäuser. Die Artillerie feuerte Salve auf Salve. Als die Nacht anbrach, war Leese ein Flammenmeer. Kurz nach Mitternacht zum 9. April setzte die „Commando Brigade" mit Sturmbooten über die Weser. Insgesamt gingen 1.800 Elite-Infanteristen gegen Leese vor. Aus der noch immer brennenden Ortschaft fiel kein einziger Schuß. Dennoch riskierte Brigadier Mills-Roberts nichts.Er umging Leese im Süden und drang bei Morgengrauen von Osten in die verwüstete Ortschaft ein, – kampflos. Leese war noch vor Beginn des Luftangriffs am Vorabend von den deutschen Soldaten geräumt worden. Auch den anderen Kompanien war es im Laufe der Nacht gelungen, sich unbemerkt vom Feind zu lösen. Zurückgeblieben waren 51 Gefallene. Der spätere Gemeindedirektor Pickel schrieb in sein Notizbuch: „Es war meine erste Aufgabe als Ortsbeauftragter, sie auf dem ehemaligen Kleinbahnhof (heute Ehrenfriedhof) mit allen Ehrenbezeugungen zu bestatten."

Dennoch war eine Katastrophe zunächst vermieden worden. Aber bereits seit dem Vortag hatten stellenweise Rückzugsgefechte begonnen, die für das SS-Bataillon nicht viel besser waren. Stets versuchten die motorisierten britischen Verbände, die SS-Grenadiere zu überholen und einzukesseln. Die Deutschen nutzten ihrerseits jedes Waldstück und jede Häusergruppe, um ihren Verfolgern die Spitzenpanzer abzuschießen. Nur mit dieser Taktik gewannen sie die Zeit, die erforderlich war, um sich wieder in Eilmärschen abzusetzen und die nächste Stellung zu beziehen.

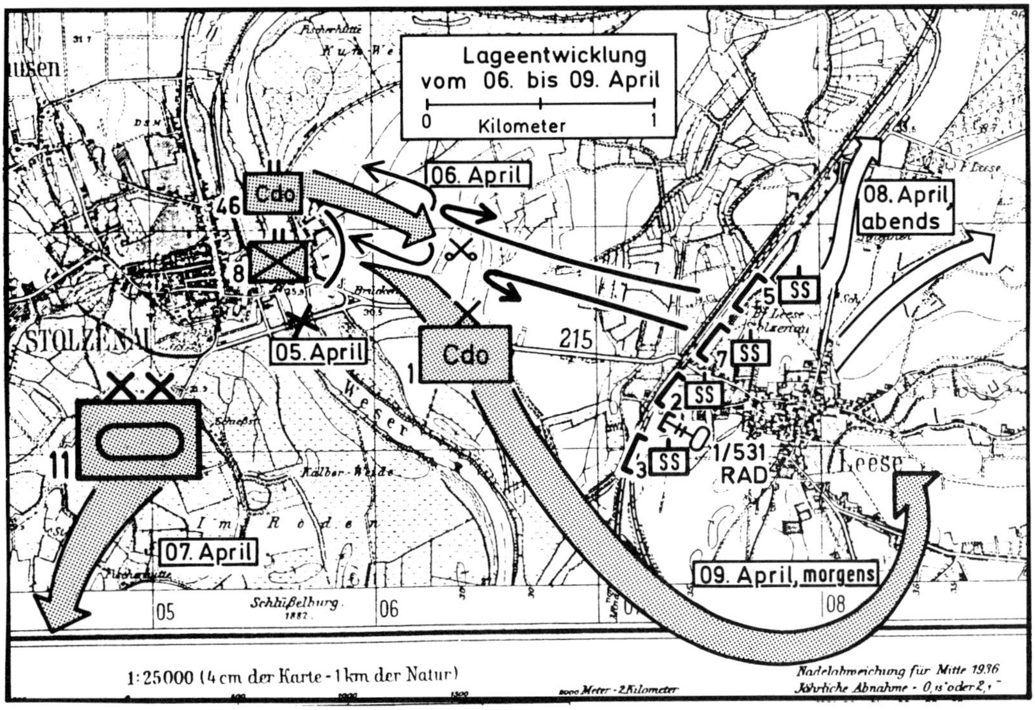

Die 159. britische Brigade bildete die rechte Angriffsgruppe. Sie bestand aus zwei Infanterie-Bataillonen, einem Panzer- und einem Panzeraufklärungs-Bataillon. Sie durchfuhr zunächst Loccum, wo am 7. April insgesamt 22 deutsche Soldaten – überwiegend durch Panzerbeschuß – gefallen waren. Diese wurden auf dem örtlichen Friedhof beigesetzt. Die anderen hatten sich in der Nacht nach Rehburg zurückgezogen. Hier wollten sie den britischen Panzern mitten im Ort auflauern. Die Bevölkerung überredete die SS-Soldaten, die ungefähr Zugstärke hatten, nicht im Ort, sondern nördlich davon in Stellung zu gehen. Bepackt mit Panzerfäusten marschierten sie zum Ortsausgang und gruben sich noch nördlich des Friedhofes Deckungslöcher. Wenig später rumpelten die Panzer des 2. Bataillons der „Fife and Forfar“ durch die Straßen von Rehburg. In der offenen Luke des ersten „Comet“ stand Kompaniechef Major E. Loram. Aufmerksam beobachtete er die Straße und die Fenster der angrenzenden Wohnhäuser, denn seit Tagen existierte ein böses Gerücht. Es hieß, daß auch Zivilisten auf britische Soldaten schießen würden. Schuld an dieser Partisanen-Meldung waren

Ehrenfriedhof Leese

Britischer „Cromwell“ nördlich Rehburg, 8. April (IWM)

die Deutschen selbst. Ihre Propaganda hatte den „Werwolf“ ausgerufen, also zum Partisanenkrieg aufgefordert. Obwohl es ihn praktisch nicht gab, glaubten die Alliierten daran. Sie wußten nämlich von ihrer Propaganda, daß diesen Deutschen absolut alles zuzutrauen war. – Major E. Loram hatte den Nordrand von Rehburg erreicht. Vor ihm lag beiderseits der Straße nach Husum offenes Weide- und Moorgelände, das nach 1.000 Metern in den Staatsforst Rehburg überging. Die Kolonne britischer „Comet“-Panzer rollte langsam auf die Stellungen des SS-Zuges zu. Die Reichweite der Panzerfäuste betrug nur 30 Meter. Aber dann verlor offenbar einer der deutschen Grenadiere die Nerven. Er zielte mit dem Karabiner auf den Kommandanten des Spitzenpanzers. Dann brach der verhängnisvolle Schuß, und Major Loram sackte tödlich getroffen in den Panzerturm. Die Briten stoppten und fuhren zum Ortsrand von Rehburg zurück.

Das nachfolgende Infanterie-Bataillon des „Herefordshire Regiment“ schwärmte aus und nahm erst zwei und später noch weitere 13 Soldaten der 5. Kompanie gefangen. Hierbei leisteten die übermüdeten und abgekämpften 17jährigen keinen Widerstand mehr. Dennoch setzte die 159. Brigade ihren Vormarsch nicht nach Norden fort, sondern drehte nach Osten auf Mardorf ein, das kurz darauf kampflos durchfahren wurde.

In Rehburg war eine Aufklärungs-Kompanie mit zwei Gruppen des „Cheshire“-Infanterie-Bataillons zurückgeblieben und sicherte in Richtung Husum, wo sich die Reste der 5. SS-Kompanie erneut zur Verteidigung einrichteten. Die 15 Gefangenen waren in Rehburg in die Tischlerei gesperrt worden. Am nächsten Morgen wurden sie gefesselt in das Moorgelände nordostwärts des Krähenberges gefahren. Als Führer diente gezwungenermaßen Tischlermeister S., den ständig eine Maschinenpistole bedrohte. In einer Moorkuhle wurden die SS-Soldaten zusammengeschlagen. Als sie am Boden lagen, eröffneten die Briten das Feuer.

Der eingeschüchterte Tischlermeister überlebte damals und offenbarte sein Erlebnis erst vor ein paar Jahren auf dem Sterbebett. Die im Moor Getöteten wurden von ihm damals nach Abzug der Briten mit einem Ackerwagen nach Rehburg gebracht, wo sie zunächst beigesetzt wurden. Später erfolgte dann ihre Umbettung nach Husum.

Major E. Loram wurde Monate nach seinem Tod auf dem britischen Soldatenfriedhof in Hannover-Ahlem bestattet.

Am 8. April traf das 1. Bataillon des „Cheshire Regiment“, das an der Spitze der 159. Brigade marschierte, in Schneeren auf Teile der 1. SS-Kompanie. Ein gut postiertes deutsches Maschinengewehr verursachte einige britische Verluste. Durch einen kühnen Angriff, den Sergeant Major Ferris mit Teilen der Stabskompanie führte, konnte dieser die MG-Bedienung ausschalten. Außerdem machte er noch einige Gefangene. Später wurde ihm hierfür das Victoria-Kreuz verliehen. Dieser Tapferkeitsorden entsprach in seiner Wertigkeit ungefähr dem deutschen Ritterkreuz.

Der weitere britische Vorstoß führte ohne nennenswerten Widerstand über Eilvese und Mandelsloh bis hart südlich Norddrebber. Dort kam es erneut zum Feuerkampf. Aber der Widerstand, den vermutlich ein Zug der 6. SS-Kompanie leistete, konnte schnell gebrochen werden. Somit hatte die verstärkte britische 159. Infanterie-Brigade an einem Tage 40 Kilometer zurückgelegt. Sie hatte hierbei aller-

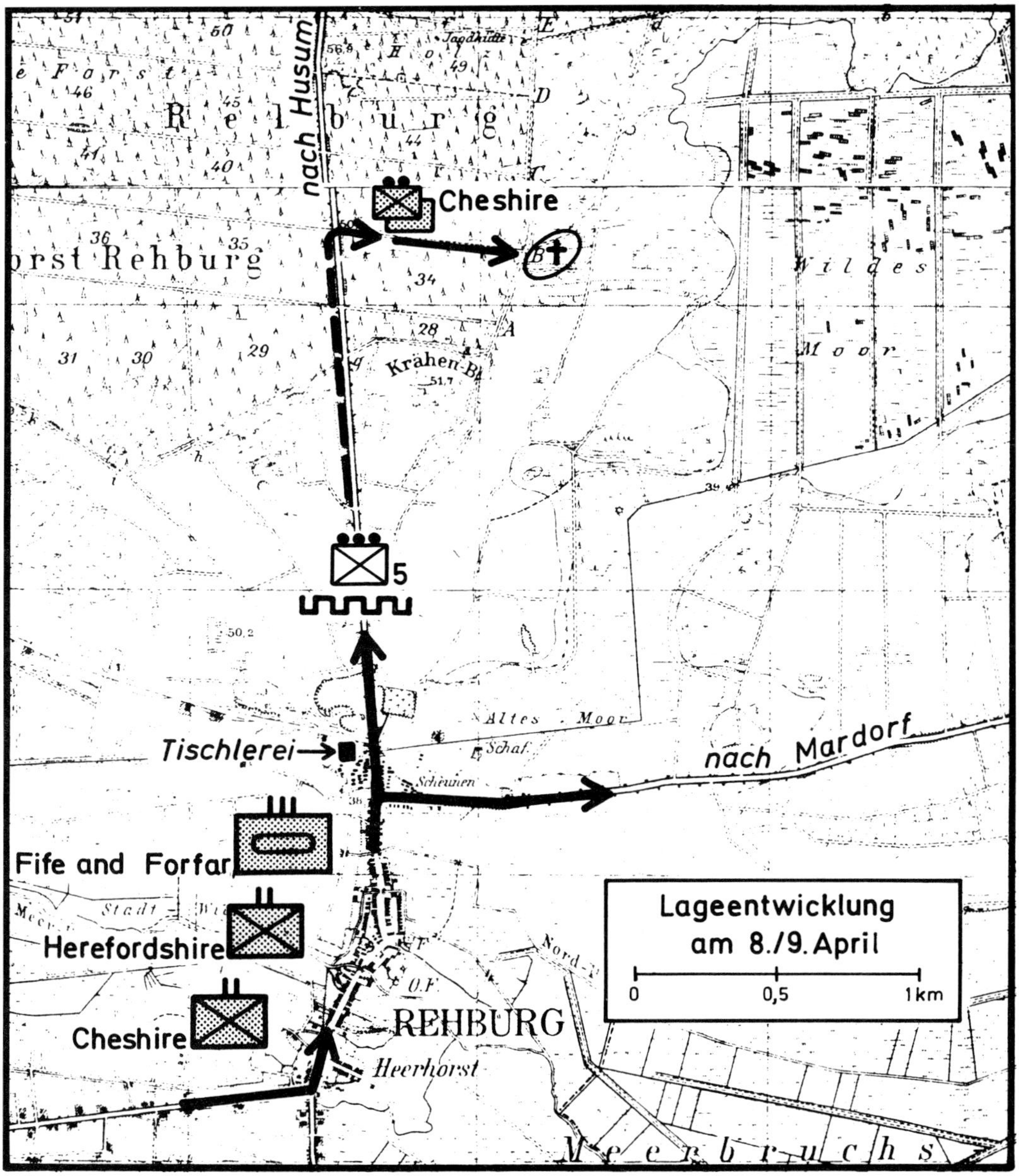

Gesprengte Leine-Brücke bei Helstorf (IWM)

dings mindestens drei Panzer und einen Teil der Besatzungen verloren und nie mehr als eine SS-Kompanie vor sich gehabt. Auch ihr eigentliches Angriffsziel, eine unzerstörte Leine-Brücke, hatte sie nicht erreicht.

Sämtliche fünf Brücken bei Basse, Helstorf, Niederstöcken und Bothmer waren von den deutschen Sprengtrupps dicht vor den britischen Panzerspitzen gesprengt worden.

Besonders dramatisch war bereits am 7. April die Sprengung der sechsten Leine-Brücke bei Neustadt am Rübenberge verlaufen. Das 7. Bataillon der 6. britischen Luftlande-Division hatte von Petershagen kommend, kurz vor Abend den Orts-

Kompaniechefs des 7. Fallschirmjäger-Bataillons: Major Frank Fraser, 1. Kompanie; Major „Tiger" Reid, 2. Kompanie; Major Bob Keene, 3. Kompanie – April '45, kurz vor Celle

rand von Neustadt erreicht. Es hätte hier ungestört zur Ruhe übergehen können. Aber irgend etwas trieb die britischen Fallschirmjäger, noch die Leine-Brücke im Handstreich zu nehmen. Vielleicht versprachen sie sich einen Vorteil von der Dunkelheit, vielleicht war es auch nur der Ehrgeiz. Immerhin hatte vor wenigen Stunden das südlich von ihnen angreifende 12. Fallschirmjäger-Bataillon die Brücke bei Bordenau unzerstört nehmen können. Warum sollte das hier in Neustadt nicht auch gelingen? Den Auftrag zum Handstreich erhielt die 2. Kompanie des Majors „Tiger" Reid. Sein Angriffsziel war die „Löwenbrücke". Mit dem 4. und dem 5. Zug voraus schlich sich der Major an der Leine entlang. Unvermutet stand er plötzlich mit seinen Männern vor der alten Bogenbrücke. Von deutschen Soldaten war nichts zu sehen und zu hören. Auf Handzeichen stürmte eine Gruppe unter Führung des stellvertretenden Kompaniechefs los. Als sie mitten auf der Brücke waren, sahen sie schemenhaft mehrere Fliegerbomben am Fahrbahnrand liegen. Die Briten hetzten weiter. Da hämmerte auf deutscher Seite urplötzlich ein Maschinengewehr. Die Gruppe hatte einige Verwundete, erreichte aber dennoch das andere Brückenende und ging in Deckung. 20 weitere Briten, die der ersten Gruppe nachgelaufen waren, befanden sich in Brückenmitte, als sie das pausenlos schießende MG zu Boden zwang. Sie lagen dicht neben den Bomben und tasteten in der Dunkelheit nach den Sprengschnüren. Sie mußten versuchen, die Zündverbindungen sofort zu unterbrechen. Da erfolgte die Detonation. Alle Briten, die sich auf der Brücke befanden, kamen zu Tode. Die Gruppe auf dem rechten Ufer hatte vier Gefallene, alle anderen waren mehr oder minder durch Sprengtrümmer verwundet worden. „Tiger" Reid war wie durch ein Wunder unversehrt geblieben. Erst jetzt erkannte er auf seiner Karte ein nahes Stauwehr. Dort ging er mit einer Gruppe über die Leine und näherte sich vorsichtig der Sprengstelle. Hier kam es noch einmal zum Feuerkampf, bei dem zwei Deutsche fielen. Diese wurden später, zusammen mit anderen, in der Nähe von Neustadt Gefallenen, auf dem Neuen Friedhof beigesetzt. Als die Reste des deutschen Sprengkommandos die Stadt geräumt hatten, konnten die Briten ihre Toten bergen. Diese wurden später auf dem „War Cemetery" in Hannover-Ahlem bestattet. Sechs Verwundete brachten sie zum nächsten Haus. Dort öffnete ihnen Frau Erika Najork. Zusammen mit ihrer Tochter Ursula versorgte sie die Verwundeten die ganze Nacht. Zwischendurch spielte sie Piano und sang dazu leise „Evening Bells". Im Laufe des nächsten Vormittags brachte ein britischer Krankenwagen aus Bordenau die Verwundeten ins Neustädter Krankenhaus.

Soldatengräber in Neustadt

Britischer „War Cemetery" in Hannover-Ahlem

Gedenktafel an der „Löwenbrücke" in Neustadt

40 Jahre später kam Major Reid mit acht anderen ehemaligen Angehörigen des 7. Bataillons nach Neustadt zurück. Gemeinsam gingen sie zu „ihrer" Brücke, die jetzt natürlich anders aussah als die gesprengte „Löwenbrücke". Sie klopften auch wieder an die Tür des alten Hauses in der Hannoverschen Straße. So wie in der Nacht des 7. April 1945 öffnete ihnen Erika Najork. Die quicklebendige 84jährige bat sie herein. Über das Folgende gibt es einen britischen Bericht: „In dem ruhigen, unveränderten Haus sprach Major Derick Reid einfache, bewegende Worte über Frau Erikas Arbeit in jener Nacht vor 40 Jahren. Im Namen des Bataillons überreichte er ihr eine einfache Erinnerungsplakette und drückte ihr unseren bisher ungesagten, verspäteten Dank und unsere unsterbliche Dankbarkeit für ihre selbstlose Hilfe aus. Das kam von Herzen, war gefühlsbetont und genau richtig. Manch einer von uns wischte sich heimlich die Augen, als die alte Dame antwortete: ‚Da gab es keine Feinde, nur junge Männer, die dringend Hilfe brauchten!'" Zwei Jahre nach dieser Begegnung ließ die Stadt Neustadt an der „Löwenbrücke" eine Gedenktafel anbringen, die auf die damaligen Ereignisse hinweist.

Im Gegensatz zur 159. britischen Brigade war die 29. Panzer-Brigade am 8. April 1945 nur 20 Kilometer vorangekommen. Dies lag vor allem an der 5. SS-Kompanie, die sich zusammen mit der vorgeschobenen Sicherung des in Nienburg stehenden Marine-Bataillons der 2. Marine-Infanterie-Division in Husum zur Verteidigung eingerichtet hatte. Als das 4. Bataillon der „Shropshire Light Infantry" in den Ort einrückte, schien zunächst alles friedlich. Doch dann brach ein höllisches Feuer los. Die Briten hatten schlagartig 15 Gefallene. Major Edwards, der die beiden ersten Kompanien führte, wurde schwer verwundet.

Ein britischer Kompaniechef berichtete über den Ortskampf: „Als uns gemeldet wurde, daß auch Zivilisten auf uns schossen, gab es kein Pardon mehr, ... und bald standen viele Häuser in Flammen. Als es dunkel wurde, waren wir sicher, daß die Deutschen aus Husum vertrieben waren." Sicherlich haben keine Einwohner in das Gefecht eingegriffen. Vielmehr hatten sie den Ort vorher fluchtartig verlassen oder befanden sich in den wenigen Kellern. Letztlich hatte jeder Ortskampf brennende Häuser und Ruinen zur Folge. Das wußten auch die Bewohner von Husum. Aber damals „... gab es kein Pardon ...", und die Flammenwerferpanzer kamen

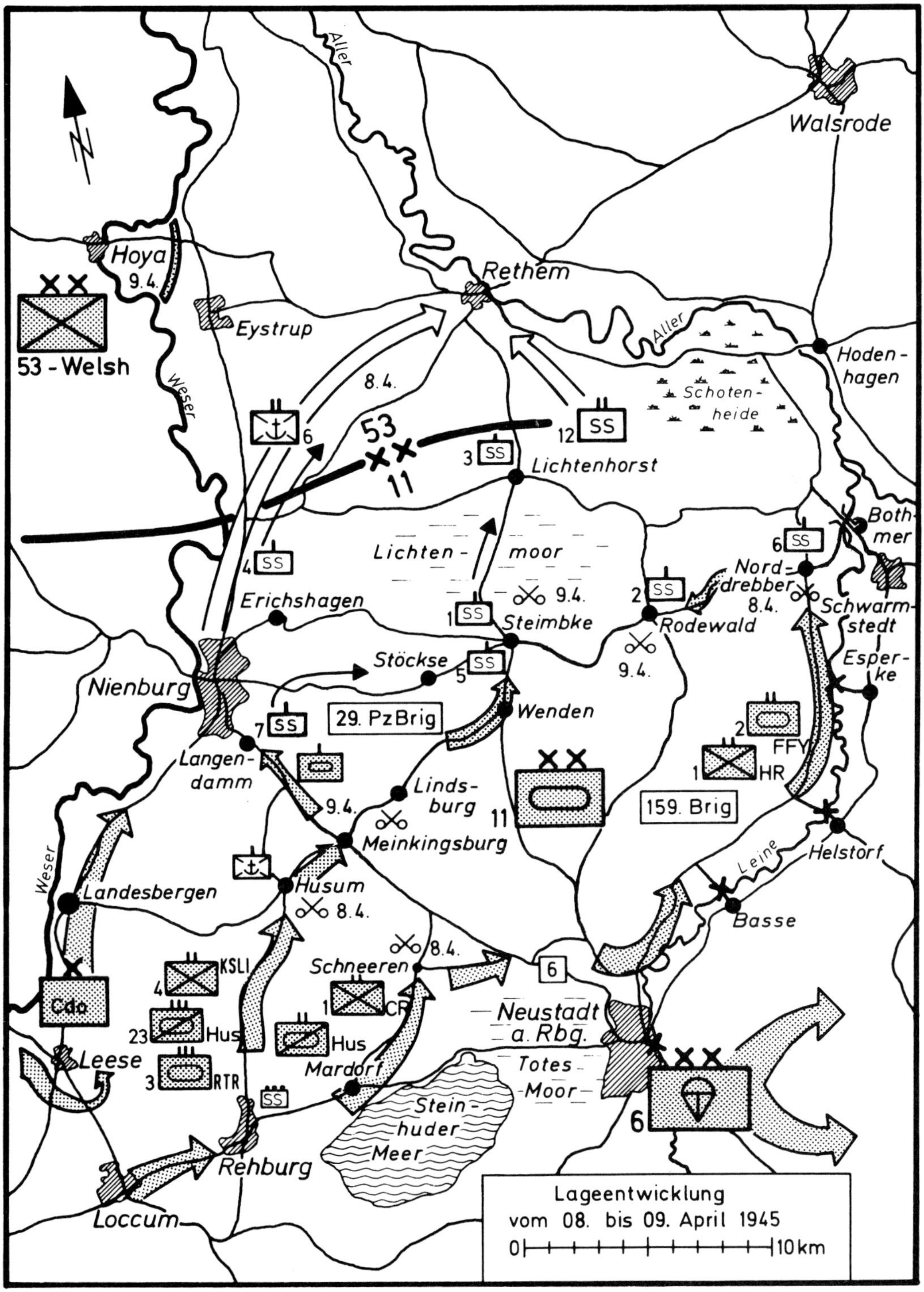

Walsrode
Hoya
9.4.
53-Welsh
Eystrup
Rethem
Aller
Weser
8.4.
53
11
6
12
SS
3
Lichtenhorst
Schotenheide
Hodenhagen
Lichten-moor
4
1
Erichshagen
Steimbke
9.4.
2
Rodewald
Norddrebber
8.4.
Bothmer
Schwarmstedt
Esperke
Stöckse
5
Nienburg
7
29. PzBrig
Wenden
Langendamm
Lindsburg
Meinkingsburg
11
159. Brig
FFY
HR
Landesbergen
Husum
8.4.
Leine
Helstorf
Basse
KSLI
Schneeren
CR
Cdo
23
Hus
Neustadt a. Rbg.
Leese
RTR
Mardorf
Totes Moor
Steinhuder Meer
Rehburg
Loccum
Lageentwicklung
vom 08. bis 09. April 1945
0
10 km

Soldatengräber auf dem Husumer Friedhof

zum Einsatz. In Husum fielen 17 deutsche Soldaten. Drei gehörten zur Marine, fünf zum SS-Bataillon 12, und neun waren bis zur Unkenntlichkeit verbrannt. Sie alle ruhen seither auf dem Husumer Friedhof.

Am nächsten Tag befahl Bataillonskommandeur Hauptsturmführer Peinemann alle erreichbaren Kompaniechefs zu einer Besprechung nach Meinkingsburg in die Gaststätte an der damaligen Reichsstraße 6, keine zehn Kilometer von Husum entfernt. Peinemanns Bataillon war zu diesem Zeitpunkt über eine Breite von 50 Kilometern verteilt. Es stand zwischen Nienburg an der Weser und Schwarmstedt an der Aller. Mit den wenigen Funkgeräten war es schon wegen der großen Entfernungen nicht mehr führbar. In unmittelbarer Nähe befanden sich nur Teile der 1.- und die 7. Kompanie. Peinemann hatte einen vom 5. April datierten Befehl erhalten, in dem es wörtlich hieß: „SS-Pz.Gr.A.Btl. 12 wird zur Weserverteidigung auf dem Ostufer des Flusses in der Linie Dreye–Verden/Aller (ausschl.) eingesetzt." Rechter Nachbar sollte dort das SS-Bataillon 18 aus Hamburg-Langenhorn sein. Der zitierte Befehl des Korps-Ems machte deutlich, wie wenig General der Infanterie Siegfried Rasp vom unterstellten SS-Bataillon 12 wußte. Das sogenannte Panzergrenadier-Bataillon verfügte über insgesamt zehn Schützenpanzerwagen mit aufmontierten Maschinengewehren. Diese Fahrzeuge hatte das Bataillon aber erst seit wenigen Tagen. Sie „gehörten" eigentlich dem Panzer-Korps „Großdeutschland". Peinemann hatte sie in Nienburg einfach gestoppt und seinem Bataillon unterstellt.

Trotzdem hatte er keine Chance, befehlsgemäß die Linie Verden–Dreye zu erreichen. Er mußte froh sein, wenn er sein Bataillon irgendwie aus dem Gewässerviereck Weser–Aller–Leine herausziehen konnte, bevor die letzte Brücke gesprengt war. Vermutlich hat er in der Meinkingsburger Gaststätte für diesen Fall etwas befehlen wollen. Aber dazu ist es wohl kaum gekommen, denn Peinemann war über die Feindlage offensichtlich völlig falsch informiert. Kaum hatte er mit seiner Besprechung begonnen, da dröhnten britische Panzer über die Reichsstraße. Es waren die vier Spitzenpanzer des 3. „Royal Tank Regiment". Ihnen folgte das 4. Bataillon der „King's Shropshires". Die SS-Offiziere stürzten aus der Gaststätte und hetzten zu ihren Männern. Bis die überraschten Deutschen einen geordneten Feuerkampf aufnehmen konnten, vergin-

Schützenpanzerwagen / Halbkettenfahrzeug

gen gefährliche Minuten. Untersturmführer G. schoß mit der Panzerfaust hintereinander zwei der vier Panzer ab und wurde selbst schwer verwundet. Der britische Kompaniechef, Captain Corvett, berichtete später: „An einer Kreuzung, ein paar Meilen von Husum entfernt, hatten unsere Panzer einen Zug der Hitler-Jugend-Division gestellt, und überall lagen tote Deutsche. Wir waren erstaunt, dort drei Krankenschwestern so nahe an der Front zu finden. Sie betreuten in einem Haus über ein Dutzend verwundeter Deutscher und wollten diese auch nicht verlassen, als wir die Verwundeten mit Sanitätsfahrzeugen abtransportierten."

Peinemann hatte trotz allem nur zehn Gefallene, die später in Linsburg beigesetzt wurden. Die Zahl der Verwundeten ist unbekannt. Außerdem hatten die Briten zirka 100 Mann gefangennehmen können. Die eigenen Verluste bezifferte Captain Corvett mit mehr als 40 Gefallenen und Verwundeten. Noch am selben Tage zog sich die 7. Kompanie bis an die Bahnlinie bei Langendamm zurück. Eine Kompanie des britischen Panzer-Regiments rasselte auf der Straße an ihr vorbei nach Nienburg.

Die Stadt sollte eigentlich verteidigt werden. Verantwortlich hierfür war der Kommandeur des Marine-Grenadier-Regiments 6, Kapitän zur See Werner Hartmann, gewesen. Der Kapitän, dessen Regiment zur 2. Marine-Infanterie-Division gehörte, hatte Nienburg erst vor wenigen Tagen mit einem seiner Bataillone erreicht. Aber der Rest kam nicht nach. Auch nicht die beiden anderen Regimenter der Division. Sie richteten sich im Zuge der Aller zur Verteidigung ein. Hartmann stand mit seinem Bataillon auf verlorenem Posten. Er konnte zwar um die Stadt kämpfen, würde aber bald eingeschlossen und zur Kapitulation gezwungen sein. Außerdem wurde er von Bürgermeister Beims bedrängt, von Widerstand abzusehen, um der Stadt den direkten Beschuß zu ersparen. Was letztlich den Ausschlag gegeben hat, ist ungewiß. Sicher ist nur, daß der Kapitän am 8. April den Abzug seiner Soldaten befohlen hatte und mit ihnen nach Norden marschiert war.

Trotzdem sind auf dem Nienburger Nordfriedhof vier Soldaten beigesetzt, die im April verstorben waren. Einer davon gehörte zum SS-Bataillon 12. Die Nienburger Bürger hatten erleichtert aufgeatmet. Jetzt, am 9. April, ging der Bürgermeister in Begleitung der Ratsherren Müller und Niestrag sowie von Direktor Nagel und Landrat v. Campe den britischen Panzern mit einer weißen Fahne entgegen. Ein britischer Offizier soll in dem später folgenden Gespräch gesagt haben: „Wir hätten um Nienburg nicht einen Tropfen Blut vergossen. Wäre die Stadt nicht

Soldatengräber in Linsburg

Soldatengräber in Nienburg

Kapitän z. S. Werner Hartmann, Kommandeur des Marine-Grenadier-Regiments 6 (hier noch Fregattenkapitän) verzichtete auf die Verteidigung von Nienburg.

Standartenoberjunker (Oberfähnrich) Szydlowski wurde am 9. April schwer verwundet und wenig später von Unbekannten erschlagen.

übergeben worden, hätte sie ein Bombergeschwader in Trümmer gelegt." Kapitän zur See Werner Hartmann ist nach dem Kriege von der Stadt Nienburg für die kampflose Übergabe der Stadt geehrt worden.

Der für Nienburg so glückliche 9. April wurde den Ortschaften Rodewald und Steimbke zum Verhängnis. In Rodewald hatte sich die 2. Kompanie des SS-Bataillons zur Verteidigung eingerichtet. Zunächst wurde sie von dem 1. Bataillon des „Herefordshire Regiment" angegriffen, wenig später traten auch die Panzer des 2. Bataillons der „Fife and Forfar Yeomanry" in das Gefecht ein. Ein britischer Panzer-Chef berichtete: „Erbitterter Häuserkampf im brennenden Rodewald . . . Die Infanterie arbeitet sich Schritt für Schritt vorwärts und feuert bis zum Einbruch der Dunkelheit, als nur noch das brennende Rodewald die Gegend gespenstisch erleuchtete. Dann war die kleine Schlacht zu Ende. In Rodewald hatten wir keine Nuß, sondern einen Granitblock zu knacken . . . Rodewald aber war eine rauchende Ruine." Acht SS-Soldaten ruhen seither auf dem örtlichen Gemeindefriedhof.

Während Nienburg übergeben wurde und der britische Angriff auf Rodewald begann, erreichte die 5. Kompanie über Stöckse die Ortschaft Steimbke. Wenig später erfolgte der Angriff der Briten. Das 23. Aufklärungs-Regiment der „Royal Hussars" und die Masse des 3. „Royal Tank Regiment" drangen in Steimbke ein und wurden zurückgeworfen. Die britischen Bataillone umstellten daraufhin den Ort von drei Seiten und begannen aus allen Rohren zu schießen. Noch zehn Jahre später erinnerten sich die Ortsansässigen: „Ein schauriges Bild bot sich bald in

Soldatengräber auf dem Friedhof in Rodewald

Soldatengräber auf dem Friedhof in Steimbke

allen Teilen des Dorfes an diesem selten schönen, sonnigen Apriltag den Augen der entsetzten Steimbker. Fenster klirrten, Balken brachen, Dächer krachten zusammen, Giebel stürzten ein. Dazwischen hörte man das Brüllen der Kühe und Rinder, die in den brennenden Gebäuden qualvoll umkamen." Kurz vor 18.00 Uhr verstummte der Gefechtslärm.

Die SS-Kompanien zogen sich nach Lichtenhorst in Richtung Rethem zurück. In Steimbke waren sechs Zivilpersonen tödlich verletzt worden. Von den Gebäuden waren 53 total zerstört, alle anderen waren unterschiedlich schwer beschädigt. In der Lokalzeitung konnte man zehn Jahre später lesen: „Den Heldentod starben 15 SS-Männer. Sie wurden auf dem hiesigen Friedhof beigesetzt." Der dienstgradhöchste Gefallene war der Standartenoberjunker Bruno Szydlowski. Er war zunächst mit Bauchschuß von Zivilpersonen in einen Erdbunker gebracht worden. Nach Beendigung des Gefechts wurde er mit einem weißen Tuch bedeckt an den Straßenrand gelegt, um auf diese Art die Briten aufmerksam zu machen und zur Hilfe zu veranlassen. Wenige Stunden später wurde der Standartenoberjunker mit eingeschlagenem Schädel tot aufgefunden. Der Täter ist unbekannt.

Über die Verluste der Briten gibt es keine Angaben. Sicherlich werden sie kaum geringer gewesen sein als die der SS-Soldaten.

Am Abend des 9. April 1945 hatte die 11. britische Panzer-Division das SS-Bataillon 12 an allen Punkten geschlagen. Seine Kompanien waren nach den kräftezehrenden Fußmärschen der letzten Tage und den ständigen Gefechten mit dem weit überlegenen Gegner vollständig erschöpft. Außerdem waren sie meist führerlos in Züge und Gruppen aufgesplittert. Alle standen mit dem Rücken zur Aller, über die es in diesem Abschnitt nur zwei Übergänge gab. Der eine war die Brücke in Hodenhagen. Da aber die 159. Brigade bereits am 8. April ihre Aufklärung bis Bothmer vorgeschoben hatte, durfte man einen Tag später nicht hoffen, die Aller-Brücke bei Hodenhagen noch ungehindert passieren zu können. Schließlich mußte auch angenommen werden, daß sie längst gesprengt worden war. So gab es für das aufgesplitterte und abgekämpfte SS-Bataillon nur den Aller-Übergang bei Rethem. Ein schnell auf der Straße nachstoßendes britisches Bataillon hätte gereicht, um es endgültig im Aller-Bogen einzuschließen und zur Aufgabe zu zwingen. Genau das schienen die SS-Grenadiere befürchtet zu haben, denn sie mieden alle festen Wege und Straßen und marschierten durch das unwegsame Lichtenmoor und die bewaldete Schotenheide. Bei einem schnellen Vorgehen der Briten auf Rethem hätte sie aber auch das nicht gerettet. Daß sie noch einmal davonkamen, verdankten sie paradoxerweise dem Operationsplan der 11. U.K. Panzer-Division. Diese hatte sich schon viel zu lange mit der Verfolgung des SS-Bataillons abgegeben. Die ihr befohlene Angriffsrichtung war Osten und nicht Norden. Sie hätte längst irgendwo zwischen Schwarmstedt und Neustadt auf dem rechten Leineufer stehen sollen. So brachen die Briten die Verfolgung ab. Die SS-Grenadiere, die das nicht bemerkten, hetzten weiter durch Moor und Wald. Das war ihr Glück. Wenn ihnen auch von der 11. U.K. Panzer-Division keine Gefahr mehr drohte, so gerieten sie jetzt jedoch auf dem kürzesten Wege in den Gefechtsstreifen der 53. „Welsh Division". Diese hatte bereits Hoya besetzt und einen Brückenkopf gebildet, aus dem heraus sie am nächsten Tage Rethem angreifen wollte. Nur sehr knapp vor ihren Angriffsspitzen gelangten die SS-Grenadiere in Rethem über die Aller. In dem Ort hatte sich offensichtlich ein Marine-Grenadier-Bataillon zur Verteidigung eingerichtet. Die SS-Soldaten zogen weiter bis nach Kirchboitzen. Dort sammelten sich einige ihrer Kompanien. In der 1985 erschienenen Ortschronik werden sie erwähnt. Eine Kirchboitzener Einwohnerin berichtete: „Im Keller eines Nebengebäudes hatten wir uns einen kleinen Schutzraum eingerichtet, der besonders abgestützt war . . . Die jungen SS-Soldaten, die im ganzen Haus einquartiert waren, lachten uns allerdings aus, wenn ich versuchte, mich mit meiner damals ¾ Jahre alten Tochter dort in Sicherheit zu bringen. Tatsächlich wurde dieser Unterschlupf auch später durch einen Bomben-Volltreffer zerstört." Eine andere Einwohnerin erinnerte sich an recht unerfreuliche Einzelheiten: „Ab Anfang April kamen immer mehr Soldaten ins Dorf, manche einzeln, manche in Gruppen. Einige waren SS-Angehörige, die meisten aber von Marine-Einheiten. Sie sahen abgekämpft aus . . . Unsere Zimmer wurden beschlagnahmt und später auch die Küche. Wir konnten uns kaum noch ein richtiges Essen kochen. Einige Soldaten wurden auch dreist und frech und holten sich Fleischdosen aus dem Keller. Wir kochten Eintopf in einem großen Waschkessel, damit alle einigermaßen satt wurden." Das wohl unangenehmste Erlebnis hatte eine dritte Augenzeugin. Sie schrieb: „In der Nacht zum 11. April verlangten SS-Soldaten mit vorgehaltener Pistole die Pferde von mir. Dieses verwehrte ich ihnen, mußte aber am nächsten Morgen feststellen, daß unser Kastenwagen mit hohen Flächten mitgenommen worden war." Bataillonskommandeur Peinemann hatte allen erreichbaren Kompanien befohlen, sich schnellstens im Raum Ostenholz-Westenholz und Hademstorf-Eickeloh zu sammeln. Die Reste seines Bataillons sollten am rechten Allerufer erneut zum Einsatz kommen. Für die meisten bedeutete das nochmals einen Fußmarsch von 40 Kilometern.

Die Kampfgruppe „Wiking“ in Hannover

Hauptsturmführer Karl Nicolussi-Leck

Die SS-Panzer-Division „Wiking" kämpfte in Ungarn. Ihre Ausfälle an Personal und Panzern waren hoch. Um wenigstens die materiellen Verluste teilweise auszugleichen, wurde ein Panzer-Abholkommando von Györ in Ungarn im Bahntransport nach Hesselteich bei Gütersloh geschickt. Das Kommando war ca. 150 Mann stark und wurde von dem Ritterkreuzträger Hauptsturmführer Karl Nicolussi-Leck geführt. Der Südtiroler hatte sich 1940 freiwillig zur Waffen-SS gemeldet, „weil diese den Anspruch erhob, eine Eliteeinheit zu sein."

Seit 1941 war er an der Ostfront fünfmal verwundet worden. Ende März 1944 hatte er einen seiner riskantesten Aufträge erhalten. Er sollte mit einem Panzer-Bataillon in das von den Sowjets eingeschlossene Kowel vorstoßen. Die Stadt wurde nur von deutschen Versorgungstruppen gehalten. In ihr befanden sich 2.000 verwundete Soldaten. Wegen der starken feindlichen Kräfte hatte Nicolussi-Leck nach kurzer Zeit ein Drittel seiner Panzer verloren. Daraufhin erhielt er den Befehl zum Rückzug. Der Hauptsturmführer, der in Funkverbindung mit den Eingeschlossenen stand, setzte seinen Angriff trotzdem fort. Nach 18stündigem Kampf gelang ihm mit der Hälfte seiner Panzer der Einbruch nach Kowel. Er hielt die Stadt, bis der sowjetische Einschließungsring acht Tage später endgültig durch ein deutsches Panzer-Korps aufgebrochen wurde. Nicolussi-Leck erhielt das Ritterkreuz.

Einer der Verwundeten schrieb ihm Jahrzehnte später: „... ich bin einer von den rd. 2.000 armen Kreaturen, die in der Festung Kowel eingeschlossen waren und die dank Ihres mustergültigen Einsatzes heute noch unter den Lebenden weilen ... Mit sehr, sehr dankbaren Grüßen ..."

Am 2. April 1945 schickte Nicolussi-Leck den finnischen Obersturmführer Ola Olin mit 30 Mann nach Harsewinkel. Er sollte erkunden, wie man weiter nach Paderborn kommen könne, wo die erhofften Panzer übernommen werden sollten. Als Olin Harsewinkel erreichte, rollten ihm die Spitzenpanzer der 5. U.S. Panzer-Division entgegen. Es kam zu einem ersten Feuerkampf und dem ersten Gefallenen des Kommandos auf deutschem Boden.

Der erste Gefallene der Kampfgruppe „Wiking" in Harsewinkel (SAS)

Über Versmold und Melle zogen sich die SS-Soldaten geschlossen nach Lübbecke zurück. Dort beschlagnahmten sie drei Holzgas-Lkw. Am 4. April waren Nicolussi-Leck und seine Männer in Minden. Der größere Teil der Stadt war bereits feindbesetzt. Diesmal waren es Briten. Eine der Brücken über den Weser-Elbe-Kanal war noch nicht gesprengt worden, obwohl Oberst Wiese, der Kommandant der Weser-Übergänge, noch immer darauf drängte; sehr zum Leidwesen von Bürgermeister Dr. Holle. Da die Sprengladungen aber bereits angebracht waren, konnte die Sprengung auch durch Beschuß ausgelöst werden. Obersturmführer Olin suchte sich zwei Mann aus und nahm sich ein Scharfschützengewehr mit Zielfernrohr. In Nähe der Brücke stieg er auf das Dach eines mehrstöckigen Hauses. Aber er konnte keine Sprengladungen entdecken. Dicht an der Brücke stand ein weiteres Haus. Dort kam es zu einer Szene, die kitschig wäre, hätte sie nicht tatsächlich stattgefunden. Eine offensichtlich ältere Frau stand – von Weinkrämpfen geschüttelt – vor der Tür. Plötzlich kam eine Gruppe britischer Soldaten die Straße herunter. Sie trugen bordeauxrote Baretts. Es waren Fallschirmjäger der 6. U.K. „Airborne Division". Sie gingen auf die weinende Frau zu. Olin nahm den ersten von ihnen ins Fadenkreuz. Die Entfernung betrug weniger als 120 Meter. Der Soldat im Zielfernrohr war dicht vor der Frau stehengeblieben. Dann strich er ihr vorsichtig über beide Wangen. Olin war betroffen: „Ich hatte seinen Kopf im Fadenkreuz. Doch wer hätte da schießen können."

Obersturmführer Ola Olin, hier noch als Untersturmführer

Wenig später erschien ein deutscher Wehrmachts-Lkw und kurz darauf ein deutscher Panzer IV. Der Panzer war mit Briten besetzt. Seine Sprenggranate riß das Führerhaus des Lkw auseinander. Fahrer und Beifahrer lagen sterbend auf der Straße. Olins Männer, die im Erdgeschoß verblieben waren, hatten Panzerfäuste dabei. Ihr erster Schuß war ein Volltreffer. Der deutsche Panzer IV brannte aus.

Am nächsten Tag fuhr das noch immer panzerlose Abholkommando durch Bückeburg. Von der Bevölkerung hörten sie, daß in der Nähe ein Fahrzeug-Depot sei. Der Hauptsturmführer ließ dort 13 Schützenpanzer besetzen. Zwei waren mit 2 cm Maschinenkanonen ausgerüstet.

Am 6. April war die Kampfgruppe „Wiking" in Hannover. Einer von ihnen erinnert sich: „Unsere Fahrt durch die Stadt war ein Triumphzug. Die Menschenschlangen, die vor den wenigen unzerstörten Geschäften standen, winkten und jubelten uns zu. Wir glaubten fast, den Krieg gewonnen zu haben."

Die einst stolze Gauhauptstadt an der Leine war zu einer riesigen Trümmerwüste geworden. 80 Prozent aller Gebäude waren beschädigt oder zerstört. Zirka 5.000 Menschen waren in den Trümmern und brennenden Straßen grauenvoll umgekommen. Mindestens 250.000 waren obdachlos. Sie wurden aus Großküchen notdürftig versorgt und lebten in Kellern oder in einem der 50 Großbunker.

Den ersten schweren Bombenangriff hatte Hannover am 26. Juli 1943 erlebt. Ihm waren 13 weitere gefolgt. Der letzte hatte am 28. März stattgefunden. Die gesamte Bombenlast, mit der Hannover im Laufe der Jahre belegt worden war, betrug ungefähr 30.000 Tonnen. Trotzdem war die Rüstungsindustrie weitergelaufen. Erst beim letzten Luftangriff war es gelungen, die Reifenproduktion bei Conti und die Misburger Ölraffinerien fast vollständig zu zerschlagen.

„Liberators" („Befreier") werfen Bomben auf Hannover. (IWM)

Die „Conti" brennt. Die Rauchwolken sind fast sieben Kilometer hoch. (IWM)

Für die Verteidigung von Hannover war Generalmajor Paul Loehning, ehemaliger Standort-, jetzt aber Kampfkommandant, verantwortlich. Der in Luxemburg gebürtige Loehning war bei Kriegsbeginn Oberst und Regimentskommandeur gewesen. 1940 übernahm er die 193. Division, wurde zum Generalmajor befördert und gab das Kommando nach drei Monaten wieder ab. Von da an begann seine Laufbahn als Stadtkommandant. Erst in Poltawa, dann in Stalingrad und Charkow. Seit 1943 residierte er im Friederikenschlößchen am Waterloo-Platz. Die kurze Verwendungszeit als Divisionskommandeur ist ebenso auffällig wie der Mangel an irgendeiner Tapferkeitsauszeichnung. Nach sechs Jahren Krieg war das für einen Offizier im Generalsrang ungewöhnlich. Loehning trug kein Eisernes Kreuz, kein Deutsches Kreuz und auch kein Ritterkreuz. Generalmajor Loehning war absolut untypisch.

Nun aber hatte er Hannover zu verteidigen. Hierzu verfügte er über ein Genesenen-Bataillon von ca. 700 Mann und ungefähr 400 schlecht ausgerüstete Feuerwehrmänner. Außerdem sollten in Hannover 25 Volkssturm-Bataillone stehen. Von ihnen ist keines zum Einsatz gekommen. Die einzig ernstzunehmende Truppe, über die Loehning zunächst verfügte, war das Flak-Regiment 25. Es unterstand der 8. Flak-Brigade und wurde von Oberstleutnant Wilhelm-Gerhard Röttger geführt. Röttger befehligte eine nicht genau bekannte Zahl von Flak-Batterien aller Kaliber. Anfang 1945 sollen sie rund um Hannover über insgesamt 258 Rohre verfügt haben. Sie hatten bisher Hannover gegen Luftangriffe verteidigt und hielten sich zugute, jeden zehnten feindlichen Bomber abgeschossen zu haben. Diese Geschütze sollten nun im Erdkampf eingesetzt werden. Vor allem die 8.8 und die 10.5 Flak hatten wegen ihrer rasanten Flugbahn und großen Treffgenauigkeit gute Erfolgsaussichten gegen feindliche Kampfpanzer bereits auf 2.000 Meter, sofern das Schußfeld so weit reichte, und auch dann nur für den ersten Schuß. Wenn die letztlich unvermeidbare Duellsituation eintrat, gab es für ein Flak-Geschütz keine Chance. Den feindlichen Panzern und der Artillerie reichte dann ein relativ ungenauer Beschuß mit Sprengmunition, um die ungeschützte Flak-Bedienung niederzukämpfen.

Röttgers Mannschaften waren bunt gemischt. Sie bestanden aus Schülern der Mittel- und Oberschulen, aus sowjetischen Hilfswilligen (Hiwis) und einem kleinen Kern erfahrener Flak-Soldaten. In den Telefonzentralen, an den Radargeräten und den Suchscheinwerfern standen fast ausschließlich hannoversche Frauen. Sie nannten sich Flak- und Luftnachrichtenhelferinnen.

Als Hauptsturmführer „Nico", wie er von seinen Männern genannt wurde, mit seinen 13 Schützenpanzerwagen umjubelt durch das zerbombte Hannover fuhr, verließ der Kampfkomman-

Oberstleutnant Wilhelm-Gerhard Röttger, Kommandeur Flak-Regiment 25

Hannover im April 1945 (SAS)

dant das leicht gebaute Friederikenschlößchen und richtete seinen Gefechtsstand im Bunker des Gaugefechtsstandes am Schützenplatz ein. „Nico“ meldete sich bei dem General; vermutlich über Funk. Er erhielt den Befehl, am nächsten Morgen im Verlauf der Reichsstraße 6 nordwestlich Stöcken so in Stellung zu gehen, daß er sowohl die Reichsautobahn als auch die Brücken über den Weser-Elbe-Kanal überwachen könne. Die Kampfgruppe der SS-Division „Wiking“ übernachtete zunächst in der Bothfelder „Prinz-Albrecht-Kaserne“ und bezog am nächsten Tag zwischen der Ziegelei bei Berenbostel und dem ehemaligen Staatsforst Marienwerder Stellungen in westliche Richtung. Von dort wurde der Angriff der 84. U.S. Infanterie-Division erwartet.

Am Morgen des 8. April erfuhr die Kampfgruppe von einem Angestellten der Hanomag, daß auf deren Fabrikgelände mehrere einsatzbereite Panzer stünden. Der Hauptsturmführer fuhr unverzüglich mit ein paar schnell zusammengestellten Panzerbesatzungen zur Hanomag an den „Schwarzen Bären“. Tatsächlich standen dort sieben fabrikneue „Jagdpanther“ und ein Bergepanzer. Allerdings fehlte es an Zieloptiken, an Munition und Treibstoff. Mehrere Lkw wurden zum Depot nach Scheuen bei Celle geschickt. Mittags waren sie mit Munition und Optiken zurück. Auch Sprit hatte aufgetrieben werden können. Nachmittags begann das Anschießen der überlangen 8.8 cm Kanonen. Abends schossen alle sieben „Jagdpanther“ auf 1.500 Meter „Fleck“. Die Kampfgruppe „Wiking“ war damit die einzige bewegliche und gepanzerte Einheit, die zur Verteidigung von Hannover verfügbar war.

Generalmajor Alexander R. Bolling, Kommandeur der 84. U.S. Infanterie-Division (auf dem Foto bereits Generalleutnant)

Hannover lag im Gefechtsstreifen der 84. U.S. Infanterie-Division. Ihr Kommandeur, Generalmajor Alexander R. Bolling, hatte seinen Gefechtsstand in Bad Nenndorf eingerichtet. Er war hoch dekoriert und galt berechtigt als versierter Taktiker. Ihm unterstanden drei Infanterie-Regimenter, ein Artillerie-Regiment sowie die entsprechenden Kampfunterstützungs- und Versorgungseinheiten. Insgesamt 15.300 Soldaten, die zusätzlich durch das 771. Panzer-Bataillon mit 53 Kampfpanzern verstärkt worden waren. Die Angriffsspitzen der Division standen am 8. April südwestlich Hannover bei Weetzen. Bollings Operationsplan sah also offensichtlich einen konzentrischen Vorstoß entlang den Reichsstraßen – heute Bundesstraßen – 65, 217 und 3 vor. Alle drei Straßen mußten den Angriff unweigerlich in das Zentrum Hannovers führen.

Der Angriff der 84. U.S. Infanterie-Division hätte am 9. April, morgens beginnen können. Doch er blieb aus, weil das 2. Bataillon des 333. Regiments noch am späten Abend des Vortages einen Gefangenen gemacht hatte. Einzelheiten über diesen Mann verrät die Geschichte der Division nicht, wohl aber, daß er eine Karte bei sich hatte, in die der Verteidigungsplan Hannovers „sehr genau eingezeichnet war". Es ging daraus hervor, daß der deutsche Abwehrschwerpunkt im Süden und Südwesten der Stadt lag. Ob die „genauen" Einzeichnungen auch zutreffend waren, ist zwar nicht mehr zu rekonstruieren, aber doch wohl fraglich. So berichtet z. B. die Dokumentation „Hannover zwischen Null und Neubeginn" von einem einzigen 7.5 Pak-Geschütz, das kurzfristig versuchte, einen amerikanischen Panzerangriff aufzuhalten. Dieses einzelne Geschütz stand bei Hemmingen, also dort, wo u. a. der Verteidigungsschwerpunkt liegen sollte.

General Bolling, der seinerzeit der erbeuteten Lagekarte glaubte, gliederte am 9. April seine Regimenter um. Hannover hatte noch einen Tag „gewonnen". Das durch Panzer und Panzerjäger „M-10" verstärkte 334. Regiment sollte bis zum Abend die Ortschaft Engelbostel besetzen. Das 333. Regiment, ebenfalls verstärkt, sollte sich im Raum Meyenfeld konzentrieren.

Den kürzesten Weg hatte das verstärkte 335. Regiment. Es war bereits am späten Vormittag im Raum Kirchwehren. Die deutschen Flak-Batterien bei Dedensen und Lathwehren wurden nach kurzem, vermutlich erfolglosem Feuerkampf von ihren Besatzungen gesprengt und aufgegeben. Acht deutsche Soldaten ruhen seither auf dem Friedhof in Dedensen. Dem 335. Regiment lagen damit nur noch eine Batterie in Harenberg gegenüber sowie schwache Infanteriekräfte am Westufer der Leine. Oberstleutnant Röttger, der sich die weitere Lageentwicklung leicht ausrechnen konnte, verlegte seinen Gefechtsstand vom Heister Berg nach Langenhagen. Die linke Flanke der 84. U.S. Infanterie-Division sollte durch das Panzeraufklärungs-Regiment 11 (11th Cavallery Group) des XIII. U.S. Korps gesichert werden. Divisionskommandeur Bolling wußte das zu schätzen. Er hatte eine sehr gute Meinung von Regimentskommandeur Colonel Fierson. Zu einem Verbindungsoffizier sagte er: „Ich sorge mich überhaupt nicht, weil ich weiß, daß Fierson dort draußen ist und auf meine Flanke achtet." Bolling hatte recht. Ohne Fierson hätte er am 9. April seine Ausgangsposition nördlich Hannover nie erreichen können. Der Grund hierfür war noch einmal die „genaue" Lagekarte, in der vermutlich alle ortsfesten Flak-Batterien eingezeichnet waren.

Soldatengräber in Dedensen

„Jagdpanther" mit 8.8 cm Kanone

Was aber vollständig fehlte, war der schlagkräftigste deutsche Verband, den es in Hannover gab: Die Kampfgruppe „Wiking". Hauptsturmführer „Nico" war am frühen Morgen mit seinen 13 Schützenpanzern und sieben „Jagdpanthern" weiter in nordwestliche Richtung vorgegangen. Er besetzte Frielingen und zunächst auch Ricklingen. Eine bemerkenswerte Maßnahme. Die Kampfgruppe hatte damit die starken Stellungen am Weser-Elbe-Kanal aufgegeben, aber nun auch die Möglichkeit erhalten, feindliche Vorstöße über die Leine-Brücke bei Bordenau und Ricklingen zu bekämpfen. Außerdem war das zu erwartende Gefecht um Hannover so weit nach Westen verlagert worden, daß die Stadt zumindestens zunächst nicht in die Kampfhandlungen einbezogen würde. Es ist bis heute ungeklärt, ob die Kampfgruppe aus eigenem Entschluß gehandelt oder General Loehning den Befehl hierzu gegeben hatte. Sicher war jedoch, daß die Amerikaner aufgrund ihres geänderten Kräfteansatzes nunmehr auf die stärkste deutsche Einheit im Raum Hannover treffen mußten. Anderenfalls hätte Bollings Division ohne ernsthaften Widerstand in die Gauhauptstadt einrücken können.

Den Preis für dieses taktische Phänomen zahlte der wackere Colonel Fierson. Als seine ersten Spähtrupps am Südufer der Leine in Richtung Ricklingen fuhren, gerieten sie ins Fadenkreuz von drei „Jagdpanthern", die am Ortsrand in versteckten Stellungen standen. Deren Besatzungen waren hartgesotten. Sie hatten in Rußland und Ungarn stets in unterlegener Zahl gekämpft. Jetzt saßen sie in nagelneuen Panzern und waren gut versorgt. Außerdem kämpften sie auf deutschem Boden. – Jeder Schuß wurde ein Treffer. Colonel Fierson nahm das Gefecht trotzdem an. Er ließ Ricklingen mit Artilleriefeuer eindecken und führte weitere Kompanien vor. Die „Jagdpanther", die nichts mehr sehen konnten, wichen nach Nordosten bis zur Ortschaft Horst aus. Die amerikanischen Panzeraufklärer hatten gewonnen. Sie besetzten Ricklingen.

Dann versuchten sie den weiteren Vorstoß. Zuerst nach Nordosten, dann nach Osten, schließlich nach Norden. Sie scheiterten in allen Fällen. Der Brückenkopf Ricklingen ging in die Regiments-Geschichte ein. Während des gesamten Weltkrieges hatte die „11th Cavallery Group" nur an der Weser bei Bevern ähnlich harte Kämpfe zu bestehen. Am 9. April stellten sie ihren Angriff auf Horst ein. Sie hatten ca. 20 Kampffahrzeuge verloren. Trotzdem gab Colonel Fierson den Kampf nicht auf. Er wußte, daß General Bolling Hannover nur angreifen konnte, wenn der Weg über die Leine frei war. Er schickte seine Kompanien nach Bordenau. Die dort unzerstörte Leine-Brücke, die bereits der 6. und auch der 11. U.K. Division gedient hatte, sollte nun auch seinen Angriff vorwärts bringen.

Bis Bordenau ging alles gut. Aber als er von dort auf Frielingen vorgehen wollte, zog er wiederum den kürzeren. Seine Spitzenpanzer wurden auf Höchstschuß-

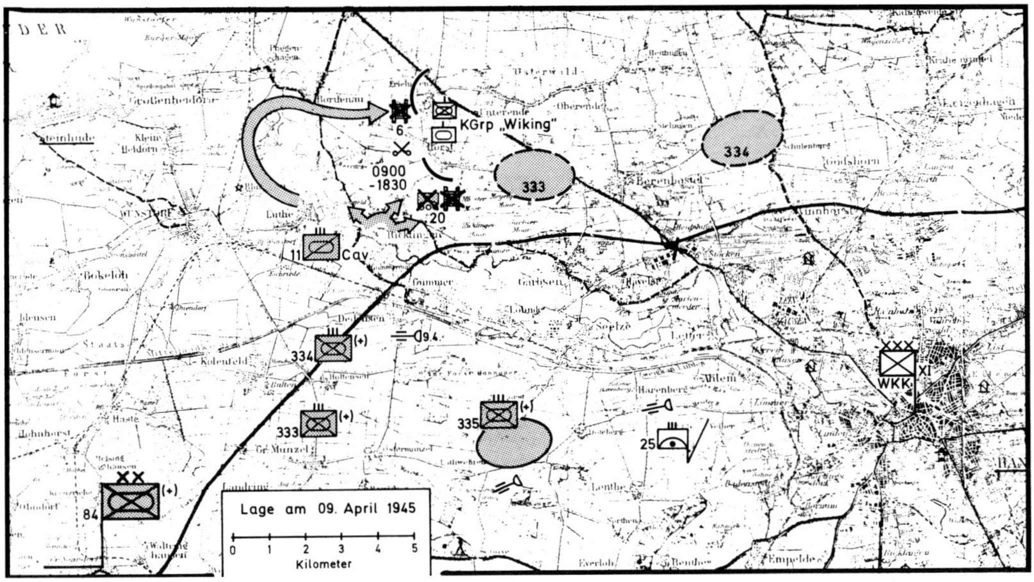

entfernung von den restlichen vier deutschen „Jagdpanthern“ unter Beschuß genommen. Die amerikanischen Verlustziffern sind nicht sicher. Bekannt ist jedoch, daß der exponierteste „Jagdpanther“ sechs Feindpanzer abschoß, bevor er selber getroffen wurde. Zusätzlich hatte die Kampfgruppe „Wiking“ noch einen Schützenpanzer verloren.

Colonel Fierson stellte seinen Angriff ein. Er wartete auf Bollings Regimenter. Zuerst rollte das 334. Regiment durch den Brückenkopf Ricklingen. Als es den Ort verließ, eröffneten die drei 8.8 Kanonen der „Jagdpanther“ aus Horst das Feuer. Drei „Sherman“ brannten. Generalmajor Bolling, der nicht wissen konnte, daß sich seine verstärkte Division mit zwei SS-Kompanien herumschoß, zog endlich die Konsequenzen. Er befahl seinen vier Artillerie-Bataillonen Feuerschläge auf Frielingen und Horst. Wenig später standen beide Ortsränder in Flammen. Die Kampfgruppe „Wiking“, die schätzungsweise 30 feindliche Kampffahrzeuge abgeschossen hatte, mußte sich endgültig zurückziehen.

Nachdem sie die Autobahn überquert hatte, stand sie vor der inzwischen gesprengten Kanalbrücke. Sie fuhr also nach Osten und bezog Stellung zwischen Vinnhorst und Nordhafen.

Ohne weitere Kampfhandlungen erreichte die 84. U.S. Division die Ortschaften Engelbostel und Meyenfeld. Colonel Fierson bezog in Wunstorf seinen neuen Gefechtsstand. Ungefähr zum selben Zeitpunkt sollen Oberbürgermeister Börner, Regierungspräsident Binding und Polizeipräsident Deutschbein bei General Loehning erschienen sein. Sie hätten den Kampfkommandanten gebeten, von einer Verteidigung der Stadt abzusehen. Loehning habe daraufhin mit seinen vorgesetzten Dienststellen telefoniert und von diesen den eindeutigen Befehl erhalten, Hannover auf jeden Fall zu verteidigen; anderenfalls müsse er mit einem Kriegsgerichtsverfahren gegen sich rechnen. Von Generalmajor Loehning wird wiederum behauptet, er habe trotzdem zu Oberbürgermeister Börner gesagt: „Gehen Sie ruhig nach Hause, Hannover wird nicht verteidigt.“ Merkwürdigerweise erfuhren die Soldaten von Loehnings Absicht nichts.

Flak-Regiment 25, Kampfgruppe „Wiking“, das Feuerwehr-Bataillon und das Genesenen-Bataillon warteten auf den amerikanischen Angriff. Dieser begann noch im Laufe der Nacht mit einem Artillerie-Störfeuer, das ungefähr zwei Stunden dauerte und die Bevölkerung einiger Stadtteile in die Keller zwang. Zum eigentlichen Angriff traten die Regimenter noch vor Morgengrauen an.

Es war bestes Angriffswetter, denn es herrschte ein fast undurchdringlicher Nebel. Das von Westen angreifende 335. Regiment traf zwischen dem Zweigkanal-Linden und der Bahnüberführung erstmalig auf Widerstand. Eine aus 75 Soldaten bestehende Infanterie-Kompanie warf die beiden amerikanischen Spitzenzüge zunächst über die Brücke zurück. Die Amerikaner versuchten keinen weiteren Infanterie-Vorstoß, was sicherlich richtig war. Die Deutschen blieben in ihren nunmehr erkannten Stellungen. Das war ein Fehler. Die Mörser-Batterie des 335. Regiments schoß Trommelfeuer. Als das Regiment ca. eine Stunde später mit Panzern vorging, zählte es 29 Tote. Die anderen waren geflohen; viele von ihnen sicherlich verwundet. Die Gefallenen wurden u. a. auf dem Garnisonsfriedhof beigesetzt. Der weitere Vormarsch durch die Limmer Straße bis zum Küchengarten ins Stadtzentrum verlief ohne Feindberührung.

Die Bevölkerung sah aus den Fenstern und stand auf der Straße. Keine weißen Fahnen, kein Jubel. Trotzdem wurde noch einmal geschossen. Nahe der Kleingartenkolonie Limmer starb ein alter Mann, der angeblich in seinen Garten wollte. Der nebelige Morgen war ihm zum Verhängnis geworden.

Das aus Meyenfeld angreifende 333. Regiment fand vermutlich westlich der Reichsstraße 6 eine unzerstörte Brücke über den Weser-Elbe-Kanal. Gegen 06.00 Uhr war es auf dem Industriegelände südlich des Kanals. Dort ereignete sich das einzige Vorkommnis, bevor das Regiment in das Zentrum von Hannover fahren konnte. Ein polnischer Zwangsarbeiter berichtete den Amerikanern von einem deutschen 2 cm Flak-Geschütz, das in unmittelbarer Nähe in Stellung sei. Ein amerikanischer Spähtrupp umging diese Stellung. Kurz darauf waren drei Mann der Geschütz-Bedienung gefallen, die beiden anderen wurden gefangengenommen. Das 334. Regiment war bereits um 02.00 Uhr angetreten und sehr vorsichtig von Engelbostel über Schulenburg nach Süden vorgegangen. Ihre Aufklärung meldete wenig später einen deutschen „Jagdpanther“, der unter der Autobahnüberführung offenbar nach Norden sicherte. Das an der Spitze marschierende 2. Bataillon umging den Panzer und durchquerte den Staatsforst zwischen Kanal und Autobahn. Erst die 3. Kompanie des nachfolgenden 3. Bataillons umstellte den Panzer und nahm die Besatzung gefangen. Sie hatte ganz offensichtlich geschlafen. Ihr Nahsicherer war zuvor im Nebel überrascht und niedergeschlagen worden. Damit war die Stellung der Kampfgruppe „Wiking“ westlich umgangen. Nicolussi-Leck, der keinerlei Verbindung mehr zu Röttger und Loehning hatte, befahl den Rückzug auf den Stadtkern. Auf seinem Weg dorthin traf er den Chef der hannoverschen Feuerwehr, Richard Bange. Dieser bot sich an, die Kampfgruppe aus Hannover herauszuführen. Bange und der Hauptsturmführer fuhren den „Jagdpanthern“ und den Schützenpanzern in einem offenen Geländewagen voraus. Als sie am Steintor ankamen, riefen ihnen Zivilisten zu, daß die Amerikaner bereits am Hauptbahnhof wären. Nach einigen Umwegen kam die deutsche Kolonne zum Kröpke. Dort standen mehrere Amerikaner, die den Geländewagen stoppten. Bange und der Hauptsturmführer mußten aussteigen. Sie nahmen die Hände hoch. Da eröffnete das Turm-MG des nachfolgenden „Jagdpanthers“ das Feuer. Die

Amerikaner schossen zurück. „Nico“ sprang auf den Panzer von Ola Olin. Bange versuchte sich in einem Hauseingang in Sicherheit zu bringen. Er wurde in der Brust getroffen. Es dauerte Monate, bevor er wieder genesen war.

Kampfgruppe „Wiking“ brauste durch die Georgstraße zum Aegi und bog in die Marienstraße ein. Dort standen mehrere „Sherman“-Panzer. Aber bevor diese reagieren konnten, war „Nico“ mit seinen Männern längst an ihnen vorbei. In einem Husarenritt hatte der Hauptsturmführer seine Kampfgruppe aus Hannover herausgerettet. Zunächst fuhr er in ostwärtige Richtung und hoffte, irgendwo Verbindung zu deutschen Truppenteilen herstellen zu können.

Nördlich von Hannover besetzte die „11th Cavallery Group“ mit einer Kompanie die Ortschaft Bissendorf kampflos. Ortsbürgermeister Otto Knibbe und Kunstschmiedemeister Hans Riecke wurden dennoch wenig später von den Amerikanern verhaftet. Vermutlich waren sie von einem Einwohner aus Wietze als gefährliche Nazis denunziert worden. Dieser Vorwurf war zumindest im Fall Knibbe unsinnig, denn dieser hatte sein politisches Amt als Ortsgruppenleiter bereits 1943 niedergelegt. Am Vortage hatte er außerdem eine schwache Gruppe deutscher Soldaten, die sich am Bissendorfer Bahnhof zur Verteidigung einrichten wollten, zum Abzug

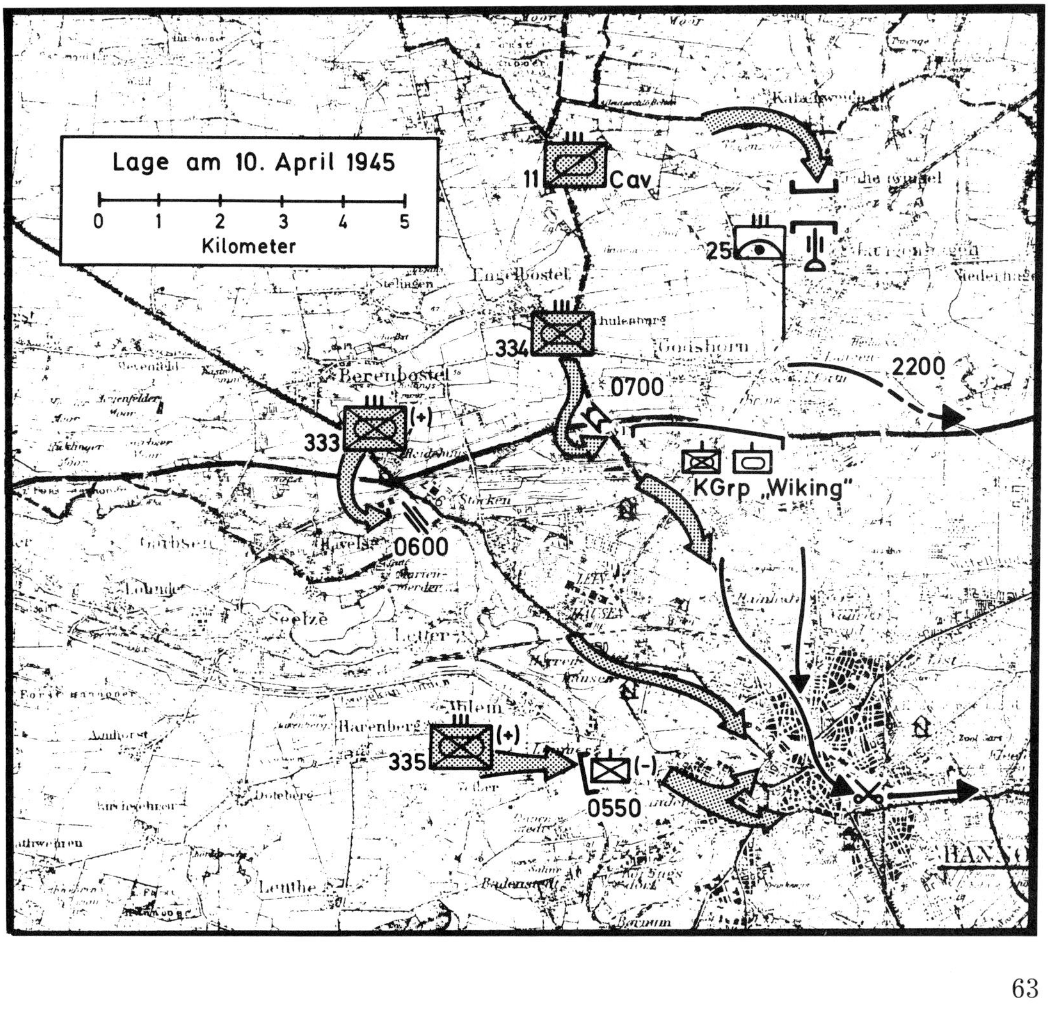

überredet. – Dennoch starb Otto Knibbe am 10. April im Feuer einer amerikanischen Maschinenpistole in der Nähe der Großburgwedeler Mühle; Hans Riecke wurde auf dem Natelheideweg erschossen.

Bissendorfs Bürgermeister Otto Knibbe wurde am 10. April bei der Großburgwedeler Mühle erschossen.

Zu vergleichbaren Geschehnissen kam es zwei Tage später in der nur fünf Kilometer nordwestlich von Bissendorf gelegenen Ortschaft Brelingen.

Dort rückte das 1. kanadische Fallschirmjäger-Bataillon ebenfalls kampflos ein. Nach Plünderung der Schnapsbrennerei Martens wurden alle Männer im wehrfähigen Alter sowie ein in der Nähe gefangengenommener deutscher Oberleutnant auf dem Hof der Familie Knop zusammengetrieben. Sie mußten mit erhobenen Händen und dem Gesicht zur Wand Aufstellung nehmen. Dann wurden sie von den angetrunkenen Kanadiern mit Kolbenschlägen und Fußtritten traktiert. Der Offizier, der sich dieser Mißhandlung entweder widersetzte oder durch Flucht entziehen wollte, wurde erschossen. Sein Leichnam lag drei Tage lang neben einem Dunghaufen. Brelinger Einwohner, die den Toten beerdigen wollten, wurden durch Warnschüsse vertrieben.

Die Masse des amerikanischen Panzeraufklärungs-Regiments war am Vormittag des 10. April bis Kaltenweide vorgegangen und drehte dann nach Süden ein. Röttgers Langenhagener Batterie stoppte diesen Vorstoß. Vier „Shermans" wurden abgeschossen. Fiersons Aufklärer waren nach den herben Verlusten des Vortages nun aber vorsichtiger geworden. Sie forderten Artillerie und Mörserfeuer an. Um 14.00 Uhr begann der amerikanische Dauerbeschuß auf die Flak-Stellungen in Langenhagen. Röttger schoß zurück, solange er konnte. Gegen 19.00 Uhr meldete er der 8. Flak-Brigade in Burgdorf, daß seine Munition zu Ende ginge. Er bekam den Befehl, nach Verschuß der letzten Granate seine Geschütze zu sprengen und sich abzusetzen.

Soldatengräber auf dem Langenhagener Friedhof

Gegen 22.00 Uhr marschierte Oberstleutnant Wilhelm-Gerhard Röttger mit dem Rest seines Regiments zu Fuß in Richtung Altwarmbüchener Moor. Der Kampf um Hannover war beendet.

In Langenhagen sind mindestens fünf deutsche Soldaten, darunter ein unbekannter, gefallen. Sie wurden auf dem örtlichen Friedhof beigesetzt.

Südlich Hannover war die Entscheidung bereits am Vortage gefallen. Die

5. U.S. Panzer-Division hatte den Auftrag, aus dem Raum Bad Münder die Deisterpforte zu durchstoßen, Springe zu nehmen und nördlich Sarstedt drei Übergänge über die Leine zu gewinnen. Der Kampf in der Deisterpforte dauerte bis gegen Mittag, dann hatten vorwiegend amerikanische Kampfflieger ihren Bodentruppen den Weg frei gebombt. Das verstärkte 47. U.S. Panzergrenadier-Bataillon war am frühen Nachmittag in Gestorf, die Kampfgruppe R in Jeinsen. Beide Verbände klärten in Richtung Pattensen auf und stellten fest, daß sich dort deutsche Truppen zur Verteidigung eingerichtet hatten. Hierbei handelte es sich um ein schwaches Infanterie-Bataillon, das erst vor einer Woche mit Omnibussen nach Pattensen transportiert worden war. Der Bataillonsgefechtsstand war im Rathaus eingerichtet; eine Reservekompanie lag in der Schule. Die Straßen nach Jeinsen, Hüpede und Hiddestorf wurden von je einer Kompanie gesichert. Kompaniechef der in der Mitte am Hof Rokahr eingesetzten Kompanie war Oberleutnant Sebastian Wagner.

Oberleutnant Sebastian Wagner wurde am 8. April bei Pattensen verwundet.

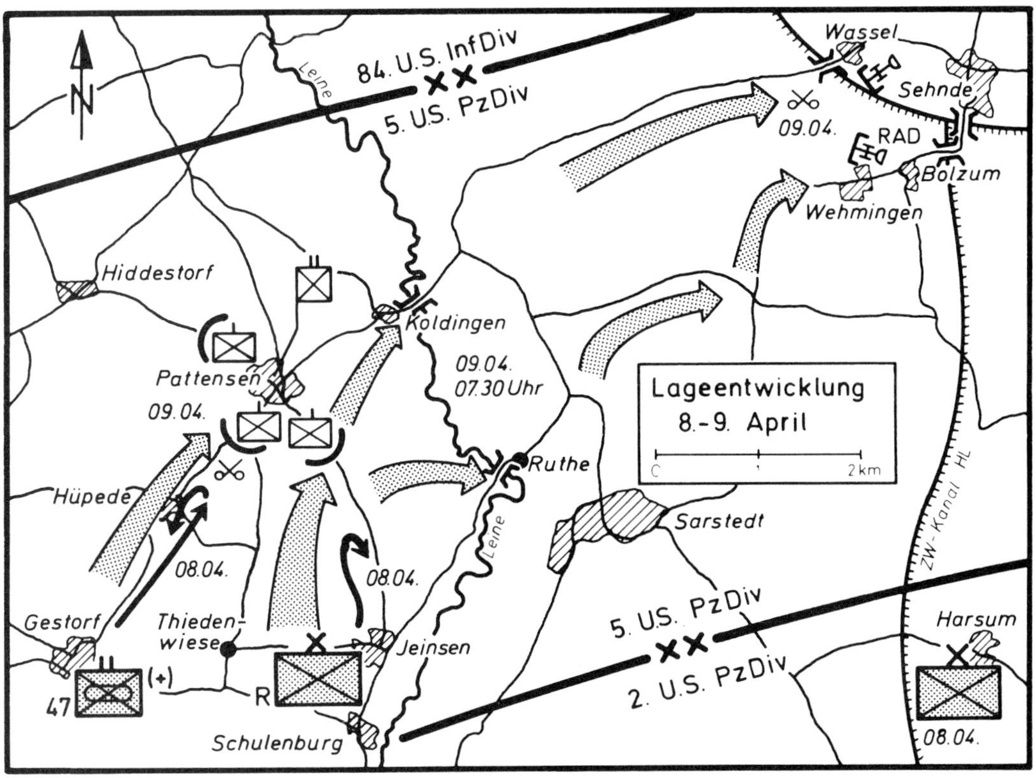

Er erinnert sich: „Fronterfahrung hatten nur die drei Zugführer, der Hauptfeldwebel und ich.“ Beim ersten Aufklärungsvorstoß aus Richtung Hüpede wurde Wagner durch den Splitter einer Panzergranate erheblich verletzt. Er mußte in das Ricklinger Krankenhaus gebracht werden.

Wenig später lag Artilleriefeuer auf Pattensen. Eine Einwohnerin berichtete nach dem Krieg, es seien deutsche Granaten gewesen, die zu kurz gelegen und eigentlich den Amerikanern in Hüpede gegolten hätten. Da es in unmittelbarer Nähe von Pattensen jedoch keine deutsche Artillerie gab, scheint zutreffender, was im Kriegstagebuch der 5. U.S. Panzer-Division zu lesen ist: „Artillerie schießt Störfeuer auf die Stadt . . .“

Gegen 17.00 Uhr griffen amerikanische Kampfflieger Pattensen mit Bomben und Maschinenwaffen an. Die Zerstörungen waren erheblich. Soldaten und Zivilpersonen fielen. Dennoch blieb der jetzt taktisch erforderliche Panzerangriff aus. Erst am nächsten Tag, am 9. April, trat die Kampfgruppe R aus Thiedenwiese nach Norden an, drehte dann jedoch unerwartet nach Osten ab. Die Pattensener Einwohner glaubten, ihre Stadt sollte eingeschlossen werden. Tatsächlich wollten die Amerikaner aber den Leineübergang bei Koldingen, den sie auch um 07.30 Uhr unzerstört erreichten. Auch die Brücke bei Ruthe fiel ihnen ohne Widerstand in die Hand.

Das verstärkte 47. Panzergrenadier-Bataillon besetzte Pattensen am 9. April kampflos, weil sich das deutsche Infanterie-Bataillon bereits in der Nacht zurückgezogen hatte. Der damalige Oberleutnant Wagner erklärte hierzu nach dem Krieg, dies sei befohlen worden, „. . . da Hannover nicht mehr verteidigt werden sollte.“ Die Kampfhandlungen in Pattensen hatten 13 Soldaten und acht Zivilpersonen das Leben gekostet. Sie alle wurden auf dem Pattensener Friedhof beigesetzt.

Die Kampfgruppe R stieß zügig auf die bereits am 7. April vorzeitig gesprengte Kanalbrücke bei Wassel vor. Vom nördlichen Kanalufer und flankierend von Wehmingen eröffneten deutsche Flak-Geschütze das Feuer. Der amerikanische Vorstoß kam zum Stehen; mindestens drei „Sherman“ wurden abgeschossen. Der Feuerkampf dauerte mehrere Stunden. Dann marschierte die Kampfgruppe R über die unzerstörten Brücken bei Bolzum und Sehnde kampflos in die Stadt ein.

Bei Wehmingen waren ein Feldwebel und neun zum Teil sehr junge Angehörige des Reichsarbeitsdienstes gefallen. Sie wurden auf dem Friedhof in Wassel beigesetzt.

Soldatengräber auf dem Friedhof in Pattensen

Soldatengräber auf dem Friedhof in Wassel

Nebelwerfer im Kampf bei Celle

Generalmajor Paul Tzschökell, Kampfkommandant von Celle und Uelzen

Ungarische Soldatengräber auf dem Waldfriedhof

Gräber der Lazarett-Toten auf dem Stadtfriedhof

Die Situation der Stadt Celle schildert ein Verwaltungsbericht aus dem Jahr 1964 sehr anschaulich: „Ende März, Anfang April '45 wurde die Lage in der Stadt von Tag zu Tag kritischer. Größere Flüchtlingstransporte waren schon eingetroffen, und die bedauernswerten Menschen konnten zum größten Teil nur notdürftig in Massenquartieren untergebracht werden. Es herrschte in der Stadt eine gedrückte Stimmung. Jeder erwartete mit Bangen, was die kommenden Tage bringen würden."

Den ersten schweren Bombenangriff hatte Celle am 19. Februar erlebt. Dabei war vor allem am Güterbahnhof ein Truppentransport getroffen worden. Er kam aus Ungarn und sollte in Bergen bei der Panzertruppenschule entladen werden. Daraus wurde nichts mehr. 140 ungarische Soldaten wurden später auf dem Waldfriedhof beigesetzt. Viele Verwundete wurden in die Lazarette eingeliefert.

Der nächste Luftangriff fand am 8. April statt. Er zielte wiederum auf die Gleisanlagen. Daneben wurde jedoch auch eine Vielzahl von Wohnhäusern getroffen. Ebenfalls wurden das Gaswerk und die Unterführung am Hauptbahnhof fast völlig zerstört. Vor allem aber wurde wiederum ein Transportzug getroffen, in dem sich diesmal jedoch KZ-Häftlinge befanden. Der zitierte Verwaltungsbericht spricht von „ungezählten" Toten. Sie wurden in Belsen beigesetzt.

Unterführung am Hauptbahnhof (IWM)

Im westlichen Stadtteil brach die Versorgung mit Strom und Wasser fast völlig zusammen. Hiervon war u. a. auch das Lazarett im „Jugendheim" am Neustädter Holz betroffen, „. . . da hier nicht einmal genügend Wasser vorhanden war, um den Verwundeten Getränke zu bereiten, viel weniger, um sie zu waschen." Unabhängig hiervon hatte man sich in Celle, wie in anderen Städten auch, sehr detailliert auf zukünftige Kampfhandlungen eingerichtet. In dem noch vorliegenden Volkssturmbefehl 30/45 vom 29. März '45 fällt jedoch auf, daß „... von anzulegenden Sperren ... rund um Unterlüß" die Rede ist. Im selben Befehl war eine Verteidigungsstellung bei Lutterloh und die Sprengung der Bahnstrecke beiderseits Unterlüß vorgesehen. Die erforderlichen Erkundungen hatte der Führer des Celler Volkssturm-Bataillons, P. Guse, zusammen mit dem Standortältesten, Generalmajor Paul Tzschökell, durchgeführt.

Eine ähnliche Erkundung wäre vor allem südlich Celle erforderlich gewesen, hat aber – nach derzeitiger Quellenlage – nicht stattgefunden. Warum sie unterblieb, geht aus einem Artikel der „Allgemeinen Zeitung der Lüneburger Heide", April 1955, hervor. Dort schrieb der General: „Da ich täglich mit der Möglichkeit eines Waffenstillstandes rechnete, wollte ich bei hinhaltendem Widerstand mit meinem Haufen das Waldgebiet der Göhrde erreichen und dort das Ende abwarten ... Ich hatte die in Celle zurückgenommenen Truppen, ca. 2.000 Mann, zur Linie Lutterloh-Unterlüß-Weyhausen beordert." Anderenorts findet sich ergänzend hierzu die Behauptung, Celle sei wegen der überbelegten Krankenhäuser und Verbandplätze zur „Lazarett-Stadt" erklärt und daher kampflos übergeben worden. An dieser Aussage ist fast alles falsch. Es galt nämlich der für alle Soldaten verbindliche Befehl Himmlers, der festgelegt hatte: „Jedes Dorf und jede Stadt werden mit allen Mitteln verteidigt und gehalten." – Von Ausnahmen war nicht die Rede. Somit konnte keine Stadt, auch nicht Celle, zur „Lazarett-Stadt" erklärt werden, ohne daß der dafür Verantwortliche nicht umgehend vor ein Kriegsgericht gestellt worden wäre. Darüber hinaus gab es überall Lazarette, die meistens in den örtlichen Krankenhäusern untergebracht waren. Mit dem gleichen Recht hätten daher auch Schwarmstedt, Verden, Soltau, Rotenburg und Uelzen zur „Lazarett-Stadt" erklärt werden können.

Hierauf ist aber damals niemand gekommen, auch nicht in Celle. Letztlich ist falsch, zu behaupten, Celle sei kampflos geräumt worden. Es hat Kämpfe am Südrand der Stadt gegeben, und zu guter Letzt ist auch noch die Celler Aller-Brücke gesprengt worden.

Die seinerzeit schwer durchschaubaren militärischen Aktionen führten nach dem Krieg in Celle zu sehr widersprüchlichen Interpretationen über die Besetzung der Stadt. Was sich tatsächlich zugetragen hat, läßt sich aus den verfügbaren Quellen und mit Hilfe von Augenzeugen auch heute noch einigermaßen sicher rekonstruieren.

Für die Verteidigung der Garnisonsstadt Celle stand Anfang April vorwiegend das Personal der Nebelwerferschule zur Verfügung. Die Schule war mit dem Lehrstab A in der „Cambridge-Dragoner-Kaserne" und der „Heide-Kaserne" untergebracht. Die Lehrstäbe B und C lagen zusammen mit dem Werfer-Lehrregiment in der „v. Seeckt-Kaserne". Außerdem unterstand der Schule eine SS-Werfer-Lehrabteilung, die in Lachendorf stationiert war. Ihre Personalstärke wird seinerzeit gegen 100 Soldaten betragen haben. Insgesamt verfügte Celle über knapp 2.000 Soldaten, die zu großen Teilen schon Kriegserfahrung hatten. Neben Handfeuerwaffen und Panzerfäusten gab es noch mindestens zwölf Werfer-Kanonen. Damit waren die deutschen Kräfte zwischen Lachendorf und Winsen, bei einer taktisch richtigen Gefechtsgliederung, auf keinen Fall schwächer als bei Rethem; sicherlich aber deutlich stärker als bei Essel, Soltau und Visselhövede.

Für den Einsatz der deutschen Kräfte war Generalmajor Paul Tzschökell verantwortlich, der nach dem Krieg immerhin erklärt hatte, seine Absicht sei die Kapitulation in der Göhrde gewesen. Der 54jährige Generalmajor stammte aus Hannover und hatte bereits am 1. Weltkrieg als Leutnant teilgenommen. Bis 1935 war er Polizeioffizier gewesen und wurde dann als Hauptmann von der Wehrmacht übernommen.

An der Ostfront war ihm als Oberst 1943 ein Husarenstück gelungen. Er war mit der Masse seiner Werfer-Brigade 2 und Teilen der Werfer-Regimenter 51 und 52 aus dem Kessel von Stalingrad ausgebrochen, hatte Urlauber und Versprengte gesammelt und mit diesen Kräften den Aufbau einer Abwehrfront der Heeresgruppe-Don nachhaltig unterstützt. Der General konnte daher durchaus als erfahrener Mann gelten.

Seit Ostermontag, dem 2. April 1945, war es in den Celler Kasernen unruhig geworden. Der Reserve-Offizier-Bewerber, ROB-Unteroffizier Wilhelm Hillmer, notierte in sein Tagebuch: „Telefonieren nach Hamburg nicht mehr möglich. Seit Ostermontag liegen wir in erhöhter Alarmbereitschaft. Wir werden wahrscheinlich zur Nahverteidigung von Celle eingesetzt werden."

Die Spannung wuchs von Tag zu Tag. Ständig gab es Alarme, die wenig später rückgängig gemacht wurden. Am Dienstag, dem 9. April, war es dann „endlich" soweit. Ein ehemaliger Kompaniechef, Oberleutnant Winckelmann, erinnert sich: „Um 5 Uhr trifft der Abmarschbefehl ein . . . Wir fahren über die Aller-Brücke, die durch den Lehroffizier für Pionierdienst, Oberleutnant Cassel, zur Sprengung vorbereitet ist . . . Während der Fahrt haben wir gesehen, daß an der Straße in gewissen Abständen Vorbereitungen für die Errichtung von Panzersperren getroffen worden sind." Am Abend desselben Tages war die Verteidigungsbereitschaft rund um Celle hergestellt. Die 2. Abteilung des Werfer-Lehrregiments war mit einer Batterie bei Boye und einer anderen zwischen Winsen und Bannetze in Stellung gegangen. Jede Batterie verfügte über sechs Do-Werfer. Oberst Stroh, Kommandeur der Nebelwerferschule, hatte aus dem Stammpersonal und den Lehrgangsteilnehmern der Schule zwei Regimenter aufstellen lassen. Der Lehrstab A, der bisher die Offiziersausbildung durchgeführt hatte, bildete das Regiment-Totzeck. Die Lehrstäbe B und C, in denen die Ausbildung zum Unteroffizier und des Tech-

Do-Werfer in Feuerstellung beim Laden

Hörsaal 17, 19. Fahnenjunker-Lehrgang, März 1945; gehörte im April zur Kompanie-Winckelmann, Bataillon-Altschwager.

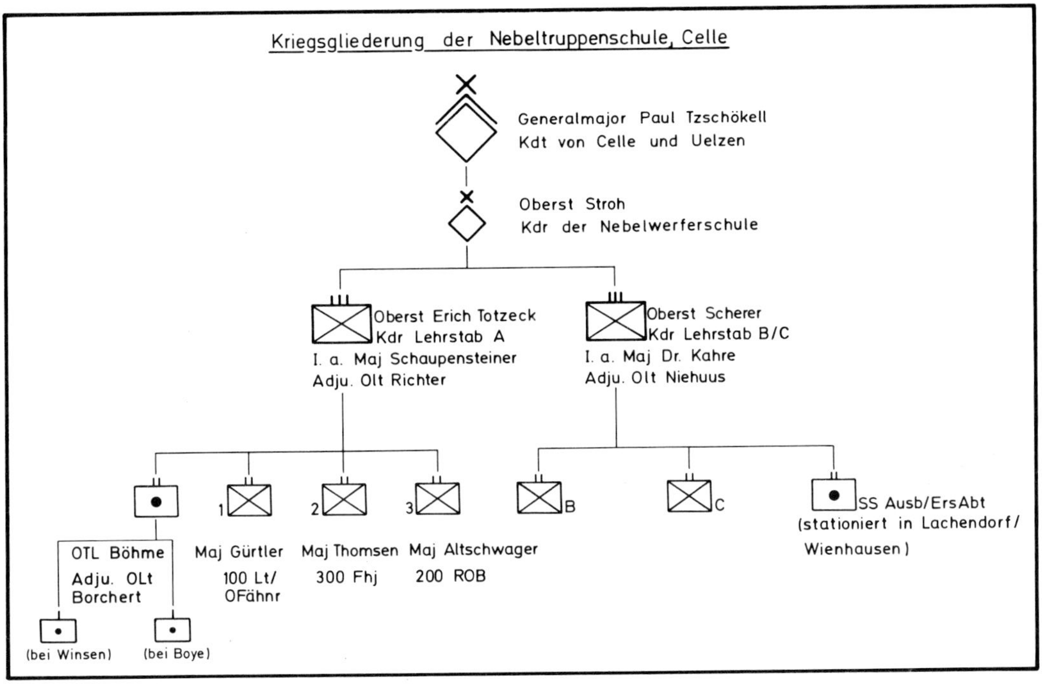

nischen Personals stattfand, waren im Regiment-Scherer zusammengefaßt worden. Dieses Regiment wurde in der Folgezeit auch häufig als Kampfgruppe-Scherer bezeichnet.

An der Straße von Wietze bis dicht vor Ovelgönne sicherte das Bataillon des Majors Altschwager. Es bestand nur aus zwei Kompanien mit insgesamt ca. 180 ROB-Unteroffizieren. Die dritte Kompanie war erst kürzlich nach Schleswig verlegt worden. Sie sollte dort den Stamm eines neu aufzustellenden Werfer-Regiments bilden.

Von Ovelgönne bis Wietzenbruch war das aus ca. 300 Fahnenjunkern bestehende Bataillon des Majors Thomsen eingesetzt. Ein drittes Bataillon, das aus kaum mehr als 100 frisch beförderten Leutnants und Oberfähnrichen bestand, war zwölf Kilometer südlich Celle bei Ehlershausen in Stellung gegangen.

Alle drei Bataillone gehörten zum Infanterie-Regiment des Oberst Erich Totzeck. Der 47jährige Oberst war ein lebensfroher Mensch, aber auch ein entschlossener Soldat. Sein Ehrenkodex war von preußischer Art. Pflichterfüllung stand an oberster Stelle. Totzeck war absolut unpolitisch. Er steht sicherlich für viele Offiziere der Wehrmacht. Als er 1940 mit einem Werfer-Regiment von Celle an die Ostfront verlegt werden sollte, war kurz zuvor sein zweiter Sohn geboren. In der eilig anberaumten Tauffeier rief er den Gästen zu: „Wir wollen ja nicht zuviel festlegen, aber uns ist klar: der Bengel wird Infanterist . . .“ Der Oberst schloß seine kurze Ansprache: „Ich hebe das Glas auf das Wohl unseres kleinen Eckart Eilhard in der festen Hoffnung auf ein frohes Wiedersehen nach einem glücklichen, siegreichen Frieden.“ Im April ’45 hatte der Oberst sein Wiedersehen mit Celle und seiner Familie; aber es war sicherlich kein frohes. Auch von einem glücklichen, siegreichen Frieden konnte keine Rede mehr sein. Der „Bengel“ war inzwischen fünf Jahre alt geworden, und die Familie wohnte noch immer in dem ehrwürdigen Haus im Kreuzgarten 41, wie zu Beginn des Krieges. Das Regiment des Oberst Scherer war vermutlich zwischen Ehlershausen und Lachendorf eingesetzt. Genau ist das nicht zu sagen, denn gekämpft hat es offenbar nicht. Sicher ist lediglich, daß es keine Ausfälle hatte. So blieb letztlich nur noch die SS-Werfer-Lehrabteilung übrig. Auch sie ist offenbar an der Aller nicht zum Einsatz gekommen.

Der 10. April verlief für die Verteidiger von Celle und die Stadt selbst unerwartet ruhig und nahezu ereignislos. Der Grund lag in der Umgliederung der britischen Kräfte. Nachdem bisher die 6. Luftlande-Division die Übergänge über Weser und Leine erzwungen hatte, sollte nunmehr die 15. schottische Division, die bisher nur gefolgt war, die Spitze übernehmen. Die Division bestand aus der 46. und 227. Infanterie-Brigade und der 6. Garde-Panzer-Brigade. Hinter diesen folgte die ebenfalls zur Division gehörende 44. „Lowland"-Infanterie-Brigade. Insgesamt rollten somit 12.315 Briten mit 298 Kampf- und Spähpanzern gegen Celle. Hierbei sind Flak-, Panzerabwehr-, Pionier- und Nachrichten-Regimenter sowie die Versorgungstruppen nicht mitgezählt. Auf deutscher Seite standen in breiter Front fast ausschließlich infanteristisch ausgerüstete Soldaten, höchstens 2.000 Mann. Sie hatten Maschinengewehre und Panzerfäuste sowie eine Anzahl von Do-Werfern. Von Flak-Geschützen berichtet keine der bekannten Quellen. Panzer gab es überhaupt nicht. Wieder einmal war die Schlacht längst vor dem ersten Schuß entschieden. Trotzdem hatte auch der Kampf um Celle seine Besonderheiten.

Am 11. April stieß die 46. Infanterie-Brigade aus Großburgwedel über Engensen auf Ehlershausen vor. Sie wurde von Teilen des Aufklärungs-Regiments und dem „Coldstream Tank Regiment" unterstützt. In Ehlershausen hatten sich die ca. 100 gerade zum Leutnant beförderten Offiziere des Bataillon-Gürtler eingegraben. Einer der Zugführer, Oberleutnant Kurt Vetter, schrieb in sein Tagebuch: „Wir erwarten den Feind heute. Um 12.00 Uhr kommt er mit zwei Panzerspähwagen. Lt. Probst beschädigt den ersten schwer, jedoch kommt er noch weg. Lt. Diel erledigt den zweiten. Es bleibt alles in Stellung. Lt. Herbst im Rücken durch Handgranate, Lt. Diel und Lt. Borude durch Panzerfaustabschuß verletzt . . . Lt. Kunke versucht, einen durchgebrochenen Pz. zu treffen, wird durch den eigenen Feuerstrahl der Pz.Faust schwer verletzt. Lt. Saßmann kehrt von einer Erkundung in Richtung Schillerslage nicht zurück. Um 19.00 Uhr erneuter Feindangriff aus Ramlingen mit 3 Pz. und 1 Panzerspähwagen . . . Uffz. Brand schießt den 1. Panzer, Lt. Liy-Tanner den 2. ab. Der dritte setzt sich etwas ab. Panzerspähwagen wird durch Lt. Ruppert abgeschossen . . . Es wird gegen Morgen etwas ruhig . . . 3.45 Absetzbefehl durch Lt. Binder." Die Briten hatte ihr Angriff auf Ehlershausen somit fünf gepanzerte Fahrzeuge gekostet. Die Ausfälle der Nebelwerferschule betrugen „nur" fünf Mann. Die britische Divisions-Geschichte schreibt über dieses Gefecht: „Zwei Infanterie-Kompanien ‚Cameronians' und ein Panzer-Zug der ‚Coldstreams' griffen entlang der Straße und durch den Wald an. Der Feind, es war eine Gruppe von 50 oder mehr Offizieren, kämpfte mit dem Mut der Verzweiflung, leistete heftigen Widerstand und machte bewundernswerten Gebrauch von seinen Panzerfäusten in diesem stark bewachsenen Gelände." Während der erfolgreichen Verteidigung bei Ehlershausen war die Entscheidung im Kampf um Celle durch die 227. Infanterie-Brigade schon längst gefallen. Die Brigade war am Vortage kampflos in Mellendorf einmarschiert. Es hatte kein Feuergefecht und auch keine Gefallenen gegeben, bis auf einen deutschen Oberleutnant. Gregor-Alexander Heim ließ sich nicht davon abbringen, die Wehrmachtsbaracken in Scherenbostel, zwei Kilometer süd-

Die 227. Infanterie-Brigade in Mellendorf (IWM)

lich von Mellendorf, verteidigen zu wollen. „Ich habe keinen Befehl zum Abrücken erhalten“, sagte er und fiel wenig später mit einer Stielhandgranate in der Hand. Er wurde auf dem Friedhof in Großburgwedel beigesetzt. Neben dem Oberleutnant waren keine Opfer zu beklagen, auch nicht unter der Zivilbevölkerung.

Der schwarze Tag für Mellendorf kam erst, als die akute Gefahr längst vorbei war; nämlich sechs Wochen später, am 25. Mai. Um 19.00 Uhr sollten sich alle Mellendorfer Einwohner auf Befehl des britischen Stadtkommandanten vor der Gastwirtschaft Stucke einfinden. Dort war ein großer Berg nationalsozialistischen Schriftgutes aufgestapelt, das öffentlich durch Flammenwerfer eingeäschert werden sollte. Der verantwortliche Offizier richtete zuvor noch einige Worte an die versammelten Einwohner und forderte sie auf, von dem Papierberg zurückzutreten. Kaum hatte er geendet, da traten auch schon die Flammenwerfer in Aktion. Aber die Flammölstrahlen lagen zu hoch. Eine Frau verbrannte unmittelbar, eine andere starb an Brandverletzungen in den nächsten Tagen. Drei weitere Einwohner Mellendorfs waren durch das Unglück lebenslänglich gezeichnet. Die 227. Infanterie-Brigade konnte

Kriegsgräber auf dem Friedhof in Großburgwedel

auch am 11. April kampflos über Fuhrberg, Allerhop und Wietzenbruch bis zum Neustädter Holz vorstoßen. Auch dort wurde sie nicht von Deutschen, sondern von der gesprengten Brücke über den Fuhse-Kanal aufgehalten. Anderenfalls hätten die Briten bereits am 11. April in Celle einmarschieren können. Der Verteidigungsring hatte ein Loch gehabt, die Briten hatten es gefunden. Aus solchen Fällen macht die Geschichtsschreibung gerne Sabotage oder interpretiert sie als weise Einsicht eines verantwortlichen Führers.

Bei Celle war es weder das eine noch das andere. Es war ein simpler militärischer Fehler, der die Stadt vor blutigen Kämpfen an ihrem Ortsrand bewahrt hatte. Auf den ersten Blick scheint es an Major Thomsen und seiner fehlenden Verbindung zum Bataillon-Gürtler gelegen zu haben. Thomsen hatte seine Fahnenjunker nördlich der Fuhrberger Straße am Waldrand eingesetzt. Die Straße selbst war offen. Aber schließlich konnte er mit 300 Fahnenjunkern nicht mehr als sechs Kilometer sichern. Und auch das war praktisch unmöglich. Unter diesen Umständen hätte das Bataillon-Gürtler richtigerweise im Zuge des Fuhse-Kanals am südlichen Stadtrand eingesetzt werden müssen. Aber Gürtler und seine jungen Leutnants unterstanden seit dem 8. April nicht mehr dem Oberst Totzeck, sondern dem Regiment des Oberst Scherer. Für die Koordinierung beider Regimenter war nun allerdings der mit General Tzschökell befreundete Oberst Stroh verantwortlich. Absichtlich wird der Oberst diese Lücke zwischen beiden Regimentern nicht gewollt haben. Wenn die Briten nämlich erst einmal in Celle waren, bedrohten sie das Regiment-Scherer im Rücken, während das Bataillon-Gürtler abgeschnitten war.

Das 3. Bataillon der „Scots Guards“ beim Vormarsch auf Celle, 11. April. (IWM)

Welchen Einfluß General Tzschökell auf die Gefechtsgliederung der deutschen Regimenter genommen hatte, ist unklar. Er scheint am 10. April zumindest die Gefechtsstände besucht zu haben. Gegen 10.00 Uhr war er im Forsthaus Bluhm an der Reichsstraße 214. Er wollte zu Oberst Totzeck, der hier noch am Vortage seinen Gefechtsstand gehabt hatte. Aber der Oberst hatte diesen inzwischen nach Winsen in das Haus des Postbeamten Theilmann an der Waller Straße verlegt. Das Forsthaus war jetzt Gefechtsstand der Kompanie des Oberleutnants Winckelmann.

Kompaniechef Oberleutnant Winckelmann (li) und Oberleutnant Borchert (re), Adjutant bei Oberstleutnant Böhme, Kommandeur des Werfer-Lehrregiments

Der Oberleutnant meldete dem General und fragte ausdrücklich nach der Lage. Der General antwortete nicht. Was hätte er auch sagen sollen? Sicherlich wußte er, daß die 84. U.S. Infanterie-Division gerade in Hannover eingerückt war, und daß die 11 U.K. Panzer-Division dicht vor Schwarmstedt stand. Aber von dem künftigen Gegner, der 15. schottischen Division, konnte er nichts wissen, denn sie hatte bisher noch nicht in die Kämpfe eingegriffen und war noch ca. 30 Kilometer von Celle entfernt.

Oberleutnant Winckelmann erinnert sich sehr gut an das Gespräch mit dem General: „Ich hatte nicht den Eindruck, daß er für unseren Bereich Verantwortung trug . . . Ich habe den General als freundlichen und jovialen Herren in Erinnerung."

Am selben Tag wurden die Dörfer Hambühren und Ovelgönne evakuiert. Gegen 20.00 Uhr begann die Sprengung der zwischen beiden Dörfern gelegenen Heeresmunitionsanstalt. Die ohrenbetäubenden Detonationen dauerten bis in die späte Nacht. In den frühen Morgenstunden des nächsten Tages verlegten beide Kompanien des Bataillon-Altschwager in das Waldgelände bei Gut Rixförde. Der Auftrag lautete, einen britischen Vorstoß von Allerhop nach Norden zu verhindern. Ein solcher Vorstoß ist nach heutiger Kenntnis fast ausgeschlossen gewesen. Die 15. schottische Division wollte nach Celle. Die 11. Panzer-Division stieß zwei Tage später nach Südwinsen vor.

Ovelgönne, Hambühren und Rixförde lagen zwischen beiden Stoßrichtungen und waren für die Briten militärisches „Niemandsland"; was sich für einige deutsche Soldaten verhängnisvoll auswirken sollte. Am späten Vormittag rollte ein Panzer-Zug „Churchills" vor dem 2. Bataillon der „Gordon Highlanders" an Allerhop vorbei nach Celle. Major Thomsen, der seinen Gefechtsstand im Forsthaus Ovelgönne hatte, befahl der Kompanie des Hauptmanns Meyer, ihre Stellungen zu verlassen und die britischen Kolonnen anzugreifen. Meyer und seine Fahnenjunker besaßen nur Gewehre. Kaum hatten sie damit das Feuer eröffnet, da wurden sie auch schon

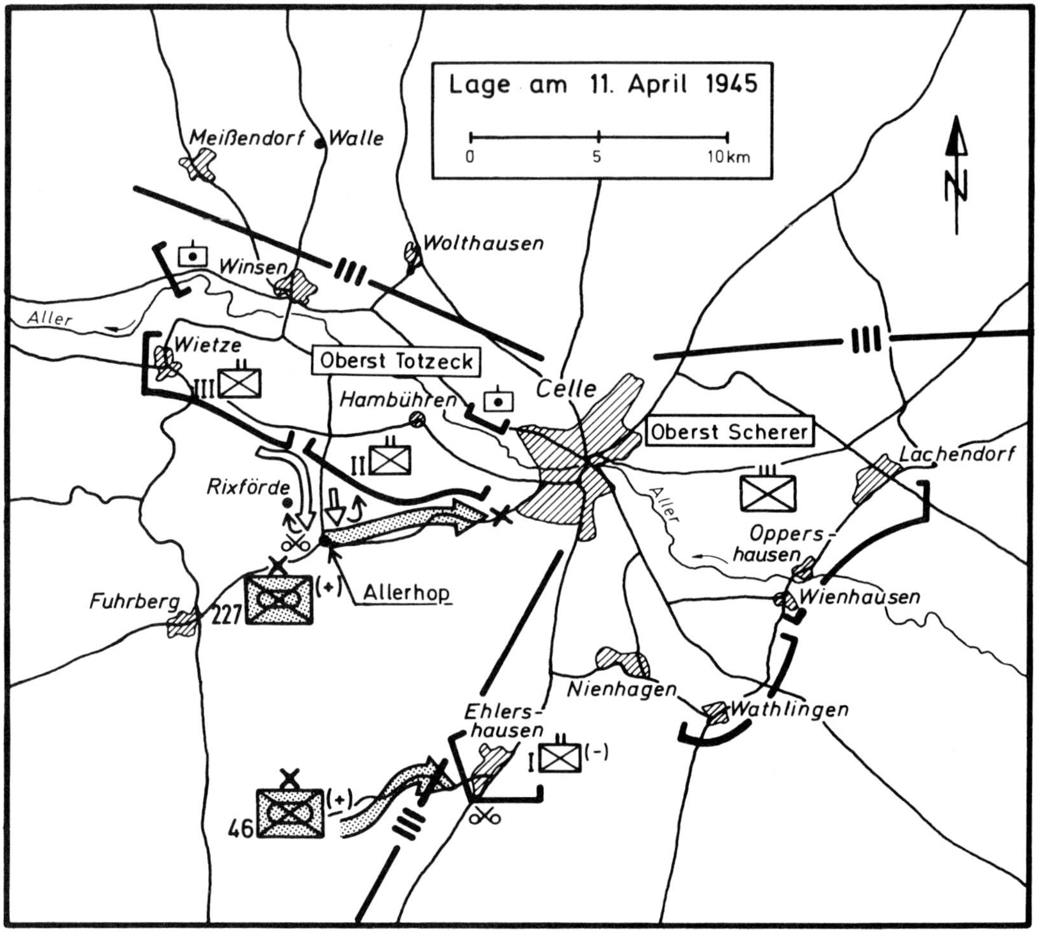

von britischen Maschinengewehren und Panzerkanonen in Deckung und zum Ausweichen gezwungen. Merkwürdigerweise gab es auf keiner Seite Ausfälle.

Fast zur gleichen Zeit erhielt auch Oberleutnant Winckelmann den Befehl zum Angriff in Richtung Allerhop. Die Kompanie-Winckelmann marschierte sofort los. Auf der Straße kam ihnen die Kompanie-Meyer entgegen. Die Fahnenjunker versicherten, daß es sinnlos sei, die Panzerkolonnen anzugreifen. Aufhalten könne man sie schon gar nicht. Trotzdem wollte sich Winckelmann selbst überzeugen. Er ließ seine Männer links der Straße in einem flachen Graben vorgehen. Knapp 300 Meter vor Allerhop wurden sie von einer britischen Sicherung entdeckt und dann von einem heftigen Feuerüberfall in den Straßengraben gezwungen. Oberleutnant Winckelmann: „Wir kamen natürlich auch nicht vorwärts. Ein Sturmangriff wäre Mord und Selbstmord gewesen. Wir zogen uns also an den Waldrand zurück. Verluste hatten wir keine. Nur Unteroffizier Zimmermann war durch einen Streifschuß am Arm verletzt. Wir warteten an der Straße in der Hoffnung, daß uns britische Panzer folgen würden. Für diesen Fall hatten wir eine Schnellminensperre am Straßenrand getarnt liegen, die im letzten Augenblick vor den ersten Panzer gezogen werden sollte. Aber die britischen Panzer taten uns den Gefallen nicht, sondern sicherten weiterhin von Allerhop nach Norden."

Gegen Mitternacht sollte sich Winckelmann auf dem Bataillonsgefechtsstand in Steinförde melden. In stockdunkler Nacht fuhr er mit einem Kübel los. Die Beleuchtung war ausgeschaltet. Der Wagen des Regimentsadjutanten, der ihm kurz vor Steinförde entgegen kam, fuhr ebenfalls ohne Licht. Beide Fahrzeuge kollidierten. Mit gebrochener Hand und einer schweren Gehirnerschütterung wurde der Oberleutnant zum Zivilarzt Dr. Hähne nach Winsen gebracht. Dort wurde die Hand unter Narkose geschient. Als Winckelmann wieder zu sich kam, war es kurz nach Mittag.

Er wollte sofort zu seiner Kompanie, die vermutlich noch immer im Wald bei Rixförde lag. Zunächst ging er jedoch zum Gefechtsstand des Oberst Totzeck. Zu seinem Erstaunen stand vor dem Haus in der Waller Straße ein britischer Jeep. Winckelmann erfuhr, daß zur Zeit Waffenruhe herrsche, da mit den Briten wegen der Übergabe des Konzentrationslagers Belsen verhandelt würde. Wenig später sah er Oberst Totzeck mit seinem Kübel dem Jeep folgend in Richtung Belsen davonfahren. Über sein Bataillon erfuhr Winckelmann, daß es mit allen Teilen, also auch mit seiner Kompanie, auf das Nordufer der Aller zurückgenommen werden sollte. Man müsse am nächsten Tag mit Angriffen aus Richtung Westen rechnen, ebenfalls seien britische Vorstöße aus dem gerade besetzten Celle zu erwarten. Außerdem seien in Wieckenberg bereits Panzerspitzen einer bisher unbekannten Division gemeldet worden.

In Wieckenberg war die Kompanie des Leutnants Holler eingesetzt. Sie hatte ihren Gefechtsstand im Haus des Kaufmanns Eggers und sollte vor allem die Panzersperre, die knapp 1.000 Meter vom Ort entfernt im Wald lag, sichern. Außerdem waren dort Minen verlegt, auf die bereits ein britischer Spähpanzer aufgefahren war. Die Kompanie-Holler hatte wenig später ihre Stellung aufgegeben und war bis Wolthausen, fünf Kilometer nordostwärts von Winsen, zurückgegangen. Bevor der Spähpanzer auf die Minen gefahren war, hatte es an der Panzersperre noch eine kleine Episode gegeben.

Britische Pioniere beim Räumen von Minen nahe Winsen (IWM)

Ein abgehetzter 19jähriger winkte von weitem. Er trug ein Gemisch aus Uniform und Zivil und war der in Winsen gebürtige Heinrich Brockmann. Er war bei Hannover in Gefangenschaft geraten und kurz darauf geflohen. Seit zwei Tagen lief er vor den britischen Angriffsverbänden her. Er wollte vor ihnen in seiner Heimatstadt, bei den

Britischer Einmarsch in Celle (IWM)

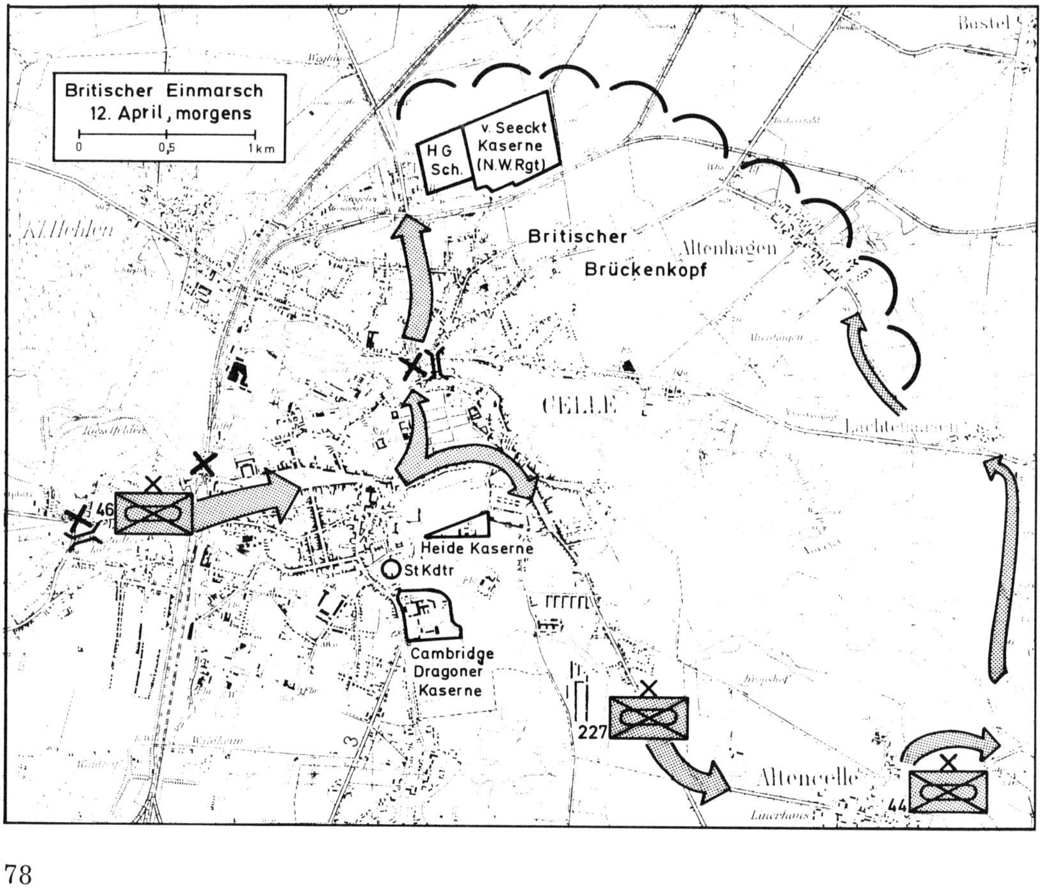

Eltern und seiner Schwester sein. Als Brockmann die Panzersperre erkannte, hatte er den Wettlauf gewonnen. An der Sperre stand zufälligerweise der Krad-Melder der Kompanie-Holler. Friedrich Dettmer hatte natürlich kein Krad. Er mußte sich mit einem Damenfahrrad begnügen. Aber Dettmer kannte Brockmann. Sie waren Schulfreunde. Nach kräftigem Händeschütteln und viel Hallo gingen beide zum Gefechtsstand nach Wieckenberg. Dort mußte Brockmann seine Geschichte nochmals erzählen. Anschließend wurde er wieder vollständig ausgerüstet und erhielt den Befehl, zunächst zwei Tage bei seinen Eltern Urlaub zu machen. Dann sollte er sich bei der nächstgelegenen Panzereinheit melden. Noch vor Mittag war Brockmann bei seinen Eltern.

Ein paar Stunden später richtete sich die Kompanie-Holler in Wolthausen zur Verteidigung ein. Zu dieser Zeit suchte Oberleutnant Winckelmann noch immer nach seiner Kompanie. Er stoppte mehrere Militärfahrzeuge und erkundete die umliegenden Ortschaften. Aber er hatte keinen Erfolg. Bei Einbruch der Dunkelheit gab er die Suche auf.

Am Morgen des 12. April marschierten die Briten kampflos in Celle ein. Geschossen wurde trotzdem. Britische Maschinengewehrgarben peitschten über das Pflaster, gelegentlich auch mal in einen Hausflur. Ziele gab es keine, und von deutscher Seite fiel kein Schuß. Fast wäre alles glimpflich verlaufen, da kamen zwei Schutzpolizisten die Bergstraße herunter. Oberleutnant Heinrich Koch und Wachtmeister Marcell Peters trugen ihre vorschriftsmäßige Polizeiuniform mit Tschako. Zusätzlich hatten sie Marschgepäck auf dem Rücken. Waffen trugen sie nicht. Vom ersten „Bren Carrier"-Transportpanzer des 10. Bataillons der „Highlanders Light Infantry" wurde schlagartig das Feuer eröffnet. Der Polizeioffizier und der Wachtmeister lagen sterbend in der Bergstraße. Die Briten haben ihr Versehen Celler Bürgern gegenüber bedauert. Die beiden unbewaffneten Polizisten hatten den entscheidenden Fehler gemacht, keine weiße Fahne zu haben. Vermutlich wollten sie sich nur den Briten zur Verfügung stellen. Sie sind auf dem Blumlager Friedhof bestattet.

Eine Celler Einwohnerin, die die Besetzung ihrer Heimatstadt miterlebt hatte, bekannte noch Jahrzehnte später: „Ich habe mich hingesetzt und bitterlich geweint. Damals brach für mich eine Welt zusammen. Ich habe ja so fest an die Wunderwaffe geglaubt."

Die Eisenbahn- und die Straßenbrücke über die Aller waren nach Abzug der letzten deutschen Soldaten gesprengt worden. Die Verantwortung hierfür trug sicherlich Generalmajor Paul Tzschökell, der nach dem Kriege erklärte, die alte Aller-Brücke würde dem heutigen Verkehrsaufkommen sicherlich nicht mehr gewachsen sein. Bestimmt hatte er damit recht. Aber da-

Grabmal der gefallenen Polizisten auf dem Blumlager Friedhof

Zerstörte Eisenbahnbrücke über die Aller (IWM)

mals konnte die Sprengung nur einen einzigen Zweck haben. Das war der Zeitgewinn, der wegen der fehlerhaften deutschen Truppenverteilung erforderlich geworden war. Nur so konnte das Regiment-Scherer einigermaßen geordnet zurückgenommen werden. Zu diesem gehörte auch das schwache Offizier-Bataillon des Majors Gürtler, das bereits in den frühen Morgenstunden von Ehlershausen über Nienhagen, Wathlingen und Lachendorf ausgewichen war.

Die verstärkte 46. britische Brigade, die Gürtler gegenübergelegen hatte, behauptete später, das Ausweichen der Deutschen bemerkt zu haben. Sie sei aber wegen der vielen gesprengten Brücken nicht nachgestoßen. Außerdem wäre Kriegsbrückengerät nicht verfügbar gewesen. Die Brigade sei daher über Wettmar nach Wietzenbruch, also hinter der 227. Brigade, nach Celle marschiert.

Die Behauptung bezüglich der gesprengten Brücken ist ebenso fraglich wie der Mangel an Brückengerät. Immerhin haben die britischen Pioniere – die „Royal Engineers“ – der 15. Division nach Überbrückung des Fuhse-Kanals noch zwei weitere Brückenschläge durchgeführt. Außerdem standen Brückenlegepanzer zur Verfügung. Das Ausweichen der jungen Leutnants aus Ehlershausen begann zudem um 03.45 Uhr und ausschließlich zu Fuß, also völlig geräuschlos. Wenn Celle nur von Westen und nicht auch von Süden besetzt wurde, dann hatte das wohl einen anderen Grund. Die Briten hatten das Ausweichen der Deutschen sicherlich nicht bemerkt und wollten verständlicherweise auch keine weiteren Verluste durch die Panzerfaustschützen von Ehlershausen riskieren. Warum auch? Nur in Chroniken klingt die andere Version eben eindeutig besser. Während des gesamten Tages arbeiteten die britischen Pioniere an einer 40 Tonnen „Bailey Bridge“. Inzwischen wurde nach einer weiteren Übergangsmöglichkeit gesucht. Ein gepanzerter Spähtrupp stellte fest, daß die Aller-Brücke bei Altencelle nicht zerstört war. Auch die nördlich davon gelegenen Lachte-Brücken waren noch intakt. Nur die hölzerne Brücke über einen schmalen Lachtezufluß machte einen etwas brüchigen Eindruck. Trotzdem entschloß sich der Divisionskommandeur, General Barber, die 227. Brigade über Altencelle nach Lachtehausen vorgehen zu lassen.

Die Brigade benutzte damit jene Brücken, von denen später behauptet wurde, sie seien gesprengt worden. Zunächst ging auch alles gut. Gegen Mittag war die 227. Brigade auf dem Nordufer der Aller. Als dann aber noch die 44. „Lowland Brigade“ auf demselben Weg nachfolgte, brach die strapazierte Holzbrücke zusammen. So standen 800 Fahrzeuge eng aufgefahren zwischen Altencelle und Lachtehausen. Aber schließlich hatte Deutschland fast keine Luftwaffe mehr. Die Briten konnten sich solche militärischen Sünden auch am hellen Tage leisten.

Bis ein Brückenlegepanzer zum Einsatz kam, balancierte die britische Infanterie über den einzig verbliebenen Balken.

Am frühen Nachmittag fuhr ein einzelnes Krad der Panzertruppenschule Bergen über Sülze in Richtung Celle. Es wurde von Leutnant Rudolf Held gelenkt. Er hatte den Auftrag, in Celle die Lage aufzuklären und zu melden. Auf dem Sozius saß ein forscher Hitlerjunge, der aus Celle stammte und dem Leutnant als ortskundiger Führer behilflich sein sollte.

Kurz vor Eversen trafen sie ein gutes Dutzend Fähnriche, die auf Fahrrädern in Richtung Sülze fuhren.

Britische Infanterie überquerte die Lachte; im Hintergrund ein Brückenlegepanzer. (IWM)

Wenig später war Held in Groß Hehlen. Dicht an der Straßengabel stand eine eingegrabene und gut getarnte 7.5 Pak. Der Geschützführer, ein Oberscharführer, erklärte dem Leutnant, er und seine Männer seien auf weiter Flur vermutlich die einzigen; dennoch werde er seine Stellung nicht verlassen.

Held fuhr noch ein Stück weiter, bis er die Gebäude der damaligen v.-Seeckt-Kaserne ausmachen konnte. Durch sein Fernglas sah er, daß weiße Fahnen aus den Fenstern hingen. Daraufhin forderte er seinen Beifahrer auf, abzusteigen und befahl: „Für Dich ist der Krieg zu Ende. Schlage Dich zu Deinen Eltern durch!" Der Hitlerjunge wollte widersprechen. Held blieb hart: „Das ist ein Befehl!" Sein Beifahrer grüßte mürrisch und verschwand in der nächsten Buschgruppe.

Leutnant Held fuhr an der einsamen SS-Pak vorbei sehr nachdenklich nach Bergen zurück.

In Celle wartete die 46. „Highland Brigade" auf die „Bailey Bridge", die gegen Mitternacht fertig wurde. Dann ging auch sie über die Aller.

In der Nacht zum 13. April hatten die Schotten erstmalig die beste Ausgangsposition aller britischen Divisionen. Natürlich hatte auch die 53. „Welsh Division" ihren Brückenkopf bei Westen, und die 11. Panzer-Division stand schon seit zwei Tagen nördlich der Aller. Aber das alles besagte nichts. Die 11., 53. und die nachfolgende 7. Division sowie die Garde- und 52. Division hatten noch mit entschlossenem deutschen Widerstand zu rechnen. Die 15. schottische Division hatte nur General Tzschökell gegen sich. Aber der wollte ja ohnehin in der Göhrde kapitulieren.

Das offene Tor zwischen Heide und Harz

General der Infanterie Walter Lichel, Kommandierender General im Wehrkreis XI.

Am Morgen des 11. April waren zwischen Hannover und Harz die sechs Divisionen des XIII. und XIX. U.S. Korps zum Angriff nach Osten bereit. Auf der 70 Kilometer breiten Front vor ihnen stand fast keine deutsche Truppe.

Das XI. Korps des Generals Lichel, das spätestens jetzt hätte in Erscheinung treten müssen, gab es nicht. Vorwiegend Versorgungstruppen der im Ruhrkessel eingeschlossenen 3. Panzergrenadier-Division bildeten eine schwache Sicherung zwischen Goslar und Schöppenstedt. Sie hatten mehr Lücken als Truppe und ganz sicher keine schweren Waffen. Südlich Braunschweig stand bei Watenstedt an den „Hermann-Göring-Werken" eine Flak-Batterie mit acht Geschützen 8.8. In Braunschweig hatte sich die HJ-Akademie-Kampfgruppe des Oberbannführers Stünke auf Rundumverteidigung eingestellt. Sie bestand aus zwei Bataillonen. Das Durchschnittsalter der HJ-Jungen betrug 16 Jahre.

Kampfkommandant Generalleutnant Karl Veith hatte bereits zuvor die ihm unterstellten Flak-Soldaten „Zug um Zug" nach Rerick zur Flak-Ausbildungsschule an die Ostsee geschickt. Sie sollten dort zusammen mit Heeressoldaten eine Kampfgruppe bilden. Wie stark die von ihm abgestellten Kräfte waren, läßt sich nicht mit Sicherheit sagen. Bekannt ist jedoch, daß es im Frühjahr 1945 insgesamt 112 schwere Flak-Geschütze in Braunschweig gegeben hatte. Nur acht davon haben beim späteren Angriff der Amerikaner das Feuer eröffnet.

Zwischen Braunschweig und Celle gab es nach der damaligen Planung – falls es eine war – keinerlei deutsche Einheiten. Dennoch stand am 10. April völlig unerwartet ein voll ausgerüstetes Panzer-Bataillon genau in dieser Lücke. Es konnte das „offene Tor" beiderseits der Autobahn erheblich enger machen. Aber es kam dennoch anders.

Als die 1. und 9. U.S. Armee am 2. April den großen Kessel um die Heeresgruppe B an der Ruhr gebildet hatten, war auch der Rest der Panzer-Lehrdivision eingeschlossen worden. Nur das 2. Bataillon, Panzer-Lehrregiment 130 hatte sich der Umfassung entziehen können. Unter Führung des Hauptmanns Freiherr von Schlippenbach sammelte sich das Personal zunächst in Paderborn.

Panzer hatten sie nicht mehr. Die ca. 300 Soldaten organisierten sich einige Lkw und fuhren nach Osten. Sie hatten keinen Auftrag und nur ein paar Handfeuerwaffen. Sie hingen praktisch in der Luft. So fuhren sie dahin zurück, wo bisher ihre militärische Heimat gewesen war; zur Panzertruppenschule Bergen. Am 4. April kamen sie dort an. Aber auch hier hatte sich viel geändert. Der Schulkommandeur, Generalmajor Munzel, hatte ein Kommando an der deutschen Südwestfront. Der stellvertretende Kommandeur war Oberst Erhard Grosan. Bis vor kurzem hatte er die ca. 300 Lehrgangsteilnehmer als Kompaniechefs und Bataillonskommandeure am Sandkasten und in Planübungen ausbilden lassen. Aber mit der näherrückenden Front war diese Ausbildung zur Farce geworden. Grosan, beinamputiert und die Inkarnation des intellektuellen Offiziers, sollte eine Kampfgruppe aufstellen. Offiziere hatte er genug. Wegen der ständigen Luftbedrohung hatte er sie größtenteils auf die umliegenden Ortschaften verteilt. Die Panzeroffiziere waren in Wohlde untergebracht, die Panzergrenadiere in Hermannsburg und die Panzerjäger in Sülze. Die Teilnehmer an den Bataillonsführer-Lehrgängen wohnten in Bergen. Nur die Regimentsführer-Lehrgänge waren in der Panzertruppenschule verblieben.

Was Oberst Grosan fehlte, waren Mannschaften, um Bataillone und Regimenter bilden zu können. Er hatte daher die Einrichtung von Versprengten-Sammelstellen befohlen. Die eine war in Bergen, die andere am „Kröpke“, mitten im Ostenholzer Moor. Dort sollten versprengte und durchziehende Soldaten gesammelt und zu neuen Einheiten zusammengestellt werden. In diesem Moment kam v. Schlippenbach mit seinen Soldaten an. Sicherlich wollte Grosan diese Reste der Lehrdivision sofort vereinnahmen. Dann aber fand ein Telefongespräch mit einem hohen Panzeroffizier in Berlin statt. Dieses ergab, daß Hauptmann v. Schlippenbach sofort mehr als 30 fabrikneue „Jagdpanther“ in Braunschweig bei der Firma MIAG übernehmen könne. Das damit aufzustellende Panzer-Bataillon sei jedoch nicht von der Kampfgruppe-Grosan, sondern vom Wehrkreis XI einzusetzen.

Am nächsten Tag meldete sich v. Schlippenbach mit seinen Männern bei Oberst Grosan ab. Während die Panzerbesatzungen direkt nach Braunschweig fuhren, hatte sich v. Schlippenbach zunächst beim Befehlshaber im Wehrkreis XI, General der Infanterie Walter Lichel, zu melden. Der General war in großen Schwierigkeiten; nicht nur wegen der militärischen Lage in seinem Verantwortungsbereich, sondern auch wegen zweier hoher NS-Funktionäre.

Der eine war der Gauleiter von Südhannover/Braunschweig, Hartmann Lauterbacher, der andere Gauleiter von Osthannover/Lüneburg, Otto Telschow. Beide hatten auf dem Parteiweg mehrfach Berlin gemeldet, daß Lichel die Verteidigung des Wehrkreises nicht ernsthaft genug betreiben würde. Der General hatte seinerzeit von beiden Gauleitern eine sehr negative Meinung. In seinem noch erhaltenen Tagebuch nannte er Lauterbacher einen „... 35jährigen Schnösel, der nie Soldat war, der nie einen Schuß gehört hatte, der lediglich als rechte Hand dieses Herrn Baldur von Schirach aus der HJ hervorgegangen war ...“ Über Telschow schrieb er: „... jener 69jährige Greis, notorische Säufer und ehemalige Trompeter der Saarburger Ulanen ...“

Am 5. April, als Hauptmann v. Schlippenbach bei Lichel im Generalkommando am Misburger Damm war, saß Telschow längst auf seinem Gutshof in der Lüneburger Heide, und Lauterbacher hatte sich mit seiner Familie in den Harz nach Braunlage zurückgezogen. Von dort erließ er einen Aufruf, der am selben Tag in der Hannoverschen Zeitung erschien: „Lieber tot als Sklav! Wer nicht mit uns ist oder feige oder verräterisch die Hand gegen unsere gerechte Sache erheben sollte, wer weiße Fahnen hißt und sich kampflos ergibt, ist des Todes. Nun beißt in dieser Stunde der Krise die Zähne zusammen. Bewährt Euch als Deutsche und Niedersachsen! Im Bombenhagel haben wir gestanden und ein Beispiel geboten, jetzt wollen wir nicht anders handeln! Deutschland lebt in uns und unserem Führer. Im tiefen Glauben an seine Ewigkeit gehen wir in den Kampf.“ Damit stellte die Hannoversche Zeitung ihr Erscheinen ein.

v. Schlippenbach war an diesem Tag nur sehr kurz im Gebäude des Generalkommandos. Welche Befehle er dort erhalten hatte, ist nicht bekannt. Sie lassen sich aber erahnen, wenn man die Geschehnisse der nächsten Tage berücksichtigt und bedenkt, daß zur Verteidigung von Hannover nur die Panzer der zufällig anwesenden Kampfgruppe „Wiking“ zum Einsatz gekommen waren. v. Schlippenbach fuhr jedenfalls wenig später nach Braunschweig und konnte dort tatsächlich 32 nagelneue „Jagdpanther“ sowie zwölf Büssing-Lkw und zwölf VW-Kübel übernehmen. Nachdem alle Fahrzeuge aufmunitioniert und vollgetankt waren, wurden noch die 8.8 cm Kanonen justiert. Auch diese Arbeit war am 7. April abgeschlossen. v. Schlippenbach hatte am selben Tag mit dem Kampfkommandanten von Braunschweig, Generalleutnant Veith, gesprochen. Der General schien zunächst entschlossen, die Stadt zu verteidigen, aber der Bürgermeister widersprach heftig. Sein Hauptargument waren die zahlreichen Lazarette und die vielen Flüchtlinge. Anschließend führte v. Schlippenbach noch eine Besprechung mit seinen Offizieren durch. Hierbei ließ er keinen Zweifel daran, daß ihm die Fortsetzung des Krieges sinnlos erschien; zumindest gegen die Westalliierten.

Freiherr v. Schlippenbach hätte also konsequenterweise mit dem 2. Bataillon des Panzer-Lehrregiments 130 nach Osten fahren müssen. Er wäre auch dort der kampfstärkste, geschlossene Panzerverband gewesen, den es zu diesem Zeitpunkt in Deutschland überhaupt noch gab. Aber schließlich ist nicht bekannt, welche Befehle er vom General der Infanterie Lichel erhalten hatte. In jedem Falle bildete v. Schlippenbach vier Kompanien mit je acht Panzern und eine Versorgungs-Kompanie, der auch einige Werkstatt-Kfz angehörten. Dann fuhr er nach Westen.

Unteroffizier Kurt Goller erinnert sich: „In der Abenddämmerung des 7. April '45 fuhren wir los. Auf der Autobahn bei Braunschweig vereinten sich die 32 „Jagdpanther" des Rgts. schulmäßig und fuhren mit stolzen 50 Sachen Richtung Hämelerwald. Im dortigen Bereich zogen wir wie immer sofort unter."

Zu diesem Zeitpunkt waren die Amerikaner noch nicht im Deister und die Briten gerade erst in Neustadt a. Rbg. Die 32 deutschen Panzer standen tatenlos 40 Kilometer Luftlinie entfernt und sicherten nach Westen.

Erst vier Tage später, am 11. April, kam es zum Kampf. Die „Sherman" des 11. Aufklärungs-Regiments waren nördlich an Hannover vorbei bis Burgdorf gefahren. Als sie den Ort nach Osten verlassen wollten, gab es ein kurzes Gefecht. Einzelheiten sind unbekannt. Sicher ist nur, daß ein deutscher Panzer ausfiel. Es war der des Hauptmanns v. Schlippenbach. Der Chef der Versorgungs-Kompanie, Oberleutnant Dieter Wilhelmy, schrieb in sein Tagebuch: „Mi., d. 11. 04. Abt. schwer im Einsatz. Verteufelte Jabotätigkeit . . . Schlippenbach verliert Übersicht. V-Kompanie verlegt in den Raum nördlich Fallersleben . . . Kdr. stark angeschlagen (abgeschossen worden), ohne Verbindung zu den Kompanien, brennende Heide, Jabos, explodierende Sprit-Lkw."

Hauptmann v. Schlippenbach ließ wenig später einen VW-Kübel mit Benzin und Verpflegung beladen und fuhr davon; Richtung Protektorat zu Frau und Kindern, wie seine Männer vermuteten.

Hauptmann Erich von Falkenhayn übernahm das Kommando. Zum nächsten Feuerkampf mit den Amerikanern kam es bei Edemissen. Die Kampfgruppe R der 5. U.S. Panzer-Division hatte am frühen Morgen desselben Tages Peine ohne Widerstand durchfahren und war dann nach Norden eingedreht. Als sie jedoch den Hang des Siemsberges herunterfuhr, bekam sie Feuer aus Edemissen. Dort standen zwei „Jagdpanther", die den äußersten linken Flügel des Bataillons bildeten.

Im Kriegstagebuch der U.S. Division ist darüber zu lesen: „Kampfgruppe R traf bei Edemissen auf gepanzerten Widerstand, und das Gefecht zog sich zwei Stunden hin, bevor der Feind zerschlagen war." Ganz richtig ist diese Darstellung nicht. Vielmehr erinnert sich ein deutscher Feldwebel, der dabeigewesen war, drei amerikanische Panzer abgeschossen zu haben, bevor er sich vor der vielfachen Übermacht zurückzog.

An einem Gutshof bei Abbensen stand der Panzer-Zug des Feldwebels Feuerpfeil. Kurz nach Mittag waren hier mehrere Panzer mit SS-Soldaten vorbeigekommen. Unteroffizier Teike erinnert sich: „Die wollten uns vereinnahmen. Es gab einen

Oberleutnant Dieter Wilhelmy,
Chef der Versorgungs-Kompanie.

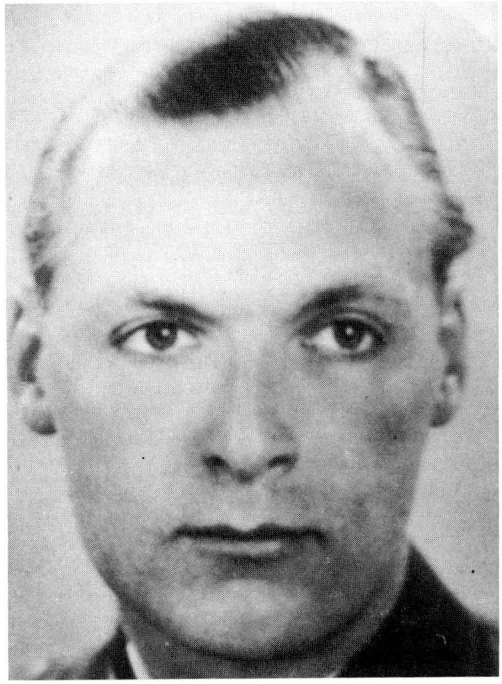

Hauptmann Erich von Falkenhayn
übernahm am 11. April das stärkste
deutsche Panzer-Bataillon.

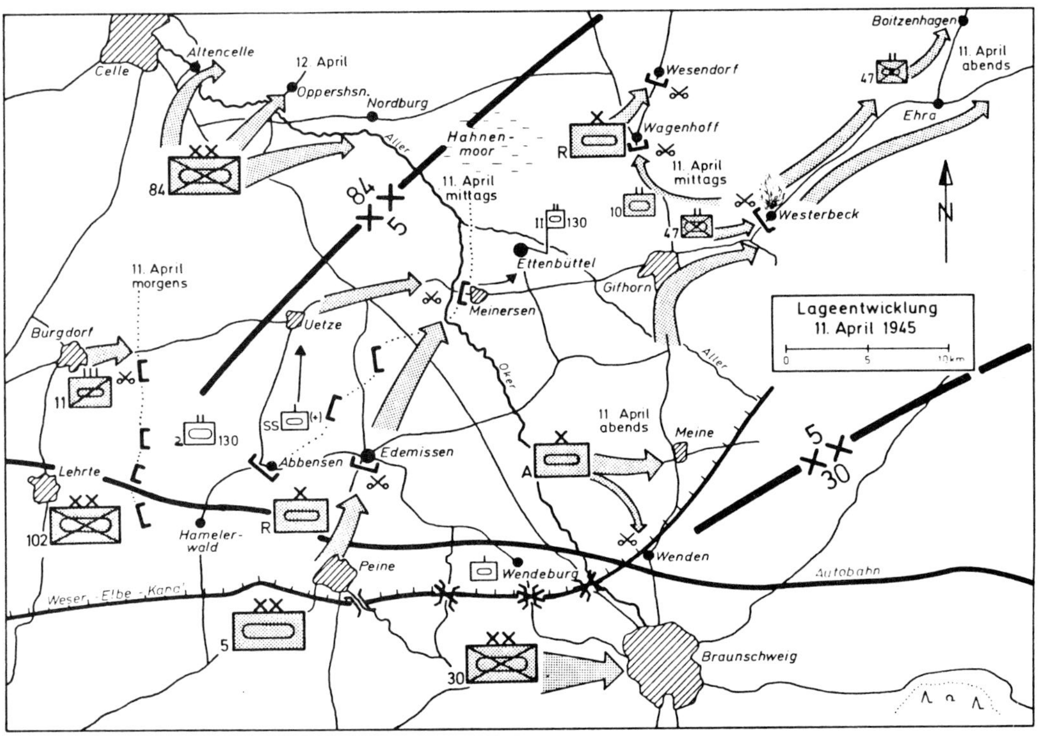

scharfen Wortwechsel mit unserem Zugführer. Dann fuhr die SS weiter nach Norden, in Richtung Uetze." Es war die Kampfgruppe „Wiking".

Die Männer des Feldwebels Feuerpfeil bekamen an diesem Tag noch einmal Besuch. Es war der Gutsbesitzer, der die Panzer nicht auf seinem Gelände haben wollte. Er rief dem Unteroffizier Heinz Kribel zu: „Verschwinden Sie hier. Ich bin Oberst bei Rommel gewesen." Kribel rief zurück: „Und ich bin Unteroffizier Kribel. Wenn Sie nicht verschwinden, jage ich Ihnen mein Magazin ins Kreuz." Der ehemalige Oberst verschwand. Als es dunkel geworden war, rollten die U.S. Kolonnen auf der Autobahn in Richtung Braunschweig. Sie fuhren alle mit Licht. Heinz Kribel hatte sie im Fadenkreuz. Aber er erhielt keine Feuererlaubnis: Er ist sich sicher: „Das war Sabotage unserer Führung." Wenig später bekam er den Befehl, seine Stellung am Gutshof zu verlassen und auf das offene Gelände zu fahren. Kribel verstand überhaupt nichts mehr.

Den äußersten rechten Flügel des „Jagdpanther"-Bataillons bildete Feldwebel Dette. Er stand mit einem weiteren Panzer in Meinersen hinter der Oker-Brücke. Im Laufe des Nachmittags war es mit „Sherman"-Panzern, die aus Uetze vorgestoßen waren, zum Feuerkampf gekommen. Vermutlich hat Dette zwei von ihnen abgeschossen. Als er kurz darauf Stellungswechsel machen wollte, versagte die Lenkung. Der „Jagdpanther" stand quer auf der Straße. Dette wollte den Schaden beheben und befahl abzusitzen. In diesem Moment erfolgte ein amerikanischer Tieffliegerangriff. Der Panzer wurde mehrfach getroffen. Aus dem Motorraum liefen Öl und Benzin in die Wanne. Die Besatzung bootete aus und flüchtete vor den noch immer angreifenden Flugzeugen ins nächste Haus. Als wieder Ruhe eingetreten war, marschierte Dette mit seiner Besatzung nach Osten, in das Waldgelände der Fahlen Heide. Auch die Einwohner von Meinersen wagten sich wieder auf die Straße und begannen, zwei in Brand geratene Häuser zu löschen. Unter ihnen war der damals 13jährige Alfred Alpers, der sich erinnert, daß „ein ‚Jagdpanther' brennend auf der Gifhorner Straße stand."

Der einzige nachweislich in dieser Gegend gefallene Soldat des Panzer-Lehrregiments war Unteroffizier Hans Gaebler. Er wurde später auf dem Gemeindefriedhof Wesendorf beigesetzt. Ein anderer Panzer-Zug, der mehrere Tage bei Sievershausen gestanden hatte, machte ohne Feindberührung Stellungswechsel nach Osten in ein kleines Waldstück. Als wenig später eine Kolonne „Sherman"-Panzer vorbeifuhr, fiel kein Schuß.

Am Abend dieses 10. April ließ Hauptmann v. Falkenhayn alle erreichbaren Panzerkommandanten zu einer Befehlsausgabe kommen. Dann erklärte er, daß der Krieg verloren sei, also sei Weitermachen nunmehr sinnlos. Er schlug abschließend vor, die Panzer stehenzulassen und sich mit ihm zu einem nahen Gehöft durchzuschlagen. Es begann eine erregte Diskussion. Ein Leutnant widersetzte sich. Ein Stabsfeldwebel berief sich auf den geleisteten Eid. Es fand sich zunächst niemand, der mit dem Vorhaben des Hauptmanns einverstanden war. Daraufhin fuhr v. Falkenhayn mit seinem Geländewagen davon. Zur Erkundung, wie er gesagt hatte.

Er ist zu seiner Truppe nie wieder zurückgekehrt. Sicherlich eine kluge Maßnahme, denn nach seiner Abfahrt wurden die Panzerbesatzungen unterrichtet. Unteroffizier Goller erinnert sich, daß eine sehr gereizte Stimmung entstand. „Den legen wir um, wenn er nochmal mit so etwas kommt." Aber v. Falkenhayn kam nicht mehr. Später wurde erzählt, er hätte eine Tante mit amerikanischer Staatsangehörigkeit, die in unmittelbarer Nähe auf einem Gut gewohnt habe.

Damals standen somit zwischen Meinersen und Edemissen 30 voll einsatzfähige, aber führerlose „Jagdpanther". Der Wille zum Weiterkämpfen war sicherlich zwiespältig. Außerdem wußte man, daß amerikanische Kolonnen bereits dicht vor Braunschweig stehen mußten. Der damals stärkste deutsche Panzerverband fiel auseinander.

Nur der Leutnant, der v. Falkenhayn am klarsten widersprochen hatte, übernahm das Kommando über neun Panzer. Er wollte offenbar nach Osten, um noch einmal Verbindung zu der eigenen Truppe herzustellen. Bei Einbruch der Dunkelheit kamen sie durch mehrere Ortschaften, die schon von Amerikanern besetzt waren. Nach einer mehrstündigen Rast erreichten sie am Morgen des 11. April die Gemeinde Wendeburg. Bald stellte sich jedoch heraus, daß alle südlich gelegenen Brücken über den Weser-Elbe-Kanal gesprengt waren. Ein Kilometer nördlich rollten auf der Autobahn die U.S. Kolonnen. Vier Kilometer ostwärts floß die Oker. Über sie führte keine Brücke.

Der Leutnant, der vermutlich Müller hieß, war in eine Sackgasse geraten, aus der es kein Zurück mehr gab. Er befahl, die „Jagdpanther" zu sprengen und sich dann einzeln durchzuschlagen.

Unteroffizier Goller wollte mit einer sechsköpfigen Gruppe nördlich an Braunschweig vorbei. Er und seine Männer wurden bei Wenden von einer amerikanischen Kompanie gestellt. In den kurzen Feuerkampf griffen auch „Sherman"-Panzer ein. Bei der Flucht in einen kleinen Wald gab es einen Verwundeten durch Bauchschuß. Ein anderer wurde in beide Beine getroffen. Unteroffizier Goller wurde die Achsel durchschossen. Er und seine Männer ergaben sich. Sofort war ein amerikanischer Sanitäter da, der die Deutschen versorgte. Daß ihnen währenddessen von anderen Amerikanern Armbanduhren und Orden abgenommen wurden, empfanden sie als das kleinere Übel.

Unteroffizier Goller: „Der Sani war sehr freundlich zu uns. Am Abend des 11. April wurden wir operiert und versorgt, als wenn wir zu ihnen gehören würden."

Einige andere Besatzungen machten ihre Panzer unbrauchbar und folgten dann doch noch ihrem Hauptmann ins Hahnenmoor nach. Dort besorgten sie sich Zivil und ließen die Amerikaner südlich an sich vorbeiziehen.

Mehrere Panzer versuchten auf eigene Faust nach Osten durchzustoßen. Aber das war sehr schwierig, denn alle Straßen vor ihnen wurden von den Amerikanern befahren. Einer der letzten hinter den feindlichen Linien war Feldwebel Feuerpfeil. Tage, nachdem die Amerikaner die Elbe erreicht hatten, stand er mit seinem Panzer noch immer in einem kleinen Waldstück nordostwärts Braunschweig. Als auf der nahen Straße eine U.S. Kolonne heranrollte, schoß er drei „Sherman" ab und zog sich zurück. Ein paar Tage später ging er mit seiner Besatzung in amerikanische Gefangenschaft.

Von den Panzern, die nach Osten durchbrechen wollten, kam nur der von Oberfeldwebel Stock bis an die Elbe bei Rogätz. Dort wurde er einer rein infanteristischen Kampfgruppe unterstellt. Am Morgen des 13. April stand er letztmalig im Feuerkampf gegen das amerikanische Spitzenbataillon, das am Vortage Born genommen hatte. Richtschütze Gefreiter Hans Burkhardt schoß zwei „Sherman" ab, dann brach gegen den letzten Panzer des 2. Bataillons des Panzer-Lehrregiments 130 ein wahrer Feuerorkan los. Er wurde mindestens zwölfmal getroffen. Die Besatzung kam zunächst mit dem Leben davon und setzte mit einer Fähre über die

Elbe. Dort marschierte sie mit einer neuen Kampfgruppe der Roten Armee entgegen, wurde von Sowjet-Panzern überrollt und ging wieder zur Elbe zurück. Aber hier gab es keine Brücken und auch keine Boote mehr. Gefreiter Burkhardt berichtet von zwei Soldaten, die die Elbe durchschwimmen wollten. „. . . nur Kamerad Didong kam hinüber, der andere ging angesichts seiner Heimatstadt Magdeburg unter."

Während es am 11. April in Meinersen noch zu einem kurzen Gefecht gekommen war, war die brigadestarke Kampfgruppe A der 5. U.S. Division kampflos über Meine nach Gifhorn vorgegangen. Eigentlich sollte der Ort verteidigt werden, aber Kreisleiter Ernst Lütge hatte den Volkssturm dann doch nach Hause geschickt. Er selbst hatte am Vortage seine Akten verbrannt und anschließend die Stadt verlassen. Auch die geplante Sprengung der Aller-Kanal-Brücke war unterblieben. Deutsche Soldaten gab es in Gifhorn nicht. Statt dessen wird von weißen Fahnen berichtet. Die Stadt wurde gegen 08.00 Uhr von der Kampfgruppe A sehr vorsichtig, aber problemlos besetzt. Dennoch hat es zwei Tote gegeben. Ein Hilfsbeamter wurde vom Fahrrad geschossen. Ein U.S. Major soll einen Landwirt am Bahnübergang der Braunschweiger Straße exekutiert haben. Motive sind unbekannt.

Auch der Gifhorner Horst Sänger schrieb 1978 in „Verborgene Fäden" über die Amerikaner: „Nicht alle haben sich so benommen, wie sich ein Soldat zu verhalten hätte, obwohl es Krieg war, ein schlimmer Krieg." Einzelheiten ersparte er. Wie auch immer. Für Gifhorn war der Krieg vorbei. Vergleichbare Städte wie Rethem, Verden, Soltau, Schneverdingen, Schwarmstedt, Winsen und Uelzen erlebten ihn gerade oder hatten ihn noch vor sich. Gifhorn war – gemessen am damaligen Chaos – glänzend davongekommen. Sicherlich hatten auch die weißen Fahnen dazu beigetragen.

Das 10. Panzer-Bataillon ging weiter nach Norden vor und traf bei Wagenhoff auf Widerstand. Die deutschen Sicherungskräfte gehörten vermutlich zum Personal des Fliegerhorstes Wesendorf. Sie wurden von den U.S. Panzern schnell niedergekämpft. Vor Wesendorf war für das Panzer-Bataillon dann aber endgültig Schluß. Die dort eingesetzten Luftwaffensoldaten kämpften mit dem Mut einer sicherlich berechtigten Verzweiflung. Die Panzer holten die Kampfgruppe R heran. Sie selbst folgten dem 47. Panzergrenadier-Bataillon.

Die Grenadiere waren von Gifhorn nach Nordosten marschiert. Die nächste Ortschaft war Westerbeck. In dem bereits zitierten Kriegstagebuch ist hierüber zu lesen, daß der amerikanische Oberstleutnant Howard Boyer dort den ersten ernsten Widerstand erlebte. „Dieser bestand aus einer fertiggestellten Straßensperre, die durch Infanterie und zwei Selbstfahr-Geschütze verstärkt wurde." Eine Straßensperre gab es tatsächlich, aber es gab keine deutsche Truppe. Am Vortage hatten Soldaten einer durchziehenden Einheit in Westerbeck gelagert. Die „Air Force" hatte sie aufgeklärt. Boyer mußte davon gewußt haben. Jedenfalls ließ er Artillerie und Panzer das Feuer auf das unverteidigte Dorf eröffnen. Die Bewohner flohen in panischer Angst in das nahe liegende Moor. Von weitem sahen sie ihre Höfe in Flammen aufgehen. Endlich faßte sich einer von ihnen ein Herz. Es war Heinrich Arnold, der auf einem Fahrrad mit einer weißen Fahne den feindlichen Panzern entgegenfuhr.

Wenig später ließ der amerikanische Oberstleutnant das Feuer stoppen. Das war für Westerbeck allerdings zu spät. Zwei Bewohner waren tot, viele waren verletzt. 59 Gebäude waren zerstört. Das Vieh lag verendet in den abgebrannten Ställen.

Zur selben Zeit hatte auch die Kampfgruppe R das Gefecht bei Wesendorf unter Einsatz aller Mittel entschieden. Da Augenzeugenberichte fehlen, kann nur anhand von Kriegsgräberlisten auf die Hartnäkkigkeit des deutschen Widerstandes geschlossen werden. Ein Luftwaffenhauptmann, ein Löschmeister und ein Obergefreiter sind auf dem Wesendorfer Gemeindefriedhof beigesetzt. Außerdem gibt es aber noch ein Sammelgrab mit 74 unbekannten Toten, die alle im April '45 gefallen sind. Unter ihnen sind auch Flak-Helferinnen und Ungarn, die sich zur Ausbildung auf dem Flugplatz befunden hatten. Viele von ihnen werden zu jenen gehört haben, die am 11. April Wesendorf gegen die Kampfgruppe R zu verteidigen versuchten.

Ruine in Westerbeck

Die 5. U.S. Panzer-Division stieß noch am selben Tag weiter über Boitzenhagen und Brome nach Osten vor. Die 30. U.S. Infanterie-Division war seit dem Morgen im Vormarsch auf Braunschweig. Generalleutnant Veith wollte die Stadt verteidigen; das hatte er v. Schlippenbach gesagt. Trotzdem hatte er ihn genauso weggeschickt, wie Wochen zuvor seine Flak-Soldaten. Inzwischen hatte er auch den beiden HJ-Bataillonen neue Stellungen befohlen: Beiderseits der heutigen B 1, allerdings ostwärts von Braunschweig. Von Rundumverteidigung konnte also keine Rede mehr sein, zumal auch die in Braunschweig stationierten Ersatztruppenteile abmarschiert waren, weil es für sie dem Vernehmen nach keine Waffen gab.

Die einzig intakte Truppe waren die beiden HJ-Bataillone, die zunächst noch glaubten, nach beiden Seiten Anschluß zu haben. Südlich von ihnen sollten die Kampfgruppe der 3. Panzergrenadier-Division und nördlich das Panzer-Bataillon des Hauptmanns v. Schlippenbach liegen. Sicher waren sie sich aber nicht. Sie schickten Spähtrupps los. Einen davon führte Oberleutnant Horst Voigt. Er trug den rechten Arm wegen eines noch nicht verheilten Schußbruchs in der Schlinge.

Voigt fuhr nach Norden, über Lehre und bis nach Fallersleben. Soldaten traf er nicht. Er wollte das nicht wahrhaben und fuhr bis Gifhorn. Über Isenbüttel kehrte er zurück. Er meldete: „Bis Gifhorn

Soldatengräber in Wesendorf

Oberleutnant Horst Voigt, Bataillonsadjutant der HJ-Akademie-Kampfgruppe.

keine eigene Truppe. Rechte Flanke völlig offen." Die Meldung des nach Süden eingesetzten Spähtrupps wird inhaltlich ähnlich gewesen sein.

Während die 30. U.S. Infanterie-Division gegen Braunschweig vorrückte, führte Oberbannführer Stünke eine Offizierbesprechung durch. Was sollte er schon mit 700 Jungens gegen eine amerikanische Division ausrichten? Wenn diese Braunschweig erst einmal besetzt hatte, waren seine beiden Bataillone zwischen der Stadt und dem steilen Elm-Bergrücken eingeschlossen. Außerdem unterstand die HJ-Kampfgruppe nicht mehr dem Kampfkommandanten von Braunschweig, sondern einem auch heute noch nicht bekannten General, der seinen Gefechtsstand im Elm beim Gasthaus „Tetzelstein" haben sollte. Angesichts dieser Lage entschloß sich Stünke, seine Jungens zu den Eltern nach Hause zu schicken. Die Waffen wurden vergraben. Mit kräftigem Händedruck und einem schüchternen „Heil Hitler" wurden die Bataillone aufgelöst. Lediglich die ca. 20 Führer der HJ-Akademie bildeten eine kleine Kampfgruppe, die versuchen wollte, sich nach Osten durchzuschlagen, um gegebenenfalls an der Verteidigung Magdeburgs teilzunehmen.

Oberleutnant Voigt, der wegen seiner Verwundung für Kampfeinsätze ausfiel, erhielt nochmals einen Sonderauftrag. Er sollte dem zuständigen General am „Tetzelstein" die Auflösung der HJ-Bataillone melden.

Voigt wollte gerade in seinen Kübel-Wagen steigen, als er den Angriff mehrerer U.S. Bomber auf den Elm beobachtete. „Dieser hat vermutlich dem Gefechtsstand gegolten, auf dem ich mich melden soll", dachte Voigt und fuhr los. Er hatte ein ungutes Gefühl. Als er die Elm-Hochstraße beim Kinderheim Langeleben erreicht hatte, wußte er, was der Bombenangriff getroffen hatte. Das Heim lag in Trümmern, über denen Rauch- und Staubwolken lagen. Voigt stieg aus, um zu sehen, ob er jemandem helfen könnte. Aber es war totenstill. Nur gelegentlich brachen noch einzelne Steine aus der Ruine. Mitten in den Trümmern stand Voigt plötzlich auf etwas Weichem. Dem Oberleutnant grauste, obwohl es heller Tag war. Er stieg in seinen Wagen und fuhr davon. Erleichtert fand er wenig später ein Hinweisschild, das ihn zu einem Divisionsgefechtsstand führte.

Erst nach dem Krieg hat er erfahren, daß im Kinderheim Langeleben alle Bewohner durch den damaligen Bombenangriff getötet worden waren. Zwei Schwestern und 35 Kinder wurden wenig später in einem Gemeinschaftsgrab beigesetzt. Gegenüber dem heute wiederaufgebauten Heim steht ein Grabstein für die Opfer eines militärischen Irrtums: Die Amerikaner wollten sicherlich den Gefechtsstand treffen und hatten ihn mit dem Kinderheim verwechselt.

Gaststätte Tetzelstein im Elm

Grabstein am Kinderheim Langeleben

Als Voigt endlich den General im Gasthof am Tetzelstein gefunden hatte, war dieser gerade bei der Befehlsausgabe. Er hatte einen auffallend kleinen Stab um sich versammelt. Der Oberleutnant meldete stramm: „Kampfgruppe Stünke wegen unhaltbarer Lage mit zweiseitiger Flankenbedrohung aufgelöst." Voigt wußte, daß jetzt alles kommen konnte: Vom Vorwurf des Landesverrats bis zur Festnahme. Aber der väterlich wirkende General nickte mit freundlicher Gelassenheit. „Einverstanden, Oberleutnant." Als Voigt wieder in seinen Wagen stieg, ahnte er, daß auch hier Aufbruchsstimmung herrschte. Er fuhr über das tote Kinderheim Langeleben zurück und empfand die Ortsbezeichnung als blanken Zynismus.

Die 30. U.S. Division, die inzwischen Braunschweig besetzt hatte, stieß weiter nach Osten vor. Bei Süpplingenburg wurde sie kurzfristig gestoppt. Die Führer der HJ-Akademie hatten sich in den Häusern des Ortsrandes verschanzt. Sie ließen

Kampfloser amerikanischer Einmarsch in Braunschweig, 11. April (SAS)

zwei Panzer-Züge an sich vorbeifahren und eröffneten mit Panzerfäusten fast gleichzeitig das Feuer. Sechs amerikanische Panzer wurden getroffen. Die HJ-Führer setzten sich ab.

Oberleutnant Voigt hat zu ihnen nie wieder Kontakt bekommen. Als er den Elm verließ, begann seine abenteuerliche Flucht. Im Waldgelände Dorm schloß er sich einigen Braunschweiger Flak-Soldaten an. Später traf er nochmals den freundlichen General vom Tetzelstein und ließ sich auf dem Sozius eines Kradmelders mitnehmen. Der General und sein Stab gerieten bei Calvörde in Gefangenschaft. Voigt entkam zu Fuß. In Born traf er einen älteren Hauptmann, der ein paar Landesschützen führte und ziemlich verzweifelt wirkte. Voigt schlief wenige Stunden. Am Morgen des 12. April setzte er seinen Marsch fort. „Ich wollte unbedingt nach Berlin. Ich wollte in der Nähe des Führers sein. Gerade jetzt." So hetzte er durch die Letzlinger Heide und weinte dabei bitterlich. Auch seine Wunde hatte wieder zu schmerzen begonnen. Bei Rogätz ging er über die Elbe und meldete sich zwei Tage später in Berlin. Reichsjugendführer Axmann ließ ihn einen Bericht über das Ende der HJ-Akademie Braunschweig schreiben. Dann meldete sich Voigt freiwillig zur Panzervernichtungs-Ersatzbrigade „Hitlerjugend" und wurde deren Verbindungsoffizier zur Armee-Wenck.

Wenige Stunden, nachdem Voigt den alten Hauptmann mit seinen Landwehrmännern in Born verlassen hatte, standen die ersten Panzer der 30. U.S. Division vor dem Ort. Berichte über das Weitere liegen nicht vor. Es gibt nur ein amerikanisches Originalfoto, auf dem einige Häuser des Ortes brennen. Der amerikanische Untertitel lautet: „Rauch verfinstert die Sonne nach einem U.S. Angriff von Truppen der 30. Division auf Born, 23 Meilen nördlich von Magdeburg." Der alte, verzweifelt wirkende Hauptmann hatte vermutlich den Ort doch noch verteidigen wollen.

Born, am 12. April (SAS)

Am Abend des 12. April stand die 5. U.S. Panzer-Division bei Wittenberge und Werben an der Elbe. Die 84. Infanterie-Division hatte Tangermünde erreicht. Die 30. Infanterie-Division stand zwischen Born und Rogätz. Aber der erfolgreichste amerikanische Verband war bereits seit dem Vortage die 2. Panzer-Division, die „Hell on Wheels" – die „Hölle auf Rädern".

Erwähnenswerten deutschen Widerstand hatte es nur bei Watenstedt an den „Hermann-Göring-Werken" gegeben. Die amerikanische Chronik spricht von dem schwersten Feuer seit der Rhein-Überquerung. Aber die ortsfesten Flak-Geschütze konnten durch einen amerikanischen Flankenangriff und Artilleriefeuer schnell ausgeschaltet werden. Über Schöppenstedt und Oschersleben stießen die amerikanischen Panzer bis nach Schönebeck, hart südlich Magdeburg, vor. – Am 11. April, gegen 20.00 Uhr meldete die amerikanische Kampfgruppe B: „We 're on the Elbe!"

Mehr als ca. 100 Kilometer in 13 Stunden, das war schon eine stolze Marschleistung. Das Nachführen des eigenen Nachschubs hatte den Amerikanern mehr Probleme bereitet als der deutsche Widerstand. Trotz allem war es nicht gelungen, einen unzerstörten Übergang über die Elbe in die eigene Hand zu bekommen. Sämtliche Brücken waren unmittelbar unter Beobachtung der amerikanischen Panzerspitzen gesprengt worden.

Am 12. April, als auch die 5. und 84. Division an der Elbe angekommen waren, setzte die „Hölle auf Rädern" gegen nur schwachen deutschen Widerstand bei Schönebeck drei Infanterie-Bataillone über den Fluß. Die Amerikaner hatten ihren ersten Brückenkopf. Pioniere fingen unverzüglich mit dem Bau einer Kriegsbrücke an.

Am 13. April setzte ein sehr treffsicheres Artilleriefeuer auf die Brückenstelle ein. Die amerikanischen Pioniere mußten ihre Arbeit mehrfach unterbrechen. Sie hatten hohe Personalverluste; auch eine Vielzahl von Pontons wurde zerstört. Am nächsten Tag griff ein deutsches Grenadier-Bataillon den Brückenkopf unter frontaler Bindung von Norden an. Die deutschen Grenadiere wurden durch 20 Sturmgeschütze unterstützt. Ihr Kommandeur war Hauptmann Erich Rieger. Im ersten Ansturm wurde das nächstgelegene U.S. Bataillon geworfen. Die amerikanischen Soldaten waren ihrem Gegner erstmalig seit der Landung in der Normandie an Feuerkraft unterlegen. Gegen die deutschen Sturmgeschütze hatten sie nur Panzerfäuste. Ihr Divisionskommandeur, General White, tat, was in solcher Lage für ihn selbstverständlich war. Er forderte Luftwaffe an.

Angriff auf Magdeburg (SAS)

Das XIX. U.S. Korps unterstützte diesen Antrag. Der Wortlaut steht in einer Chronik: „Wir haben noch nie zuvor dringend um Luftunterstützung gebeten, aber wir benötigen sie jetzt." Dem amerikanischen Korps war alles recht, Bomber oder Jäger, oder beides. Hauptsache Luftwaffe. Dennoch passierte das fast Unglaubliche: Die „Hell on Wheels" bekamen ihre Luftunterstützung nicht.

Die anglo-amerikanische Luftwaffe, die häufig genug einzelne Panzer, Pferdegespanne und alles, was sich bewegte, angegriffen hatte, war nicht verfügbar. Nicht ein Flugzeug für drei schwer kämpfende Infanterie-Bataillone, von denen bereits eines fast vollständig zerschlagen war. In amerikanischen Kreisen ist hierüber offenbar noch länger geredet worden. Der verantwortliche Verbindungsoffizier zur Luftwaffe beteuerte nämlich noch später: „Wir hatten tatsächlich keine Flugzeuge, um sie ihnen zur Unterstützung zu geben." General White mußte seine stark angeschlagenen Bataillone auf das Westufer der Elbe zurückholen. Er wird das – wie jeder Soldat an seiner Stelle – nur zähneknirschend getan haben. Die „Hell on Wheels" waren immerhin die ersten auf der anderen Seite der Elbe gewesen. Aber sie kamen auch als erste zurück. Dies alles kann militärischer Zufall gewesen sein. Aber es gibt noch andere Fakten, die der Situation an der Elbe strategische und historische Dimensionen geben könnten.

Der amerikanische Präsident war am 12. April plötzlich verstorben. In der Chronik der 2. U.S. Panzer-Division wird vermutet, „. . . der Tod von Franklin D. Roosevelt könnte der entscheidende Faktor in Eisenhowers Entschluß, an der Elbe anzuhalten, gewesen sein." Andererseits soll es ein Gespräch zwischen Eisenhower und einem seiner ranghöchsten Generale, Omar Bradley, gegeben haben. Diesem unterstanden immerhin die 49 amerikanischen Divisionen der 12. Armeegruppe. Er hatte somit mehr militärische Macht als irgendein deutscher General an der Westfront. Eisenhower soll gefragt haben: „Brad, was meinen Sie, wird es uns kosten, von der Elbe aus durchzubrechen und Berlin zu nehmen?" Bradley soll geantwortet haben: „Ich schätze, daß es uns 100.000 Mann kosten wird."

Diese Zahl war übertriebener Zweckpessimismus. Sie hatte ganz sicher eine Null zuviel, denn die amerikanischen Gesamtverluste vom Überschreiten des Rheins bis zum Kriegsende betrugen insgesamt „nur" 8.351 Mann. Trotzdem oder gerade deshalb war Eisenhower dem Brad für seine Übertreibung dankbar. Daß die Zahl in die Geschichte eingehen würde, hatte damals sicher keiner von beiden gedacht. Sie glaubten vielmehr, daß jedermann so einsichtig sein müßte, daß 100.000 Mann, also fünf Divisionen, zuviel für ein „Prestigeziel" wären. Immerhin kannten Eisenhower und Bradley den Plan „Eclipse".

Das deutsche Gebiet ostwärts der Elbe würde ohnehin der Sowjetunion gehören. Warum also sollten amerikanische Soldaten dafür sterben? Nur diese Soldaten sahen das anders. Sie waren über den Rhein und die Weser gestürmt. Sie standen an der Elbe und wollten nach Berlin. Das aber war nicht nur der Wunsch der „GI". Auch der Kommandeur der 9. U.S. Armee, General Simpson, fragte seinerzeit ziemlich empört: „Von wem, zum Teufel, kommt dieser Befehl?" Als er es wußte, hatte er nur noch das Problem, diese Entscheidung seinem Stab und seiner Truppe zu erklären. Mit dieser Erkärung tut sich die amerikanische Geschichtsschreibung noch immer schwer. Aber auch die deutsche Führung rechnete mit der Fortsetzung des amerikanischen Angriffs; das läßt ihre operative Planung der nächsten Tage eindeutig erkennen. Stalin vermutete gar, daß der überraschend schnelle Vorstoß der Amerikaner nur nach Absprache mit der deutschen Führung möglich gewesen wäre. Immerhin hatten die Amerikaner vor drei Wochen noch am Rhein gestanden. Seither waren sie mehr als 500 Straßenkilometer in nordostwärtige Richtung vorangekommen. Die Luftlinie nach Berlin betrug nur noch gut 100 Kilometer.

Im selben Zeitraum hatten die Sowjets keine Geländegewinne in Richtung Berlin erzielt. – Sie standen noch immer an der Oder, 70 Kilometer von Berlin entfernt. Ihre letzte Großoffensive sollte allerdings in den nächsten Tagen beginnen. Die Amerikaner hätten sofort antreten können, wenn Eisenhowers Vernunft und „Eclipse“ nicht gewesen wären. So wurde nichts aus dem Sternenbanner auf dem Brandenburger Tor.

Auch Stalins Befürchtungen, daß zwischen Amerikanern und Deutschen Absprachen bestanden haben könnten, waren unbegründet. Absprachen hatte es nicht gegeben. Nirgendwo. Die Westalliierten waren bis zuletzt und noch etwas länger sehr zuverlässige Verbündete.

Trotzdem gab es auf deutscher Seite einige Merkwürdigkeiten, die sich personifizieren lassen. Es hatte mit dem Generalfeldmarschall Ernst Busch begonnen, der Ende März die letzten frei verfügbaren Truppen aus Munsterlager nach Westen schicken ließ. Andere waren ähnlich verfahren. Generalmajor Paul Loehning hatte Hannover nie ernsthaft verteidigen wollen. Er ließ hierzu auch keine glaubwürdigen Vorbereitungen treffen. Vielmehr war er schließlich per Fahrrad nach Hause gefahren und hatte sich Zivil angezogen, während er Oberstleutnant Röttger und Hauptsturmführer Nicolussi-Leck ihren „Privatkrieg“ führen ließ. Generalmajor Paul Tzschökell hatte seine bei Celle sehr fragwürdig eingesetzte Truppe anschließend kampflos 30 Kilometer zurückgenommen. Generalleutnant Karl Veith hatte seine Flak-Soldaten sehr frühzeitig zu den Flak-Schulen an die Ostsee abrücken lassen. Die 32 „Jagdpanther“ hatte er zunächst nicht besetzen lassen und sie erst später mit den Soldaten der Lehrdivision zum Hämelerwald geschickt, weit von Braunschweig entfernt. Schließlich hatte er die HJ-Bataillone in einen anderen Verantwortungsbereich abgeschoben. Er hat ebenfalls nie an die Verteidigung von Braunschweig gedacht. Das letzte Glied in dieser Kette waren die Offiziere des 2. Bataillons, Panzer-Lehrregiment 130. Hauptmann Freiherr v. Schlippenbach war zunächst ausgefallen und hatte sich später von seinem Bataillon abgesetzt. Sein Nachfolger, Hauptmann v. Falkenhayn, hatte zur Sabotage aufgefordert und hierbei zwar nicht den erwünschten Erfolg gehabt, dennoch hatten die 32 „Jagdpanther“ nicht jene Rolle gespielt, die ihrer Kampfkraft entsprochen hätte.

Die Hauptverantwortung für die deutsche Gefechtsgliederung zwischen Celle und Goslar hat allerdings bei dem Kommandierenden General des Mobilen Korps XI und Wehrkreis-Befehlshaber, General der Infanterie Walter Lichel, gelegen. Er war Ritterkreuzträger und ehemals Kommandeur der 3. Division gewesen; jener Division also, deren Logistiktruppen einen dünnen Sicherungsschleier nach Westen gebildet hatten. Außerdem hat es noch einen „Großverband“, der zum Korps des Generals Lichel gehörte, gegeben. Er nannte sich 471. Division und war bereits Anfang April westlich der Weser im Einsatz. Die Division bestand ausschließlich aus sehr jungen Ausbildungs-Regimentern. Im Raum Hannover verliert sich die Spur dieses „Großverbandes“. Möglicherweise hat es von ihm noch Splittergruppen zwischen Celle und Goslar gegeben. Was zwischen der Weser und Hannover, zwischen Harz und Aller aber vollständig gefehlt hatte, war eine konsequente Operationsplanung, die dem Infanterie-General Lichel sicherlich hätte zugetraut werden dürfen. Auch die ihm unterstellten Generale in Celle, Hannover und Braunschweig wirken aus heutiger Sicht ebenfalls „planlos". Während junge Marinesoldaten jeden Meter der Allermarsch verbissen verteidigten, brach die deutsche Front zwischen Celle und Harz schlagartig zusammen.

Es fällt schwer, hier nur „Planlosigkeit" zu vermuten. Für die damalige deutsche Wehrmachtsführung schien der Fall klar gewesen zu sein. Lichel, der seinen Gefechtsstand am 11. April in Hankensbüttel eingerichtet hatte, wurde abgelöst und erhielt den Befehl, sich umgehend beim Oberkommando des Heeres in Berlin zu melden. Zu seinem Nachfolger wurde der General der Kavallerie Rudolf Koch-Erpach bestimmt.

Der durch eine Minendetonation schwerversehrte Ritterkreuzträger Lichel wurde von seinen Untergebenen verehrt. „Er galt als geradliniger Soldat", wie sich Hauptmann Henkel, der in seinem Stab gearbeitet hatte, noch später erinnerte. Der Fahrer des Generals, Wilhelm Aumann, sagte in einer eidesstattlichen Erklärung nach dem Kriege aus: „. . . daß sich der General geweigert hat, die Stadt Hannover zur ‚Festung' zu erklären, wie es der Gauleiter und Reichsverteidigungskommissar wollte." Auch der Kampfkommandant von Hannover, Generalmajor Paul Loehning, erklärte nach dem Kriege: „General Lichel war mir schon von früher als Gegner des Nationalsozialismus bekannt . . . Der ehemalige General Lichel war auch damit einverstanden, daß ich als Kampfkommandant einen Kampf in Hannover verhinderte und somit Stadt und Einwohner vor dem Schlimmsten bewahrte." Diese Erklärungen sind zwar allesamt nach dem Kriege abgegeben worden, aber das mindert ihre Glaubwürdigkeit in diesem Falle nicht.

Das „Loch" zwischen Heide und Harz war im April '45 militärische Realität. Ähnliches hat es trotz der hoffnungslosen Lage nirgendwo in Deutschland gegeben. Am Morgen des 12. April fuhr General der Infanterie Lichel von Hankensbüttel nach Berlin. Es war eine beschwerliche Fahrt, denn er mußte wegen der Panzerspitzen der 5. U.S. Panzer-Division viele Umwege machen, bis er endlich bei Wittenberge die Elbe überqueren konnte. Der damals elfjährige Sohn erinnert sich: „Mein Vater verbrachte die folgende Nacht in Potsdam, in der auch die Reichskanzlei durch einen Bombenangriff schwer zerstört wurde. Es war wohl der allgemeinen Konfusion nach dem Bombenangriff zu verdanken, daß es nur zu einem Gespräch mit dem Personaloffizier General Burgdorf kam. Dieses endete mit der Versetzung meines Vaters zur Führerreserve."

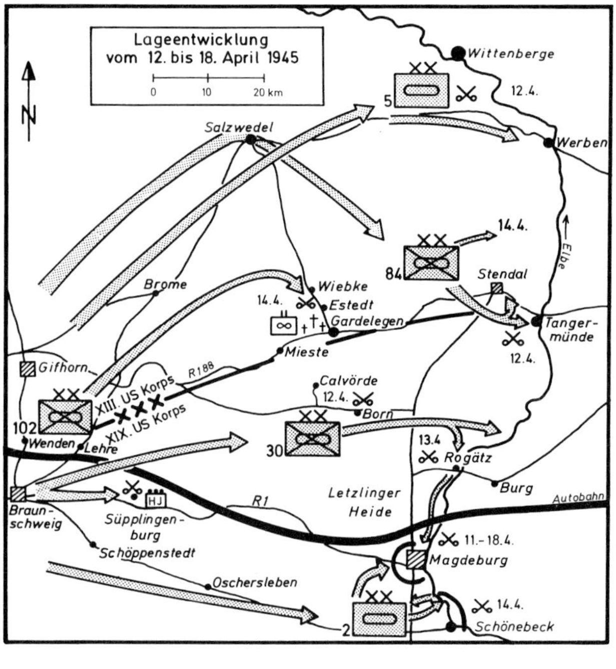

Am frühen Vormittag des 13. April 1945 verließ General der

Infanterie Lichel die Reichskanzlei, stieg in seinen Dienstwagen und sagte zu seinem Fahrer: „So, nun habe ich nichts mehr mit dem ganzen Wahnsinn zu tun."

Zum selben Zeitpunkt stand auch der letzte amerikanische Großverband, die 102. Infanterie-Division, nördlich Gardelegen; nur 40 Kilometer von der Elbe entfernt. Auch ihre Divisionsgeschichte erinnert an die damaligen Träume: „Der Stab wertete die Karten der Elbe aus und suchte nach einer günstigen Übergangsstelle. Wenn wir uns die Zukunft ausmalten, gingen die Erwartungen hoch, nämlich, daß wir früher als erwartet in Berlin sein könnten. . . . Wir wurden aber bald gestoppt, jedoch nicht von der Wehrmacht." Trotzdem mußte die Division noch einmal kämpfen, bevor sie an der Elbe war. Der Grund hierfür war die Grenze zwischen dem XIX. und XIII. U.S. Korps. Sie verlief ziemlich genau auf der damaligen R 188, der heutigen Bundesstraße. Die beiden angreifenden Spitzendivisionen hatten offenbar die Straße ausgespart. Jedenfalls hatte keine von ihnen bemerkt, daß sich das Personal des Fliegerhorstes Gardelegen etwa in Stärke eines Bataillons im Waldgelände hart nördlich der Ortschaften zur Verteidigung eingerichtet hatte.

Am Morgen des 14. April traten bei der 102. U.S. Infanterie-Division Verluste auf, die vorerst unerklärlich waren. Zunächst kam ein Leutnant von der Erkundung nicht zurück. Wenig später summierte sich die Zahl der auf unerklärliche Weise verschwundenen Fernmelde- und Verbindungsfahrzeuge. Daraufhin erhielt das 2. Bataillon den Auftrag, von Norden durch die Wälder auf Gardelegen vorzugehen. Aber bereits zehn Kilometer vor der Ortschaft kam es zum Feuerkampf. Zuerst bei Wiebke und dann sehr nachhaltig bei Estedt. Das Dorf konnte erst nach mehrstündigem Gefecht genommen werden. Das Luftwaffen-Bataillon, das nur aus Bodenpersonal bestand, gab auf. Immerhin war es von zwei U.S. Korps eingeschlossen, und hinter dem angreifenden Infanterie-Bataillon stand eine geschlossene Division. Die amerikanische Chronik hat jedoch hierfür wenig Verständnis. Dort ist zu lesen: „Der Kampfkommandant von Gardelegen hatte scheinbar die Lust verloren, dieses Stück seines Vaterlandes zu verteidigen."

Der deutsche Kommandant war Oberst von Einem. Er fuhr den Amerikanern mit einer offenen Limousine, einer Krad-Eskorte und weißer Fahne entgegen. Er erklärte dem amerikanischen Bataillonskommandeur, daß er bereit sei, zu kapitulieren. Allerdings hatte er zwei Bedingungen: Erstens wollte er nur vor einem „Full Colonel" – einem Oberst – die Waffen strecken. Zweitens sollte die Kapitulation seiner Soldaten in Form einer öffentlichen Zeremonie erfolgen. Der amerikanische Bataillonskommandeur, der nur Oberstleutnant war, willigte ein. Sicherlich wollte er lieber die sehr förmlichen Wünsche dieses Obristen erfüllen, als statt dessen gegen die Deutschen weiterkämpfen zu müssen. Nach einigen Schwierigkeiten wurde Colonel Williams, der Kommandeur des

Kriegsgräberstätte der in Norddeutschland gefallenen amerikanischen Soldaten in Margratem/Holland.

405. Regiments, gefunden. Gegen 19.00 Uhr war das Luftwaffen-Bataillon – vermutlich auf dem Marktplatz – in Gardelegen angetreten. Oberst von Einem begleitete Colonel Williams mit Eskorte und weißer Fahne in die Stadt. Die ca. 500 Luftwaffensoldaten hatten ihre Gewehre zu Pyramiden zusammengestellt. Sie gingen unter Führung des Oberst von Einem geschlossen in Gefangenschaft. Damit war das Gefecht um Gardelegen beendet. Am nächsten Tag war auch die 102. U.S. Division an der Elbe.

Die deutschen und amerikanischen Verluste, die zwischen Hannover und der Elbe eingetreten sind, lassen sich nur schwer feststellen, zumal die amerikanischen Gefallenen auf unterschiedlichen und weit entfernten Sammelfriedhöfen beigesetzt wurden. Es ist aber anzunehmen, daß auf beiden Seiten „nur" einige hundert Soldaten gefallen sind.

Wesentlich mehr Menschenleben forderte das größte Verbrechen, das zwischen Weser und Elbe zu Kriegsende verübt wurde. Ein riesiger Transport von Kriegsgefangenen unterschiedlichster Nationalität war am 12. April auf dem Bahnhof Mieste angekommen. Die Gefangenen hatten zumeist in der deutschen Flugzeugindustrie arbeiten müssen und waren beim Näherrücken der Ostfront in Eisenbahnwaggons gepfercht und abtransportiert worden. Nach sieben Tagen Fahrt hielt der Zug in Mieste. Von dort begann der Todesmarsch nach Gardelegen. Wer erschöpft am Straßenrand liegenblieb, wurde nach Zeugenaussagen von den Wachmannschaften erschossen. Es war eine kaum faßbare Szene, die sich da abgespielt hat.

Knapp 1.200 kriegsgefangene Polen, Franzosen, Holländer, Belgier und Amerikaner marschierten im Rücken zweier amerikanischer Divisionen auf der heutigen B 188 nach Osten. Jede beliebige Kompanie hätte gereicht, um die Gefangenen zu befreien. Aber der Marsch erfolgte eben auf der vernachlässigten Korpsgrenze. Gegen Mittag war Gardelegen erreicht. Die Gefangenen lagerten bis zum nächsten Tag in der Nähe eines Krankenhauses. Am 13. April marschierten sie auf einen kleinen Hügel zwischen dem Flugplatz und der Stadt. Dort wurden sie geschlossen in eine riesige, gemauerte Lagerhalle getrieben. Der Boden war kniehoch mit Stroh bedeckt. Als es zu brennen anfing, brach Panik aus. Einige Gefangene, die sich durch einen Nebenausgang ins Freie retten wollten, wurden von Maschinengewehrgarben niedergestreckt. Dem Inferno konnten nur zwei von ihnen entkommen.

In der Halle von Gardelegen (SAS)

Die Gräber von Gardelegen

Die mit Leichen gefüllte Halle wurde von den Amerikanern am 15. April entdeckt. Sie begannen unverzüglich mit der Suche nach „SS-troops“, von denen einer der überlebenden ausländischen Kriegsgefangenen berichtet hatte; fanden aber niemand. So verhafteten sie Kreisleiter Gerhardt T. und dessen Frau. Beide erhängten sich kurz darauf im Stadtgefängnis. Noch einige andere Personen, von denen die Amerikaner glaubten, daß sie in das Verbrechen verwickelt seien, begingen Selbstmord. Unter diesen war auch der Führer der örtlichen Volkssturm-Kompanie. Noch am selben Tage mußte sich die gesamte Bevölkerung von Gardelegen die Toten in der Lagerhalle ansehen. Dann ließen die Amerikaner, unter Bewachung durch das Pionier-Bataillon, alle Arbeitsfähigen einen Friedhof anlegen, auf dem die toten Kriegsgefangenen mit militärischen Ehren beigesetzt wurden. In einer kurzen Ansprache sagte der Stabschef der 102. Infanterie-Division, Colonel Georg Lynch, zu den Einwohnern von Gardelegen: „Ihr habt die Achtung der zivilisierten Welt verloren.“ Die Gemeinde Gardelegen hat den Friedhof zu einer Gedenkstätte ausgebaut und pflegt die Gräber der Ermordeten sehr sorgfältig.

Kampfkommandant von Magdeburg war der 50jährige Generalleutnant Adolf Raegener. Ihm unterstanden mehrere Infanterie-Bataillone, RAD-Flak- und HJ-Einheiten sowie neun Artillerie-Batterien mit ca. 54 Geschützen; insgesamt nicht mehr als 3.000 Mann.

Am 11. April erreichte das Panzeraufklärungs-Regiment der „Hell on Wheels“-Division die Vororte Hohendodeleben und Ottersleben. Beim weiteren Vorstoß auf Diesdorf sollen acht US-Panzer durch RAD- und HJ-Angehörige abgeschossen worden sein. Am nächsten Tag forderten U.S. Parlamentäre die kampflose Übergabe der Stadt, wurden aber schroff zurückgewiesen. Wenig später stießen Panzer- und Infanterie-Einheiten der 30. U.S. Division aus Norden auf Barleben vor. Die ostwärts davon eingesetzte RAD-Einheit zog sich nach kurzem aber heftigem Feuerkampf über die Autobahnbrücke nach Hohenwarthe zurück. Anschließend wurde der über die Elbe führende Brückenteil gesprengt. Die Bataillone der 30. U.S. Division wurden am Nordrand von Magdeburg von unbekannten deutschen Kräften aufgehalten.

Am Mittag des 13. April besetzten aus Westen kommende U.S. Panzer Olvenstedt fast ohne Kampf. Ihr weiterer Vorstoß auf Magdeburg wurde

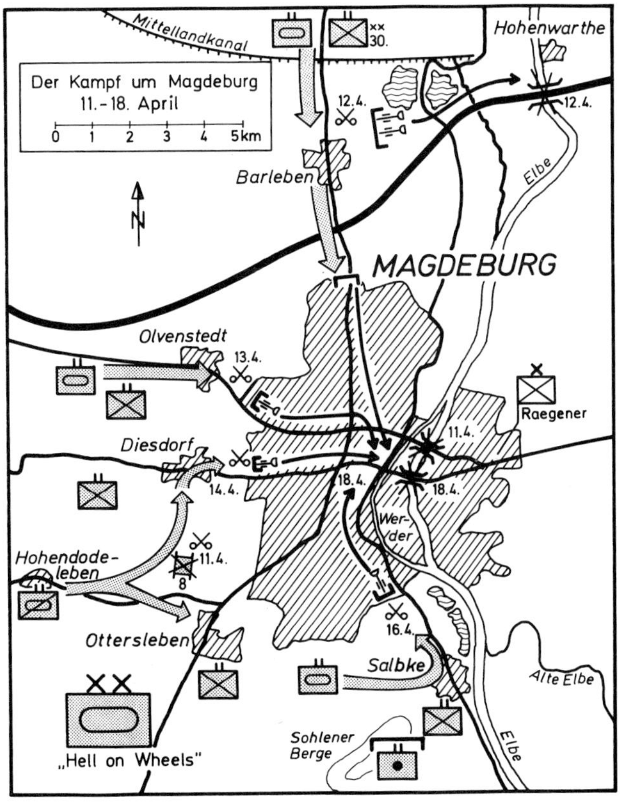

Kriegsgräber auf dem Magdeburger Westfriedhof

Die 2. U.S. Panzer-Division besetzte am 18. April den Westteil von Magdeburg. (SAS)

jedoch durch gut liegendes deutsches Flak-Feuer gestoppt. In der Tagesmeldung der deutschen Wehrmachtsführung ist zu lesen: „In den Kämpfen westlich Magdeburg wurden 16 Fd.-Panzer vernichtet.“ Auch der am nächsten Tag folgende Panzerangriff aus Diesdorf wurde durch eine 8.8-cm-Flak-Batterie abgewiesen. Daraufhin schoß nur noch die U.S. Artillerie von den Sohlener Bergen in den Stadtkern von Magdeburg. – Erst am 16. April griffen U.S. Panzer aus Salbke erneut an. Auch dieser Angriff scheiterte in deutschem Flak-Feuer. In der amerikanischen Soldatenzeitung war zu lesen: „In Magdeburg wird hart gekämpft . . .“ Generalleutnant Raegener nahm dennoch die Masse seiner Verbände über die Elbe zurück und ließ alle Brücken bis auf einen Übergang sprengen. Da erschienen erneut U.S. Parlamentäre mit der Aufforderung, den Kampf einzustellen. Sie wurden von Raegener gar nicht erst empfangen. – Am 17. April warfen U.S. Bomber 9.000 Tonnen Bomben auf den Stadtkern und zerstörten damit ca. 3.000 Wohnungen. Wenig später begannen erneut Straßenkämpfe, in deren Verlauf die deutschen Resteinheiten auf allen Positionen auswichen. – Am Morgen des 18. April nahm Raegener die letzten deutschen Kräfte auf das Ostufer zurück. Am Nachmittag besetzten die U.S. Verbände ohne Kampf Magdeburg bis zur Elbe. Lediglich von der Flußinsel Werder schossen noch deutsche Splittergruppen auf die zum Elbufer rollenden U.S. Fahrzeuge. – Vom 20. bis 30. April gab es nur noch vereinzelte Artillerieduelle. Dagegen wuchs der Strom der aus Osten kommenden Flüchtlinge, die zu den Amerikanern über die Elbe wollten, von Tag zu Tag. Aber die U.S. Soldaten erlaubten nur Zwangsarbeitern und Soldaten, die sich in Kriegsgefangenschaft begeben wollten, den Uferwechsel. Alle Zivilpersonen wurden zurückgewiesen. Diese lagerten bald zu Tausenden hungernd und frierend auf dem Ostufer der Elbe. General Raegener war mit seinen Restverbänden zwischenzeitlich der 12. Armee unterstellt worden. Mit dieser zog er sich nun kämpfend vor der Roten Armee nach Nordwesten zurück. – Am 5. Mai besetzten die Spitzen der 69. sowjetischen Armee den Ostteil von Magdeburg.

Insgesamt sind im Stadtkreis Magdeburg ca. 1.700 deutsche Soldaten durch Kriegseinwirkungen ums Leben gekommen. Sie wurden vermutlich überwiegend auf dem Magdeburger Westfriedhof beigesetzt. Da aber weder Todesdatum, -ort und Truppenzugehörigkeit feststellbar sind, konnten sie im Anhang (Deutsche Soldatengräber) nicht berücksichtigt werden.

Festung Rethem

Vizeadmiral Ernst Scheurlen (hier noch als Konteradmiral), Kommandeur der 2. Marine-Infanterie-Division, fiel am 8. April 1945 bei Kirchboitzen.

Die 2. Marine-Infanterie-Division war im Februar und März in Schleswig-Holstein aufgestellt worden. Sie bestand fast ausschließlich aus Marinesoldaten, für die es keine Schiffe mehr gab. In fieberhafter Eile war ihre Ausbildung für den Landkampf erfolgt. Viel mehr als die Handhabung ihrer Waffen hatten sie jedoch nicht gelernt. Als Einsatzraum war für die Division zunächst Schleswig-Holstein vorgesehen.

Das änderte sich aber am 6. April mit einem Blitz-Fernschreiben der Seekriegsleitung. Dort hieß es: „Zum frontalen defensiven Einsatz gegenüber vordringendem Feind wird die im Raum Glückstadt in Aufstellung befindliche 2. Mar.-Inf.-Div. (zunächst mit den bedingt einsatzfähigen Infanterie-Regimentern) der Heeresgruppe H unverzüglich über Bremen in Richtung Osnabrück zugeführt." Die meist sehr jungen Marinesoldaten wurden in Husum, Glückstadt und Eckernförde zum Bahntransport verladen. Im Laufe des 7. und 8. April erreichten die „bedingt einsatzfähigen" Regimenter die Aller. Dort wurden sie in Rethem und in Verden ausgeladen. Eine Weiterfahrt „in Richtung Osnabrück" war lagebedingt nicht mehr möglich. Die Briten waren mit zwei Divisionen bereits auf dem Ostufer der Weser. Ihre Spitzen standen in Loccum und in Neustadt a. Rbg. Trotzdem wurden noch zwei Truppenteile an die Weser geschickt.

Das 1. Bataillon des Marine-Grenadier-Regiments 6 erreichte Nienburg am 7. April. Es verließ die Stadt jedoch bereits einen Tag später und richtete sich ebenfalls an der Aller zur Verteidigung ein.

Der zweite Truppenteil war eine Kompanie des Marine-Grenadier-Regiments 5, die ebenfalls am 7. April bis an die Weser bei Hoya vorging. Dort waren sowohl die Eisenbahn- als auch die Straßenbrücke gesprengt. Der Kompaniechef, Kapitänleutnant und ehemaliger U-Boot-Kommandant, erklärte seinen meist erst 17jährigen Soldaten: „Der Feind ist mit Panzern bis zur Weser durchgebrochen. Unsere Aufgabe ist es, die Panzer zu vernichten, den Feind zurückzuschlagen!"

Die Marinesoldaten bezogen am Weserufer und in einigen flußnahen Häusern Stellung. Das Gebäude des Amtsgerichts, das zwischen den beiden gesprengten Brükken lag, wurde von einem Maat und zwölf Mann besetzt.

Am Abend des 8. April marschierte die von Generalmajor Ross geführte 53. „Welsh Division" kampflos in den Westteil von Hoya ein und traf unverzüglich ihre Angriffsvorbereitungen.

Der nächste Morgen begann mit einem Schreck für die im Amtsgericht untergezogenen Marinesoldaten. Unmittelbar auf dem gegenüberliegenden Ufer hatten die Briten in der Dämmerung zwei Geschütze in Stellung gebracht, neben denen gerade eine größere Menge Munition aufgestapelt wurde. Die Entfernung betrug 150 Meter. Die Marinesoldaten verteilten sich auf mehrere Fenster und eröffneten das Feuer auf die Geschützbedienungen. Als diese ausgefallen oder in Deckung gegangen waren, nahmen sie einen Munitionsstapel unter Beschuß, der schon nach kurzer

Marinekaserne in Glückstadt

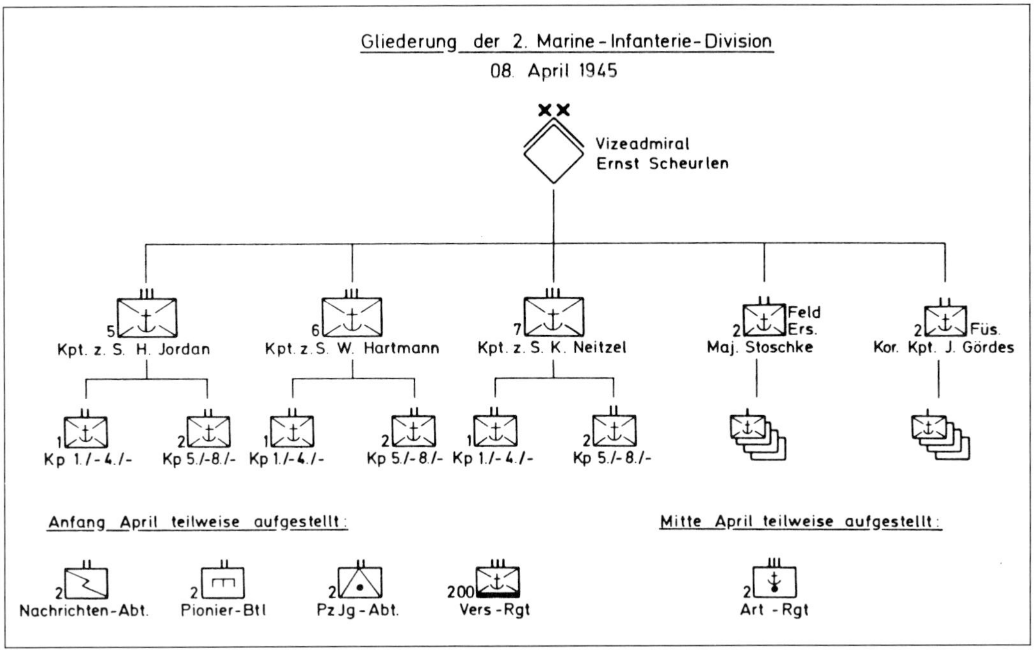

Zeit zur Detonation gebracht wurde. Der damals 17jährige Matrose Rolf Fuchs erinnert sich: „Die Munition war explodiert und hatte gleichzeitig das Geschütz schwer beschädigt; denn das Rohr hatte sich zu Boden geneigt. Wir konnten dies nicht fassen und gerieten in einen wahren Freuden- und Siegestaumel. Sofort nahmen wir das zweite Geschütz, d. h. auch hier wieder die Munition unter Feuer. Kurz darauf ein ähnliches Schauspiel wie kurz zuvor. Unsere Begeisterung war unbeschreiblich.“ Wenig später setzte jedoch sehr heftiges Artilleriefeuer auf das Ostufer der Weser ein. Die Marinesoldaten suchten im Keller Schutz. Auch als das britische Feuer weiter nach Osten verlegt wurde, blieben sie dort. Sie hatten eben überhaupt keine Erfahrung im Landkrieg. Anderenfalls wäre ihnen klar geworden, daß das britsche Artilleriefeuer den Angriff über die Weser vorbereitete. Als dieses Feuer dann in die Tiefe verlegt wurde, stand zu befürchten, daß die erste Infanteriewelle bereits irgendwo am Ostufer gelandet war. Tatsächlich war auch um 09.45 Uhr das 6. Bataillon der „Royal Welsh Fusiliers“ mit 45 Sturmbooten in einer Welle unterstrom der gesprengten Brücken übergesetzt. Kurz darauf bekamen alle Marinesoldaten über Melder und viel zu spät den Befehl, sich zum Kompaniegefechtsstand am Fliegerhorst zurückzuziehen.

Die Gruppe aus dem Amtsgericht verließ ihren Keller durch ein Fenster. Aber schon nach wenigen Metern wurde sie von einem britischen Maschinengewehr in Deckung gezwungen. Hierbei fielen drei Marinesoldaten, zwei gerieten in Gefangenschaft, die anderen entkamen. Rolf Fuchs war einer der beiden Gefangenen. „Ich war beschämt, derart schnell in Gefangenschaft geraten zu sein.“

Die britischen Pioniere begannen bereits gegen Mittag mit dem Bau einer „Bailey“-Kriegsbrücke, wobei sie die unzerstörten Brückenpfeiler nutzen konnten. Gegen Mitternacht war die Brücke hergestellt. Bis zur Morgendämmerung des 10. April ging fast die gesamte 53. Division auf das andere Weserufer vor. Ihr

Die reparierte Weser-Brücke in Hoya

Angriffsziel war zunächst der Aller-Übergang bei Rethem. Auf dem Wege dorthin trafen sie nur bei Hämelhausen und Stöcken auf schwachen Widerstand, der schnell geworfen werden konnte.

Dann fuhr die britische Artillerie in Feuerstellung, und zwei Infanterie-Bataillone nahmen ihre Ausgangsstellungen ein. Am Vormittag des 10. April stand der erste Angriff auf Rethem unmittelbar bevor. Dennoch hatte der Krieg für die gemütliche Stadt an der Aller bereits am Sonntag, dem 8. April, begonnen. Gegen 14.00 Uhr hatte ein Tiefflieger die Trafostation zerstört. Dabei waren ein junger Soldat und das Kind des Schmiedemeisters ums Leben gekommen. Vermutlich flog die Maschine anschließend in nordostwärtige Richtung weiter.

Unter ihr lag die Reichsstraße 209, die nach Walsrode führte. Beim Herannahen des Fliegers verließen alle Fahrzeuge schnellstmöglich die Straße und suchten unter Alleebäumen und an der Böschung Schutz; alle Fahrzeuge – bis auf eine offene „Horch"-Limousine –, der ein Kradmelder folgte. Der Wagen führte einen Admiralsstander. Auf dem Rücksitz saß Vizeadmiral Ernst Scheurlen, neben ihm sein Adjutant und auf dem Beifahrersitz der Heeresoffizier Major Wiese, der taktische Berater des Admirals. Scheurlen war Kommandeur der 2. Marine-Infanterie-Division und befand sich auf dem Weg zu seinem Gefechtsstand bei Walsrode. Trotz des von hinten heranjagenden Tieffliegers fuhr die Admiralslimousine weiter. Hierfür mag es mehrere Gründe gegeben haben.

Vermutlich war der Fahrtwind in dem offenen Wagen lauter als der Motorenlärm des Jagdflugzeugs. Als die erste Geschoßgarbe über die Straße peitschte, warf sich der Kradmelder mit einer Vollbremsung an die Böschung. Er überlebte. Die weiterfahrende Limousine wurde vom nächsten Feuerstoß vollständig erfaßt. Aus dem brennenden Fahrzeugwrack konnte nur noch der Vizeadmiral lebend geborgen werden. Aber er war schwer verwundet und verstarb noch am selben Tag im Walsroder Lazarett. Er wurde zusammen mit den anderen Fahrzeuginsassen auf dem Walsroder Friedhof beigesetzt. Der Tod des Kommandeurs mußte zu diesem Zeitpunkt von entscheidender Bedeutung für seine Division werden. Diese hatte gerade begonnen, sich im Verlauf der Aller von Verden bis Schwarmstedt zur Verteidigung einzurichten. Alle Einzelheiten über die endgültige Gefechtsgliederung können noch nicht festgelegen haben. In dieser Phase mußte nun der Kommandeur des Marine-Grenadier-Regiments 6, Kapitän z.S. Werner Hartmann, vorübergehend das Kommando über die Division übernehmen. Sicherlich war Hartmann der erfahrenste der drei Regimentskommandeure, aber er hatte „nebenbei" noch sein eigenes Regiment und war sicherlich nicht abschließend in die Absichten Scheurlens eingeweiht. So konnte er die Dinge nur nehmen, wie sie waren. Auch der wenige Tage später als Divisionskommandeur eingesetzte Oberst Graf

v. Bassewitz hatte keine andere Möglichkeit. Im Zuge der „Aller-Linie“ kam es somit im Bereich der 2. Marine-Infanterie-Division zu einer Gefechtsgliederung, von der niemand sagen kann, ob sie tatsächlich so gewollt oder zumindest teilweise ein Produkt des Zufalls war. Das Marine-Grenadier-Regiment 7 unter Führung des Kapitäns z. S. Neitzel reichte von Verden bis Hohen-/Neddenaverbergen. Marine-Grenadier-Regiment 6 stand in der Linie Häuslingen – Altenwahlingen – Böhme. Zwischen Bierde und Hellberg befand sich das Marine-Feldersatzbataillon 2. Für den Raum zwischen Hodenhagen und Essel

Grab des Vizeadmirals Ernst Scheurlen auf dem Walsroder Friedhof

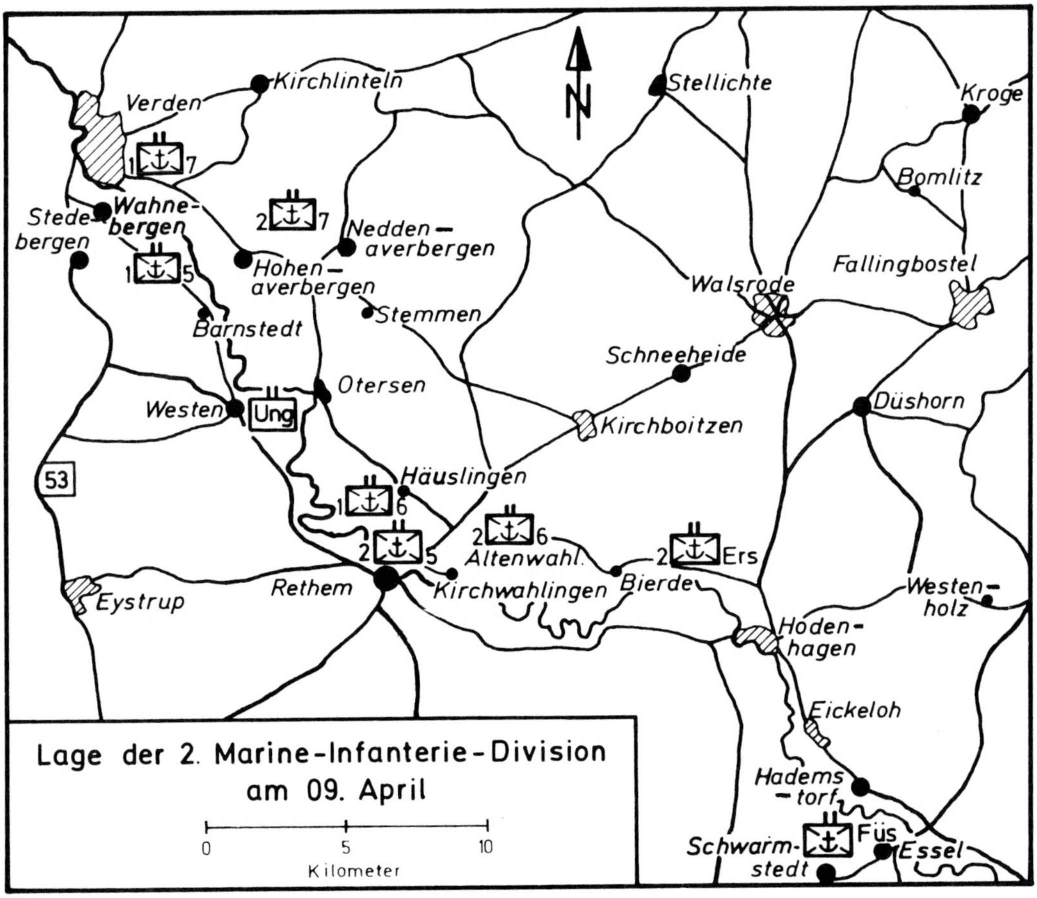

Kommandeur des Marine-Grenadier-Regiments 5, Kapitän z. S. Hermann Jordan

Kommandeur des Marine-Grenadier-Regiments 7, Kapitän z. S. Karl Neitzel

Kommandeur des Marine-Grenadier-Regiments 6, Kapitän z. S. Werner Hartmann, vor seinem Gefechtsstand mit Major Kinder (rechts) und seinem Sohn (im Vordergrund), April 1945.

war Marine-Füsilier-Bataillon 2, Korvettenkapitän Gördes, verantwortlich. Hart westlich der Aller stand das Marine-Grenadier-Regiment 5 unter Führung von Kapitän z.S. Jordan. Sein 1. Bataillon reichte von Wahnebergen bis an den Nordrand von Westen. Die Ortschaft selbst war von einem ungarischen Bataillon besetzt. Es war bisher in Verden stationiert gewesen und bestand aus drei Rekruten-Kompanien.

10.5 cm Flak-Geschütze der 1./125 (E) Flak-Abteilung auf dem Rethemer Bahnhof (IWM)

Von Hülsen bis Wohlendorf gab es keine kampfkräftige Einheit. Das 2. Bataillon des Marine-Grenadier-Regiments 5 hatte sich in Rethem zur Verteidigung eingerichtet. Neben einigen kleinen Geschützen wurde es vor allem durch fünf 10.5 cm Flak-Geschütze verstärkt. Diese waren auf Eisenbahnwaggons montiert und standen direkt auf dem Rethemer Bahnhof. Sie bildeten die 1. Batterie der 125. (E) Flak-Abteilung und wurden von Hauptmann Hagemeier geführt.

In der Gefechtsgliederung der 2. Marine-Infanterie-Division gab es daher vor dem ersten Schußwechsel erhebliche Mängel. So war der Raum um Verden, der durch Weser und Aller ohnehin schwer angreifbar war, zu stark besetzt. Nach Südosten wurden die Verbände dagegen immer dünner; ihr Auftrag immer undurchführbarer.

Der taktische Kardinalfehler lag jedoch westlich der Aller. Während Marine-Grenadier-Regiment 6 zusammen mit den ungarischen Rekruten die gesamte Strecke zwischen Wahnebergen und Rethem abdecken mußte, standen hierzu parallel, jedoch am rechten Ufer der Aller, die Regimenter 5 und 7. Die 2. Marine-Infanterie-Division konnte folglich „treffenweise" geschlagen werden, ohne jemals mit allen Kräften zusammengewirkt zu haben.

Eine weitere Unsicherheit auf dem linken Allerufer entstand durch die ungarischen Kompanien. Sie verfügten über keinerlei Kampferfahrung. Auch ihre Zuverlässigkeit mußte insgesamt als zweifelhaft gelten. Regimentskommandeur Jordan hatte sie daher zwischen seinen beiden Bataillonen eingegliedert. Diese grundsätzlich richtige Maßnahme brachte jedoch einen weiteren Nachteil mit sich. Die Ungarn hatten nämlich die günstigste Übergangsstelle zwischen Verden und Rethem zu verteidigen, – die Fährstelle bei Westen.

Im Schwerpunkt des zu erwartenden Angriffs der 53. „Welsh Division" lag zunächst jedoch die Stadt Rethem. Am 9. April hatte Ortsgruppenführer Meinecke die Bevölkerung aufgefordert, die Stadt zu verlassen. Nur ein Teil der Einwohner kam dieser Anweisung nach. Die meisten fühlten sich in ihren Kellern sicherer als in den Erdlöchern und Behelfsbunkern, die sie sich im Moor angelegt hatten. Am selben Tage hatte das 2. Bataillon unter Führung von Kapitänleutnant Burkel

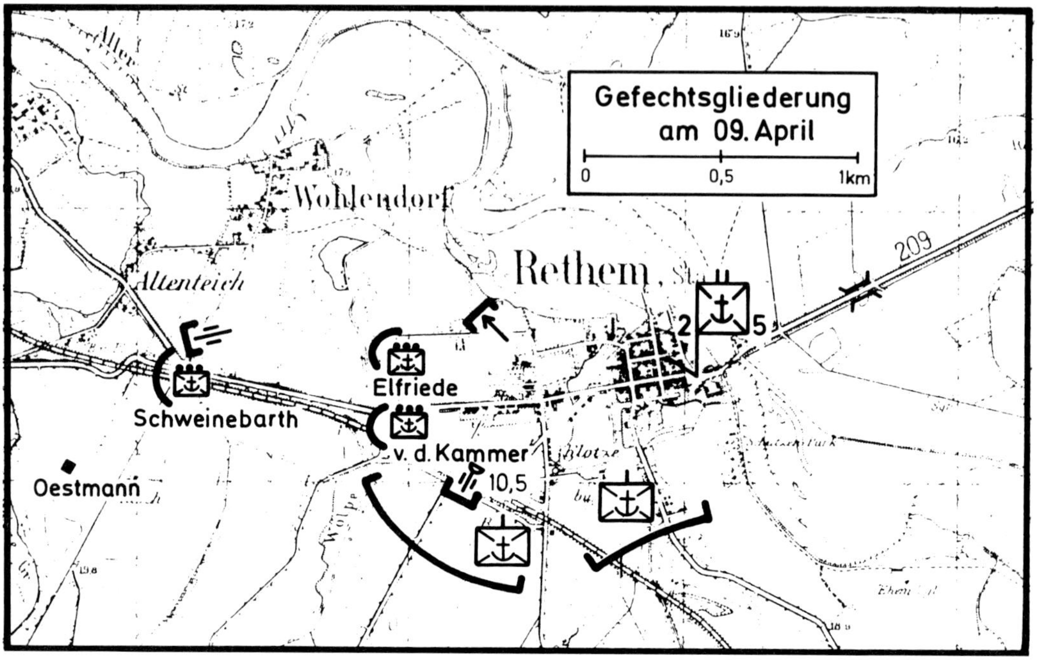

seine Verteidigungsvorbereitungen abgeschlossen. Eine Kompanie sicherte zwischen Aller und Bahnlinie nach Südosten. Die zweite hatte sich mehrere hundert Meter vor den Eisenbahngeschützen im offenen Gelände eingegraben. Die dritte Kompanie hatte mehrere Häusergruppen stützpunktartig besetzt. Am weitesten feindwärts lag an der Straßengabel Reichsstraße 209–Wohlendorf der Stützpunkt-Schweinebarth. Der dort eingesetzte Zug wurde durch ein 7.5 Pak-Geschütz verstärkt. Fast 1.000 Meter ostwärts davon, ebenfalls an der Hauptstraße, befand sich der nächste Stützpunkt im Hause v. d. Kammer. Der dritte Stützpunkt lag 250 Meter nördlich im Anwesen der Familie Wöhlke. Er erhielt den Spitznamen „Elfriede". Die 4. Kompanie, die über mehrere Maschinengewehre und einige leichte Geschütze verfügte, war auf die anderen drei Kompanien aufgeteilt worden. Außerdem sicherte sie mit Teilen die Panzersperre am Alpe-Bach und den Gefechtsstand, der im Hause Wehland in der Junkerstraße lag. Die Aller-Brücke war zur Sprengung vorbereitet; ebenso die beiden im Zuge der R 209 liegenden See-Brücken.

Aller-Brücke Rethem

Am 10. April, um 08.30 Uhr eröffnete die britische Artillerie erstmals das Feuer auf Rethem. Der Kampf an der „Aller-Linie" hatte damit begonnen. Nach dem Feuerschlag, der vor allem in der Brauhaus- und der Wiedenbergstraße Schäden verursachte, erfolgte ein Angriff des Infanterie-Bataillons der 1./5. „Welsh Fusiliers" auf den Stützpunkt-Schweinebarth. Er wurde abgewiesen. Der britische Kommandeur, Oberstleutnant Morrison-Jones, führte sein Bataillon daraufhin nach Wohlendorf, das er ohne Widerstand besetzen konnte. Die letzten deutschen Kräfte zwischen Wohlendorf und Westen standen in Donnerhorst und Hülsen. Sie gehörten zur Marine-Kraftfahr-Ausbildungs-Abteilung und unterstanden ebenfalls dem Kapitän Jordan. Sie werden kaum stärker als 100 Mann gewesen sein. Gegen 09.00 Uhr waren sie vom 1. Bataillon des „East Lancashire Regiment" angegriffen und schnell zerschlagen worden. In beiden Orten fielen insgesamt 14 deutsche Soldaten, der Rest ging in Gefangenschaft. Um 10.30 Uhr griffen die 1./5. „Welsh Fusiliers" von Wohlendorf aus erneut auf Rethem an. Der in der Wölpe-Niederung

In Gefangenschaft geratene Marinesoldaten (IWM)

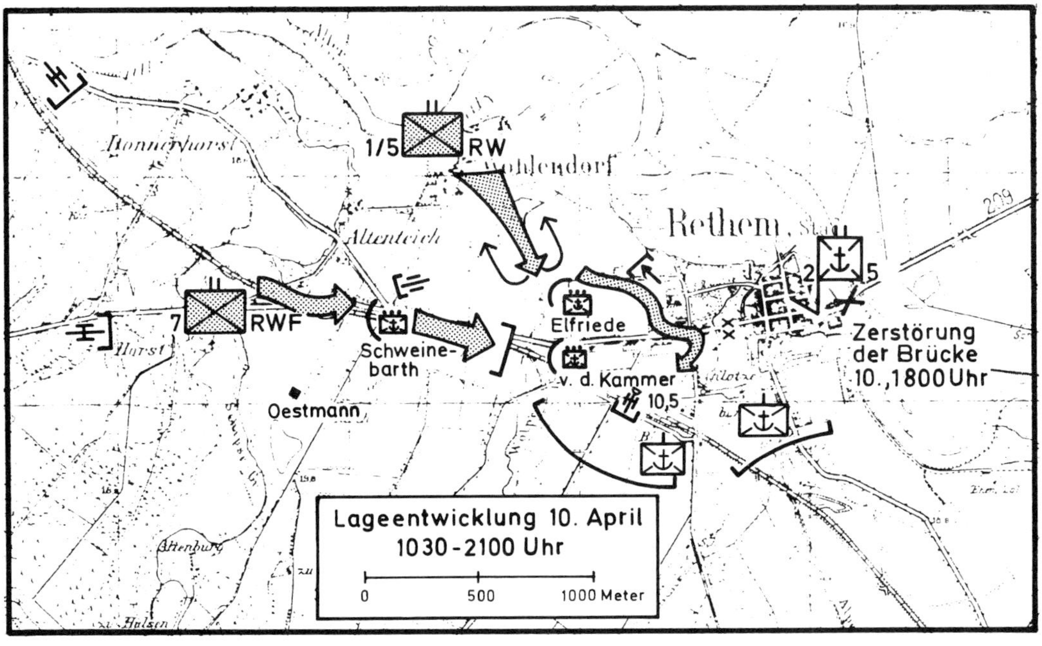

„Wasp"-Flammenwerfer

herrschende Bodennebel begünstigte ihr Vorgehen. Aber kurz nachdem eine Kompanie den kleinen Fluß überwunden hatte, rissen die Nebelschleier auseinander. Die britische Infanterie lag damit urplötzlich auf völlig offener Plaine. Stützpunkt „Elfriede", nur gut 100 Meter entfernt, eröffnete das Feuer. Die „Welsh Fusiliers" waren ohne Chance. Sie zogen sich unter schweren Verlusten nach Wohlendorf zurück. Von einer ihrer Kompanien blieben nur 24 Mann übrig. Zeitgleich mit dem Angriff der „Fusiliers" versuchten einige Schützenpanzer und zwei „Wasp"-Flammenwerfer, in schneller Fahrt zur Aller-Brücke in Rethem vorzustoßen. Dieser Vorstoß stoppte an der Panzersperre. Ein Flammenwerfer brannte aus. Die Besatzung kam ums Leben. Die anderen Fahrzeuge dieses tollkühnen Stoßtrupps schossen sich nur mit Mühe aus dem feuerspeienden Rethem. Immerhin waren zwei deutsche Leichtgeschütze samt Besatzung vernichtet worden; aber die britischen Ausfälle waren auch bei diesem Unternehmen wesentlich höher als die deutschen. Der Kommandeur der 158. Infanterie-Brigade, Brigadier Wilsey, mußte erkennen, daß er Rethem weder überfallartig noch im Handstreich nehmen konnte. Mit der Unterstützung von drei Artillerie-Regimentern griff er um 16.00 Uhr erneut an. Den „Welsh Fusiliers" gelang zwar der Vorstoß bis zum Stützpunkt „Elfriede", aber sie konnten ihn nicht einnehmen und mußten wieder auf ihre Ausgangsstellung nach Wohlendorf zurückgehen. Unter den vielen Gefallenen, die in der Wölpe-Niederung nordwestlich „Elfriede" lagen, befand sich auch der Bataillonskommandeur, Oberstleutnant Morrison-Jones. Im Keller des Hauses saßen 20 Zivilpersonen, die stundenlang verängstigt auf den Kampflärm über ihren Köpfen gelauscht hatten und nun erleichtert aufatmeten, als er endlich aufhörte. Mit dem Angriff auf „Elfriede" hatte aber auch der Vorstoß auf den Stützpunkt-Schweinebarth erneut begonnen. Diesmal wurde er von dem 7. Bataillon der „Royal Welsh Fusiliers" geführt. Das neben der Straße stehende deutsche Pak-Geschütz feuerte ununterbrochen auf die anrollenden Kolonnen. Es verstummte erst, als der letzte Mann der Bedienung durch Granatsplitter gefallen war. Den ersten Ausfall hatte es hier bereits am Morgen gegeben. Der Kompaniechef, Oberleutnant z.S. Jäkle, war durch einen Unterkieferschuß schwer verwundet nach Rethem gebracht worden. Jetzt, am Nachmittag, konnte der Stützpunkt im ersten Ansturm genommen werden. Wenig später jedoch erfolgte ein deutscher Gegenangriff, der die „Welsh Fusiliers" unter erheblichen Verlusten zur Aufgabe des Hauses zwang. Der Zugführer der Marinesoldaten, Leutnant Wittmann, erhielt hierbei einen Bauchschuß. Er lag am Boden und rief seinen Männern zu, sie sollten ihn erschießen. Natürlich tat dies keiner; da ihm aber auch niemand helfen konnte, waren sie froh, als er endlich zu schreien aufhörte. Leutnant Wittmann war nicht der letzte Deutsche, der an der Straßengabel nach Wohlendorf fiel.

In der Abenddämmerung erfolgte ein erneuter Angriff des Füsilier-Bataillons. Die zehnköpfige Marinebesatzung war ohne Chance. Sie fiel oder wurde gefangengenommen. Stützpunkt-Schweinebarth war damit endgültig in britischer Hand.

Er war der einzige Geländegewinn, den die beiden Füsilier-Bataillone gegen die 3. Kompanie des Marine-Grenadier-Regiments 5 errungen hatten. Aber auch hierzu hatten sie einen ganzen Kampftag gebraucht. Ihre Verluste waren schätzungsweise dreimal so hoch wie die der Deutschen. Doch das war nicht das Entscheidende.

Vielmehr bildete die 158. Brigade die Angriffsspitze der 53. Division, der die 7. Panzer-Division und schließlich die 52. Infanterie-Division folgten. Letztlich war somit das gesamte XII. britische Korps auf den Aller-Übergang bei Rethem angewiesen. Der Kommandeur der 53. „Welsh Division", Generalmajor R. K. Ross, ließ seine 160. Brigade bis Stöcken vorführen und forderte für den nächsten Tag weitere Artillerieunterstützung sowie Luftwaffeneinsatz und ein Panzer-Regiment an. Die Umklammerung Rethems war für ihre schwache Besatzung zum Würgegriff geworden. Den noch ca. 350 kampffähigen Marinesoldaten sollte am nächsten Morgen ein mindestens fünffach überlegener Infanteriefeind gegenüberstehen. Der britischen Artillerie und Luftwaffe hatten sie nur ihre fünf Flak-Geschütze am Bahnhof entgegenzustellen. Gegen die britischen Panzer hatten sie nur Panzerfäuste, die aber erst nutzten, wenn man mindestens 50 Meter an die „Shermans" herankam. General Ross durfte von seinem Erfolg am nächsten Tag überzeugt sein. Vielleicht hoffte er sogar, die Aller-Brücke unversehrt in die Hand zu bekommen. Das gesamte XII. britische Korps wäre ihm dankbar gewesen. Aber das Kriegsglück hatte auch in diesem Punkt bereits am 10. April gegen Ross entschieden. Bei einem der letzten Tieffliegerangriffe dieses Tages waren Soldaten in Nähe der Aller-Brücke beschossen worden. Eine verirrte Kugel zündete die bereits an der Brücke befestigten Sprengkörper. Bei der folgenden Explosion wurden einige deutsche Soldaten getötet, mehrere verletzt. Die Brücke stürzte in den Fluß. General Ross, dem dieser „Unfall" nicht gemeldet worden war, hoffte somit auf eine Brücke, die es nicht mehr gab.Auch die meisten deutschen Soldaten hatten im Gefechtslärm die Detonation überhört. Ohne es zu wissen, standen sie mit dem Rücken zu einem Fluß, der keine Brücke mehr hatte, und warteten auf die Angriffe, die der nächste Tag bringen mußte.

Kapitän zur See Jordan kontrollierte am Abend nochmals die Stellungen seiner Truppe. Er war hierzu auf das Motorrad des Matrosen Hermann Pieper aufgestiegen. Pieper hatte zur Kraftfahr-Ausbildung-Abteilung in Hülsen gehört. Als diese jedoch zerschlagen worden war, hatte er sich noch mit seinem Krad nach Rethem retten können. Dort war er dem Gefechtsstand des Regimentskommandeurs zugeteilt worden. Nun fuhr er Jordan durch das stark zerstörte Rethem zu den Stellungen am Bahnhof. Was ihm hierbei besonders zu schaffen machte,

Kradmelder Hermann Pieper

Hauptgefreiter Willi Hofmeister

Matrose Alfons Hufnagel

Matrose Heinz Schrimpf

Sie gehörten zu den wenigen Überlebenden von „Elfriede".

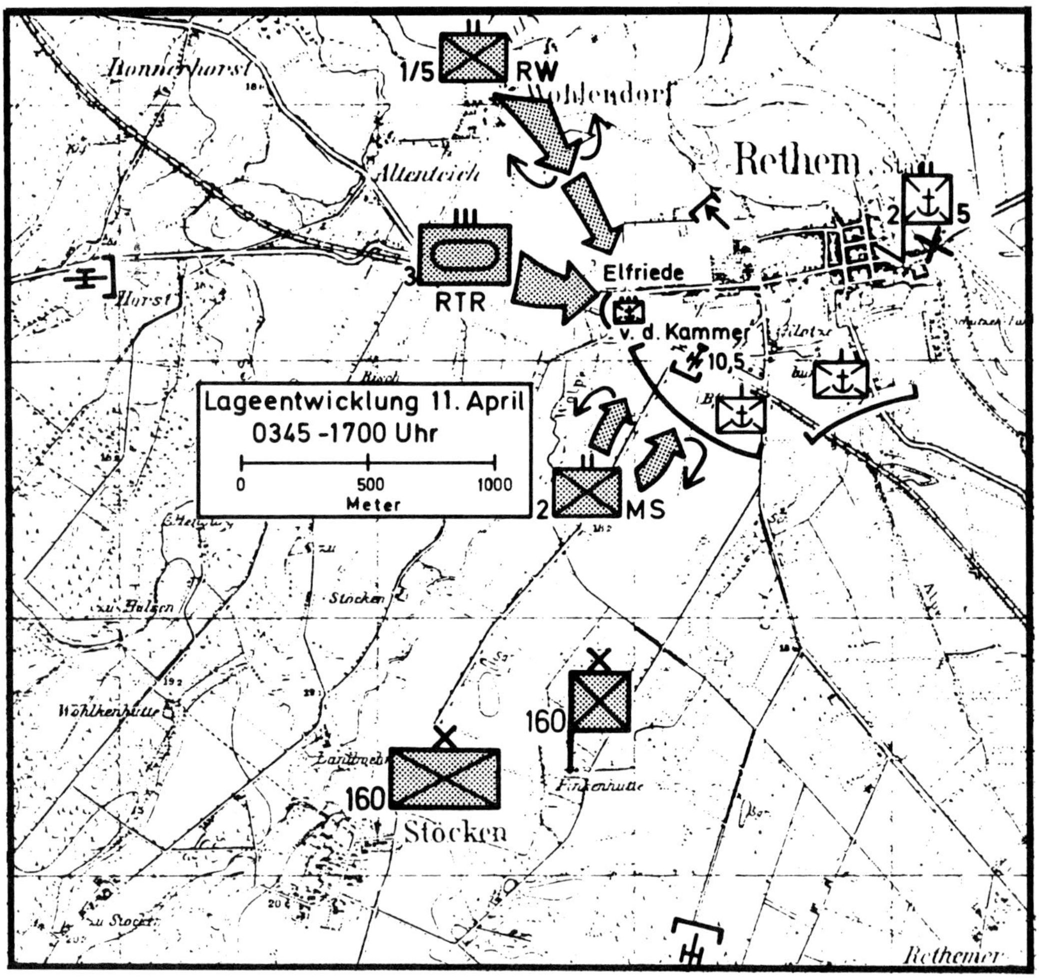

waren zahlreiche, an geborstenen Telefonmasten tief herabhängende Kabel, zumal der Kapitän auf dem Sozius ständig „Schneller, schneller!“ rief. Piepers Krad fiel noch am gleichen Abend durch einen Granatsplitter aus. Er selbst konnte sich später der britischen Gefangennahme entziehen und zu seinem Heimatort Papenburg durchschlagen.

In den frühen Morgenstunden des 11. April setzte schlagartig Artilleriefeuer auf Rethem ein. Zwölf Batterien mit je sechs Geschützen erschütterten vorwiegend den Ortsteil zwischen Postweg und Friedhof. Als das Feuer eingestellt wurde, begann der Angriff des 1./5. „Welsh“-Bataillons. Er kam wieder aus Richtung Wohlendorf, wieder über die Wölpe, und wurde zunächst erneut blutig abgeschlagen. Dennoch gelang es den Walisern, „Elfriede“ im Laufe des Tages vollständig zu umzingeln und die abgekämpften Marinesoldaten zur Aufgabe zu zwingen. Knapp zehn von ehemals 30 Soldaten gingen in Gefangenschaft; unter ihnen der Hauptgefreite Hofmeister sowie die Matrosen Schrimpf und Hufnagel.

Als es vollständig hell war, rollten die Panzer des 5. „Royal Tank Regiment“ auf der Eystruper Straße heran. Als sie aber an der Wölpe in den Wirkungsbereich der fünf Eisenbahngeschütze kamen, blieben sie stehen. Wenig später setzten sie zurück. Ohne Infanterieunterstützung konnten sie nicht riskieren, in Rethem einzudringen. General R. K. Ross unternahm einen allerletzten Versuch, Rethem zu erobern. Gegen 15.00 Uhr griffen 24 „Typhoon“-Jäger an. Kurz darauf erfolgte beiderseits der Stöckener Straße der Angriff des 2. Bataillons vom „Monmouthshire Regiment“. Es war ein verzweifeltes Unterfangen.

Die britische Infanterie lief über offenes Gelände frontal auf die 10.5 cm Eisenbahngeschütze und die eingegrabene Marine-Kompanie zu. Unverständlicherweise hatte sie hierbei nur wenig Artillerie- und gar keine Panzerunterstützung. Nach der deutschen Feuereröffnung hatten die „Monmouthshires“ 13 Tote und – geländebedingt – sicherlich ein Vielfaches an Verwundeten. Ihr Kommandeur, Oberstleutnant Broocke, tat das einzig Vernünftige. Er stellte den Angriff sofort ein und nahm sein Bataillon zurück. Der letzte Angriff auf Rethem war abgeschlagen. Trotzdem herrschte auf deutscher Seite keine Siegesstimmung. Der Marinesoldat Otto Pfister, der in der Stellung südwestlich des Bahndammes gelegen hatte, erinnert sich: „Den ganzen Tag wurden wir sehr stark mit Artillerie, Jabo usw. beschossen. Es war furchtbar. Das Stöhnen und Schreien der Verwundeten liegt mir heute noch in den Ohren, und keiner konnte helfen.“ Pfister geriet Tage später bei Groß Eilstorf in britische Gefangenschaft.

Matrose Otto Pfister: „Es war furchtbar!“

Die britische Divisions-Geschichte schließt dieses für sie so verlustreiche Kapitel mit der Bemerkung: „Die Stadt brannte nun fürchterlich, aber der Feind, das 2. Bataillon des Marine-Regiments 5, konnte nicht hinausgeworfen werden . . . Die deutsche Truppe hatte einen höchst hartnäckigen und tapferen Widerstand geleistet.“ Übertrieben ist diese Wertung sicherlich nicht, denn immerhin hatte ein Bataillon aus Marinesoldaten im ersten Landeinsatz die Angriffsspitzen der 53. Division zwei Tage lang aufgehalten. Die britischen Verluste werden an keiner Stelle konkret genannt. Sicherlich haben sie mehrere hundert Mann betragen, davon sehr wahrscheinlich weit über 100 Gefallene. Vielleicht mußte sich Generalmajor Ross die Frage gefallen lassen, ob er nicht gegen einige Grundregeln der Taktik verstoßen hatte; vor allem am 11. April. Zunächst hatte seine Infanterie ohne Panzer, dann die Panzer ohne Infanterie und schließlich nochmals die Infanterie ohne Panzer angegriffen. Auch seine artilleristische Überlegenheit nutzte ihm nichts, da er die Eisenbahngeschütze nicht hatte ausschalten können. Sein letztlich befohlener Frontalangriff über offenes Gelände war sicherlich mehr Irritation als taktisches Kalkül.

In Rethem waren 64 Wohnhäuser total zerstört, 60 waren schwer beschädigt und weitere 66 wiesen leichtere Schäden auf. Neun Einwohner waren durch Artillerie- und Tieffliegerbeschuß zu Tode gekommen.

Kapitän z.S. Jordan, der zusammen mit Kapitänleutnant Burkel die Verteidigung Rethems geleitet hatte, ließ sich jedoch durch die erfolgreiche Abwehr über die wahre Lage nicht täuschen. Er wußte, daß die Briten, die bereits seit dem Vortage in Westen standen, dort in Kürze einen Übergang versuchen würden. Er erkannte die Gefahr, von Nordwesten abgeschnitten zu werden, und befahl den Rückzug. Während eine schwache Nachhut das eigene Ausweichen verschleiern sollte, setzte er mit der Masse des 2. Bataillons in Fischerkähnen am 11. April abends über die Aller. Die Nachhut folgte am nächsten Morgen. Die Briten hatten davon nichts bemerkt. Sie bildeten noch immer eine Klammer um das von deutschen Soldaten längst verlassene Rethem. Einen neuen Angriff versuchten sie jedenfalls nicht. Vielmehr warteten sie darauf, daß Rethem zunächst eingeschlossen und dann von Altenwahlingen aus angegriffen würde.

Für die Rethemer Bevölkerung war daher Donnerstag, der 12. April ein merkwürdig ruhiger Tag. Nur noch gelegentlich lag Artilleriestörfeuer auf den rauchenden Trümmern der Neustadt. Die Brände waren verglommen.

In den Kellern lagen die verwundeten Marinesoldaten. Sie hätten den Fußmarsch in den Raum Kirchboitzen sicherlich nicht durchhalten können. Bei der Zivilbevölkerung wußte man sie in guter Obhut. Noch nach dem Kriege wurde von dem stillen Heldenmut des Arztes Dr. Hoffmeyer berichtet. Der 70jährige war Tag und Nacht unterwegs gewesen, um Erste Hilfe zu leisten. Auch als er zu einer hochschwangeren Frau gerufen wurde, ließ er sich von dem gerade einsetzenden Artilleriefeuer nicht abhalten. Er tat, was er auch unter diesen Umständen für seine Pflicht hielt. Niemand vermochte später zu sagen, wie vielen Menschen er geholfen oder gar das Leben gerettet hat. Sicher aber war der greise Doktor in den schwersten Tagen Rethems einer ihrer tapfersten Bürger gewesen.

Bereits am 10. April, als die 158. Brigade ihre ersten verlustreichen und erfolglosen Angriffe auf Rethem geführt hatte, sicherte die 71. Brigade die linke Flanke der 53. Division. Das 4. Bataillon der „Royal Welsh Fusiliers“ hatte einen scheinbar belanglosen Nebenauftrag. Es sollte nach Möglichkeit die Ortschaften Stedorf – nördlich Dörverden – und Westen an der Aller nehmen. Das Bataillon wurde hierbei von zwei Panzer-Kompanien des 5. „Royal Tank Regiment“ unterstützt. Nach-

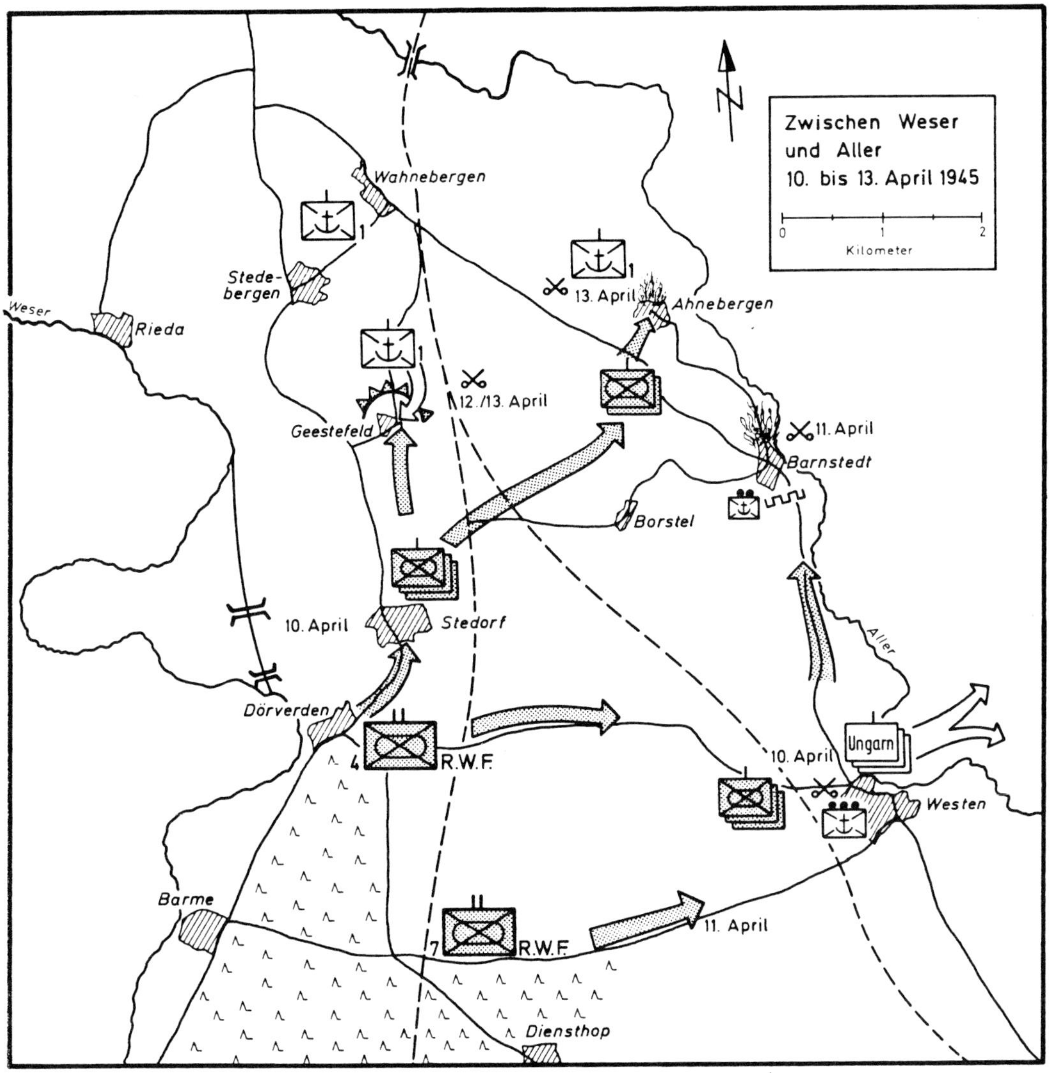

dem der Dörverdener Volkssturm der Übermacht kampflos gewichen und nach Hause gegangen war, konnte Stedorf bis 21.00 Uhr ohne einen Schuß besetzt werden. Die Waliser stießen mit der Hälfte ihres Bataillons auch noch in Richtung Westen vor. Die dort eingesetzten Ungarn ließen es nicht zum Feuerkampf kommen. Mit bereitliegenden Fischerbooten zogen sie sich über die Aller zurück. Ein Teil von ihnen ging jedoch schon auf dem Westufer mit weißen Fahnen in britische Gefangenschaft. Der ortsansässige Hauptschullehrer Busch schrieb über diese Geschehnisse: „Dadurch entging unser Dorf der Zerstörung. Da, wo man Widerstand leistete, ging manches Gehöft in Flammen auf." Der 10. April war ein Glückstag für Westen, aber auch für das 4. Bataillon der „Royal Welsh Fusiliers". Aus einer Nebenaufgabe war der größte taktische Erfolg des Tages geworden. Ohne einen Mann verloren zu haben, war es gelungen, eine günstige Fährstelle an der Aller zu gewinnen. In Westen hatten aber auch Marinesoldaten gelegen. Sie gehörten zum 1. Bataillon des Marine-Grenadier-Regiments 5 und waren sicher nicht mehr als 30 Mann. Als die Ungarn über die Aller ausgewichen oder in Gefangenschaft gegangen waren, standen sie auf verlorenem Posten. Dennoch haben sie gekämpft. Sieben von ihnen sind gefallen, vier gerieten schwerverwundet in britische Gefangenschaft und verstarben in den nächsten Tagen. Neben den Marinesoldaten kam noch der Fährmann ums Leben, als sein auf dem Ostufer gelegenes Haus durch Panzerbeschuß zerstört wurde. Das Fährhaus blieb das einzige in Westen zerstörte Gebäude. Die Waliser „Fusiliers" hatten sich somit wie ein Keil in das Marine-Grenadier-Regiment 5 hineingeschoben. Die drei nördlich eingesetzten Marine-Kompanien waren im Aller-Weser-Dreieck eingeschlossen. Insgesamt war dieser Erfolg jedoch auch für die Briten derart überraschend, daß sie ihn nicht vollständig nutzen konnten, denn zum weiteren Vorstoß über die Aller brauchten sie Sturmboote und Brückengerät. Am Abend des 10. April aber war davon nichts verfügbar, weil das Pionier-Bataillon der Division noch an der Weser im Einsatz war. So blieb zunächst nichts anderes übrig, als das gewonnene Allerufer zu sichern und gegen die zwischen Barnstedt und Geestefeld aufgesplitterten Marinesoldaten vorzugehen.

Am Vormittag des 11. April rollte ein Spähtrupp der „Royal Welsh" nach Norden. Am südlichen Ortsrand von Barnstedt lag eine Gruppe Marinesoldaten mit einem Maschinengewehr in einer gut ausgebauten Stellung. Die Deutschen ließen die leichten britischen Spähpanzer dicht herankommen, dann eröffneten sie auf kürzeste Entfernung das Feuer. Nach mehreren gut liegenden Feuerstößen standen beide Fahrzeuge brennend am Straßenrand. Wenig später lag dichtes Artilleriefeuer auf Barnstedt. Als es aufgehört hatte, rückten „Sherman" und Flammenwerferpanzer vor. Aus dem Ort fiel längst kein Schuß mehr, dennoch gingen 13 von 45 Gebäuden in Flammen auf. In der MG-Stellung am Ortsrand lagen fünf tote Soldaten. Acht weitere fielen wenig später in unmittelbarer Nähe. Die insgesamt 38 Marinesoldaten, die in Westen, Donnerhorst, Hülsen und Barnstedt ihr Leben lassen mußten, wurden gemeinsam auf dem Friedhof in Westen beigesetzt.

Zur „Säuberung" des Weser-Aller-Dreiecks gingen die Waliser am nächsten Tag mit einer Kompanie nach Geestefeld vor, warfen dort eine schwache Sicherung des 1. Bataillons und richteten sich zur Verteidigung ein. Die Marinesoldaten kamen nachts in Zugstärke zurück. Es gelang ihnen, mehrere Gruppen der schlafenden Waliser zu überrumpeln und zu entwaffnen. Aber nachdem Alarm gegeben worden war, kam es zum Handgemenge, bei dem sich die Überzahl der Briten durchsetzte. Die Deutschen mußten ausweichen. Der britische Kompaniechef war sicherlich froh, so glimpflich davongekommen zu sein und urteilte: „Die deutschen Marinesoldaten hatten wirklich Mut bewiesen."

Soldatengräber in Westen

Als nächstes Dorf fiel Ahnebergen. Am 13. April näherten sich britische Panzer aus Richtung Borstel. Die schwache deutsche Nachhut beim Hanfkamp eröffnete das Feuer, das von den Briten unverzüglich erwidert wurde. In der Schulchronik ist darüber zu lesen: „Gegen 12.00 Uhr kamen Flammenwerfer und auch andere Panzer ins Dorf. Es krachte überall. Ein Volltreffer traf auch unsere Schulwand. Es klirrte. Da wagte ich einen Blick aus dem Keller. Es brannte an allen Ecken: Ahnebergen ein Feuermeer . . . Die Engländer waren im allgemeinen menschlich. Daß Schränke, Kästen und Truhen umgekrempelt wurden, gehörte zum Krieg."

Der Soldatenfriedhof Otersen wird seit 1983 von der Verdener Reservistenkameradschaft betreut.

Ein weiterer britischer Vorstoß auf Stede- und Wahnebergen unterblieb. Die 4. „Royal Welsh Fusiliers" wurden abgezogen. Sie sollten auf dem Ostufer der Aller eingesetzt werden. In den frühen Morgenstunden war nämlich bereits das 1. Bataillon der „East Lancashires" mit Sturmbooten über den Fluß gesetzt worden. Obwohl es hierbei auf keinerlei Widerstand gestoßen war, hatte es dennoch einen Offizier und zwölf Mann verloren. Ihr Boot war in der schnellen Strömung gekentert. Ohne weitere Verluste konnten die Briten bis 08.00 Uhr einen kleinen, aber sicheren Brückenkopf bilden. Von den Ungarn, die in unmittelbarer Nähe eingesetzt waren, berichtet die britische Chronik, daß sie „. . . bereitwillig waren, sich zu ergeben." Sie hatten einen einzigen Gefallenen.

In der nächstgelegenen Ortschaft Otersen gab es nur einen deutschen Zug. Er gehörte zum Artillerie-Ausbildungs- und Ersatzregiment 22 und wurde von dem Ritterkreuzträger Oberwachtmeister F. geführt. Über die Kampfführung dieser deutschen Soldaten gibt es keinerlei Berichte. Bekannt ist nur, daß sie letztendlich der zwölffachen britischen Übermacht weichen mußten. Elf von ihnen waren gefallen. Sie wurden zusammen mit dem einzelnen Ungarn auf der Kriegsgräberstätte in Otersen beigesetzt. Der einzig bekannte deutsche Augenzeuge, der sich in der Nähe befand, war Oberleutnant Richard Lange.

Bis zum Juni 1944 war er Regimentsadjutant in Rußland gewesen. Nach einer schweren Verwundung war er ins Lazarett gekommen und anschließend auf Genesungsurlaub in seiner Heimatstadt Verden. Dort hatte er sich bei Näherrücken der Front beim Artillerie-Regiment 22 gemeldet und den Auftrag erhalten, am Morgen des 12. April eine Batterie der bereits eingesetzten Abteilung eines Hauptmanns B. zu übernehmen. Lange wußte zu diesem Zeitpunkt weder, wo diese Batterie, noch, wo der Hauptmann war. So marschierte er zu Fuß Richtung Aller und notierte später in sein Tagebuch: „Kurz vor Otersen sah ich,

Batteriechef im Artillerie-Regiment 22, Oberleutnant Richard Lange

wie Tommys in dicken Trauben aus den Knicks herausquollen, in denen kurz vorher die Ungarn gelegen hatten ... Also hatten sie sich mir nichts, dir nichts ergeben." Seine Batterie fand Lange schließlich in einer Stellung südlich Hohenaverbergen. Auch die beiden anderen Batterien der Abteilung waren dort eingesetzt.

Britische Kriegsbrücke bei Westen (IWM)

Inzwischen hatten die Briten auch Wittlohe genommen. Sie verfügten somit gegen Mittag über einen stattlichen Brückenkopf, der im Norden durch die querverlaufende Lehre wirkungsvoll verstärkt wurde. Nachdem das erforderliche Gerät herangeführt worden war, konnte der Kriegsbrückenschlag gegen Mittag beginnen. Ohne jede deutsche Störung wurde er bis Mitternacht abgeschlossen. Die gesamte 158. Brigade war wenig später auf dem Ostufer der Aller. Rethem konnte somit am nächsten Tag zusätzlich aus nordwestlicher Richtung angegriffen werden, – glaubte Generalmajor Ross. Von den deutschen Kräften auf dem gerade besetzten Allerufer hatte er zu diesem Zeitpunkt noch keine klaren Vorstellungen. Am 13. April, gegen 02.00 Uhr griff die 71. Brigade Klein Häuslingen an. Sie traf auf den erbitterten Widerstand einer Kompanie des Marine-Grenadier-Regiments 6. Vor allem um die Post wurde hart gekämpft. Als zwei Fähnriche, ein Bootsmann und fünf Matrosen gefallen waren, wichen die Marinesoldaten auf Groß Häuslingen aus. Die Briten stießen nicht sofort nach. Sie gliederten zunächst um. Mit dem 1. Bataillon der „Oxfordshire and Buckinghamshire Light Infantry" brachten sie einen Verband an die Spitze, der seit mehr als einer Woche nicht mehr im Kampf gestanden hatte. Als sich die „Ox and Bucks" Groß Häuslingen näherten, schlug ihnen ein dichtes Abwehrfeuer entgegen. Korvettenkapitän Herbert Melzer hatte sich hier mit zwei Kompanien seines Bataillons zur Verteidigung eingerichtet. Er war entschlossen, ein weiteres Aufrollen der Front zu verhindern.

Nachdem ihr erster Angriff abgewiesen worden war, setzten die Briten Artillerie auf den Ortsrand ein. Bei den Marinesoldaten gab es die ersten schweren Verluste. Vier Gehöfte standen in Flammen. Melzers Männer konnten auch den nächsten Angriff zurückschlagen. Als die Briten versuchten, den Ort zu umgehen, kam es an dem (heute nicht mehr vorhandenen) Bahndamm erneut zu einem heftigen Feuerkampf. Zwischendurch wurden die deutschen Stellungen immer wieder mit Artilleriefeuer überschüttet. Kurz nach 07.00 Uhr erlahmte der deutsche Widerstand. Korvettenkapitän Melzer war gefallen. Ebenfalls die Chefs der 1. und 3. Kompanie, Oberleutnant z. S. Peters und Oberleutnant z. S. Mahler. Außerdem vier Bootsmänner, zwei

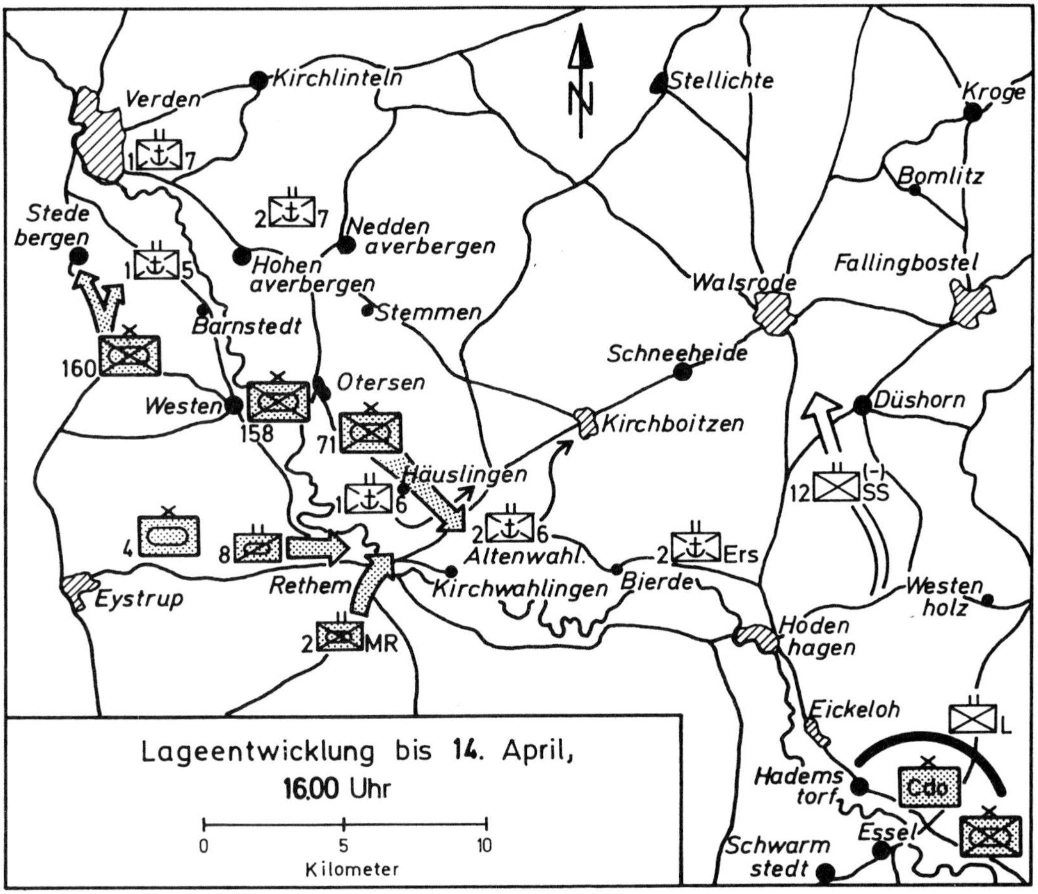

Fähnriche und 42 Matrosen. Insgesamt hatte das 1. Bataillon des 6. Regiments in Klein- und Groß Häuslingen 59 Gefallene und mindestens dieselbe Zahl an Verwundeten. Die Verluste der Briten werden knapp halb so hoch gewesen sein. Die Marinesoldaten wurden auf dem Friedhof in Groß Häuslingen beigesetzt.

Die nächste Ortschaft, die in der britischen Angriffsrichtung lag, war Altenwahlingen. Sie wurde zur Aufgabe des 4. Bataillons der „Royal Welsh Fusiliers“, die kurz zuvor in Ahnebergen die „Truhen umgekrempelt“ hatten. In Altenwahlingen trafen sie auf „considerable opposition“ – „bemerkenswerten Widerstand“. Dort hatte zunächst nur die 7. Kompanie vom 2. Bataillon des Korvettenkapitäns Meincke gelegen. Gegen Mittag war nach Sprengung der See-Brücke an der Rethemer Fähre auch die 6. Kompanie nach Altenwahlingen zu-

Soldatenfriedhof in Groß Häuslingen

Matrose Horst Urbahn überlebte das Gefecht um Altenwahlingen.

Oberleutnant z. S. Friedel Bloch trug mit seiner Kompanie die Hauptlast des Kampfes um Altenwahlingen.

rückgegangen. Beide Kompanien lieferten den vielfach überlegenen Briten über mehrere Stunden ein verbissenes Gefecht. Die Marinesoldaten litten hierbei besonders unter dem artilleristischen Punktfeuer der Briten, wofür sie zunächst ein kreisendes Beobachtungsflugzeug verantwortlich machten. Außerdem gab es unerklärliche Ausfälle durch Kopfschüsse. Der 17jährige Kriegsfreiwillige Horst Urbahn berichtete später: „Als Kameraden im Dachfirst eines 100 Meter entfernten Bauernhauses aber einen Artillerie-Beobachter mit Scharfschützengewehr entdeckten, war uns alles klar. Er hatte mitten in unseren Linien gesessen und das Feuer per Funk auf unsere Schützenlöcher geleitet. Als wir dann jedesmal in Dekkung gingen, nutze er diese Situation, um meine Kameraden von schräg oben in ihren Löchern abzuknallen."

Trotz allem konnten die Marinesoldaten ihre Stellungen am Westrand von Altenwahlingen bis zur Abenddämmerung halten. Dann jedoch mußten sie diese aufgeben. Der Kampf verlagerte sich in das Dorf. Mehrere Gehöfte brannten, Pferde tobten in ihren Ställen. Auf der Straße lagen verwundete und tote deutsche Soldaten. Grelle Flammen flackerten über diesem Inferno. Die Kompanie des Oberleutnants z.S. Friedel Bloch kämpfte um jedes Gehöft, wurde jedoch Schritt für Schritt zurückgedrängt. Gegen 23.00 Uhr stellten die Briten ihren Angriff ein. Nur noch die ostwärtigen Gehöfte des Dorfes wurden von den Marinesoldaten gehalten.

Am späten Vormittag des 13. April war dann doch noch ein britischer Spähtrupp nach Rethem vorgestoßen. Er fand die Stadt von deutschen Truppen geräumt. Gegen Mittag marschierten die „Monmouthshires" ein und machten eigenen Angaben zufolge 120 Gefangene; es waren überwiegend die zurückgelassenen Verwundeten. Die britischen Pioniere begannen unverzüglich und unmittelbar neben der gesprengten Brücke mit dem Bau einer Kriegsbrücke. Sie waren in Eile, denn hinter ihnen stand die gesamte 4. Panzer-Brigade, die der Division zur Verstärkung geschickt worden war, sowie das 8. „Royal Hussars"-Panzeraufklärungs-Regiment. Die Aufklärer marschierten an der Spitze der aus dem Raum Harpstedt zurückbeorderten 7. Panzer-Division. Die Division sollte über Walsrode auf Soltau angreifen und war daher ebenfalls auf die Rethemer Kriegsbrücke angewiesen.

Die Waliser Pioniere waren schneller denn je. Kurz nach Mitternacht waren sie fertig. Im ersten Morgengrauen des 14. April rollte die Panzer-Brigade nach Nordosten, mußte jedoch bald feststellen, daß auch die kleine See-Brücke gesprengt war. Notgedrungen wurde der Umweg über Kirchwahlingen gemacht. Es war gegen 04.00 Uhr, als sich die Panzer dem Dorf näherten. Zur gleichen Zeit fuhr eine Kompanie „Royal Tanks" aus Altenwahlingen nach Süden. Es schien fast so, als ob

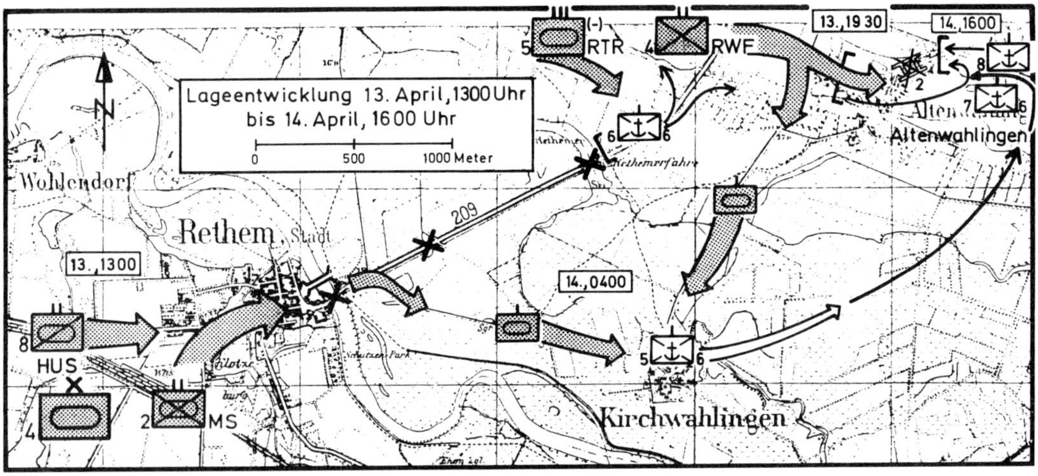

Britische Kriegsbrücke bei Rethem (IWM)

die Briten wußten, daß sich in Kirchwahlingen noch deutsche Soldaten befanden. Tatsächlich lag dort die von Oberleutnant z.S. Herbst geführte 5. Kompanie des Bataillon-Meincke. Seit das 2. Bataillon in der letzten Nacht hatte aus Rethem ausweichen müssen, waren Herbst und seine Männer abgeschnitten. Warum sie nicht längst nach Osten abmarschiert waren, um der Einschließung zu entgehen, ist schleierhaft. Spätestens jetzt, als von zwei Seiten Panzerkolonnen auf sie zurollten, war es an der Zeit, das Dorf zu räumen oder zu kapitulieren. Oberleutnant z.S. Herbst tat weder das eine noch das andere. Er war entschlossen, zu kämpfen. Bürgermeister Winkelmann, die Bauern Hohmann und Meyer sowie der Dorfpastor baten eindringlich, den Kampf zu vermeiden, um „nicht das unwichtige Dörfchen der Gefahr der Zerstörung auszusetzen.“ Herbst hatte nur ein Argument: Seine Soldatenpflicht. Die britischen Panzerkolonnen waren ins Dorf eingedrungen. Die Marinesoldaten beschossen sie mit Karabinern. Panzerfäuste hatten sie nicht.

Dann kamen die Flammenwerfer. Die Höfe Meins, Vohs und Hasselbring brannten ab. Gegen Mittag ging offenbar das Flammöl aus. Auch der Gefechtslärm verebbte. Oberleutnant z.S. Herbst lag im Garten des Bürgermeisters. Er war tot. Sein Stellvertreter, Leutnant z.S. Markert, führte den ungleichen Kampf weiter. Fünf Marinesoldaten fielen im Feuer der britischen Bord-MG. Markert wurde schwer verwundet. Er starb am nächsten Tag. Unter Führung von Leutnant Winterhoff zog sich die Kompanie-Herbst in Richtung Böhme zurück. Der Aller-Übergang bei Rethem war endgültig britisch. Dem weiteren Vorstoß nach Walsrode stand scheinbar nichts mehr im Wege.

Tatsächlich waren die Marine-Grenadier-Regimenter 5 und 6 am 14. April auf allen Positionen geschlagen. Lediglich die abgekämpften Kompanien in Altenwahlingen hielten noch ein paar Gehöfte besetzt. Das schien auf den ersten Blick

Matrose Hans Tewes fiel am 14. April in Altenwahlingen.

Leutnant z. S. Dieter Baerwald: „. . . keine Panzerfaust mehr, Gewehrmunition verschossen. – Gefangennahme!“

belanglos. Dennoch hatte das Dorf eine gewisse taktische Bedeutung. Nur der vollständige Besitz von Altenwahlingen garantierte die ungestörte Nutzung der R 209; und daß diese die britische Angriffsachse war, lag auf der Hand. Wer aber sollte den Briten noch Widerstand leisten, wenn sie hier nach Nordosten durchbrachen? Das abgekämpfte Rethemer Bataillon, das jetzt in Groß Eilstorf stand, würde sich nur sehr befristet halten können. Dahinter stand aber keine eigene Truppe mehr, weder in Walsrode noch in Fallingbostel.

Soldatengräber in Altenwahlingen

Der Regimentskommandeur, Kapitän z.S. Werner Hartmann, sammelte daher am Ostrand von Altenwahlingen alle noch verfügbaren Kräfte. Das waren die Reste der 5. Kompanie, die von Kirchwahlingen nach Böhme ausgewichen waren, – die 8. Kompanie, die dort bereits gelegen hatte sowie die Reste der 6. und 7. Kompanie, die gerade noch den Ostrand von Altenwahlingen hielten. Die Briten bezeichneten in ihrer Nachkriegsliteratur diese Konzentration der Marinesoldaten als einen versuchten Gegenangriff. Hierzu kam es jedoch nicht. Bereits am frühen Nachmittag stießen britische Panzer, nach Artilleriefeuer, aus dem Ortsinneren nach Osten vor. Zwei Panzer wurden durch Panzerfäuste abgeschossen. Der britische Vorstoß stoppte. Es folgte ein längeres Feuergefecht, an dessen Ende die Marinesoldaten in ein kleines Waldgelände hart ostwärts Altenwahlingen abgedrängt wurden. Dicht an der Dorfstraße lagen mehrere Gefallene. Darunter auch der Führer der 5. Kompanie, Leutnant Winterhoff, und der vermutlich als dessen Melder eingeteilte Matrose Hans Tewes.

Gegen 16.00 Uhr hatten die Briten das Waldstück mit den restlichen Marinesoldaten umstellt. Ca. zehn Kampfpanzer und Flammenwerfer eröffneten das Feuer. Die erschöpften Marinesoldaten schossen zurück, bis die Munition verbraucht war, dann gaben sie auf. Einigen gelang noch die Flucht über Böhme nach Kirchboitzen; die anderen ergaben sich. Unter diesen war auch der Leutnant z. S. Baerwald, Zugführer in der 7. Kompanie. Er notierte später in sein Tagebuch: „16.00 Uhr . . . keine Panzerfaust mehr, Gewehrmunition verschossen. – Gefangennahme! – Völlig ausgeplündert, erstes britisches Verhör."

In Altenwahlingen war die Hälfte aller Gebäude abgebrannt. Unter der Bevölkerung hatte es eine Tote und zwei Verwundete gegeben. Auf dem örtlichen Friedhof wurden die gefallenen Marinesol-

Soldatenfriedhof in Rethem

daten wenig später beigesetzt. Es waren zwei Offiziere, zwei Fähnriche, fünf Maate und 28 Matrosen.

General Dempsey, Befehlshaber der 2. britischen Armee, telegraphierte an die 53. Division: „Ihr kämpft wie die Tiger, um diesen Kampf zu gewinnen und damit den Weg für die 2. Armee zur Elbe und zur Ostsee zu öffnen; – es ist ein sehr entscheidender Sieg!"

Auf dem Soldatenfriedhof in Rethem sind seither 77 Soldaten beigesetzt. 58 Matrosen, sechs Maate, fünf Fähnriche und acht Offiziere.

Am 14. April war der Krieg durch Rethem hindurchgezogen. Beendet war er für die Stadt noch nicht. Gruppen befreiter polnischer Zwangsarbeiter terrorisierten vor allem einzeln liegende Höfe. Ein Bremer Großindustrieller, der im Rethemer Moor eine Jagdhütte hatte, wurde zusammengeschlagen und konnte sein Leben nur durch Flucht retten. Auch die Briten blieben nicht fehlerfrei. Drei Mädchen und zwei Frauen wurden vergewaltigt. Zwei Männer wurden im Zusammenhang hiermit erschossen. Im übrigen wurde den Briten von Zeitzeugen jedoch ein faires Verhalten bescheinigt: „Der ‚Feind' war humaner, als man befürchtete. Verwundete Deutsche wurden behandelt. Ausgebrannte und Ausgebombte verpflegt, für Arzneien wurde gesorgt. Plünderungen waren beinahe nicht zu verzeichnen, ja, der Engländer legte sogar Wert auf die Instandsetzung der Schumann'schen Mühle."

Die letzten Todesopfer forderte ein deutscher Luftangriff am 15. April. Er galt vermutlich der britischen Kriegsbrücke oder einer Versorgungseinheit, die gerade durch Rethem fuhr. Durch die Bombenexplosion wurde ein britisches Tankfahrzeug in Brand gesetzt. Die Flammen breiteten sich schnell aus und griffen zunächst auf das Haus Steffens über. Bevor gelöscht werden konnte, waren die beiden im Hause befindlichen Frauen verbrannt. Das Feuer weitete sich später noch auf die Wiedenburger Straße aus und konnte erst in den Morgenstunden eingedämmt werden. In Rethem begannen die Aufräumungsarbeiten.

Der Brand vom 15./16. April nach einem deutschen Luftangriff in Rethem (IWM)

Brückenkopf Schwarmstedt–Essel

Korvettenkapitän Josef Gördes (hier noch als Kapitänleutnant), Kommandeur des Marine-Füsilier-Bataillons 2, fiel am 11. April 1945 am „Alexanderplatz“.

Der linke Flügel der 2. Marine-Infanterie-Division bestand aus dem Marine-Feldersatzbataillon 2 und dem Marine-Füsilier-Bataillon 2. Das Ersatzbataillon lag im Raum Hellberg. Es wurde von Major Stoschke geführt. Das Füsilier-Bataillon hatte am 7. April im Bahntransport Rethem erreicht und war von dort aus nach Schwarmstedt marschiert. Kommandeur war Korvettenkapitän Josef Gördes.

Vor diesem Einsatz war er Hafenkommandant der griechischen Mittelmeerinsel Salamis gewesen. Weihnachten 1944 kehrte er zu seiner Familie nach Deutschland zurück. Seine Frau erinnert sich noch heute sehr genau: „Er war durch und durch Soldat. Uns gegenüber ließ er keinen Zweifel am Endsieg aufkommen. Seine Forderung an uns lautete ‚Haltung bewahren!‘. Er sagte das in den letzten Kriegsmonaten immer öfter."

Das Bataillon des Kapitäns war immerhin knapp 600 Mann stark. In seiner schweren 4. Kompanie hatte er Maschinengewehre (MG), vier leichte Mörser und Leichte-Infanterie-Geschütze (LIG). Außerdem befand sich in seinem Einsatzraum bereits seit mehreren Tagen die 11. Kompanie der Festungs-Pak-Abteilung 101. Diese bestand aus ca. 120 Marinesoldaten, die in Fallingbostel mit Heeresuniformen ausgestattet worden waren. Trotz ihres vielversprechenden Namens verfügte die Kompanie nur über Handfeuerwaffen und einige Fahrräder. Der Kompaniechef, Leutnant z.S. Birk, hatte seinen Gefechtsstand am Aller-Brückenhaus eingerichtet. Der Auftrag der Kompanie war es bisher gewesen, die zur Sprengung vorbereiteten Eisenbahn- und Straßenbrücken zu sichern. Zusätzlich standen in Eickeloh zwei 8.8 Pak-Geschütze und in Hademstorf zwei Sturmgeschütze „Ferdinand". Sie gehörten zusammen zu einer Kompanie der Panzerjäger-Abteilung 71, die von dem 50jährigen Hauptmann Dr. Seyffert geführt wurde. Dieser hatte seinen Gefechtsstand in der alten Windmühle am Drillberg eingerichtet.

Ostwärts der Aller-Brücke war die 1. Flak-Batterie 531 des Reichsarbeitsdienstes in Stellung gegangen. Es war dieselbe Einheit, die den ersten britischen Kriegsbrückenschlag bei Stolzenau verhindert hatte. Als sich das SS-Bataillon 12 dann am 8. April von der Weser zurückzog, hätte die RAD-Batterie um Haaresbreite den Anschluß verloren. Aber Oberstfeldmeister Kutscher hatte aufgepaßt und energisch darauf bestanden, daß wenigstens seine beiden letzten noch einsatzbereiten

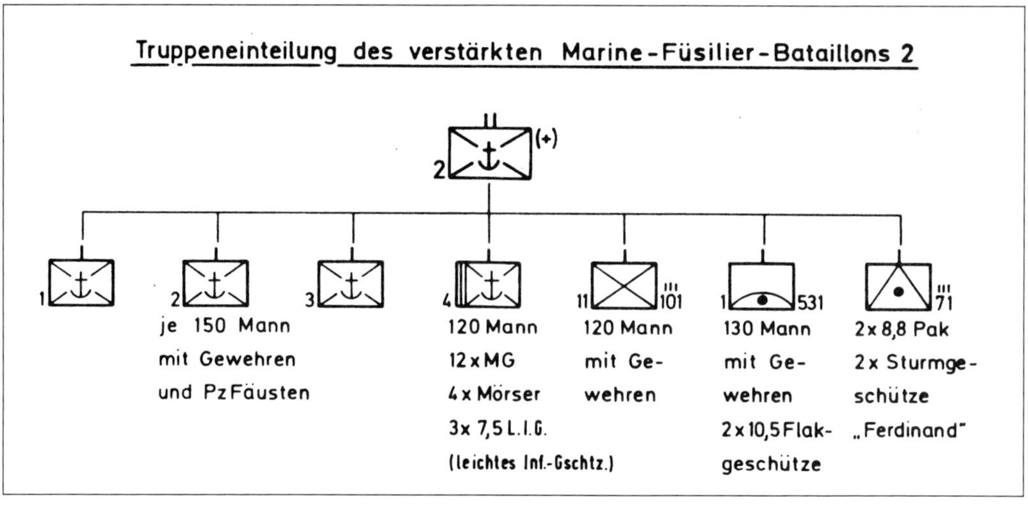

Windmühle am Drillberg

Sturmgeschütz „Ferdinand"

8.8 cm Pak

Geschütze hinter die Schützenpanzer des SS-Bataillons gehängt wurden. Die SS-Soldaten, die es verständlicherweise eilig hatten, wollten davon zunächst nichts hören und redeten von Sprengung. Da kam es zum Krach. Letztlich konnte sich der RAD-Batteriechef durchsetzen.

Über Rethem, Walsrode und Hademstorf waren die Geschütze bis zur Esseler Aller-Brücke gezogen worden und hier gut getarnt in Stellung gegangen. Außerdem hatte Kutscher noch einige Versprengte sammeln können, so daß seine Batterie auf die beachtliche Personalstärke von 130 Mann gekommen war. Diese hatten sich entlang der Straße nach Engehausen eingegraben.

Somit bestand zwischen Eickeloh bis dicht vor Engehausen bereits eine deutsche Verteidigungslinie, die Gördes sicherlich gerne an die Leine vorverlegt hätte. Das war aber schon wegen der fehlenden Motorisierung und auch aus Zeitgründen nicht möglich. Der Kapitän hatte somit nur zwei Möglichkeiten.

Die einfache bestand darin, lediglich die Kräfte nördlich der Aller mit seinem Bataillon aufzufüllen. Die gewagte Lösung war das Vorgehen zur Leine, wobei jedoch auf schwere Waffen fast vollständig verzichtet werden mußte.

Der Kapitän, der offenbar das Geländedreieck zwischen Aller und Leine nicht kampflos preisgeben wollte, entschloß sich für die gewagte Lösung. Er ließ zwar seine 1. Kompanie in Hademstorf und befahl auch seine Mörser und ein LIG an die Aller-Brücke, aber mit der 2. und 3. Kompanie ging er bis zur Leine vor. Seinen Gefechtsstand richtete er im Gasthof Heuer in Schwarmstedt ein. Ein Infanterie-Geschütz ging südwestlich Essel, ein anderes südlich Bothmer in Stellung.

Trotz des Mangels an schweren Waffen war die vorgeschobene Leine-Stellung sicherlich gegen jeden Angriff aus Osten lange zu behaupten, zumal die Straßen- und auch die Eisenbahnbrücke bei Bothmer zur Sprengung vorbereitet waren.

Gasthof Heuer, Gefechtsstand des Marine-Füsilier-Bataillons 2 in Schwarmstedt.

Auch die morastige und übersichtliche Leineniederung bot einen zusätzlichen Schutz vor Überraschungen. Trotzdem mußten die Marinesoldaten einen schwerwiegenden Nachteil in Kauf nehmen: Sie hatten keinen linken Nachbarn. Im Raum Wunstorf hat es zwar eine Infanterie-Kampfgruppe unklarer Stärke unter dem Kommando eines Oberst Linde gegeben, aber diese war offenbar bereits in den Raum ostwärts Hannover ausgewichen. Sicher ist dagegen, daß die 11. U.K. Panzer-Division die Verfolgung des SS-Bataillons 12 im Laufe des 9. April aufgab und versuchte, die Leine bei Bothmer zu überwinden.

Kurz nach Mittag rollten die Panzer des 8. Aufklärungs-Regiments vorsichtig von Norddrebber nach Bothmer.

Die zur Brückensicherung auf dem feindwärtigen Ufer eingesetzten Marinesoldaten kauerten mit Maschinengewehren in ihren Deckungslöchern.

Das Geschütz in Bothmer ließ die Panzerkolonne auf 500 Meter vorrollen, dann hatte es freies Schußfeld. Der erste Panzer wurde voll getroffen. Die anderen setzten schnell zurück.

Von der Besatzung des abgeschossenen Panzers hatten offenbar nur zwei Mann überlebt. Diese waren leicht verwundet und liefen mit erhobenen Händen auf die deutschen Stellungen zu. Die Marinesoldaten, die noch nie Gefangene gemacht hatten, gaben den Briten Handzeichen, dorthin zu verschwinden, wo sie hergekommen waren.

Die Briten, denen eine derartige „Großzügigkeit" unvorstellbar war, glaubten vielmehr, sie sollten „auf der Flucht" erschossen werden.

Sie weigerten sich hartnäckig zurückzugehen und bestanden auf Gefangennahme. Die Marinesoldaten mußten sich damit abfinden.

Wenig später wurden die vorgeschobenen Stellungen zurückgenommen und die Brücke gegen 15.30 Uhr gesprengt. Das erfolgreiche Infanterie-Geschütz machte Stellungswechsel an den Südrand von Essel.

Gegen 17.30 Uhr gingen die Briten mit dem 8. Bataillon der „Rifle Brigade" auf die Eisenbahnbrücke nördlich Bothmer vor. Diese wurde, bevor die Briten es verhindern konnten, gegen 18.00 Uhr ebenfalls gesprengt.

Somit gab es im gesamten Gefechtsstreifen der 11. U.K. Panzer-Division keine unzerstörte Leine-Brücke mehr. Wie schon an der Weser, so war man auch jetzt auf den rechten Nachbarn, die 6. U.K. Luftlande-Division, angewiesen. Die britischen Pioniere reparierten gerade die Brücke in Neustadt. Südlich davon, in Bordenau, war ihnen eine unbeschädigte Brücke in die Hand gefallen. Dort gingen Stunden später das 15./19. Aufklärungs-Regiment und das 1. Bataillon des „Cheshire Regi-

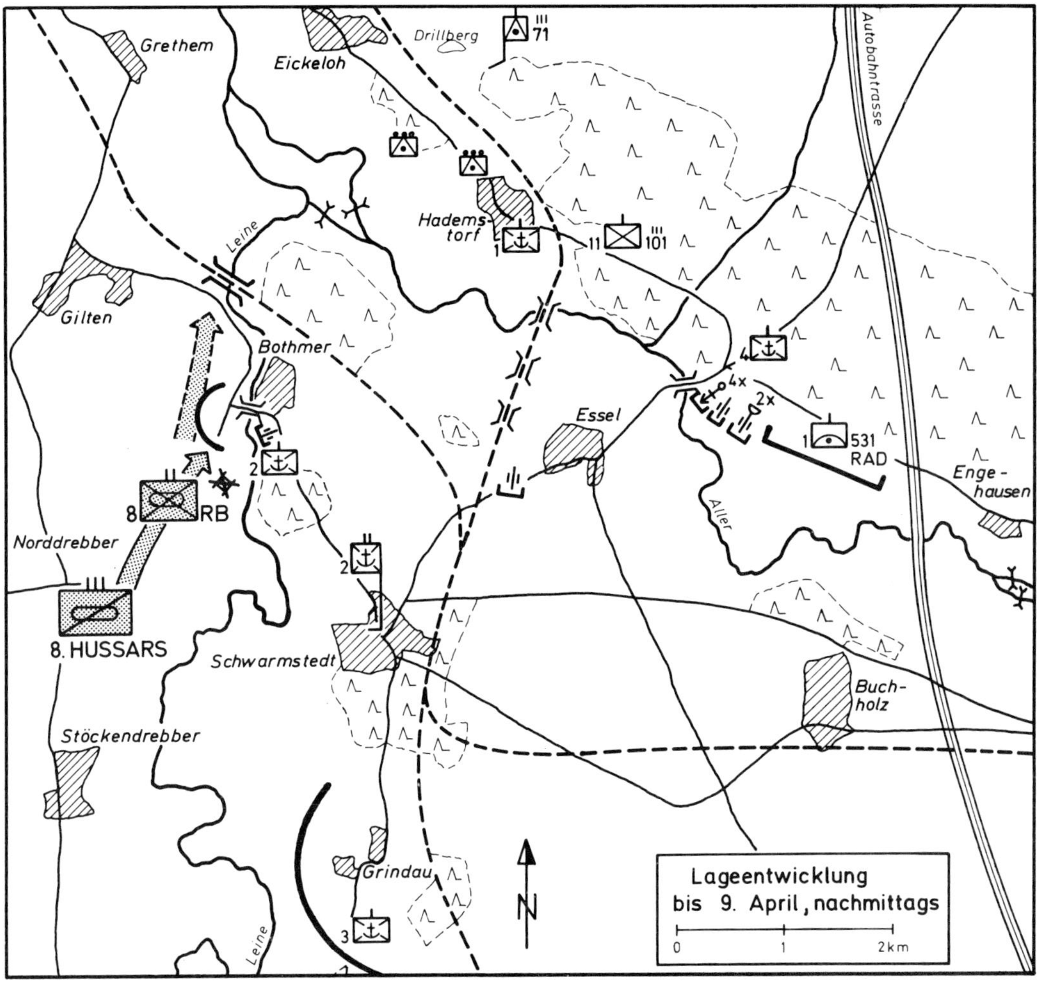

ment“ über die Leine und stießen kampflos nach Norden bis Esperke vor. Damit war für das Marine-Füsilier-Bataillon 2 der denkbar ungünstigste Fall eingetreten. In seiner ungeschützten Flanke standen ein starker Panzerverband und ein Infanterie-Bataillon. Diese Kräfte würden sich am nächsten Tag beliebig verstärken lassen. Ihnen gegenüber lagen südlich Grindau nur die 150 Marinesoldaten der 3. Kompanie.

Am Morgen des 10. April herrschte dichter Nebel. Das 2. Bataillon des „Fife and Forfar“-Panzer-Regiments hatte zusammen mit dem 1. „Herefordshire“-Infanterie-Bataillon den Auftrag erhalten, über die eigenen Kräfte bei Esperke hinweg nach Norden anzugreifen. Die Angriffsziele lauteten: „Schwarmstedt und Essel.“

Die Bevölkerung beider Orte hatte seit Tagen den Gefechtslärm näher kommen hören. Am Sonnabend, dem 7. April, hatten Tiefflieger den Schwarmstedter Bahnhof angegriffen. Am Sonntag wurden Brot, Butter und andere Lebensmittel ohne Marken verkauft. In der damaligen Zeit ein untrügliches Zeichen für den bevorstehenden Kampf. Am nächsten Tag war zu hören, das Leine-Aller-Dreieck würde zum Festungsgebiet erklärt. Aber was sagte das schon? Deutschland bestand fast nur noch aus solchen „Festungen“. Die Bevölkerung bewegte von da an lediglich

Britische Pioniere an der gesprengten Leine-Brücke bei Helstorf. (IWM)

Die mit „Bailey"-Gerät reparierte „Löwenbrücke" in Neustadt a. Rbg. am 10. April. (IWM)

die Frage, ob es besser wäre, in den Häusern zu bleiben, ob man in die selbst gebauten Erdbunker oder den Wald flüchten sollte. In der am 10. April ausgelieferten „Walsroder Zeitung“ hatte sie noch lesen können, daß der Feind „. . .östlich Nienburg an der Weser sowie westlich Hannover in harten Kämpfen zunächst zum Stehen gebracht . . .“ worden sei. Die tägliche Berichterstattung hatte längst den Anschluß an die militärische Lage verloren. Fast zum gleichen Zeitpunkt, als die 84. U.S. Infanterie-Division Hannover angriff, und die 53. U.K. „Welsh Division“ das Artilleriefeuer auf Rethem eröffnete, traten die britischen Panzer aus Esperke zum Angriff auf Schwarmstedt an. Die 3. Kompanie mußte auf den Waldrand südlich Schwarmstedt zurückgenommen werden. Britische Artillerie ging bis Grindau vor und schoß Salve auf Salve. Eine weitere Batterie eröffnete aus Gilten das Feuer. Im Schutz des sich kreuzenden Artilleriefeuers rollten die britischen Panzer langsam und in breiter Front auf Schwarmstedt zu. Die beiden Marine-Kompanien hatten nur noch einen schmalen Fluchtweg über Essel und die Aller.

Der Befehl zum Rückzug erreichte aber offenbar nur die 3. Kompanie. Die 2. Kompanie blieb zunächst in ihren Stellungen unter dem Feuerhagel der Artillerie und dem späteren Direktbeschuß durch Feindpanzer vom Ostufer der Leine liegen. Die Marinesoldaten wußten von ihrem Dienst an Bord, daß keine „Gefechtsstation“ verlassen werden durfte. Sie hatten dieses eiserne Gebot auf den Landkrieg übertragen. Für sie galt seither: „Die Marine räumt keine Stellung ohne Befehl.“ So kämpften ihre Kameraden gerade bei Rethem und später auch am Nordufer der Aller. Bei Schwarmstedt konnte es nicht anders sein. Der damalige Gegner taufte sie daher auch „Blaue SS“. Er meinte dies fraglos als Kompliment.
Die 3. Kompanie ging kämpfend zurück. Den ersten „Cromwell“-Panzer schoß sie ab. Auch das „Herefordshire“-Bataillon hatte Verluste. Der Angriff der Briten wurde langsamer. Als sie den Bahnhof erreicht hatten, schalteten sich auch die beiden 10.5 RAD-Geschütze an der Aller-Brücke ein. Unteroffizier Freiberg war in eine der hohen Kiefern gestiegen und leitete das Feuer im indirekten Richten. Der letzte deutsche Soldat in Schwarmstedt war Leutnant d.R. Otto Bode aus Wolfenbüttel, ein Heeresoffizier mit einiger Kriegserfahrung. Er war zu den Marinesoldaten abkommandiert worden, um ihnen in nur wenigen Wochen Ausbildung den Landkrieg beizubringen. Vor knapp einem Monat hatte er seinen Eltern zum letzten Mal geschrieben: „Ihr sollt wissen, daß es mir den Umständen entsprechend gut geht. Allerdings habe ich sehr, sehr viel zu tun, aber das ist in der heutigen Zeit nur gut. Heil + Sieg! Euer Otto.“

Bode hatte mit Fähnrich Karl-Heinz Andries aus Remscheid in der alten Schwarmstedter Schule einen Meldekopf besetzt. Dieser Meldekopf war aber eigentlich eine Versprengten-Sammelstelle. Viel sammelte sich da jedoch nicht. Bode wartete seit dem frühen Morgen auf den Befehl zum Ausweichen. Doch der kam nicht. Vielmehr hörten Bode und Andries den näherkom-

„Cromwell“-Panzer mit 7.5 cm Kanone

Leutnant d. R. Otto Bode (hier noch als Oberfähnrich) fiel am 11. April 1945 im Esseler Wald.

menden Gefechtslärm. Plötzlich war dann doch ein Melder da. Er überbrachte den erlösenden Befehl, sofort bis nördlich der Aller auszuweichen.

Gegen 17.00 Uhr verließen der Reserveleutnant und der Fähnrich die Ortschaft mit einem Krad. Die Briten schossen hinter ihnen her. Da sprang die Kette ab. Fähnrich Andries schrieb später: „So kämpften wir uns von Graben zu Graben springend bis Essel durch. Natürlich hat der Tommy tüchtig Jagd auf uns gemacht, aber es ging alles gut."

Der einzige Schwarmstedter Chronist jener Tage, Arnold Grote, schrieb später über diese Stunden: „Es folgen dann fortgesetzte Artillerie-Duelle und Flieger-Überflüge und Angriffe bis 17.00 Uhr, die wir in banger Sorge, eng aneinander gedrückt, über uns ergehen lassen. Das alles spielte sich in unmittelbarer Nähe unseres Bunkers ab, der dauernd bebte. Jeder nächste Schlag konnte uns vernichten. Tatsächlich waren viele, viele Einschläge dicht bei uns erfolgt. Aber manches Krachen rührte auch von den Abschüssen der inzwischen eingedrungenen englischen Panzer her, die zum Teil nur 100 Meter von uns entfernt aufgefahren waren und unausgesetzt in Richtung Essel feuerten."

Schwarmstedt sind härtere Kämpfe erspart geblieben, weil die 3. Kompanie zeitgerecht und ohne nachweisbare Verluste über Essel und die Aller zurückgenommen werden konnte. Anders erging es der 2. Kompanie.

Der Melder, der Leutnant d.R. Bode in Schwarmstedt gerade noch zeitgerecht erreicht hatte, hat den Befehl zum Ausweichen vermutlich nicht mehr oder zu spät überbracht. Vielleicht ist er auch gefallen. In jedem Falle hat die Kompanie ihre Stellung in den Waldstücken zwischen Bothmer und Schwarmstedt nicht verlassen. Seit die britischen Panzer am Nordrand von Schwarmstedt standen, war daran auch nicht mehr zu denken, denn deren Kanonen beherrschten das freie Gelände zwischen Leine und Aller vollständig. So waren die Marinesoldaten praktisch eingeschlossen. Vor sich hatten sie nur die Leine mit zwei gesprengten Brükken. Ihr mögliches Rückzugsgelände lag unter Panzerfeuer. Von Grindau und Gilten schoß die britische Artillerie immer genauer. Salve auf Salve detonierte in den Bäumen. Trotzdem bleibt unsicher, ob die 2. Kompanie zurückgegangen wäre, wenn sie gekonnt hätte. Sie hätte in jedem Falle mit erhobenen Händen aus den Waldstücken herauskommen müssen. Genau das tat sie nicht. Niemand verließ seine „Gefechtsposition" ohne Befehl. Der Wald zwischen Bothmer und Schwarmstedt wurde für viele zum sinkenden Schiff. Ein Fähnrich, vier Maate und 27 Matrosen-Gefreite fielen. Unter ihnen sind jedoch auch jene, die zu der Festungs-

Pak-Kompanie gehörten, die die Eisenbahnbrücken gesichert hatte. Sie alle sind auf dem Schwarmstedter Friedhof beigesetzt worden. Ihre sehr gepflegte Grabstätte liegt zwischen den beiden Orten, zwischen denen sie damals fielen. Auch die Leine fließt dicht an den steinernen Grabkreuzen vorbei. Wie viele von der 2. Kompanie damals verwundet worden waren, ist unbekannt. Es werden vermutlich ca. 60 Mann gewesen sein. Die anderen zogen sich dann endlich über die Schleusenbrücke nach Hademstorf zurück.

Soldatengräber auf dem Friedhof in Schwarmstedt

Für Korvettenkapitän Gördes bedeutete das den Verlust einer Kompanie, bevor die eigentlichen Gefechte an der Aller begonnen hatten. Während die „Fife and Forfar"-Panzer am Nordrand von Schwarmstedt in Stellung fuhren, folgte ihnen das 15./19. Aufklärungs-Regiment dichtauf. Es hatte den Auftrag, über Schwarmstedt und Buchholz schnell bis Winsen durchzustoßen und dort die Aller-Brücke zu nehmen. Anschließend sollte die gesamte Division folgen.

Die britischen Aufklärer hatten es daher sehr eilig. Als „Fife and Forfar" endlich den nördlichen Ortsrand erreicht hatte, bogen sie bereits auf der R 214 nach Osten ab. Das war etwas verfrüht, denn südlich der Straße nach Essel standen noch immer das eine Infanterie-Geschütz der 4. Kompanie, das bisher keinen Schuß abgegeben hatte. Ladeschütze Adolf Ratansky schilderte es so: „Wir eröffneten auf die querfahrenden britischen Panzer überfallartig auf ca. 1.000 Meter das Feuer und hatten auch Erfolg." Nach wenigen Schuß waren zwei Panzer getroffen und blieben brennend stehen.

Doch mit dieser Feuereröffnung hatten auch die Marinesoldaten ihre Stellung verraten. Hinter ihnen lag die leicht erhöhte Straße nach Essel. Sie versuchten noch, ihr Geschütz im Mannschaftszug über die Straße zu bekommen, da setzte das britische Panzerfeuer ein. Dem Richtschützen wurde die Hand

Ladeschütze Adolf Ratansky gehörte zu der Geschützbedienung von Essel.

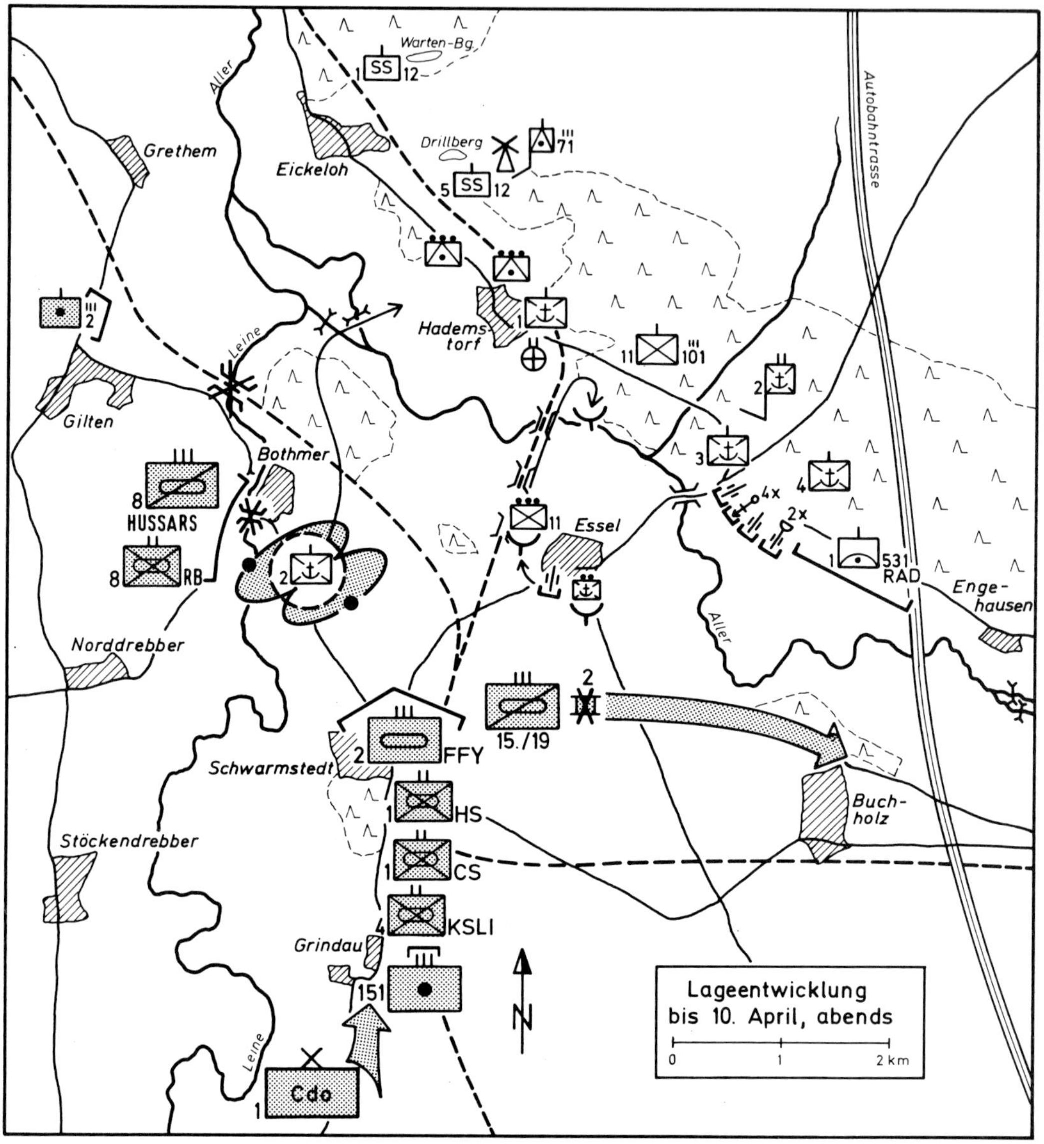

abgerissen. Der Obersteuermann, der die Geschützbedienung führte, befahl den sofortigen Rückzug entlang der Eisenbahnlinie nach Hademstorf. Die britischen Kolonnen rollten nun ungehindert Richtung Buchholz. Hierbei machte einer ihrer Spähpanzer eine entscheidende Beobachtung. Er erkannte, daß die Straßenbrücke nordostwärts Essel noch nicht gesprengt war. Die entsprechende Meldung setzte er über Funk ab. Sie erreichte den britischen Divisionskommandeur auf dem Gefechtsstand der 1. „Commando Brigade", welcher 15 Kilometer entfernt auf dem Hof der Familie M. in Helstorf eingerichtet worden war.

Der Brigadier und seine 1.800 Elite-Soldaten hatten nach dem Weser-Übergang bei Leese nur einige kleinere Einsätze gehabt. Zumeist gegen versprengte deutsche Splittergruppen. Daran würde sich vermutlich auch in den nächsten Tagen nichts ändern, bis man endlich die Elbe erreicht hätte. Ganz sicher würde die 1. „Commando Brigade“ dann wieder nach vorne geholt; Gewässerübergänge waren nun mal ihre Spezialität. Da traf der Funkspruch ein. Divisionskommandeur Roberts und Brigadekommandeur Mills-Roberts sahen auf die Karte. Ihre befohlene Angriffsachse führte über Wietze–Winsen–Bergen. Sie hofften bisher, die Aller-Brücke bei Winsen unzerstört nehmen zu können.

Aller-Brücke bei Essel

Sicher war das natürlich nicht, zumal die 11. Division ohnehin mit Brücken bisher kein Glück gehabt hatte; weder an der Weser noch an der Leine. Nun bot sich hier nördlich Essel die günstige Gelegenheit, vielleicht endlich mal eine unzerstörte Brücke handstreichartig nehmen zu können.

„Wenn dies glückt“, sagte der Divisionskommandeur, „werden wir viel Zeit sparen. Und Zeit hat die größte Bedeutung.“ Damit war der Entschluß gefaßt. Die neue Angriffsachse hieß also: Essel–Ostenholz–Bergen. Sie hatte allerdings einen Nachteil. Sie führte kurzfristig durch den Gefechtsstreifen der linken Nachbardivision. Aber auch das konnte Roberts für eine unzerstörte Aller-Brücke leicht in Kauf nehmen, zumal er spätestens in Bergen wieder in seinem befohlenen Gefechtsstreifen sein würde.

Für die deutsche Seite war der britische Entschluß von viel größerer Tragweite. Vor allem für das Marine-Füsilier-Bataillon 2. Bisher wäre der britische Vormarsch schräg an Gördes und seinen Männern vorbeigelaufen. Jetzt aber lagen die Marinesoldaten direkt im Angriffsschwerpunkt der 11. U.K. Panzer-Division. Der theoretische Kräftevergleich ist einfach: 15.000 Mann mit 300 Panzern und 100 Geschützen aller Kaliber gegen 820 Deutsche mit neun Geschützen und vier Mörsern. Tatsächlich konnten die Briten ihre Überlegenheit geländebedingt nicht voll zum Tragen bringen. Immerhin mußten sie dazu erst einmal über die Aller. Dafür konnten sie aber den genauen Ort des Angriffs festlegen und waren auch in der Lage, dort jede nur denkbare örtliche Überlegenheit herzustellen. Divisionskommandeur Roberts befahl der 1. „Commando Brigade“ den Angriff im Zuge der Eisenbahnlinie von Schwarmstedt nach Hademstorf. Währenddessen sollten die deutschen Kräfte in Essel nur vorsichtig „beschäftigt“, aber nicht aus der Ortschaft herausgedrängt werden. Mit dieser Anweisung verließ Roberts den Gefechtsstand in Helstorf. Die Würfel waren somit endgültig gefallen, sowohl für das Marine-Bataillon als auch für die Dörfer Essel, Hademstorf und Eickeloh.

Die letzten militärischen Kampfhandlungen hatten in dieser Gegend im Dreißigjährigen Krieg, also vor 300 Jahren, stattgefunden. Nun war sicher, daß der Krieg, der fast an ihnen vorbeigezogen wäre, sie doch noch heimsuchen würde. Nur ahnen konnte das noch niemand. Mills-Roberts machte erst einmal Befehlsausgabe und erläuterte den Kommandeuren seiner vier Commandos und dem Kommandeur des

Leutnant Rudolf Held, Adjutant bei Oberst Volker

Artillerie-Regiments seinen Plan: Zunächst sollte das 3. Commando voraus, die anderen folgend, im Schutze des Bahndammes vorgehen und über die Eisenbahnbrücke das nördliche Allerufer erreichen. Dann war unverzüglich nach Südosten einzudrehen und die Straßenbrücke von rückwärts im Handstreich zu nehmen.

Der Plan hatte gute Erfolgsaussichten, zumal Mills-Roberts damit rechnen durfte, daß die Straßenbrücke von den Deutschen erst gesprengt werden konnte, wenn sie ihre letzten Kräfte aus Essel abgezogen hatten. Aber hierzu würden die britischen Panzer in Schwarmstedt keine Veranlassung geben.

Der Angriff der 1. „Commando Brigade“ sollte am 10. April, um 23.00 Uhr beginnen. Während die Briten ihre Vorbereitungen trafen, hatte das verstärkte Marine-Füsilier-Bataillon 2 seine endgültige Gefechtsgliederung eingenommen. Sein Schwerpunkt lag eindeutig an der Aller-Straßenbrücke. Dort war auch die Mehrzahl der schweren Waffen konzentriert. Hierdurch wurde aber auch die wichtige Straßenspinne nordostwärts der Brücke gesichert. Einheimische nennen diese noch heute „Alexanderplatz“. Die Namensgebung war drei Jahrzehnte zuvor durch Jäger aus Hannover erfolgt, die auch das ca. vier Kilometer nördlich davon gelegene Wirtshaus „Kröpke“ nannten. Beide Geländepunkte verband der Ostenholzer Weg, der

10.5 cm Feldgeschütz

damals nur aus Kopfsteinpflasterung und einem parallelen Sandweg bestand. Entlang der Straße nach Engehausen hatte sich zwar die RAD-Batterie eingegraben, aber dieser fehlte der linke Nachbar. Eigentlich sollte hier die Kampfgruppe des Oberst Grosan aus Bergen in Stellung gehen. Diese war noch nicht einsatzbereit. Bisher pendelte lediglich ein Funkspähwagen zwischen „Alexanderplatz" und Engehausen, um alle Lageänderungen sofort nach Bergen zu melden. Am späten Nachmittag kam von dort dann noch ein Halbkettenfahrzeug mit einem angehängten 10.5 cm Geschütz. Es wurde von Leutnant Held geführt. Dieser gehörte zu den 300 Offizieren, die in Bergen einen Lehrgang besucht hatten, nun aber schnellstmöglich eine Kampfgruppe aufstellen sollten. Nach dem Abprotzen fuhr der Leutnant mit dem Halbkettenfahrzeug zurück. Er war Adjutant bei Oberst Volker, mit dem er später einen Auffangstab in Ostenholz bilden sollte.

Eine unverhoffte Verstärkung hatte Korvettenkapitän Gördes durch Teile des SS-Bataillons 12 erhalten. Die 1. und 5. Kompanie der SS-Soldaten, die am Vortage noch in Steimbke gekämpft hatten, waren mit je ca. 60 Mann über Rethem und Hodenhagen bis nach Hademstorf marschiert. Dort ließen sie sich auf dem Marine-Verbandplatz durch die Sanitäter des Bataillonsarztes Dr. Langer erst einmal die wund gelaufenen Füße verbinden. Dann marschierte die 5. Kompanie unter Führung von Hauptscharführer P. in das Waldgelände am Drillberg. Sie legte dort auch heute noch gut erkennbare Stellungen an. Die restlichen Teile der 1. Kompanie gingen bis zum Wald am Wartenberg zurück und gruben sich dort ebenfalls ein; nicht weit entfernt von den Einwohnern aus Eickeloh, die sich im Wald ebenfalls Erdlöcher gegraben und mit Baumstämmen abgedeckt hatten. Die Dorfchronik nennt den Grund: „Von Bothmer herüber dröhnte das Artilleriefeuer der Engländer. Genau wie einst Tilly im Dreißigjährigen Krieg, so kamen sie von der Weser her."

Während die Soldaten der Festungs-Pak-Kompanie 11 die Eisenbahnbrücke über die Aller vom nördlichen Flußufer aus sicherten, waren schwache Kräfte der 3. Kompanie als Vorposten in Essel verblieben. Es waren genau vier Mann unter Führung des Fähnrichs z.S. Helmut Polte, die sich am Südrand des Dorfes eingegraben hatten. Ihre schwerste Waffe war ein MG. Sie sollten diese Stellung bis zum nächsten Morgen halten und dann bis 09.00 Uhr über die Straßenbrücke ausweichen. Die Brückensprengung würde anschließend erfolgen. Polte und seine Männer starrten angestrengt in die einbrechende Dunkelheit. Sie wußten, daß Schwarmstedt voll war von britischen Soldaten, und sahen dem kommenden Morgen mit sehr gemischten Gefühlen entgegen. Zum selben Zeitpunkt hatte Korvettenkapitän Gördes seinen Ge-

Fähnrich z. S. Helmut Polte wurde im Esseler Wald verwundet.

fechtsstand auf einer Waldlichtung hart nördlich des heutigen Soldatenfriedhofs. Dieser Gefechtsstand war nichts weiter als ein Geländewagen und sein Adjutant, ein Heeresleutnant. In unmittelbarer Nähe stand die Feldküche. Auch ein VB (Vorgeschobener Beobachter) der beiden RAD-Flak-Geschütze war anwesend, als Gördes einen fatalistisch anmutenden Befehl erteilte. Er ließ seinen Adjutanten alle Befehle, die Stellenbesetzungslisten, letztlich alle schriftlichen Unterlagen über das Marine-Füsilier-Bataillon 2 verbrennen. Rückwirkend scheint es, als habe der Kapitän gewußt, was kommen würde, und auch, daß später zu dieser Maßnahme keine Zeit mehr war.

Um 23.00 Uhr marschierte die 1. „Commando Brigade" vom Schwarmstedter Bahnhof ab. Ihr Chronist bekennt hierzu: „. . . es schien fast Betrug zu sein, am Fahrkartenschalter vorbeizugehen . . ." Fahren allerdings konnten die Briten nicht. Sie gingen links im Schutze des Bahndammes vor. Der Vorposten in Essel lag nur knapp 1.000 Meter entfernt. Er konnte sie nicht bemerken. Er beobachtete weiter nach Süden.

An der Spitze der Briten war ein Spähtrupp unter Führung von Captain Gurnsey. Ihm folgten das 3. Commando „Green Berets", das 46. Commando „Royal Marines" und das 6. Commando „Green Berets". Den Schluß bildete das 45. Commando „Royal Marines". Als der Spähtrupp dicht vor der Eisenbahnbrücke war, detonierte die dort angebrachte Sprengmunition. Die Briten vermuteten zunächst, die Brücke über die Aller sei nunmehr zerstört. Sie hatten auf ihren Karten offenbar übersehen, daß die Eisenbahnlinie zunächst über zwei Flutbrücken führte, die wegen des alljährlichen Hochwassers erforderlich waren. Von diesen beiden war auch nur die südlichste gesprengt worden. Die andere war offenbar gar nicht zur Sprengung vorgesehen. Die tatsächliche Aller-Brücke war nur „angesprengt". Lediglich die Hauptträger und das nördlichste Teilstück waren verbogen. Auch das Endauflager war beschädigt, aber für Infanterie war sie uneingeschränkt passierbar. Damit hatte die Sprengung letztlich ihren Zweck nicht erreicht. Die Briten aber auch nicht. Ihre Annäherung war erkannt worden. Das Überraschungsmoment war verloren. Donald Hopsan, ein Stabsoffizier, drückte die somit entstandene Lage in einem Satz aus, der – übersetzt – zum Reim wird: „Knall, da kommt unser Plan zu Fall."

Südliche Flutbrücke nach der Sprengung (Fotomontage)

„Angesprengte" Aller-Brücke (Fotomontage)

Die britische Elite-Infanterie hatte sich auf diese Situation offenbar nicht eingestellt. Ratlos standen 1.800 Mann mit geschwärzten Gesichtern und aufgepflanzten Bajonetten in Reihe hintereinander.

Die letzten von ihnen hatten gerade den Schwarmstedter Bahnhof verlassen. Endlich stellten sie fest, daß nur die südlichste Flutbrücke gesprengt worden und die Aller-Brücke noch nutzbar war. Der Spähtrupp zog die Stiefel aus und stürmte über die Stahlplatten beiderseits der Gleise vorwärts. Als er das letzte Brückendrittel erreicht hatte, eröffnete das MG der deutschen Brückensicherung das Feuer. Fünf Briten fielen verwundet, die restlichen 25 überwältigten die wenigen Marinesoldaten im Nahkampf. Wenig später überquerte die gesamte 1. „Commando Brigade“ Mann für Mann die nur „angesprengte“ Brücke. Inzwischen entfernten die Pioniere der „Royal Marines“ die nicht detonierten Sprengladungen. Diese bestanden vorwiegend aus Fliegerbomben. Auch die üblichen Pioniersprengmittel waren in Deutschland selten geworden.

Nach dem Kriege ist im Zusammenhang mit der mißglückten Sprengung mehrfach von „bedingtem Gehorsam“ gesprochen worden. Immerhin hatte es zwischen Weser und Elbe keine mißglückte Sprengung mit vergleichbaren Folgen gegeben. Etwas Ähnliches geschah nur am Rhein bei Remagen. Auch dort waren die Sprengladungen nur teilweise detoniert. Die Mehrzahl versagte wegen der durch vorangegangenen Feuerkampf unterbrochenen Zündkabel. An der Aller-Brücke wird es ähnlich gewesen sein. „Bedingter Gehorsam“ schied nicht nur wegen des Pflichtbewußtseins der Marinesoldaten aus, sondern auch wegen des Willens zum Überleben.

Wer als Brückensicherung nur eine Teilsprengung durchführte, gefährdete sich selbst. Das war sicherlich auch den Marinesoldaten klar. Mindestens drei von ihnen ruhen auf dem Soldatenfriedhof in Eickeloh. Die anderen zogen sich vor der schwer überschaubaren britischen Überzahl zurück. Der noch immer an der Spitze marschierende Spähtrupp ging parallel zur Aller schnell in Richtung

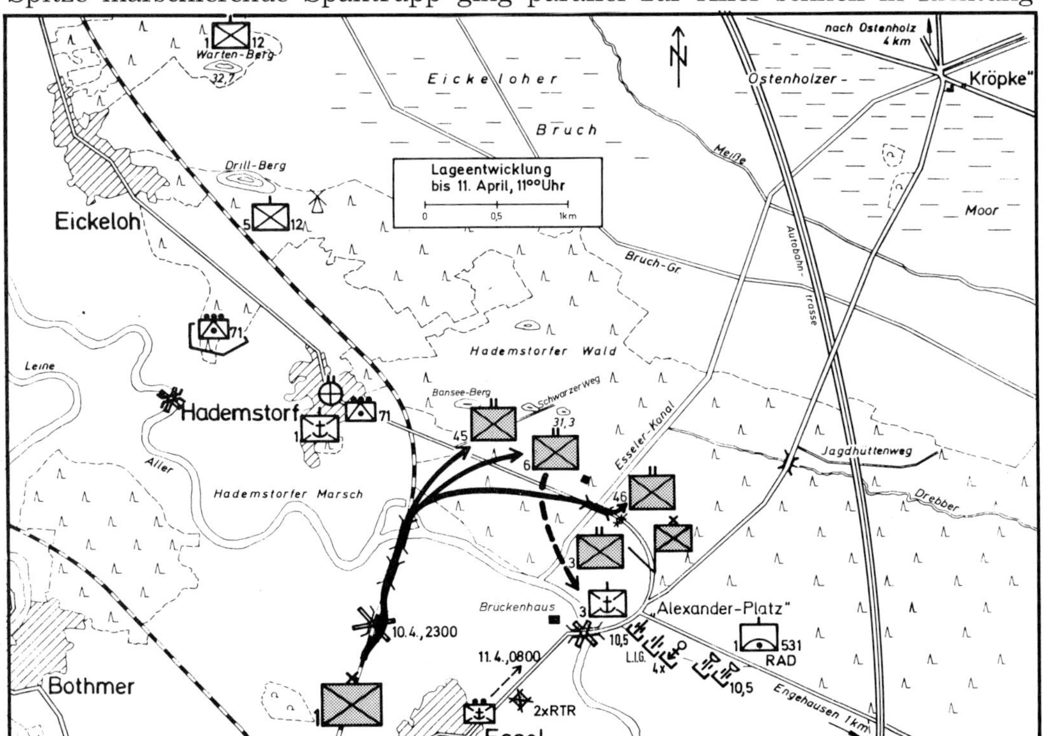

Straßenbrücke vor. Das 3. Commando marschierte quer durch den Südteil des Hademstorfer Waldes, bis es die Landstraße 190 erreichte, wo diese über den Esseler-Kanal führt. Dort befand sich eine aus Baumstämmen und Sand errichtete Straßensperre. Die hier ebenfalls nur schwache deutsche Sicherung wurde Mann für Mann niedergekämpft. Die Überlebenden ergaben sich. Als sie zu „lärmen" begannen, befahl der gerade anwesende Brigadekommandeur einem Leutnant, „. . .sie rasch zum Schweigen zu bringen, da wir nicht wollten, daß die ganze Operation durch unnötige Geräusche dieser Art vereitelt würde." Der Brigadekommandeur hatte offenbar den Detonationsknall der Brückensprengung bereits vergessen.

Der Spähtrupp war zwischenzeitlich bis in unmittelbare Nähe der Straßenbrücke vorgedrungen. Er meldete über Funk, daß die Brücke durch starke Kräfte gesichert sei. Es handelte sich hierbei vorwiegend um die 3. Kompanie des Marine-Füsilier-Bataillons 2.

Kurz nach Mitternacht stellten die Briten ihr Vorgehen in dem sehr unwegsamen und stark bewaldeten Gelände ein. Zu diesem Zeitpunkt stand das 45. Commando 1.000 Meter ostwärts von Hademstorf auf den Höhenkuppen des Bannseeberges, dessen Sand später für den Bau der Autobahn benötigt und abgetragen wurde. Heutige Karten bezeichnen daher die noch 1.000 Meter weiter ostwärts gelegene Höhe 31,3 als Bannseeberg. Rechts an das 45. Commando schloß sich das 6. bis an den Esseler-Kanal an. Das 3. und 46. Commando rundeten den Brückenkopf nach Osten ab. Der Brigadegefechtsstand lag ungefähr dort, wo sich heute der Soldatenfriedhof befindet.

Brigadier Mills-Roberts wartete auf den Morgen, vor allem, um seine eigentliche Stärke, das 151. Feldartillerie-Regiment einsetzen zu können. Der nächtliche Gefechtslärm verebbte gegen 02.00 Uhr. Die Briten hatten zu diesem Zeitpunkt immerhin die Eisenbahnbrücke und den bei Tage beherrschenden Bannseeberg besetzt. Vor allem hatten sie das Marine-Bataillon an seiner schwächsten Stelle durchstoßen und konnten die deutschen Stellungen nunmehr nach Belieben in beide Richtungen aufrollen. Dennoch war ihre bisherige Operation nur ein Teilerfolg. Ihr eigentliches Angriffsziel, die Straßenbrücke über die Aller, hatten sie nicht nehmen können. Natürlich wußten sie nicht, daß die Sprengung der Brücke für 09.00 Uhr vorgesehen war, dennoch mußte ihnen klar sein, daß die Zeit gegen sie lief. Trotz der relativen Ruhe, die bis zum Morgengrauen herrschte, ereigneten sich noch drei bekanntgewordene Episoden, von denen zwei tragisch verliefen. Gerade diese stehen sicherlich nur symbolisch für die vielen Einzelschicksale, die im Esseler Wald ihr gewaltsames Ende fanden.

Zunächst hatte das 6. Commando das Glück gehabt, in seinem Sicherungsbereich ein Haus vorzufinden. Es war das einzige in dieser Gegend und gehörte Herrn D., der es früher als Quartier während seiner Angeltouren an die Aller genutzt hatte. Seit er aber in Hannover ausgebombt worden war, wohnte er hier ständig mit Ehefrau, Tochter und der zweijährigen Enkelin. Nun hatte ihn der Krieg wieder eingeholt. Nachdem die Briten das Haus besetzt hatten, nahmen sie D. mit. Erst zur Panzersperre am Esseler-Kanal und dann zum Gefechtsstand von Mills-Roberts. Vermutlich hat man ihn dort nach der exakten Lage der deutschen Stellungen gefragt. Sicher ist nur, daß er mehrere Stunden von den Briten festgehalten wurde. In der Brigadechronik findet sich ein etwas mysteriöser Satz, der sich vermutlich auf den ausgebombten Hannoveraner bezieht.

Mills-Roberts schreibt dort: „Ich erinnere mich an die unschätzbare – wenn auch widerwillig – von einem deutschen Wildhüter mit einem sportlich aussehenden grünen Hut und Rasierpinsel-Anhänger geleistete Hilfe.“ Nach dem Kriege war auch zu hören, ein Deutscher habe die Briten über die Eisenbahnbrücke und in den Rücken der Marinesoldaten geführt. Der Verdacht fiel dabei zunächst auf den einzigen Forstaufseher der Umgebung. Dieser hatte zwar in Hademstorf eine Wohnung, hielt sich aber damals nicht in der Gegend auf. Dennoch ist es nicht falsch, daß ein Deutscher die Briten geführt hat. Hierbei handelte es sich jedoch um Leutnant Griffiths, einen geborenen Deutschen, dessen Eltern nach England emigriert waren und einen britischen Namen angenommen hatten. Griffiths wurde wegen seiner Sprachkenntnisse zur Täuschung der deutschen Sicherungen häufig im Spitzenspähtrupp eingesetzt. So war es auch an der Eisenbahnbrücke gewesen, hatte dort aber nicht den Ausschlag geben können. Der „ . . .Wildhüter mit einem . . .grünen Hut . . .“ ist wohl tatsächlich jener ausgebombte Angler gewesen. Nur die „unschätzbaren“ Dienste, die er widerwillig geleistet haben soll, sind nicht rekonstruierbar. Auch die weiteren britischen Operationen lassen solche nicht erkennen.

Für Korvettenkapitän Gördes war die Feindlage seit Einbruch der Dunkelheit völlig ungeklärt. Auf jeden Fall hatte er noch am Abend einen britischen Angriff aus Schwarmstedt auf die Aller-Brücke erwartet. Nur deshalb hatte er seine schweren Waffen hier eingesetzt und die 3. Kompanie zurückgenommen. Auch seinen Gefechtsstand hatte er aus diesem Grunde hier eingerichtet. Da aber der britische Angriff auszubleiben schien und Gördes außerdem von den Kolonnen wußte, die über Schwarmstedt nach Buchholz marschiert waren, mußte er die Feindlage falsch beurteilen. Er nahm offenbar an, daß die Briten nun doch nicht bei Essel, sondern an einer anderen Stelle die Aller überwinden wollten. Naturgemäß wußte er weder etwas von der 1. „Commando Brigade“ noch von der geänderten britischen Angriffsrichtung.

Gegen 23.00 Uhr, die Briten waren gerade vom Schwarmstedter Bahnhof abmarschiert, befahl Kapitän Gördes seiner 3. Kompanie, unverzüglich den Südrand von Essel erneut zu besetzen. Als die Kompanie die Hälfte des Weges zurückgelegt hatte, detonierten nur gut 1.000 Meter westlich von ihr die Sprengladungen an den Eisenbahnbrücken. Von diesem Moment an war der britische Operationsplan offenkundig. Gördes befahl die 3. Kompanie in ihre alte Stellung an die Aller-Brücke zurück. Als nächstes wollte er seinen Gefechtsstand in den jetzt bekannten feindlichen Angriffsschwerpunkt verlegen. Er befahl Leutnant Bode und Fähnrich Andries, mit einigen in der Nähe befindlichen Soldaten als Vorkommando sofort nach Hademstorf abzurücken. Er selbst würde später folgen. Als Bode mit den unterstellten Soldaten von der Brücke abmarschierte, hatten die Briten bereits die Straßensperre besetzt. Von einem deutschen Posten in Nähe der Feldküche erfuhr der Leutnant, daß die Briten vermutlich schon auf dem diesseitigen Allerufer seien. Einzelheiten über die Stärke und die vordersten Stellungen des Feindes waren unbekannt.

Der Leutnant der Infanterie Otto Bode und seine Männer konnten aber auf keinen Fall ahnen, daß bereits 1.800 Briten den nur 1.000 Meter breiten Waldstreifen zwischen Aller und Bannseeberg besetzt hatten.

Noch ein Jahr nach dem Krieg schrieb Fähnrich Andries an die Mutter des Leutnants: „Wir beschlossen nun, uns in einzelne Gruppen aufzuteilen und zu ver-

Kompaniemelder Egon Weiand

suchen, uns durch die englischen Linien, welche noch nicht sehr dicht sein konnten, durchzuschlagen, um uns dann am nächsten Tag in Hademstorf zu treffen. Und hier, liebe Frau Bode, habe ich Ihren Sohn zum letzten Mal gesehen. Was ihn nun später ereilte, kann ich Ihnen leider nicht sagen. Ich persönlich kam mit zweien meiner Leute heil durch die englischen Linien durch." Leutnant Otto Bode war nicht durchgekommen. Er war gefallen.

Kurz vor Morgengrauen hatte Leutnant Birk, Chef der 11. Kompanie, die Reste seiner nahezu vollständig versprengten Einheit sammeln können. Er wollte die Panzersperre, die von seinen Männern erfolglos gegen die Briten verteidigt worden war, zurückgewinnen. Unter Führung des ortskundigen Kompaniemelders Egon Weiand gingen knapp 20 Mann von der Aller-Brücke beiderseits der Landstraße zur Panzersperre vor, hinter der sich noch immer die „Green Berets" des 3. Commandos verschanzt hielten. Aus ca. 40 Meter Entfernung zerfetzten zwei Panzerfäuste der Marinesoldaten die Bohlenverschalung. Steine wirbelten durch die Luft, aber die Sperre, die vom Volkssturm vor einer Woche errichtet worden war, hielt. Dann peitschte das Feuer der schweren britischen Maschinengewehre von der Kanalbrücke an den Waldrändern und auf der Straße entlang. Mit einigen Verwundeten zogen sich die Marinesoldaten zurück. Nur einen konnten sie nicht mitnehmen. Er lag mitten auf der Straße und rief nach dem Sanitäter. Weiand ist auch heute noch sicher: „Niemand hätte ihn lebend erreicht, um ihn von der Straße zu ziehen. Es wäre Selbstmord gewesen. So konnten wir nur auf den Anstand der Engländer hoffen – und zogen uns zurück. Währenddessen rief er noch immer ‚Sani! Sani!' Das ist eine meiner grausigsten Erinnerungen."

Der erste Tote auf britischer Seite war schicksalhafterweise Leutnant James Griffiths. Als er sich leichtfertig außerhalb seiner Stellung bewegte, rief ihm der Fernmeldeoffizier Lawrence zu, er solle in Deckung gehen. Der Deutsche in britischer Uniform antwortete: „Schon gut, ich bin kugelfest!" Zwei Minuten später wurde er von einem Baumschützen tödlich getroffen.

Aus Richtung der nur zirka 500 Meter südlich gelegenen Straßenbrücke griffen um 08.00 Uhr die Soldaten der 3. Kompanie an. Ein lang anhaltender Feuerschlag der britischen Artillerie brachte sie erst zum Stehen und warf sie dann unter erheblichen Verlusten zurück. Aber das 3. Commando hatte auch damit nur 100 Meter Waldgelände gewonnen. Es wagte mit seinen 450 Elite-Infanteristen alleine den direkten Angriff auf die gerade noch 100 Soldaten der 3. Kompanie offenbar nicht. Doch genau das wäre zu diesem Zeitpunkt nötig gewesen, denn die Straßenbrücke – Ziel der gesamten britischen Operation – war um 08.30 Uhr noch immer nicht gesprengt. Man wollte sie für die eigene Gefechtssicherung, die unter Führung von Fähnrich z.S. Polte noch am Südrand von Essel stand, offenhalten. Polte erinnert sich: „Bis 08.00 Uhr in der Stellung verblieben. Keine Feindberührung. Zwei englische Panzereinheiten waren am Nordausgang von Schwarmstedt auszumachen." Kurz darauf zog er sich ohne Eile und Feinddruck durch Essel zurück. Er war sicher, noch „gut in der Zeit“ zu sein, denn die Brücke sollte ja erst um 09.00 Uhr gesprengt werden. Von der Lage, die 2.000 Meter hinter ihm entstanden war, hatte er keine Ahnung; auch nicht davon, daß er und sein Trupp im gesamten Abschnitt die letzten deutschen Soldaten auf dem Südufer der Aller waren. Etwas überrascht bemerkte er jedoch, daß Essel nicht mehr durch eigene Truppen besetzt war. Auch die Bevölkerung war unter Führung ihres Bürgermeisters Pralle längst in das zwei Kilometer entfernte Waldgelände bei Buchholz gezogen. Essel war menschenleer.

Gegen 08.45 Uhr marschierte Polte dann endlich über die Aller-Brücke und wurde von seinem Kompaniefeldwebel einem bereits wieder angelaufenen Gegenangriff nachgeschickt. Unversehens geriet Polte mit seinen Männern im hügeligen Esseler Wald in heftige Kampfhandlungen. Kurz darauf wurde die Aller-Brücke gesprengt. Dem heute noch stehenden Brückenhaus wurde das Dach zur Hälfte abgerissen. Die einzige Bewohnerin war frühzeitig evakuiert worden. Durch die erfolgreiche Sprengung der Straßenbrücke hatte die gesamte Operation der 1. „Commando Brigade“ ihren eigentlichen Zweck nicht erreicht. Doch Brigadekommandeur Mills-Roberts hatte im Gefechtslärm und im ständigen Einsatz seiner Artillerie den Detonationsknall der Brückensprengung überhört. Um die schwache Marine-Kompanie, die sich mit seinem 3. Commando noch immer einen heftigen Feuerkampf lieferte, endlich zu zerschlagen und dann bis zur Straßenbrücke vorzustoßen, ließ er das 6. Commando, das bisher ohne jede Feindberührung war, vom Kanal abziehen und befahl, zwischen dem 3. Commando und der Aller auf die Brücke anzugreifen.

Jeder der bekannten britischen Chronisten beschreibt den folgenden Angriff sehr ausführlich. Zum Klang der Jagdhörner und mit aufgepflanzten Bajonetten stürmte das 6. Commando in schnellem Laufschritt zur Brücke. Die 3. Kompanie hatte der vierfachen Überlegenheit in ihrer linken Flanke nichts mehr entgegenzusetzen. Sie wich in Richtung auf die RAD-Batterie aus. Es war zirka 11.00 Uhr geworden. Die Briten hatten nun zwar das gesamte Gelände bis zur gesprengten Aller-Brücke, standen aber zunächst noch als Spitze der 11. U.K. Panzer-Division abgeschnitten im Nachbargefechtsstreifen. Das 6. Commando grub sich Stellungen und sicherte nach Osten. Von dort wurden die deutschen Gegenangriffe erwartet.

Korvettenkapitän Gördes, der mit der 3. Kompanie zurückgegangen war, traf wenig später den RAD-Batteriechef Kutscher. Dieser meldete ihm, daß vor gut einer Stunde ein britischer Panzervorstoß aus Essel stattgefunden habe. Zusammen mit dem 10.5 cm Feldgeschütz der Panzertruppenschule sei dieser jedoch durch seine Batterie gestoppt worden.

Aus heutiger Sicht erscheint ein Panzerangriff mit Richtung auf die damals bereits gesprengte Brücke zunächst zweifelhaft. Das britische Kriegstagebuch des 3. „Royal Tank Regiment“ klärt diese Zweifel. Dort finden sich folgende Eintragungen: „11.–0830 Eine Kompanie soll vorausgeschickt werden, um in Essel oder Schwarmstedt Verbindung mit der ‚Commando Brigade‘ aufzunehmen. –0900 Spitzenzug durchfährt Essel, trifft keine eigene Truppe. –0930 Die beiden ersten Panzer werden getroffen. Die Brücke wird als gesprengt gemeldet.“ Diese Meldung wurde von der 29. Panzer-Brigade an die 11. Panzer-Division weitergegeben und stieß dort auf Unglauben. „. . .it is unlikely . . .“ – „. . .das ist unwahrscheinlich . . .“ –, stellte der Divisionskommandeur fest und forderte über die Brigade eine Bestätigung der Brückensprengung. Erneut wurde ein Spähtrupp angesetzt. Um 10.00 Uhr hatte General Roberts dann endlich die „unwahrscheinliche“ Gewißheit, daß die Brücke gesprengt war und die Sprenglücke mindestens 30 Meter betrug. Er wußte dies somit immerhin eine Stunde vor dem Kommandeur der 1. „Commando Brigade“, der zu diesem Zeitpunkt noch immer hoffte, er könne die Aller-Brücke unzerstört nehmen. Um 11.00 Uhr war auch für ihn diese Hoffnung begraben.

Korvettenkapitän Gördes war auf ein Halbkettenfahrzeug umgestiegen. Es war eines jener Kfz, mit denen die Flak-Geschütze in ihre Stellung gebracht worden waren. Nachdem er Soldaten der 3. und auch einige der 4. Kompanie gesammelt hatte, führte er sie geschlossen zum Gegenangriff in Richtung „Alexanderplatz“. Oberstfeldmeister Kutscher sagte zu seinem Unteroffizier: „Der kommt bestimmt nicht wieder.“

Die RAD-Geschütze konnten diesen Angriff wegen der kurzen Schußentfernung und des unübersichtlichen Geländes nicht unterstützen. Die anderen Geschütze sowie die vier Mörser, die in unmittelbarer Brückennähe standen, hatten ebenfalls geländebedingt nicht in die bisherigen Waldkämpfe eingreifen können. Nach dem britischen Vorstoß zur gesprengten Brücke waren sie endgültig ausgeschaltet worden. Kutscher wußte jedoch auch den verzweifelten Angriff des Korvettenkapitäns richtig zu deuten. Er hatte genug Erfahrung im Landkrieg, um zu wissen, daß hier nichts mehr zu gewinnen war. Außerdem war seine Munition knapp geworden. Die im Raum Ostenholz liegenden Versorgungsteile waren abgeschnitten, seit das 46. Commando die Verbindungsstraße mit beobachtetem Feuer beherrschte. Kutscher befahl daher, die „Eiserne Ration“, die stets zur Selbstverteidigung gegen durchgebrochene Feindpanzer zurückgehalten wurde, auf die britischen Spähwagen in Buchholz zu verschießen. Anschließend wurden die beiden Geschütze

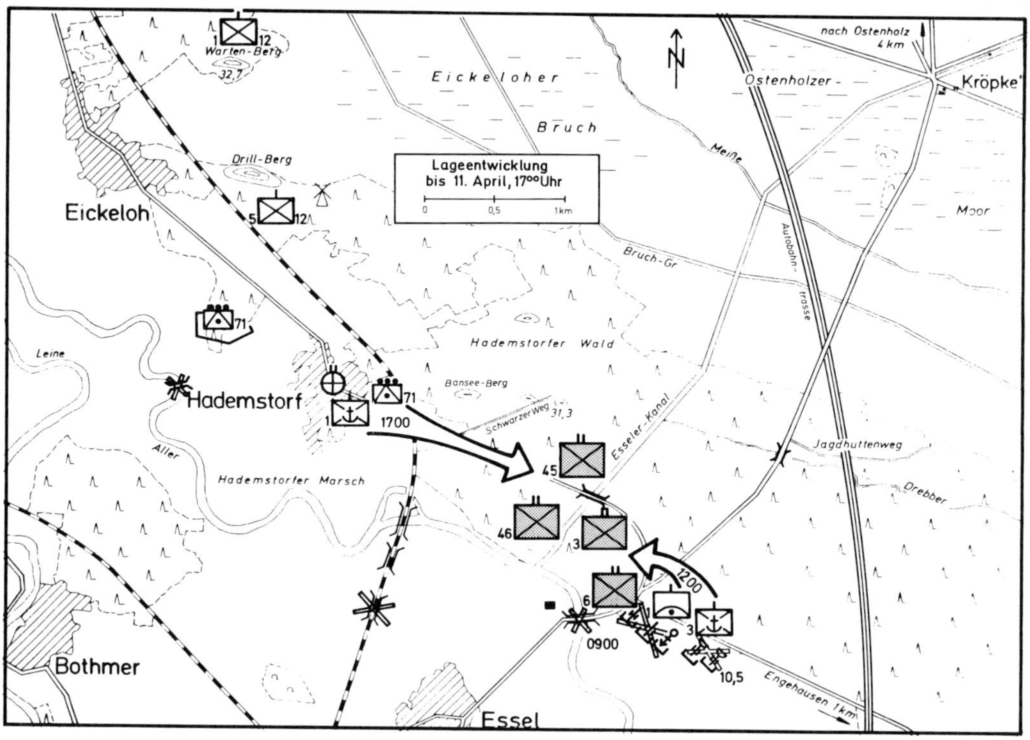

zerstört. Wenig später kam Gördes zurück. Mit ihm der Rest der zerschlagenen Kompanie. Jeder weitere Angriff schien sinnlos oder gar blanker Mord zu sein.

Gördes wollte sich gerade mit Kutscher über die weiteren Maßnahmen beraten, da gellten vom „Alexanderplatz" zu ihnen Schreie herüber. Gördes, der in dem festen Glauben war, gegen britische Kolonialtruppen zu kämpfen, sagte zu Kutscher: „Jetzt massakrieren sie meine Männer. Los, die holen wir raus." Der Kapitän irrte sich in beiden Punkten. Nur wissen konnte er es nicht. Auch Oberstfeldmeister Kutscher hatte keine Wahl. Er konnte den Kapitän, der seine Männer „rausholen" wollte, nicht alleine lassen. So formierte er seine RAD-Männer beiderseits der Engehausener Straße zum letzten Gegenangriff. Gördes folgte mit seiner angeschlagenen Marine-Kompanie dichtauf. Vom „Alexanderplatz" gellten noch immer jene nie definierten Schreie. Da stürmte Kutscher los. Hinter ihm die Marine. Bevor aber die 200 deutschen Soldaten in das Gewehrfeuer des 3. und 6. Commandos liefen, setzte der Feuerschlag der britischen Artillerie ein. Zwischen Granatsplittern und Baumkrepierern stürmten die Deutschen in Richtung auf den heutigen Soldatenfriedhof weiter. Urplötzlich stand Korvettenkapitän Josef Gördes mit offenem Mantel und schußbereiter Maschinenpistole mitten auf dem „Alexanderplatz". In unmittelbarer Nähe detonierten noch immer britische Granaten. Kutscher schrie zu ihm hinüber: „Kapitän, gehen Sie in Deckung!" Gördes brüllte zurück: „Meine Männer müssen mich sehen."

Der auf der Kreuzung stehende Marineoffizier war in die Randsituation seines Lebens geraten. Der kurzfristig erlernte Infanteriekampf war vergessen. Er war wieder Kapitän, der gerade im wildesten Sturm für jedermann sichtbar „auf der Brücke" zu stehen hatte. Rechts und links von ihm hetzten Reichsarbeitsdienst- und Marinesoldaten vorbei, durchliefen das britische Infanterie- und Artilleriefeuer und stießen in das Waldgelände vor. Oberstfeldmeister Kutscher schaffte den Sprung über die Straße, dann warf ihn ein Granatsplitter verwundet zu Boden. Als ein Unteroffizier ihn notdürftig verband, schrie jemand am „Alexanderplatz": „Der Kapitän ist gefallen!" Trotzdem lief der Angriff weiter. Der gesamte Verteidigungsraum des 3. und 6. Commandos wurde durchstoßen.

Fähnrich z.S. Helmut Polte, der bei der Angriffsspitze war, erreichte mit dieser noch den Esseler-Kanal. Dann war endgültig Schluß. Die „Royal Marines" und die „Green Berets" zogen enge Ringe um die aufgesplitterten und abgehetzten Deutschen. Polte versuchte, mit einem Gefreiten nach Norden zur Landstraße 190 durchzukommen. Plötzlich stand ein einzelner britischer Soldat vor ihm. Bevor aber einer von beiden reagieren konnte, setzte heftiges Infanteriefeuer ein. Die Geschoßgarben schienen aus allen Richtungen durch das dichte Unterholz zu prasseln. Polte und der

Korvettenkapitän Josef Gördes: „Meine Männer müssen mich sehen!"

Brite hatten sich flach auf den Boden geworfen. Sie waren nur fünf Meter voneinander entfernt. Der Brite schaufelte sich liegend eine flache Deckungsmulde, Polte kratzte mit den bloßen Händen im lockeren Sand. Das MG-Feuer verstärkte sich. Polte kratzte noch immer. Da passierte das Unglaubliche. Dicht bei dem deutschen Fähnrich schepperte es. Vor Polte lag ein britischer Infanteriespaten. Polte grub eine Mulde und überlebte den letzten Feuerkampf im Esseler Wald mit einer Schulterverwundung. Als nur noch vereinzelt Schüsse fielen, war der Brite verschwunden.

Polte ergab sich wenig später einem Zug der „Royal Marines", der den Wald durchkämmte. Einzeln oder in kleinen Trupps gerieten die Soldaten des Reichsarbeitsdienstes und der Marine in Gefangenschaft. Mindestens die Hälfte von ihnen war verwundet. Unter den Gefangenen war auch der Feldkabeltrupp-Führer der 4. Kompanie. Obergefreiter Heinz Maager kann sich noch sehr gut erinnern: „Unsere Offiziere waren wohl alle gefallen. Jedenfalls war ich unter den 20 Gefangenen der höchste Dienstgrad. Einige unserer Granatwerfer- und Maschinengewehrbedienungen hatten sich gerade noch rechtzeitig Richtung Winsen zurückziehen können." Dem Werferführer Hans Jessen war dies jedoch nicht gelungen. Auch er war in Gefangenschaft geraten, hatte mit seinem britischen Bewacher jedoch Glück. Er berichtet: „Zunächst wurden wir nach Schwarmstedt gebracht und dort in eine Scheune gesperrt, aber der Soldat, der uns bewachte, hatte entweder ein weiches Herz oder keine Lust, auf uns aufzupassen. Als es dunkel geworden war, gab er uns jedenfalls zu verstehen, daß wir zunächst austreten gehen und dann schnell verschwinden sollten. Wir ließen uns das nicht zweimal sagen und flüchteten wenig später über die glücklicherweise noch passierbare Eisenbahnbrücke nach Norden."

Am Mittag des 11. April waren somit die 3. Kompanie sowie Teile der 4., die Festungs-Pak-Kompanie und die RAD-Batterie praktisch zerschlagen. Von den insgesamt 260 zwischen dem Esseler-Kanal und der Straßenbrücke eingesetzten Soldaten waren zu diesem Zeitpunkt zirka 50 gefallen. Mindestens doppelt soviele werden verwundet gewesen sein. Von diesen gingen fast alle in Gefangenschaft. Ungefähr 100 Mann gelang der Rückzug in Richtung Winsen und Bergen.

Granatwerferführer Hans Jessen floh in Schwarmstedt aus der Gefangenschaft.

Obergefreiter Maager: „Unsere Offiziere waren wohl alle gefallen."

Von den bei Essel gefallenen Marinesoldaten waren neun Offiziere und Fähnriche, drei Bootsmänner, neun Maate und „nur" 29 Mannschaftsdienstgrade. Das zeigt, daß nicht etwa junge, unerfahrene Marinesoldaten „verheizt" wurden, sondern gerade von deren Vorgesetzten unter Vernachlässigung jeder eigenen persönlichen Gefahr gekämpft worden ist. Ähnliche Verlustquoten militärischer Vorgesetzter hat es zu Ende des Krieges in Deutschland aus vielerlei Gründen nur bei der 2. Marine-Infanterie-Division gegeben.

Am Mittag des 11. April war die Position der 1. „Commando Brigade" auf dem Nordufer der Aller von keinerlei deutschen Kräften ernsthaft zu gefährden. Dennoch nahm sie eine folgenschwere Frontverkürzung vor. Das 45. Commando wurde vom Bannseeberg zum Esseler-Kanal zurückgenommen. Das 46. Commando gab das Gelände nördlich der Landstraße auf und schloß sich an die linke Flanke des 3. Commandos an. Das 6. Commando rundete die britische Stellung nach Osten ab. Damit lagen knapp 1.800 Briten auf einen Quadratkilometer zusammengedrängt, „ . . . so, daß die Brigade bei Nacht in einer geschlossenen und sicheren Stellung wäre." Diese Erklärung des Brigadekommandeurs steht in seiner Chronik. Überzeugen kann sie aus militärischer Sicht nicht. Zumindest die Aufgabe des Bannseeberges kostete am nächsten Tag einigen seiner Männer das Leben. Zunächst schien sein vorsichtiger Entschluß jedoch berechtigt. Bereits gegen 17.00 Uhr erfolgte aus Hademstorf der Angriff der dort eingesetzten 1. Marine-Kompanie, die möglicherweise durch Teile der 2. Kompanie verstärkt war. Von den beiden „Ferdinand"-Sturmgeschützen der Panzerjäger-Abteilung 71 nahm nur eines an dem Angriff teil. Das andere verblieb wegen Spritmangel in Hademstorf. Dieser Angriff ist vermutlich von Oberleutnant z. S. P. befohlen worden. Er war von Anbeginn ohne militärische Chance. Der Oberleutnant zur See wußte auch nichts vom Tod seines Kommandeurs. Er ließ einfach angreifen, weil sich die Briten vom Bannseeberg zurückgezogen hatten. Auch von der Stärke der feindlichen Truppen hatte er sicherlich keine Ahnung. Sechs Stunden früher hätte diese Operation einen Sinn gehabt. Die Briten wären von zwei Seiten angegriffen worden. Jetzt aber, um 17.00 Uhr, geriet der letzte deutsche Angriff zu einer verzweifelten Geste.

Bataillonsarzt Dr. Langer

Nach mehreren Feuerschlägen der britischen Artillerie wurde die deutsche Infanterie in Deckung gezwungen. Der „Ferdinand" rollte noch ein Stück weiter, fand aber keine Ziele und konnte auch ohne Infanterieschutz keinen Vorstoß wagen. Der Angriff wurde abgebrochen. Die 1. Kompanie und der „Ferdinand" bezogen wieder ihre alten Stellungen am Ortsrand von Hademstorf. Der Stabsgefreite Robert J. war gefallen, mehrere Marinesoldaten hatten Granatsplitterverletzungen davongetragen.

Unglücklicherweise war Bataillonsarzt Dr. Langer nicht auf seinem Verband-

Krankenschwester Ruth Asche

platz. Er war am frühen Vormittag zum Divisionsgefechtsstand nach Ebbingen gefahren, um die Lageentwicklung zu melden. Der Ia Offizier der 2. Marine-Infanterie-Division, Oberstleutnant i. G. Heck, hatte den Doktor erst warten lassen und dann nur sehr ungeduldig angehört. Schließlich hatte er ihn gefragt, wie er dazu käme, sein Bataillon zu verlassen, er solle umgehend nach Hademstorf zurückkehren. Die von Dr. Langer erbetenen zusätzlichen Kräfte konnte ihm der Oberstleutnant nicht geben. „Reserven hat die Division nicht!" Zum selben Zeitpunkt tobten die Kämpfe um Rethem. Und Heck wußte natürlich auch, daß die Briten mindestens noch eine, vielleicht sogar zwei Divisionen in der Hinterhand hatten, die jederzeit zum Einsatz kommen konnten. So fuhr Dr. Langer unverrichteter Dinge nach Hademstorf zurück. Die Verwundeten waren inzwischen durch Sanitäter versorgt worden. Drei Schwerverwundete hatte man nach Eickeloh transportiert. Im Keller der dortigen Schule hatten zwei Sanitätsgefreite der Panzerjäger-Abteilung einen weiteren Verbandplatz eingerichtet. Sie wurden maßgeblich von Ruth Asche, einer ausgebildeten Krankenschwester, unterstützt. Diese hatte noch vor zwei Tagen, kurz vor den britischen Panzerspitzen, aus Schwarmstedt Medikamente geholt. Außer den beiden Sanitätern und ihr war Eickeloh menschenleer. Die Einwohner waren noch immer im Wald am Wartenberg.

Nachdem die Marinesoldaten wieder auf Hademstorf zurückgegangen waren, hatte Brigadekommandeur Mills-Roberts noch einmal eine günstige Möglichkeit.

Mit einem Mindestmaß an Risikobereitschaft hätte er seinen Brückenkopf bis an die Bahnlinie Hademstorf und im Norden bis zum Waldrand südlich des Ostenholzer Moores ausdehnen können. Es hätte ihn sicherlich nicht einen Mann gekostet. Daß er es sträflicherweise nicht tat, sollte er teuer bezahlen müssen. Dagegen ließ

„King's Shropshire Light Infantry" beim Aller-Übergang (IWM)

er aber einen Funkspruch an die Artillerie absetzen und bedankte sich darin für das treffgenaue Feuer. Anschließend stellte er mit Genugtuung fest: „Die Nacht brach an, ohne daß der Feind Gewinne gemacht hatte.“ Während dieser Nacht wurden eine Panzer-Kompanie des 3. „Royal Tank Regiment“ und das 4. Bataillon „King's Shropshire Light Infantry“ mit Fähren über die Aller gesetzt. Mills enger Brückenkopf war am nächsten Morgen überfüllt mit Truppen und Feuerkraft. Aber auf deutscher Seite gab es keine Artillerie und schon lange nicht die erforderliche Luftwaffe, um eine solch konzentrierte Truppenansammlung zu zerschlagen. Der Brigadier tat dann aber alles, um die zwingend notwendige Erweiterung seines Brückenkopfes zu erreichen.

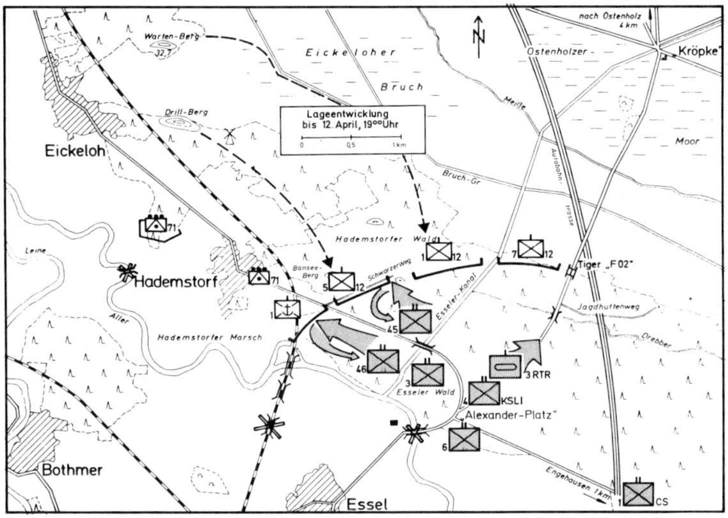

Das 6. Commando ging nach Engehausen vor und traf dort mit dem 1. Bataillon des „Cheshire Regiment“ zusammen, das die Ortschaft gegen nur geringen Widerstand hatte nehmen können. Das 45. und 46. Commando „Royal Marines“ erhielten den Auftrag, unter Führung von Oberstleutnant Gray zunächst bis zur Eisenbahn vorzugehen und dann Hademstorf zu nehmen. Angriffsachse war die Landstraße 190.

Als sich das rechts vorgehende 45. Commando dem Bannseeberg näherte, der am Vorabend ohne Not geräumt worden war, schlug ihm heftiges MG-Feuer entgegen. Auch das 46. Commando stieß vor der Bahnlinie auf starken Widerstand. Trotz Unterstützung durch das Artillerie-Regiment kamen die Briten nicht vorwärts. Vor allem konnte der heiß umkämpfte Bannseeberg trotz vieler Versuche von den Briten nicht zurückgewonnen werden. Unter den Gefallenen war auch der Chef der vordersten Kompanie, Captain Brockbank. In der Chronik der „Commando Men“ ist als Erklärung zu lesen: „. . .daß die deutsche Infanterie Tarnjacken trug, die sich vortrefflich an die Umgebung anglichen.“ Die Briten hatten erneut die Soldaten des SS-Bataillons 12 vor sich. Sie nannten diese „Steel Eyed Boys“ und glaubten, daß jeder von ihnen das Victoria-Kreuz verdiente.

Angehörige des SS-Bataillons 12

Die 1. Kompanie des SS-Bataillons hatte am Wartenberg übernachtet. Der damals zehnjährige Eickhof, der heute Bürgermeister ist, erinnert sich: „Es waren alles blutjunge Kerle. Wir haben ihnen zu Essen gegeben. Auch frische Milch, denn davon hatten wir reichlich. Dann zogen sie los. Erst zum Feldgraben und dann im Schutz der Baumreihen nach Südosten. Abends kam nur die Hälfte zurück." Tatsächlich waren die 60 Soldaten der 1. Kompanie am Vormittag des 12. April bis in das Waldgelände des Bannseebergs vorgegangen. Dort hatten sie im Verlauf des „Schwarzen Weges" Stellungen bezogen. Vermutlich auch jene, die das 45. Commando hier am Vortage angelegt hatte. Ihr linker Flügel reichte bis knapp an den Esseler-Kanal. Die 5. Kompanie war dicht unterhalb der Windmühle im Schutz des Waldrandes ebenfalls bis zum „Schwarzen Weg" vorgegangen und hatte sich rechts an die 1. Kompanie angeschlossen. Einen fünf Mann starken Vorposten hatten sie auf die Hügelgruppe 500 Meter westlich des heutigen Campingplatzes vorgeschoben. Da beide Kompanien noch immer ohne Offiziere waren, ist nicht vollständig sicher, wer ihnen den Einsatzbefehl gegeben hat. Vermutlich war es der Bataillonskommandeur selbst, der zwischen Hademstorf und Eickeloh gesehen worden sein soll.

Am selben Tag erging als „Geheime Komandosache" Nr. 70/45 der Korps-Befehl Nr. 5, in dem u. a. befohlen wurde: „SS-Pz.Gr.A.-Btl. 12 wird zur Verfügung des Korps im Raum Völkersen–Walle–Holtum versammelt." Peinemann hat diesen Befehl wohl nicht oder viel zu spät erhalten. Jedenfalls hat das Bataillon den befohlenen Sammelraum nördlich Verden nie erreicht. Anderenfalls wäre ihm viel erspart geblieben. So aber war er unverzüglich nach Ostenholz gefahren, um von dort aus den Einsatz der anderen Kompanien zu befehlen.

Links der Straße, also vor dem 46. Commando, lag die Marine-Kompanie aus Hademstorf, deren Gegenangriff am Vortag durch die britische Artillerie gestoppt worden war. Da die Briten nicht weiterkamen, setzten sie ihre Luftwaffe ein. „Typhoon"-Jäger schossen mit Raketen und 20 mm Kanonen auf die schwachen deutschen Truppen, aber auch auf die Ortschaften Hademstorf und Eickeloh. Dort waren bereits bei einem Bombenangriff ein Wohnhaus und eine Scheune abgebrannt. Jetzt gingen auch Kirchhoffs und Peets' Scheunen in Flammen auf. – In Hademstorf fand man noch 1984 in der Ostwand der Gaststätte „Herzog von Celle" tief eingedrungene 20 mm Geschosse. Trotz allem: Nach zweistündigem Feuergefecht befahl Oberstleutnant Gray den Rückzug seiner knapp 900 Marineinfanteristen zum Esseler-Kanal. Er hatte zwar den linken Flügel der 1. Kompanie vom Kanal zurückdrängen können, und auch der Vorposten der 5./– war geworfen worden, aber die entscheidenden Höhenkuppen des Bannseeberges waren trotz Artillerieunterstützung nicht zu nehmen. Auch der Versuch, den Brückenkopf in Richtung „Kröpke" auszudehnen, scheiterte.

Es gelang zwar dem „King's Shropshire Light Infantry"-Bataillon, eine letzte Gruppe von Marinesoldaten unter Führung von Fähnrich z. S. Oehr zwischen Esseler-Kanal und Drebber aufzureiben, aber die restlichen 500 Meter bis zum Ostenholzer Moor schafften sie nicht.

Ebenso erging es der britischen Panzer-Kompanie, die auf dem Ostenholzer Weg nach Norden vorgehen wollte. Sämtliche Waldausgänge waren nämlich seit kurzem von der ca. 100 Mann starken 7. Kompanie des SS-Bataillons besetzt. Hauptsturmführer Peinemann war es tatsächlich gelungen, drei Kompanien seines vor vier Tagen völlig zersprengten Bataillons geschlossen zum Einsatz zu bringen.

Diese bildeten einen hauchdünnen Viertelkreis, der vom Ostenholzer Weg bis dicht an Hademstorf heranreichte. Außer der dort liegenden Marine-Kompanie waren die 220 SS-Grenadiere die einzigen deutschen Kräfte, die die achtfach überlegenen Briten den gesamten Tag über nicht aus dem engen Brückenkopf herausgelassen hatten. Brigadier Mills-Roberts schrieb sehr zutreffend in seine Chronik: „In jedem richtigen Gefecht gibt es eine Krise, – es gibt keine leichten Siege." Daß der 12. April für die Briten überhaupt keinen Fortschritt, geschweige denn einen Sieg gebracht hatte, war aber auch das Verdienst eines einzelnen Panzers. Es war der „Tiger" F 02, den Unteroffizier Franzen am 9. April in Frille übernommen hatte. Am nächsten Tag war er in Fallingbostel angekommen. In einer Panzerwerkstatt bekam der „F 02" eine neue Blende. Dann erhielt Franzen den Befehl, sich auf dem Gefechtsstand in Ostenholz zu melden. Für den in Aachen aufgewachsenen Franzen mußte Ostenholz ein x-beliebiges Heidedorf sein, – so hätte man glauben können. Doch das Gegenteil war richtig. Der Panzerkommandant Unteroffizier Erich Franzen kannte das Dörfchen sehr gut. Sein Freund, Unteroffizier Frieling, mit dem er noch vor ein paar Tagen an der Weser zusammengewesen war, stammte aus Ostenholz. Franzen hatte ihn hier öfter besucht. Dennoch kannte er dessen 20jährige Schwester bisher nur vom Foto. Es sollte schicksalhaft für Franzen sein, daß der Gefechtsstand, auf dem er sich melden mußte, dicht bei dem Frielingschen Wohnhaus lag. Als er von seinem Panzer sprang, sah er die junge Frau vom Foto in der Türe stehen. „Es war Liebe auf den ersten Blick", gesteht Frau Franzen noch heute. Damals sprachen sie aber zunächst nur über Eberhard, den Bruder und späteren Schwager.

Als Franzen sich dann endlich auf dem Gefechtsstand meldete, befahl ihm ein Stabsoffizier, vermutlich Major Kahle von der Kampfgruppe – Grosan, sich ab sofort gefechtsbereit zu halten. Der Einsatzort sei von der Feindlage abhängig und noch unklar.

Die fünfköpfige Panzerbesatzung quartierte sich bei Familie Frieling ein. Ihr „F 02" stand unter den Bäumen dicht beim Wohnhaus. Die Galgenfrist für Franzen begann zu laufen. Außer ihm bestand die Besatzung aus dem Fahrer Otto George, dem Richtschützen Karl Specht, dem Ladeschützen Obergefreiter Pfaffelhuber und dem Funker Unteroffizier Ernst Spahr.

Auch am nächsten Tag, am 11. April, als Gördes nur acht Kilometer entfernt an der Brücke kämpfte und fiel, hatte Franzen noch immer keinen Einsatzbefehl. Das war durchaus verständlich, denn was sollte der „Tiger" ohne Infanterieschutz und ohne „lohnende" Ziele im dichten Waldgelände nördlich der Brücke gegen die „Commando Brigade" ausrichten? Franzen hatte mit seiner Besatzung noch einen Tag und eine Nacht gewonnen.

Am 12. April war es dann soweit. Die Briten hatten bereits die Panzer-Kompanie übergesetzt. Bataillonskommandeur Peinemann, dessen Gefechtsstand ebenfalls in Ostenholz lag, hatte seine 7. Kompanie an die nördlichen Ausgänge des Esseler Waldes befohlen. Franzen erhielt den Auftrag, nach Süden zur Brücke anzugreifen. Er hat sich von Fräulein Frieling sehr schnell verabschiedet und dabei wohl an tausenderlei gedacht, dann rollte der „Tiger" feindwärts. Die 7. Kompanie hatte am frühen Vormittag den Nordrand des Waldes erreicht und Stellungen bezogen. Franzen, der oben in der Luke stand, fuhr an ihnen vorbei, Richtung Brücke. Sträflicher Leichtsinn! Der Wald reichte beiderseits bis an den Ostenholzer Weg. Überall konnten britische Panzerfaustschützen lauern. Der „F 02" rollte weiter. Erst

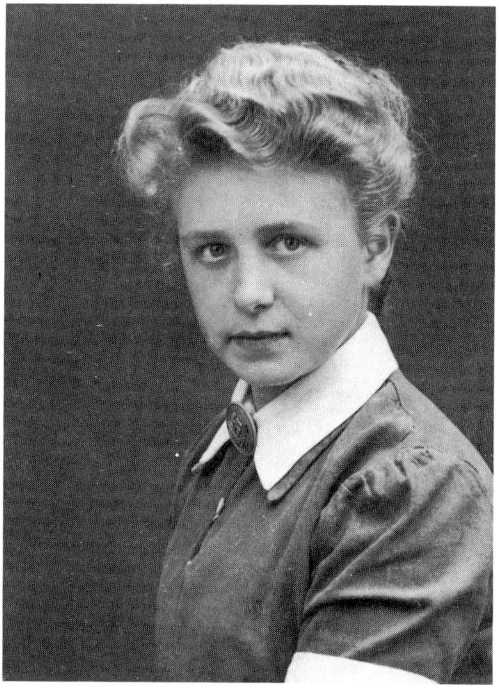

Gisela Frieling, Ostenholz 1945

Panzerkommandant Unteroffizier Erich Franzen

Panzerfahrer Otto George

Richtschütze Karl Specht

kam die Brücke über den Drebber, dann, 300 Meter weiter, eine leichte Rechtskurve. „Um die muß ich rum", dachte Franzen, „dann habe ich Schußfeld fast bis zur Brücke!" Immerhin kannte er die Gegend wegen seiner Besuche bei Familie Frieling. Unbeschadet erreichte er die Kurve, langsam schwenkte der Turm nach. Da standen sie! In etwa 600 bis 800 Meter Entfernung zählte Franzen drei Flammenwerferpanzer und einen Spähwagen. Richtschütze Karl Specht zielte sorgfältig. Vier Schuß, vier Treffer. – Im Unterholz beiderseits der Straße wurde es unruhig: Britische Infanterie. „Rückwärts, marsch!" kommandierte Franzen, und der „Tiger" rollte bis auf Höhe der 7. Kompanie zurück. Er stand somit am Nordausgang des Waldes und wirkte wie der Korken im Flaschenhals. Solange er Munition und Infanterieschutz hatte, würde er die britischen Panzer dezimieren, gleichgültig, wie viele es waren. Doch diese Hoffnung trog. Denn die taktisch formschöne, aber viel zu spröde Klammer deutscher Kompanien zerbrach noch am Abend des 12. April.

Flammenwerferpanzer

Nicht nur die Briten hatten am Bannseeberg schwere Verluste gehabt, auch die beiden Kompanien des SS-Bataillons. Das entscheidende Problem aber waren die vielen Verwundeten, die zu versorgen waren. Sie mußten zum Verbandplatz bis nach Eickeloh gebracht werden. So lagen am Abend des 12. April nur noch die Gefallenen in den Stellungen am Bannseeberg. Unter ihnen auch der Kompanieführer der 5. Kompanie, Oberscharführer P. Er hatte versucht, mit einer Panzerfaust eine britische MG-Bedienung auszuschalten, die seinen Männern schon mehrere Verluste beigebracht hatte. Aber bevor er dicht genug an der britischen Stellung war, wurde auch er tödlich getroffen.

Zwischen der 7. SS-Kompanie und der Marine-Kompanie in Hademstorf klaffte nun eine Lücke von zwei Kilometern. Um der möglichen britischen Überflügelung zu entgehen, zogen sich die Marinesoldaten vollständig auf den Ortsrand von Hademstorf zurück. Die SS-Kompanie wich bis an den Südrand des Westenholzer Bruches aus. Rechts neben ihr lief die Autobahntrasse nach Hamburg. Die Lönshütte hinter ihr war Kompaniegefechtsstand. Auch der „Tiger" F 02 war über Funk nach Ostenholz zurückbefohlen worden.

Am frühen Abend des 12. April hatten die Briten somit urplötzlich für ein paar Stunden absolut freie Bahn in jede beliebige Richtung. Da sie aber keine Verbindung zum Feind suchten und keine Aufklärung angesetzt hatten, bemerkten sie auch den Zerfall der deutschen Umklammerung nicht.

Noch vor Einbruch der Dunkelheit erreichte die von Bataillonskommandeur Peinemann dringend erwartete 2. Kompanie die Ortschaft Ostenholz. Sie wurde von ihm unverzüglich an die Kreuzung „Kröpke" befohlen. Die 130 Grenadiere gruben nur flache Stellungen, denn der Boden war moorig und der Grundwasserspiegel hoch. Für die Briten war die kurze Chance, verlustfrei über das „Kröpke" zu kommen, vertan. Nunmehr führte ihr Weg unweigerlich über die 2. Kompanie des SS-Bataillons. Wenigstens hatten aber ihre Pioniere im Laufe des Tages eine Kriegsbrücke aus „Bailey"-Gerät über die Aller gebaut.

Im Kriegstagebuch des Oberkommandos der Wehrmacht ist über den 12. April zu lesen: „Bei Schwarmstedt wechselvolle Kämpfe. Der Gegner konnte über die Aller einen Kopf bilden."

Britischer Kriegsbrückenschlag über die Aller bei Essel (IWM)

Entscheidung im Ostenholzer Moor

Regimentskommandeur Major Rudolf Kahle (hier noch als Hauptmann)

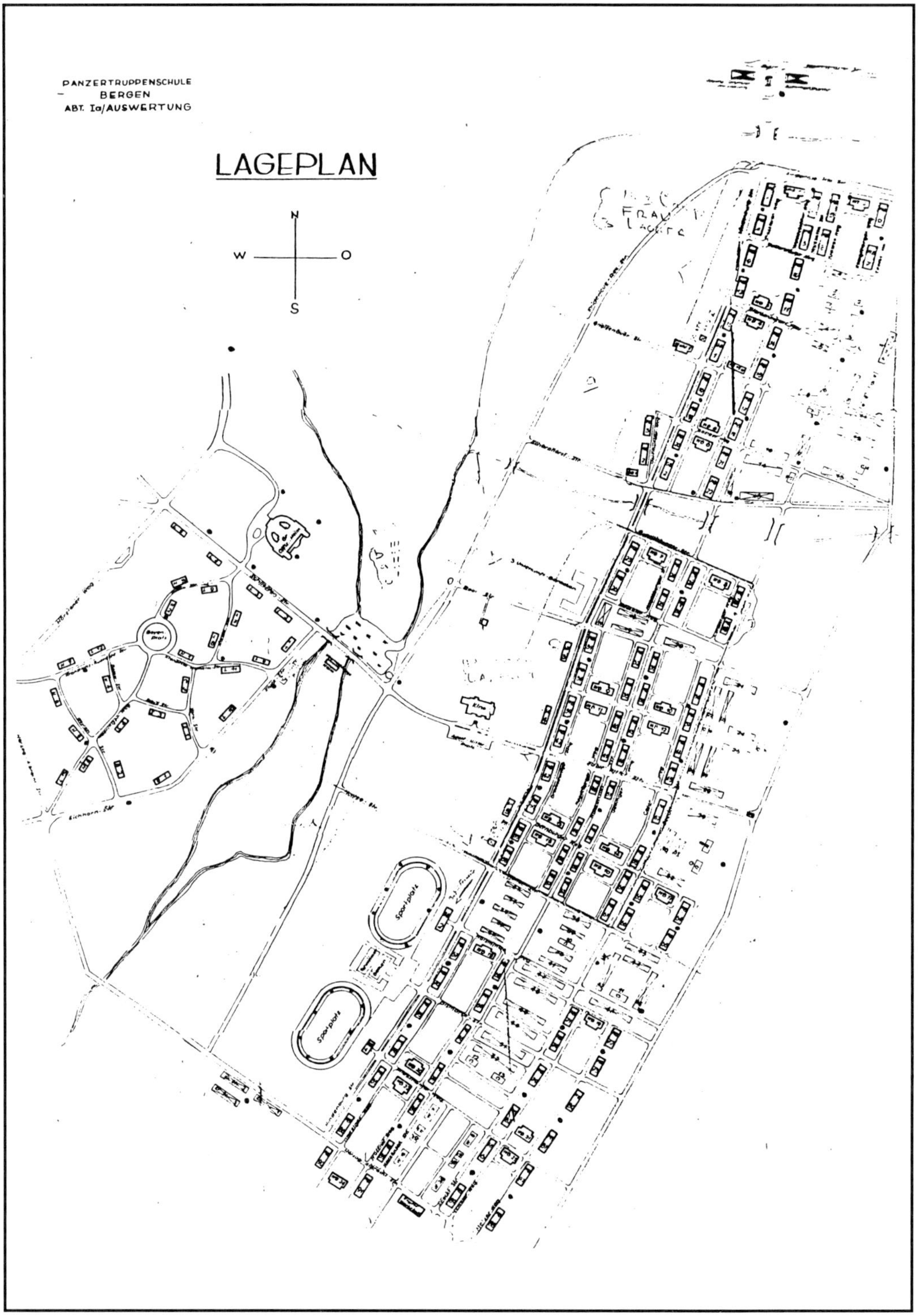

Panzertruppenschule Bergen (Originalplan von 1945)

Auch am 13. April waren die Offiziere der Panzertruppenschule in Bergen noch immer bemüht, aus zurückgehenden und versprengten Soldaten aller Waffengattungen eine Kampfgruppe zu bilden. Aber es kamen weniger als erwartet, und auch darunter waren dann noch Verwundete oder aus anderen Gründen nichtverwendungsfähige Soldaten. Trotzdem waren im Laufe der vergangenen Woche zwei schwache Bataillone aufgestellt worden. Zu einem davon gehörte der Panzerschütze Werner Kuhlmann. Dieser war am 9. April aus einem Celler Lazarett entlassen worden. Sein Marschbefehl war auf Fallingbostel ausgestellt. Er sollte sich dort bei dem SS-Ausbildungs- und Ersatzbataillon 12 melden, also beim Bataillon des Hauptsturmführers Peinemann. Warum dieser Verband in Fallingbostel vermutet wurde, ist schwer zu sagen. Aus welchem Grund der Panzersoldat Kuhlmann nicht gleich nach Bergen geschickt worden war, sondern zu einer SS-Einheit „versetzt“ wurde, ist ebenfalls unerklärlich. Auch für Werner Kuhlmann selbst, der seine damalige Situation noch heute sehr klar definiert: „Damals wurde wenig gefragt und überhaupt nicht diskutiert.“ So war er von Celle in Richtung Fallingbostel losmarschiert, um dort SS-Soldat zu werden. Gegen Mittag hatte er zu Fuß und per Anhalter Bergen erreicht. Bereits am Ortseingang wurde er von einer Streife der Panzertruppenschule angehalten. Trotz seines Marschbefehls schickte man ihn in eine nahe Gaststätte. Dort war bereits ein „Bunter Haufen“ versammelt: Infanterie- und Panzersoldaten ebenso wie Angehörige der Marine, des Reichsarbeitsdienstes und der Flak. Am Nachmittag fuhren sie alle mit Lkw zur Panzertruppenschule. Kuhlmann wurde dort dem Infanterie-Regiment des Majors Köhler zugeteilt. Außer diesem war noch das Regiment eines Majors Kahle in der Aufstellung begriffen. Beide Regimenter sollten über je zwei Bataillone mit jeweils 300 Mann verfügen. Alle noch im Raum Bergen vorhandenen schweren Waffen hatte Oberst Grosan in der Panzer-/Panzerjäger-Abteilung unter Führung eines Majors Hache zusammengefaßt. Diese bestand aus einem „Panther“ und drei „Tiger“-Panzern sowie sieben 8.8 cm Pak-Geschützen. Vermutlich haben auch zwei 10.5 cm Feldhaubitzen dazugehört. Aber es fehlte offenbar noch immer an Bedienungspersonal. So war bisher lediglich ein 10.5 cm Geschütz an der Aller zum Einsatz gekommen, aber bereits am 11. April mit seiner Bedienung verlorengegangen. Außerdem war unter Führung eines Majors Prüm ein Panzerjagd-Bataillon aufgestellt worden.

Es bestand aus ca. 20 Jagdkommandos, die jeweils etwa zehn Mann stark waren und von einem Offizier geführt wurden. Sie waren nur mit Fahrrädern und Panzerfäusten ausgerüstet und deshalb auch als erste einsatzbereit gewesen. Mehrere dieser Kommandos waren bereits vor Tagen in die britischen Linien eingesickert. Ihr Auftrag war ausschließlich auf die Bekämpfung feindlicher Panzer begrenzt. Einige von ihnen sollen bis Nienburg und Minden gekommen sein. Nach Verschuß ihrer Panzerfäuste kehrte aber nur die Hälfte zurück. Die anderen waren zwischen Weser und Aller verschollen. Der taktische Sinn ihres Einsatzes war sicherlich schon damals einigermaßen zweifelhaft.

Mit Hilfe seiner Versprengten-Sammelstelle am „Kröpke“ im Ostenholzer Moor wollte Grosan ein weiteres Infanterie-Regiment aufstellen. Als Regimentskommandeur war Oberst Heinrich Volker vorgesehen. Dieser hatte sich aus dem Unteroffizierstand emporgedient und war ein Frontsoldat im reinsten Sinne des Wortes. Er trug das Panzerkampfabzeichen, das EK I, das Deutsche Kreuz in Gold und das Ritterkreuz; vor allem aber die goldene Nahkampfspange, die an Stabsoffiziere

Oberst Heinrich Volker war vorgesehen als Regimentskommandeur

seltener als das Ritterkreuz verliehen worden war. Volker, der bisher angehende Panzergrenadier-Chefs in Taktik ausgebildet hatte, sollte mit seiner Sammelstelle am „Kröpke“ kein Glück haben. Von den an der Aller eingesetzten Marine- und SS-Soldaten waren bisher nur die Verwundeten zurückgegangen. Die Reste der RAD-Batterie des Oberstfeldmeisters Kutscher waren in Richtung Winsen ausgewichen. So warteten Oberst Volker und sein Adjutant, Leutnant Held, umsonst. Sie hätten im Ostenholzer Moor noch nicht einmal eine kampfstarke Kompanie sammeln können.

Neben den Obristen Grosan und Volker gab es an der Panzertruppenschule noch den Oberst Hanns Schmidt. Dieser war bis zum Februar deutscher Verbindungsoffizier an der ungarischen Panzerschule in Retsag bei Budapest gewesen. Als die Ostfront aber immer näher rückte, war er mit den Angehörigen der Schule nach Bergen gekommen. Aus den Ungarn waren zwei Bataillone gebildet worden. Ihr Kommandeur war Oberst Alturiay. Sein Stellvertreter war Major I. Kalandy. Oberst Schmidt fungierte noch immer als Verbindungsoffizier und bestand darauf, daß die Ungarn aus den zu erwartenden Kampfhandlungen herausgehalten würden. So waren bisher nur wenige Einheiten einsatzbereit.

Zwei Kompanien des Regiment-Köhler waren kürzlich nach Winsen abgerückt, während das erste vollständige Bataillon am nächsten Morgen im Fußmarsch das Ostenholzer Moor erreichen und den britischen Ausbruch aus dem Kessel verhindern sollte. Ob es aber dort noch zeitgerecht eintreffen würde, war fraglich.

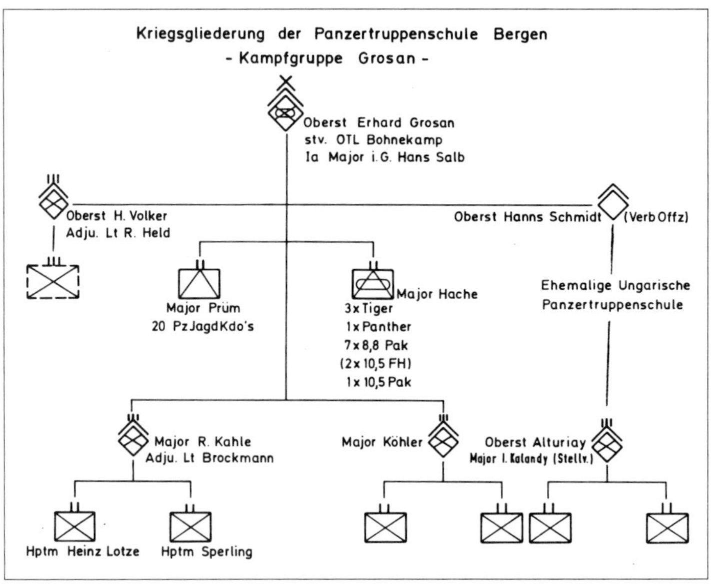

Am Freitag, dem 13. April, hob sich der Morgennebel nur langsam. Es sollte wieder ein sonniger Tag werden. Gegen 11.00 Uhr gingen erneut beide „Royal Marines Commandos“ in Richtung Hademstorf vor. Bis zur Eisenbahnlinie trafen sie auf keinen Widerstand. Auch der am Vortag so heiß umkämpfte Bannseeberg war feindfrei. 46. Commando griff nun Hademstorf mit zwei Kompanien links und zwei Kompanien rechts umfassend an. Zusätzlich wurde es noch durch einen Zug 16-Pfünder-Geschütze verstärkt. Den Angreifern schlug aus dem Dorf schwaches Abwehrfeuer entgegen. Die beiden „Ferdinand" hatten längst keine Munition mehr. So war es von vornherein ein aussichtsloser Kampf. Dennoch blieb der Angriff über die Hademstorfer Marsch kurzfristig liegen.

Unterscharführer Horneff (hier noch Rottenführer): „Es war entsetzlich!"

Am Südrand der Ortschaft hatten sich im leicht überhöhten Waldstreifen die Letzten der 1. Marine-Kompanie eingegraben. Als die rechts umfassenden Kompanien des 46. Commandos in die Ortschaft einbrechen wollten, traten ca. 70 Soldaten der 1. und 5. Kompanie des SS-Bataillons 12 aus dem Waldstück 500 Meter nördlich zum Gegenangriff an. Sie hatten jedoch kaum das offene Gelände erreicht, als sie von anhaltenden Feuerschlägen des Artillerie-Regiments überschüttet wurden. Unterscharführer Horneff: „Es war entsetzlich! Für die Jungens war es das erste Artilleriefeuer, das sie im offenen Gelände erlebten. Sie liefen in panischer Angst durcheinander. Die Verwundeten riefen laut nach ihren Eltern. – Wir haben uns unter erheblichen Verlusten zurückziehen müssen." Über den Drillberg und entlang der Eisenbahnlinie marschierten die Reste beider Kompanien über Eickeloh in Richtung Walsrode-Soltau.

Stunden zuvor hatte bereits die 2. Kompanie am „Kröpke" ihren Angriffsbefehl erhalten. Sie sollte in den Wald nordostwärts des Brückenkopfes eindringen, mindestens aber die Waldausgänge sperren, so, wie es die 7. Kompanie, die jetzt Reserve war, am Vortage getan hatte.

Zwischen „Kröpke" und Wald lagen wie ein breiter Gürtel zwei Kilometer Moor; stellenweise von kleinen Baumgruppen bestanden und von Meiße und Bruchgraben von Ost nach West durchzogen. Diagonal zur Bewegungsrichtung verlief die sandige Autobahntrasse. Kompaniechef Marsen, der die Stellungen der Briten nicht kennen konnte, ließ eine

Gasthaus „Kröpke"

„Panzerknacker“ Fritz Groß

breite Schützenlinie bilden und ging vor. MG-Schütze Böttcher schildert: „Es war ein merkwürdiger Anblick. Wir rückten in einer endlosen Linie vor. Fast wie auf dem Kasernenhof, nur, daß der Boden moorig war und die Flügelmänner im Morgennebel verschwammen.“ Unter den vorgehenden 17jährigen gab es neben dem erfahrenen Chef und seinen Zugführern aber auch den 19jährigen Unterscharführer Fritz Groß, der das EK I und EK II trug und dessen rechter Ärmel voll besetzt war mit Panzervernichtungsabzeichen. Es waren insgesamt 17, daher nannten sie ihn auch „Panzerknacker“. In der Nähe von Hauptscharführer Grabher-Meyer ging die 17jährige SS-Helferin Erika Krug aus Rodewald. Sie hatte sich der Kompanie freiwillig angeschlossen, war aber sofort zum Bataillonsstab versetzt worden. Der Kommandeur hatte sie mehrfach in seinem Wagen mitgenommen, um ihr die Fußmärsche zu ersparen. Doch es dauerte nicht lange, da machten dumme Gerüchte die Runde. Erika verzichtete auf den Posten als Sanitätshelferin und trat mit dem Karabiner in die Linie der 2. Kompanie.

Unteroffizier Franzen hatte sich auch an diesem Morgen mit vielerlei Gedanken von Fräulein Frieling verabschiedet. Dann rollte der „F 02“ wie am Vortage nach Süden. Kurz hinter dem „Kröpke“ kam er an den durchgefrorenen Grenadieren der 2. Kompanie vorbei, die in geöffneter Ordnung dem Esseler Wald entgegenzogen. Franzen verzichtete wiederum auf den erforderlichen Infanterieschutz und fuhr weiter. „Ich stand in der offenen Kommandantenluke und war wie im Jagdfieber. Das Herz schlug mir im Halse.“

Vor ihm dehnte sich der Esseler Wald, die eigene Infanterie war hinter ihm im Morgennebel verschwunden. Der „Tiger“ F 02 rollte weiter. Von den Briten war noch immer nichts zu sehen. Da packte ihn wie am Vortage der Übermut. „Bestimmt stehen sie wieder südlich der Rechtskurve auf der Straße“, dachte er und befahl: „Panzer, marsch!“ In diesem Moment fuhr ein britischer Spähpanzer durch die nur 300 Meter entfernte Kurve, direkt auf Franzen zu. Bevor dieser sein Feuerkommando gegeben hatte, war der Schuß schon ’raus. Der Spähpanzer stand in Flammen; die Besatzung floh in den Wald. Franzen verhielt. Wenig später lag britisches Artilleriefeuer auf der Straße, das nur dem „F 02“ gelten konnte. Der „Tiger“ rollte knappe 100 Meter zurück und wartete, bis der Beschuß aufhörte.

In dieser Zeit verteilten sich sechs britische Panzer fächerförmig dicht neben der Straße. Der „Tiger“ konnte kommen.

Franzen kam, denn er wollte zur Brücke. Der am weitesten nördlich eingesetzte „Comet“ wurde von Sergeant Harding geführt. Dieser war ein junger, unerfahrener Kommandant. Mit seiner viel schwächeren Kanone hatte er unter normalen Umständen gegen einen „Tiger“ keinerlei Chancen. Aber Waldkampf ist für Panzer alles andere als eine normale Situation. Als der „F 02“ ca. 70 Meter heran war,

war, nahm ihn Hardings „Comet" aufs Korn. Franzen registrierte noch aus den Augenwinkeln im nahen Gebüsch die ruckartige Bewegung der britischen Panzerkanone und brüllte: „Feind-Panzer, 10 Uhr!" Zu spät. Hardings 7.62 cm Geschoß zerfetzte den Tank des „Tigers". Er stand sofort in Flammen. Die Besatzung sprang geschlossen in den Straßengraben. Da traf auch schon die zweite Granate den „Tiger" dort, wo Sekunden vorher der Fahrer Otto George gesessen hatte.

Britisches Foto des „F 02" (Bov)

Franzen und seine Besatzung entkamen mit unterschiedlich schweren Verbrennungen nach Ostenholz. Der Kommandant des „F 02" sagte noch Jahrzehnte nach dem Krieg: „Der britische Panzerkommandant war fair, trotz des totalen Krieges. Er hat nur unseren Panzer bekämpft. Als wir 'runtersprangen, hätte er uns mit seinem Bord-MG beschießen können. Er tat das nicht. Schade, daß ich ihm nicht danken konnte."

Der britische Panzerzugführer, Oberleutnant John F. Langdon, der den Abschuß des „F 02" beobachtet hatte, berichtet: „Das war der erste ‚Tiger', den das Regiment abgeschossen hatte. Sergeant Harding erhielt dafür die Military Medal."

Der am 13. April, gegen 10.00 Uhr angreifenden 2. Kompanie schlug aus dem Esseler Wald nur vereinzeltes Infanteriefeuer entgegen. Die Panzer hatten sich offenbar zurückgezogen. So drangen die jungen Soldaten unter gegenseitigem Feuerschutz fast 200 Meter in den Wald ein. Zu diesem Zeitpunkt begann der gründlich geplante Ausbruch der Briten.

Das 4. Bataillon der „King's Shropshire Light Infantry" kämpfte sich trotz vierfacher Überlegenheit nur langsam durch den Wald. Am querverlaufenden Drebber hatten sich die SS-Grenadiere ein letztesmal verschanzt. Der Angriff kam zum Stehen. Links der Straße setzten die Briten Flammenwerfer ein. Der Wald brannte. Qualm und Feuer drängten den rechten Flügel der 2. Kompanie zurück. Der linke Flügel, der sich im Raum der heute nicht mehr vorhandenen Jagdhütte konzentriert hatte, wurde in der Flanke gefaßt. Trotzdem hielten die SS-Grenadiere stand. Nur die Verwundeten krochen zurück ins Moor. Sie alle wußten, daß es im offenen

Oberleutnant John F. Langdon war Zugführer im 3. „Royal Tank Regiment"

Gelände hinter ihnen keine Chance gegen die nachstoßenden Briten und deren Artillerie gab. Erst als zwölf von ihnen gefallen waren, konnten sie ihre Stellung nicht mehr halten. Der jüngste Gefallene war der 16jährige Sturmmann Willibald Oberndorfer aus Österreich.

Als die Reste der SS-Kompanie in das Ostenholzer Moor auswichen, setzte unverzüglich das britische Artilleriefeuer ein. Erika Krug, die bisher die Verwundeten notdürftig versorgt hatte, nahm jetzt den Gefallenen die Soldbücher ab, „. . . um sie später den Eltern zu schicken.“ An Bergung der Toten war nicht mehr zu denken. Sie liegen heute als „unbekannte Soldaten“ auf dem Friedhof Essel, denn auch die Erkennungsmarken halfen bei der Identifizierung nicht weiter. Die dazugehörige Liste war auf dem Kurierweg nach Berlin bei einem Tieffliegerangriff verbrannt. Die 17jährigen Grenadiere, die zwei Stunden lang einem überlegenen Feind im Waldkampf getrotzt hatten, wurden durch das Artilleriefeuer nun endgültig entnervt. Der ehemalige Hauptscharführer Grabher-Meyer erinnert sich: „. . . ich wollte einen Rückzug über die ebenen Weiden verhindern. Aber es gehorchte keiner mehr. Die jungen Kerle waren restlos durcheinander und liefen alle weg.“ Er selbst kroch mit Kopfverletzung durch eine Röhre unter der Autobahntrasse und sammelte schließlich 20 Mann am nördlichen Rand des Moores.

Das britische Infanterie-Bataillon ging mit zwei Kompanien nebeneinander im überschlagenden Einsatz hinter dem dichten Schirm des Artilleriefeuers vor. Gleichauf folgten drei „Comet“. Zwischen dem Bruchgraben und dem ehemals nördlich verlaufenden Neuen-Graben fielen rechts der Straße noch zehn weitere Grenadiere. Mehr als doppelt so viele wurden verwundet. Unter den letzten Toten war auch Sturmmann Braun. Sein Freund, MG-Schütze Böttcher, widmete ihm später ein Gedicht. Es endet: „So grün ist die Heide, die Heide so grün, aber rot

Der 16jährige Sturmmann Willibald Oberndorfer (hier noch in RAD-Uniform) fiel am 13. April 1945 am Jagdhüttenweg.

Hauptscharführer Grabher-Meyer (hier noch Oberscharführer): „Es gehorchte keiner mehr.“

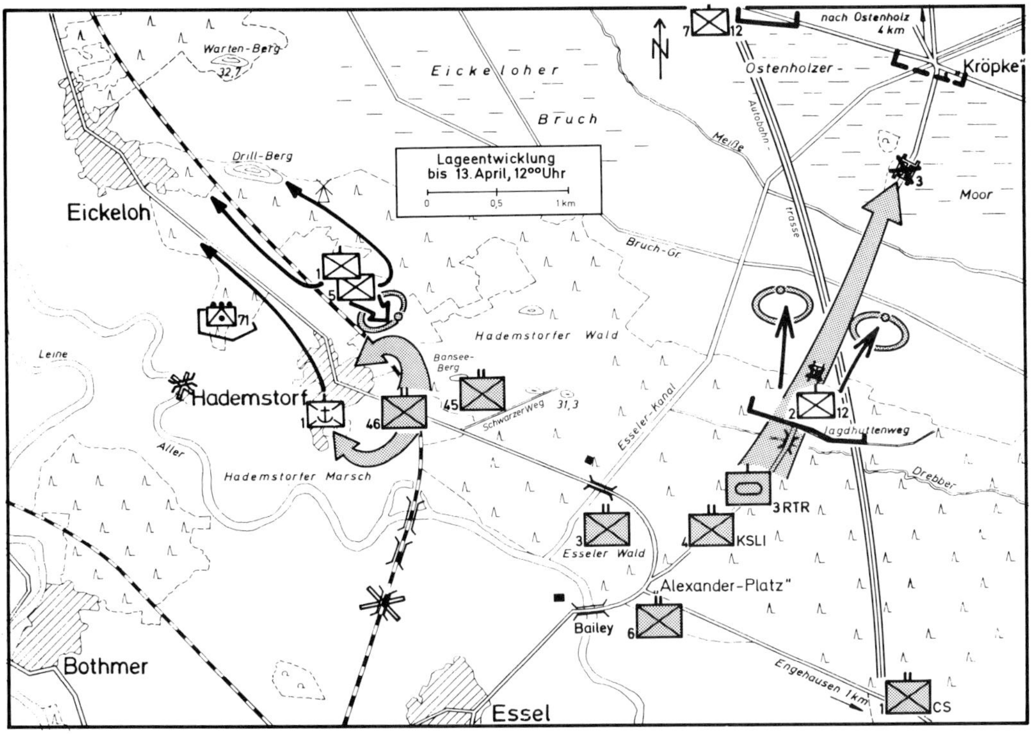

sind die Rosen, wenn sie verglühn, – auf der Ostenholzer Heide." Auf dem Gefechtsstand des SS-Bataillons in Ostenholz war der Teufel los. Man wußte, daß die 2. Kompanie geschlagen war und die Briten in Kürze auf der Wegespinne am „Kröpke" stehen würden. Kommandeur Peinemann hatte nur noch seine 7. Kompanie, der es gegen die Artillerie und die britischen Panzer nicht besser gehen konnte als der 2. Kompanie. Trotzdem rief jemand: „Angreifen, mit allem was wir haben! ‚Kröpke' darf nicht verlorengehen!" Und ein anderer: „Spähtrupps losschicken. Wer jetzt abhaut, wird erschossen!" Peinemann, ehemaliger Polizeioffizier, hatte von seinen Männern bisher nie das Unmögliche verlangt, er würde es auch jetzt nicht tun. Er war kein Mann wilder, blutiger Entschlüsse. Dennoch, wenn die Briten die Wegespinne am Gasthaus „Kröpke" erreichten, hatten sie fünf Wege zur freien Verfügung. Da schaltete sich Grabher-Meyer ein. Er brüllte bloß: „Jeder weitere Angriff ist blanker Mord!" Dann lähmende Stille. – Plötzlich flog die Tür auf. Der Chef der zerschlagenen 2. Kompanie, Obersturmführer Marsen, stolperte herein. „In einem kleinen Waldstück haben wir die Panzer abgeschossen, die feindliche Infanterie geht zurück."

Mitten im Ostenholzer Moor gab es nur knapp 700 Meter südlich „Kröpke" ein kleines Waldstück westlich der Straße; es ist heute gerodet. Genau dort standen Wochen nach dem Kampf drei britische „Comet"-Panzer. Alle hatten Einschüsse links seitlich in der Wanne und waren ausgebrannt. Hier lagen auch fünf tote britische Soldaten. An dieser Stelle stoppte der britische Angriff. Kompaniechef Marsen hatte ebenso wie sein Hauptscharführer ca. 20 Mann gesammelt und in eben jenem Waldstück versteckt. Vermutlich war der 19jährige mit den 17 Panzervernichtungsabzeichen dabeigewesen. Wenig später brannten schlagartig drei

„Comet". Auch die Infanterie hatte Verluste und wagte sich nun nicht weiter, sondern „The Battalion consolidated for the night in the woods, . . ." Auf gut Deutsch: Die Briten zogen sich zurück und ordneten sich neu. Sie taten es aber nicht erst am Abend, sondern bereits gegen Mittag. Es war ihr endgültig letzter Fehler im Ostenholzer Moor.

General Roberts durfte sich mit diesem Ergebnis natürlich nicht abfinden. Was nützte ihm die Einnahme von Hademstorf? Natürlich konnte er auch noch Eickeloh besetzen, aber das alles führte ihn nur noch tiefer in den Nachbargefechtsstreifen. Daher war auch der abgeschossene Panzer-Zug kein Grund, den Ausbruch nach Ostenholz aufzugeben. Die Spitzenpanzer gingen seit dem Weser-Übergang häufig verloren, ohne daß er bisher seine Angriffsrichtung geändert hatte. Er würde es auch diesmal nicht tun. Am nächsten Tag mußte der Durchbruch gelingen. Sicherlich hätten es die Briten am nächsten Tag geschafft, wenn sie soviel Zeit gehabt hätten, wie sie glaubten. Das zuerst einsatzbereite Infanterie-Bataillon der Kampfgruppe–Grosan war am frühen Morgen dieses 13. April aus Bergen in Richtung „Kröpke" abmarschiert. Es gehörte zum Regiment des Majors Rudolf Kahle und bestand aus vier Kompanien zu je 80 Mann. Es wurde von Hauptmann Heinz Lotze geführt. Dieser war bei einem Angriff südlich Rom durch einen Granatsplitter so schwer verletzt worden, daß er noch immer einen Krückstock tragen mußte. Lotze hatte seit Februar in Bergen einen Bataillons-Führer-Lehrgang besucht und sich als Führer dieses zuerst aufgestellten Bataillons freiwillig gemeldet.

Zwischen Ostenholz und „Kröpke" traf er auf die Granatwerfer-Kompanie des Oberleutnants Flößner, die er sich für den bevorstehenden Angriff unterstellte. Schließlich verfügte sein gesamtes Bataillon bisher nur über Handfeuerwaffen und einen einzigen 8 cm Mörser.

Bataillonsführer Hauptmann Heinz Lotze

Gegen 13.00 Uhr, kurz nachdem die britische Infanterie zurückgegangen war, stand das Bataillon–Lotze am „Kröpke". Auch Regimentskommandeur Kahle war anwesend. Er zählte sicherlich zu den härtesten Offizieren der an der gesamten „Aller-Linie" eingesetzten deutschen Einheiten. Der Ritterkreuzträger wollte daher auch diesen Angriff begleiten; allerdings nicht, um zu führen, sondern nur, um ein Beispiel zu geben, falls es darauf ankommen sollte.

Kurz nach 13.00 Uhr gab Hauptmann Lotze den Befehl zum Angriff. Wie bereits am Morgen die 2. Kompanie, so ging auch er beiderseits des Ostenholzer Weges vor. Zwei Kompanien voraus. Zwei Kompanien folgten. In der Mitte der Bataillonsstab. Beim Durchwaten der Meiße, also auf dem halben Weg zum Waldrand, griffen britische „Typhoons" mit Raketen an. „Es traten keine mir sichtbaren Verluste auf, vielleicht, weil der Boden zu feucht war und die Geschosse nicht detonierten", erinnert sich Lotze, aber auch an die Meiße: „ Das Wasser war sehr kalt und reichte uns bis zur Brust." – Er sah einige Grenadiere des SS-Bataillons noch immer verstört durch das Moor laufen. Dann traf er auf die vordersten Stellungen der britischen Infanterie. Diese wurden nach hartem Feuerkampf geworfen. Lotze ging weiter vor. Er kam bis über den Drebber. Dann aber setzte britisches Artilleriefeuer ein. Lotze unterlief es mit seinen Männern und ließ Stellungen ausheben. Sie sind noch heute mitten im Wald, südlich der Wochenendhäuser erkennbar. Der britische Brückenkopf war eingedrückt und nicht tiefer als 1.000 Meter. Aber Hauptmann Lotze hatte immerhin drei britische Bataillone und eine geschwächte Panzer-Kompanie vor sich. An einen weiteren Angriff war daher nicht zu denken. Einmal noch versuchten die Briten einen Vorstoß. Ein „Scout"-Panzer rollte langsam Richtung Drebber. Kurz darauf sackte der Kommandant, der in der Luke stand, getroffen zusammen. Der Aufklärer fuhr zurück.

General Roberts gab seinen Plan auf. Er konnte Ostenholz wegen Hauptmann Lotze nicht erreichen. Er marschierte am nächsten Tag am Nordufer der Aller nach Winsen – dorthin, wo er schon seit drei Tagen hätte sein können, wenn er seine ursprüngliche Angriffsrichtung nicht geändert hätte. Hauptmann Lotze lag mit seinem Bataillon noch am nächsten Tag im Esseler Wald. Aber am 15. April, als die Briten in Bergen und Walsrode waren, mußte auch er zurück, um der drohenden Einkesselung zu entgehen. Während Hauptmann Lotze nach Soltau marschierte, war auch für Eickeloh der Krieg beendet. Die letzten deutschen Soldaten waren ebenfalls am Sonntag, dem 15. April, abgerückt.

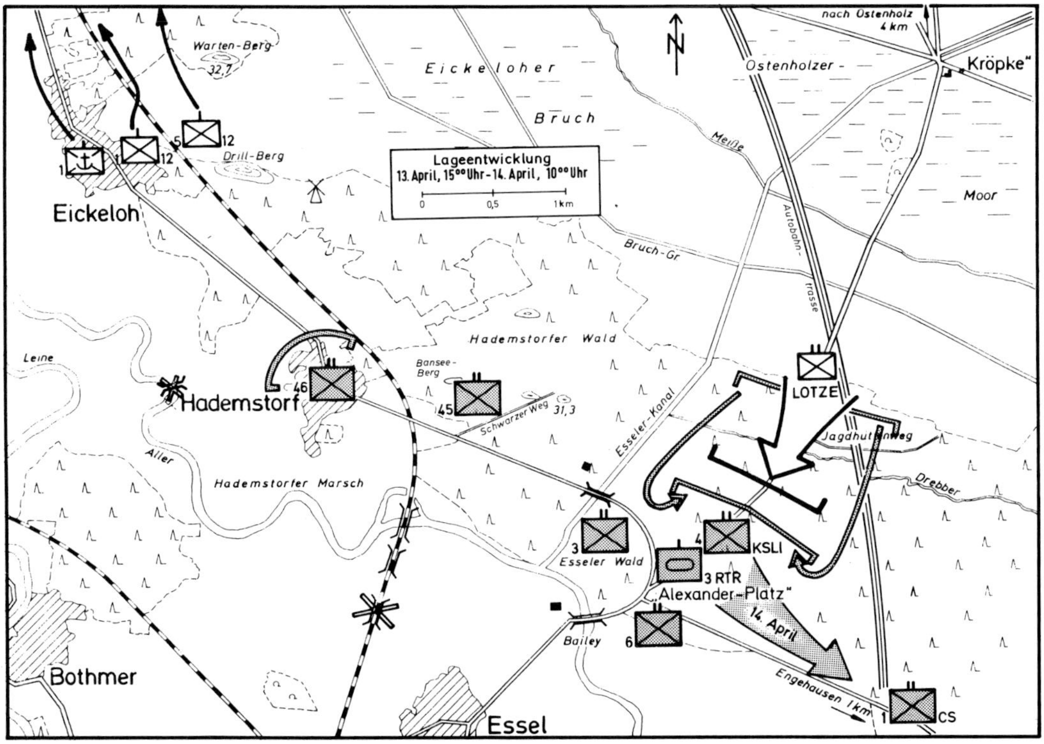

Am 16. April, so schreibt die Dorfchronik, erschienen „ . . . die ersten vorsichtig vortastenden Jeeps der Briten.“ Aus den Wäldern am Wartenberg kamen die Einwohner zurück. Neben einem Wohnhaus und drei Scheunen, die vollständig zerstört waren, hielten sich die weiteren Schäden in Grenzen. Natürlich lagen die Kronen vieler Eichen zersplittert auf den Höfen und Straßen. Aber was zählte das schon. Man war noch einmal davongekommen. Die Vorsicht hatte sich, wie einst im Dreißigjährigen Krieg, ausgezahlt. Sofort ging man an die Arbeit, denn es war ein herrlicher Frühling, und es würde ein guter Sommer werden.

Die Briten suchten nach Soldaten und Waffen, fanden aber nichts. So entwendeten sie einem Kolonialwarenhändler die Registrierkasse, benahmen sich sonst aber vorbildlich. Bürgermeister Eickhoff: „Wir Kinder bekamen Weißbrot. Jeder eine Scheibe, und der Sergeant paßte auf, daß man sich nicht wieder hinten anstellte.“

Die Kämpfe zwischen Eickeloh – „Kröpke“ und der Aller-Brücke hatten 163 deutschen Soldaten das Leben gekostet. Davon waren 59 von der Marine und 47 vom SS-Bataillon 12. Die übrigen 57 Gefallenen gehörten zur RAD-Batterie des Oberstfeldmeisters Kutscher, zur Panzerjäger-Einheit des Hauptmanns Dr. Seyffert und zum Bataillon des Hauptmanns Lotze. Die ostwärts des Esseler-Kanals gefallenen 110 Deutschen wurden von Bürgermeister Pralle und den Esseler Einwohnern auf dem Soldatenfriedhof an der Landstraße 190 beigesetzt. Außerdem ruhen auf dem Friedhof noch weitere vier Soldaten, die vor dem 11. April südlich der Aller gefallen sind. Die seinerzeit westlich des Esseler-Kanals gefallenen Deutschen wurden von der Bevölkerung aus Eickeloh und Hademstorf auf dem Eickeloher Friedhof beigesetzt. Von ihnen gehörten 18 zum SS-Bataillon 12, zehn waren Angehörige der Panzerjäger-Einheit und zwölf waren Marinesoldaten. Im Walsroder Lazarett verstarben von den bei Hademstorf Verwundeten weitere sieben SS-Grenadiere, drei Marinesoldaten und vier Panzerjäger. Sie wurden dort mit weiteren 92 Gefallenen dieser Tage auf dem örtlichen Friedhof beerdigt. Die britischen Verluste betrugen 55 Mann. Die Gefallenen ruhen auf den britischen Soldatenfriedhöfen in Celle und Becklingen.

Rechts: Britischer Soldatenfriedhof in Celle

Unten: Soldatenfriedhof Essel

Unten rechts: Soldatenfriedhof Eickeloh

Der Kampf um Winsen und Wolthausen

Oberst Erich Totzeck, Kampfkommandant von Winsen, fiel am 15. April bei Walle.

Während sich das Marine-Füsilier-Bataillon 2 noch verbissen gegen die 1. „Commando Brigade" wehrte, bereitete sich die 159. Infanterie-Brigade ohne das 4. Bataillon „King's Shropshire Light Infantry" ebenfalls zum Übergang über die Aller vor. Der Brigadegefechtsstand lag in Buchholz. Am 11. April sollte das 1. Bataillon „Cheshire Regiment" zuerst übergehen. Eine passable Brücke gab es nördlich Buchholz nicht. Die „Cheshires" waren auf die Marklendorfer Schleuse angewiesen. Dort konnte zwar Infanterie zu Fuß die Aller überwinden, aber Fahrzeuge aller Art mußten zurückbleiben. Die Briten hatten sich bis auf wenige hundert Meter der Aller genähert. Vor ihnen lag zunächst das Turbinenkraftwerk, das durch den eigentlichen Flußlauf gebaut worden war. Kurz dahinter lagen die beiden Schleusentore des Stichkanals, und knapp 1.000 Meter entfernt führte eine Fußgängerbrücke über den toten Allerarm. Von deutschen Soldaten war weit und breit keine Spur. Trotzdem standen plötzlich zwei Männer mit Kabeln in den Händen auf der Turbinenbrücke. Diese sollte offenbar in letzter Minute gesprengt werden. Die britischen MG-Schützen gingen blitzschnell in Stellung.

Einige Stunden zuvor war Ferdinand Hemme von der Nachtschicht in sein Wohnhaus nach Oldau bei Winsen zurückgekehrt. Hemme, Jahrgang 1891, war Angestellter der Preussag. Er war für die Aller-Stromturbinen in Oldau verantwortlich. Eigentlich sollte er im Winsener Lazarett eingesetzt werden. Immerhin war er im 1. Weltkrieg Sanitätsgefreiter, und jetzt lag das Lazarett voll mit verwundeten deutschen Soldaten. Letztlich war Hemme aber „uk.", unabkömmlich, gestellt worden. Das Stromkraftwerk in Oldau versorgte Winsen und Celle, auch die dortigen Lazarette.

Ferdinand Hemme hatte sich am Morgen des 11. April kaum zur Ruhe gelegt, da wurde er geweckt. In Oldau sei ein Kabel durchgebrannt. Entsprechender Ersatz war nur in dem Kraftwerk bei Engehausen vorhanden. Hemme wollte sofort dorthin. Die Familie riet ihm ab, denn die Lage war ungewiß. Die Telefonverbindungen reichten nur noch bis Wietze, acht Kilometer vor Marklendorf. Hemme ließ sich nicht beirren. „Ick mutt det Kabel heffen." Es würde schon gut gehen. – Der 33jährige Walter Voges, als Erdölfachmann ebenfalls „uk."-gestellt, bot sich an, Hemme

Ferdinand Hemme, Maschinenmeister von Oldau, fiel am 11. April bei Marklendorf.

Reinhold Schulz, Maschinenmeister von Marklendorf, wurde tödlich verwundet.

Walter Voges, der freiwillige Motorradfahrer, wurde schwer verwundet.

Stauwehr des ehemaligen Kraftwerkes bei Marklendorf (Foto 1986)

mit seinem Motorrad zu fahren. Auch er glaubte, daß es gut gehen würde, – trotz der Feindlage. Sie starteten gegen 10.00 Uhr. Wenig später waren sie da. Voges blieb mit seinem Motorrad auf dem Nordufer der Aller. Hemme ging über die Fußgängerbrücke und die Schleuse bis zum Turbinenhaus. Der zuständige Maschinenmeister, der 47jährige Reinhold Schulz, befand sich mit seiner Familie im Keller des großen Wohnhauses neben dem damaligen Kraftwerk. Ferdinand Hemme nötigte ihn nach oben. Wenig später hatte er sein Kabel. – Auf der Brücke des Kraftwerkes gab er Schulz die Hand. In diesem Moment eröffneten die Maschinengewehre der Briten das Feuer. Hemme war sofort tot. Schulz war schwer verletzt. Als die Briten wenig später erkannten, auf wen sie geschossen hatten, waren sie betroffen. Sie versicherten das vor allem der Familie Schulz und sorgten für einen schnellen Abtransport des Schwerverwundeten. Aber auch das half nicht mehr. Maschinenmeister Schulz verstarb am nächsten Tag im Schwarmstedter Krankenhaus.

Den „Cheshires“ unterlief am 11. April noch ein Fehler. Als sie die Fußgängerbrücke des toten Allerarmes überquert hatten, erkannten sie einen „Kradmelder“, der von Engehausen nach Osten fuhr. Sie schossen und trafen. In ihrer Chronik schildern sie, daß einem ihrer Scharfschützen auf einen schnellen Motorradfahrer ein großartiger Schuß gelang. Der Mann, den sie auf 200 Meter Entfernung aus dem Sattel geschossen hatten, war Walter Voges. Aber er war nicht tot. Er schleppte sich mit einem Oberschenkelschuß noch am selben Tage bis Winsen ins Lazarett. Er war der einzige, der die Sache mit dem Stromkabel für das Kraftwerk in Oldau überlebte.

Der 11. April hätte der Glückstag der „Cheshires“ werden können, wie wir heute wissen. Sie hätten ohne Fahrzeuge und schwere Waffen nur nach Norden marschieren müssen. Nach zwei Kilometern Wald kam der „Esseler Bruch“, der heute Ostenholzer Moor heißt. Nach insgesamt fünf Kilometern hätten sie das „Kröpke“ besetzt. Auf deutschen Widerstand wären sie an keiner Stelle gestoßen, denn der Wald war aus ihrer Sicht „feindfrei“. Die dramatischen und kräftezehrenden Kämpfe der nächsten Tage wären unnötig geworden.

Der Gefechtsstand der 159. Infanterie-Brigade lag in Buchholz auf einem großzügigen Hof. Sie wartete auch noch am 12. April auf den Durchbruch der „Royal Tanks“ und ihres 4. Bataillons „King's Shropshire Light Infantry“. Aber daraus wurde nichts.

So griff das 1. Bataillon des „Cheshire Regiment“ am 12. April Engehausen an. Die Ortschaft war am Vortage noch nicht von deutschen Soldaten besetzt gewesen. Aber jetzt waren dort Teile der am „Alexanderplatz“ geschlagenen Kompanien in Stellung gegangen. Trotz zahlenmäßiger Überlegenheit und erheblicher Artillerieunterstützung verlor das britische Bataillon vier Mann. Auf deutscher Seite fielen fünf Soldaten. Der jüngste von ihnen war der 16jährige Panzerschütze Ernst Löffler aus Schlesien. Seine Familie erfuhr erst zwei Jahre später von seinem Tod. Vermutlich hätten Löfflers es überhaupt nicht erfahren, wenn der damalige Panzerschütze nicht den letzten Brief seiner Mutter in der linken Brusttasche getragen hätte. Dieser war vom 18. Januar 1945 datiert. Auf dem gefalteten Karo-Papier war dort zu lesen: „Mein lieber Sohn! Ich will Dir doch noch schnell ein paar Zeilen schreiben. ... so hoffen wir, daß unsere tapferen Soldaten die Feinde halten können ... Aber die Hauptsache ist doch, daß wir den Krieg gewinnen und können in unserer Heimat bleiben ... “ Die letzte Briefzeile ist nicht lesbar. Dort ist das Papier schwarzbraun verkrustet. Als Panzerschütze Löffler in Engehausen mit dem monatealten Brief seiner Mutter in der Tasche fiel, treckte seine Familie bereits nach Westen, – seit Wochen. – In einer westfälischen Zeitung war im Juli 1947 die Todesanzeige zu lesen. „Nach 2½ Jahren langem Warten erhielten wir die traurige Nachricht durch eine Hamburger Suchstelle, daß unser lieber, ältester Sohn und Bruder Ernst Löffler im blühenden Alter von 16½ Jahren, am 12. 4. 1945 gestorben ist. Er wurde auf dem Heldenfriedhof in Schwarmstedt beigesetzt.“

Panzerschütze Ernst Löffler fiel am 12. April 1945 in Engehausen.

Am Abend des 12. April gab es im gesamten Aller-Abschnitt zwischen Essel und Celle nur noch einen einzigen deutschen Truppenteil, der ernstzunehmenden Widerstand leisten konnte: Die Kampfgruppe-Totzeck. Für den Oberst ergab sich nach dem großräumigen Ausweichen der Kampfgruppe-Scherer und dem britischen Vorstoß bis Engehausen ein ebenso klares wie erschrekkendes Lagebild. Er konnte nämlich aus drei verschiedenen Richtungen von stets überlegenen Feindkräften angegriffen werden. Von Westen bedrohte

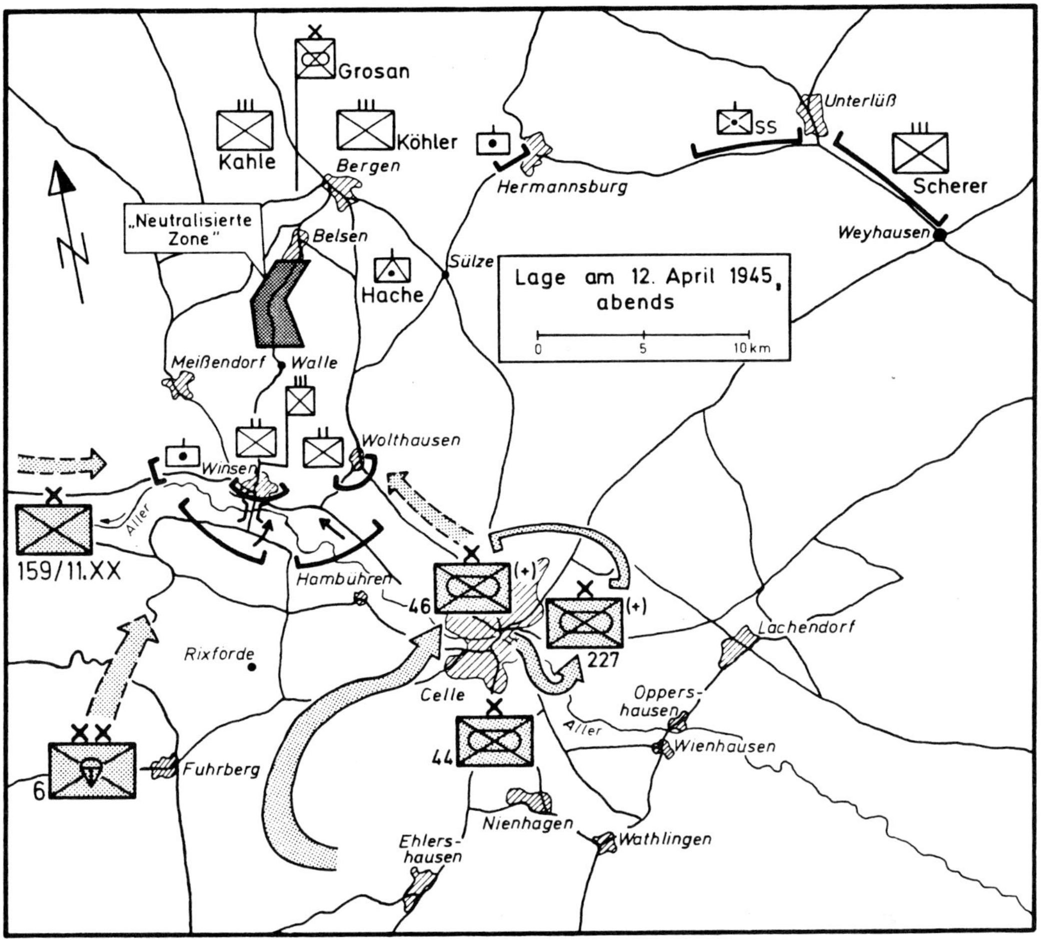

ihn die Spitze der 11. Panzer-Division; die aus Fuhrberg nachgeführte 6. Luftlande-Division konnte jederzeit nach Norden eindrehen, und letztlich war auch ein Angriff der 15. schottischen Division aus Südosten nicht auszuschließen. Oberst Totzeck nahm daher noch am selben Tag beide Bataillone auf das Nordufer der Aller zurück. Sie gingen an den Ortsrändern von Winsen und Wolthausen in Stellung, wobei sie auch zwei Kompanien des Regiment-Köhler von der Kampfgruppe-Grosan ablösten. Schließlich schickte Totzeck eine Werfer-Batterie nach Hermannsburg. Diese sollte zusammen mit einigen Pak-Geschützen des Majors Hache, die in Sülze standen, seine tiefe linke Flanke wenigstens vorläufig schützen.

Neben seiner hoffnungslosen militärischen Lage bedrückte ihn außerdem ein persönliches Erlebnis, das er an diesem Tage gehabt hatte. Zunächst waren morgens zwei deutsche Stabsoffiziere und ein ungarischer Oberst mit weißer Fahne erschienen, die mit den Briten Kontakt aufnehmen wollten. Totzeck, der mit den Zusammenhängen nicht vertraut war, hielt die Parlamentärgruppe an und telefonierte mit Oberst Grosan. Erst als dieser ihm versicherte, daß die Kontaktaufnahme mit dem Feind von ihm gebilligt würde, ließ Totzeck sie weiterfahren. Am Nachmittag war dann auch noch ein britischer Oberst ebenfalls mit weißer Fahne erschienen und mit Oberst Totzeck nach Belsen gefahren. Vermutlich ging es um die genaue Begrenzung einer zu neutralisierenden Zone. Ganz sicher war Oberst Totzeck jedoch auch im Konzentrationslager gewesen. Von dort war er sehr deprimiert zurückgekehrt und hatte seinen Offizieren erklärt, was er gesehen habe, sei mit der Ehre eines deutschen Offiziers nicht vereinbar. Dafür habe er weder gelebt noch gekämpft.

Allerdings wußte der Oberst spätestens seit Anfang April von der Existenz dieses Lagers. Seinerzeit hatte er in Gegenwart seines Adjutanten, Oberleutnant Richter, einen Telefonanruf des Lagerkommandanten, Hauptsturmführer Kramer, erhalten. Dieser bat um kurzfristige Abstellung mindestens eines Lastkraftwagens zum Transport von Lebensmitteln. Oberst Totzeck, der die Zustände im KZ nicht kannte, war sehr kurz angebunden. Der ehemalige Oberleutnant Richter erinnert sich noch genau an die knappe Antwort, die der Oberst gab: „Wir stehen kurz vor dem Ausrücken und brauchen unseren Transportraum selbst. Außerdem haben wir mit einem Konzentrationslager nichts zu tun und wollen auch nichts damit zu tun haben." Die Eindrücke des 12. April scheinen Oberst Erich Totzeck zu einem unwiderruflichen Entschluß geführt zu haben.

Nach Einbruch der Dunkelheit gelangte er in voller Uniform, aber auf unbekannte Weise, in das von den Briten besetzte Celle. Dort besuchte er im Kreuzgarten seine Familie. Er kehrte noch in der Nacht unbehelligt zu seiner Truppe zurück. Rückwirkend sieht das wie ein Abschiedsbesuch aus.

Am Morgen des 13. April sollte die Aller-Brücke zwischen Winsen und Südwinsen gesprengt werden. Zum wiederholten Mal meldete sich Bürgermeister Georg Schulze bei Oberst Totzeck und bat, die Sprengung zu unterlassen. Der sonst stets fröhliche, zumindest aber aufgeschlossene Oberst wirkte niedergeschlagen und verbittert. Er gab dem Bürgermeister zu verstehen, daß er Soldat sei und einen Befehl auszuführen habe. Er war sich hierbei bestimmt sicher, daß es ohnehin der letzte Befehl war, den er ausführen würde. Wenig später ließ Totzeck für Winsen Alarm geben. Als alle Einwohner im Keller waren, befahl er die Sprengung. In der Winsener Chronik ist zu lesen: „Bei der Sprengung der Aller-Brücke schaltete sich ein Flüchtling, ein schwerverwundeter ehemaliger Pionieroffizier Lading, ein, der die Sprengladungen so verringerte, daß nicht der ganze Ort mit in die Luft flog." Gegen Mittag waren die ersten Panzer der 6. Luftlande-Division in Südwinsen. Hauptlehrer Willi Schulze, Heinrich Hornbostel und Direktor Hahn gingen ihnen mit einer weißen Fahne entgegen. Die Briten verlangten wie immer die Abgabe aller Waffen und die Benennung aller im Dorf anwesenden, verwundeten oder beurlaubten Soldaten. Dann fuhren sie in Richtung Oldau weiter. Die Soldaten der 6. Luftlande-Division interessierten sich weder für die Aller-Brücke noch für Winsen selbst. Sie wollten nur nach Celle und dann nach Uelzen. So verlief dieser Freitag für Winsen ruhig. Die Bevölkerung hörte aber nervös auf den Gefechtslärm, der aus Westen immer näher kam.

Am 13. April erhielt das 1. Bataillon „Cheshire Regiment" Verstärkung durch das Aufklärungs-Regiment der 15./19. „King's Royal Hussars". Gemeinsam gingen sie nach Osten auf Thören vor. Mit Splittergruppen von Kutschers Flak-Batterie kam es zum Feuerkampf. Ein Vormann und drei weitere Deutsche fielen. Die Briten hatten keine Verluste. – Ihr weiterer Vorstoß auf Bannetze wurde am Ortseingang durch zwei 8.8 Flak-Geschütze gestoppt. Der britische Spitzenpanzer wurde getroffen. Daraufhin umging der Zug des Leutnants Frazer die Ortschaft im

Süden. Aus halbrechter Position bekämpfte er die deutsche Geschützbedienung mit Sprenggranaten, die daraufhin ihr Geschütz im Stich lassen mußte. Es wurde vom nächsten britischen Geschoß zerstört. Das zweite deutsche Geschütz war so gut getarnt, daß es von den britischen Spähpanzern nicht ausgemacht werden konnte. So wurde auch noch der Panzer des Sergeant Deakin getroffen und zwei seiner Männer verwundet. Die „Hussars" entschlossen sich, wegen der einbrechenden Dunkelheit den Angriff auf Bannetze einzustellen. Auf einer kleinen Lichtung nördlich der Straße zogen sie unter. Hier schlugen kurz darauf wenige, aber gut liegende Werfergranaten ein. Ein Leutnant, ein Sergeant und fünf Mann wurden verwundet. So hatte der britische Vorstoß auf Winsen nur knapp sechs Kilometer gewonnen. Der Preis waren zwei ausgefallene Panzer und neun Verwundete. Auf deutscher Seite hatten nur schwache Gruppen des RAD und des Marine-Füsilier-Bataillons 2 gestanden; außerdem Soldaten von Panzerjagd- und Ersatzabteilungen, die vermutlich zur Kampfgruppe–Grosan gehörten. Ausfälle hatten sie nach den offiziellen Kriegsgräberlisten jedoch erstaunlicherweise nicht.

8.8 cm Flak / 41

Gegen 05.30 Uhr am Morgen des 14. April setzte das deutsche Werferfeuer auf die Lichtung vor Bannetze erneut ein. Das „Cheshire Regiment" hatte mehrere Verwundete. Als die Panzer der „Hussars" von ihrer Lichtung auf die Straße einbiegen wollten, eröffnete das gut getarnte Geschütz, das am Vortage nicht ausgeschaltet werden konnte, erneut das Feuer. Der erste Panzer der 1. Kompanie wurde mehrfach getroffen und fiel aus. Dennoch kämpften sich die Briten mühsam durch Bannetze. In der Chronik des Aufklärungs-Regiments über diesen Sonnabend im April 1945 ist zu lesen: „Es war ein mißlungener Start, und am Abend hatten wir vielleicht das härteste Gefecht, das wir während des gesamten Krieges führen mußten, hinter uns. Winsen und die Aller werden lange in den Annalen des Regiments weiterleben."

Dieses „härteste Gefecht" begann zwei Kilometer hinter Bannetze bei Straßenkilometer 18. Dort folgt die Straße nach Winsen in einer scharfen Kurve dem Verlauf der Aller. Hier stand noch immer die Werfer-Batterie, die vor zwei Tagen den äußersten rechten Flügel zur Verteidigung von Celle gebildet hatte. Sie war durch einige Soldaten des geschlagenen Marine-Füsilier-Bataillons 2 verstärkt worden. Als sie das Feuer eröffneten, kam der Vormarsch des Panzeraufklärungs-Bataillons zum Stehen. Beide Straßenseiten waren bewaldet. Die britischen Panzer hatten keine Entfaltungsmöglichkeit und nur wenig Schußfeld. Das „Cheshire"-Infanterie-Bataillon wurde nach vorne geholt. Es konnte die schwachen deutschen Kräfte jedoch im Waldkampf nur schrittweise zurückdrängen. Erst als es gelang, mit einer Kompanie die deutschen Stellungen zu umgehen und flankierend anzugreifen,

Foto des Leutnants Wilhelm Floto, das auf seinem Grab bei Straßenkilometer 18 gefunden wurde.

war Punkt 18 fest in britischer Hand. Nördlich der Straße waren sieben deutsche Soldaten gefallen, südlich der Straße auf einer kleinen Lichtung weitere vier. Diese wurden zunächst begraben, wo sie gefallen waren.

Ein Schäfer, der das Gefecht aus sicherer Entfernung verfolgt hatte, berichtete später, daß von der Lichtung aus bis zuletzt heftig geschossen worden sei.

Einer der dort Gefallenen war Leutnant Wilhelm Floto aus Braunschweig. Er hatte eine schwere Oberschenkelverletzung erlitten und ist vermutlich noch während der Kampfhandlungen verblutet.

Auf seinem Grab lagen ein paar Tage lang sein Brillenetui und sein Foto mit Namensangabe. Frau Segelke aus Hornbostel, die zunächst die Gräber pflegte, gab mehrere Suchanzeigen auf, bis sie die Familie Floto fand und dieser die Grablage mitteilen konnte.

Die insgesamt elf bei Straßenkilometer 18 gefallenen Soldaten wurden 1946 nach Winsen umgebettet. – Die nächsten zwei Kilometer legten die beiden britischen Bataillone ohne Feindberührung zurück. Das änderte sich erst wenige hundert Meter nördlich des heutigen „Wacholder-Parks".

Als der erste Panzer um die Linkskurve fuhr, wurde er abgeschossen. Die beiden nächsten Panzer, die südlich der Straße vorgingen, wurden kurz darauf ebenfalls

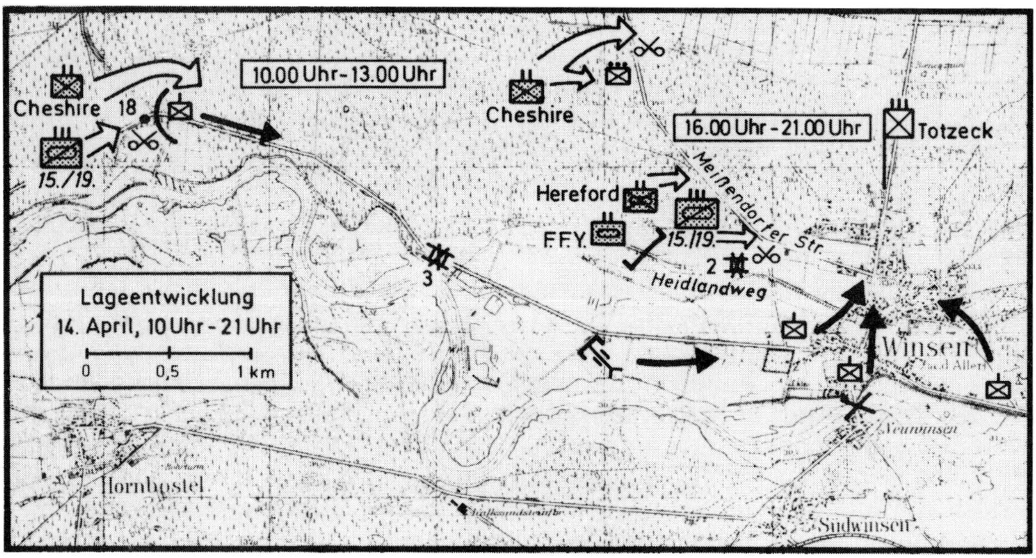

getroffen. – Die Besatzungen verließen ihre Panzer. Von dem treffsicheren deutschen Gegner war nichts zu sehen. Da nun niemand mehr wagte, die Linkskurve zu durchfahren, kam der britische Angriff zum Stehen.

Laut Kriegstagebuch wurden sehr umfangreiche Vorbereitungen für einen Umfassungsangriff auf Winsen getroffen.

Dieser begann Punkt 16.00 Uhr mit einem Jabo-Angriff, dem der Feuerschlag eines Artillerie-Regiments folgte. Die 15./19. „Hussars" und die „Herefordshires" gingen dann parallel zum Heidlandweg auf Winsen vor. Das „Fife and Forfar"-Panzer-Bataillon bezog am Waldrand, unangreifbar durch die deutsche Pak, versteckte Stellungen und schoß auf den Ortsrand. Das „Cheshire"-Bataillon stieß weit nach Norden ausholend zur Meißendorfer Straße vor.

Panzerschütze Heinrich Brockmann (hier noch in RAD-Uniform) fiel am 14. April 1945 in seinem Heimatort Winsen.

Durch deutsche Panzerfaustschützen verloren die Briten zwei weitere Kampffahrzeuge.

Ein Einwohner berichtet in der Winsener Chronik: „Es ist vier Uhr. Da fliegen plötzlich Dachziegel – durch Bordmaschinenbeschuß . . . Um fünf Uhr fiel die Bombe in den Südflügel der Schule. Das Haus erzitterte und man dachte an das Ende . . . Artilleriebeschuß von Westen her . . . Um sieben Uhr brannten elf Häuser."

Der Urlaub des Panzerschützen Heinrich Brockmann war noch nicht abgelaufen. Aber als der Gefechtslärm den Ort fast erreicht hatte, packte er seine Ausrüstung zusammen und marschierte Richtung Meißendorf. Gute Bekannte rieten ihm, dazubleiben und die Uniform auszuziehen. Brockmann rief ihnen zu: „Ich bin doch kein Feigling!" und marschierte weiter. Was er beabsichtigte, ist unklar. Entweder wollte er den Ort verlassen, bevor dieser eingenommen war, oder er wollte den anrückenden Briten Widerstand leisten. Als es dämmerte, erreichte der erste britische Aufklärungspanzer über den Heidlandweg die Meißendorfer Straße. Wenig später schoß sein Turm-MG. Heinrich Brockmann wurde erst an der Hand verwundet, kurz darauf tödlich.

Kurz darauf erreichte die britische Infanterie die Meißendorfer Straße 1,5 Kilometer nördlich davon. Dort kam es zum Feuerkampf. Vermutlich wurde der Waldrand zum Winsener Moor von einer Gruppe, höchstens aber einem Zug Werfersoldaten gesichert. Ein Feldwebel, ein Unteroffizier und zwei Mannschaftsdienstgrade fielen.

Ohne jeden weiteren Widerstand rückten „Herefordshires" und die „Hussars" bis 21.00 Uhr in Winsen ein. Oberst Erich Totzeck hatte angesichts der hoffnungslosen Lage seine restlichen Kräfte zurückgenommen. Die günstig postierte und gut getarnte 8.8 Pak, die den direkten Angriff auf Winsen abgewiesen hatte, fanden die

Briten verlassen in der Niederung rechts neben der Straße. Die Bedienung war zurückgegangen, als der britische Umfassungsangriff erkannt worden war. Lehrer Willi Schulze schrieb in die Südwinsener Schulchronik: „Von der Dielentür beobachte ich den Angriff der Jabos auf mein Heimatdorf Winsen. Unsere Truppen versuchen, . . . den Vormarsch der Feinde aufzuhalten . . . Immer wieder setzten die Jabos zum Angriff an. Dann liegt schweres Artilleriefeuer auf dem Ort. Maschinengewehre bellen, einzelne Schüsse krachen. Unsere Wehrmacht zieht sich nach Norden und Nordosten zurück . . . Um 21 Uhr ist der ungleiche Kampf beendet."

Der Angriff auf Winsen hatte die Briten insgesamt fünf Panzer gekostet. Drei davon konnten offenbar schnell instandgesetzt werden. Die beiden anderen standen noch Wochen nach dem Krieg auf dem Heidlandweg. Die nachweisbaren britischen Personalausfälle betrugen alleine beim „Cheshire"- und beim Aufklärungs-Regiment zusammengenommen 20 Gefallene und 21 Verwundete. Die Chronik der „Cheshires" kommentiert diesen Kampftag: „Es war ein hartes Stück Arbeit gewesen . . ."

Unter der Winsener Bevölkerung hatte es trotzdem keine Toten gegeben. Auch unter den britischen Truppen hatte Winsen nicht zu leiden. In der Ortschronik ist über eine Gruppe der „Cheshires" zu lesen: „Meine Gewehre rausgestellt – Ferngläser abgenommen. Jedem ein Ei gekocht. Sechs Mann schlafen in einem Zimmer, benehmen sich sehr anständig." Den Verlust ihrer Jagdwaffen und -gläser mußten die Winsener wohl oder übel hinnehmen. Auch der Schützenverein verlor seine Fahne, erhielt sie jedoch nach dem Krieg wieder zurück. Sie hängt heute noch im Rathaus.

Mit der Besetzung von Winsen hatte die 11. U.K. Panzer-Division endlich eine nach Norden führende Straße gewonnen. Das war wichtig, weil am Vortage die Angriffsversuche im Ostenholzer Moor eingestellt worden waren. Allerdings war die Straße Winsen - Bergen für den schnellen Vorstoß einer gesamten Division keine Ideallösung. Die Briten mußten am nächsten Tag daher versuchen, auch die Straße Wolthausen – Offen für ihren Vormarsch zu nutzen.

Die kleine Ortschaft Wolthausen gewann hierdurch für die britische Operationsplanung erheblich an Bedeutung. Am Abend des 14. April war Wolthausen die südlichste Ortschaft Norddeutschlands, die noch von deutschen Truppen besetzt war. Major Altschwager hatte seinen Bataillonsgefechtsstand im Haus des Dorfpolizisten eingerichtet. Von seinem einstigen Bataillon verfügte er noch über knapp 100 Mann unter Führung des Leutnants Holler. Er hatte sich im Gasthaus „Heide-Schänke" bei Hanna Fueß einquartiert. Diese hatte vor vier Jahrzehnten im Leben des Heide-Dichters Hermann Löns eine wichtige Rolle gespielt. In ihrem Gasthof zeigte sie mit gewissem Stolz ein handsigniertes Exemplar der ersten „Werwolf"-Ausgabe. Aber Holler und seine Männer hatten verständlicherweise kein Interesse an Frau Fueß und ihrem „Werwolf". Wichtiger waren für sie die britischen Spähpanzer, die aus Richtung Celle nach Wolthausen vorstießen, sich aber mit der Feststellung begnügten, daß der Ort offenbar verteidigt werden sollte. Vorsichtshalber war die Wolthausener Örtze-Brücke trotz einiger Bürgerproteste gesprengt worden. Die Briten störte das wenig, denn die 15. schottische Division, die auf Uelzen vorging, hatte sicherlich in ihrer tiefen linken Flanke lieber eine zerstörte, als eine intakte Brücke; auch für die 11. U.K. Panzer-Division, die aus Westen angriff, war die Örtze-Brücke ohne Bedeutung. Da man das in Wolthausen nicht ahnte, bereitete man sich vielmehr auf feindliche Angriffe aus Celle und Winsen vor. Unter den deutschen Soldaten in Wolthausen befand sich auch Oberleutnant Winckelmann, der am 12. April durch den Kfz-Unfall von seiner Kompanie getrennt worden war. Er hatte sie noch immer nicht gefunden. Auch sein Kommandeur, Major Altschwager, konnte ihm nicht helfen. Es mußte angenommen werden, daß die Kompanie den Rückzugsbefehl auf das Nordufer der Aller nicht erhalten hatte. Falls sie sich jedoch tatsächlich noch südlich des Flusses befand, war ihr Schicksal besiegelt. Genauso war es.

Als die Briten am 13. April über Hornbostel und Südwinsen nach Oldau vorgerückt waren, stand Winckelmanns Kompanie noch immer irgendwo zwischen Ovelgönne und dem Gut Rixförde. Nördlich und südlich von ihr rollten die britischen Kolonnen. Im Laufe des 14. April, noch bevor Winsen gefallen war, versuchte die Kompanie in kleinen Gruppen den Ausbruch. Die Führung hatte vermutlich ein Leutnant Schoepe übernommen. Alles Weitere kann nur noch aus Kriegsgräberlisten geschlossen werden.

Fahnenjunker-Unteroffizier Wilhelm Hillmer fiel am 14. April 1945 bei Allerhop.

Am 14. April fielen zwei Offizier-Bewerber der Kompanie—Winckelmann bei Ovelgönne. Ein weiterer Offizier-Bewerber und der Fahnenjunker-Unteroffizier Wilhelm Hillmer fielen bei Allerhop. Der nördlich davon verlaufende Waldweg wurde von Ortsansässigen noch Jahre danach „Soldatenweg" genannt. Die beiden Gefallenen waren hier zunächst beerdigt worden, bevor man sie wenig später auf dem Soldatenfriedhof in Winsen endgültig beisetzte. Auch der Leutnant Walter Schoepe, der zunächst

1945 Soldatengräber auf dem Friedhof Winsen 1986

schwerverwundet zum Gut Rixförde zurückgebracht worden war, verstarb noch am selben Tag auf dem Hof Busse. Der Rest der Kompanie wird in Gefangenschaft gegangen sein. Vielleicht ist es einigen noch gelungen, die Verbindung zur eigenen Truppe wiederherzustellen. Sehr wahrscheinlich ist das jedoch nicht.

Die Kampfhandlungen im Raum Winsen hatten 27 deutschen Soldaten das Leben gekostet. Fünf weitere waren auf dem Reserve-Verbandplatz in Winsen ihren Verwundungen erlegen. Sie alle wurden auf dem Winsener Friedhof beigesetzt.

In der Nacht zum 15. April begann der Angriff auf Wolthausen mit dem üblichen Artilleriefeuer. Da es aber zu kurz lag, verursachte es keine nennenswerten Schäden. Die Bevölkerung hatte den Ort zu großen Teilen verlassen. Die meisten hatten im Meermoor Zuflucht gesucht. Beim Morgengrauen kamen jedoch einige zurück, um die Kühe zu melken und sich über die Lage zu orientieren. Gegen 07.30 Uhr rollten die Panzer des 2. Bataillons der „Fife and Forfar Yeomanry" und die „Bren Carrier" des „Herefordshire"-Bataillons über den Kirchweg und die Winsener Straße gegen Wolthausen. Um 08.00 Uhr hatten sie kurz vor dem Ort eine 1.000 Meter breite Feuerfront gebildet. Das Folgende beschreibt die Chronik „750 Jahre Wolthausen/Wittbeck" in knapper Eindringlichkeit: „Als die Panzer gegen acht Uhr zum Vorgehen auf Wolthausen ansetzen, schlägt ihnen das Feuer der Verteidiger aus Infanteriewaffen entgegen, der hoffnungslosen Unterlegenheit mit einem einzelnen MG und sonst nur Karabinern ein aussichtsloses, ja beinahe verzweifeltes Bemühen . . . Vom Beginn des Panzerangriffs bis zur vollständigen Einnahme des Dorfes ist keine volle Stunde vergangen." Im Hagel der britischen Sprenggranaten hatte der ROB Friedrich Dettmer seine letzte Panzerfaust abgeschossen. Er erinnert sich: „Mein Schuß lag viel zu kurz, aber ich konnte nicht warten, bis die Panzerfront den Ortsrand erreicht hatte. Hinter mir brannten schon mehrere Häuser." Nahezu 30 Gebäude standen in Flammen. Auch die „Heide-Schänke" mit dem handsignierten „Werwolf" brannte ab. Während in Wolthausen das Feuer wütete, gab die Kompanie-Holler ihre Stellungen auf. Wolthausen war gefallen.

ROB Friedrich Dettmer kämpfte in Wolthausen.

Der Bataillonskommandeur, Major Altschwager, wollte offenbar eine andere Lösung. Zusammen mit seinem Adjutanten, dem Leutnant von Boehn, stieg er in einen Geländewagen und fuhr der britischen Panzerfront entgegen. Er hatte keine weiße Flagge, sondern nur seine Pistole. Sein Leutnant wurde schwer verwundet, vermutlich tödlich. Altschwager geriet in Gefangenschaft. An den Waldrändern nördlich und westlich Wolthausen sollen insgesamt zwei 8.8 Flak-Geschütze gestanden haben, die jedoch aus unbekannten Gründen nicht in die Kampfhandlungen eingegriffen hatten.

Wolthausen am 15. April (IWM)

Die Briten setzten ihren Vorstoß unverzüglich nach Norden fort. Westlich der damals noch nicht vorhandenen Siedlung Achterberg standen zwei gut getarnte 8.8 Geschütze. Sie wurden von Luftwaffensoldaten des Fliegerhorstes Faßberg bedient. Nachdem die britische Angriffsspitze vorbeigefahren war, eröffneten sie das Feuer. Zwei Spähpanzer und mehrere Fahrzeuge, die zum vorgezogenen Divisionsgefechtsstand gehörten, brannten. Der Vormarsch stoppte. Das „Herefordshire"-Bataillon durchkämmte den Wald beiderseits der Straße. Am Waldrand ostwärts des Forsthauses Wallerholz kam es erneut zum Feuerkampf. Nach einer guten Stunde war der deutsche Widerstand gebrochen. Die beiden Geschützführer, zwei Unteroffiziere, und drei weitere Luftwaffensoldaten waren gefallen. Sie wurden später auf dem Winsener Friedhof beigesetzt. Die Briten setzten ihren Vormarsch fort. In Offen trafen sie auf schwachen Widerstand. Ein 18jähriger und ein 17jähriger Soldat des Reichsarbeitsdienstes fielen. Beide wurden am Denkmal für

„Herefordshire"-Infanterie am 15. April zwischen Wolthausen und Offen (IWM)

Gedenkstätte in Offen

Britischer Schützenpanzer am 15. April in Sülze (IWM)

die Gefallenen des 1. Weltkrieges beerdigt. In Offen schwenkten die 15./19. „Hussars“ nach Osten. In Sülze trafen sie auf keinen Widerstand. Trotzdem sind dort einige Häuser zerstört worden. Die linke Angriffsgruppe der 11. U.K. Panzer-Division war von Winsen direkt nach Norden vorgegangen. Bis Walle trafen sie auf keinerlei Widerstand. Dort aber stand eine Werfer-Batterie des Oberstleutnants Böhme. Auch der Kommandeur der Kampfgruppe, Oberst Totzeck, war dabei. Es kam zum Feuerduell. Die Briten hatten schnell die Oberhand. Ihre Feuerschläge kamen immer dichter. Oberst Erich Totzeck hatte hinter sich nur noch die neutralisierte Zone des Konzentrationslagers, von dem er meinte, es sei eines deutschen Offiziers unwürdig. Vor ihm stand die 29. Panzer-Brigade der 11. Division. Ihr Artilleriefeuer lag nur noch wenige hundert Meter vor ihm. Totzeck hatte in Walle sicherlich nicht mehr als 100 Soldaten. So stand er zwischen dem Lager und dem Feuer der Briten. Er ging keinen Schritt mehr zurück.

Sein Ordonnanzoffizier, Oberleutnant Niehuus, war bei ihm. Als die ersten britischen Granaten auf der Kreuzung in Walle detonierten, brüllte der Oberleutnant: „Deckung, Herr Oberst. Deckung!“ Der Oberst blieb stehen. Niehuus warf sich in den Straßengraben. Als das Feuer nachließ, stand Niehuus auf. Oberst Erich Totzeck war schwer verwundet. Ein Granatsplitter hatte die linke Brusthälfte durchschlagen. Bevor die Nebelwerfersoldaten zurückgingen, fuhren sie ihren Oberst in das Reserve-Lazarett nach Bergen. Einen Monat später erhielt Frau Totzeck von einem Oberstabsarzt ein kurzes Schreiben. „Ich erfülle die schmerzliche Pflicht, Ihnen mitteilen zu müssen, daß Ihr Gatte, Oberst Erich Totzeck, am 15. 4. 1945 gegen 11 Uhr im Reserve-Lazarett Bergen bei Celle an den Folgen einer Granatsplitterverletzung trotz ärztlicher Bemühungen verstorben ist. Ich spreche Ihnen mein Beileid aus und übermittele anbei zwei Todesbescheinigungen.“ Der Oberst war nicht der einzige Gefallene an diesem Tag. Mit ihm mußten noch drei weitere Soldaten bei Walle ihr Leben lassen. Sie alle wurden auf dem Soldatenfriedhof Loheide in Hörsten beigesetzt.

Grab des Oberst Erich Totzeck auf dem Soldatenfriedhof Loheide

Wienhausen und der Phyrrussieg am Hahnenmoor

Kloster Wienhausen

Nach der Einnahme Hannovers setzte die 84. U.S. Infanterie-Division ihren Angriff am 11. April fort. Als Besatzungstruppe blieb lediglich das 335. Regiment in der ehemaligen Gauhauptstadt. Das 333. Regiment erreichte Großburgwedel ohne Feindberührung. Das 334. Regiment ging nach Burgdorf vor. Dort traf es auf ein paar Hitler-Jungen hinter veralteten Geschützen. Die Jungen ergaben sich den anrollenden amerikanischen Kolonnen kampflos. Die Amerikaner setzten ihren Vormarsch fort. Kurz vor Hänigsen, im Waldgelände Burgdorfer Holz, trafen sie auf Widerstand. Dort hatte sich seit zwei Tagen eine vermutlich 100 Mann starke Einheit des Reichsarbeitsdienstes zur Verteidigung eingerichtet. Diese soll über ein Geschütz verfügt haben. In einer Lokalchronik wird sogar von zwei „Tiger"-Panzern gesprochen. Nachdem der amerikanische Spitzenpanzer von einer Panzerfaust beschossen worden war, stoppte der amerikanische Vormarsch.

Das 335. Regiment hatte es nicht nötig, sich auf einen kräftezehrenden Waldkampf einzulassen. Es fuhr seine Artillerie auf und belegte das Burgdorfer Holz mit Dauerbeschuß. Hierbei konzentrierte es sich vor allem auf das Gelände beiderseits der Brücke über die schmale Seebeeke. Sieben RAD-Männer zwischen 17 und 19 Jahren fielen; ebenso ein Luftwaffenunteroffizier und ein Obergefreiter. Sie ruhen zusammen mit einem weiteren RAD-Mann, der seinen Verletzungen erst am 13. April erlag, auf einer geschlossenen Anlage des Hänigsener Friedhofes. Zwölf verwundete Deutsche wurden in dem damaligen Munitionsdepot, auf dem Gelände des heutigen Kali-Werkes, von einem Sanitäter und einer Schwesternhelferin versorgt, bis sie von den Amerikanern in ein reguläres Lazarett gebracht wurden. Auch im nahen Altmerdingsen wurde am selben Tag ein junger RAD-Mann schwer verletzt. Er verstarb wenig später im Haus des Landwirts Willi Fricke und wurde in Altmerdingsen beigesetzt. Der Ortschronist von Hänigsen und ehemalige Marine-Oberfeuerwerker Friedrich Tannenberg schloß das Kapitel der Besetzung seines Heimatortes mit den Worten: „Was mit unserem Volk geschehen wird, steht dahin. Wir wollen für die Zukunft hoffen, daß auch uns einmal die Sonne wieder scheint."

Während die amerikanischen Verbände auch am nächsten Tag weiter nach Osten vorstoßen wollten, marschierte auf Nebenwegen von Süden eine gepanzerte deutsche Kampfgruppe heran. Unter Beibehaltung von Marschrichtung und Geschwindigkeit mußte es im Raum Langlingen zum Gefecht kommen. Bei der deutschen Gruppe handelte es sich noch einmal um die SS-Kampfgruppe „Wiking", die bereits bei und in Hannover den Bataillonen der 84. U.S. Infanterie-Division gegenübergestanden hatte. Hauptsturmführer Nicolussi-Leck hatte nach dem Husarenritt durch Hannover seine insgesamt neun Schützenpanzer, „Jagdpanther" und den Bergepanzer im Raum Lehrte ge-

Soldatengräber auf dem Friedhof in Hänigsen

sammelt. Er hatte vor, zunächst nach Norden, später nach Nordosten mit Richtung auf Wittingen nach Wittenberge zur Elbe durchzustoßen. Feindberührung sollte nicht vermieden, sondern vielmehr gesucht werden.

Kurz hinter Lehrte kam es bereits zu einem kurzen Begegnungsgefecht mit vier „Sherman". Zwei von diesen wurden durch den Panzer des Untersturmführers Karl Jauss abgeschossen. In Abbensen trafen die „Wiking"-Soldaten auf die Panzer der Lehrabteilung, die sich ihnen jedoch nicht anschließen wollten. Auf dem Weg über Uetze nach Langlingen wurden zwei amerikanische Betriebsstoffahrzeuge gestoppt und mitgenommen. Ca. 50 zufällig gemachte Gefangene ließ „Nico" am Abend wieder laufen. Die Kampfgruppe wurde aber auch durch versprengte deutsche Soldaten verstärkt. Mit knapp 100 Mann, allen Panzern und den amerikanischen Troß-Fahrzeugen erreichte die Kampfgruppe „Wiking" am Vormittag des 12. April das Waldgelände ostwärts Sandlingen. Sofort angesetzte Aufklärung ergab, daß sowohl die nördlich gelegene Brücke über den Mühlengraben als auch die Aller-Brücke bei Langlingen bereits gesprengt waren. Daraufhin fuhr ein stark besetzter Schützenpanzer nach Wienhausen. Er sollte feststellen, ob dort die Übergänge noch intakt waren und diese bis zum Eintreffen der Kampfgruppe sichern. Der Schützenpanzer, der mit einer 20 mm Kanone ausgerüstet war, wurde von einem Obersturmführer geführt. Die übrige Besatzung bestand vorwiegend aus Heeressoldaten, unter ihnen mehrere Offiziere und Feldwebel. Insgesamt waren es ca. zwölf Mann. Gegen Mittag hatte der namentlich nicht bekannte Obersturmführer festgestellt, daß die Brücken über Mühlengraben und Aller unzerstört waren. An der Aller-Brücke waren jedoch Sprengladungen angebracht. Auch das Zündkabel war bereits verlegt. Um beide Übergänge wirkungsvoll sichern zu können, ging der Schützenpanzer hart südlich von ihnen direkt neben dem Kloster Wienhausen in Stellung. Am Giebel des Klosters wehte eine Rote-Kreuz-Fahne, aber die hatte der Obersturmführer wohl übersehen. Im Kloster lagen elf verwundete Soldaten; unter ihnen auch ein Oberst König, der seinen zerschossenen linken Arm in einer Schlinge trug. Als er von dem Schützenpanzer hörte, hängte er sich seinen Dienstrock offen über die Schulter. Dann ging er zu dem Obersturmführer und machte ihn auf die Rote-Kreuz-Fahne aufmerksam. Vielleicht hat er auch auf den kulturellen Wert des Klosters hingewiesen. Nach einem kurzen Gespräch verließ der Schützenpanzer seine Stellung neben dem Kloster. Leicht ist dem SS-Offizier dieser Schritt sicherlich nicht gefallen. Vom Kloster aus hatte er die Straße nach Bockelskamp gut überwachen können. Jetzt blieb ihm nichts anderes übrig, als auf das Nordufer der Aller bis an den Ortsrand von Oppershausen zurückzugehen. Viele Einwohner von Wienhausen glauben noch heute, daß Oberst König durch sein Eingreifen das Kloster vor der Zerstörung bewahrt hat. Wie zutreffend diese Meinung ist, zeigten die späteren Kampfhandlungen.

Zum Schutz vor Tieffliegern fuhr der deutsche Schützenpanzer auf dem trockenen Uferstreifen der Aller direkt unter die Brücke. Er wurde durch diese jedoch nicht vollständig verdeckt, was Folgen haben sollte. Die Fahrzeug-Besatzung ging in unmittelbarer Nähe in Stellung und wartete auf ihre Kampfgruppe „Wiking". Es war kurz vor 14.00 Uhr.

Zum gleichen Zeitpunkt rollte das 333. U.S. Regiment von Bockelskamp nach Wienhausen. Von Oppershausen aus war die Kolonne nicht zu sehen, sicherlich waren aber die Motorengeräusche nicht zu überhören. Die an der Spitze fahrenden Spähpanzer tasteten sich vorsichtig durch die menschenleeren Straßen des Klosterortes. An der Abzweigung nach Oppershausen legten sie einen Beobachtungshalt ein. Sie erkannten, daß die Aller-Brücke nicht zerstört war. Gleichzeitig entdeckten sie den unter der Brücke herausragenden Schützenpanzer und eröffneten sofort das Feuer. Das Fahrzeug wurde am Heck getroffen. Die Deutschen am Ortsrand Oppershausen glaubten, sie würden von eigenen Panzern beschossen. Mit Amerikanern rechneten sie offenbar nicht. Feldwebel Friedrich Ehrbeck griff sich ein Fahrrad und fuhr mitten auf der Straße in Richtung Wienhausen. Dabei schwenkte er heftig mit einem weißen Taschentuch. Am Ortsrand von Wienhausen stand inzwischen die gesamte 9. Kompanie des Captain James M. Bradford. Sie hatte sich beiderseits der Straße, auf dem Klostergelände und in einem Hofwald verteilt. Auch die Spähpanzer standen noch in unmittelbarer Nähe. Feldwebel Ehrbeck hatte die Brücke längst hinter sich gelassen und winkte noch immer mit seinem Taschentuch. Als er sich den Amerikanern auf fast 150 Meter genähert hatte, erkannte er seinen Irrtum und geriet offenbar in Panik. Anstelle zu wenden und zurückzufahren, sprang er vom Rad und flüchtete zu Fuß. Die U.S. Chronik macht das Folgende kurz: „A rifleman cut him down." – „Ein Gewehrschütze schoß ihn nieder." Feldwebel Friedrich Ehrbeck ist der einzige deutsche Soldat, der auf der Gemarkung des Klosterortes gefallen ist. Er ruht seither auf dem Gemeindefriedhof von Wienhausen. Kurz darauf begann der Feuerkampf der deutschen Schützenpanzer-Besatzung gegen die Kompanie des Captain Bradford. Währenddessen

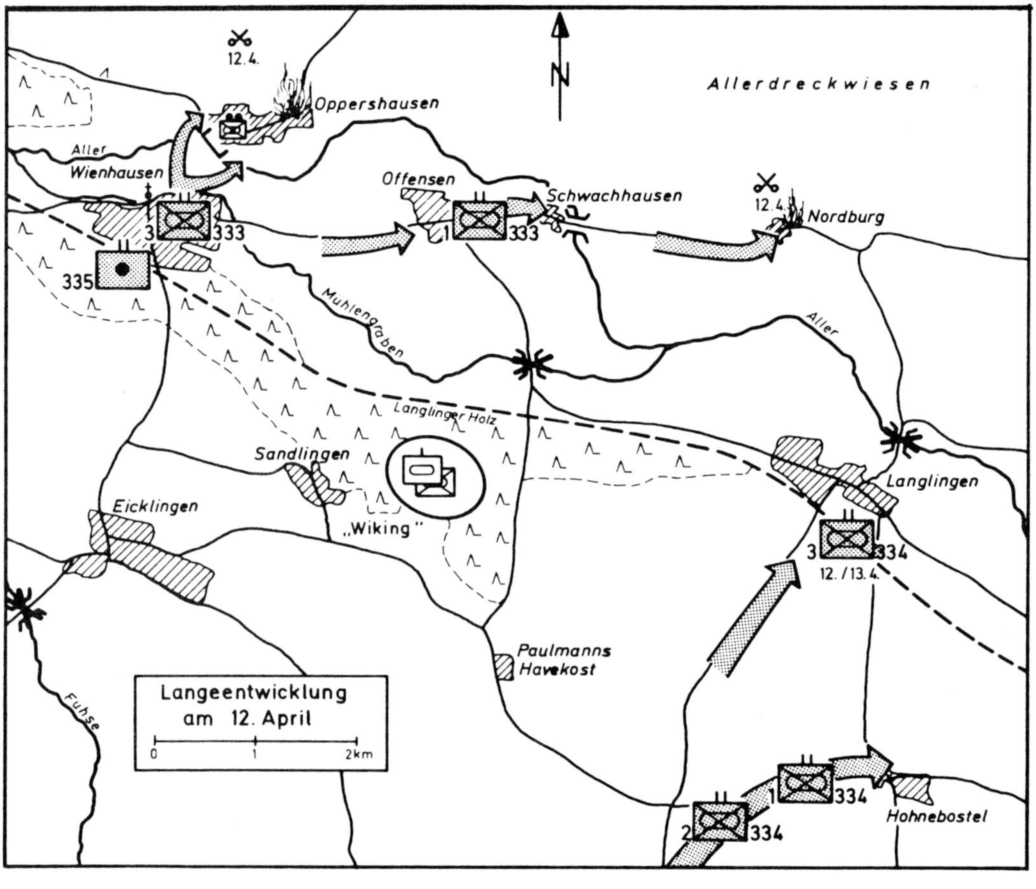

rollte eine andere amerikanische Kolonne durch Wienhausen. Es war das 1. Bataillon des 333. Regiments. Sein Angriffsziel war Nordburg. In schneller Fahrt wurde Offensen kampflos erreicht. Dann wurden die Amerikaner vorsichtiger. Hinter der nächsten Ortschaft Schwachhausen führte eine Brücke über die Aller. Diese sollte auf jeden Fall unzerstört genommen werden. Die amerikanischen Infanteristen sprangen von ihren Transportpanzern und besetzten das Dörfchen zu Fuß. Als sie den Ortsausgang erreicht hatten, erkannten sie nur knapp 200 Meter entfernt die noch unzerstörte Aller-Brücke. Sie sahen aber, daß sich zwei deutsche Soldaten an den angebrachten Ladungen zu schaffen machten. Die Amerikaner hielten sie verständlicherweise für Pioniere. Tatsächlich war aber zumindest der 18jährige Heinz Schäfer ehemaliger Marinesoldat. Er gehörte jetzt zu jener Festungs-Pak-Abteilung 101, die tags zuvor an der Aller bei Essel aufgerieben worden war. Sein Kamerad, mit dem er hier zusammen den Zündtrupp bildete, gehörte vermutlich zur selben Einheit. Beide fielen ahnungslos und ohne Gegenwehr im gezielten Feuer der amerikanischen Infanterie. Sie wurden später ebenfalls auf dem Gemeindefriedhof in Wienhausen beigesetzt. Das 1. Bataillon des 333. Regiments hatte somit seine unzerstörte Aller-Brücke und rückte wenig später in Nordburg ein. Nach amerikanischen Darstellungen soll die Ortschaft voll von deutscher Infanterie gewesen sein, die erst nach heftigem Kampf geworfen werden konnte. Von den amerikanischen Panzern wird berichtet, daß sie das Ortszentrum zusammengeschossen hätten. Auf jeden Fall stellte das Bataillon sein weiteres Vorgehen ein und verbrachte die folgende Nacht in Nordburg.

In Wienhausen war zwischenzeitlich das amerikanische Feld-Artillerie-Bataillon 325 eingerückt. Es sollte hier unterziehen und am nächsten Tag den weiteren Vormarsch des 1. Bataillons unterstützen. Die kurze Ruhepause nutzten einige Offiziere, um bewundernd um das alte Kloster zu gehen. Zwei von ihnen traten durch die weit geöffneten Flügeltüren des Gotteshauses, nahmen die Helme ab und beteten. Die junge Frau Müller, die gerade vorbeihastete, war von diesem Bild sehr beeindruckt. Sie war auf dem Weg zu ihrer Wohnung, um von dort Eingemachtes für ihren zweijährigen Sohn zu holen, mit dem sie seit Tagen im Keller ihrer

Die Allerbrücke Oppershausen vor der Sprengung (Foto 1937, Müller)

Schwester lebte. Als sie auf dem Rückweg nochmals am Kloster vorbeikam, waren die Offiziere nicht mehr da. Jetzt erst fiel ihr der gesteigerte Gefechtslärm aus Richtung Oppershausen auf. Frau Müller, deren Mann in Jugoslawien gegen Partisanen kämpfte, beeilte sich, mit ihren Obstgläsern in den Keller zu kommen. Captain Bradford hatte seit dem Tod des Feldwebels Ehrbeck noch immer gehofft, die Brücke über die Aller unzerstört nehmen zu können. Letztlich hatte er einem Zug schwerer Maschinengewehre befohlen, den Feind in Oppershausen vollständig niederzuhalten, damit seine Infanterie endlich zur Brücke vorgehen könne, um die Sprengladungen zu entschärfen.

Als die Maschinengewehre ihre vollen Gurte auf den Ortsrand hämmerten und zwei Infanterie-Züge zur Brücke stürmten, erfolgte die Zündung der Sprengladungen. Die Aller-Brücke nördlich Wienhausen stürzte unwiederbringlich in den Fluß. Der unbekannte Obersturmführer hatte die Sprengung befohlen, obwohl er eben diese Brücke für die Kampfgruppe „Wiking" sichern sollte. Dennoch hatte er diesen Sprengbefehl geben müssen, um dem Feind nicht eine unzerstörte Brücke zu überlassen.

Captain James Bradford forderte Feuerunterstützung von dem in Wienhausen stehenden Artillerie-Bataillon an. Wenig später wurde Oppershausen mit Phosphorgranaten eingedeckt. Mehrere Häuser brannten. Bradfords Kompanie drang von zwei Seiten in die Ortschaft ein. Für den folgenden Häuserkampf gibt es keine deutschen Zeugen. Die Zivilbevölkerung saß im Keller, von den Soldaten des Obersturmführers haben sicherlich nur sehr wenige überlebt. Es gibt also nur die amerikanische Schilderung. „Die Deutschen kämpften mit Panzerfäusten und Handgranaten. Der Feind . . . wurde von SS-Truppen geführt. Sie waren entschlossen, Oppershausen Haus für Haus zu verteidigen, und sie taten es auch. Als der größere Teil der Ortschaft gesäubert war, verteidigten nur noch einzelne Gewehrschützen einige Häuser am östlichen Ortsrand. Fünf Mörser gingen in Stellung und konzentrierten das Feuer auf diese Häuser. Dann ging die Infanterie vor. Die 11. Kompanie folgte hinter der 9. Kompanie und schloß diesen Auftrag ab. Es war Mitternacht, bevor der Feuerkampf endgültig aufhörte. In dieser Nacht war die Ortschaft ein Irrenhaus. Die deutsche Zivilbevölkerung lief verzweifelt umher und versuchte die Feuer zu löschen, während unsere Männer in den brennenden Häusern nach Schlupfwinkeln suchten." Über Verluste und Gefangene gibt es keine Angaben. Vermutlich ist auch kein Deutscher in Gefangenschaft gegangen. Vielleicht sind ein paar Überlebende entkommen. Von den zwölf Soldaten des unbekannten Obersturmführers, die Oppershausen länger als neun Stunden gegen zwei amerikanische Kompanien verteidigt

Grabstein an der Kapelle in Oppershausen

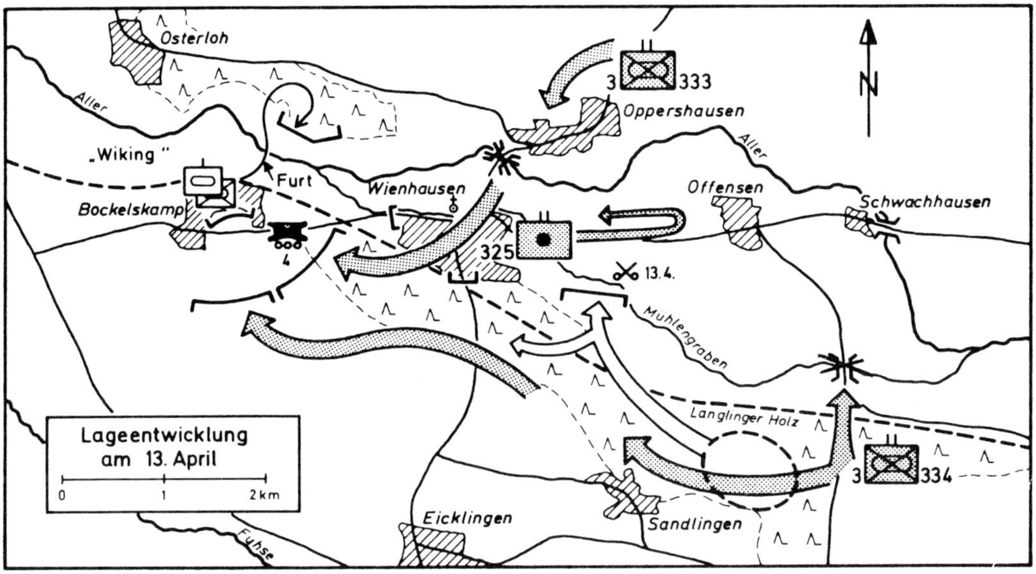

hatten, waren mindestens sechs gefallen. Mancher wird in den brennenden Trümmern umgekommen und nicht gefunden worden sein. An der Kapelle in Oppershausen sind zwei Oberleutnants, zwei Feldwebel und zwei Mannschaftsdienstgrade beigesetzt.

Die Kampfgruppe „Wiking" war durch die Lageentwicklung am 12. April in eine noch bedrohlichere Situation geraten. Sie stand praktisch zwischen zwei jeweils 20fach überlegenen amerikanischen Regimentern. Sie mußte hoffen, auch noch am 13. April unentdeckt im Langlinger Holz bleiben zu können, um dann hinter den amerikanischen Verbänden zu operieren. Das wäre fast gelungen. Aber dieser 13. April war eben ein Freitag. Zunächst für die SS-Soldaten, später auch für die Amerikaner. Das 3. Bataillon des 334. Regiments hatte die Nacht in Langlingen verbracht. Da dort die Brücke jedoch zerstört war, suchten sie nach einem anderen Übergang. Sie fuhren daher entlang der Eisenbahnlinie nach Westen. Nach drei Kilometern standen sie vor der ebenfalls gesprengten Brücke über den Mühlengraben. Während Pioniere den Übergang wiederherrichteten, wurden Spähtrupps zur Nahsicherung in die angrenzenden Waldstücke geschickt. Diese entdeckten nach einiger Zeit die im Langlinger Holz eingeigelte Kampfgruppe „Wiking". Nach kurzem Schußwechsel durchkämmte das gesamte amerikanische Bataillon das Waldgelände. Die SS-Soldaten ließen sich auf diesen Kampf nicht ein. Ihre Panzerkanonen waren im Wald ziemlich bedeutungslos. Infanteristisch waren sie zunächst fünffach unterlegen. Dieses Kräfteverhältnis würde sich aber in den nächsten Stunden ganz sicher zu ihren Ungunsten ändern, zumal die Amerikaner in unmittelbarer Nähe noch andere Bataillone stehen hatten.

Hauptsturmführer Nicolussi-Leck befahl daher die Flucht nach vorn, den Ausbruch aus dem Langlinger Holz in Richtung Nordwesten. Die deutschen Soldaten überquerten die Bahnlinie und erreichten gegen 11.00 Uhr die Waldränder südostwärts Wienhausen. Zum selben Zeitpunkt machte das amerikanische Artillerie-Bataillon, das am Tage zuvor auf Oppershausen geschossen hatte, Stellungswech-

Leutnant Robbins geriet am 13. April in deutsche Gefangenschaft.

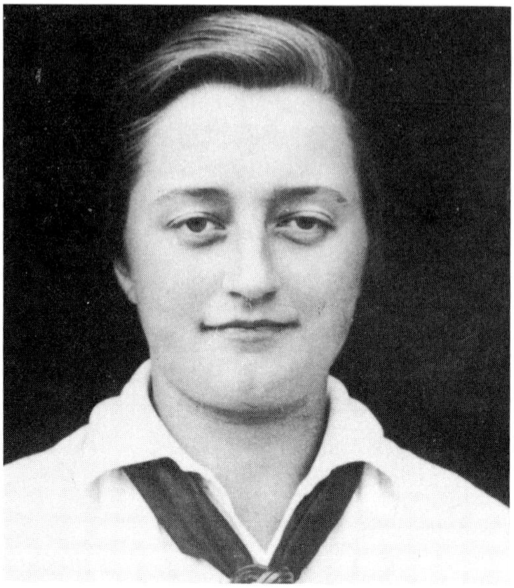

Anna Scheller zeigte den deutschen Soldaten die Furt durch die Aller.

sel nach Osten. Es fuhr quer zu den deutschen „Jagdpanthern". Die Entfernung betrug knapp 1.000 Meter. Nach der ersten Feuereröffnung brannten fünf amerikanische Fahrzeuge. Das Artillerie-Bataillon fuhr nach Wienhausen zurück. Jede Batterie besetzte einen Ortsausgang. Die Kampfgruppe „Wiking" umfuhr den Ort im Süden und erreichte wenig später Bockelskamp. Von dort aus schossen sie einer amerikanischen Versorgungskolonne noch vier Fahrzeuge ab. Dann aber schien ihr Ende greifbar nahe. Nachdem auch das 3. Bataillon des 333. Regiments zurückgeholt worden war, bildeten zwei amerikanische Verbände einen Halbkreis um die deutsche Kampfgruppe. Diese hatte hinter sich nur die Aller und vor sich einen sicherlich zehnfach überlegenen Gegner. Allerdings beherrschten sie noch die von Altencelle aus Westen kommende Straße. Ein von dort ahnungslos heranfahrender amerikanischer Geländewagen wurde von ihnen unter Feuer genommen. Das Fahrzeug stürzte in den Straßengraben. Leutnant Robbins und sein Fahrer gerieten in Gefangenschaft.

Robbins schrieb nach dem Krieg an den SS-Hauptsturmführer: „Sie trugen ein Eisernes Kreuz um den Hals . . . Sie beeindruckten mich als exzellenter Soldat . . . Meine Einheit schoß mit 105 mm Artilleriegranaten. Insgesamt 360 Schuß an diesem Tag." Während einer Feuerpause liefen einige deutsche Soldaten zum nächsten Hof, baten um Trinkwasser und fragten, ob es eine Furt gäbe. Von den verängstigten Einwohnern wollte niemand so recht mit der Sprache heraus. Da meldete sich Anna Scheller: „Eine Furt ist ganz in der Nähe. Wir benutzen sie mit dem Gespann, wenn wir im Sommer das Heu vom anderen Ufer holen. Ich zeige sie Ihnen." Die junge Frau war im „Bund Deutscher Mädchen", wie alle damals. Ihre Freundin Irmgard Müller erinnert sich: „Anna interessierte sich für Politik überhaupt nicht. Das tat keine von uns. Aber Anna war ein echter Kamerad, ein guter Kumpel." Zwischen den „Jagdpanthern" und Schützenpanzern, die sich sprungweise aus Bockelskamp zur Aller zurückzogen, lief Anna in BDM-Uniform zur

Furt. Dort war das Ufer flach, der Untergrund schien einigermaßen tragfähig, der Wasserstand war niedrig. Die „Jagdpanther" erreichten das andere Ufer ohne Schwierigkeiten. Die beiden letzten zogen sogar noch einen Schützenpanzer hinterher. Anna, die bisher zugesehen hatte, winkte und lief nach Bockelskamp zurück. Die Soldaten winkten ihr nach. Einer rief: „Danke, schöne Maid." Da setzte erneut das amerikanische Artilleriefeuer ein. Es lag ziemlich genau auf der Furt. In schneller Fahrt versuchten die restlichen Schützenpanzer, selbständig durch die Furt zu kommen. Aber sie fuhren sich alle fest. Die Besatzungen sprangen an Land und liefen zum nördlich gelegenen Wald. Einige fielen verwundet in die Aller. Leutnant Robbins, der paradoxerweise im Feuer seines eigenen Bataillons stand, half sie herauszuziehen.

Soldatengräber in Wienhausen

Soldatengrab in Nordburg

Wenig später hatte die Kampfgruppe mit den sechs Panzern und zwei Schützenpanzern den Wald ostwärts Osterloh erreicht. Neben zehn Verwundeten hatte der Aller-Übergang nur einem Soldaten das Leben gekostet. Es war Oberstfeldmeister Karl G. Er wurde auf dem Friedhof in Wienhausen beigesetzt.

Nachdem die Kampfgruppe gefechtsmäßig untergezogen war, rief Nicolussi-Leck den amerikanischen Leutnant zu sich und bot ihm eine Zigarette an; die des Leutnants waren in der Aller naß geworden. Dann setzte er sich mit seinen Unterführern und dem Amerikaner an seinen Panzer. Da er nicht Englisch sprach, mußte sein Adjutant dolmetschen. Zunächst erklärte er dem gefangenen Leutnant die Vorzüge der deutschen Panzer. Dann stellte er die für ihn wichtigste Frage. Leutnant A. A. Robbins weiß sie noch heute: „Warum kämpfen die Amerikaner gegen die Deutschen, obwohl wir alle zusammen gegen die Russen kämpfen sollten?" Robbins Antwort blieb offen. Er hat den Hauptsturmführer später auch nicht mehr gesehen. Nur nach dem Krieg bemühte er sich sehr, „Nico" wiederzufinden. Dann schrieb er über ihn: „. . . daß er ein hervorragender Kämpfer und Elite-Kommandeur war. – Ich beobachtete ihn und war beeindruckt."

Am Morgen des 14. April ließ der Hauptsturmführer dem amerikanischen Leutnant ausrichten, daß er frei sei, sobald er die Panzermotoren nicht mehr hören könne. Dann rollten die insgesamt acht Kettenfahrzeuge der Kampfgruppe „Wiking" nach Osten. Die beiden Schützenpanzer fuhren als Spähtrupps voraus. Leutnant Robbins und sein Fahrer standen am Waldrand und sahen ihnen nach. Als sich Obersturmführer Olin umblickte, hoben die beiden Amerikaner winkend den Arm. „Es sah aus, als ob sie uns viel Glück wünschten." Nicolussi-Leck war ab jetzt entschlossen, jede Feindberührung zu vermeiden und zu versuchen, auf Nebenwegen irgendwie doch noch Kontakt zur eigenen Truppe zu bekommen. Er wußte nicht, daß die amerikanische Division, in deren Gefechtsstreifen er sich befand, bereits mit ihrer Spitze die Elbe erreicht hatte.

Die deutschen Panzer gingen sprungweise von Baumgruppe zu Baumgruppe vor. Sie umfuhren Oppershausen nördlich, was nur deshalb unbemerkt gelang, weil das 3. Bataillon des 333. Regiments offenbar noch immer südlich Bockelskamp in Stellung lag. Der Weitermarsch der „Jagdpanther" hätte wenig später in den moorigen Allerdreckwiesen enden müssen. Es gab nur eine einzige 200 Meter schmale Landbrücke zwischen dem Schwarzwasser und dem Moor. Sie liegt hart nördlich Nordburg. Die vorausfahrenden Schützenpanzer hatten diese jedoch gefunden. Wenig später erreichte die Kolonne die Straße von Helmerkamp nach Neuhaus, überquerte die Wiehe und drang in das dichte Waldgelände Harzhorn, drei Kilometer südwestlich Hohne, ein. Am Ostrand des Waldes lag das für die 45 t Panzer unüberwindbare Hahnenmoor. Von Süden, aus Richtung Müden, drang der Motorenlärm amerikanischer Marschkolonnen. Es waren vorwiegend die Panzer und Schützenpanzer der 102. Infanterie-Division. Der Hauptsturmführer entschloß sich daher, nicht weiter auf der Alten Poststraße vorzugehen. Auf ihr wäre er zwar sicher durch das Moor gekommen, aber er hätte auch spätestens dicht vor Kästorf auf der amerikanischen Vormarschstraße gestanden. Im Norden, bei Hohne, waren dagegen nur vereinzelt Radfahrzeuge zu hören. „Nico" entschloß sich zum Vorstoß durch das offene, leicht ansteigende Gelände zwischen Hohne und Ummern. Jeder militärische Führer würde heute genauso handeln müssen. Trotzdem war dieser Entschluß falsch. Die

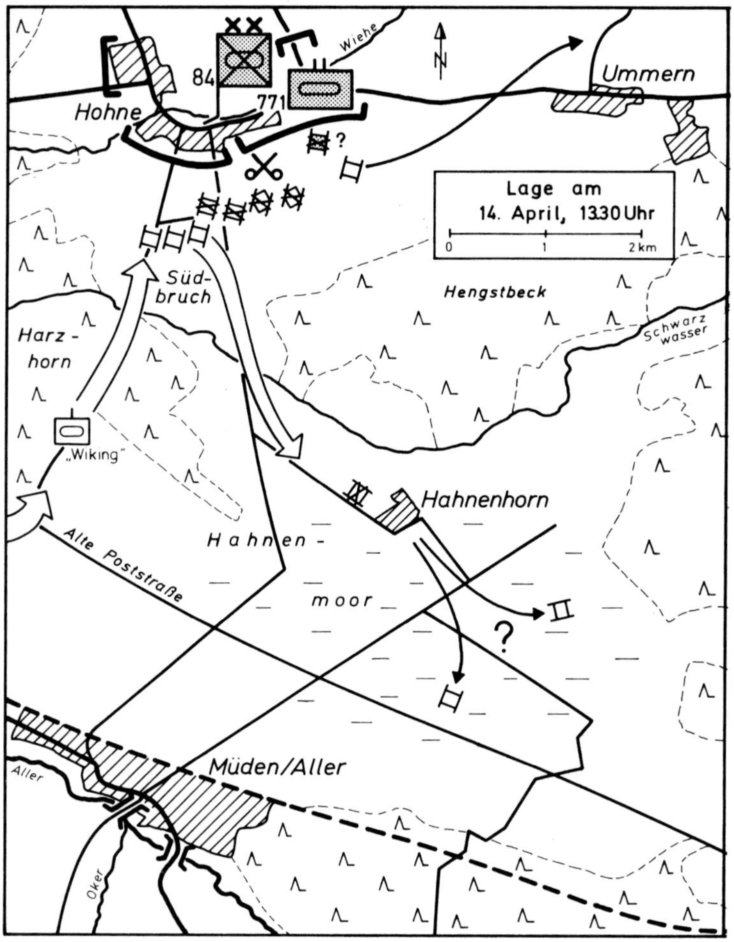

84. Infanterie-Division stand mit der Mehrzahl ihrer Verbände im Raum um Salzwedel; also 60 Kilometer Luftlinie nordostwärts von Hohne. Den beiden Infanterie-Bataillonen, die südlich Bockelskamp gelegen hatten, wurde befohlen, schnellstens aufzuschließen. Generalmajor Alexander R. Bolling hatte seinen Gefechtsstand von Hannover nach Hohne verlegt. Bolling und sein Stab waren dort natürlich nicht alleine. Das zusätzlich unterstellte Panzer-Bataillon 771 hielt er in Reserve. Es sicherte seinen Gefechtsstand. Das war eine einfache Aufgabe, denn Hohne wurde im Norden durch den Wiehebach begrenzt. Neben den Ortsausgängen konnte sich das Panzer-Bataillon also vorwiegend auf die Sicherung nach Süden beschränken. Aber von dort, aus dem Hahnenmoor, war kaum ein Angriff deutscher Soldaten zu erwarten.

So standen sicherlich 20 „Sherman"-Panzer mit Front nach Süden und sicherten gegen einen Feind, der von dort nicht kommen konnte. Doch dann rasselten plötzlich Panzerketten. Die Amerikaner werden ihren Ohren nicht getraut haben. Deutsche Panzer, 60 Kilometer hinter der Front, am Rande des Hahnenmoors.

Generalmajor Bolling hatte bisher nur zweimal ernsthaft kämpfen müssen. Zunächst hatte sein Freund Colonel Fierson bei Ricklingen unangenehme Bekanntschaft mit den „Wiking"-Soldaten gemacht, dann war es zu dem ärgerlichen „pocket" (Kessel) bei Bockelskamp gekommen, der seine Truppe mehr Zeit gekostet hatte, als ihm lieb sein konnte.

Am 14. April trafen sie zum dritten und letzten Mal aufeinander; der SS-Offizier und der amerikanische General. Nachdem die Kampfgruppe „Wiking" über das Schwarzwasser vorgegangen war, trennten „Nico" nur noch 1.500 Meter von Bolling. Keiner von beiden wußte das. Bolling glaubte sich auf seinem Gefechtsstand sicher. „Nico" hatte keine andere Wahl, als nach Norden vorzugehen.

Er blieb also mit drei „Jagdpanthern" zur Sicherung zurück. Die beiden Schützenpanzer und die anderen drei „Jagdpanther" fuhren vor. Am südlichen Ortsrand von Hohne lauerten die „Sherman". Als die Deutschen auf 1.000 Meter heran waren, eröffneten sie das Feuer. Es war verheerend. Die beiden Schützenpanzer brannten, ebenfalls ein „Jagdpanther". Die Besatzungen wälzten sich auf dem moorigen Boden, um die Flammen zu ersticken. Fünf SS-Soldaten starben. Zehn erlitten schwere Verbrennungen. Ein „Jagdpanther" schaffte den Durchbruch. Er durchfuhr die amerikanische Stellung in Richtung Wittingen. Die restlichen deutschen Panzer erwiderten das Feuer. Auch der bereits brennende Panzer des Untersturmführers Schüßler schoß noch mehrere Granaten auf die „Sherman" in Hohne. Dann stellte er abrupt das Feuer ein. Schüßlers Panzer brannte exakt 1.000 Meter vor Bollings Gefechtsstand vollständig aus. Die drei noch im Südbruch stehenden „Jagdpanther" schossen sich die Rohre heiß. Mit ihrer 8.8 cm Kanone und der 8 cm Frontpanzerung waren sie den Amerikanern in allen entscheidenden Belangen überlegen. Nach 20 Minuten ließ das Abwehrfeuer aus Hohne nach. Untersturmführer Jauß erinnert sich sogar: „Unsere Sicherungspanzer kämpften den Feind vollständig nieder. Als ich aber mit dem Bergepanzer zu Schüßler fuhr, um ihn aus der direkten Feuerlinie zu ziehen, wurde auch mein Panzer getroffen. Wir booteten aus und retteten uns zu den anderen zurück."

Hohne, das vom Panzer-Bataillon 771 verbissen verteidigt worden war, war trotzdem sturmreif. Nicolussi-Leck hatte einen Sieg errungen, aber es war ein Pyrrhussieg. Er hatte in dem kurzen und letzten Gefecht seines Soldatenlebens die wenige

Infanterie, deren Schützenpanzer und drei Panzer verloren. Auch der durchgebrochene Panzer fehlte ihm für den letzten kühnen Durchstoß, der jetzt immerhin möglich gewesen wäre. Statt dessen klammerten sich mehr als ein Dutzend Verwundeter an die verbliebenen Panzer. Schon ihretwegen konnte er einen spektakulären Husarenritt wie durch Hannover nicht wagen. Die „Wiking"-Soldaten, die dreimal auf die Verbände der 84. Infanterie-Division getroffen waren, hatten dreimal gewonnen, – jetzt hatten sie sich „totgesiegt". Ohne zu wissen, daß der Gefechtsstand des zum Intimfeind gewordenen Generals Bolling zum Greifen nahe war, mußte der Hauptsturmführer aufgeben. Auch Olin erinnert sich: „Als Nico den Befehl gab, nach Süden ins Moor zurückzufahren, wußten wir, daß auch für uns der Krieg endgültig verloren war. Rußland, Frankreich und Ungarn. Überall waren wir nur dem weit überlegenen Gegner gewichen. Nun zogen wir uns mitten in Deutschland in ein unbekanntes Moorgelände zurück. Sicherlich hätten wir geweint, wenn wir es in sechs Jahren nicht verlernt hätten."

Die „Sherman", die das Gefecht überstanden hatten, sahen die deutschen Panzer nach Südsüdosten ausweichen. Sie werden erleichtert gewesen sein. Dicht vor Hahnenhorn blieb ein Panzer mit Getriebeschaden liegen. Der erzwungene Halt wurde genutzt, um einem Schäfer die Verwundeten zu übergeben. Dann marschierten die verbliebenen Infanteristen neben den beiden Panzern weiter in das fast ausweglose Hahnenmoor. Doch die letzten „Wiking"-Soldaten hatten sich anscheinend noch immer nicht aufgegeben. In der Nacht bildeten sie ein Prisenkommando. Jauß weiß noch genau: „Wir brauchten dringend Sprit für unsere Panzer." Irgendwo, vermutlich bei Müden, wurden zwei amerikanische Trucks und ein Jeep gestoppt. Die feindlichen Soldaten wurden ein Stück ins Moor gefahren, dann ließ man sie laufen. Als man kurz darauf bei den Panzern ankam und die Ladung untersuchte, war die Enttäuschung groß. Die Trucks hatten nur Mehl und Zucker geladen. Kein Benzin. Es war endgültig vorbei. „Nico" wußte das und seine 30 Mann auch. Trotzdem konnte man nicht einfach kapitulieren und sich dem nächstbesten Amerikaner ergeben. Der Hauptsturmführer hatte wie jeder seiner Männer, wie jeder deutsche Soldat, den Fahneneid geleistet, der ihn vollständig band. „Ich schwöre bei Gott diesen heiligen Eid, daß ich dem Führer des Deutschen Reiches und Volkes, Adolf Hitler, dem Obersten Befehlshaber der Wehrmacht, unbedingten Gehorsam leisten und als tapferer Soldat bereit sein will, jederzeit für diesen Eid mein Leben einzusetzen." Nicolussi-Leck stand mit seinen abgekämpften Soldaten mitten im Hahnenmoor. An ihm vorbei fluteten die amerikanischen Kolonnen. Aber nichts entband ihn von diesem „heiligen Eid" und dem „unbedingten Gehorsam", den er geschworen hatte. Seinen Männern ging es ebenso. Am Morgen des 16. April hatte er seinen Entschluß gefaßt. Er befahl Obersturmführer Ola Olin zu sich und sagte: „Wir haben Mehl und brauchen Brot. Ich suche nach einem Bäcker." Olin wußte, wer dieser „Bäcker" war. Beide Offiziere grüßten, sahen sich kurz an und gaben sich die Hand. Es war vorbei.

Ritterkreuzträger Karl Nicolussi-Leck und sein Adjutant gingen denselben Weg zurück, den sie gekommen waren. In Hohne wurden sie gefangengenommen und verhört. Hierbei gab es Probleme. Bollings Vernehmungsoffizier wollte nicht glauben, daß dieser Hauptsturmführer die deutschen Panzer bei Ricklingen, Bockelskamp und Hohne geführt hatte. In jedem Fall hatten die Amerikaner geglaubt, es mit einem Panzer-Regiment, mindestens aber mit einem Bataillon zu tun zu haben. Sie wollten daher auch einen Oberstleutnant gefangennehmen und nicht nur einen SS-Hauptmann. – Seit dieser in den morgendlichen Nebelschwaden des Hahnenmoors verschwunden war, hatte Obersturmführer Olin freie Hand. Er befahl, die beiden Beute-Trucks auf eine Bahnlinie zu fahren und anzustecken. Er ließ die Panzermunition, das waren nur noch zehn Schuß, vergraben und die beiden „Jagdpanther“ ins Moor fahren, wo sie nach wenigen Minuten bis über die Ketten versanken. Vermutlich sind sie niemals geborgen worden, so daß noch heute irgendwo im Hahnenmoor zwei versenkte Panzer der Kampfgruppe „Wiking“ liegen. Einer der Besatzungen erinnert sich, daß in unmittelbarer Nähe eine Eisenbahnlinie, eine feste Straße und ein eingedeichter Graben gewesen seien. Wiedergefunden hat bisher die Stelle niemand.

Damals am 16. April war jedenfalls nur der erbeutete Jeep übriggeblieben. Er wurde von vier Mann besetzt, die mit Panzerfäusten und Maschinenpistolen bewaffnet waren. Sie wollten versuchen, sich nach Süddeutschland durchzuschlagen, was ihnen nach sehr abenteuerlicher Fahrt auch gelang. Die restlichen Angehörigen der Kampfgruppe „Wiking“ versuchten ihr Glück zu Fuß.

Von dem einzigen durchgebrochenen „Jagdpanther“ fehlt deutscherseits jede Spur. Er würde zu den vielen Verschollenen und Unbekannten gehören, wenn es die G 2-Meldung der 5. U.S. Panzer-Division nicht gäbe. Mit Datum vom 17. April findet sich unter der Ziffer „Verschiedenes“ folgende Eintragung: „Es wurden bei Y 0660 vier Tote in einem abgeschossenen 88 mm JAGDPANTHER gefunden, alle von der SS WIKING Div. Es ist jedoch nicht anzunehmen, daß dies auf die Div in dieser Gegend hinweist; die 4 Männer waren wahrscheinlich Personalersatz, der noch die Uniform der WIKING Div trug.“

Die amerikanische Schlußfolgerung war richtig. Die Division kämpfte bekanntermaßen an der Südostfront. Schwierigkeiten macht hingegen die amerikanische Ortsangabe. Das damals verwendete Koordinatensystem ist heute unüblich. Schließlich ergibt sich jedoch, daß der letzte Panzer der Kampfgruppe „Wiking“ zwischen den Ortschaften Süderwittingen und Ohrdorf abgeschossen wurde, – genau fünf Kilometer südostwärts Wittingen. Mit diesem Abschuß, der sicher am 16. April erfolgte, ist die Geschichte der Kampfgruppe des Hauptsturmführers „Nico“ beendet. Ihre Gefallenen liegen auf den Friedhöfen an der über 250 Kilometer langen Strecke zwischen Paderborn und Wittingen. Sie sind nur in Einzelfällen klar identifizierbar. Die meisten von ihnen brachte die amerikanische Armee auf große Sammelfriedhöfe in Holland und Belgien. Dort ruhen sie noch heute. Bestimmt befinden sich dort auch die vier Toten des letzten „Wiking-Jagdpanthers“. Nur der Verbleib des fünften Mannes seiner Besatzung ist sicher. Es war der 22jährige Georg Perchtold. Er hat sich vermutlich nach Abschuß seines Pan-

Der letzte Panzer der Kampfgruppe „Wiking“ wurde am 16. April zwischen Süderwittingen und Ohrdorf vermutlich durch ein Jagdflugzeug abgeschossen. (SAS)

Soldatengräber am Ehrenmal in Süderwittingen

Georg Perchtold, der letzte Mann der Kampfgruppe „Wiking", fiel am 20. April bei Süderwittingen.

zers in der Nähe versteckt und die amerikanischen Kolonnen an sich vorbeiziehen lassen. Nach dem Gefecht von Teilen der Panzer-Division „Clausewitz" am 19. April bei Lindhof durchkämmten die Amerikaner am 20. April die umliegenden Waldgebiete. Hierbei kam es mit mehreren versprengten Soldaten nochmals zum Schußwechsel. Wenig später wurden am Ehrenmal in Süderwittingen vier deutsche Soldaten beigesetzt. Einer von ihnen ist der aus Österreich stammende Georg Perchtold. Er war der letzte Mann der Kampfgruppe „Wiking". – Am 16. April, als der letzte Panzer der Kampfgruppe abgeschossen wurde, hatte auch der Sturm der Sowjet-Armee über die Oder begonnen. Die endgültig letzte Phase des Krieges war damit eingeläutet.

Eine amerikanische Chronik spricht von „Götterdämmerung". Diese hat auch tatsächlich stattgefunden. Den Berliner-Philharmonikern war nämlich gesagt worden, daß zum Zeichen ihres letzten Auftritts die Noten von Wagners Weltuntergangs-Oper auf den Ständern liegen würden. Anschließend sollte für sie ein Wagen bereitstehen, der sie in Richtung Bayreuth fahren würde. Die Musiker, die trotz allem mehrheitlich in Berlin bleiben wollten, saßen vermutlich (!) am 16. April abends vor den Notenblättern der „Götterdämmerung" in der kalten Beethoven-Halle. Vor einer unbekannten Zahl von Zuhörern intonierten sie das Ende der Welt.

Zuerst künden die Nornen von der Unlösbarkeit aller Geschehnisse vom eigentlichen Schicksal. Dann geht es Schlag auf Schlag. Der arglose Siegfried wird durch einen Zaubertrank verwirrt. Wotans Speer, den er aus der Lebensesche frevlerisch geschnitzt hatte, war zerbrochen. Es folgen wechselseitiger Verrat, Machtgier, Rachegelüste und schließlich Mord. Den einzigen Lichtblick im düsteren Unheil schafft Brünnhilde, die, sich selbst opfernd, mit ihrem Schlachtroß den Scheiterhaufen des gemeuchelten Siegfrieds erklimmt. Als letzter stirbt der Unhold Hagen. Aber die Flammen von Siegfrieds Scheiterhaufen zünden auch die Burg der Götter „Walhalla" an. „Götterdämmerung", das ist das Ende aller. Richard Wagner, der die Partitur vor 70 Jahren fertiggestellt hatte, kann hierbei nicht an das Jahr 1945 gedacht haben. Sie war vielmehr vom Rüstungsminister Speer, einem der intelligentesten Männer des Dritten Reiches, als letzter Auftritt der Berliner-Philharmoniker ausgewählt worden.

Die stille Hölle

Der „Belsen-Stein“ am Eingang der heutigen Gedenkstätte

Am 08. April machte der Major i.G. Hans Salb, Ia der Kampfgruppe-Grosan, eine Erkundung entlang der Aller. Auf der Rückfahrt über Winsen, Walle nach Belsen hatte der Major eines seiner bittersten Erlebnisse während des Krieges.

„Zuerst lagen einzelne Menschen erschöpft im Straßengraben. Landesschützen suchten sie vorwärts zu bringen. Dann kamen kleinere Gruppen, schließlich der größere Haupttrupp. Es mögen vielleicht 1.000 bis 2.000 Menschen in Häftlingskleidung gewesen sein; kilometerweit auseinandergezogen." Als Salb den Führer dieses „apokalyptischen Zuges", einen Major der Landesschützen, endlich gefunden hatte, erklärte dieser, daß er die Gruppe in Belsen abzuliefern hätte. Auf die Frage nach den Liegengebliebenen antwortete er, daß er sie zu erschießen hätte, dies aber untersagt habe. Er beteuerte abschließend: „Herr Kamerad, das ist der schlimmste Tag meiner soldatischen Laufbahn." Major i. G. Salb wies den unglücklichen Mann darauf hin, daß er sich im zukünftigen Kampfraum der Panzertruppenschule befände und von dieser Erschießungen in keinem Falle geduldet würden. Am nächsten Tag meldete sich der Kommandant des Konzentrationslagers von Belsen, Hauptsturmführer Kramer, bei Major i.G. Hans Salb. Er trug vor, daß Wasser und Verpflegung für die ständig wachsende Zahl von Insassen nicht mehr vorhanden wären, und daß seit längerem Typhus, Ruhr und Fleckfieber ausgebrochen seien. Salb sagte Unterstützung zu und fuhr noch am selben Tag in das nahe Konzentrationslager. Ihn begleitete der Arzt der Schule, Dr. Carl Sch. Kurz hinter dem Lagereingang standen beide vor einer Katastrophe: Auf nacktem Sandboden lagen unzählige tote, sterbende und kranke Menschen. In den wenigen Baracken sah es nicht anders aus. Die noch halbwegs Gesunden dämmerten teilnahmslos vor sich hin. Erschüttert verließen der Arzt und der Major das Lager. Salb befahl umgehend, Feuerwehrschläuche als Wasserleitung zu verlegen, aus den Heeresbeständen Verpflegung auszugeben und ärztliche Hilfe zu leisten, sofern dies angesichts der Gesamtsituation möglich wäre. Major i.G. Hans Salb war, wie die Masse der Lehroffiziere, bereits seit Herbst 1943, also seit eineinhalb Jahren in den Kasernen der Panzertruppenschule Bergen. Er hatte auch gewußt, daß gut 1.000 Meter entfernt ein Lager war, das gelegentlich Konzentrationslager, manchmal aber auch „Aufenthaltslager" genannt wurde. Zunächst war aber nur von einem Kriegsgefangenenlager gesprochen worden. Genau das war es auch bis Anfang 1943 gewesen. Bisher hatte es keine offensichtliche Veranlassung gegeben, sich um dieses Lager zu kümmern. Von außen sah es aus wie alle Lager, die es damals in Deutschland gab. Und es gab viele. Es gab welche für Kriegsgefangene, z. B. in Wietzendorf, und solche für Zwangsarbeiter, und die gab es ziemlich überall. Aber auch echte Lager mit Munition und Betriebsstoff. Alle hatten einen hohen Zaun und wurden von irgend jemandem bewacht. Letztlich hatten die Soldaten der Panzertruppenschule ihre eigenen Probleme. Von der unglaublichen Katastrophe in ihrer unmittelbaren Nähe hatten sie keine Ahnung gehabt, bevor Salb nicht die entsetzliche Entdeckung gemacht hatte.

Der Bevölkerung der nächsten Umgebung ist es nicht anders gegangen. So konnte in 18 Monaten mitten in der Heide eine stille Hölle entstehen, die eigentlich zunächst für die verfolgten Juden Hoffnung auf Freiheit verhieß. Nach Professor Dr. Eberhard Kolb ergab sich auszugsweise folgende „Chronik des Lagers Bergen-Belsen":

„1940–1943 Verwendung und Ausbau einer bestehenden Barackensiedlung als Kriegsgefangenenlager-Stammlager (Stalag) 311. Seit Sommer

	1941 Belegung mit russischen Kriegsgefangenen; Massensterben durch Fleckfieber.
April 1943	Übergabe eines Lagerkomplexes an die SS und Einrichtung des sogenannten Aufenthaltlagers Bergen-Belsen: Sammellager für einige tausend Juden, die eventuell gegen internierte Deutsche ausgetauscht werden sollen. Lager wird immer stärker belegt.
Ab März 1944	Unterbringung arbeitsunfähig gewordener Insassen verschiedener Konzentrationslager in einem abgesonderten Lagerabschnitt des Aufenthaltlagers.
Oktober/ November 1944	Notdürftiger Ausbau eines Lagerabschnittes und Einlieferung von 8.000 Frauen aus dem Konzentrationslager Auschwitz–Birkenau.
Dezember 1944	Abschluß der Umwandlung Bergen-Belsens in ein Konzentrationslager. Neuer Lagerkommandant: SS-Hauptsturmführer Josef Kramer, vorher Kommandant von Auschwitz-Birkenau. Lagerstärke am 1. 12. 1944: 15.257.
Ab Januar 1945	Zahlreiche Häftlingstransporte aus frontnahen Konzentrationslagern nach Bergen-Belsen. Beginn des Infernos: unerträgliche Überfüllung des Lagers, Hunger, Seuchen, sehr hohe Sterblichkeit.“

Hauptsturmführer Kramer verfügte zur Bewachung und Versorgung des gesamten Lagers über etwa 200 SS-Angehörige. Mindestens 30 davon waren Frauen. Für die Besetzung der vermutlich 18 Wachtürme, die in regelmäßigen Abständen an dem insgesamt 1.800 Meter langen Lagerzaun standen, waren sicherlich fast 120 Mann erforderlich. Also blieben Kramer nur 80 SS-Angehörige für die Versorgung von 55.000 Menschen. Die Katastrophe war somit vorprogrammiert. Da half es auch nicht, daß Lager- und Blockälteste eingeteilt wurden. Diese sogenannten Kapos waren meist Kriminelle, die bald ihre Mitgefangenen tyrannisierten und die eigene Machtposition ausnutzten. Einer der „harmlosen“ Funktionäre war der seit 1933 inhaftierte Sozialdemokrat Rudolf Küstermeier. Er war einer der Lagerschreiber und wurde später häufig als Kronzeuge zitiert. Über „Die letzten Wochen vor der Befreiung des Lagers“ sagte er u. a.: „Die SS-Männer trugen immer Stöcke, mit denen sie jeden schlugen, dessen Gesicht ihnen nicht gefiel. Das Schlimmste aber war, daß sie anfingen, die Kontrolle über das Lager und seine Insassen zu verlieren.“

Die Kapos nutzten ihre Macht bedenkenlos aus. Die Bewachungsmannschaften ließen sie gewähren. Sie hätten es ohnehin nicht unterbinden können. Eigentlich wäre es ihre Pflicht gewesen, denn seit dem 16. 3. 1945 hatte ausgerechnet der wohl fragwürdigste aller NS-Funktionäre, Heinrich Himmler, befohlen: „Von nun an soll jeder Lagerkommandant für den Tod jedes jüdischen Häftlings verantwortlich gemacht werden und ist verpflichtet, eine genaue Meldung über die Todesursache zu erstatten.“ Himmler, der jahrelang die systematische Vernichtung von Juden mitzuverantworten hatte, spielte sich plötzlich zu ihrem Beschützer auf. Niemand wußte damals, wieviel Juden in welchem KZ waren und wie viele von ihnen noch lebten. Himmlers Befehl entsprang der kleinlichen Angst um sein tausendfach verwirktes Leben. Es war ein „Absicherungsbefehl“, mit dem er hoffte, zu überleben; immerhin hatte er begriffen, daß der Krieg nicht mehr zu gewinnen war. Jetzt wollte er auf die andere Seite. Die Verantwortung sollten die anderen haben, die

Lagerkommandanten. Er entwickelte hierbei eine enorme Betriebsamkeit, die um so hektischer wirkte, je weiter die Truppen der Westalliierten vordrangen. Er ernannte den SS-Standartenführer Kurt Becher zum „Reichssonderkommissar" und schickte ihn mit einem Dr. Kastner nach Bergen.

Dort erklärte ihnen Kramer: 1.000 Insassen seien an Fleckfieber erkrankt, seit zwei Wochen sei kein Brot mehr verteilt worden, die Zahl der Toten wachse täglich. Kramer trug dies nicht zum ersten Mal vor. Auch andere NS-Spitzenfunktionäre wie Glücks, Pohl, Höß und Lolling wußten davon. Sie werden alle mehr oder weniger entsetzt gewesen sein. Auch ein Mann wie Höß, der von Auschwitz her einiges gewöhnt war, soll gesagt haben, daß er derartiges noch nicht gesehen habe. Trotzdem wurde nichts unternommen.

Vielmehr rollten die Häftlingstransporte weiter nach Belsen. Als sie auf der Entladerampe standen, waren es fast Leichenzüge geworden. Die Verpflegung war nur für die „normale" Fahrtdauer berechnet. Damals war in Deutschland nichts mehr normal, auch nicht eine Bahnfahrt. Die Strecken waren mehrfach unterbrochen. Tieffliegerangriffe waren an der Tagesordnung. Kramer konnte die Züge nur unbeachtet auf dem Gleis in Bergen stehenlassen oder die Toten, Sterbenden und Verhungerten entladen. Er tat das letztere und füllte sein Lager mit potentiellen Leichen.

Kramer hatte erstmalig Anfang April Oberst Totzeck in Celle um Lkw für den Transport von Verpflegung gebeten. Aber der Oberst, der das KZ nicht kannte, wollte damit auch nichts zu tun haben. Anschließend war er bei Major i.G. Salb gewesen, was zwar Verbesserungen brachte, aber an der Gesamtsituation nicht viel

Oberst Hanns Schmidt, Verbindungsoffizier zur ungarischen Panzertruppenschule.

Oberst Karl Harries, stellvertretender Truppenübungsplatz-Kommandant.

änderte. Wenig später ging er noch zur Kommandantur des Übungsplatzes. Dort traf er die beiden Obristen Hanns Schmidt und Karl Harries. Schmidt erinnerte sich noch nach dem Krieg sehr genau: „Bei den Bemühungen um die Besserung der Verhältnisse im Lager habe ich auch mit einem KZ-Häftling mit Lagerfunktion, Herrn Küstermeier, der den Lagerkommandanten Kramer bei seinen Besprechungen mit uns meistens begleitete, und den ich deshalb für den Sprecher der Häftlinge gehalten habe, zusammengearbeitet. Der Lagerkommandant Kramer machte keineswegs einen kriminellen oder brutalen Eindruck, wie es später dargestellt wurde, sondern er wirkte wie ein ordentlicher, etwas biederer Mann, der von seiner Aufgabe überfordert war. Er bemühte sich, soweit ich es übersehen konnte, mit Küstermeier zusammen eifrig um die Verbesserung der Zustände im Lager. So hat er selbst Pferdefuhrwerke aufgetrieben, um aus zerschossenen Eisenbahnwaggons Verpflegung heranzuholen . . . Nach meinem Eindruck plagten ihn auch keine Schuldgefühle, aber eine Verzweiflung über die Verhältnisse in seinem Lager."

Warum Kramer im späteren „Belsen-Prozeß" wiederholt aussagte, er habe keine Wehrmachtsstelle um Unterstützung gebeten, ist ebenso eigenartig, wie die Tatsache, daß er das gegen ihn verhängte Todesurteil ohne Einspruch annahm. Einer der damaligen Prozeßbeobachter meinte, Kramer habe ohnehin apathisch und geistesabwesend gewirkt. Der vielfach zitierte Küstermeier hatte sich beim genannten Prozeß auch nicht als Zeuge zur Verfügung gestellt. Über seine Zusammenarbeit mit Kramer steht in seinen Aufsätzen nichts. Er erwähnte noch nicht einmal den Namen des Lagerkommandanten. Rudolf Küstermeier, der später u. a. Israel-Korrespondent der Deutschen Presse-Agentur wurde, hatte nach dem Kriege nur noch einmal einen kurzen Briefwechsel mit Oberst Hanns Schmidt. Diesem schrieb er abschließend: „ . . .am liebsten hätte ich Sie mit den anderen in Lüneburg Verurteilten zusammen aufgehängt gesehen, aber das Britische Rote Kreuz hat Sie gerettet."

Über diese damalige Situation im Lager gibt es jedoch keinerlei Zweifel. Die Augenzeugenberichte stimmen überein. So schreibt die ehemalige Inhaftierte Renata Laqueur: „Der Hunger im Lager ist schrecklich. Vorgestern abend wurden rohe Futterrüben gebracht. Die Menschen stürzten sich darauf und schlugen sich darum. Und der Scharführer stand dabei, schlug sich lachend auf die Schenkel, weil die Leute so etwas aßen: ‚Das habe ich noch nie gesehen . . .'"

Hanna Levy-Hass berichtet: „ . . .diese Halbexistenz, die mir verbleibt, verbringe ich in Gesellschaft anderer lebendiger oder toter Gespenster. Die Leichen, die wirklichen, sind noch immer hier bei uns, in unseren Betten. Es ist niemand da, der sie wegbringt, und auch kein Platz, wo man sie hintun könnte, alles ist überfüllt. Auch in den Höfen werden die Leichen übereinander gehäuft, Haufen von Leichen, sie werden mit jedem Tag höher. Das Krematorium ist nicht imstande, alle zu verbrennen."

Neben dem tausendfachen Tod und dem allgegenwärtigen Hunger versuchten weibliche Insassen durch Prostitution das eigene Leben und das ihrer Familien zu retten. Die Kapos nutzten sie erbarmungslos aus. „Natürlich war es sehr lukrativ, die Freundin eines Kapos zu sein, ebenso wie die Bekanntschaft mit dem Lagerältesten zu pflegen. Nur war das letztere auf die Dauer nicht so ergiebig, da er einen sehr hohen Verbrauch hatte. In der Regel empfing er ein Mädchen oder eine junge Frau nur einmal und bedankte sich mit kleinen Aufmerksamkeiten wie Brot, Butter, Marmelade oder Zigaretten", schreibt die bereits zitierte R. Laqueur.

Mit der anrückenden Front nahte die Befreiung des Lagers, aber zunächst auch die Gefahr von Kampfhandlungen in diesem Raum. Bei einem etwaigen Ausbruch der Häftlinge bestand die Gefahr, daß auch Soldaten und Zivilpersonen von den im Lager herrschenden Seuchen angesteckt würden. Oberst Hanns Schmidt fuhr mit Oberstleutnant Bohnekamp zu General der Infanterie Blumentritt nach Wolterdingen. Sie schlugen ihm vor, das Lager mit einer darumliegenden neutralisierten Zone kampflos an die Briten zu übergeben. Blumentritt wollte davon nichts wissen. Vermutlich befürchtete er, daß durch die Neutralisierung eines bestimmten Geländeteils der britische Vormarsch noch schneller erfolgen würde, als es ohnehin der Fall war. Der bei dieser Besprechung ebenfalls anwesende „Reichssonderkommissar“ Kurt Becher riet dem General ebenfalls zu einer kampflosen Übergabe.

Oberst Hanns Schmidt erinnert sich: „Im anschließenden Gespräch mit Becher und mir blieb Blumentritt mit seiner Stellungnahme sehr unklar und hat uns weder ermächtigt, noch verboten, bei Annäherung der englischen Truppen das KZ zu übergeben, er sagte weder ja noch nein.“ Oberst Schmidt entschloß sich, unabhängig von General Blumentritt mit den Briten in Kontakt zu treten. Zur Absicherung seines Vorhabens rief er noch am Abend des 11. April im Führerhauptquartier in Berlin an und meldete, daß er das Lager kampflos übergeben werde, wenn nicht bis zum nächsten Morgen ein anderslautender Befehl einginge. Dieser Befehl blieb aus. Schmidt fuhr mit Bohnekamp, dem ungarischen Oberst Alturiay und vier weiteren Soldaten nach Winsen, um auf dem Südufer der Aller Verbindung mit den Briten herzustellen.

An der Aller-Brücke wurde er jedoch festgehalten, Oberst Totzeck hielt die Parlamentäre für Verräter. Erst nach einem Telefongespräch mit Oberst Grosan konnten Schmidt und Bohnekamp ihre Fahrt fortsetzen. Zwischen Jeversen und Marklendorf trafen sie auf die ersten britischen Truppen, die sie auf den Gefechtsstand der 159. Brigade nach Buchholz brachten. Den Deutschen waren sicherheitshalber

Oberst Schmidt und Oberstleutnant Bohnekamp wurden mit verbundenen Augen auf den britischen Gefechtsstand nach Buchholz gebracht. (IWM)

die Augen verbunden worden. Der Stabschef des VIII. britischen Korps, Brigadier Taylor Balfour, erwies sich als sehr entgegenkommend. Er hatte auch das Problem schnell erkannt, forderte jedoch in fließendem Deutsch die Neutralisierung eines wesentlich größeren Geländeteils, nämlich des gesamten Truppenübungsplatzes und des Raumes Bergen. Da sich Schmidt für derartige Zugeständnisse nicht als kompetent betrachtete, fuhr er mit dem Brigadier nochmals nach Wolterdingen. General der Infanterie Blumentritt war nicht bereit, mit Balfour zu verhandeln. Er ließ lediglich seinen Chef des Stabes, Major i. G. Manthey, mitteilen, daß Schmidt die Vollmacht hätte, über die Neutralisierung eines eng begrenzten Gebietes und das Lager zu verhandeln. Daraufhin fuhren der Brigadier und Oberst Schmidt nach Bergen, um dort in Gegenwart der Obristen Harries und Grosan die Verhandlungen fortzusetzen. Die Absicht der Deutschen war die Erstellung eines regelrechten Vertrages. Sie boten dafür die unzerstörte Aller-Brücke bei Winsen. Aber Balfour wußte natürlich, daß nördlich der Aller bei Essel längst ein Brückenkopf gebildet war. Die Winsener Brücke schien ihm daher nicht sonderlich wichtig. Außerdem wollte er keinen Vertrag, sondern nur ein „Gentleman's Agreement" schließen. Mit der Neutralisierung des engen Gebietes um das Lager herum gab er sich schließlich zufrieden.

Eine Karte mit entsprechenden Einzeichnungen ist nicht mehr vorhanden. Es gibt lediglich sechs britische Koordinaten eines heute nicht mehr üblichen Systems, die jedoch trotzdem nützlich sind. Unter ihrer Berücksichtigung ergibt sich mit großer Wahrscheinlichkeit die abgebildete „Neutrale Zone".

Der wesentlichste Punkt des Übereinkommens war die Bestimmung: „Britische und deutsche Truppen werden jede Anstrengung unternehmen, um ein Gefecht in diesem Gebiet zu verhindern, und es soll, soweit es die Operationen menschlich möglich machen, kein Artillerie- oder anderes Feuer in diesen Raum gerichtet werden. Gleichermaßen wird keine der beiden Seiten den Raum für den Aufmarsch von Truppen oder Waffen nutzen." Im weiteren enthielt das Abkommen noch Regelungen über den späteren Abzug der deutschen Bewachungsmannschaften und SS-Angehörigen. Im letzten Punkt hat es aber offensichtlich Übersetzungsschwierigkeiten gegeben.

Das „Gentleman's Argreement" wurde am 12. April gegen Mitternacht in der Panzertruppenschule Bergen von Brigadier Taylor Balfour und Oberst Harries unterzeichnet. Am nächsten Tag wurden die SS-Bewachungsmannschaften von ungarischen und deutschen Soldaten der Panzertruppenschule abgelöst. Zur Kennzeichnung sollten sie weiße Armbinden tragen und die „Neutrale Zone" mit Schildern „Danger Typhus" markieren.

Am 13. April zog die Mehrheit der SS-Angehörigen ab; ebenfalls ein großer Teil der Kapos. Zurück blieben nur Kramer, 50 Mann des Funktionspersonals sowie 30 SS-Aufseherinnen unter Führung von Irma Grese. Kramer übergab das Lager an Oberst Harries. Anschließend führte er diesen und zwei weitere Wehrmachtsoffiziere herum. Einer der beiden war Hauptmann Nadolski. Dieser war Träger des Ritterkreuzes und bis zu seiner dritten Verwundung ständig Flak-Offizier an der Front gewesen. Im November '44 war er zur Schule nach Bergen versetzt worden. Nadolski hat einen ausführlichen Bericht über seine Eindrücke vom KZ Bergen verfaßt. Dieser ist jedoch bisher offiziell nicht verwendet worden. Der Flak-Hauptmann schrieb: „Über dem Lager lastete eine schwere, üble Geruchswolke, erzeugt von der herrschenden Unsauberkeit . . ., den übergelaufenen Abwasseranlagen,

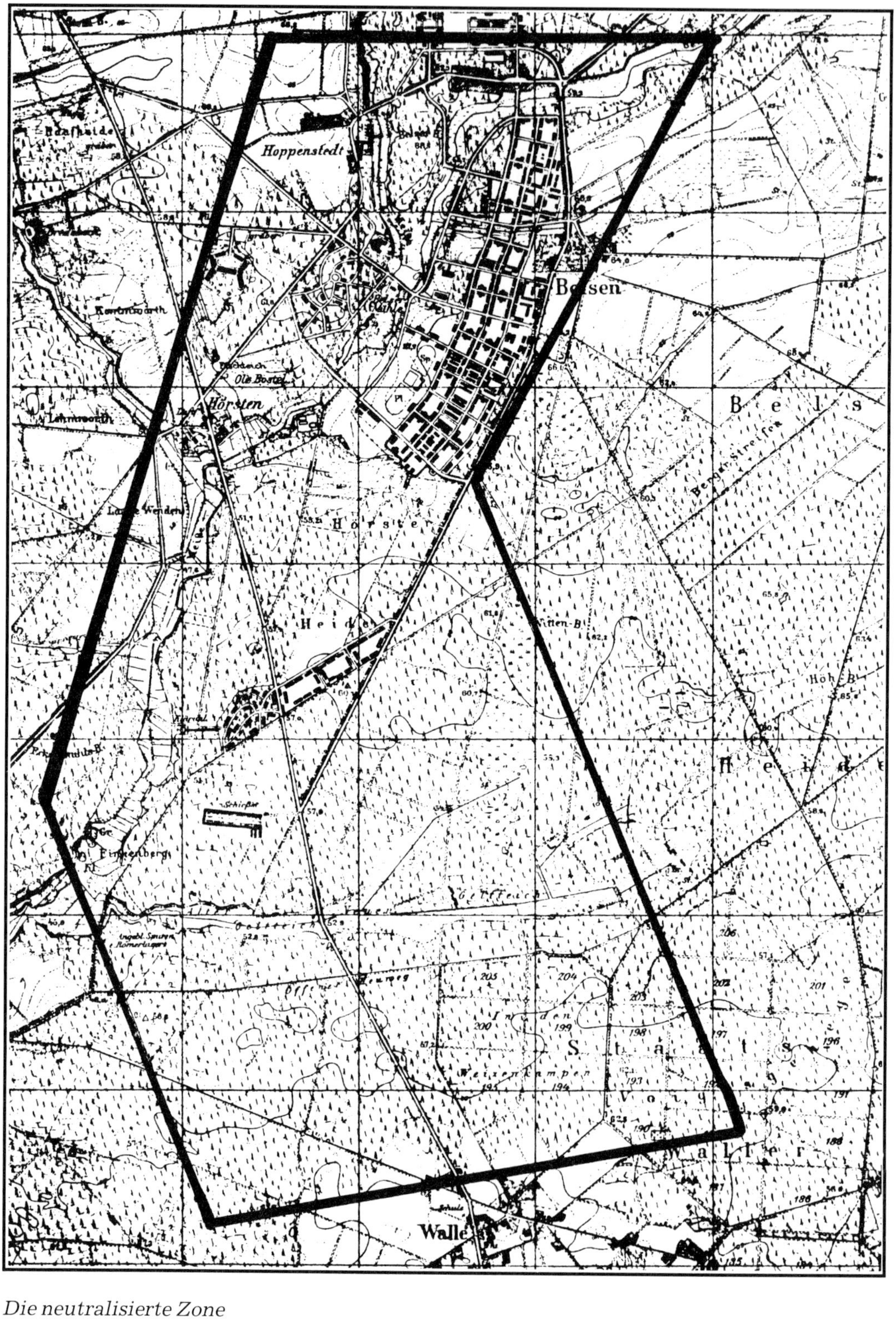

Die neutralisierte Zone

Hauptmann Werner Nadolski

Typhus-Warnung am Nordrand von Walle

den am Ende des Lagers liegenden Toten, die wir später sahen. Die einzelnen Lagerabteilungen waren dicht gefüllt mit ausgehungerten Menschen, die sich an den Abteilungszaun drängten und uns aus hohlen Augen anstarrten . . . Am Ende des Lagers stießen wir auf zwei Leichenberge, etwa 12 bis 15 Meter lang und mannshoch, teilweise niedriger, mit Chlor überschüttet. Erstarrt blieben wir, von süßlich stinkender Luft umgeben, stehen. Das Entsetzen erstickte jedes Wort in der Kehle, stumm wandten wir uns ab und gingen zurück zum Vorlager, hinter uns die brodelnde Masse der Insassen in den Zaunabteilungen." Über Hauptsturmführer Kramer und die Entwicklung im Lager schrieb Nadolski: „Bis Anfang Februar konnten die Toten noch unter die Erde gebracht werden, dann hatten die Insassen nicht mehr die Kraft, Gruben auszuheben; eine begonnene Grube war noch zu erkennen. Die Gefangenen, hungernd und krank, hatten auch immer weniger Disziplin und gehorchten nicht mehr. Da blieb ihm nichts anderes mehr übrig, als die Toten offen zu verbrennen. Ende März ging der dazu erforderliche Sprit aus, und er mußte die Toten über der Erde zusammenlegen und mit Chlor überstreuen. Daher stammten die zwei Leichenhaufen: Die Toten wurden nebeneinander in einer Reihe aufgeschichtet." Hauptmann Nadolski berichtete weiter: „Oberst Harries veranlaßte Hilfe durch Ärzte und Sani-

KZ-Tote im hinteren Teil des Lagers (IWM)

tätsmaterial. Verpflegung konnte jetzt, da Bergen neutrale Zone war, aus den Wehrmachtsbeständen herangeschafft und in kleinen Portionen, den geschwächten Mägen entsprechend, verteilt werden. Am 13. und 14. 4. warteten wir auf das Eintreffen der Engländer, die am 15. 4. vormittags ankamen. An einem dieser Tage sprach ich mit Kramer in seiner Baracke, da ich ihn Verschiedenes über die Häftlingsakten fragen wollte. Im Verlauf des Gesprächs zeigte er mir die Liste über die Abgänge (Tote). Die Liste war nach monatlichen Abgängen aufgestellt, die ganze Anlage ließ erkennen, daß die Liste nicht erst nachträglich angefertigt worden war. Aus irgendeinem Gefühl heraus notierte ich mir die Zahlen; den Zettel habe ich später bei der Gefangennahme fortgeworfen. Die Gesamtzahl betrug einschließlich der sogenannten Transporttoten 5.200 und einige Tote; die beiden letzten Zahlenstellen lagen in den unteren Zehnergruppen. Diese Zahl kann ich mit Sicherheit nennen. In dieser Zahlenliste waren die zwei Leichenhaufen mit wenig über 800 Toten angegeben, das weiß ich genau. Die Zahl der Transporttoten lag zwischen 600 und 700. Ganz genaue Zahlen waren mir nach meiner Gefangenschaft nicht mehr in Erinnerung. . . Zweimal sah ich in dieser Zeit, wie Häftlinge von Insassen (Kapos?) mit Knüppeln geschlagen wurden; erst auf mein Anbrüllen ließen sie ab. Verschiedentlich sah ich, wie Tote zu den gestapelten Leichen geschleift wurden; die Transportierenden hatten nicht mehr die Kraft zum Tragen."

Einer der wichtigsten Zeitzeugen ist sicherlich der Chef der britischen Propaganda-Kompanie, Leutnant Derrick Sington. Im Vorwort seines Buches „Die Tore öffnen sich" schreibt er: „Ich und zwei Mitglieder meiner kleinen Einheit, Sergeant Eric Clyne und Lance Corporal Sidney Roberts, waren die ersten britischen Soldaten, die das Lager betraten." Am 15. April hatte Sington den Befehl erhalten, mit dem Lautsprecherwagen nach Belsen zu fahren. Er sollte den dort Inhaftierten mitteilen, daß sie befreit seien, das Lager aber wegen der Typhus-Epidemie nicht verlassen dürften. Der Leutnant erreichte mit den ersten Panzern der 23. „Hussars" das KZ Bergen-Belsen. Es war Sonntag, gegen 15.30 Uhr.

Am Tor standen mehrere Offiziere, ungarische und deutsche. Unter ihnen auch Hauptsturmführer Josef Kramer. Leutnant Sington forderte ihn auf, mit ihm durch das Lager zu fahren und an den Stellen zu halten, die sich für die Abgabe einer Lautsprechererklärung eigneten. Auf dieser Fahrt gewann der britische Leutnant erste Eindrücke. Er schrieb: „Wir schwenkten durch den fast leeren vorderen Abschnitt des Lagers . . . , und zweihundert Meter weiter kamen wir an ein hohes hölzernes Tor, das kreuz und quer mit Draht bespannt war . . . Links vom Hauptweg standen Reihen grüner hölzerner Baracken, und wir kamen in einen Kotgeruch – wie der Geruch eines Affenhauses . . . Auch die seltsame, affenartige Schar hatte ich mir nicht vorgestellt, die sich mit geschorenen Köpfen und scheußlich gestreifter, entwürdigender Sträflingskleidung an die Stacheldrahtzäune drängte, die sich um ihre Lagerabschnitte zogen . . . und ich mußte gegen meine Tränen ankämpfen." Bevor der britische Leutnant seine Rundfahrt beendet hatte, brach in einem Lagerbereich ein Tumult aus. Schüsse fielen. An der Kartoffelmiete starben ein oder zwei Inhaftierte. Sington zwang einen deutschen Soldaten mit vorgehaltener Pistole, das Feuer einzustellen. Über das Folgende berichtet er: „Aber plötzlich sprang ein Dutzend gestreifter Gestalten unter die Menge und schlug mit Stöcken und Gepäckschnüren auf sie ein. . . .Ich versuchte zu verstehen, was ich sah. Sollten diese ‚Polizisten' die politischen Gefangenen sein, die die Verbrecher unter den Lagerinsassen mit den einzig möglichen Methoden nieder-

Die Briten erreichten das KZ am 15. April, 15.30 Uhr. (IWM)

Britische, ungarische und deutsche Soldaten vor dem KZ-Tor. (IWM)

hielten? Ich wußte damals nicht, daß es die Blockältesten waren, die für die SS ‚Ordnung hielten', und daß die entfesselte Menge nach der Küche jenseits der Straße stürmte. Ich hatte noch nicht begriffen, daß tödliche Hungersnot alles Geschehen im Lager bestimmte." Als Leutnant Sington seine Rundfahrt beendet hatte, fragte er Kramer, der die ganze Zeit auf dem Trittbrett des Lautsprecherwagens gestanden hatte: „Was für eine Hölle haben Sie hier geschaffen?" Kramer antwortete: „Es wurde eine in den letzten Tagen."

Am frühen Abend übernahm das 63. Panzerabwehr-Regiment das Lager und seine Bewachung. Sein Kommandeur, Oberstleutnant Taylor, traf sich mit den Obristen Schmidt und Harries im Kommandanturgebäude der Panzertruppenschule. Sington berichtet über diese Begegnung: „Die beiden deutschen Obersten waren schneidige und tadellose Erscheinungen und waren sich ihrer Rolle als Treuhänder des ‚Belsener Waffenstillstandes' sehr bewußt." Sington hat an diesem ersten Abend im Lager dann nur noch die Frage beschäftigt, warum Kramer und seine „Verwaltungs-SS-Männer" noch hier geblieben waren. Vermutlich wußte er nichts von dem Übersetzungsfehler, der offen ließ, ob auch den SS-Angehörigen nach Lagerübergabe ein freier Abzug zugesichert worden war oder nicht. Hauptsturmführer Josef Kramer schien jedenfalls daran zu glauben.

Am 16. April verschaffte sich Leutnant Sington einen recht detaillierten Eindruck vom Aufbau und der Gliederung des Lagers. Seine Beschreibung aus „Die Tore öffnen sich" ist die genaueste, die von Augenzeugen bekannt wurde. „Die Gebäude bestanden aus ungefähr vierzig Baracken, die nur von der SS benutzt wurden, und weiteren achtzig Baracken, die das ‚Wohnviertel' der Häftlinge darstellten ... einige Baracken waren abseits aufgestellt worden und dienten als Reviere oder Krankenstuben. Sie waren mit Ärzten und freiwilligen Pflegern besetzt, die selbst Gefangene waren. Das Lager war im ganzen 600 : 300 Meter groß und war mit Stacheldraht umzäunt. Hölzerne Wachtürme, die Betten für die Wachen enthielten, waren in Abständen von 100 Meter rundum errichtet. Die meisten der Häftlingsbaracken maßen 35 : 10 Meter und enthielten 400 bis 800 Menschen. Als wir das Lager betraten, befanden sich etwa 40.000 Männer und Frauen darin (hinzu kamen 10.000 unbeerdigte Leichen); im Hinblick auf erträgliche Lebensverhältnisse hätte es nicht mehr als 8.000 beherbergen dürfen ... Gegen Ende unseres zweiten Tages in Belsen hatten wir die Nationalitätengruppen im Lager ermittelt. Etwa 25.000 von den 40.000 Insassen waren Frauen, und von diesen waren einige 18.000 ungarische, polnische, rumänische, tschechische und deutsche Jüdinnen ... Außer den Jüdinnen waren noch 2.000 Russinnen in Belsen. Diese Russinnen waren fast alle ‚Meuterer'. Größtenteils waren sie nicht wegen Teilnahme an organisiertem Widerstand gegen die deutsche Besatzung oder wegen Sabotage ins Konzentrationslager gekommen, sondern als Strafe für vereinzelte Akte der Widersetzlichkeit, die sie aus Erbitterung nach ihrer Deportation in Deutschland begangen hatten ... Außer den Jüdinnen und Russinnen befanden sich in Belsen noch mehrere tausend anderer Frauen – hauptsächlich Jugoslawinnen, Polinnen, Französinnen und Belgierinnen –, die von der Gestapo wegen Widerstandes gegen die deutsche Besatzungsmacht verhaftet worden waren."

An anderer Stelle schreibt Sington über die Zusammensetzung der KZ-Insassen: „Einige waren jüdische Ladenbesitzer in Sosnowitz, Radom und Lublin gewesen, andere berühmte Ärzte und Journalisten in Budapest. Da war die Tochter Witos, des Führers der polnischen Bauernpartei. Da waren junge jugoslawische Frauen, die unter Titos Partisanen in den slowenischen Bergen mitgekämpft oder geholfen hatten, meuternde russische Sklavenarbeiter und deutsche Journalisten, die zehn Jahre in Lagern und Gefängnissen verbracht hatten. Da waren Französinnen, die Marquis-Kämpfer mit Kleidung und Nahrung versorgt hatten, belgische und polnische Doktoren und ehemalige Offiziere, die Informationen für britische Fallschirmagenten gesammelt und weitergeleitet hatten. Da waren Französinnen, die über Frankreich abgestürzten britischen Fliegern Verpflegung und Unterkunft gewährt hatten. Da waren Zigeuner aus aller Welt. Schließlich gab es noch zweifelhafte „politische Gefangene", deren Geschichte dunkel war, und die sich für die Ziele der SS zur Verfügung gestellt hatten, deutsche Mörder, Diebe, Trunksüchtige und Prostituierte. ... Die 15.000 Männer des Lagers fielen im großen und ganzen unter die gleichen Gruppen: Juden, Meuterer und politische Gefangene; ..."

Von den insgesamt 40.000 Inhaftierten waren somit ca. 29.000 Juden und 11.000 „Meuterer" anderer Nationalität. Hinzu kamen noch weitere 15.000 Männer, die in zwölf Gebäuden der nahen Panzertruppenschule untergebracht worden waren, nachdem die Wehrmacht diese geräumt hatte.

Das Gelände des ehemaligen Konzentrationslagers gehört heute zum Truppenübungsplatz Bergen und wird vorwiegend von britischen Truppen zur Gefechts- und Fahrschulausbildung genutzt. Dort, wo damals die Baracken standen, hat sich undurchdringliches Unterholz ausgebreitet. Reste der damaligen Abwässeranlagen lassen sich jedoch noch finden. Ebenso die Fundamente einiger Gebäude. – Die heutige Gedenkstätte umschließt nur den westlichen Lagerteil.

Über die Toten des Lagers schrieb Leutnant Sington: „Die SS hatte die größte Anstrengung gemacht, sich der vielen Tausende von Leichen vor Ankunft der Engländer zu entledigen. Mehrere Tage lang wurden diejenigen Gefangenen, die dazu körperlich noch imstande waren, zu Beerdigungskommandos zusammengestellt, die die Leichen aus dem ganzen Lager auf einer sandigen Lichtung in der Südwestecke des Lagers zusammentrugen ... Aus irgendeinem Grunde hatte die SS einige Zeit vor Ankunft der britischen Truppen ihre Methode zur Beseitigung der Leichen geändert und wenigstens ein Massengrab ausgehoben und gefüllt. Aber trotz dieser Bemühungen hatte das Problem der zunehmenden Leichenhügel die SS überwältigt, so daß nach unserer Ankunft im Lager 10.000 unbeerdigte Leichen auf dem Boden lagen."

Die befreiten Häftlinge, vorwiegend aus dem Lager in der Panzertruppenschule, rächten sich an ihren bisherigen Unterdrückern. Bis zum Abend des 16. April wurden ca. 120 von ihnen getötet. Leutnant Sington hat sie beschrieben: „Die Hosen waren ihnen heruntergerissen worden, und sie lagen in ihren Hemden da. Ihre Gesichter waren gräßlich zerschlagen oder zertreten, sie bestanden nur noch aus formlosem, rohem Fleisch und waren ganz unkenntlich." Am nächsten Tag wurde Hauptsturmführer Kramer verhaftet. Sington berichtet: „Als ich am Nachmittag in der Nähe einer der Küchen arbeitete, hörte ich plötzlich ein Beifalls- und Triumphgeschrei aus mehreren hundert Kehlen. Es war ein merkwürdiger Laut, der tief aus den Lungen dieser Menschen zu kommen und an Ausdehnung zu gewinnen schien. Es lag darin eine erschreckende Mischung von Freude und Haß. Ich sah einen Jeep durch die Hauptstraße des Lagers fahren. Neben dem Fahrer saß Josef Kramer, mit entblößtem Kopf, die gefesselten Hände auf den Knien. Sein Hemd blähte sich im Winde. Er hatte sich vornübergelehnt, vielleicht in der Bemühung, sich den Blicken zu entziehen, und blickte unverwandt geradeaus. Zwei

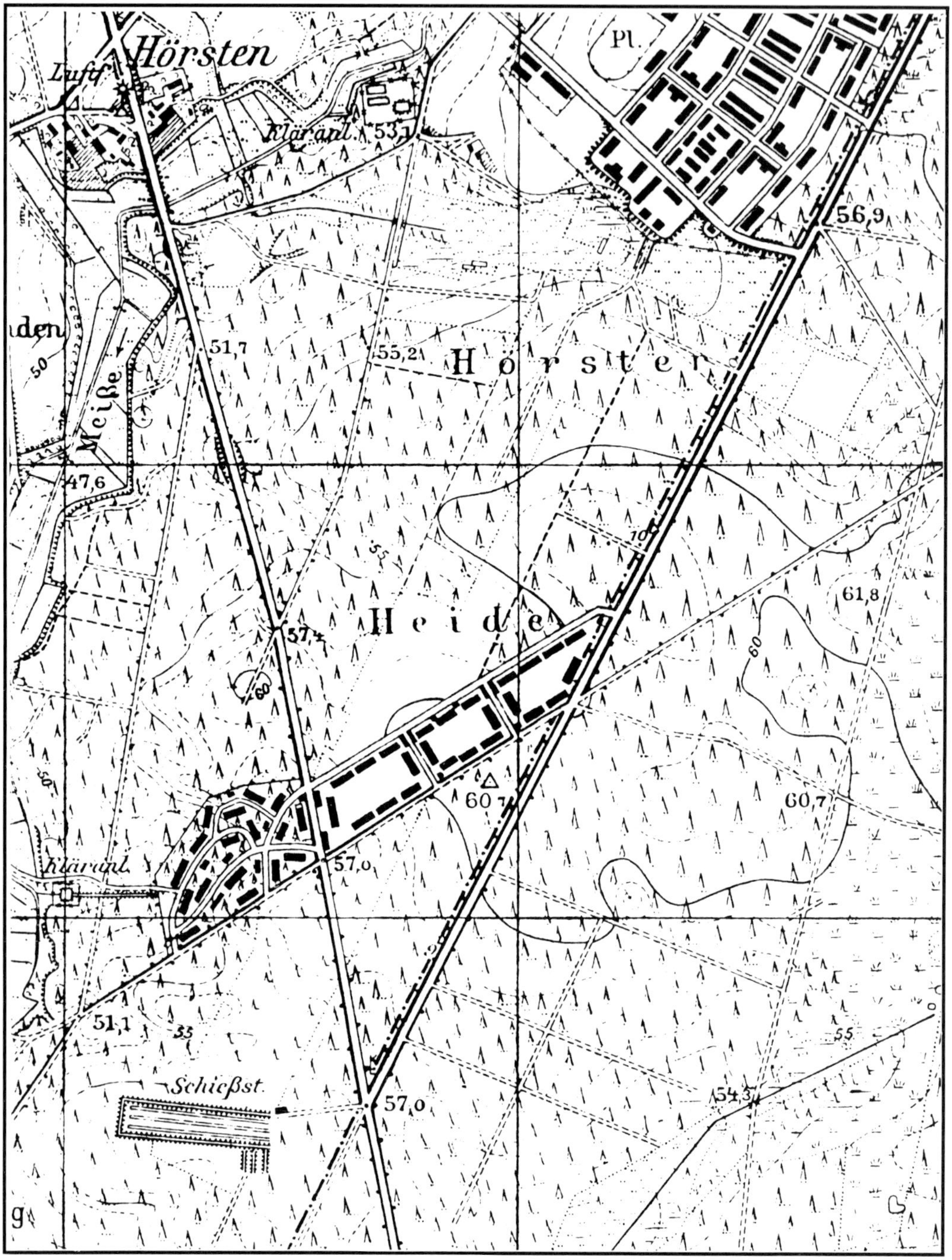

Das ehemalige Kriegsgefangenenlager 1942

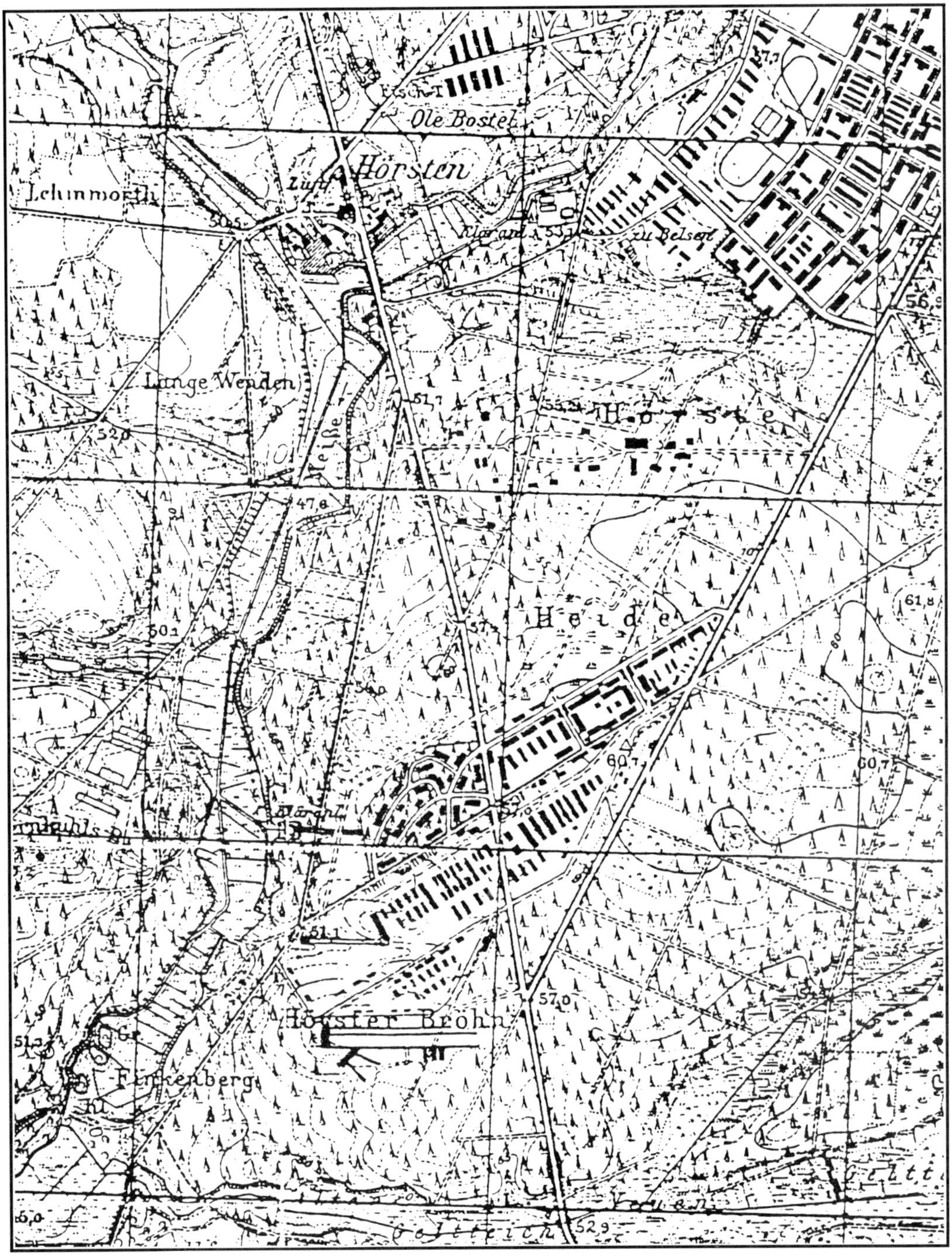

Konzentrationslager im April 1945

britische Soldaten auf dem Rücksitz hatten ihre Maschinenpistolen auf sein Rückgrat gerichtet. Der Jeep fuhr durch das ganze Lager, und ich konnte das Geheul von Freude und Haß hören, das ihn begleitete. Kramer wurde nicht mehr in Belsen gesehen. Zwei Tage später war der Rest des Verwaltungsstabes der SS verhaftet. Sie wurden sofort zu Beerdigungskommandos eingeteilt und mußten acht Stunden täglich Leichen auf einen Wagen laden und sie dann in ein großes Massengrab legen. Wenn der Wagen mit Leichen vollgeladen war, mußten die SS-Männer obendrauf sitzen, während sie zum Massengrab gefahren wurden . . . Die Aufstellung dieser Beerdigungskommandos muß für die Insassen Belsens eine gewaltige seelische Entspannung bedeutet haben. Jeden Morgen bildete sich eine Menschenmenge in der Nähe des Massengrabes auf der sandigen Lichtung in der südwestlichen Ecke des Lagers, um ihren früheren Peinigern zuzuheulen und zu schreien."

Insgesamt zwei SS-Angehörige versuchten die Flucht. Sington war in beiden Fällen Augenzeuge: „Ich ging gerade durch die parallel laufende Hauptstraße, als ich plötzlich das Knattern von Schüssen hörte. Durch den Stacheldraht sah ich den sich nähernden Beerdigungswagen und dann eine laufende Gestalt in braunem Hemd und den graugrünen Hosen der SS. Von überall kamen jetzt Menschen herbeigeeilt. ‚Ein SS-Mann! Ein Fluchtversuch!' rief jemand. Der Fliehende kehrte in seiner Spur zurück. Plötzlich lief er einen kleinen Hang hinan, der zu dem Betonwasserbecken führte . . . Wasser klatschte auf und jetzt erschienen zwei britische Soldaten mit Maschinenpistolen am Rande des Tanks. Ihre Kugeln durchlöcherten den Wasserspiegel. Dann erschien der Kopf des SS-Mannes an der Oberfläche

Das Massengrab – vermutlich in der Südwestecke des Lagers. (IWM)

Hauptsturmführer Josef Kramer wurde am 17. April verhaftet. (IWM)

bewegungslos treibend ... Ich vernahm das gleiche Geschrei und die gleiche Unruhe im Lager und wieder die Gewehrsalven. Ich lief auf den Wassertank zu und konnte gegen die dunklen Kiefern eine laufende Gestalt durch den Stacheldraht wahrnehmen. Es war ein bullenhafter, kahlköpfiger Mann, der den Pfad in Richtung auf die Westecke des Lagers entlang lief. Die Kugeln erreichten ihn 50 Meter weiter längs; er stolperte und fiel auf sein Gesicht. Seine mühsamen Atemzüge hoben und senkten ihm noch die Schultern, als er so dalag, und ich konnte ihn schnaufen hören. Dann kamen zwei britische Soldaten auf ihn zu und durchlöcherten seinen Körper mit Blei."

Einige Tage später wurden die Bürgermeister der umliegenden Dörfer zu einer „Besichtigungsfahrt" in das Lager befohlen. Diese begann mit einer Rede eines britischen Colonels, der es an Schärfe und Deutlichkeit nicht fehlen ließ. Unter anderem sagte er: „Was sie hier sehen werden, ist das letzte und äußerste Verdammungsurteil über die Nazipartei. Es rechtfertigt jede Maßnahme, durch die die Vereinten Nationen diese Partei vernichten werden. Was sie heute sehen werden, ist eine solche Schande für das deutsche Volk, daß sein Name aus der Liste der zivilisierten Nationen gestrichen werden muß."

Wie immer in der Geschichte, so fiel auch damals dem Sieger automatisch die Rolle des Richters zu. Und ein britischer Colonel konnte pauschal die Streichung Deutschlands aus der Liste der zivilisierten Völker fordern. Wer sollte ihm auch widersprechen? Am wenigsten die Bevölkerung aus Bergen. Sie hatte auf seinen Befehl bereits am Vortage den Ort innerhalb einer Stunde räumen müssen. Mit Bollerwagen und Fahrrädern transportierten die vertriebenen Bergener das Notwendigste, das sie in so kurzer Zeit zusammenraffen konnten, in die Nachbarorte, um dort bei Bekannten einen Unterschlupf zu finden.

Das Beerdigungskommando (IWM)

Die schlimme Lage für Bergen hatte bereits kurz nach der Befreiung des Konzentrationslagers begonnen. In einer noch nicht veröffentlichten Dokumentation ist zu lesen:

„20. 5. 45 ... Unaufhörlich ziehen die nun frei gewordenen russischen Gefangenen durch Bergen. Jeder Russe trägt einen Sack mit Kartoffeln und anderen gestohlenen Nahrungsmitteln auf seinem Rücken ...

21. 4. 45 Männer in gestreiften Anzügen aus dem KZ kommend, ziehen auf die Dörfer und plündern teilweise die Bauernhöfe, die von den Russen bis dahin verschont geblieben waren ...

22. 4. 45 Kirchenvorsteher Rodehorst spricht von einer Räumung Bergens innerhalb einer Stunde, die der englische Kommandant angeordnet hat ...

23. 4. 45 Im Ort sind Italiener, Franzosen und eine Abordnung Engländer und Amerikaner untergebracht. Der englische Kommandant hat im Hotel Hartung der Pfarre gegenüber bei Bierschwale sein Quartier. Der Friedensplatz ist durch das Überqueren der Panzer wie umgepflügt. In Nindorf haben sich die Polen zusammengeschlossen und alle Bauern des Dorfes in einen Keller gesperrt und nacheinander verprügelt. Dabei wurden zwei deutsche Knechte erschlagen."

Die Räumung Bergens war zur Unterbringung der befreiten italienischen und französischen Kriegsgefangenen aus Wietzendorf angeordnet worden. Sicherlich sollte es für die Bergener die Strafe für das nahe KZ sein. Anderenfalls hätte ebenso gut die Räumung von Wietzendorf selbst, von Faßberg oder Hermannsburg angeordnet werden können. Einer der befreiten Italiener kam zwölf Jahre nach dem Kriege nochmals nach Bergen. Einer Lokal-Zeitung berichtete er: „Dieser Platz wurde uns geschenkt. Er war mit allem versehen, und viele, die in die Häuser gingen, fanden noch gedeckte Tische und Suppe, die in den Schüsseln dampfte ... in den Obst- und Blumengärten, in denen große Steinkrüge voll Butter, Speck, Mehl und Fleischdosen vergraben waren. Und das, ohne die Horden der befreiten russischen Gefangenen zu zählen, die in der Gegend hausten, alles mitnahmen, was sie fanden, und alles zerschlugen, was sie nicht mitnehmen konnten... Ich erinnere mich jenes langen Zuges schweigender Menschen, jener Frauen mit undurchdringlichen Gesichtern. Wir sind ihnen an diesem Tag begegnet, und ich werde diesen Zug niemals vergessen." Während der zitierte italienische Offizier seinerzeit noch in der Apotheke Hartung wohnte, wurde in die Chronik des Pfarrhauses geschrieben:

„28. 4. 45 Cantate! ... Des Lebens überdrüssig wurden heute der Apotheker Hartung und seine Frau auf der letzten Bank des Friedhofes tot aufgefunden ... Am Abend des gleichen Tages verübte Schlachter Kruse durch Einnehmen von Gift Selbstmord." Frau Kruse wurde am nächsten Tag erhängt aufgefunden.

Am 23. April wollten die Briten die Bewachung des Lagers selbst übernehmen. Gemäß dem getroffenen „Gentleman's Agreement" teilten sie Oberst Schmidt und Oberst Harries mit, daß die deutsche und ungarische Wachmannschaft nun vereinbarungsgemäß freien Abzug hätte.

Die deutsche Front verlief zu diesem Zeitpunkt ca. 70 Kilometer weiter nördlich.

Oberst Harries befahl den Abmarsch des Bataillons für den nächsten Tag. Oberst Schmidt trat diesen Marsch nicht an. Er begab sich auf einen Hof in Ostenholz und ließ sich dort nur wenige Tage später gefangennehmen. Oberst Harries führte das deutsch/ungarische Wachbataillon noch bis über die Elbe und ging mit der Kapitulation in Schleswig-Holstein in Kriegsgefangenschaft.

Im KZ Belsen war trotz Befreiung das unaufhaltsame Massensterben weitergegangen. Die Briten mühten sich nach Kräften. Aber sie waren auf diese Situation nicht eingestellt gewesen. Es fehlte an der richtigen Verpflegung für viele der halbverhungerten Häftlinge.

Eine deutsche Krankenschwester, Käthe L., berichtete: „Die ausgehungerten KZ-Leute bekamen von den Engländern fette Konserven, Butter und starben und starben. Vielleicht war auch das im Sinne der Propaganda, daß noch immer mehr starben. Ich bekam ebenfalls für das Notlazarett diese Konserven geliefert. Die KZ-Leute fühlten selbst, daß sie ihnen nicht zuträglich waren, und flehten immer: ‚Nicht Konsery!‘ Ich bat um weißes Brot, Gries und Haferflocken, bekam sie aber nicht."

Woher auch sollte die britische Armee Schonkost haben? Schließlich war ihr Verpflegungssystem für Kampftruppe und nicht für ein KZ geplant.

Auch dem jugoslawischen Rabbiner Dr. H. H., der das Lager zwei Wochen nach seiner Befreiung besuchte, erklärten die Insassen: „Es gibt hier keine Soldaten, auch keine gesunden Leute, die helfen könnten. Seitdem uns die Engländer befreit haben, sterben täglich Hunderte von Menschen. Frische Nahrung ist fast nicht vorhanden, und die Konserven, die ab und zu verteilt werden, beschleunigen erst recht das Sterben."

Das Inferno dauerte also noch immer an, obwohl die Briten eine 360 Mann starke Sanitätseinheit zur Rettung der Häftlinge eingesetzt hatten.

Britische Bildunterschrift: „Erschöpften SS-Männern wurde erlaubt, sich in einer Grube auszuruhen." (IWM)

Die SS-Angehörigen waren bereits am 19. April endgültig verhaftet worden. Ihre genaue Zahl ist zu diesem Zeitpunkt nicht mehr zu ermitteln. Auf keinen Fall waren es jedoch mehr als 78, eher weniger. 17 SS-Angehörige, die nach der Befreiung des Lagers verstarben, sind auf drei nahe liegenden Friedhöfen beigesetzt. Zum späteren Prozeß in Lüneburg wurden jedenfalls nur 37 SS-Angehörige vorgeführt. 16 Aufseherinnen und 21 SS-Männer, von denen jedoch aus gesundheitlichen Gründen nur 17 verhandlungsfähig waren. Für die „fehlenden“ 24 SS-Angehörigen mag es mehrere Gründe geben. Vielleicht war einigen die Flucht gelungen. Sicher haben jedoch auch die Vernehmungen, die von den Briten noch im Lager durchgeführt wurden, Folgen gehabt. In dem Buch „The Golden Horizon“ von Cyril Connolly gibt es hierzu einen Bericht des britischen Journalisten Alan Moorehead. „Die Journalisten wurden in die Zellen geführt, die voller stöhnender, blutbesudelter Menschen lagen. Ein Mann, dicht zu meinen Füßen . . ., dessen Hemd und Gesicht von Blut dick überkrustet war, machte vergebliche Versuche aufzustehen; endlich kam er auf die Knie und schließlich mühsam auf die Füße und stand nun heftig zitternd, die blutenden Hände hilflos von sich gestreckt, vor uns. – ‚Auf mit euch!‘ brüllte der Sergeant die anderen an. Die Gefolterten rafften sich einer nach dem anderen auf, indem sie sich an der Wand hochschoben. ‚Weg von der Wand!‘ Sie stießen sich mühsam ab und taumelten nach der Mitte der Zelle. In einer anderen Zelle hatte der englische Militärarzt soeben eine Vernehmung beendet. ‚Los!‘ schrie der Sergeant, ‚Steh auf!‘ Der SS-Mann lag in seinem Blut auf dem Boden . . . Er kroch an einen Stuhl, legte die Arme auf den Sitz und schob sich mühsam halb in die Höhe. Noch ein Schub: Er war auf den Füßen und warf uns flehend die Arme entgegen. ‚Warum macht ihr mich nicht tot?‘ keuchte er mühsam. ‚Warum macht ihr mich nicht ganz tot? Ich kann nicht mehr . . .‘ – ‚Das sagt er uns schon den ganzen Morgen, der dreckige Bastard’, grinste der Sergeant.“

Schon wenige Tage nach der Befreiung des Lagers hatten die Ortschaften der Umgebung täglich eine bestimmte Zahl von Arbeitskräften zu stellen, die die Baracken säubern mußten, denn die Typhusgefahr bestand noch immer. Die Häftlinge waren vollständig in die Gebäude der Panzertruppenschule verlegt worden. Als das verlassene Barackenlager hinreichend gesäubert war, wurde es von den Briten Stück für Stück in Brand gesteckt. Leutnant Sington, der das KZ als erster britischer Offizier betreten hatte, besuchte es am 21. Mai zum letzten Mal und schrieb darüber: „Das Lager, das wir betraten, war jetzt eine verlassene Einöde. Die Baracken des SS-Hofes standen noch, ebenso der Stacheldrahtzaun, die Wachtürme und das Tor. Die Baracken des Häftlingslagers waren jedoch völlig niedergebrannt, eine einzige ausgenommen. Auf jeder Seite lagen Haufen Gerümpels, und nur die Grundmauern zeigten an, wo die Baracken einst gestanden hatten . . . Zu beiden Seiten des Eingangstores waren Tafeln errichtet worden, eine in englischer und eine in deutscher Sprache: ‚Hier befand sich das berüchtigte Konzentrationslager von Belsen, das von den Engländern am 15. April 1945 befreit wurde. Zehntausend unbeerdigte Tote wurden hier gefunden. Weitere dreizehntausend sind seither gestorben. Sie alle sind Opfer der deutschen Neuen Ordnung in Europa und ein Beispiel der Nazikultur.‘“

Die letzte übriggebliebene Baracke des Lagers trug eine Fahne mit Hakenkreuz und eine mit dem Eisernen Kreuz. Zwischen beiden hing ein Bild Hitlers. Nur 30 Meter entfernt waren eine Tribüne und ein Fahnenmast errichtet worden. Gegen 15.00 Uhr hatte sich die in Belsen anwesende britische Truppe versammelt. Aus

Das Lager wurde barackenweise abgebrannt. (IWM)

der Panzertruppenschule waren 300 ehemalige Häftlinge gekommen, um dem folgenden Zeremoniell beizuwohnen. Drei Flammenwerferpanzer standen bereit, und ein britischer Colonel hielt nochmals eine Rede: „In einigen Minuten ... werden wir die letzte Baracke des ehemaligen Konzentrationslagers Belsen niederbrennen. Es drängt sich mir das Gefühl auf – und vielleicht empfinden sie ebenso –, daß die völlige Niederbrennung dieses pestverseuchten Lagers ein großes Symbol ist ... Die britische Fahne hat nie über Grausamkeit und Bestialität geweht. Daher wurde sie auch bisher nicht über Belsen gehißt. In wenigen Augenblicken wird sie gehißt werden. Auch dies ist ein Symbol. Das Symbol der Vollendung der großen Aufgabe der Befreiung, für die die alliierten Armeen sechs Jahre lang gekämpft haben, die Vollendung der von der britischen Befreiungsarmee am 6. Juni begonnenen Aufgabe, als sie am Strande der Normandie landete, und vor allem der Abschluß der furchtbaren, aber begeisternden Aufgabe, der sich hier vor kurzem Einheiten der 2. Armee gegenübersahen ..."

Nach Abschluß dieser Rede wurde die britische Fahne gehißt, und die Flammenwerfer setzten die letzte Baracke in Brand. Zurück blieb eine eingezäunte Einöde mit unbesetzten Wachtürmen und den Massengräbern vieler tausend Menschen.

Die letzte Baracke ging am 21. April in Flammen auf. (IWM)

Die Frage nach der Zahl der Opfer des KZ hat von jeher schon politischen Charakter gehabt. Häufig war jedoch auch zu hören, daß es auf die Zahl nicht ankommt, sondern auf das mörderische Prinzip des KZ-Lagersystems. Wenn aber Geschichte nachvollziehbar und damit wissenschaftlich sein soll, dann bedarf sie der Zahl, und zwar der richtigen.

Obelisk in der Gedenkstätte Bergen-Belsen

Sehr umfangreiche Ermittlungen hat Professor Kolb in seiner Monographie „Bergen-Belsen" angestellt. Hiernach kamen bis zum Eintreffen der Briten ca. 37.000 Menschen ums Leben. Diese Zahl ist die Summe, die sich aus mehreren Dokumenten, aber auch aus Schätzungen ergibt. Das Kernstück dieser Berechnung ist u. a. eine Liste, die von dem Lagerinsassen Jacob de Heer gerettet wurde. Aus ihr geht hervor, daß in der Zeit vom 1. März bis zum 6. April genau 22.081 Menschen verstarben. Den Briten hat diese Liste bis zur Einäscherung des Lagers sicher nicht vorgelegen. Anderenfalls hätten sie auf dem Schild am Lagereingang nicht von „10.000 unbeerdigten Toten" gesprochen. Außerdem sprach der ehemalige Judenälteste Joseph Weiß im Jahr 1957 von 30.000 Toten im Zeitraum vom 23. 12. 1944 bis Anfang April 1945. Nach Professor Kolb handelt es sich hierbei nicht um eine Schätzung, sondern um „gedächtnismäßige Reproduzierung".

Nach der sicherlich nicht einfachen Auswertung beider Quellen und unter Berücksichtigung der 13.944 Menschen, die nach dem Eintreffen der Briten verstarben, ergibt sich die heute gültige Zahl von ca. 51.000 Todesopfern. Es haben aber auch schon andere gegolten. So war im Dezember 1952 in der Lokalpresse zu lesen: „In

Sowjetischer Soldatenfriedhof in Hörsten

einer ergreifenden Feierstunde wurde am Sonntagnachmittag die Gedenkstätte Bergen-Belsen eingeweiht, die den 22.500 Opfern des Konzentrationslagers Belsen gewidmet ist." Bis 1962 betrug die offizielle Zahl der KZ-Opfer 23.215.

Bei einer Gedenkfeier im Jahr 1987 wurde erstmalig von 100.000 Toten gesprochen. Unabhängig von der Zahl macht es jedoch den Besucher der Gedenkstätte betroffen, wenn er an der 50 Meter langen, steinernen Inschriftenwand liest: „Unbekannte und bekannte unschuldige Menschen sind hier durch grausame Henkershände im Tode dahingeschwunden. Dem unglücklichen Menschengeschlecht, durch die Verbrechen müde gemacht, kam dennoch Gottes Güte schließlich als Retter zur Hilfe."

Im Schatten der Gedenkstätte von Belsen befindet sich nur 1.000 Meter entfernt ein großer Friedhof für die im ehemaligen Kriegsgefangenenlager verstorbenen Russen. Etwa 50.000 Sowjetsoldaten sollen dort beigesetzt sein.

„Wietze-Front" und „Heide-Linie"

Major i.G. Hans Salb, Ia der Kampfgruppe-Grosan (hier noch als Hauptmann)

Am 15. April standen zwischen Walsrode und Uelzen auf breiter Front vier britische Divisionen. Die ihnen gegenüberliegenden deutschen Kräfte bildeten in der später so genannten „Heide-Linie“ eine letztmalig fast durchgehende Front. In deren Zentrum befand sich die Kampfgruppe des Oberst Erhard Grosan.

Nur das Bataillon des Hauptmanns Lotze, das seine Stellungen im Esseler Wald erst am Vormittag geräumt hatte, marschierte noch in Eilmärschen nach Norden, um wieder Anschluß zu gewinnen.

Bevor es aber zu Kampfhandlungen in der „Heide-Linie“ kommen durfte, hatte Oberst Grosan noch zwei Probleme zu lösen. Sein Ia, Major i.G. Salb, sagte noch viele Jahre nach dem Krieg dazu: „. . . , daß hier Aufgaben der Lösung harrten, die den Bereich des Soldatenhandwerks überstiegen.“ Gemeint waren das große Kriegsgefangenenlager bei Wietzendorf und die Kampfstofflager ostwärts Munster.

Bereits am Morgen des 15. April war Major i.G. Salb mit dem Ordonnanzoffizier Hauptmann Reitzenstein in Wietzendorf. Das im Kippberg-Gelände gelegene Lager wurde von Landesschützen des Regiment-Steinmann bewacht. Die ca. 8.500 Gefangenen waren zumeist französische und italienische Offiziere. Für die innere Lagerordnung sorgten zwei ebenfalls gefangene Obristen. Salb schilderte ihnen kurz die Lage und riet ihnen, auch nach der zu erwartenden Rücknahme der deutschen Truppen so lange im Lager zu bleiben, bis die Briten die Versorgung übernehmen würden. Er wollte damit verhindern, daß sich die Gefangenen nach ihrer Befreiung auf eigene Faust und damit zu Lasten der Bevölkerung ernährten.

Die Obristen waren sachliche Männer. Sie akzeptierten Salbs Vorschlag. Nach beiderseits betont korrektem Gruß fuhr der Major zu den Kampfstofflagern bei Munster.

In der Kaserne „Munster-Nord“, die heute von einem britischen Pionier-Regiment genutzt wird, sprach er mit einem der Chemiker. Der eigentlich Verantwortliche, Generalmajor Gerhard Richter, war schon vor Wochen mit dem gesamten militärischen Personal abgerückt. Vielleicht war dies auf Befehl der Armeegruppe-

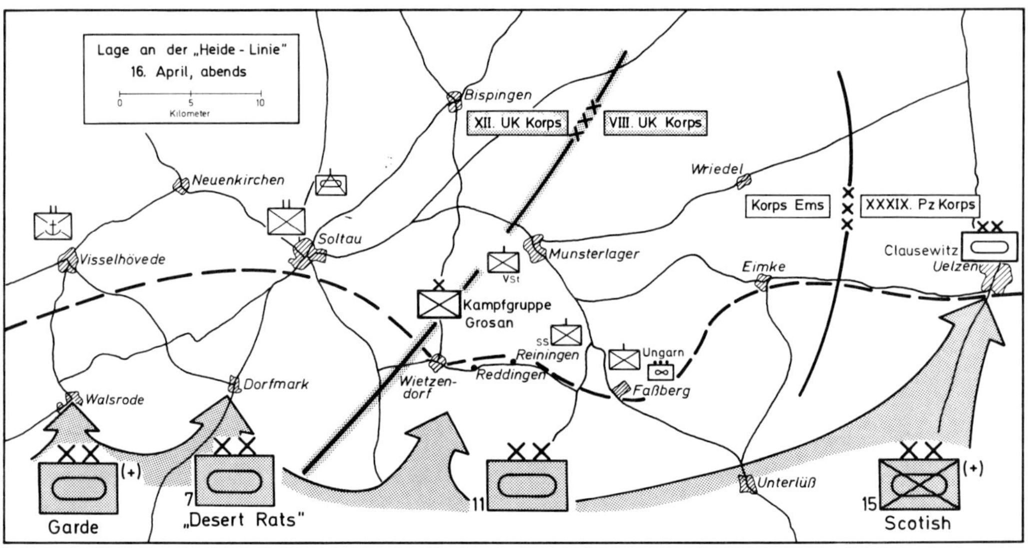

Blumentritt geschehen. Der von Major i.G. Salb am 15. April angetroffene Chemiker hieß vermutlich Emsmann. Er erklärte, daß der gesamte Kampfstoffvorrat ca. 4.000 Tonnen betrage. 100 Tonnen davon seien in vier Bunkern bei Oerrel untergebracht. Die Masse befände sich jedoch in den Lagern „R 6“ und „R 8“ in der Raubkammer. Es handele sich hierbei vorwiegend um den Hautkampfstoff Lost. Allerdings gäbe es auch 50 Tonnen von den viel gefährlicheren Nervenkampfstoffen Tabun und Sarin. Der Chemiker schloß seine Darstellungen: „Die Kampfstoffe reichen aus, um alles Leben im Umkreis von 100 Kilometern zu vernichten.“ Major i.G. Salb überzeugte dieser Vortrag. Er erkannte, daß sofortiges Handeln geboten war; immerhin mußte er mit dem Vorstoß der 11. U.K. Panzer-Division von Bergen über Wietzendorf auf Munster rechnen. Die Straßenführung ließ keine andere Möglichkeit, zumal die weiter ostwärts gelegenen Vormarschstraßen von der 15. und 6. Division vollständig belegt waren. In diesem Falle waren Kampfhandlungen mit irgendwelchen deutschen Splittergruppen auch in der Raubkammer nicht auszuschließen. Genau das mußte er verhindern, denn die Giftgasbestände durften keinesfalls britischem Artilleriefeuer ausgesetzt werden. Praktisch bedeutete das, die Angriffsrichtung einer britischen Division zu ändern.

Generalmajor Gerhard Richter, Kommandant der Kampfstofflager in der Raubkammer

Mit Kampfstoff gefüllte Kesselwagen bei Munsterlager (IWM)

Ungefüllte Kampfstoffbomben in der Raubkammer (IWM)

Am 15. April standen die feindlichen Spitzen zur selben Zeit auf der Linie Walle-Sülze. Scheinbar noch weit entfernt. Aber der Major im Generalstab wußte, wie lange es dauern würde, einen Angriff anzuhalten und abzudrehen, – immer vorausgesetzt, daß die Briten die Sache mit den Giftgaslagern überhaupt glauben würden. Salb ließ sich von dem Chemiker die Lager der Kampfstoffe in eine Karte einzeichnen und gab sie dem sehr bestimmt und überzeugend wirkenden Hauptmann Reitzenstein. Er befahl: „Fahren Sie den Briten mit Parlamentärflagge entgegen. Übergeben Sie diese Karte. Betonen Sie, daß wir alles unternehmen, damit sich keine deutschen Truppen im Forst Raubkammer und der Ortschaft Munster aufhalten." Reitzenstein meldete sich ab.

Am frühen Nachmittag traf er südlich Hermannsburg auf den Spitzenzug des „Fife and Forfar Regiment". Er übergab einem britischen Captain die Karte und erledigte seinen Auftrag auch im übrigen, wie ihm befohlen war.

Major i.G. Hans Salb war inzwischen Richtung Soltau gefahren. Er mußte Oberst Grosan über die Lage orientieren und vor allem Vorsorge für den Fall treffen, daß die Briten dem Hauptmann Reitzenstein nicht glaubten. Aber auch wenn sie ihm glaubten, war fraglich, ob es gelingen würde, innerhalb kürzester Zeit die Angriffsrichtung einer gesamten Division zu ändern. Generalmajor Roberts und seinen Verbänden blieben 18 bis höchstens 24 Stunden, um eine mögliche Katastrophe zu verhindern.

Während der Captain des „Fife and Forfar Regiment" skeptisch die deutsche Karte weiterreichte, setzten die Briten ihren Angriff fort. Das von Bergen kommende Aufklärungs-Regiment, verstärkt durch die Maschinengewehr-Kompanie der Division, traf bei Beckedorf auf zwei ungarische Retsag-Kompanien. Die Ungarn kämpften, als verteidigten sie ihre Heimat. Trotzdem mußten sie über Bonstorf bis zur Wietze ausweichen. Sie ließen sieben Gefallene, viele Verwundete und einige Gefangene zurück. Außerdem kamen ein deutscher Leutnant und ein Obergefreiter ums Leben. Alle Gefallenen wurden auf dem Hermannsburger Friedhof beigesetzt. Auf britischer Seite gab es mindestens fünf Tote.

Soldatengräber auf dem Hermannsburger Friedhof

Als die britischen Panzeraufklärer weiter vorgingen, trafen sie in Bonstorf auf deutsche SS-Soldaten. Es waren jene aus Lachendorf, die bereits in Unterlüß gekämpft hatten. Die Briten berichten von einem Gefecht in einer Ortschaft voller SS-Soldaten. Es waren tatsächlich nicht mehr als 30 Mann. Diese schossen mit Panzerfäusten drei britische Spähpanzer ab. Drei Briten fielen, mindestens sechs werden verwundet worden sein. Der SS-Zug zog sich anschließend ohne Ausfälle zur Wietze, nach Reiningen zurück. Für die in Hermannsburg eingesetzten, vermutlich zwei ungarischen Kompanien sah die Lage somit sehr ungünstig aus.

Während die Übergabe der deutschen Karte durch Reitzenstein kurzfristig Ruhe verschafft hatte, waren die Briten westlich an ihnen vorbeigestoßen. Neben dem Angriff aus Süden drohte ihnen nun auch noch ein Flankenangriff aus Nordwesten. Auch eine von Hermannsburg nach Unterlüß durchgeführte Krad-Aufklärung stieß dort auf Feind und verlor den Beifahrer. Hermannsburg konnte nunmehr von drei Seiten angegriffen werden. Als die beiden ungarischen Kompanien erkannten, daß sie völlig auf sich gestellt waren und keinerlei Verbindung mehr zu deutschen Truppen hatten, zogen sie sich über Müden auf Faßberg zurück. Sie hätten eigentlich die Örtze-Brücke in Hermannsburg sprengen sollen, aber der

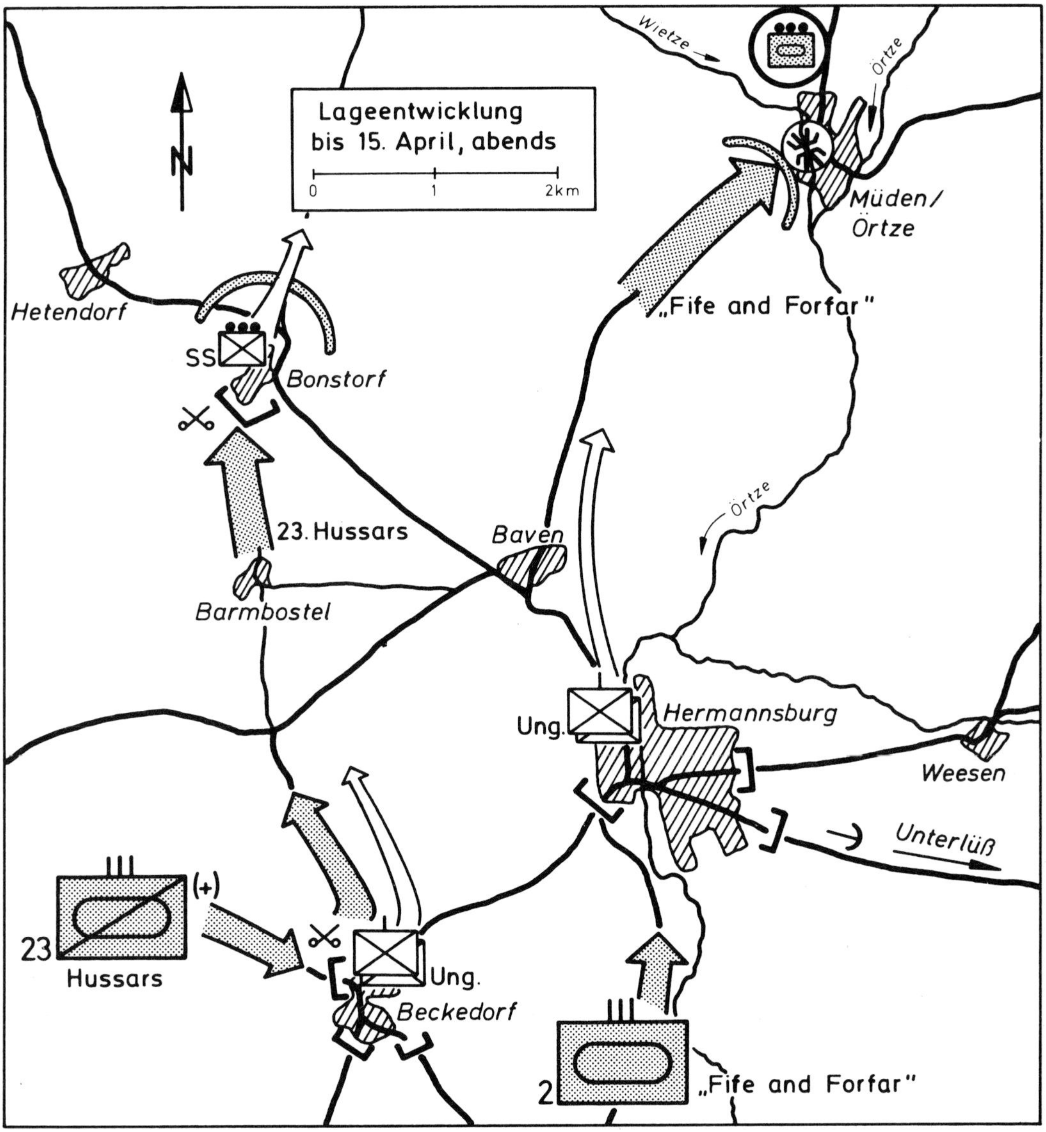

Gemeindepfarrer und der Bürgermeister Meier überredeten sie, es nicht zu tun. So blieb den Hermannsburgern ihre Brücke erhalten. Die Panzer des 2. „Fife and Forfar Regiment" rollten am Abend fast kampflos in den Ort ein. Auf unbekannte Weise fielen ein deutscher Soldat in Hermannsburg und zwei weitere bei Weesen. Alle drei gehörten zu der gerade in Bonstorf kämpfenden SS-Einheit und wurden später ebenfalls auf dem Hermannsburger Gemeindefriedhof beigesetzt.

Noch am gleichen Tage erreichte das britische Panzer-Regiment die Ortschaft Müden. Zunächst schien auch hier alles ruhig. Als aber die Spitzenkompanie die Örtze überfahren hatte, zündete ein deutsches Sprengkommando die an der Brücke angebrachten Ladungen elektrisch. Anschließend kam es zum Feuerkampf, bei dem sich die britischen Panzer nach Norden aus dem Ort herausschossen. Sie müssen hierbei einen Panzer verloren haben, denn die „Roll of Honor" weist neben zwei Gefallenen des „Herefordshire Infantry Regiment" auch zwei Panzersoldaten aus.

Im freien Gelände südostwärts des Eitzberges igelten sich die Panzer ein. In Müden waren zwei Wehrmachtsangehörige, zwei SS-Soldaten und zwei Ungarn gefallen. Auch sie wurden auf dem Hermannsburger Friedhof begraben.

Am Nordufer der Wietze hatten sich seit mehreren Tagen deutsche Soldaten zur Verteidigung eingerichtet. Ihre Stellungen reichten von Velligsen – heute Möhlhop – über Reiningen, Halmern und Reddingen bis an den Ortsrand von Wietzendorf. Sie wurden später „Wietze-Front" genannt. Die Truppe bestand zunächst ausschließlich aus ca. 200 Genesenen, die in Munster von der Kommandantur unter Führung von Oberleutnant Meven aufgestellt worden war. Meven setzte sie entsprechend der abgebildeten Lagekarte ein, auf der nach dem Krieg nur noch die

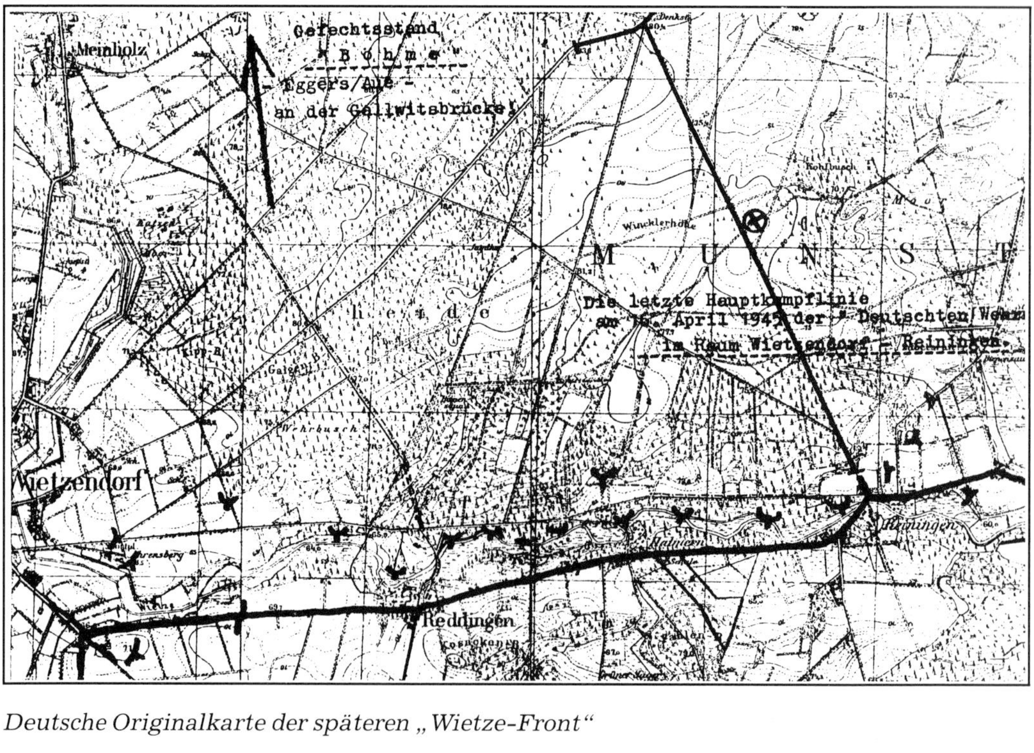

Deutsche Originalkarte der späteren „Wietze-Front"

Schreibmaschineneintragungen vorgenommen wurden. Meven unterstand dem Bataillon des Oberstleutnants Böhme. Er setzte ca. 100 Mann unter Führung von Leutnant Wulf zwischen Reddingen und Reiningen ein. Seine restlichen Genesenen verteilte er zwischen Reddingen und dem Ostrand von Wietzendorf. Die Ortschaft sollte von einigen Landesschützen des Regiment-Steinmann und dem örtlichen Volkssturm verteidigt werden. An schweren Waffen stand nur die Werfer-Batterie des Hauptmanns Müller zur Verfügung. Diese war ostwärts Wietzendorf südlich des Kriegsgefangenenlagers in Stellung gegangen. Am Abend des 15. April wurde die „Wietze-Front" in Reddingen zusätzlich durch die Ungarn aus Beckedorf verstärkt. Auch der SS-Zug aus Bonstorf bezog Stellung in Reiningen. Leutnant Wulf, der seinen Gefechtsstand in Halmern beim Bauern Stelter hatte, war dagegen nur um einen Mann verstärkt worden.

Artillerie-Unteroffizier Heinz Stelter, Sohn des Hofbesitzers, war vor wenigen Tagen auf Urlaub nach Hause entlassen worden. Seit Oktober 1944 war er mit der 225. Infanterie-Division in Kurland eingeschlossen gewesen. Nach Monaten ununterbrochenen Einsatzes als Vorgeschobener Beobachter hatte er sich diesen Heimaturlaub redlich verdient. Für ihn war dieser Urlaub vielleicht lebensrettend. Nur vier Wochen später mußte die Kurland-Armee die Waffen strecken und fast vollständig in sowjetische Gefangenschaft gehen. Nur wenige kamen zurück. Heinz Stelter ahnte nichts von seinem Glück, als er sich bei Leutnant Wulf meldete. Dieser sagte nur: „Sie haben solange Urlaub, bis auch hier der Krieg beginnt. Dann brauche ich Sie."

Am Abend dieses 15. April war es soweit. Wulf saß mit seinen Unterführern und Heinz Stelter auf der Veranda. Sie aßen Bratkartoffeln mit Spiegeleiern. Von Süden drang Gefechtslärm über die Wietze. Aber auch im Westen, bei Wietzendorf, wurde offenbar schon gekämpft. Tatsächlich hatten die Briten dort noch vor Beginn der Abenddämmerung angegriffen. Das 3. „Royal Tank Regiment" und das 4. Bataillon „King's Shropshire Light Infantry" waren bis Marbostel vorgekommen, als die Batterie des Hauptmanns Müller das Feuer eröffnete. Wenig später brannten durch den deutschen Beschuß in Marbostel mindestens zwei Gebäude. Die britische Artillerie, die südlich Marbostel in Stellung gegangen war, schoß zurück. Die Windmühle am Südrand von Wietzendorf wurde mehrfach getroffen. Durch diesen Beschuß starben eine Zivilperson und zwei Soldaten des Oberleutnants Meven. Die Gefallenen wurden später auf dem Wietzendorfer Friedhof beigesetzt.

Unteroffizier Heinz Stelter (hier noch als Gefreiter) auf „Urlaub" an der „Wietze-Front".

Der eigentliche Angriff der „Royal Tanks" sollte am Morgen des 16. April erfolgen. Aber bereits mit Beginn der Dämmerung eröffnete die Werfer-Batterie als erste das Feuer, das wenig später von den Briten erwidert wurde. Das Haus von Bergmann fiel

Kriegsgräber auf dem Wietzendorfer Friedhof

Oben links: Werfer beim Feuerkampf

Links: Die Windmühle von Wietzendorf

in Trümmer. Die Scheune von Siebert ging in Flammen auf. Der Stall von Cohrs brannte. Die britischen Spähwagen rückten bis zum Sauerbach vor. Kurz vor ihnen wurde die Brücke gesprengt. Während die Bevölkerung mit dem Löschen begann, rückte das 4. Bataillon „King's Shropshire Light Infantry" kampflos in Wietzendorf ein. Der Volkssturm des Ortes, der höchstens noch 40 Mann zählte, war nach Norden bis zur Brücke über die Aue zurückgegangen. Auch von den Landesschützen waren höchstens noch 20 Mann zur Bewachung des Kriegsgefangenenlagers zurückgeblieben. Die Werfer des Hauptmanns Müller hatten das Feuer eingestellt, als die Briten die Sauerbach-Brücke erreicht hatten. In Wietzendorf glauben noch heute einige Bürger, er hätte hierdurch noch größere Schäden im Ort vermieden. Das ist sicherlich nicht falsch, aber Hauptmann Müller hätte ohnehin nur auf Verdacht zwischen die Häuser schießen können. Eine Zielansprache war wegen der Bebauung nicht möglich. Außerdem fehlte ihm jeder Infanterieschutz. Er tat also gut daran, Stellungswechsel zu machen. Er fuhr nach Willenbockel und meldete sich später bei Oberst Grosan.

Trotz fehlender deutscher Gegenwehr brannten in Wietzendorf noch die Häuser von Petersen und Witthöft vollständig ab. Um 11.00 Uhr erfolgte die Sprengung der Langen-Brücke. Aber das änderte nun auch nichts mehr an der Besetzung von Wietzendorf. Außerdem durfte es kein Problem sein, die schmale Aue mit Brückengerät zu überwinden und den Angriff auf Munster fortzusetzen. Der offene Truppenübungsplatz war ein hervorragendes Angriffsgelände für die „Royal Tanks". Geradezu ideal für ein Panzer-Regiment. Doch dieser Angriff fand nicht statt. Frau Siebert erinnert sich: „Die Engländer benahmen sich sehr anständig, zogen sich jedoch nach wenigen Stunden wieder zurück." Das Kriegstagebuch des Panzer-Regiments notierte für den 16. April u. a.: „09.30 – Befehl zum Rückzug ... und Vorbereiten auf sofortigen Marsch in noch nicht bestimmte Richtung. 12.15 – Befehl nach Müden zu marschieren und dann ... nach Ebstorf." Für die britischen Panzersoldaten gab es damals keine ausreichende Erklärung für diese Befehle. Sie werden daher vielleicht die gesprengten Brücken als Grund angenommen haben. Somit war Wietzendorf mittags wieder feindfrei. Aber das war für die Einwohner auch nicht ohne Probleme.

Die Briten hatten kurz vor dem Abzug das Kriegsgefangenenlager befreit. Das geschah sehr indirekt, denn die schwache deutsche Wachmannschaft ging wohl freiwillig. Geschossen wurde jedenfalls nicht.

Der italienische Schriftsteller G. Guareschi, der auch unter den Gefangenen war, erinnerte sich: „Die Lage war sehr bedenklich geworden, weil die Engländer die Deutschen eingekreist hatten. Wir dagegen – am 16. April von einer englischen Patrouille befreit, ... wurden von den Deutschen eingekreist." Guareschi, der sich auch nach seiner Befreiung noch „eingekreist" fühlte, wußte nicht, daß sich die Deutschen längst zurückgezogen hatten. Daß er dennoch im Lager bleiben mußte, lag an seinem Oberst Bernhardi, der Major i. G. Salb versprochen hatte, das Lager erst räumen zu lassen, wenn die Briten die Versorgung übernommen hätten. Der jetzt eingetretene Fall war nicht vorhersehbar gewesen. Die Deutschen waren abgerückt, und die Briten waren zurückgegangen. Für Wietzendorf war trotz aller

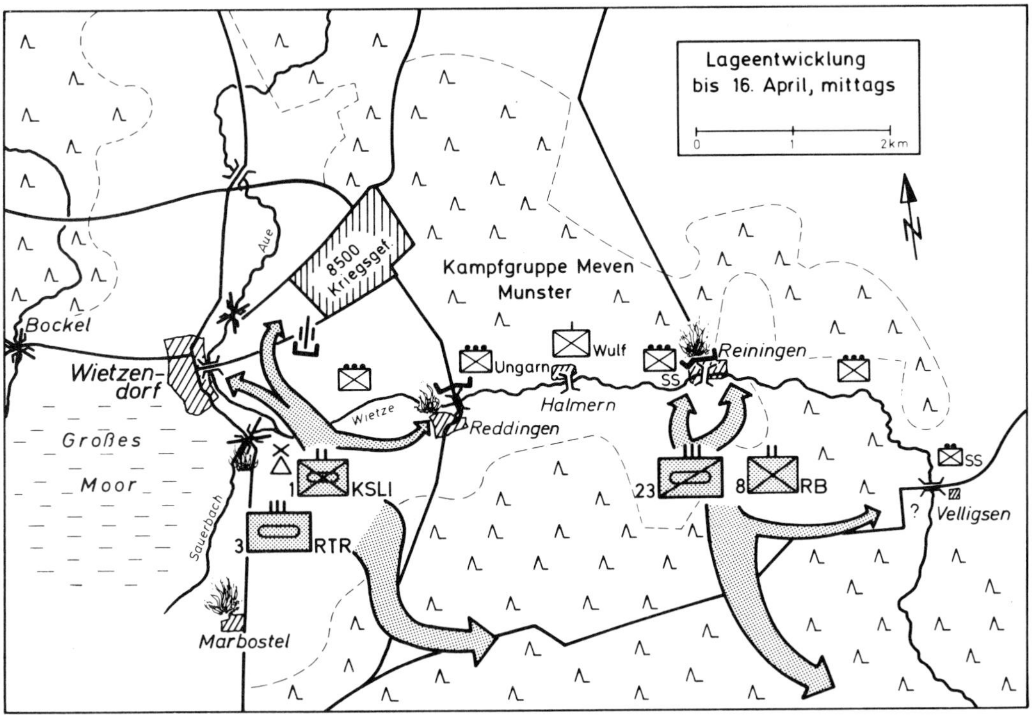

Vorkehrungen eine bedrohliche Lage entstanden, die jedoch von den gefangenen Obristen in beispielhafter Manier gelöst wurde. Sie ließen keinen ihrer befreiten Landsleute aus dem Lager heraus. Sie haben hierdurch Wietzendorf und die in der Nähe liegenden Orte sicherlich vor Plünderungen und anderen Ausschreitungen bewahrt. Die Versorgung ihrer Kameraden stellten sie dennoch auf sehr einfache Weise sicher. Zehn Italiener und zehn Franzosen wurden zur Bäckerei Meyer abgestellt und hatten dort täglich mehrere hundert Brote zu backen. Schlachter Winkelmann mußte jeden Tag fünf Rinder schlachten. Der Bürgermeister hatte für die Anlieferung des Schlachtviehs zu sorgen. Für die Wietzendorfer Bevölkerung war diese Regelung nicht bequem, aber sie war viel günstiger als die Drangsalierungen, die andere Ortschaften nach ihrer Besetzung durch befreite Kriegsgefangene erdulden mußten.

Zeitgleich mit dem Angriff auf Wietzendorf waren britische Aufklärungspanzer in Reddingen eingedrungen. Die am Nordufer der Wietze eingesetzten Ungarn eröffneten das Feuer nicht. Trotzdem schossen die Briten mehrere Häuser und den Hof Blumberg in Brand. Kurz darauf erhielten auch sie den Befehl zum Rückzug. Merkwürdigerweise erfolgte auf die Kompanie des Leutnants Wulf, die beiderseits Halmern eingesetzt war, kein Angriff. Lediglich der linke Flügel, der bis kurz vor Reiningen reichte, lag seit dem frühen Morgen unter MG-Feuer. Die Panzer des 23. Aufklärungs-Regiments und das 8. Bataillon der „Rifle Brigade“ hatten das Dorf halbkreisförmig umstellt. Als sie das offene Gelände kurz vor der bereits gesprengten Wietze-Brücke überwinden wollten, eröffneten die SS-Soldaten das Feuer. Die Briten zogen sich zurück. Wenig später lag ein lang andauerndes Artilleriefeuer auf Reiningen. Als die Höfe Bergmann, Kohlmeyer, Lange und das Gasthaus Brammer brannten, erfolgte der nächste britische Angriff. Er wurde wiederum abgewiesen. In einer britischen Chronik steht hierzu: „Der Feind schien überall zu sein.“

Gegen Mittag erhielten beide britischen Verbände ebenfalls den Befehl zum Rückzug. Sie hatten fünf Gefallene und sicherlich doppelt soviel Verwundete. In Reiningen war ein Kind durch einen Granatsplitter tödlich verletzt worden. Von den SS-Soldaten waren vier gefallen. Fünf weitere waren verwundet, einer von ihnen schwer. Sie wurden auf den Verbandplatz, in das Haus von Bürgermeister Ohlhoff gebracht. Dort versorgte sie Stabsarzt Dr. Rosenthal. Am nächsten Tag wurden sie von Ohlhoffs Tochter mit einem Pferdegespann über den Übungsplatz in das Lazarett nach Munster gefahren. Während dieser Fahrt hielt der 17jährige Günther Preuss die Hand von Fräulein Ohlhoff. Er litt bereits an schwerem Wundbrand und sagte immer wieder: „Ich will noch nicht sterben.“ In Munster erlag er einen Tag später seiner Verwundung. Auch seine Kameraden Göbel und Gotzbacher verstarben im Lazarett. Seither ruhen auf dem

Wietze-Brücke in Reiningen vor der Sprengung

Waldfriedhof in Munster sieben SS-Soldaten, die an der Wietze gegen einen weit überlegenen Gegner ihre Stellungen behauptet hatten. Während der Kämpfe an der Wietze ist es vermutlich auch zu einem kurzen Gefecht an der Gehöftegruppe Velligsen gekommen. Dort fielen der Sanitätsgefreite S. und der SS-Kanonier H. Auch diese beiden wurden in Munster beigesetzt.

In Müden hatten die britischen Pioniere am frühen Morgen des 16. April mit der Reparatur der gesprengten Örtze-Brücke begonnen. Am späten Vormittag waren sie damit fertig. Der britische Angriff rollte weiter nach Norden. Die Sprengladungen an der Poitzener Brücke waren zwar gezündet worden, aber es waren offensichtlich nicht alle Ladungen detoniert. So klaffte nur ein Loch in der Brückendecke, um das sich die Panzer nicht kümmerten. Geschossen wurde in Poitzen erst Tage später, als nämlich im Wald westlich der Straße versprengte SS-Soldaten einen britischen Sprit-Lkw unter Beschuß nahmen. Das Fahrzeug brannte aus. Der Fahrer wurde verwundet. Die Briten steckten daraufhin zur Strafe ein Haus an.

Am 16. April, gegen 14.00 Uhr erreichten die Panzer des 2. Bataillons „Yeomanry“ die Ortschaft Trauen. Dort war die Brücke über die Kleine Örtze zwar gesprengt, stellte jedoch kein wirksames Hindernis dar. Aus dem Ort wurde von einigen ungarischen Soldaten das Feuer eröffnet. Daraufhin schossen die Briten Scheune, Speicher und Schweinestall des Bauern Herrs in Brand. Die Ungarn zogen sich zurück.

Zu diesem Zeitpunkt befanden sich die Spitzen der 11. Panzer-Division nur noch acht Kilometer südlich der deutschen Giftgaslager. Da stoppte auch hier der britische Vorstoß. Die in Müden, Poitzen und Trauen stehenden Verbände machten fast gleichzeitig „rechts-um“ und gingen nach Osten vor. General Roberts war es also tatsächlich gelungen, die Spitzen seiner Division rechtzeitig aus der gefährlichen Angriffsrichtung abzudrehen. Immerhin war es ein gewagter Entschluß, sich nur auf eine deutsche Karte zu verlassen. Außerdem schickte Roberts seine Verbände damit auf die sandigen Waldwege durch den Oerreler Forst und die Große Heide. Letztlich drängte er seine Division hart an die rechte Grenze des Gefechtsstreifens, während er beim Vorstoß über Munster und Breloh sehr schnell die Reichsstraße 209 hätte erreichen können. Roberts hat der Lagekarte des Majors i.G. Salb geglaubt und damit eine mögliche Katastrophe verhindert. Beide Männer haben sich nie kennengelernt, und in Munster und Umgebung kannte man noch nicht einmal ihre Namen. Dieses erfreuliche deutsch-britische Agreement traf den Fliegerhorst Faßberg im umgekehrten Sinn. Die abgedrehten britischen Verbände marschierten zangenförmig auf den Flugplatz zu. Der Kommandant, Oberstleutnant Heinz Meletta, hatte vor einer Woche seine wenigen Pak-Geschütze in den Raum Winsen abstellen müssen. Diese hatten dort und südlich Offen insgesamt erfolgreich gekämpft. Aber jetzt fehlten sie hier in Faßberg. So stand zur Verteidigung des Horstes nur technisches Personal mit Handfeuerwaffen zur Verfügung. Außerdem hatten sich am frühen Morgen Teile der zwei ungarischen Kompanien aus Hermannsburg gemeldet und um einen Auftrag gebeten. Aber auch die Ungarn verfügten nur über Handwaffen. Gegen die britischen Panzer konnten sie nicht nutzen. Oberstleutnant Meletta befahl ihnen daher, am Waldrand südlich des Flugfeldes in Stellung zu gehen.

In der Faßberger Chronik schrieb der Oberstleutnant nach dem Kriege: „Alle Begebenheiten überstürzten sich, . . . jedes Handeln war zur Sinnlosigkeit geworden.“ Unter Führung des Stabsingenieurs Freiherr von Senarclens de Grancy

Der ungarische Fähnrich Kruppa (hier noch als Rekrut) kämpfte bei Faßberg.

versuchten die Luftwaffentechniker die aus Trauen vorstoßenden Panzer aufzuhalten. Als der Ingenieur und fünf Deutsche gefallen waren, brach der Widerstand zusammen. Auch die Ungarn wurden schnell aus ihrer Waldstellung geworfen. Fähnrich Kruppa erlebte dies so: „Nachdem uns die Engländer aus dem Wald gedrängt hatten, jagten sie uns mit MG-Garben über das offene Rollfeld. Wir hatten mindestens zwei Tote, aber wir konnten uns nicht um sie kümmern. Später igelten wir uns im Wald südlich der heutigen B 71 ein. Aber plötzlich brannte es überall, und als wir die Straße überqueren wollten, waren wir von Briten umstellt. Wir ergaben uns."

Den stärksten Widerstand hatte das 15./19. Aufklärungs-Regiment zu überwinden. Bei Schmarbeck war Personal des Fliegerhorstes in mindestens Kompaniestärke in Stellung gegangen. Außerdem sollen dort auch drei leichte Infanterie-Geschütze gestanden haben. Der schmale Weg nach Schmarbeck war an mehreren Stellen durch tiefe Krater unterbrochen. Vermutlich waren sie durch Luftminen gesprengt worden, deren Detonationen die Bevölkerung schon einige Tage davor in Aufregung versetzt hatte. Jetzt waren mehrere Flächenbrände ausgebrochen, die den britischen Aufklärern die Sicht nahmen. Als sie dann auch noch vom eigenen Panzer-Regiment, das nach Süden vorstieß, beschossen wurden, zogen sie sich auf Gerdehaus zurück. Wenig später wurde Schmarbeck von zwei Verbänden angegriffen. Das „Herefordshire"-Bataillon kam von Norden, die „Cheshires" von Süden. Die Luftwaffensoldaten ergaben sich. Zu den wenigen, die sich der britischen Umklammerung zunächst entziehen konnten, gehörten ein Leutnant und drei Mann. Unter diesen befand sich der Obergefreite Paul Lüllwitz, der zunächst als Zivilangestellter auf dem Fliegerhorst gearbeitet hatte, und ein Waffenmechaniker. Letzterer hatte eine ehemalige Flugzeugkanone auf eine selbstgebaute Lafette montiert und sein Geschütz hart unterhalb des Faßberges in Stellung gebracht. Der erste britische Spähpanzer kam in der Geschoßgarbe der Flugzeugkanone zum Stehen. Ein dahinter fahrendes Beiwagen-Krad ging in Flammen auf. Dann hatte die Kanone eine Ladehemmung, die nicht mehr behoben werden konnte. Während die Briten ein lang anhaltendes Störfeuer auf die Waldränder des Faßberges schossen, fuhren ihre Kolonnen ohne weitere Behinderung nach Nordosten. Ihre Angriffsspitzen kamen noch am Abend bis nach Ebstorf.

Am nächsten Morgen gingen der Leutnant und seine drei Mann in Gefangenschaft. Die Gefallenen der Kämpfe am Fliegerhorst wurden zusammen mit den Opfern früherer Luftangriffe auf dem Faßberger Waldfriedhof beigesetzt. Dort gibt es jedoch noch 20 weitere Gräber, die nicht eindeutig zuzuordnen sind. Es handelt

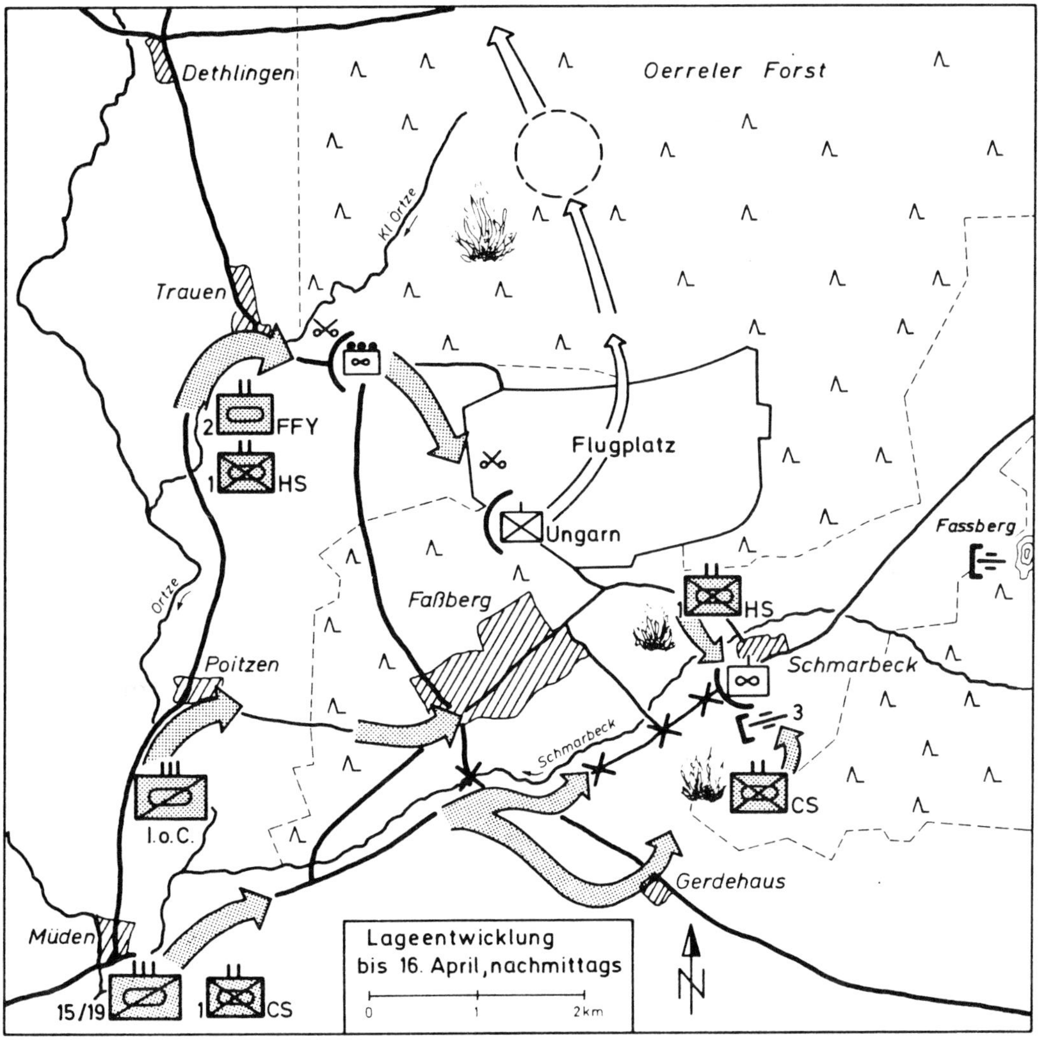

Obergefreiter Paul Lüllwitz kämpfte am Faßberg.

Soldatengräber auf dem Faßberger Waldfriedhof

sich um 17 Ungarn und drei Deutsche, die nach der Grabsteininschrift am 15. April, also am Tag vor dem Gefecht am Fliegerhorst, gefallen sind. Der Todesort ist in allen Fällen unbekannt. So kann nur angenommen werden, daß sie bei Müden, vermutlich zwischen Wietze und Örtze gefallen sind. Damit wären die Kampfhandlungen im Raum Müden sicherlich viel heftiger gewesen, als die verfügbaren Quellen es erkennen lassen. Drei weitere Ungarn, die nördlich Faßberg fielen, wurden in Munster beigesetzt.

Horstkommandant Oberstleutnant Meletta schlug sich mit einigen Soldaten auf vielen Umwegen bis nach Hamburg durch. Dort wurde er als Kommandant des Fliegerhorstes Klein Wittensee eingesetzt.

Uelzen und drei Ritterkreuze

Oberleutnant Fritz Anding nach Beförderung und Verleihung des Ritterkreuzes, 23. April 1945

Am Morgen des 13. April hatte die 15. schottische Division den Befehl erhalten, Uelzen anzugreifen und zu nehmen. Das waren von Celle aus immerhin 50 Kilometer, die vorwiegend auf der Reichsstraße 191 zurückgelegt werden mußten. Beiderseits der Straße lagen dichte Wälder mit einer Vielzahl kleiner Teiche und Sümpfe. Auch wenn die Briten nur mit schwachen deutschen Kräften rechnen mußten, so schien ihr Angriffsziel dennoch viel zu weit gesteckt, – es sei denn, daß sie vollständig über die Verhältnisse auf deutscher Seite informiert waren.

Generalmajor Paul Tzschökell hatte das Regiment–Scherer bekanntermaßen bis auf die Linie Lutterloh-Unterlüß-Weyhausen zurückgenommen. Das Regiment bestand zu diesem Zeitpunkt immerhin aus zwei Bataillonen, die noch keine Ausfälle gehabt hatten, und Teilen einer SS-Werfer-Ausbildungs-Abteilung sowie ca. 80 jungen Leutnants des Bataillon-Gürtler. Insgesamt werden es ca. 800 Mann gewesen sein, die der General zwischen Lutterloh und Weyhausen einsetzen konnte. Wenn sich diese auf die höchstens zehn Waldwege und die Reichsstraße konzentrierten, mußten die Briten mehrere Tage trotz ihrer Überlegenheit an Waffen und Personal aufgehalten werden. Sogar der General sprach nach dem Kriege in einem Bericht von seinem „. . . Eindruck, daß man den Gegner noch ein bis zwei Tage aufhalten konnte." Dennoch kam es völlig anders.

Die 227. Brigade, die der 15. schottischen Division voraus angriff, traf bis kurz vor Eschede auf keinerlei deutschen Widerstand. Da jedoch die Brücke beim Wirtshaus Quarmühle gesprengt war, kam der britische Vormarsch zum Stehen. Spähtrupps erkundeten eine Umgehung über Höfer und Scharnhorst nach Eschede. Die Munitionsanstalt bei Höfer war bereits am Vortage gesprengt worden. Die Bevölkerung stand in Eschede an der Straße und beobachtete den britischen Einmarsch zwischen 10.00 und 11.00 Uhr. Einige Fremdarbeiter jubelten den Schotten, die häufig für Kanadier gehalten wurden, zu. Die Soldaten revanchierten sich mit Schokolade.

Von Eschede aus ging das 7. Bataillon der „Seaforth Highlanders" über die Marinesiedlung nach Norden auf Unterlüß vor, während ein starker Spähtrupp in Richtung Queloh aufklärte. Dies wurde dem einzigen deutschen Soldaten, der am 13. April im Raum Eschede fiel, zum Verhängnis. Der Obergefreite Alfred Galla war am späten Vormittag mit seinem VW-Kübel von Oldendorf/Hermannsburg in Richtung Eschede abgefahren. Nach der Darstellung Einheimischer wollte er von dort Verpflegung holen. Wahrscheinlicher ist aber, daß er zu der in Hermannsburg stehenden Werfer-Batterie oder zu den rückwärtigen Teilen des Regiment-Totzeck gehörte. In keinem Falle war man aber auf die Verpflegung des Nachbarregiments angewiesen. Vermutlich war er als Melder eingesetzt. Sicher ist nur, daß weder er noch seine Vorgesetzten etwas von dem großräumigen Rückzug des Regiment-Scherer wußten. So fuhr Galla ahnungslos in sein Verderben. Als er die Rechtskurve am Forsthaus passiert hatte, eröffnete der britische Spähtrupp, der bis Queloh vorgekommen war, das Feuer. Der Obergefreite wird sofort tot gewesen sein, denn er wurde an Ort und Stelle beigesetzt. Sein gut gepflegtes Grab befindet sich noch heute in der Rechtskurve gegenüber dem Forsthaus.

Das 2. Bataillon der „Glasgow Hihglanders" stieß im Waldgelände ostwärts der Straße 191 vor und traf bis Sprakensehl auf keinerlei Widerstand. Das war nicht verwunderlich, denn die Einheiten des Generals Tzschökell hatten weder einen rechten noch einen linken Nachbarn. Die 227. Brigade setzte ihren Vorstoß auf der R 191 fort und traf an den Aschauteichen erneut auf eine Straßensprengung. Nach

Grab des Obergefreiten Alfred Galla beim Forsthaus Queloh.

Das 3. „Scots Guards"-Panzer-Regiment überfährt an den Aschauteichen eine Panzerschnellbrücke. Das 10. Bataillon der „Highland Light Infantry" ist aufgesessen. Am Pkw stehen (v. l.) Brigadekommandeur Colville und Regimentskommandeur Dunbar.

Einsatz einer Panzerschnellbrücke des 3. „Scots Guards Regiment" wurde der Marsch fortgesetzt. Was sich inzwischen im besetzten Eschede ereignete, war eigentlich nichts Besonderes. 40 Jahre später schrieb die Cellesche Zeitung u. a.: „Im Mittelpunkt des dörflichen Interesses stand dabei ein riesiger Kesselwagen, der bis oben hin mit französischem Rotwein gefüllt war. Mit Eimern, Kübeln und Milchkannen war man zum Bahnhof unterwegs, um sich einen guten Schluck zu sichern, nachdem der edle Tropfen durch Anbohren des Wagens zum Laufen gebracht worden war." Plünderungen dieser und ähnlicher Art waren damals an der Tagesordnung, auch wenn es meistens die deutsche Bevölkerung war, die ausgeplündert wurde; erst von den Siegern, später von den befreiten Zwangsarbeitern. Der oben zitierte Bericht fuhr fort: „Wer sich nicht rechtzeitig aus dem Staube machte, wurde von den Besatzungstruppen schon am Tag des Einmarsches verhaftet, denn den Alliierten waren offenbar schon bei der Einnahme von Celle Listen mit den Namen der Parteigrößen im Landkreis in die Hände gefallen. So suchten sie ohne viel Umschweife die Häuser der betroffenen Familien auf und verhafteten zahlreiche belastete Parteiangehörige. Als ‚Sicherheitsmaßnahme' wurden den Gefangenen die Hosengürtel abgenommen, bevor sie ihren Marsch durch das Dorf antraten, um für einige Tage unter Bewachung in einer großen Scheune an der Uelzener Straße untergebracht zu werden." Auch die politischen Verhaftungen gehörten damals zum Alltag. Das einzig wirklich Bemerkenswerte ist die Überschrift zu diesem Artikel, in der von der „Befreiung Eschedes" die Rede ist. Aber diese Überschrift ist eben auch 40 Jahre jünger als die damaligen Ereignisse. Der Escheder Lehrer und Heimatforscher Max Böker z. B. hat die Besetzung sicher nicht als Befreiung empfunden. Als die deutsche Wehrmacht knapp vier Wochen später kapitulierte, erhängte er sich im Wald.

Am frühen Nachmittag des 13. April stand die 227. britische Brigade kurz vor Schelploh an der dritten Straßensprengung. Als Pioniere eine Umgehung erkunden wollten, erfolgte die Detonation einer ferngezündeten Sprengladung. Elf britische Pioniere wurden verwundet. Außerdem wurden die Sprengkrater stets von deutschen Sicherungskräften überwacht. Diese sollen auch über zwei Selbstfahr-Geschütze verfügt haben. So kam der britische Vormarsch immer langsamer

13. April, britische Aufklärungspanzer „Stuart“ mit 3.7 cm Kanone auf dem Marsch nach Uelzen.

voran. Zudem waren in einiger Entfernung weitere Detonationen zu hören. Für Brigadekommandeur E. C. Colville wurde das zeitgerechte Nehmen seines Angriffszieles Uelzen immer unwahrscheinlicher. Dagegen machte der Vorstoß der „Seaforth Highlanders“ gute Fortschritte. Das Bataillon war in Starkshorn auf den Alten Postweg nach Norden eingedreht und marschierte ungehindert über die Försterei Schafstall auf der Siedenholzbahn nach Unterlüß. Gegen 14.00 Uhr erreichten die ersten beiden britischen Spähpanzer die Hermannsburger Straße und damit den westlichen Ortseingang. Dann fielen ein paar Schüsse. Die Spähwagen zogen sich zurück. Wenig später liefen einige SS-Soldaten von der Weyhausener Straße zu den vorbereiteten Stellungen an der Siedenholzbahn.

Die offenbar konfus vorbereitete Verteidigung von Unterlüß sollte nun doch noch stattfinden. Das Schlimmste hatte die Ortschaft jedoch schon vor zehn Tagen erlebt. In der Schulchronik wird darüber berichtet: „Der 4. April sollte jedoch für die Geschichte des Dorfes der schwärzeste Tag werden . . . Die ersten Bomben fielen zwischen Neulüß und dem sogen. ‚Polenlager‘, ohne Schaden anzurichten. Die anderen Wellen aber trafen vollends ihr Ziel. Hohenrieth und die Werksanlagen der Firma Rheinmetall. Bald lagen dichte Rauchschwaden über diesem Gebiet. Überall brannte es. Detonationen getroffener Munition erfüllten die Luft. 12–14 Wellen flogen an. Ungefähr 2 1/2 Stunden dauerte dieser Angriff. Der Ort war bis auf den letzten Angriff verschont geblieben. Dieser aber traf Unterlüß in einer Breite Müdener–Waldstraße. Der Beginn des Bombenfalls war hinter dem Stallgebäude der alten Schule bis auf gleiche Höhe in der neuen Schule, zog sich weiter über die Friedhofstraße, traf besonders die obere Waldstraße, den Heidkamp, den Tielemannsort, die Urwaldschneise, den Süllweg und die Gegend um das Bürgermeisteramt u. kath. Kirche . . . Der Ort brannte an ungezählten Stellen . . . Es sei an dieser Stelle allen Helfern gedacht, es war noch keine Entwarnung gemeldet, dennoch war alles auf den Beinen, was helfen konnte . . . 24 Häuser lagen in Asche, bzw. waren nicht mehr bewohnbar . . . Auf dem hiesigen Friedhof wurden 16 Todesopfer beigesetzt, hinzu kamen sehr viele ausländische Arbeiter und Arbeiterinnen und eine große Zahl von Säuglingen. (Letztere waren Kinder von Ausländerinnen, die in einem Säuglingsheim in der Nähe des Frauenlagers untergebracht waren. Beide Heime lagen in Hohenrieth und waren getroffen.).“

Die bis Unterlüß vorgestoßenen Briten mußten dort eigentlich auf das Zentrum der deutschen Verteidigung treffen. General Tzschökell hatte jedenfalls oft genug von einer Stellung in der Linie Lutterloh – Unterlüß – Weyhausen gesprochen. Aber

13. April, nördlich Celle, verlassene Nebelwerfer-Gestelle. (IWM)

13. April, deutsche Kriegsgefangene zwischen Celle und Uelzen. (IWM)

seine Offiziere und Soldaten hatten ihm wohl die Halbherzigkeit und die Absicht, in der Göhrde zu kapitulieren, angemerkt. So waren die Briten bereits hart nördlich Celle auf friedensmäßig abgestelltes, aber intaktes Kriegsgerät des Nebelwerfer-Regiments gestoßen. Im Laufe des 13. April machten sie ohne Anstrengung mehrere hundert Gefangene. Diese gehörten, neben Volkssturm und Landwehr, sicherlich auch zu großen Teilen zum Regiment des Oberst Scherer. Aus der Verteidigungsstellung beiderseits Unterlüß konnte also nichts werden. Nur der 22jährige SS-Untersturmführer Manfred Süß hatte hiervon offenbar keine Ahnung. Er und seine höchstens 100 Mann gehörten zu der SS-Werfer-Ausbildungs-Abteilung, die in Lachendorf stationiert gewesen war. Er war erst kürzlich dem Celler Lehrregiment unterstellt worden und hatte den Auftrag erhalten, Unterlüß gegen Angriffe aus südostwärtiger Richtung zu verteidigen. Seine Männer waren seit dem 12. April entlang der Weyhausener Straße in Stellung gegangen. Den Gefechtsstand hatte er im Haus der Familie Hagemann eingerichtet. Der Verbandplatz sollte im Haus von Dr. Schwarze sein.

Untersturmführer Süß erwartete den britischen Angriff aus Südosten. Anderenfalls hätte er seine Soldaten völlig falsch eingesetzt. Auch muß er an einen rechten Nachbarn geglaubt haben, denn auf eine Rundumverteidigung war er offensichtlich nicht eingestellt. Erst als die beiden britischen Spähpanzer die Hermannsburger Straße, nur 250 Meter von seinem Gefechtsstand, kampflos erreicht hatten, mußte ihm die Lage klar werden: Er war hoffnungslos allein.

Nachdem seine örtliche Sicherung das Feuer eröffnet hatte und die Spähpanzer zurückgefahren waren, zog der Untersturmführer einen Teil seiner Männer von der Weyhausener Straße ab und befahl sie an die Siedenholzbahn. Bevor sie aber dort in Stellung waren, trafen die britischen Panzer ein. Süß und eine Handvoll seiner Soldaten nahmen mit Gewehren den sinnlosen Kampf auf, aber schon der erste „Cromwell" fackelte nicht lange. Aus sicherer Entfernung jagte er mehrere Granaten in das Haus Hagemann. Der Untersturmführer wurde schwer verwundet in den Keller getragen. Er verstarb wenig später. Trotzdem wurde weitergekämpft. Mindestens sechs weitere SS-Angehörige und zwei Marinesoldaten fielen, bevor Unterlüß gegen 18.00 Uhr von den Briten endgültig besetzt war. Die Gefallenen ruhen zusammen mit den Opfern des Bombenangriffes auf dem Gemeindefriedhof Unterlüß. Die einzigen deutschen Soldaten, die sich am 13. April außer der SS-Kompanie nachweislich in der geplanten Stellung zwischen Lutterloh und

Soldatengräber
auf dem Friedhof
in Unterlüß

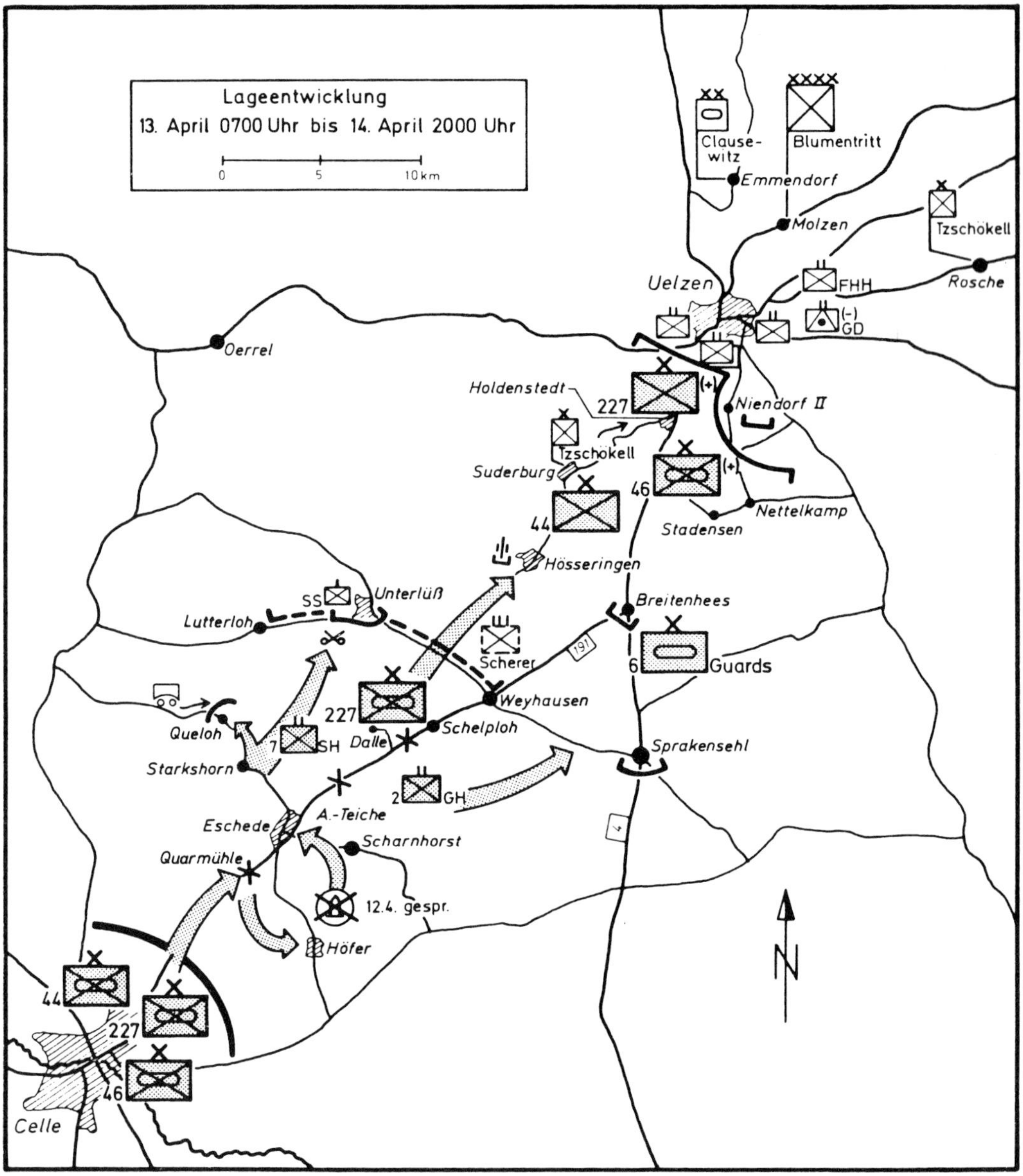

Weyhausen befunden haben, gehörten zum Bataillon des Majors Gürtler. Es war eine Gruppe von jungen Offizieren, die von Oberleutnant Kurt Vetter geführt wurden. Dieser notierte in sein Tagebuch: „13. 4. . . . Forsthaus Lünsholz, wo wir uns sehr nett einrichten, einen Sanka organisiert. Lt. Brox verläßt uns, und gegen Abend gehen wir in Stellung gegen Unterlüß. Der übliche Rabatz mit Panzern und Spähwagen . . . 14. 4. Wir liegen im Wald. 03.00 Uhr Stellungswechsel über Hösseringen – Suderburg – Holdenstedt – Niendorf II, nördlich Stederdorf. Kurz vor Hösseringen kommt Hauptmann Feldmann und sagt, es sei kein Durchkommen mehr. Wir hören ununterbrochen Kettengeräusche. Der Hörsaal trennt sich . . ." Der einzige, der an die nicht besetzte Stellung glaubte, ist offenbar Generalmajor Paul Tzschökell selbst gewesen. Er hatte sich mit einem Teil seines Stabes in Suderburg einquartiert und zur Ruhe begeben. Nach dem Krieg sprach er von starken Sicherungen in Sprakensehl und Breitenhees sowie einem Geschütz, das in Hösseringen nach Süden sicherte. Aber der General erwähnte auch, daß bei Einbruch der Nacht aus Richtung Unterlüß – Weyhausen nichts zu hören war und er seit Tagen an einer Magen- und Darmerkrankung litt. Er legte sich also schlafen. Er wußte nicht, daß Unterlüß längst von den Briten besetzt war, und daß Oberleutnant Vetter und eine Handvoll Leutnants die einzigen waren, die seine „Stellung" hielten.

Anders sein direkter Gegner, Brigadier Colville. Zunächst hatte ihn die Straßensprengung bei Schelploh veranlaßt, auf die R 191 als Vormarschstraße zu verzichten. Er ließ Erkundungen durchführen und sammelte die gesamte Brigade auf der großen Lichtung bei der Gehöftegruppe Dalle. Kurz nach Mitternacht rollten 800 Fahrzeuge auf einem schmalen Sandweg parallel zur R 191 nach Nordosten. Über Hösseringen und Suderburg wollte Colville dann in Holdenstedt wieder auf seiner alten Vormarschstraße sein. Der britische Kommandeur hatte damit den einzigen Weg gefunden, um abseits der Reichsstraße schnell nach Uelzen vorzustoßen. Außerdem hatte er in seine Marschspitze zwei Ortskundige eingegliedert. – In der britischen Chronik werden diese als Angehörige des deutschen Widerstandes bezeichnet. Trotzdem ist kaum denkbar, daß sich ortsansässige Deutsche für eine derartige Aufgabe bereitgefunden hätten. Andere Quellen bezeichnen die beiden „Pfadfinder" als befreite Ausländer. Das klingt wahrscheinlicher. – Vorsichtig, aber beständig rollte die britische Kolonne auf Suderburg und den Gefechtsstand des Generals Tzschökell zu.

Gegen 03.00 Uhr wurde er von einem Major seines Stabes geweckt. „Kein Licht machen, ein schwerer englischer Panzer steht vor Ihrem Haus." Der General entkam mit seinem Major in einem Pkw. Als der Morgen graute, waren sie in Rosche, 13 Kilometer ostwärts Uelzen. Dort trafen sie – erstaunlicherweise – Oberst Scherer, der doch eigentlich in der Linie Lutterloh-Weyhausen verteidigen sollte. Tzschökell schien sich hierüber nicht gewundert zu haben, er war vielmehr erleichtert, daß auch seine einzige Feldküche angekommen war, „. . . so daß wir unsere übermüdeten Leute verpflegen konnten."

Er verfügte zu diesem Zeitpunkt noch über 350 Mann. Der Rest war am Vortage und in der Nacht in Gefangenschaft geraten. Den britischen Vorstoß schilderte Tzschökell zehn Jahre später: „Zwischen 1 und 2 Uhr nachts stießen die Panzer aus ungefähr 30 Waldwegen und Schneisen . . . gegen die deutschen Stellungen und überrollten sie in kurzer Zeit . . . Wenn auch die blutigen Verluste nicht allzu hoch waren, so verlor ich 300–400 Mann, die gefangengenommen wurden. Für den

Fall, daß die HKL nicht gehalten werden konnte, hatte ich den Kommandeuren als Sammelpunkt das Dorf Rosche, 13 km ostwärts Uelzen, angegeben." Die „30 Waldwege und Schneisen" sind ebenso unrichtig wie die „blutigen Verluste". Es hat weder das eine noch das andere gegeben. Nur der „Sammelpunkt" stimmt. Aber in Rosche ist Tzschökell auch nicht glücklich gewesen. Nach seiner eigenen Darstellung passierte dort Bemerkenswertes: „... ich wollte gerade in einer Offizierbesprechung auf dem Hof des Gehöftes die notwendigen Befehle geben, nach Uelzen aufzuklären, als plötzlich vor dem Hof ein dicker Dienstwagen der Wehrmacht mit einer noch dickeren Dienstflagge anhielt und ein Ordonnanzoffizier mich zu einem mir völlig unbekannten Kommandierenden General beorderte." Dieser Kommandierende General trug ein Ritterkreuz mit Eichenlaub und einen Ledermantel. Er war schlank, hatte eine schmale Hakennase und einen durchdringenden Blick, der über die Situation hinausreichte. Tzschökell kannte diesen Mann nicht. Der Eichenlaubträger forderte ihn auf, mit ihm zum Gefechtsstand der Armeegruppe-Blumentritt zu fahren, der in der Nähe von Molzen, knapp fünf Kilometer nordostwärts von Uelzen lag. Tzschökell kannte auch diese Armeegruppe nicht.

Auf deren Gefechtsstand wurde er „sehr ungnädig empfangen". Man warf ihm vor, Celle nicht verteidigt zu haben, und drohte ihm ein Kriegsgerichtsverfahren an. Zunächst sollte er aber mit dem Rest seiner Truppe eine neue Verteidigungsstellung zwischen Oerrel bis an den Ortsrand von Uelzen beziehen. Zu einem sofortigen Verfahren gegen Tzschökell war keine Zeit. Brigadier Colville stand bereits in Holdenstedt. Das rettete dem deutschen Generalmajor sicherlich das Leben. General der Infanterie Blumentritt mußte nämlich vorrangig daran interessiert sein, daß die Briten wenigstens einen Tag vor Uelzen aufgehalten wurden.

Die ersten direkten Kriegseinwirkungen hatten die Uelzener Bürger bereits ein Jahr vorher ertragen müssen. Am 18. April 1944 waren erstmals Bomben gefallen. 99 Wohnungen waren zerstört worden. Drei Menschen hatten den Tod gefunden. Der zweite Luftangriff erfolgte am 22. Februar 1945. Hierbei wurde der Bahnhof fast vollständig zerstört. Ein Militärzug und ein Öltransport wurden getroffen. Eine große Anzahl der Bomben fiel auf die Wohnhäuser zwischen Bohldamm und Wiesenstraße. Neben 30 Eisenbahnbediensteten kamen annähernd 64 Soldaten zu Tode. Sie gehörten vorwiegend zur Nebelwerfer-Ausbildungs- und Ersatzabteilung 5. Unter Uelzens Einwohnern gab es 90 Todesopfer. 33 Personen konnten lebend aus den Trümmern ihrer Wohnhäuser geborgen werden.

14. April morgens, britische Versorgungsfahrzeuge folgen den Panzerkolonnen. (IWM)

Als die Bombenopfer am 3. März beigesetzt wurden, hieß es in der Grabrede des Rektors Helmut König: „Daraus erwächst das Vermächtnis der Überlebenden, den festen Entschluß zu fassen, alle Kräfte anzuspannen, zu arbeiten und

„Clubhaus“ an der Lüneburger Straße

Nach dem Bombenangriff, RAD im Einsatz

zu kämpfen, damit am Ende dieses Ringens beim Hintreten an die Gruft der Toten das stolze Bewußtsein sich bewahrheiten kann: ‚Und ihr habt doch gesiegt!‘ ...“

Einige Wochen später rief der Kampfkommandant von Uelzen, Oberst Lüders, eine Versammlung ein. Lüders war Luftwaffenoffizier aus Braunschweig und von der Armeegruppe-Blumentritt kurzfristig eingesetzt worden. Er hatte seinen Gefechtsstand im „Clubhaus“ an der Lüneburger Straße eingerichtet. Er beriet mit Kreisleiter Schneider, Bürgermeister Farina und Landrat Düvel sowie anderen prominenten Uelzenern über die erforderlichen Maßnahmen beim Näherrücken der Front. Diese Beratung hat vermutlich am 7. April stattgefunden; an dem Tag, an dem ein dritter Bombenangriff erneut 20 Todesopfer forderte. Die von dem Luftwaffenoberst geleitete Versammlung beschloß gegen die Stimme des Bürgermeisters, die Stadt bis zuletzt zu verteidigen. Hierzu stand zunächst überhaupt kein geschlossener Infanterieverband zur Verfügung. An Panzer war schon gar nicht zu denken. Es gab lediglich irgendwelche HJ- und Volkssturmeinheiten. An schweren Waffen waren eine unbestimmte Zahl von 8.8 Flak-Geschützen des Flak-Regiments 55 und zwei Batterien des Artillerie-Regiments 116 vorhanden. Die Flak stand in Hambrock und mit zwei Geschützen in Veerßen. Die Artillerie war ostwärts des Königsberges in Stellung gegangen. Mit dieser absolut unzureichenden Kampfkraft hätte der britische Vorstoß höchstens für Stunden, nicht aber mehrere Tage aufgehalten werden können. Daß dies trotzdem gelang, hatte einen besonderen Grund.

Dieser lag in der „Geheimen Kommandosache“ unter dem Code „Zeppelin 2648“ mit Datum vom 4. April 1945. Darin hieß es: „Der Führer hat kurzfristige Aufstellung der Panzer-Div. ‚Clausewitz‘ befohlen. Die Aufstellung ist durch H. Gr. H. wie folgt durchzuführen: ...“ Im Bereich der Heeresgruppe H, also durch den Oberbefehlshaber „Nord-West“, Generalfeldmarschall Busch, waren außerdem noch eine RAD-Division „Schlageter“ sowie die bei Wesel zerschlagene 84. Infanterie-Division neu aufzustellen. Alle drei Divisionen sollten das XXXIX. Panzer-Korps bilden. Das Korps war ursprünglich für die ostwärts der Elbe ebenfalls in Aufstellung befindliche 12. Armee des Generals der Panzertruppe Walther Wenck vorgesehen. Seit aber die Amerikaner den Fluß erreicht hatten, war der Zusammenhang der deutschen Operation völlig verlorengegangen. Zum einen war die 11. Armee des Generals der Artillerie Walther Lucht im Harz eingeschlossen worden, zum anderen konnte die Verbindung zwischen 12. Armee und XXXIX. Panzer-Korps nur noch angriffsweise – das bedeutete quer durch vier amerikanische Divisionen hindurch – hergestellt werden. Letztlich war die Heeresgruppe B unter Generalfeldmarschall Model mit 350.000 Mann seit dem 10. April im Ruhrkessel eingeschlossen. Alle diese voneinander abgeschnittenen Kräfte bildeten zusammengenommen trotzdem eine gewisse theoretische Größe, die sogar zu einer taktischen wurde, wenn man nur das Personal zählte und nicht nach dessen Munition und Betriebsstoff fragte. Auf diese Weise entstand im Berliner Führerbunker ein Operationsplan mit fast strategischer Dimension. Die 12. Armee sollte von Osten, das XXXIX. Panzer-Korps von Norden die im Harz eingeschlossene 11. Armee entsetzen und mit dieser zusammen in Richtung Ruhr vorstoßen. Ein faszinierender Plan mit einem Hauch von Genialität, der jeden Berufstaktiker bei einem Planspiel begeistern würde. Im April 1945 war er jedoch angesichts der realen militärischen Größen ein furchtbarer, blutiger Irrtum.

Die 12. Armee war in Wirklichkeit noch nicht einmal ein schwaches Korps. Das XXXIX. Panzer-Korps erreichte noch nicht einmal die halbe Stärke einer Panzer-Division. Die taktischen Zeichen auf der Lagekarte im Führerhauptquartier

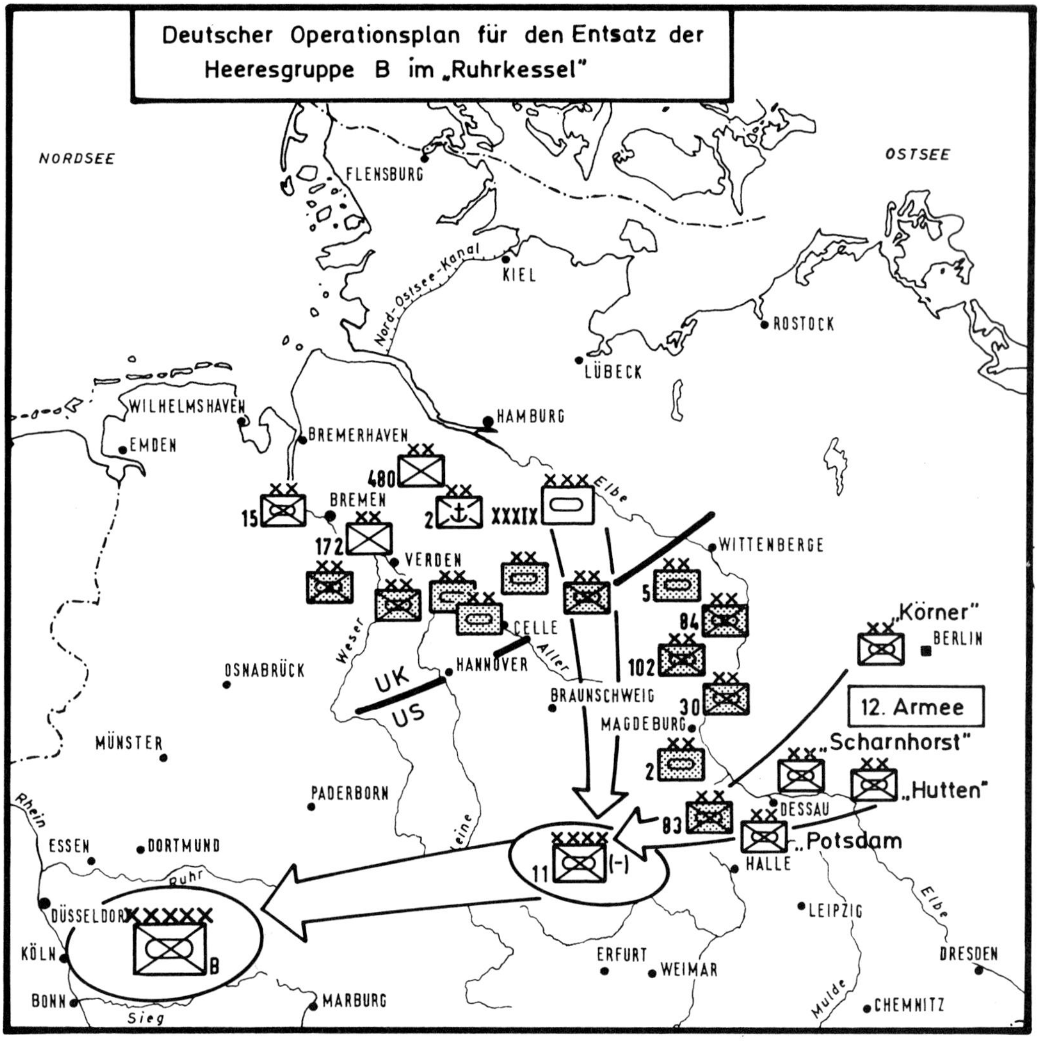

waren um ein Sechsfaches zu groß. Ebenfalls die ihnen gestellten Aufgaben, die in heute unbegreiflicher Weise verdeutlichen, wie weit Hitler von der militärischen Realität entfernt war. Dies galt aber nicht nur für ihn, sondern auch für seine engsten militärischen Berater, den Chef des Oberkommandos der Wehrmacht, Generalfeldmarschall Wilhelm Keitel, und den Chef des Wehrmachtsführungsstabes, Generaloberst Alfred Jodl.

Die von ihnen praktisch aus dem Boden gestampften Divisionen erhielten keine Nummern mehr, sondern nur noch für damals klangvolle, beste deutsche Namen: „Hutten", „Körner", „Scharnhorst", „Jahn", „Postdam" und „Schlageter". Es schien, als sollte sich die deutsche Geschichte vom Mittelalter bis zur Neuzeit dem hoffnungslos überlegenen Feind entgegenstellen. Folgerichtig mußte die zuletzt aufgestellte Division den größten Namen tragen, den die deutsche Militärgeschichte zu vergeben hatte: „Clausewitz".

Er, der preußische General, der einst Napoleon bekämpft hatte und später den Krieg analysierte, war der Inbegriff des militärischen Genies. Sein Lebenswerk „Vom Kriege" ist hunderttausendmal gedruckt und in viele Sprachen übersetzt worden. Für viele gilt er auch heute noch als der größte deutsche Militär.

Der Befehl für den Angriff des XXXIX. Panzer-Korps war über den normalen Dienstweg gelaufen. Zunächst hatte er dem Oberbefehlshaber „Nord-West", dem Generalfeldmarschall Busch, vorgelegen. Dieser hatte umgehend gemeldet, daß der Angriffsbefehl undurchführbar sei. „Trotzdem blieb die oberste Führung darauf bestehen und verlangte sofortige Ausführung", schrieb General der Infanterie Günter Blumentritt nach dem Krieg. Damals schwächte er die operative Zielsetzung zwar deutlich ab, letztlich erteilte er aber doch den „Armeegruppenbefehl für den Angriff des XXXIX. Pz. A. K.". Als Angriffsziel nannte er Braunschweig. Der Befehl schloß mit der Ziffer: „14.) Ich bin bei Angriffsbeginn beim Gen. Kdo. XXXIX. Pz. A. K. . . ."

General der Panzertruppe Karl Decker

Blumentritt hatte Busch sogar um Genehmigung gebeten, den Angriff persönlich führen zu dürfen, aber der Generalfeldmarschall hatte dies verboten. Damit war die Reihe an General der Panzertruppe Karl Decker, dem Kommandierenden General des XXXIX. Panzer-Korps.

Bevor Decker dieses, sein letztes Kommando, übernommen hatte, war er an der Ostfront Kommandeur der 5. Panzer-Division gewesen. Im Wehrmachtsbericht war er namentlich dreimal genannt worden. Seine Untergebenen schätzten und verehrten ihn. Der damalige Oberst von Plato war seinerzeit in Rußland als Ia in Deckers Stab gewesen und erinnert sich: „General Dekker war ein großartiger Mensch und ein hervorragender Soldat. Er hatte stets ein Herz für seine Truppe und führte ausschließlich von vorne." Der 47jährige Decker war in seinem Rang der jüngste General zwischen Weser und Elbe. Er war in Pommern geboren und seit 31 Jahren

Soldat. Seine Frau und seine beiden jungen Töchter waren Anfang April vor den sowjetischen Soldaten von Wien in den Kreis Pfaffenhofen geflohen. Er hatte seiner Familie vor zwei Wochen das letzte Mal geschrieben: „. . . Es ist ergreifend, wie trotz allem doch alles wächst und sich alles auf den Sommer vorbereitet, zum Leben, um dann nachher sterben zu müssen. Wie es politisch werden wird, ahne ich nicht. Auch nicht, ob man es darauf ankommen läßt, daß wir, die wir ganz klar gegen den Bolschewismus orientiert bleiben müssen, von hinten von den Amerikanern bekämpft werden! Man sollte denken, das könnte irgendwie vermieden werden! Aber das sind Gedanken, die ich mir aus einem Weltbild heraus mache, das wohl auf Unkenntnis der wahren Zusammenhänge beruht. Sei es wie es sei, wir geloben uns gegenseitig, daß wir anständig leben und auch sterben werden . . ." General Decker, der anständig sterben wollte, hatte bisher als kugelfest gegolten. In vorderster Linie der Ostfront hatte er jahrelang den feindlichen Geschoßhagel überlebt. In der höchsten Gefahr hatten seine Männer stets seine Nähe gesucht. Am 13. April war er dann noch bei entfernten Verwandten in Lüneburg gewesen. Sehr ernst hatte er zum Abschied erklärt, daß er einen Befehl erhalten habe, der nicht durchführbar sei. Dennoch wolle er sein Bestes versuchen, da jene, die nach ihm kämen, es sicher auch nicht besser machen könnten.

Anschließend begab sich der General zu seinem sogenannten Korps. Ihm war klar, daß die Briten eher vor Uelzen stehen würden, als sein eigener Vorstoß nach Süden beginnen konnte. Zunächst war also die Verteidigung der Stadt zu verstärken. Hierzu befahl er den zuerst aufgestellten Kompanien der Division „Schlageter", in Veerßen in Stellung zu gehen. Hierbei handelte es sich um ca. 400 Mann der Panzergrenadier-Ersatzbataillone 8 und 9 sowie der Lüneburger Kavallerie-Ersatzabteilungen 20 und 100. Der Raum zwischen Hambrock und Kagen-Berg sollte durch Kräfte der kürzlich bei Wesel zerschlagenen 84. Infanterie-Division verteidigt werden. Sie waren ebenfalls nicht stärker als ca. 400 Mann und gehörten größtenteils zum Grenadier-Ersatzbataillon 491. Den eigentlichen Verteidigungsschwerpunkt bildete General Decker jedoch mit der Panzer-Division „Clausewitz". Ihre Aufstellung war am weitesten fortgeschritten.

Generalleutnant Martin Unrein, Kommandeur der Panzer-Division „Clausewitz"

Der Divisionskommandeur war Generalleutnant Martin Unrein. Er war Ritterkreuzträger und bis Februar des Jahres Kommandeur der 14. Panzer-Division an der Ostfront gewesen. Von seiner Division waren wenigstens zwei Grenadier-Bataillone mit SPW und eine Panzerjäger-Kompanie mit zehn „Hetzer"-Panzern einsatzbereit. Die „Hetzer" gingen bei Veerßen in Stellung. Die SPW-Grenadiere bildeten eine bewegliche Reserve, die im Zentrum stehend sowohl in Richtung Veerßen als auch nach Hambrock schnell eingesetzt werden konnte. Die Verteidigung von Uelzen war somit, den Umständen entsprechend, am 13. April 1945 optimal vorbereitet. Die 15. schottische Division kam im Morgengrauen des nächsten Tages. Gegen 08.00 Uhr überquerte die durch Panzer verstärkte Spitzenkompanie der „Highlanders“ die Bahnlinie. Wenig später folgte das gesamte Bataillon. Sie alle fuhren in einen klassischen Hinterhalt. Vom Ortsrand Veerßen eröffnete ein Flak-Geschütz das Feuer. Eines der letzten britischen Fahrzeuge, ein Betriebsstoff-Lkw, stand sofort in Flammen. Das britische Spitzenfahrzeug wurde ebenfalls abgeschossen. So stand die britische Kolonne fast bewegungsunfähig auf der R 191, als die zehn Jagdpanzer „Hetzer“ aus flankierenden Stellungen das Feuer eröffneten. Die Besatzungen waren Schießlehrer. Fast jeder Schuß wurde ein Treffer. Die Briten verließen ihre Fahrzeuge und wollten in den Wald rechts der Straße flüchten, aber von dort schlug ihnen MG-Feuer entgegen. Hier war inzwischen eines der in Reserve gehaltenen SPW-Bataillone in Stellung gegangen. Die britischen „Churchill“-Kampfpanzer der „Scots Guards“ konnten wegen des brennenden Lkw nur einzeln in

Jagdpanzer „Hetzer“ mit 7.5 cm Kanone

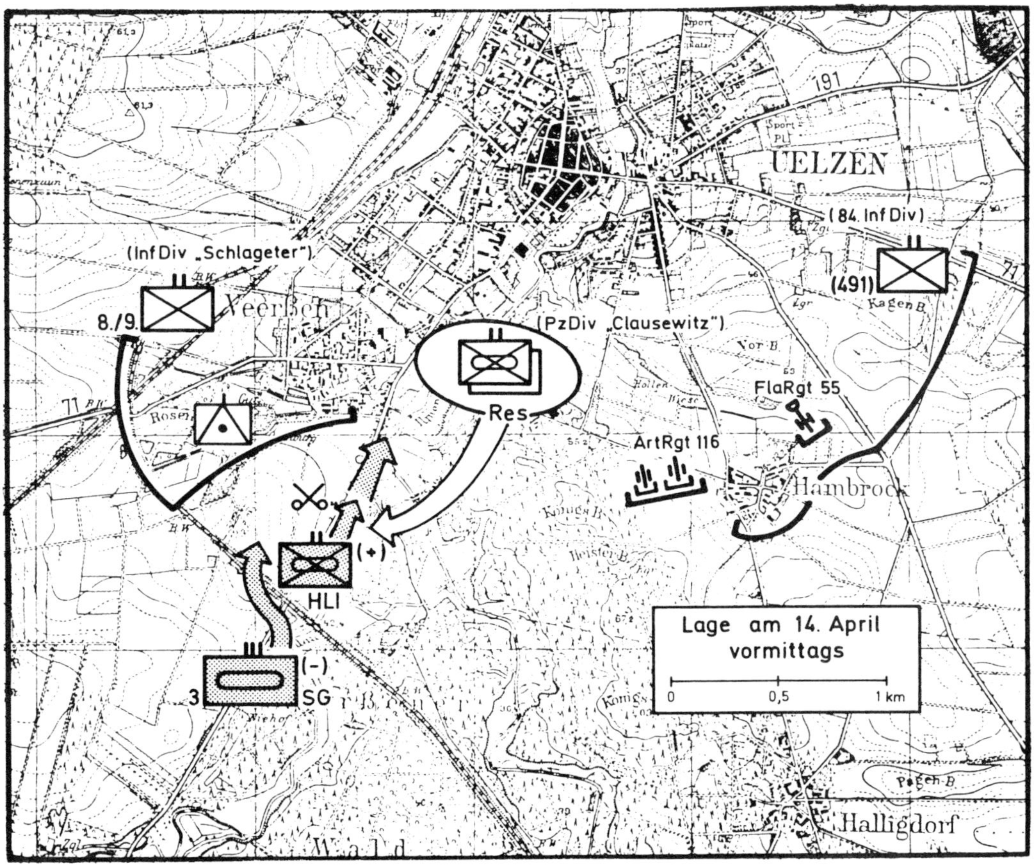

das Gefecht eingreifen. Nach britischen Quellen spielten sie dennoch eine „berühmte" Rolle. Allerdings verloren sie hierbei mindestens vier Panzer sowie alle anderen Fahrzeuge zwischen Ortseingang Veerßen und der Bahnlinie. Die deutschen Jagdpanzer hatten keine Ausfälle. Auch die in Veerßen eingesetzte Infanterie hatte nur drei Mann, darunter zwei Offiziere, verloren. Die britischen Personalverluste lagen bei mindestens sieben Gefallenen, vermutlich ca. 15 Verwundeten und einer größeren, aber unbekannten Zahl an Gefangenen. Damit war der erste Angriff auf Uelzen mit erheblichen britischen Verlusten zurückgeschlagen.

Die 15. schottische Division nahm eine Umgliederung vor. Sie unterstellte Colvilles Brigade ein weiteres Infanterie-Bataillon, die 5./8. „Royal Scots Fusiliers", und ließ die 46. Infanterie-Brigade bis zu den Ortschaften Stadensen und Nettelkamp vorgehen. Die 44. Brigade sollte am nächsten Tag den Ring um Uelzen schließen.

„Clausewitz" machte aber auch diesmal den Briten einen Strich durch die Rechnung. Im Laufe des 14. April standen der Division zwei weitere kampfkräftige Einheiten zur Verfügung. Die eine war ein Panzergrenadier-Bataillon, das aus dem Panzer-Ausbildungsverband „Feldherrnhalle" gebildet worden war. Dieses Bataillon verfügte über Schützenpanzer in ungeklärter Zahl und wurde von einem Hauptmann Peter geführt. Die zweite Einheit war die Panzerjäger-Abteilung „Großdeutschland". Ihr Kommandeur war Hauptmann Gustav Walle. Er stammte aus Würzburg und trug das Deutsche Kreuz in Gold seit zwei Jahren. Er verfügte über 20 Sturmgeschütze. Dennoch fehlte es Divisionskommandeur Unrein noch immer an Kampfpanzern, an Pionieren, an Panzeraufklärern, an Artillerie und Flak. Mit seinen Panzerjägern und den Panzergrenadieren alleine konnte er den befohlenen Vorstoß nach Süden in keinem Falle durchführen. Er wollte diese Kräfte aber auch nicht tatenlos in die Reserve legen, sondern wollte die bereits am frühen Morgen abgewiesene 227. schottische Brigade im Rücken angreifen und gänzlich zerschlagen. So entschloß sich Generalleutnant Martin Unrein zum Nachtangriff. Als Angriffsziel nannte er Holdenstedt an der R 191. Der Anmarsch sollte über Nettelkamp und Stadensen bis zur Reichsstraße erfolgen und dann in nördliche Richtung fortgesetzt werden. Die 227. Brigade, die wegen der zehn „Hetzer" in Veerßen nicht nach Norden vorgehen konnte, mußte zwischen zwei deutschen Feuerfronten aufgerieben werden.

Der Operationsplan des Generalleutnants schien zwingend. Dennoch hatte er einen großen Mangel. Er berücksichtigte nicht, daß auf britischer Seite nicht nur

Schützenpanzer mit 2 cm Kanone

Sturmgeschütz mit 7.5 cm Kanone

die 227. Brigade, sondern die gesamte 15. schottische Infanterie-Division stand. Auch auf Gefechtsaufklärung hatte Unrein offenbar verzichtet. So rollten kurz vor Mitternacht das SPW-Bataillon „Feldherrnhalle“ und die Panzerjäger-Abteilung „Großdeutschland“ von Uelzen nach Süden, Richtung Wrestedt-Nettelkamp.

Dort war seit dem späten Nachmittag bereits eine Kompanie des schottischen Panzeraufklärungs-Regiments mit zehn Panzern untergezogen. Zu Kampfhandlungen war es dabei nicht gekommen. Auch die nahe Ortschaft Stadensen war kurz vor 20.00 Uhr kampflos durch das 2. Bataillon der „Glasgow Highlanders“ besetzt worden. Es bildete die Spitze der bis Nienwohlde vorgekommenen 46. Brigade und war daher erheblich verstärkt worden. Neben einer „Coldstream“-Panzer-Kompanie verfügte es über zwei Artillerie-Batterien sowie einen Pionier- und einen Panzerjäger-Zug. Außer diesen waren auch zahlreiche Munitions- und Betriebsstofffahrzeuge in Stadensen untergezogen. Insgesamt werden es ca. 2.000 Mann mit mehr als 120 Fahrzeugen aller Art gewesen sein. Über diesen Abend in Stadensen schrieb der Lehrer Reinhold Wedig: „. . . , jeder zog sich still in seine Behausung zurück; denn jeder fürchtete den Feind, der sich aber korrekt benahm und nur einen Wunsch hatte, nun endlich mal auszuruhen. Die Stadensener räumten ihre Wohn- und Schlafstuben und behalfen sich mit Nebenräumen. Ganz Stadensen lag am Abend des 14. April mit seiner Besetzung im tiefsten Schlaf . . .“

Kurz vor Mitternacht hatte die deutsche Kampfgruppe unter Führung von Hauptmann Peter Stederdorf erreicht. Am Ortsausgang kam es zu einem zunächst peinlichen Mißgeschick. Während nämlich die SPW von „Feldherrnhalle“ nach rechts abbogen, fuhren die nachfolgenden Panzerjäger des Hauptmanns Gustav Walle nach links. Welche von beiden Kolonnen den richtigen Weg nahm, und welche sich verfahren hatte, ist nicht zu klären. In jedem Falle war ein Fehler gemacht worden, der sich jedoch zum Vorteil entwickeln sollte. So rollten die SPW von Norden und die Panzerjäger über Klein Bollensen von Nordosten auf Nettelkamp zu. Noch immer hielten die Deutschen die Ortschaft für feindfrei. Kurz nach Mitternacht erreichte Hauptmann Peter den nördlichen Dorfeingang. Der erste Schuß fiel vom Hof des Bauern Hamborg. Er tötete den Funker des Spitzen-SPW. Daraufhin befahl Peter: „Feuer frei! Marsch, marsch!“ Er glaubte offenbar nur an einen schwachen britischen Vorposten und wollte die Ortschaft daher schnell durchstoßen. Aber je weiter die deutschen Schützenpanzer fuhren, um so heftiger wurde das britische Feuer, an dem sich nun auch die zehn Kampfpanzer beteiligten. Wegen der Dunkelheit schossen sie zunächst noch an den deutschen SPW vorbei. Aber bald brannten die Häuser von Hamborg, Wiermann, Schulz, Bohnecke. Im Schein der Flammen trafen die Briten dann genauer. Mehrere Schützenpanzer fielen aus. Auf deutscher Seite mehrte sich die Zahl der Verwundeten und Gefallenen beständig. Hauptmann Peter war mit seinem Bataillon in eine üble Lage geraten. Er kam über den Ortskern nicht hinaus und war von allen Seiten dem britischen Feuer ausgesetzt.

Die Bevölkerung von Nettelkamp floh mit dem Notwendigsten zu einer 1.000 Meter entfernten Häusergruppe, die auch noch Klein London hieß. Hierbei kamen der Altbauer Behrens und Landwirt Zahrte ums Leben. In der Zwischenzeit hatte sich die Lage des SPW-Bataillons weiter verschlechtert. Während sich die britischen Panzer immer bessere Schußpositionen erkämpften und die Deutschen in die Zange nahmen, suchten diese Schutz in engen Hofeinfahrten und zwischen brennenden Gebäuden. Hauptmann Peter wird fluchend auf die Panzerjäger des

Hauptmanns Walle gewartet haben. Wenn sie nicht bald kamen, war sein Bataillon im brennenden Nettelkamp verloren. Die Offiziere von „Feldherrnhalle“ und „Großdeutschland“ kannten sich nur flüchtig. Sie wußten aber, daß sie kriegsberühmten Großverbänden angehörten, die schon viel bessere Tage erlebt hatten. Zwischen ihnen konkurrierte der Waffenstolz. Außerdem war es Peter innerhalb weniger Stunden gelungen, sich bei Walle und seinen Offizieren unbeliebt zu machen. „Dieser Hauptmann von der ‚Feldherrnhalle‘ war ungeheuer kaltschnäuzig und ebenso arrogant. Zusätzlich machte er sich mit seinen völlig weißgewaschenen Wildlederhandschuhen lächerlich.“ So jedenfalls erinnerte sich ein Panzerjägeroffizier noch viele Jahre nach dem Krieg.

Am 15. April, gegen 00.30 Uhr waren Walle und seine 20 Sturmgeschütze da. Sie griffen Nettelkamp von Osten an. Das veränderte die Lage schlagartig. Nunmehr wurden die halbkreisförmig postierten Briten in der rechten Flanke und im Rükken angegriffen. Der Feuerkampf erreichte seinen Höhepunkt. Die Sturmgeschütze schossen sich schnell bis zum Ortskern vor. Drei weitere Gebäude gerieten in Brand. Eines der vordersten Sturmgeschütze wurde von Oberfeldwebel Berthold Giesemann geführt. Er stammte aus Ringelheim am Harz und hätte den Angriff eigentlich nicht mitmachen können, weil sein Geschütz mit einem technischen Defekt am Vortage ausgefallen war. Aber Giesemann kannte den Adjutanten von Hauptmann Walle, den Leutnant Friedrich Anding, sehr gut und hatte diesen bedrängt, ihn doch auf einem anderen Geschütz mitfahren zu lassen. Sein Hauptargument war: „. . .wir sind beide Niedersachsen und müssen doch unser Heimatland verteidigen.“

Die britische Panzeraufklärungs-Kompanie, die bisher erfolgreich ihre unterlegene Zahl durch die stärkeren Waffen hatte ausgleichen können, ging zäh kämpfend zurück. Die Sturmgeschütze drängten nach. Ganz vorne fuhr Anding. Er war 29 Jahre alt und kam aus dem Unteroffizierstand. Er trug das Infanteriesturmabzeichen, das Verwundetenabzeichen in Silber und das EK I. Zum Deutschen Kreuz in Gold war er seit Jahresanfang vorgeschlagen. Er hatte an der Ostfront furiose Einsätze überlebt. Bei einem Spähtruppunternehmen hinter den sowjetischen Linien hatte er eine Panzerbesatzung ausgeschaltet, deren T-34 bestiegen, zwei Sowjet-Panzer abgeschossen und war mit dem Beutepanzer zur eigenen Truppe zurückgekehrt. Wochen später stieg er auf die Lok eines voll besetzten Lazarettzuges. Wegen starken Feindbeschusses war das Bahnpersonal geflohen. Anding fuhr den Zug aus dem umkämpften Bahnhof und rettete vielen hundert Verwundeten das Leben. Letztendlich hatte er im Februar die eiskalte und 300 Meter breite Oder durchschwommen und dabei noch einen seiner verwundeten Männer auf dem Rücken mitgeschleppt.

Leutnant Fritz Anding konnte daher auch in Nettelkamp nur an der Spitze fahren. Als er am Friedhof vorbei war, drehte er auf die Nienwohlder Straße nach Süden ein. Von allen Seiten wurde geschossen. Im Schein des brennenden Dorfes taumelten Verwundete vorbei, andere fielen. Panzergranaten barsten an den Hauswänden, Verletzte schrien auf, Maschinengewehre hämmerten. Leutnant Anding kauerte, wie alle anderen Geschützführer, in der offenen Luke. Er hatte den Kopf zwischen die Schultern gezogen. Seine Hände umklammerten die Maschinenpistole. Handgranaten lagen griffbereit. Freund und Feind waren in der Dunkelheit nur schwer zu unterscheiden. So rumpelten die deutschen Sturmgeschütze durch die Straßen von Nettelkamp. Anding war unversehens am südlichen Ortsrand angekommen, da erkannte er den Umriß eines Panzerfahrzeuges. Er brüllte in die Bordsprechanlage: „Panzer 2 Uhr!“ Das Sturmgeschütz ruckte nach rechts, der Richtschütze ging ins Ziel und wartete auf den Feuerbefehl. Anding zögerte. Zwei weiße Flecken an dem anderen Panzer hatten ihn unsicher gemacht. Als dieser weiter vorfuhr, erkannte ihn Anding endgültig. Es war ein deutscher SPW, in dem ein einzelner Mann aufrecht stehend durch das Inferno von Nettelkamp fuhr. Es war Hauptmann Peter, der sich am Drehkranz des Maschinengewehrs festhielt. Seine weißen Handschuhe haben ihm vermutlich das Leben gerettet.

Mit dem Zusammentreffen beider deutscher Einheiten war das Gefecht um Nettelkamp gewonnen. Die tapfer kämpfende britische Aufklärungs-Kompanie hatte der Übermacht weichen müssen. Trotzdem hatte sie nur ein knappes Dutzend Gefallener. Peter hatte neun Tote. Von Walles Sturmgeschütz-Abteilung war ein einziger Mann gefallen, ein Geschützführer. Es war Oberfeldwebel Berthold Giesemann.

Die zehn Deutschen sind zusammen mit fünf weiteren Gefallenen auf dem Friedhof in Nettelkamp beigesetzt worden. Über ihre Gräber ragt ein großes Eichenkreuz. Darauf steht: „Vergiß, mein Volk, die treuen Toten nicht.“ Das Eichenkreuz ist in den letzten Jahrzehnten rissig geworden, aber es steht noch.

Kurz vor 01.00 Uhr des 15. April verließen die deutschen Kolonnen die noch immer brennende Ortschaft Nettelkamp. Ihr Angriffsziel hieß Holdenstedt. Der Weg führte über Stadensen. Hauptmann Walle war skeptisch geworden. Er hatte Leutnant Anding von seinem Geschütz geholt und einen VW-Kübel mit Panzerfäusten beladen lassen. Der Fahrer war der Obergefreite Nepomuk Stützle. Dieser stammte aus dem Allgäu und war 20 Jahre alt. In schneller Fahrt fuhr Peters SPW-Bataillon nach Stadensen. Die Sturmgeschütze von „Großdeutschland“ folgten. Dazwischen befanden sich Walle, Anding und Stützle in ihrem Kübel-Wagen. Um 01.00 Uhr traf Peter auf die örtliche Sicherung der „Glasgow Highlanders“ am Ostrand von Stadensen. Nach kurzem Feuerkampf rollten seine SPW weiter. Im Ort war Alarm gegeben worden. Die Briten schossen aus allen Häusern. Wenig später brachen auch die Sturmgeschütze in Stadensen ein. Während sie schießend durch die Straßen rollten, vernichteten sie auf kürzeste Entfernung ein britisches Fahrzeug nach dem anderen. Bevor die schottischen Soldaten voll gefechtsbereit waren, brannten mehrere Betriebsstoffahrzeuge und explodierten Munitionsstapel. Es entwickelte sich das heftigste Nachtgefecht, das es im April '45 zwischen Weser und Elbe gegeben hat.

Der Lehrer Reinhold Wedig schrieb darüber: „Ein Haus nach dem anderen ging in Flammen auf. Gegen Morgen brannten etwa 50 Gebäude. An ein Löschen war nicht zu denken. Das Dorf wurde in der Nacht von den Bewohnern noch fluchtartig verlassen; sie

Soldatengräber in Nettelkamp

liefen zum Wald, in die Keller und Bunker. Das Vieh war aus den Stallungen gelassen und brüllte auf der Straße. Entsetzen packte jeden! Jeder lief um sein Leben."

Der Kommandeur der „Glasgow Highlanders", Oberstleutnant Baker, hetzte zu seinen Kompanien, ermutigte sie und befahl, jeder solle dort kämpfen, wo er gerade sei. Als er zu seinem Gefechtsstand zurückkehrte, stand dort bereits ein Sturmgeschütz, das gerade seinen Fernmeldewagen unter Feuer nahm.

Ein anderer britischer Offizier wird in der Chronik der 15. Infanterie-Division besonders lobend erwähnt: „In dieser Situation bewies Major J.H.M. Stephenson von der 350. Artillerie-Batterie höchste Führerqualitäten. Erst erschoß er einen deutschen Offizier mit dem Revolver; dann schoß er zwei deutsche Halbkettenfahrzeuge mit der Panzerfaust ab; schließlich setzte er ein Artilleriegeschütz erfolgreich als Panzerabwehrkanone ein. Er sollte für seinen Einsatz in dieser Nacht das Military Cross erhalten." Diese britische Auszeichnung entsprach dem deutschen Eisernen Kreuz.

Die britische Chronik fährt fort: „Schließlich gelang es den Kanonen und Panzern, so in Stellung zu gehen, daß sie auf die wichtigsten Straßenverbindungen wirken konnten, und die hartnäckig kämpfenden ‚Glasgow Highlanders' schafften es, ein weiteres Einsickern zu verhindern. Die schreckliche Feuerprobe dauerte jedoch bis kurz nach der Morgendämmerung an, als der Feind anfing sich zurückzuziehen. Dann waren wir an der Reihe. . . zwei Artillerie-Batterien, der Zug des 91. Panzerabwehr-Regiments, die ‚Churchill'-Panzer und die Infanterie-Geschütze der ‚Highlanders', sie alle nahmen ihr Lösegeld. Der Feind ließ zwölf Sturmgeschütze und zehn gepanzerte Halbkettenfahrzeuge zerstört zurück . . ." Die britischen Materialverluste sollen nach derselben Quelle 22 „Bren Carrier", zehn Halbkettenfahrzeuge, zwei Jagdpanzer und 31 „miscellaneous" – unterschiedliche – Fahrzeuge betragen haben. Diese Angaben sind fraglich, denn sie erwähnen nicht einen einzigen ausgefallenen Kampfpanzer, obwohl die „Churchills" der „Coldstream"-Panzer-Kompanie sicherlich der gefährlichste Gegner für die deutschen Sturmgeschütze waren.

Deutscherseits gibt es keine offiziellen Quellen mit vollständigen Ausfallzahlen. Auch Generalleutnant Unrein berichtete nach dem Krieg nur von dem Nachtgefecht in Nettelkamp, bei dem „ . . . etwa 40 Panzer und gepanzerte Fahrzeuge . . ." der Briten vernichtet worden seien. Abgesehen von der offensichtlichen Fehlerhaftigkeit dieser Angaben, werden deutsche Ausfälle ebenfalls nicht genannt. Die verläßlichsten Angaben macht vermutlich der bereits zitierte Lehrer Wedig. Er schrieb: „Im Dorf, auf der Feldmark, auf den Wiesen und in den Gärten zählte man nachher 87 deutsche und englische Panzer zerstört, ausgebrannt und einige sogar noch mit den Skeletten einstiger Kämpfer." Da die Deutschen aber nicht mehr als 22 gepanzerte Fahrzeuge verloren haben und die Briten angeblich nur 34, bleibt eine „Dunkelziffer" von ca. 30 britischen Panzern, wobei auch diese Zahl nur eine annähernde Größe sein kann. Noch einmal Lehrer Wedig: „Ein Nahkampf mit Panzern hatte sich am Südende unserer Hauptstraße, vor dem Gehöft des Bauern Hermann Aevermann abgespielt, dort lagen am 16. April 22 deutsche und englische Panzer ausgebrannt und zertrümmert." Diese Angabe ist annähernd die rechnerische Lösung, enthält jedoch einen Fehler: Es waren nicht „deutsche und englische Panzer"; es waren ausschließlich britische.

Der dramatischste Teil der „Panzerschlacht um Stadensen" hatte am Südrand der Ortschaft stattgefunden. Er ist bisher in keiner britischen Quelle erwähnt worden und hat auch in der deutschen Geschichtsschreibung nur sehr bruchstückhaft Berücksichtigung gefunden. Hauptmann Walle war zunächst mit seinem VW-Kübel inmitten der Sturmgeschütze nach Stadensen hineingefahren. Als die Briten das Feuer eröffneten, war er auf einem Hof in Deckung gegangen. Da weder er noch Peter eine Vorstellung von den britischen Kräften hatten, hoffte er vorübergehend auf einen schnellen Durchstoß. Aber der sich versteifende britische Widerstand und die Meldungen seiner Sturmgeschütze über Funk machten diese Hoffnung bald zunichte. Walle wird erkannt haben, daß der Auftrag, die Briten in Holdenstedt anzugreifen, damit nicht mehr ausführbar war. Vielleicht war es nun wenigstens möglich, hier den Feind aus Stadensen zu verdrängen. Aber auch nach zwei Stunden, gegen 03.00 Uhr, beherrschten die deutschen SPW und die Sturmgeschütze lediglich den Nord- und Ostteil der Ortschaft. Im Westteil waren die Briten trotz aller Anstrengungen nicht zu werfen, zumal jetzt auch ihre Panzer in den Feuerkampf eingegriffen hatten. Die Gesamtlage der völlig mit dem Feind verzahnten deutschen Truppe war bedenklich. Während sie selbst von keiner Seite Verstärkung erwarten konnte, war es nur eine Frage der Zeit, wann die in unmittelbarer Nähe stehenden britischen Verbände auf Stadensen vorgehen würden. Die Deutschen konnten dann leicht eingeschlossen und vernichtet werden. Besonders bedrohlich mußte jeder britische Vorstoß aus südlicher Richtung, also aus Nienwohlde werden. Zur Sicherung dieser linken Flanke war in absehbarer Zeit kein einziger Panzer verfügbar. Zu Peter hatte Walle seit längerem keine Verbindung mehr. Es blieb ihm nichts anderes übrig, als diese Aufgabe selbst zu übernehmen. So schlich er mit seinem Adjutanten Anding durch den brennenden Ort. Rechts von ihnen tobte der Kampf. Viele Gebäude brannten oder stürzten in sich zusammen. Ihr Fahrer, der Obergefreite Nepomuk Stützle, folgte mit seinem VW-Kübel in sicherem Abstand. Das Fahrzeug war noch immer mit zahlreichen Panzerfäusten beladen. Kurz vor dem südlichen Ortsrand kamen sie wiederum an einem brennenden Hof vorbei. Zwischen dem Krachen naher Panzerabschüsse und dem andauernden Hämmern von Maschinenwaffen hörte Anding Hilferufe, die aus dem Hof zu kommen schienen. Der Leutnant sprang über die flache Hecke und lief auf das brennende Gebäude zu. Aus dem Kellerfenster streckte sich ihm eine Kinderhand entgegen. Während er ein kleines Mädchen und deren Mutter nach oben zog, rasselte ein britischer „Churchill"-Panzer durch die Hofeinfahrt. Anding war außer seiner Pistole unbewaffnet. Er warf sich, die Frau und das Kind dicht an der Hausmauer in den Schatten der lodernden Hofruine. Der Panzer schwenkte seine Kanone. Anding kauerte sich instinktiv zusammen und fragte sich, warum er nicht längst mit einem wilden Sprung über die Hecke geflüchtet war. Aus den Augenwinkeln sah er urplötzlich einen einzelnen Mann mitten auf dem brennenden Bauernhof stehen. Es war ein deutscher Offizier, der mit weißen Handschuhen eine Panzerfaust auf den „Churchill" richtete. „Das ist Hauptmann Peter", schoß es Anding durch den Kopf, „aber er zielt zu lange." Der Panzer reagierte schneller. Er riß die Kanone herum und feuerte auf die nächste Gebäudeecke. Mauersteine flogen durch die Luft. Der Offizier mit den weißen Handschuhen wurde vielfach getroffen. Er überschlug sich, ohne geschossen zu haben. Leblos lag er mitten auf dem Hof. Friedrich Anding glaubte auch noch Jahrzehnte nach dem Krieg: „Der Hauptmann war auf der Stelle tot." Aber das war falsch. Peter geriet schwer verwundet in britische Gefangenschaft. Damals, als der reglose Hauptmann, der die Kampfgruppe aus „Großdeutschland" und „Feldherrnhalle" geführt hatte, auf einem unbekannten Bauernhof lag, waren die von Anding gerettete Frau und ihr

Kind längst im nächsten Keller verschwunden. Auch der britische Panzer war die Straße zurückgefahren. Anding beeilte sich, wieder Anschluß zu seinem Kommandeur zu bekommen. Er traf ihn, den Obergefreiten Stützle und den panzerfaustbeladenen VW-Kübel am südlichen Ortsrand von Stadensen.

Es dämmerte. Vermutlich war es inzwischen 04.00 Uhr geworden. Schräg hinter ihnen dauerte noch immer der Gefechtslärm an. Vor ihnen lagen einige kleinere Waldstücke. Dahinter war das Gelände bis zum Dorf Nienwohlde offen und sehr panzergünstig. Stützle hörte sie zuerst. Ihre Motoren schwollen auf und ab. Sie kamen sehr langsam und ebenso beständig näher. Walle nahm das Fernglas zu Hilfe, aber er konnte im Grau der Dämmerung nichts ausmachen. Dann befahl er, die Panzerfäuste auszuladen. Stützle verteilte einzelne Stapel entlang der nächsten Gehöftegruppe und fuhr seinen Kübel in Deckung hinter eine Scheune. Walle versuchte dann über Funk seine Sturmgeschütze nach Süden zu dirigieren, aber

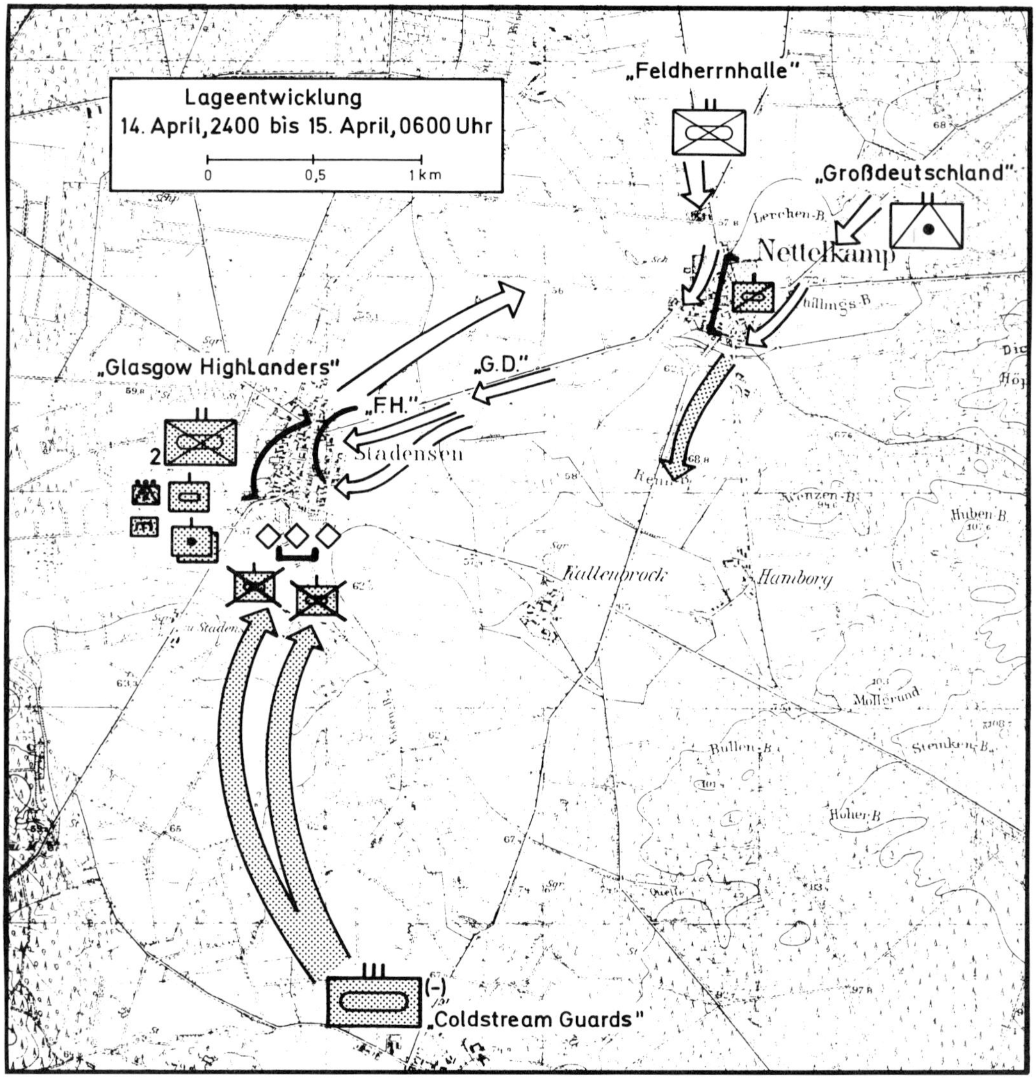

immer wieder hörte er: „Stehe im Feuerkampf mit . . " – oder: „Kein Durchkommen. Überall feindliche Infanterie mit Panzern." Walle schaltete das Funkgerät ab. Anding stampfte alle schriftlichen Unterlagen in den weichen Aprilboden. Als es im Osten über dem Wenzenberg etwas heller wurde, hatte sie Hauptmann Walle im Glas: „Churchill"-Panzer rollten auf Stadensen zu. Gustav Walle begann zu zählen. Bei 30 hörte er auf und befahl „Stellung!". Er selbst legte sich hinter einen flachen Erdaufwurf, der vermutlich eine Kartoffel- oder Rübenmiete war. Neben ihm stapelten sich ein Dutzend Panzerfäuste. Sein Leutnant und sein Fahrer waren auf Rufweite entfernt. Sie waren ebenfalls ausreichend mit Panzerfäusten versorgt. Die anrollenden Panzer gehörten zu dem „Coldstream"-Regiment, das eine Kompanie zu den „Highlanders" abgestellt hatte. Sie wollten offenbar den Ring um Stadensen schließen oder den Deutschen direkt in die linke Flanke fallen.

Sie fuhren im Breitkeil: Zwei Kompanien nebeneinander, die dritte folgte in der Mitte. In wenigen Minuten würden sie in das Gefecht eingreifen und die Deutschen in Stadensen so oder so vernichten. Wer wollte sie hindern? Walle, Anding und Stützle preßten sich an ihre Deckung und starrten ihnen entgegen. Der Hauptmann brüllte nach rechts und links: „Ich schieße als erster!", und dabei grinste er vielsagend. Der Obergefreite grinste betont frech zurück und nickte. Anding sah nur nach vorn und hob kurz die Hand. Auf ca. 500 Meter eröffneten einige „Churchill" das Feuer. Natürlich hatten sie keine Ziele. Es sollte wohl nur bedeuten: „Wir kommen." Ihre Granaten rissen einigen Bäumen die Kronen herunter. Die drei Mann mit ihren Panzerfäusten drückten sich noch fester an den Boden. Sie standen alleine gegen drei britische Panzer-Kompanien. Sie hatten noch nicht einmal eine theoretische Chance. Aber sie hatten Motive. Vielleicht das von Giesemann, der in Nettelkamp gefallen war. Aber es gab natürlich noch andere. Walle ging es um seine Sturmgeschütze, die verloren waren, wenn dieser Panzerangriff durchschlug. Anding war Offizier. Er hatte bisher alle hoffnungslosen Situationen überlebt, weil er gekämpft hatte. Warum sollte es jetzt anders sein? Stützle war Obergefreiter, – das vielbesungene „Rückgrat der Armee". Er würde die beiden Offiziere nicht allein lassen; komme, was da wolle.

Die ersten britischen Panzer waren auf 50 Meter heran. Walle ging in Anschlag. Stützle auch. Anding lauerte schon lange. 40 Meter. 30 Meter. 20 Meter. Walle schoß; fast gleichzeitig Anding und Stützle. Drei britische Panzer ruckten. Aus allen kräuselte Rauch. Nur einer fuhr noch ein Stück. Bald stand auch er. Dann folgten drei Stichflammen. Wenig später krachte es erneut; dreimal. Die Briten waren ohne Infanterie vorgegangen und zahlten nun dafür. Sie konnten den direkten Gegner nicht ausmachen und entschlossen sich zur Sturmfahrt. Ihre Geschosse zerfetzten den Ortsrand. Sie hatten erneut

„Churchill"-Panzer mit 7.5 cm Kanone

drei Ausfälle. Walle schoß noch einmal und brüllte: „Zurück!“ Bepackt mit Panzerfäusten hetzten die drei knappe 50 Meter zum Ortsrand. Dann waren die „Churchills“ auch schon da. Wieder standen die drei ersten in Flammen. Als Obergefreiter Stützle seinen sechsten oder siebten Panzer abgeschossen hatte, erwischte es ihn. Die Salve eines Bug-MG riß ihn zu Boden. Er war in die Hüfte getroffen. Wenig später detonierte eine Panzersprenggranate kurz vor ihm und riß die Zehen seines rechten Fußes ab. In Deckung einer Eiche zog er sich in die Höhe. Von Anding und Walle war nichts mehr zu sehen; nur Briten-Panzer, die wild um sich schießend durch Hecken und Zäune fuhren. Stützle hatte zwei Brüder gehabt, die beide im Panzer-Korps „Großdeutschland“ gefallen waren. Er selbst war bisher in Rußland nur einmal ernstlich verletzt worden. Jetzt war seine Hüfte noch immer wie betäubt, aber der Fuß begann grauenvoll zu schmerzen. Der Blutverlust schien gering. Helfen konnte ihm niemand, er mußte sich selber retten. So taumelte der Obergefreite durch die Gärten des brennenden Stadensen. Er mußte nach Nordosten. Endlich erreichte er die Straße nach Nettelkamp. Im Graben lagen zwei Gefallene. An der Böschung lehnte ein Motorrad. Stützle quälte sich auf die Maschine und fuhr davon. Walle und Anding hatten sich noch immer in der südlichsten Gehöftegruppe festgesetzt. Sie hatten Blickverbindung und gaben sich gegenseitig Feuerschutz. Wo Stützle geblieben war, wußten sie nicht. Die „Churchills“ ließen ihnen auch keine Zeit, sich darum zu kümmern. Bisher hatte Anding sechs von ihnen abgeschossen, Walle sieben. Der Hauptmann stand in unmittelbarer Nähe der Straße nach Nienwohlde. Solange er sie hielt, waren seine Sturmgeschütze in der Ortschaft sicher. Walle hatte nicht bemerkt, daß der Gefechtslärm hinter ihm nachgelassen hatte. Er wußte auch nicht, daß gerade sein letztes Geschütz und einige SPW die Ortschaft räumten. Er sicherte also eine Flanke, die es nicht mehr gab. Er und sein Adjutant Anding waren die letzten Deutschen in Stadensen. 20 abgeschossene britische Panzer standen am Ortsrand. Die nachfolgende dritte Kompanie war auf offenem Gelände in Stellung gegangen. Nur zwei „Churchill“ versuchten noch immer einen Vorstoß in die Ortsmitte. Sie fuhren rechts und links der Straße parallel zueinander. Sie walzten alles nieder, was ihnen vor die Ketten kam. Walle stand zwischen ihnen. An eine Scheunenecke gelehnt, hörte er auf die Motorengeräusche und sicherte nach beiden Seiten. Dann splitterte der nächste Stall vor ihm auseinander. Der „Churchill“ war nur knapp 30 Meter von ihm entfernt und rollte direkt auf ihn zu. Als das Bug-MG aufblitzte, hatte auch Walle den Abzug durchgekrümmt. Der Panzer stoppte ruckartig, neigte sich ein wenig nach vorn, und kurze Flammen schlugen aus dem Motorraum. Der Hauptmann rutschte langsam an der Scheunenwand zu Boden. Er tastete seinen Körper ab. Obwohl er sich getroffen fühlte, hatte er offensichtlich keine Schußverletzung. Nur der Kopf schien wie betäubt. Dann heulte ein Panzermotor auf. Es war der letzte von zwei Kompanien, der nun freie Bahn nach Stadensen hatte. Walle griff nach der nächsten Panzerfaust und schob sich noch einmal an der Scheunenwand nach oben. Als er die Panzerfaust in die Schulter zog, spürte er sein Kinn. Es hing auf dem Kragen. In diesem Moment rasselte der letzte „Churchill“ 20 Meter an ihm vorbei. Walle stand mit offenem Mund und zielte, während ihm dünne Blutfäden über die Lippen liefen. Kurz nach seinem Schuß stand auch dieser Panzer in Flammen. Der Hauptmann betastete sein Kinn und geriet in Panik. Er lief ohne jede Orientierung nach Nordwesten, dorthin, wo sich die Briten ohnehin nicht hatten verdrängen lassen. Leutnant Anding hetzte hinter seinem Kommandeur her. Erst nach 200 Metern hatte er ihn eingeholt und warf ihn zu Boden.

Dicht über sie hinweg peitschte britisches MG-Feuer. Anding zog mit einer Mullbinde den Unterkiefer seines Hauptmanns nach oben und schnürte ihn fest. Walle röchelte. Er schluckte Blut, aber seine Verletzung war nicht lebensgefährlich. Er hatte einen Unterkieferschußbruch. Anding faßte ihn am Koppel und rannte mit ihm durch das brennende Stadensen. Als sie den ostwärtigen Ortsrand erreicht hatten, waren ihnen die „Gordon Highlanders" dicht auf den Fersen. Ein britisches MG hämmerte. Anding, der sich mehrfach deckend über seinen Kommandeur geworfen hatte, wurde zweimal in die Beine getroffen, aber es waren stets „nur" Fleischwunden. Gemeinsam schleppten sich beide nach Nettelkamp. Dort organisierte Anding ein Fahrzeug. Gegen Mittag waren sie auf dem nicht mehr lokalisierbaren Verbandplatz in Uelzen. Dort trafen sie ihren Obergefreiten Stützle. Alle drei waren verwundet, aber sie hatten zusammen 21 oder 22 britische Panzer abgeschossen. Diese Unsicherheit ergibt sich aus der Geschichte des Panzer-Korps „Großdeutschland", in der dem Obergefreiten Stützle sieben Panzerabschüsse zugesprochen werden, während im Antrag auf Verleihung des Ritterkreuzes nur von sechs Panzern die Rede ist. In jedem Falle sind die Panzerwracks, von denen Lehrer Wedig berichtete, eben jene gewesen, die Walle, Anding und Stützle abgeschossen hatten. Am 23. April 1945 wurde allen dreien das Ritterkreuz verliehen.

Der Ort Stadensen hatte grauenvoll gelitten. Ein Mann, eine Frau und zwei Kinder waren in ihren Häusern verbrannt. In einem Erdbunker, der an der Straße nach Breitenhees lag, war eine britische Panzergranate detoniert und hatte 14 Menschen, meist Frauen und Kindern, das Leben gekostet. Drei weitere Personen waren durch den Feuerkampf im Ort zu Tode gekommen. Von den deutschen Soldaten waren 25 gefallen. Sie ruhen zusammen mit den 21 Zivilpersonen auf dem sehr

Major Gustav Walle (nach Ritterkreuzverleihung und Beförderung), Kommandeur der Panzerjäger-Abteilung „Großdeutschland".

Obergefreiter Nepomuk Stützle (nach Ritterkreuzverleihung), Fahrer des Abteilungskommandeurs.

Soldatenfriedhof Stadensen

eindrucksvoll gestalteten Friedhof. Allerdings ist in der Kriegsgräberliste auffällig, daß nur ein Leutnant und ein Obergefreiter namentlich bekannt sind. Die anderen gelten als unbekannt. Es ist zu vermuten, daß die damalige Beisetzung in großer Eile erfolgte und sich niemand die Mühe machte, die Soldbücher und Erkennungsmarken der Gefallenen anzusehen.

Neben den Menschenopfern, die das blutige Nachtgefecht gefordert hatte, waren aber auch 92 Gebäude zerstört und 110 Stück Vieh umgekommen.

Ein britischer Offizier, der damalige Captain Gordon A. Lightbody, sagt nach mehr als 40 Jahren: „Ich war Führer des Panzerabwehr-Zuges während der Schlacht von Stadensen. Die Erinnerung an diese Nacht wird mich bis zu meinem Tod begleiten. Die ‚Glasgow Highlanders' verloren die Masse ihres Transportraumes und hatten auch viele Gefallene und Verwundete. Auch mein engster Freund, Capt. Thomas Scott, fiel." Die Gefechte bei Veerßen und Stadensen hatten noch einmal erahnen lassen, was eine „normal" ausgerüstete und ausgebildete deutsche Truppe

Die britischen Offiziere der „Glasgow Highlanders", die in Stadensen gekämpft und überlebt hatten. Zweiter von rechts: Captain Gordon Lightbody. (Aufnahme vom Juli 1945).

zu leisten vermochte. Sie verfehlte auch damals ihre Wirkung auf die weitere britische Operationsplanung nicht. Die 46. Brigade und die 6. Panzer-Brigade erhielten die notwendige Ruhepause und wurden zunächst in Reserve gelegt. Auch das Aufklärungs-Regiment erhielt keinen weiteren Auftrag. Vielmehr wurde Unterstützung angefordert, die in Form der 6. Luftlande-Brigade noch am selben Tag eintraf. Von seinen fünf Brigaden setzte der Divisionskommandeur, Generalmajor Barber, am 15. April nur zwei ein. Die 44. Brigade besetzte mit dem Bataillon „Royal Scots Fusiliers" das Dörfchen Halligdorf kampflos. Das 7. Bataillon der „King's Own Scottish Borderers" griff auf Hambrock an und warf die dort stehenden deutschen Kräfte schnell. Die Briten hatten keinen Mann verloren. Auf deutscher Seite waren ein Soldat des Flak-Regiments 55 und ein Feldwebel gefallen. Ganz offensichtlich hatten die etwa bataillonsstarken deutschen Kräfte keinen ernsthaften Widerstand geleistet, sondern waren „abgezogen". Auflösungserscheinungen dieser Art hat es auch an anderer Stelle gegeben, insgesamt waren sie jedoch die absolute Ausnahme. Im Falle Hambrock gab es sogar noch ein Nachspiel.

Wesentlich schwieriger hatte es die 227. Brigade, die seit dem Morgengrauen versuchte, Veerßen zu besetzen. Nur schrittweise ließen sich die schwachen deutschen Kräfte zurückdrängen. Sie verfügten nur noch über Handwaffen. Die zehn „Hetzer" waren aus zunächst unklaren Gründen verschwunden. Obwohl zwei britische Panzer mit Panzerfäusten abgeschossen wurden, erreichte das 2. Bataillon „Highland Light Infantry" die Dorfstraße zwischen Schmiedestraße und Gut. Im Nordteil des Ortes hatten sich die deutschen Kompaniegefechtsstände in der Schule, der Bäckerei und dem Sägewerk eingerichtet. Als mit Einbruch der Dunkelheit der Gefechtslärm abflaute, hatten die Briten in Veerßen nur wenige hundert Meter Boden gewonnen und dafür mit mindestens fünf Gefallenen bezahlt. Auf deutscher Seite hatte es merkwürdigerweise keinen einzigen Toten gegeben. Dennoch starb an diesem Tag noch ein deutscher Soldat.

Es war Hauptmann Erich Marquardt, dessen Batterie südlich der Höllenwiese bei Hambrock gestanden hatte. Er war am Vormittag in einem Bunker in der Nähe des „Clubhauses" schlafend angetroffen worden. Wenige Stunden später wurde er standrechtlich erschossen, weil er seine Truppe verlassen hatte. Er ruht seither auf dem Ehrenfriedhof der St. Marien-Kirchengemeinde Uelzen. Allerdings ist dort in den weißen Grabstein für das Grab Nummer eins irrtümlicherweise „Fritz Markwart" eingemeißelt worden.

Von entscheidender Bedeutung für den Gefechtsverlauf am 15. April war der Befehl des Oberkommandos der Wehrmacht an den General der Panzertruppe Decker gewesen, nun endlich mit allen verfügbaren Teilen der Panzer-Division „Clausewitz" nach Süden anzugreifen. Decker hatte daher dem Divisionskommandeur das Sammeln aller einsatzbereiten Einheiten im Raum zwischen Bollensen und Rosche befohlen. Unter diesen waren auch die zehn „Hetzer" aus Veerßen und die beiden Schützenpanzer-Bataillone, die am Südrand von Uelzen die bewegliche Reserve gebildet hatten.

Somit hatten ab Mittag des 15. April fast nur noch Infanteriekräfte in Stärke von zwei Bataillonen Uelzen nach Süden und Südwesten verteidigt. Der britische Divisionskommandeur wußte hiervon jedoch auch am nächsten Tage noch nichts. Vielmehr schien er sich Sorge um Flanke und Rücken zu machen, wo noch immer mit deutschen Splittergruppen zu rechnen war. Unter anderem befand sich eine

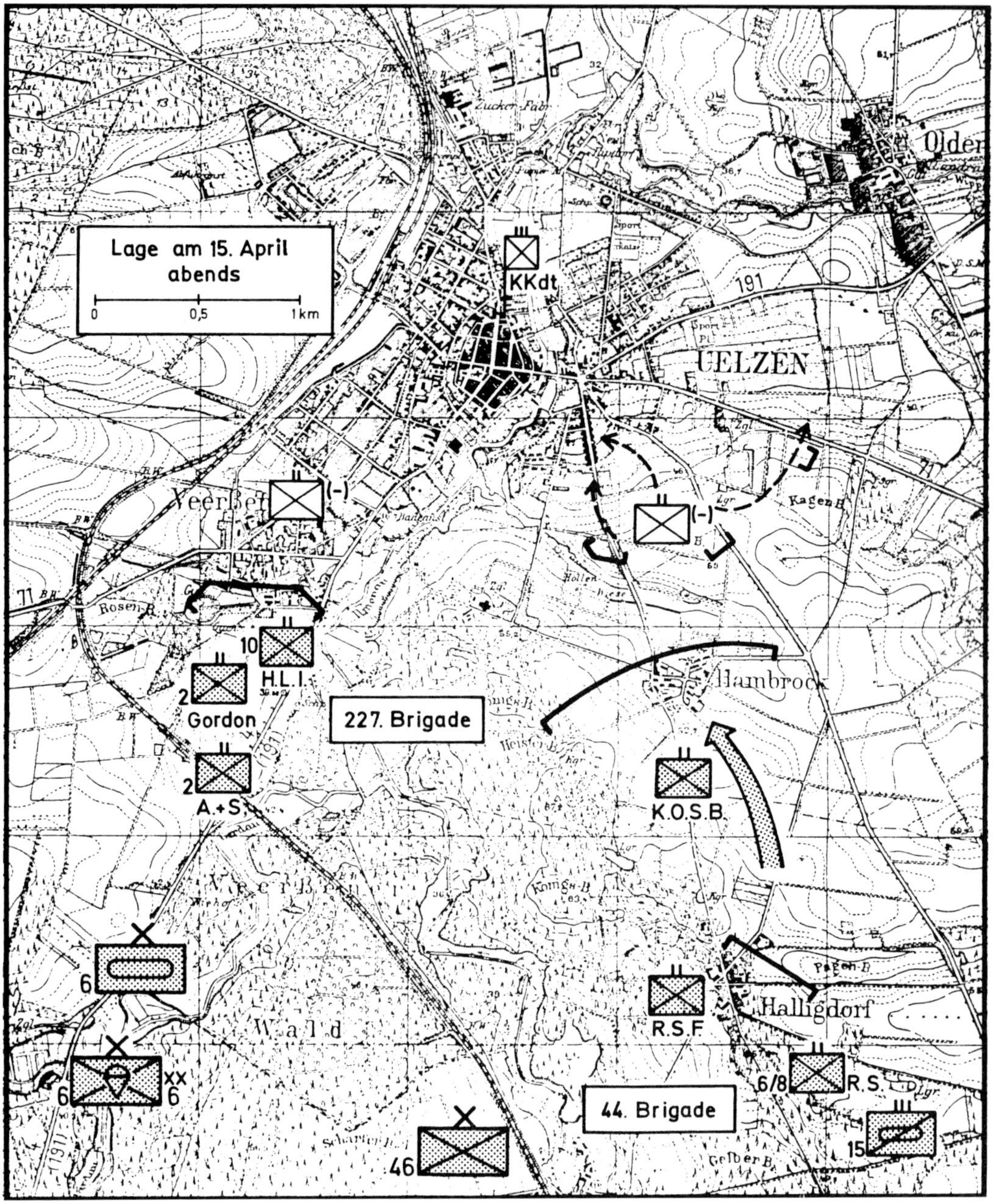

schwache deutsche Einheit im Raum Stederdorf. Die dortige Bevölkerung war in Erwartung der bevorstehenden Kampfhandlungen in das Waldgelände ostwärts der Ortschaft gezogen. Von dort aus hörte sie am 16. April den Gefechtslärm immer näher kommen. Zunächst sprengten die Deutschen die Brücke über die Kleine Stederau, dann setzte britisches Artilleriefeuer ein. Als es nachließ, schossen mehrere Maschinengewehre. Nachdem auch das aufgehört hatte, wagte sich die Bevölkerung nach Stederdorf zurück. Der Ort war von britischen Panzern und Infanterie besetzt worden. Die Höfe von Niebuhr und Koopmann waren abgebrannt, viel Vieh war umgekommen. Auf der Dorfstraße lagen zwei gefallene deutsche Soldaten. Fünf weitere wurden in den nächsten Tagen im Waldgelände nördlich Stederdorf gefunden. Sie alle erhielten auf dem örtlichen Friedhof ihre letzte Ruhestätte.

Grabstein in Stederdorf

„Wüstenratten" in Kirchboitzen, Walsrode und Fallingbostel

Feldmarschall Montgomery und Generalmajor Lyne, Kommandeur der 7. Panzer-Division, inspizieren die Truppe vor dem Einsatz. (IWM)

Am Abend des 14. April lagen in Altenwahlingen und im angrenzenden Waldgelände vier britische Verbände. Das 44. „Royal Tank Regiment“ und das frisch zugeführte 2. Bataillon des „King's Royal Rifle Corps“ sollten am nächsten Morgen Groß Eilstorf angreifen, während das Panzer-Regiment der „Scots Greys“ mit dem 6. Bataillon „Royal Welsh“ Kirchboitzen nehmen sollte. Der noch erhaltene Operationsplan ließ an der britischen Absicht keinen Zweifel. Die deutschen Kräfte sollten nicht etwa nur geworfen, sondern vielmehr durch flankierende Umfassung in den Dörfern fast gleichzeitig eingeschlossen und vernichtet werden. Hierzu war der Vormarsch der „Scots Greys“ über Punkt 21. und Punkt 57. ebenso vorgeschrieben, wie die weit ausholende Bewegung der „King's Royal Rifle“ durch das Waldgelände südlich Galgenberg. Auf ein Vorgehen entlang der vermutlich stark gesicherten Reichsstraße 209 verzichteten die Briten von vornherein. Die Panzer- und Infanterieverbände waren bereits bei Angriffsbeginn gemischt. Der britische Operationsplan vermied jedes Frontalgefecht und darf sicherlich als einer der kühnsten und intelligentesten bezeichnet werden, der britischerseits zwischen Weser und Elbe entstanden ist. Es war, als wollte der Kommandeur der 53. „Welsh Division“ seine nur schwer übersehbaren Fehler beim Angriff auf Rethem vergessen machen.

Sein direkter Gegner waren nur noch die beiden Marine-Bataillone des Regiment-Hartmann, die bereits in Groß Häuslingen und Altenwahlingen empfindliche Verluste hatten hinnehmen müssen. Außerdem war das stark dezimierte Rethemer Bataillon in Groß Eilstorf in Stellung gegangen. Eine Kompanie des in Kirchboitzen eingesetzten Marine-Bataillons war bis an den Waldrand südwestlich von Groß Eilstorf vorgegangen. Das zweite Bataillon des Regiment-Hartmann stand im Raum Altenboitzen. Irgendein erkennbarer Zusammenhang bestand in der Verteidigungsplanung der schwachen deutschen Kräfte nicht mehr. Vielmehr fällt auf, daß die einzige noch intakte Flak-Batterie mit insgesamt vier Geschützen dicht vor Walsrode „herumstand“ und somit in die Verteidigung nicht einbezogen worden war. An schweren Waffen gab es daher deutscherseits nur ein Infanterie-Geschütz in der vorgezogenen 4. Kompanie. Bei dieser begann der nächste Morgen mit dem üblichen Artilleriefeuer.

Ein Angehöriger der Kompanie, Helmut Krieg, beschrieb die weiteren Ereignisse: „Plötzlich hörte der Feuerzauber auf, und da sahen wir den Gegner kommen. Kein einziger Infanterist war zu sehen, dafür Panzer – Panzer in langer Reihe. Langsam rollten sie auf der Straße heran und beharkten den Waldrand mit ihren Bordwaffen. Wir warteten darauf, daß die Panzer von der Straße abschwenken und uns überrollen würden. Nun kam das Unerwartete: Die Panzer schwenkten nicht nach links zu uns von der Straße ab, sondern nach rechts. Mir fiel ein Stein vom Herzen.“ Helmut Krieg und seine Kameraden konnten nicht ahnen, daß die „unerwartet“ nach Osten abgedrehten Panzer Groß Eilstorf von Süden angreifen und die 4. Kompanie damit im Wald einschließen würden. Gleichzeitig gingen die „King's Royal Rifle“ zunächst nach Norden und dann von Westen auf das Dorf vor. Gegen 07.35 Uhr war der Ring geschlossen, und der eigentliche Angriff begann.

In der britischen Chronik wird von einem kurzen, aber heftigen Gefecht gesprochen. Deutsche Quellen sind spärlich. Lediglich ein Eilstorfer Bürger berichtete: „Bei den Kampfhandlungen um Groß Eilstorf sind 14 deutsche und 7 englische Soldaten gefallen. An Zivilisten und Einwohnern gab es – Gott sei Dank! – keine Toten. Insgesamt wurden in Groß Eilstorf 52 Gebäude beschädigt oder zerstört.“

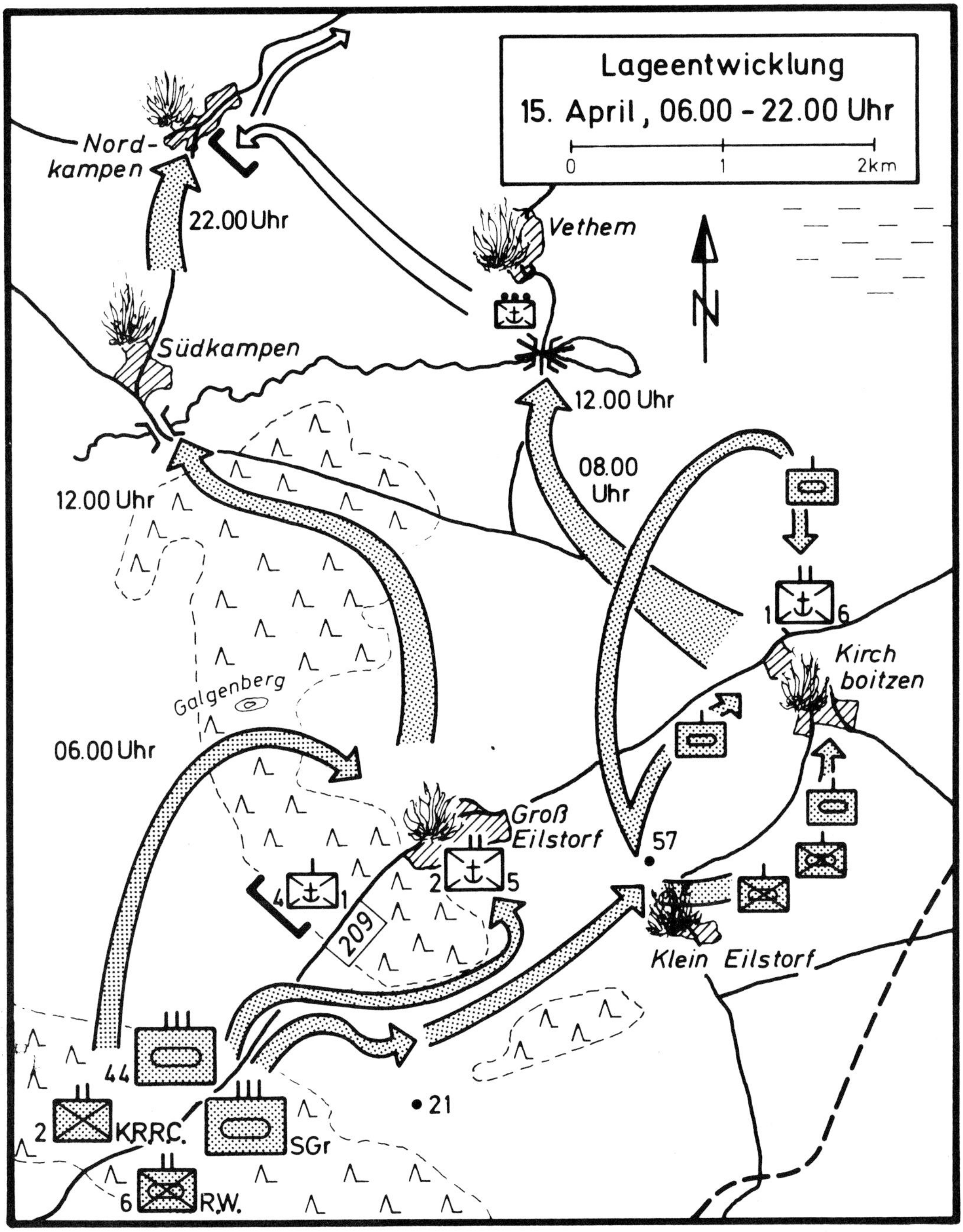

Die Briten haben keine Gefangenen gemacht, dafür aber nach eigenen Angaben „forty“ – vierzig – gefallene Deutsche gezählt. Zwischen „fourteen“ – vierzehn – und „forty” – vierzig – liegen immerhin 26 Menschenleben; vielleicht auch nur ein Hörfehler. Aber solche Irrtümer verzerren das Geschichtsbild. Im Falle von Groß

Eilstorf ist das leicht zu klären. Nach der offiziellen Kriegsgräberliste sind dort 14 Angehörige des Marine-Grenadier-Regiments 5 gefallen. Sie wurden in Kirchboitzen beigesetzt und gehörten sicherlich alle zu dem Rethemer Bataillon, dem es offenbar gelungen war, sich trotz dieser Ausfälle erneut der Vernichtung zu entziehen. Zusammen mit Regimentskommandeur Kapitän z.S. Jordan war es noch einmal in Richtung Norden der britischen Angriffszange entkommen.

Das Schicksal der 4. Kompanie, die südwestlich Groß Eilstorf eingesetzt war, ist ziemlich unklar. Auch Helmut Krieg berichtet nur noch von einer Episode zu Beginn des britischen Angriffs: „Ein junger Soldat lag an der Straßenböschung; welche Aufgabe er dort hatte, kann ich nicht sagen. Er wurde entdeckt und beschossen. Verwundet suchte er den Waldrand zu erreichen; stürzte mehrmals, ob erneut verwundet, konnte ich von meinem Schützenloch aus nicht feststellen. Da trat ein Sanitätsdienstgrad aus dem Wald, schwenkte ein weißes Tuch und zeigte auf den Soldaten. Das Feuer wurde eingestellt, bis der Mann geborgen war."

Da die 4. Kompanie des 1. Bataillons, Marine-Grenadier-Regiment 6 aber nicht in Gefangenschaft ging, hat auch sie sich offenbar irgendwie durchschlagen können. Nur drei Soldaten fielen. Es waren der amtierende Bataillonsführer, Oberleutnant z.S. Ziegler, der nach dem Tod von Korvettenkapitän Melzer in Groß Häuslingen das Kommando übernommen hatte, sowie die Leutnante z.S. Michalke und Carstens. Auch sie wurden später auf dem Kirchboitzener Friedhof beigesetzt. Die gefallenen Briten ruhen auf dem „War Cemetery" in Hannover.

Der britische Angriff auf Kirchboitzen hatte um 08.00 Uhr begonnen. Artillerie und Jagdbomber schossen das Dorf und die nähere Umgebung in Brand. Die Zivilbevölkerung, die in das nahe Moor gezogen war, konnte dem Inferno nicht entkommen. Eine Einwohnerin: „Dann kommen Tiefflieger, die Spreng- und Brandbomben werfen. Mutter muß kopflos geworden und auf die Straße gelaufen sein. Wir können von weitem sehen, wie unser Haus und die Scheune brennen, Vater fährt mit dem Rad zurück, um Mutter zu holen. Er findet sie nicht, sieht nur, daß nichts mehr zu retten ist. . . .Meine Schwester wird schwer verletzt, ich habe Splitter abbekommen. Noch schlimmer hat es neben uns Herta P. und ihren Sohn getroffen: Sie ist sofort tot, dem Kind sind beide Beine weggerissen worden."

Als der erste „Sherman" der „Scots Greys" in Kirchboitzen eindrang, wurde er von einer Panzerfaust am Turm getroffen. Aber er blieb noch voll aktionsfähig. Wenig später stießen die „Royal Welsh Fusiliers" von Süden zum Dorfzentrum vor. Der Ortskampf dauerte eine Stunde. Dann waren die Marinesoldaten aus Kirchboitzen herausgedrängt. Vereinzelte Splittergruppen ergaben sich. Neben Leutnant z.S. Lieberwirth waren 14 weitere Soldaten und der Volkssturmmann Erich Mühle gefallen. Letzterer war 15 Jahre alt und vermutlich der jüngste aller deutschen Soldaten, die zwischen Weser und Elbe gefallen sind.

Über die Verluste der Briten lassen sich keine genauen Angaben machen. Es ist lediglich sicher, daß die „Royal Welsh Fusiliers" mindestens zwei, höchstens jedoch fünf Mann verloren hatten. Diese ruhen auf dem Becklinger Soldatenfriedhof. Die deutschen Gefallenen wurden auf dem Kirchboitzener Gemeindefriedhof beigesetzt. Dort ruhen auch jene zehn Einwohner, die während der Kampfhandlungen ihr Leben lassen mußten. Insgesamt waren außerdem ca. 120 Gebäude sowie die

Kirche abgebrannt und 350 Stück Vieh umgekommen.

Soldatengräber auf dem Kirchboitzener Friedhof

Die 53. „Welsh Division" hatte noch am Vormittag des 15. April ihre komplizierte Operation, nämlich zur gleichen Zeit zwei hintereinanderliegende Ortschaften mit verschiedenen Truppen zur gleichen Zeit anzugreifen, bei sehr geringen eigenen Verlusten erfolgreich abgeschlossen. Die 2. Marine-Infanterie-Division war in der Mitte durchstoßen. Von den dort ehemals eingesetzten Verbänden konnten nur noch das 2. Bataillon, Marine-Grenadier-Regiment 5 und das 2. Bataillon, Marine-Grenadier-Regiment 6, das gerade noch unbeschadet in Altenboitzen stand, gezählt werden. Die 53. „Welsh Division", die bisher die Hauptlast des Angriffs gegen die „Aller-Linie" getragen hatte und hierfür mit 260 Gefallenen hatte zahlen müssen, wurde nunmehr von dem Kommandierenden General des XII. Korps abgedreht. Sie sollte zunächst Verden nehmen.

So blieben in Kirchboitzen und Groß Eilstorf nur schwache britische Sicherungen zurück, während die Masse der 4. Panzer-Brigade auf Vethem und Südkampen zurollte. Das 44. „Royal Tank Regiment" links, die „Scots Greys" rechts. Kurz vor der gesprengten Brücke über den Vethbach schlug den Panzern der „Scots Greys" schwaches deutsches Gewehrfeuer entgegen. Ohne darauf zu achten, durchfuhren die Briten den Bach dicht neben der Brücke. Die Waliser Füsiliere durchkämmten die Ortschaft. Hierbei kam es zum Häuserkampf. Nachdem Leutnant z.S. Wolfgang Zinly und vier weitere Marinesoldaten gefallen waren, zogen sich die Deutschen in Richtung Nordkampen zurück. Mit großer Sicherheit war es die Nachhut des aus Groß Eilstorf entkommenen Marine-Bataillons. Während sich diese in Nordkampen erneut zur Verteidigung einrichtete, brannte Vethem durch den Einsatz der britischen Flammenwerfer zur Hälfte ab. Eine Chronik berichtet von 19 Familien, die an diesem Tage obdachlos wurden. Die links vorstoßenden „Royal Tanks" hatten ebenfalls gegen 12.00 Uhr Südkampen erreicht. Einen organisierten militärischen Widerstand gab es dort nicht, dennoch berichtet die Dorfchronik von sieben eingeäscherten Häusern und Gehöften. Dem zwei Kilometer entfernten Nordkampen erging es an diesem Tage nicht besser. Die Schulchronik berichtet: „In Nordkampen hatten sich an zwei, drei Stellen etwa 15 Mann der Marine-Infanterie mit Panzerfäusten und Maschinengewehren eingenistet. Etwa gegen 20.00 Uhr setzte der Beschuß ein. Darauf ging der damalige Bürgermeister Harms mit weißer Fahne auf dem Wege Südkampen dem Feinde entgegen, verhandelte mit dem zuständigen Kommandanten zwecks Übergabe des Dorfes. Derselbe verlangte von ihm die Zusicherung, daß kein deutscher Soldat mehr im Dorfe sei. Acht Minuten Bedenkzeit war die Bedingung. H. Harms konnte keine zusagende Auskunft geben. Inzwischen meldete sich leider von Lührs Haus her ein deutsches Maschinengewehr. Harms hatte versucht, die deutschen Soldaten zum Abzug zu bewegen, um sein Dorf zu retten, vergebens – ! Er meldete das Ergebnis dem britischen Kommandanten. Dieser gab dann durch Lautsprecher den Dorfbewohnern die sofortige Beschießung des Dorfes bekannt. Was für eine Sinnlosigkeit und Feigheit der feindlichen Führung! (Ich bin lange genug Soldat gewesen, aber das habe ich nicht erlebt!) Sämtliche Gebäude am Südrande wurden mit Brandgranaten (Panzer) und Brandmunition beschossen. Bald stand das halbe Dorf in Flammen. 24 Gebäude wurden eingeäschert ... Fast sämtliches Rindvieh, viele Pferde, Schweine und Federvieh wurden ein Raub der Flammen. Die Rettung wurde durch die unmittelbar einrückenden feindlichen Soldaten sehr erschwert. Die deutschen Soldaten hatten sich in Eile zurückgezogen und waren durch Owe, Hamwiede und Idsingen abgerückt."

Während die 4. Panzer-Brigade und ihre Infanterie-Bataillone weiter schießend und brennend auf Verden vorstießen, hatte die 7. U.K. Panzer-Division „Desert Rats" längst den wichtigeren Auftrag erhalten: Sie sollte über Walsrode und Soltau auf Hamburg vorgehen. Sie bestand aus zwei Infanterie-Brigaden mit je drei Bataillonen sowie der 22. Panzer-Brigade mit drei Regimentern und einem weiteren Infanterie-Bataillon sowie dem 8. Panzeraufklärungs-Bataillon „Royal Hussars". Ihr Divisionskommandeur, Generalmajor Lyne, verfügte somit über ca. 3.500 Infanteristen und 350 Kampfpanzer. Hinzu kamen noch Panzerjäger, Flak, Artillerie und ein Pionier-Bataillon. Lynes Truppen waren ausgeruht und optimal versorgt. Ihr letzter ernsthafter Einsatz lag Wochen zurück. Dann hatten sie die taktisch sinnlose Volte über Hoya–Weyhe–Bruchhausen machen müssen, nur um festzustellen, daß Bremen kein günstiges Angriffsgelände für eine Panzer-Division war. General Lyne, der nur einen Befehl ausführte, ist dieses Kuriosum sicherlich nicht anzulasten. Vielmehr galt er als entschlossener Taktiker. Vergleicht man seine folgenden Angriffsoperationen mit denen anderer Divisionen, so kommt man sehr schnell zu dem Ergebnis, daß keine wendiger, zielstrebiger und fehlerfreier geführt wurde als die „Desert-Rats".

Diese standen nun bereits seit einem Tag in Rethem und warteten darauf, endlich antreten zu können. Während in Groß Eilstorf und Kirchboitzen noch gekämpft wurde, gab Lyne seinen Angriffsbefehl: Die 8. „Hussars" sollten parallel zur Böhme über Klein Eilstorf, Altenboitzen, Hollige auf Benzen vorstoßen. Die 131. Infanterie-Brigade sollte direkt auf der Reichsstraße 209 über Schneeheide auf Walsrode vorgehen. Die 22. Panzer-Brigade hatte den Auftrag, nach Überschreiten des Jordanbaches, spätestens aber in Schneeheide, nach Norden auf Fulde einzudrehen und die nördlich Walsrode gelegenen Waldengen zu gewinnen. Die 155. Infanterie-Brigade sowie alle anderen Kräfte folgten auf Befehl. Lynes Operationsplan war perfekt. Sollte Walsrode ver-

Die „Desert Rats" warten in Rethem auf ihren Einsatz. (IWM)

teidigt werden, so hatte er die Möglichkeit, die Stadt zusätzlich aus Süden und Norden anzugreifen. Falls Walsrode aber nicht verteidigt würde, so standen seine stärksten Kräfte, die 22. Panzer-Brigade, bereits am Abend nördlich der Stadt und hatten somit günstige Voraussetzungen für den weiteren Angriff am nächsten Tag.

Zunächst trat das Aufklärungs-Regiment „8. Hussars" an. Ohne Widerstand durchfuhr es Klein Eilstorf. Allerdings brannten dort noch immer vier Höfe. Sie waren bereits am Morgen von den „Scots Greys" unmittelbar vor ihrem Angriff auf Kirchboitzen in Brand geschossen worden. Auch in Altenboitzen kam es nicht zum

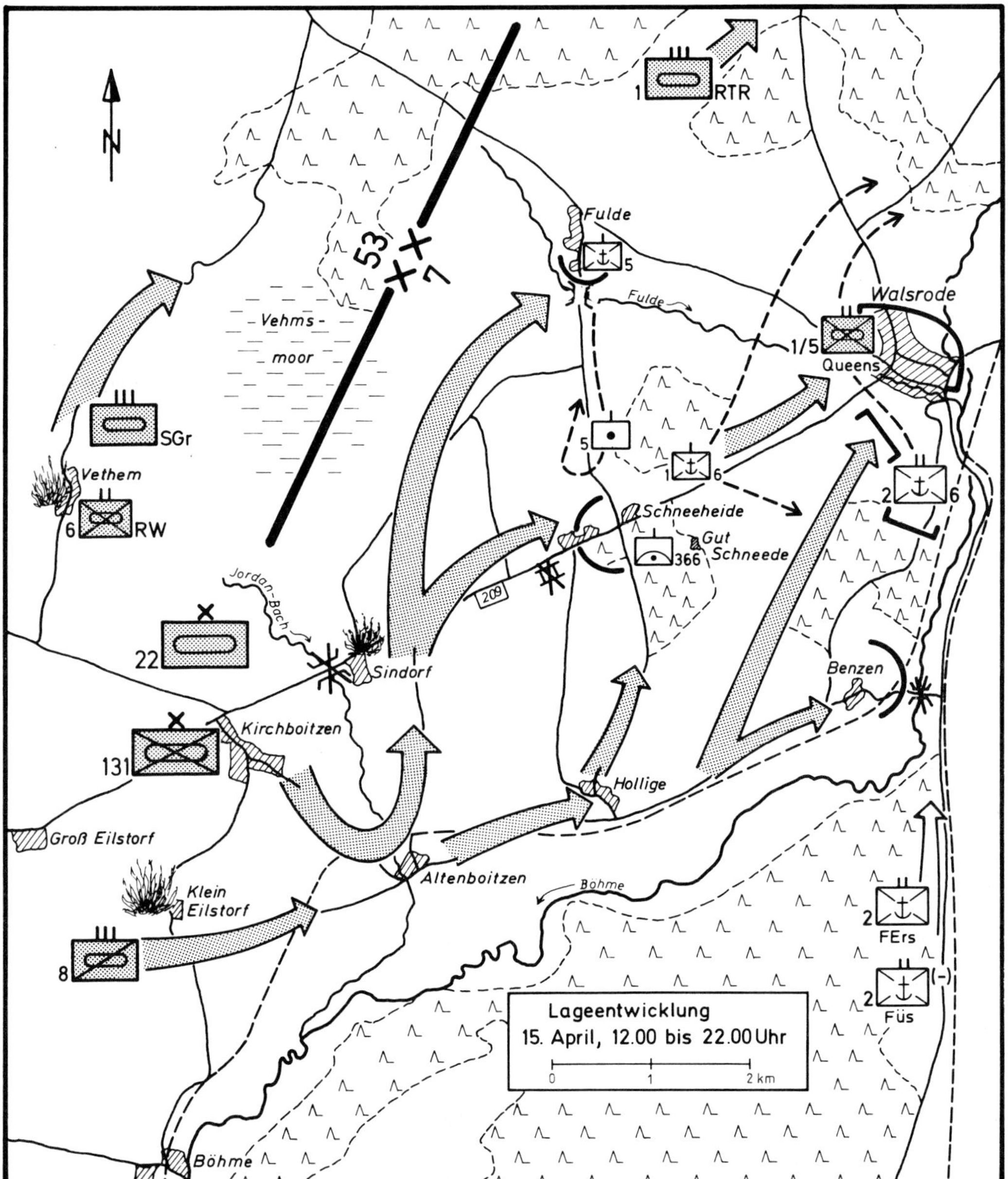

Kampf. Das 2. Bataillon des Marine-Grenadier-Regiments 6 hatte sich spätestens, nachdem Kirchboitzen besetzt worden war, auf Walsrode und Schneeheide zurückgezogen. Außerdem stand ein schwacher Zug des Marine-Grenadier-Regiments 5 an der zur Sprengung vorbereiteten Brücke in Fulde. Auf diese Weise war fast zufällig noch einmal der Eindruck einer zusammenhängenden Verteidigung entstanden: Die schwache deutsche Stellung erstreckte sich vom Südrand Walsrode über Schneeheide nach Fulde. Der britische Angriffsschwerpunkt lag dagegen eindeutig im Verlauf der heutigen B 209. Dieser traf jedoch zunächst auf die Jordan-Brücke, die von Soldaten der „Organisation Todt" im letzten Moment gesprengt worden war. Der in der Nähe wohnende Landwirt R. hatte mehrfach versucht, die Soldaten von der Sprengung abzuhalten. Diese hatten aber wiederholt geantwortet: „Wir haben den Befehl dazu, und den müssen wir ausführen." Die zerstörte Brücke brachte den britischen Vormarsch kurzfristig zum Stehen. Die britische Artillerie, die in Sindorf deutsche Kräfte vermutete, schoß zwei Höfe in Brand. Wenig später rollten die 22. Panzer-Brigade und die 131. Infanterie-Brigade über Kirchboitzen zur Reichsstraße 209. Die Brückensprengung hatte noch nicht einmal eine Stunde lang den britischen Vormarsch aufhalten können. Das Sprengkommando, das sich noch immer auf Grünhagens Hof befand, war abgeschnitten und hängte eine weiße Fahne aus dem Fenster.

Kurz nach Mittag rollten die Briten-Panzer auf Schneeheide und Fulde zu. Neben wenigen Soldaten des Marine-Grenadier-Regiments 6 war dort eine Flak-Einheit in Stellung gegangen. Diese knapp 100 Mann starke Batterie wurde von Oberleutnant Horn geführt. Sie war ein zusammengewürfelter Haufen und erst vor zwei Tagen aus mehreren ehemaligen Flak-Batterien gebildet worden. Sie hatte nur noch ein 2 cm Geschütz, einige Panzerfäuste und Karabiner. Ihre Kampfmoral war längst gebrochen, bevor die Panzer des 5. „Dragoon Regiment" heran waren. Eigentlich sollte die Flak-Einheit den Infanterieschutz für die RAD-Batterie 366 übernehmen, die bei Gut Schneede stand. Am frühen Nachmittag lag sie aber im Angriffsschwerpunkt der „Desert Rats". Dem Panzerangriff ging der übliche Feuerschlag der britischen Artillerie voraus. Leutnant Bornhof, Stellvertreter des Oberleutnants Horn, erhielt einen Granatsplitter in den Kopf und war auf der Stelle tot. Dieser Feuerschlag traf auch die aus Visselhövede anmarschierte Marine-Artillerie-Batterie. Pferdekadaver und sterbende Marinekanoniere blieben auf der Kreuzung in Schneeheide zurück. Dann rollten die „Sherman" vor. Im Gefechtsbericht, den Oberleutnant Horn noch am 2. Mai erstellte, heißt es: „Die 1. Gruppe des 1. Zuges wurde von Panzern überfahren. Mit Ausnahme eines Soldaten ist über das Schicksal sämtlicher Angehöriger dieser Gruppe nichts bekannt geworden. Die 2. Gruppe des 1. Zuges konnte sich über Fulde nach Dreikronen zurückziehen . . . Wm. Passek schoß noch eine Panzerfaust auf den angreifenden ‚Sherman' ab. Vom 2. Zug schoß Ogefr. Bartl auf einen auf der Hauptstraße fahrenden Panzer eine Panzerfaust ab. Der Panzer brannte aus. Vermißt: Ogefr. Bartl und Ogefr. Konheiser. Der Flak-Soldat Schroers hat sich bei Beginn der Gefechtstätigkeit aus Angst von der Truppe entfernt . . ." Die „Dragoons" hatten die Stellung der Flak-Infanteristen im ersten Anlauf durchbrochen und Schneeheide besetzt. Dennoch gelang es Horn, seinen 2. Zug noch einmal zu sammeln und zusammen mit den Geschützen der RAD-Batterie über Walsrode nach Norden auszuweichen.

Auf dem Walsroder Soldatenfriedhof sind fünf Gefallene beerdigt, die zu den Flak-Soldaten von Schneeheide gehört haben können. Unter ihnen auch ein damals

28jähriger Stabsgefreiter Max Barthel, dessen Namen der Oberleutnant Horn sicherlich nur gehört und nie geschrieben gesehen hat. Auch zwischen einem Ober- und Stabsgefreiten lag damals nur ein schmaler Winkel. So ist wahrscheinlich, daß der im Walsroder Lazarett verstorbene Barthel eben jener Soldat war, der den einzigen britischen Panzer im Vorfeld von Walsrode abschoß.

Die Wirkung auf den Angriffsschwung der „Desert Rats" war bemerkenswert. Die Besatzung des ausgebrannten Panzers war höchstens verletzt. Gefallene gab es nicht. Dennoch stoppte alles für einige Stunden. Der von dem Flak-Obergefreiten abgeschossene „Sherman" scheint auf allen Führungsebenen einen taktischen Schock ausgelöst zu haben. Vermutlich wurden die nachfolgenden Infanterie-Bataillone zum Säubern von Schneeheide und der angrenzenden Waldstücke eingesetzt. Eine solche Maßnahme kostete Zeit. Das war die Atempause, die Oberleutnant Horn und die Flak-Batterie 366 brauchten, um das Gefechtsfeld ohne weitere Verluste räumen zu können. Aber noch zwei andere Truppenteile haben aus diesem Umstand Nutzen gezogen, ohne davon zu wissen.

Das im Raum Bierde–Hellberg–Hodenhagen eingesetzte Marine-Feldersatzbataillon 2 hatte bisher im „toten Winkel" des britischen Angriffs gelegen. Es hatte nur einen Fähnrich und drei Mann durch die britische Luftwaffe und Artilleriefeuer verloren. Bataillonskommandeur war der Heeresoffizier Major Stoschke. Der Gefechtslärm in seiner tiefen rechten Flanke hatte ihn beunruhigt. Vielleicht hatte er auch Funkverbindung. In jedem Falle entschloß er sich mittags, nach Norden auf Walsrode zurückzugehen. Dicht hinter ihm marschierten die Reste des bei Essel geschlagenen Marine-Füsilier-Bataillons 2. Es waren bekanntermaßen ca. 80 Mann. Sie alle passierten Walsrode kurz nach Einbruch der Dunkelheit und beobachteten mehrere Brände, die die britische Artillerie verursacht hatte. An der Böhme-Brücke in der Brückstraße waren Sprengladungen angebracht. Einige sehr junge Soldaten, die keinem Truppenteil zugeordnet werden können, wollten die Sprengung durchführen. Sie konnten jedoch von einigen Anwohnern von ihrem Vorhaben abgebracht werden. So war die Böhme-Brücke in Walsrode gerettet worden. Der letzte Kampf um Walsrode begann gegen 19.00 Uhr bei Fulde. Als die „Royal Tanks" und das 1. Bataillon der „Rifle Brigade" über das offene Gelände der Schneeheide vorstießen, kam es zum Feuerkampf. Obwohl die kleine Brücke über die Fulde zur Sprengung vorbereitet war, wurde diese nicht ausgelöst. Nachdem der Oberleutnant z. S. Hendrik Hochhaus und drei Mann gefallen waren, wich der Rest seines Zuges in Richtung des Waldgeländes Große Horst aus. Unter dem Infanterieschutz des „Rifle"-Bataillons stießen die britischen Panzer nach Nordosten vor und erreichten noch vor Dunkelheit die Ortschaft Hünzingen, wo nach kurzem Feuerkampf zwei weitere Marinesoldaten fielen. Die britische Kampfgruppe hatte somit ihr Ziel erreicht und günstige Voraussetzungen für die Fortsetzung des Angriffs am nächsten Tag geschaffen. In den direkten Kampf um Walsrode brauchte sie nicht mehr einzugreifen.

Die Panzer der 8. „Hussars" standen auf dem leicht erhöhten Gelände zwischen Benzer Sunder und Reichsstraße 209. Der britische Panzersoldat Edward Ardizzone notierte später in sein Tagebuch: „19.00 Uhr: Noch immer auf dem Höhengelände vor Walsrode. Wir scheinen von Feuern umgeben zu sein, einige weit entfernt, andere näher. Auch entfernte Explosionen, als ob der Feind Brücken sprengen würde, und etwas Granatfeuer. Die Abendsonne beleuchtet diese Szene und die großen Rauchsäulen und -pilze. Um 19.30 Uhr geht es wieder vorwärts."

Soldatengräber auf dem Walsroder Friedhof

Von der Nachhut der Marinesoldaten fielen vier Mann. Acht weitere wurden tödlich verwundet, unter ihnen auch die Leutnants z.S. Strößner und Deuring. Sie verstarben wenige Tage später im Walsroder Lazarett. Noch vor den 8. „Hussars" drang das 1./5. Bataillon des „Queen's Royal Regiment" ab 20.30 Uhr über die Verdener Straße in die Stadt ein. Um 22.00 Uhr war Walsrode vollständig besetzt. Der Kampf vor der Stadt hatte letztlich ca. 20 Flak- und Marinesoldaten das Leben gekostet. Sie wurden alle auf dem Walsroder Friedhof bestattet. Von britischen Personalverlusten ist nichts bekannt.

In Fallingbostel und im Lager Oerbke befand sich ungefähr seit dem 10. April keine deutsche Truppe mehr. Trotzdem sah die Bevölkerung mit angstvoller Spannung der bevorstehenden Besetzung entgegen. Für die Kinder, die wie überall im „Jungvolk" organisiert waren, wurde es von Tag zu Tag spannender und interessanter. Der damals elfjährige Kurt Ackermann, der im Fanfarenzug die große Landsknechtstrommel schlug, erinnert sich noch heute sehr detailliert: „Unser Jungvolk-Dienst wurde lockerer, weil unsere Führer fort waren zum Panzergraben-Schippen an der Ostfront oder im Westen. . . Irgendwann hörte auch der Schulbetrieb auf. Jetzt ging es uns gut. . . Zigaretten hatten wir genug. . . Höhepunkt war, wenn der Pastor nicht in seinem Studierzimmer war, wenn wir uns den Turmschlüssel ausliehen und schnell mal von oben guckten, ob vom Engländer schon was zu sehen war, bzw. unsere Wehrmacht schon irgendwo zum Kampf aufmarschierte." Zur Enttäuschung des Fallingbosteler „Jungvolkes" marschierten nirgendwo deutsche Truppen auf. Statt dessen waren nur Soldaten auf dem Rückzug zu beobachten, die zu Fuß und abgekämpft ihre Ausrüstung in Handwagen hinter sich herzogen.

Am 13. und 14. April änderte sich die Lage. Im Gasthof „Heidekrug" wurde ein Gefechtsstand eingerichtet. Ebenfalls abgekämpfte, aber offenbar zum Widerstand entschlossene Soldaten sammelten sich dort. Es waren die Reste des SS-Bataillons 12, die am Ortsrand in Richtung Düshorn und Walsrode Schützenlöcher gruben. Dennoch wollte Hauptsturmführer Peinemann die Stadt nicht verteidigen. Er wartete vielmehr auf einen Eisenbahnzug, der sein dezimiertes Bataillon nach Hamburg bringen sollte. Bis dahin wollte er sich gegen Überraschungen sichern. Währenddessen waren auch einige Marinesoldaten angekommen, die die Böhme-Brücke zur Sprengung vorbereiteten. Aber der erwartete Zug traf auch am 15. April nicht ein. Das „Jungvolk" nutzte die Gelegenheit, sich mit den SS-Soldaten zu unterhalten: „Wir hatten sofort Kontakt, sie waren 17 und 18 Jahre alt, also fünf bis sechs Jahre älter als wir, und wir waren wütend, daß wir so jung waren und nicht auch Soldat sein konnten." Am Abend gab der Reservepolizist Kniese für Fallingbostel Alarm. Alles mußte in die Keller und durfte erst nach zwei Stunden wieder heraus. Es war ein Fehlalarm. Angeblich sollten britische Schützenpanzer in Honerdingen gesehen worden sein. Vermutlich ist das richtig, aber es waren dann wohl nur die über Walsrode hinaus vorgeschobenen Sicherungen.

Am 16. April wurde es Ernst. Die Einwohner kochten Kaffee, packten Verpflegung zusammen und zogen wiederum in die Keller. Auf dem Bahnhof standen die ersten Güterwagen. Alle SS-Soldaten, aber auch Angehörige anderer Verbände, standen zum Abfahren bereit. In diesem Moment verließ das 8. Aufklärungs-Regiment „Royal Hussars“ Walsrode und fuhr ungehindert in Richtung Fallingbostel. Dort waren bereits einige Güterwagen besetzt worden, aber es fehlte noch immer die Lok. Am Ortseingang von Fallingbostel stand eine schwache Sicherung aus Marinesoldaten. Diese eröffneten auf den ersten Spähpanzer das Feuer. Die „Hussars“ forderten aus Walsrode die 1./5. „Queen's“ als infanteristische Unterstützung an

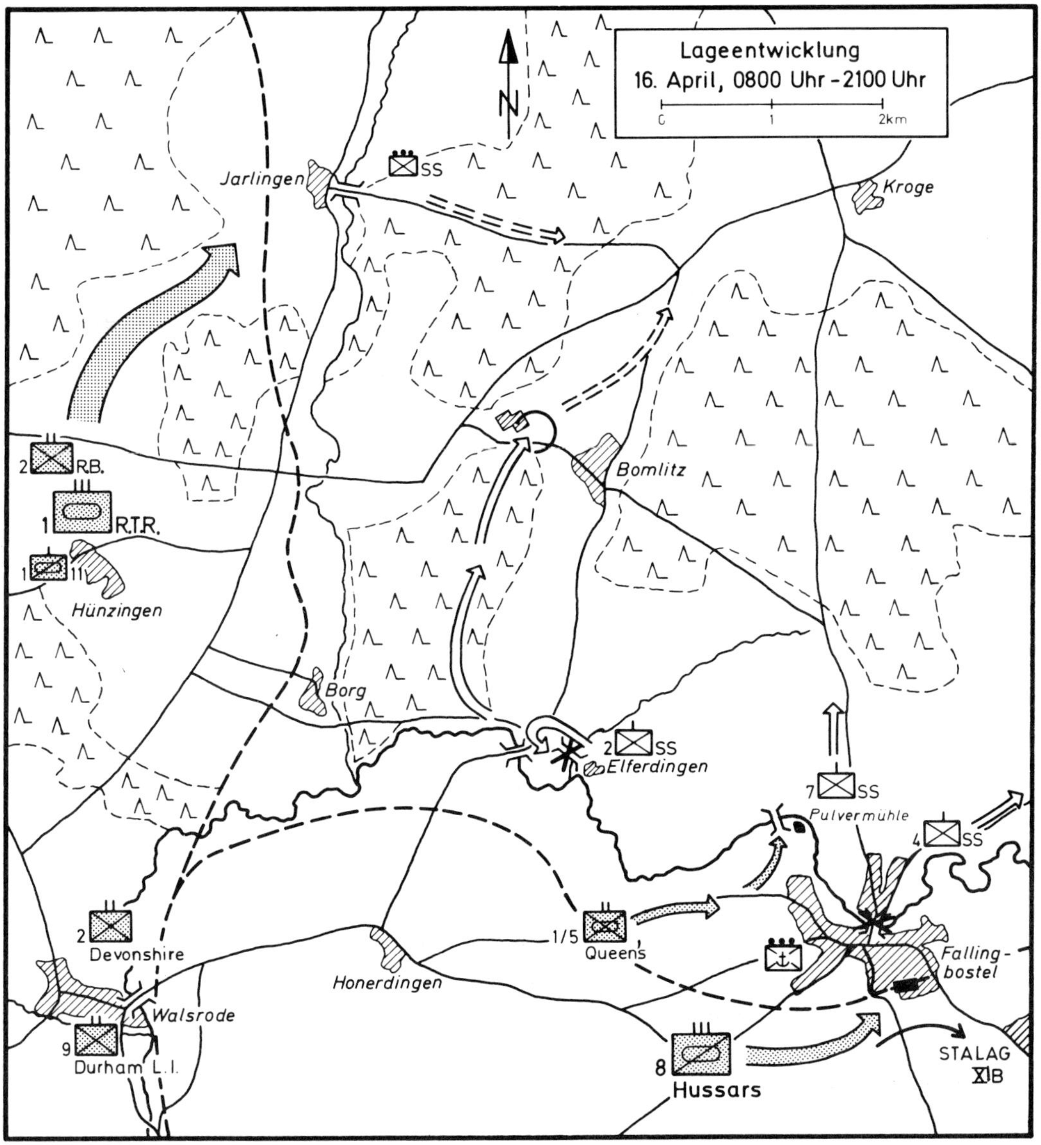

und umfuhren Fallingbostel in einem weiten Rechtsbogen. Einige Panzer drehten dann nach Norden ein und rollten Richtung Bahnhof. Untersturmführer Fries lag mit etwa 40 Mann am Bahndamm. Es kam erneut zum Feuerkampf, bei dem die Briten jedoch keine Entscheidung suchten. Inzwischen waren auf dem Bahnhof die Waggons wieder geräumt worden. Der allgemeine Befehl lautete: „Richtung Soltau!“ Gegen 08.30 Uhr erfolgte eine heftige Detonation. Die Böhme-Brücke war, vermutlich von Marinesoldaten, gesprengt worden. Die britischen Aufklärer, die sich nicht entschließen konnten, nach Fallingbostel hineinzufahren, und lieber auf die Infanterie warteten, hatten noch ein anderes Ziel: Ein Kriegsgefangenenlager, von dem sie durch entflohene Gefangene erst vor wenigen Tagen erfahren hatten. Es sollte in unmittelbarer Nähe von Fallingbostel liegen. Major Huth, stellvertretender Kommandeur des Aufklärungs-Regiments, fand das Lager als erster. Am Tor standen britische Posten, „ . . .fleckenlos in abgenutzten Gürteln und Gamaschen und gut gebügelten Uniformen.“ Im Lager befanden sich 6.500 für damalige Verhältnisse gutgenährte Briten und Amerikaner. Es hatte die offizielle Bezeichnung „Stalag XI B“. Der deutsche Kommandant übergab das Lager und seine Pistole wortlos. Kurz darauf wurde auch noch „Stalag XI D“ befreit. Hier waren weitere 3.500 Gefangene untergebracht. „XI D“ war bis 1943/44 ein rein sowjetisches Gefangenenlager gewesen, in dem mehrfach Epidemien gewütet hatten. Der große Soldatenfriedhof, der heute nur schwierig erreichbar ist, zeugt davon.

Während die „Hussars“ Zigaretten und Zeitungen verteilten, waren die „Queen's“ mit Panzerverstärkung in Fallingbostel angekommen. In das zunächst nur sporadische Gewehrfeuer mischten sich schon bald die harten Panzerabschüsse und

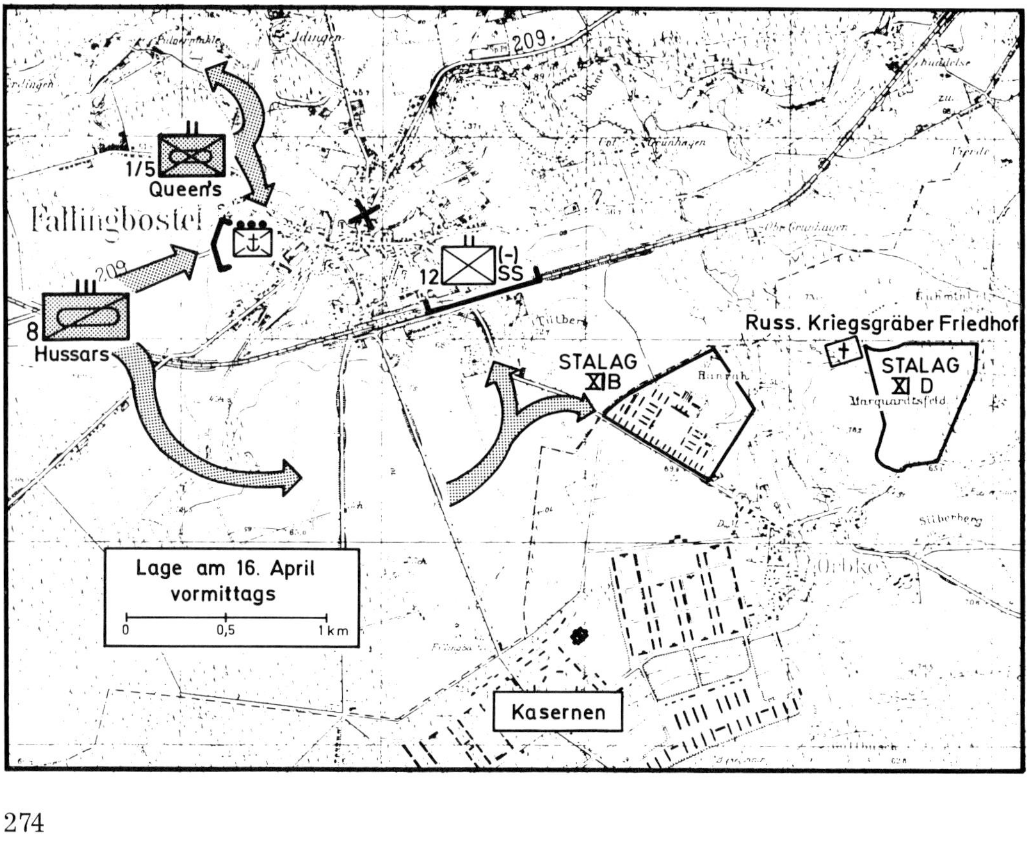

Stalag XI B, befreite Briten, 16. April (IWM)

Granateinschläge. Über der Stadt kreiste ein Beobachtungsflugzeug der Artillerie. Kurt Ackermann, der mit seiner Mutter im Keller der Post saß, berichtet: „. . .dann knallte es zweimal ganz fürchterlich, und der ganze Keller wackelte, und es staubte fürchterlich, und es roch stark nach Pulver. Die Frauen jammerten auf. Und dann wurde gesagt, das Haus hätte wohl etwas abbekommen. Tatsächlich waren auf der Frontseite im oberen Geschoß zwei Granaten eingeschlagen. Zwischendurch war auch MG-Geknattere zu hören." Mit wem sich die Briten diesen Feuerkampf lieferten, ist unklar. Nach Lage der Dinge können sich nur noch im Ausweichen begriffene SS-Soldaten und einige Marineangehörige in der Stadt befunden haben. Von diesen konnte jedoch keiner ernsthaft an Widerstand denken.

Gegen 12.00 Uhr verstummte der Gefechtslärm. Die Einwohner wagten sich wieder aus den Kellern. Filters Scheune und das Reetdach des Wildungschen Rauchhauses brannten. Während die Erwachsenen löschten und die Möbel in Sicherheit brachten, beobachtete das Fallingbosteler „Jungvolk" den Einmarsch der Briten.

„. . .links und rechts Infanterie mit Helm und Gewehr schußbereit. Das waren also die Tommys. Sie sahen ja ziemlich normal aus. Einige grienten uns sogar an und riefen uns etwas zu." Wenig später wurde Landrat Dr. Backhaus von britischen Soldaten verhaftet. An diesem Tage war in Fallingbostel ein einziger deutscher Soldat gefallen. Es war der gerade 18jährige SS-Panzer-

Soldatenfriedhof von Stalag XI D in Oerbke

Soldatengräber auf dem Gemeindefriedhof Fallingbostel

grenadier Rudolf R. Er wurde neben der Kapelle auf dem Gemeindefriedhof in der Vogteistraße beigesetzt. Außer anderen, bereits vor dem britischen Einmarsch verstorbenen Soldaten ruhen dort aber auch noch ein Hauptmann, der am 18. April vermutlich seinen Verwundungen erlegen war, und ein 19jähriger Schütze, der eine Woche später im Lager Oerbke zu Tode kam.

In Fallingbostel waren insgesamt zwölf Gebäude stark beschädigt oder völlig zerstört. Milchhändler Mahnke und Bauer Bohls waren durch feindliche Infanteriegeschosse getötet worden.

Wegen der zerstörten Böhme-Brücke suchten die 1./5. „Queen's" nach einer anderen Übergangsmöglichkeit und fanden diese bei der sogenannten Pulvermühle. Von dort fuhren sie in Richtung Elferdingen—Bomlitz. Sie folgten damit, ohne es zu wissen, den Resten der 2. Kompanie des SS-Bataillons. Fries hatte sich nämlich entschlossen, nach dem Abzug aus Fallingbostel tagsüber nur noch auf Waldwegen zu marschieren. Dafür nahmen er und seine Männer notgedrungen einige Umwege in Kauf. An der Brücke in Elferdingen trafen sie auf einen Pionierzündtrupp, der sich neugierig nach der Feindlage erkundigte. Während der Untersturmführer die Pioniere unterrichtete, waren plötzlich Ketten- und Motorengeräusche zu hören. Der Zündtruppführer wollte sofort sprengen, aber Fries winkte ab: „Erst wenn der erste Panzer auf der Brücke ist." Pioniere und SS-Grenadiere gingen hinter der kleinen Brücke, die über einen noch heute namenlosen Zufluß der Böhme führte, in Deckung. Als der erste „Bren Carrier" auf der Brücke war, detonierten die Sprengladungen.

Untersturmführer Fries erreichte wenig später Bomlitz. Auf dem Hof eines großen Fabrikgeländes ließ er seine 40 Mann antreten. Erst wollte er eine Rede halten. Er hätte viel zu sagen gehabt: Leese, Ostenholz, Fallingbostel – Tapferkeit, Ehre und Endsieg. Fries hielt diese Rede nicht. Er befahl: „Alles unter 18 vortreten! Soldbücher abgeben!" Zirka zwölf Grenadiere traten erstaunt nach vorn. Fries schrieb in ihre Soldbücher: „Entlassen. Bomlitz, 16. April 1945." Die „Entlassenen" fühlten sich ausgestoßen. Einige begehrten auf. Fries schnitt ihnen das Wort ab. „Für Euch ist der Krieg zu Ende, denn was jetzt kommt, sind endlose Strapazen bis Hamburg. Schlagt Euch nach Hause durch. Viel Glück und nun haut endlich ab!" Einige drehten sich mehrfach um und winkten, aber Fries wartete, bis der letzte verschwunden war. Dann verließ auch er mit seinen knapp 30 Grenadieren das weitläufige Fabrikgelände mit den überwachsenen Bunkern. Er wußte nicht, daß er seinen letzten Appell in einer der größten norddeutschen Munitionsfabriken abgehalten hatte. Dort waren bis zum Kriegsende monatlich 1.750 Tonnen Sprengstoffe aller Art produziert worden. In den Magazinen lagen auch damals noch 1.300 Tonnen. Die in der Nähe der Fabrik befindliche Gaststätte hieß daher mit Recht

Böhme-Brücke in Fallingbostel, Aufnahme von 1931

Britische Kriegsbrücke in Fallingbostel

„Pulverkrug". Sie heißt auch heute noch so, obwohl in der Fabrik nur noch Verpackungsmaterial hergestellt wird. Nach dem fehlgeschlagenen Umgehungsversuch bei Elferdingen bildeten die 1./5. „Queen's" in Fallingbostel einen Brückenkopf, der den „Royal Engineers" den Bau einer Kriegsbrücke erlaubte. Das war eine absolut gefahrlose Maßnahme, denn deutsche Soldaten gab es im Raum um Fallingbostel nicht mehr.

Die 1. „Royal Tanks", die in Hünzingen übernachtet hatten, wurden am Morgen durch die 1. Kompanie des 11. Panzeraufklärungs-Regiments verstärkt. Das gesamte Regiment war der 7. U.K. Panzer-Division zusätzlich unterstellt worden. Gegen 07.30 Uhr verließen die britischen Panzer Hünzingen. Jarlingen war das einzige Dorf in der näheren Umgebung, das noch von deutschen Soldaten besetzt war. Es handelte sich um eine ca. 30 Mann starke, offenbar führerlose Gruppe des SS-Bataillons 12, die erst vor wenigen Stunden angekommen war. Die SS-Grenadiere hatten einen Teil der Bevölkerung bereits bei Sonnenaufgang aus den Betten getrieben und sich eilig zur Verteidigung eingerichtet. In der Chronik „Die Geschichte unseres Dorfes" wird berichtet: „Mehrere Familien zogen zum Jarlinger Moor. Einige Familien zogen östlich der Warnau zu Wölken Busch." Herr B. berichtet über diesen Morgen: „Als die ersten Schüsse ins Dorf fielen, spannte ich in großer Eile unser Pferd vor den Wagen. Ebenso eilig hatten wir unsere Betten und einigen schnell zusammengerafften Hausrat aufgeladen. Wir öffneten die Stalltüren, um die Schweine auslaufen zu lassen. Mein Schwiegersohn, Ernst Allermann, brachte das Vieh auf die Weide." Gegen 08.00 Uhr begann der Kampf um Jarlingen mit einem entscheidenden Fehler der SS-Grenadiere: Sie eröffneten das Feuer mit ihren Gewehren auf mehr als 100 Meter. Die britischen Panzer und Aufklärer stoppten und begannen die Ortschaft mit Brandgranaten zu beschießen. Ein Gebäude nach dem anderen fing Feuer. Gegen Mittag waren es 39. Erst jetzt setzten die „Royal Tanks" ihren Vorstoß fort. Die Spähwagen der Panzeraufklärer fuhren voraus. Im brennenden Jarlingen wurden mit Panzerfäusten ein „Sherman" und ein Spähwagen abgeschossen. Dabei fielen Sergeant Atkins und ein Panzersoldat. Beide wurden in Becklingen beigesetzt. Von dem SS-Zug waren sieben Mann gefallen. Die beiden ältesten von ihnen waren 19. Einer von diesen war der in Ostpreußen geborene Fritz Pietsch. Er hatte ursprünglich einmal zum Panzer-Regiment 5 der Division „Wiking" gehört, deren letzter Panzer an diesem 16. April bei Wittingen von Jabos abgeschossen wurde. Von den anderen fünf waren einer 17, und vier 16 Jahre alt. Sie wurden auf dem Friedhof Borg beigesetzt.

Soldatengräber auf dem Friedhof Borg

Fritz Pietsch (1943 noch in RAD-Uniform) fiel am 16. April in Jarlingen.

Die Briten kamen noch am selben Tage über Ahrsen und Löverschen bis dicht vor Soltau. In den frühen Abendstunden wurde Jarlingen von britischer Infanterie besetzt. Vermutlich war es das 9. Bataillon des bisher nicht eingesetzten Regiments „Durham Light Infantry“. Frau Elli S. berichtet in der bereits zitierten Dorfchronik: „Ein Teil von diesen Soldaten übernachtete auf unserem Hof. Die Haltung der Engländer war einwandfrei. Am nächsten Tag rückten sie wieder ab, und wir haben seither keine Besatzung mehr gehabt.“ Am 16. April waren nach der Besetzung von Jarlingen die Kampfhandlungen im Raum Walsrode–Fallingbostel beendet. Dennoch ruhen neben den SS-Soldaten auf dem Friedhof in Borg sieben weitere Soldaten, die als „unbekannt“ gelten. Auch sie sollen am 16. April gefallen sein. Neben der offiziellen Kriegsgräberliste existiert in der Gemeinde Bomlitz eine „Liste der Gräber der Opfer von Krieg und Gewaltherrschaft“. Beide Listen weichen in einigen Punkten voneinander ab. Auch der Vergleich mit den Angaben auf den Grabkreuzen führt zu weiteren Unstimmigkeiten. Trotz allem ist sicher, daß mindestens vier, vermutlich aber sechs der „Unbekannten“ SS-Angehörige waren. Vielleicht auch der siebte. Wo aber sind sie gefallen?

Das 2. Bataillon des „Devonshire Regiment“ hatte alle im Raum Walsrode und Fallingbostel in Gefangenschaft geratenen deutschen Soldaten auf eine eingezäunte Weide bei Honerdingen gebracht. Viele von ihnen wurden dort sehr intensiv verhört. Unter diesen war auch ein Marinesoldat, der sich an einige Einzelheiten noch genau erinnert: „Mich verhörte man in kurzen Pausen den ganzen Tag über, schrieb vier DIN A 4-Seiten Protokoll mit der Schreibmaschine und plazierte mich schließlich in einer Ecke des Lagers in der Nähe eines MP . . .“ Etwas ärger erging es dem Unteroffizier Gerhard P., der sich zum selben Zeitpunkt im gleichen Lager befand. Er hat detaillierte Erinnerungen an das, was nach seiner Vernehmung passierte. „In Walsrode gab es für mich und 16 andere deutsche Soldaten noch ein dramatisches Zwischenspiel. Wir 17 ausgesonderte Soldaten wurden mit einem Lkw in die Verdener Straße transportiert . . . Wir mußten uns dort am damals letzten

Haus vor eine Gartenmauer stellen, die Soldbücher vor uns legen und die Erkennungsmarken heraushängen. Man erklärte uns, daß wir zur 9. Kompanie-Marine-Panzerjäger . . . gehören würden, die angeblich bei Schneeheide 17 gefangene englische Soldaten erschossen hätten. Wir sollten nun dafür als Vergeltung ebenfalls erschossen werden. Ein sich unter uns befindlicher, Englisch sprechender Feuerwerker aus der Muna konnte dem englischen Offizier anhand unserer Soldbücher nachweisen, daß keiner von uns zu dieser Marineeinheit gehörte." Unteroffizier Gerhard P. und seine Kameraden wurden darauf im Walsroder Rathaus dem britischen Kommandanten, vermutlich dem Kommandeur des 2. Bataillons „Devonshire Regiment" vorgeführt, der die Unschuld der 17 Gefangenen feststellte. Auch aus heutiger Sicht scheint der britische Vorwurf unverständlich. Es hat bekannterweise in Schneeheide keine Marine-Panzerjäger gegeben, und dort hat auch niemand britische Gefangene gemacht oder hingebracht. Der deutlichste Beweis für die Unhaltbarkeit der britischen Behauptungen sind die gültigen Gräberlisten der „War Graves Commission". Weder die 53. „Welsh Division", die im Raum um Kirchboitzen gekämpft hatte, noch die „Desert Rats", die Schneeheide besetzten, hatten an diesem 15. April 17 Gefallene. Vielmehr lagen die Gesamtverluste der 53. Division bei ungefähr 15 Mann, die der „Desert Rats" waren deutlich geringer. Damals glaubten die Briten an dieses Gerücht. Jedenfalls taten sie so.

Vernehmungsoffizier in Honerdingen, Captain Cook of Preston. (IWM)

Über Honerdingen berichtet der zitierte Marinesoldat, dem seinerzeit verboten worden war, mit irgendeinem anderen Gefangenen Kontakt aufzunehmen: „Ich sprach aber doch mit gleichaltrigen Waffen-SS-Kameraden, die mir durch ihre Nervosität auffielen und von ihren Uniformen die SS-Embleme . . . entfernt hatten. Auf meine Frage, was los sei, antworteten sie mir, die Engländer hätten irgend etwas mit ihnen vor. Später beobachtete ich, wie diese sieben Mann ohne ihre Habseligkeiten hinter einen Wald geführt wurden (Richtung Walsrode), und ich dann Schüsse hörte." Diese Beobachtungen veranlaßten den Marinesoldaten wenig später zu einem riskanten Fluchtversuch, der ihm auch gelang.

Als er nach dem Kriege den Ort des Geschehens nochmals aufsuchte, erfuhr er, „. . . daß nach dem Abzug der Engländer an der Straße nach Walsrode sieben unbekleidete männliche Leichen gelegen hätten."

Vom Kriegsgefangenenlager in Honerdingen gibt es u. a. vom 16. April ein auffälliges Foto. Es wurde von Sergeant Smith aufgenommen und trägt die Unterschrift: „SS-Männer von heute, gefangengenommen in der Nähe von Fallingbostel, im Alter von 15 bis 18 Jahren." Das Foto ist ungewöhnlich. Die jungen Gefangenen tragen keine SS-Embleme. Sie haben keinerlei militärische Grundausstattung. Kein Koppel, keine Kopfbedeckung. Das Foto zeigt allerdings nur sechs SS-Soldaten, aber es wirkt auch „abgeschnitten"; vor allem am rechten Rand. Außerdem stehen sie in Linie. Es gibt unter allen Fotos des „Imperial War Museum" kein ähnliches von gefangenen deutschen Soldaten. Die Fotografierten wurden schließlich „in der Nähe" von Fallingbostel und nicht in Fallingbostel gefangengenommen. Außerhalb von Fallingbostel gab es nur den Zug in Jarlingen und den Rest der 2. Kompanie unter Führung von Untersturmführer Fries. Über Gefangene in Jarlingen berichtet jedoch die sehr ausführliche Chronik der 11. „Hussars" nicht. Die Gefangenen können somit nur zur Kompanie–Fries gehört haben, deren Jüngste auf dem Fabrikhof in Bomlitz entlassen worden und somit formal keine Soldaten mehr waren.

In der Nähe von Honerdingen gibt es zwei Soldatenfriedhöfe. Der eine liegt in Walsrode, der andere in Borg. Auf dem Walsroder Friedhof sind jedoch nur zwei Soldaten beigesetzt, die am 16. bzw. 17. April starben. Dagegen ruhen auf dem Friedhof in Borg sieben Unbekannte, deren Todesdatum der 16. April gewesen sein soll. Ob es aber der 16. oder der 17. April war, an dem sie starben, muß wohl offen bleiben, denn sie wurden erst am 18. April 1945 gefunden, – die sieben männlichen Leichen von Honerdingen.

„. . . gefangengenommen in der Nähe von Fallingbostel . . ." (IWM)

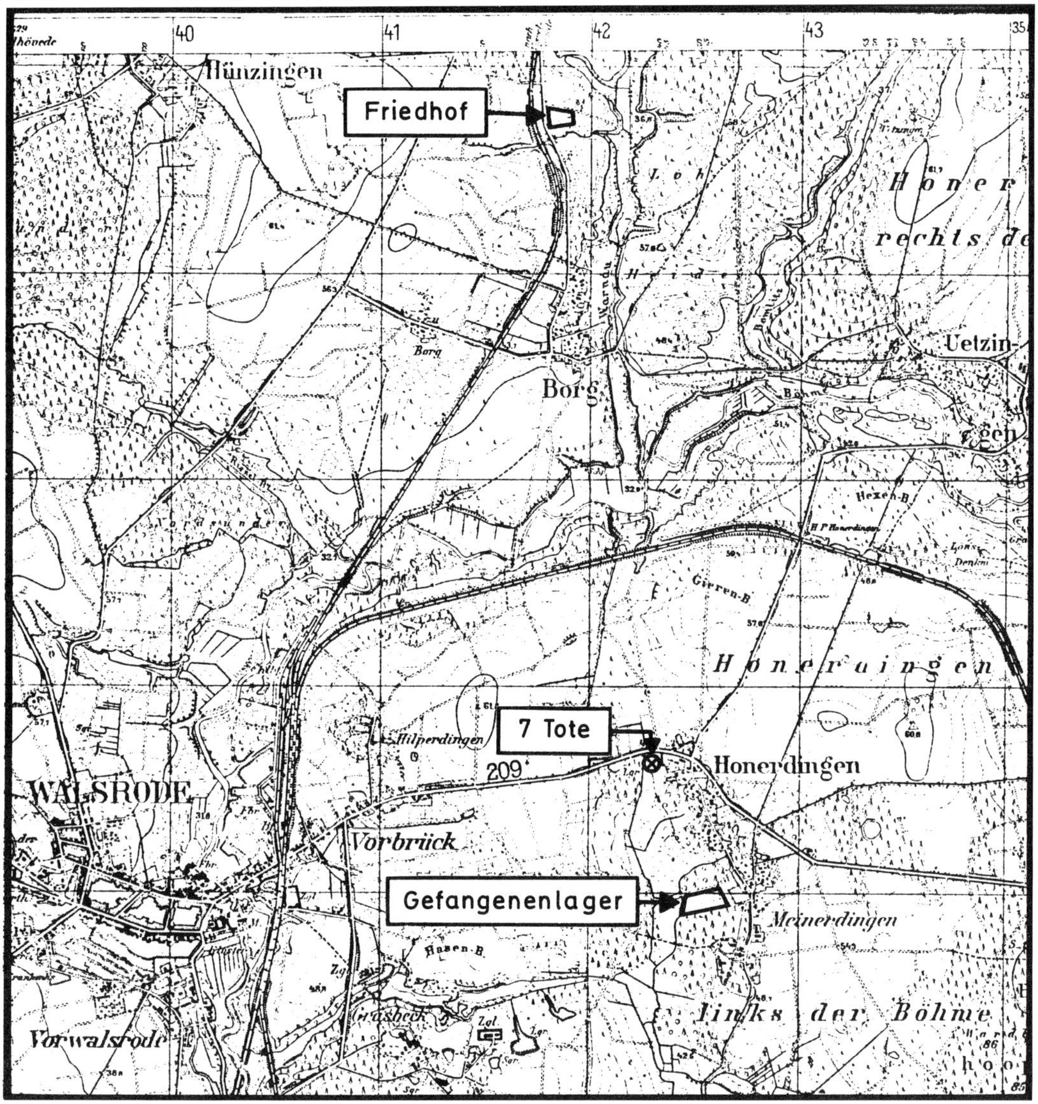
Friedhof
7 Tote
Gefangenenlager
Hünzingen
Borg
Uetzingen
WALSRODE
Vorbrück
Hilperdingen
Honerdingen
Meinerdingen
Vorwalsrode
209
40
41
42
43

Verden – Festung ohne Verteidiger

Stadtkommandant Rittmeister Heinz Lindhorst

Der Brückenkopf, den die 158. Brigade unter Einschluß von Otersen, Wittlohe und Stemmen bis zum 13. April gebildet hatte, war die Voraussetzung für den britischen Angriff auf Altenwahlingen gewesen. Er eröffnete jedoch ebenfalls die Möglichkeit für einen Angriff auf Verden. Hierzu war zwar ein Vorstoß bis in den Raum Kirchlinteln erforderlich, aber dafür konnte die Stadt angegriffen werden, ohne daß ein erneuter Aller-Übergang notwendig wurde. Von deutscher Seite wurde die Lage offensichtlich ähnlich beurteilt.

Um der vermuteten britischen Absicht zuvorzukommen, wurden in der Nacht vom 13. auf den 14. April Gegenangriffe auf den Brückenkopf befohlen. Neben dem schon erwähnten Artillerie-Regiment 22 stand hierzu nur noch eine Pionier-Kompanie zur Verfügung, die vermutlich in Verden stationiert war und von einem Oberfähnrich geführt wurde.

Der britische Brückenkopf war reichlich überdehnt, denn er wurde am 13. abends nur durch das 7. Bataillon der „Royal Welsh Fusiliers" und eine Kompanie des Aufklärungs-Regiments gesichert. Mit deutschen Gegenmaßnahmen rechnete man auf britischer Seite offenbar nicht mehr.

Der Kampf begann in Stemmen und Wittlohe fast gleichzeitig um 22.30 Uhr. Einwohner von Stemmen erinnerten sich: „Die Nacht wurde durch Feuer erhellt. Deutsche Truppen stießen in das besetzte Stemmen hinein. Die Engländer sind nicht gewichen. Drei weitere Gehöfte in Stemmen brannten. Keine Front zu erkennen. Bei Witwe Winkelmann, Stemmen Nr. 3, waren oben im Haus die Deutschen, unten die Engländer. Die Bevölkerung floh." Fünf deutsche Pioniere, darunter ein Feldwebel und zwei Unteroffiziere, fielen.

Der Angriff auf Wittlohe wurde von einer Kompanie des Artillerie-Ausbildungs-Regiments 22 geführt. Der Kompaniechef, Oberleutnant Herbert Müller, kam bis zur Gaststätte Rhode. Dort fiel er. Mit ihm sieben weitere Soldaten seiner Kompanie. Der jüngste war der gerade 17jährige Siegfried Schmidt aus Riga.

Generalleutnant Ritchie, Kommandierender General des XII. U.K. Korps

Die britische Divisions-Geschichte beschreibt diese Gefechtshandlungen: „Um ungefähr 22.30 Uhr des 13. April führte der Feind in etwa Bataillonsstärke einen Gegenangriff gegen die 158. Brigade. Der Angriff traf vorwiegend die C-Kompanie des Aufklärungs-Bataillons und die 7. R.W.F. und wurde nach scharfem, etwas verworrenem Kampf zurückgeworfen." Die Briten hatten hierbei 14 Mann verloren. Von den 13 gefallenen Deutschen wurden zwölf in Otersen beigesetzt. Nur Kompaniechef Oberleutnant Müller wurde auf den Friedhof seiner Heimatstadt Verden überführt.

Während des 14. April entstand der weitere Operationsplan des Kommandierenden Generals des XII. U.K. Korps, Generalleutnant Ritchie. Dieser war

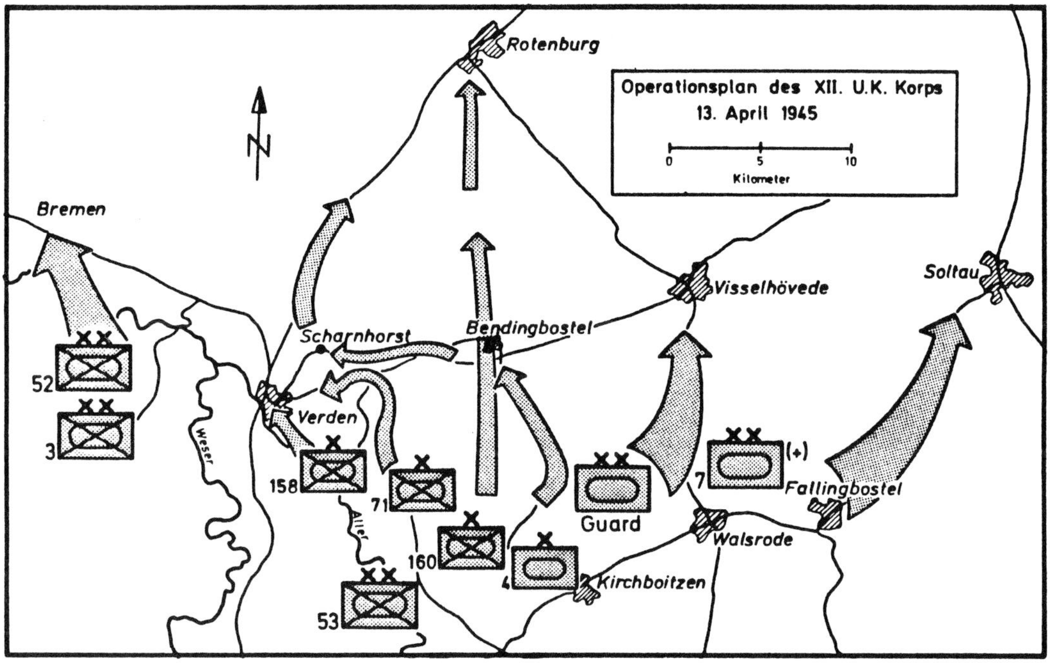

ganz sicher entschlossen, den Einbruch in die „Aller-Linie" mit allen Kräften zum Durchbruch auszuweiten. Die erforderlichen Kräfte standen ihm zur Verfügung. Er brauchte nur die Angriffsziele zu verteilen. Seine 7. Panzer-Division sollte Soltau nehmen. Die ihm zusätzlich unterstellte Garde-Panzer-Division setzte er auf Visselhövede an. Die 53. „Welsh Division" sollte zunächst Verden nehmen und dann auf Rotenburg/Wümme angreifen. Seine 52. Division hatte zusammen mit der 3. Division die Hansestadt Bremen von Osten zu nehmen. Diesem komfortablen Operationsplan standen zwischen Verden und Soltau nur die bereits halbierte 2. Marine-Infanterie-Division sowie einige schlecht ausgerüstete Alarmeinheiten gegenüber. Warum allerdings die kampfstarke 4. Panzer-Brigade in einem Zickzack-Marsch das Dörfchen Scharnhorst nehmen sollte, bleibt wohl für immer das Geheimnis von Generalleutnant Ritchie. Vordergründig kann jedoch vermutet werden, daß der Ortsname ihn irritierte. Scharnhorst war schließlich nicht irgend jemand gewesen, sondern einer der bedeutensten deutschen Soldaten; vor fast 150 Jahren.

Der deutsche Oberbefehlshaber, Generalfeldmarschall Busch, hatte bereits am Vortage die angeschlagene Marine-Division dem Korps-Ems, und damit General der Infanterie Siegfried Rasp unterstellt. Der Infanteriegeneral reagierte sofort. In seinem Korps-Befehl Nr. 7 vom 14. 4. '45 ordnete er an: „Gen. Kdo. Ems A.K. verteidigt die Weserfront wie bisher, übernimmt am 14. 4. 45, 24.00 Uhr, den Befehl im Abschnitt der 2. Mar.-Inf.-Div. mit unterstellter Kampfgruppe-Grosan und stützt 2. Mar.-Inf.-Div. in ihrem Abwehrkampf durch Zuführung von Kräften der Korps-Reserve." Die versprochene Korps-Reserve sollte aus drei Regimentern bestehen. Eines davon war vermutlich das Artillerie-Regiment 22, das sich bereits seit zwei Tagen im Kampf südostwärts Verden befand. Als neue Ostgrenze seines Korps befahl Rasp „Celle (einschl.) –". Die Stadt war bereits seit dem 12. April von den Briten besetzt worden.

Was am 14. April tatsächlich zählte, war der Einsatz des Artillerie-Regiments 22. Sein nächster Gegner war die 71. Brigade, die aus Altenwahlingen zurückgeholt worden war. Sie sollte Verden auf kürzestem Wege einnehmen. Die Briten gingen auf zwei Straßen vor. Neddenaverbergen war bereits am Vortage heftig beschossen worden. Drei Wohnhäuser und zwei Scheunen waren abgebrannt. Es konnte kampflos besetzt werden. Ebenso war es mit Armsen. Nach einigem Artilleriebeschuß zogen die Briten ein. Zwei Häuser waren zerstört worden. Als das 1. Bataillon der „Ox and Bucks“ die Ortschaft in Richtung Weitzmühlen verlassen hatte, begann ein deutscher Gegenangriff in Kompaniestärke. Oberleutnant Lange war dabeigewesen: „Der Gegenstoß trieb die Tommys mehrere Kilometer zurück. Leider nutzte uns dieser Erfolg nicht viel; am späten Nachmittag kam der Tommy mit Flammenpanzern, einer für mich vollkommen neuen Kriegsmaschine, und warf uns damit aus dem Dorf hinaus.“

Zwei Kilometer südwestlich stand die zweite Angriffsgruppe der 71. Brigade vor Hohenaverbergen. Die Ortschaft sollte durch die Kompanie des Marine-Grenadier-Regiments 7 verteidigt werden. Die Kompanie war durch ca. einen Zug des Artillerie-Regiments 22 sowie durch einige Luftwaffensoldaten, für die es keine Flugzeuge mehr gab, verstärkt worden. Der Kompaniechef, Oberleutnant z.S. Hermann Gallhoff, hatte die Bevölkerung mit nassen Tüchern in die Allerwiesen geschickt. Kurz darauf setzte das übliche Vorbereitungsfeuer ein. Es dauerte bis gegen 17.00 Uhr. Dann rollten die britischen Panzer ins Dorf. Der erste wurde vor Dreyers Hofeinfahrt mit einer Panzerfaust abgeschossen. Dann begann ein Häuserkampf, für den es keine Augenzeugen mehr gibt. Als der Gefechtslärm verstummt war, kehrte die Bevölkerung vorsichtig und ängstlich zurück. Elf Häuser und mehrere Scheunen waren niedergebrannt. Fünf Zivilpersonen, die den Ort trotz allem nicht hatten verlassen wollen, waren getötet worden. Drei Artilleristen, sechs Flieger sowie ein Leutnant z.S. mit 14 Marinesoldaten waren gefallen.

Kompaniechef Gallhoff hatte sich mit den Überlebenden nach Luttum zurückgezogen. Die Briten stießen unverzüglich nach. Oberleutnant z.S. Gallhoff fiel in dem Waldstück südlich Luttum. Im Dorf selbst fielen ein Marinefähnrich, ein Artillerist und ein Matrose. Die insgesamt 28 Soldaten wurden mit anderen Kriegsopfern auf dem Friedhof in Hohenaverbergen beigesetzt.

Am Abend des 14. April war der Weg für die Briten nach Verden frei. Sie hätten mit zwei Bataillonen ungehindert über Eitze in die Stadt einmarschieren können, denn das nunmehr stark dezimierte Artillerie-Regiment 22 lag wirkungslos zwischen Borstel und Weitzmühlen. Aber der Kommandeur der 71. Infanterie-Brigade, Brigadier Elrington, wollte offenbar nicht mit zwei Bataillonen, sondern mit allen Teilen gleichzeitig in die Stadt einrücken. Außerdem machte ihm am Abend des 14. April sein rechter Flügel Sorgen. Ausgerechnet der Angriff sei-

Friedhof Hohenaverbergen

ner kampfstärksten Teile war liegengeblieben. Das 1. Bataillon der „Ox and Bucks“ war trotz der Panzer des „Royal Tank Regiment“ zurückgeworfen worden, als es versucht hatte, durch das Waldgelände südlich von Weitzmühlen vorzustoßen. Der nächste Angriff erfolgte um 21.30 Uhr. Auch er wurde abgewiesen. An den Waldrändern südlich Weitzmühlen hatte sich die 4. Kompanie des 1. Bataillons, Marine-Grenadier-Regiment 7 eingegraben. Die ca. 100 U-Boot-Soldaten waren

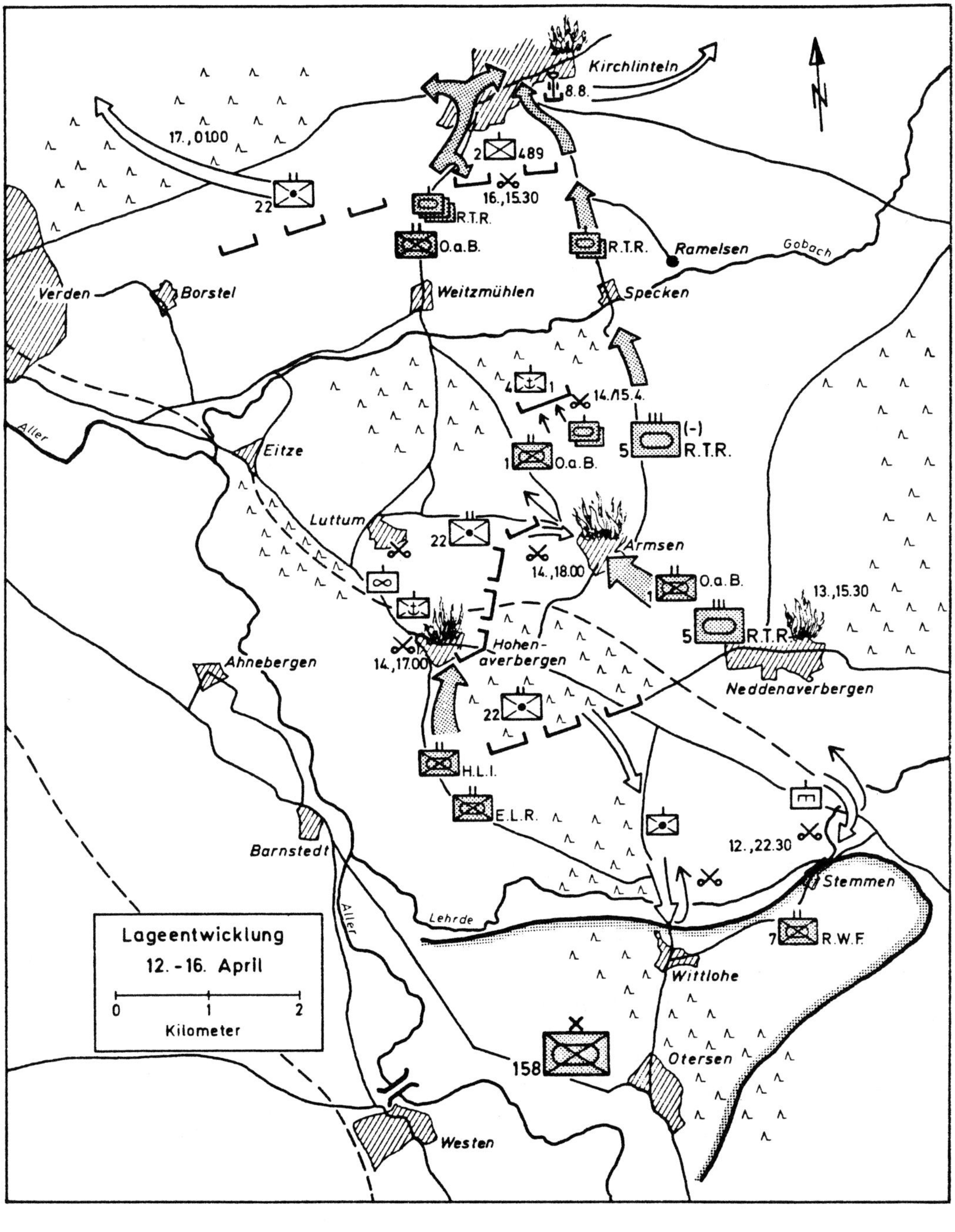

Waldbrände südostwärts Verden (IWM)

mit Gewehren und Panzerfäusten ausgerüstet. Sie wurden von einem jungen Oberleutnant z.S. geführt. Nach dem zweiten abgewiesenen Angriff waren die deutschen Ausfälle erheblich. Zahlreiche Verwundete mußten Richtung Weitzmühlen abtransportiert werden. Einer der Überlebenden, der Obergefreite Walter Neu, beschrieb die Situation: „Im Vorfeld des Waldes lagen aber auch verwundete Engländer. Wir hörten ihr ‚Sany-Boy'-Schreie, getrauten uns aber nicht aus den Stellungen, um ihnen Hilfe zu leisten. Nach und nach wurde es ruhiger, so daß wir annehmen konnten, daß sie von ihren Kameraden oder Sanitätern geholt worden waren." Am nächsten Morgen lagen zunächst Granatwerferfeuer und Panzerbeschuß auf den Stellungen der stark dezimierten Marine-Kompanie. Um 08.15 Uhr begann der dritte Angriff. Der Oberleutnant, der mit der Panzerfaust einen „Sherman" anvisierte, fiel durch Kopfschuß. Die Marine-Kompanie bestand nur noch aus 20 kampffähigen Soldaten. Nach einer knappen Stunde nebelten sich die britischen Panzer ein und fuhren hinter die Bergkuppe zurück. Auch der dritte Angriff war damit abgewiesen. Gegen 11.00 Uhr wurde den Marinesoldaten befohlen, sich zurückzuziehen. Sie gingen zunächst bis Weitzmühlen und baten die Bewohner um etwas Verpflegung. Walter Neu: „Sie waren sehr freizügig, baten uns aber, das Dorf zu verlassen, um weitere Beschußschäden durch die Engländer zu vermeiden."

Obergefreiter Walter Neu kämpfte bei Weitzmühlen.

Die Reste des 1. Bataillons, Marine-Grenadier-Regiment 7 sammelten sich in Kirchlinteln. Es waren nicht mehr als 250 Mann. Sie zogen sich innerhalb der nächsten Tage bis in den Raum Wittorf zurück. Sie wollten dort die Verbindung zum Marine-Grenadier-Regiment 5 herstellen. Die Gefallenen der U-Boot-Kompanie wurden in Kirchlinteln beerdigt. Die britische Chronik schließt das Kapitel Weitzmühlen sehr eigenwillig: „Neue Vorbereitungen. Um 13.00 Uhr überrannte die D-Kompanie, von vielen Panzern und hinzugezogenen Flammenwerfern unterstützt, schließlich den Wald und stand vor Weitzmühlen.“ Einmarschiert sind die Briten jedoch nicht. Sie belegten den Ort mit Artillerie, weil sie nicht glauben konnten, daß er nicht verteidigt wurde. Als das Feuer tatsächlich unbeantwortet blieb, marschierten sie gegen 18.15 Uhr ein. Voraussetzung für den geplanten Flankenangriff auf Verden war nun lediglich noch die Besetzung von Kirchlinteln. Sie sollte am nächten Tag, am Montag, dem 16. April, erfolgen.

Für die unmittelbare Verteidigung von Kirchlinteln standen nur die jüngsten und unerfahrensten Soldaten zur Verfügung, die es am Ende des Krieges in Norddeutschland gab. Sie stammten aus Ausbildungs- und Ersatzregimentern, die zumeist ihre Ausbildung noch nicht einmal teilweise abgeschlossen hatten. Daß sie von erfahrenen Offizieren geführt wurden, konnte diesen Mangel nicht ausgleichen. Südlich von Kirchlinteln war die 2. Kompanie des Infanterie-Ausbildungs- und Ersatzbataillons 489 in Stellung gegangen. Vielleicht war auch noch eine andere Kompanie desselben Bataillons im Einsatz. Auf jeden Fall lagen die dünnen deutschen Stellungen zwischen der Straße von Weitzmühlen und dem Feldweg von Specken. Einen linken Nachbarn hatten die jungen Infanteristen nicht. Rechts von ihnen lagen die Stellungen des Artillerie-Regiments 22; aber die waren weit entfernt. Verbindung zu ihnen gab es nicht. Am Südostrand von Kirchlinteln standen zwei gut getarnte 8.8 cm Geschütze.

Der erste britische Vorstoß am Morgen des 16. April erfolgte mit den Panzern der „Royal Tanks“ entlang des Weges von Specken. An der Wegegabel nach Ramelsen wurde der erste „Sherman“ mit einer Panzerfaust aus einem Gebüsch heraus abgeschossen. Das war ungefähr in Höhe der deutschen Infanteriestellungen. Der britische Vorstoß stoppte. Der Hauptangriff erfolgte jedoch aus Richtung Weitzmühlen. Nach kurzem Vorbereitungsfeuer der Artillerie rollten die „Oxfordshire and Bukkinghamshire“ nach Norden. Sie wurden durch drei Kompanien der „Royal Tanks“ verstärkt. Über Kirchlinteln jagten „Typhoon“-Jäger dahin und suchten Ziele. Sie fanden keine, denn die beiden 8.8 cm Geschütze waren aus unerklärlichen Gründen abgerückt. Andere schwere Waffen hatte es aber in der Ortschaft nicht gegeben. Die Straße Weitzmühlen-Kirchlinteln war von keinerlei Truppe gesichert. Die Briten fuhren an den deutschen Stellungen ungehindert vorbei und griffen von hinten an. Die dann folgenden Einzelgefechte waren wegen ihrer Ungleichheit besonders schaurig.

Ein Offizier, der den Kampf überlebt hat, schrieb später in einem Beileidsbrief an die Mutter eines der jungen Gefallenen: „Gegen Mittag, um 13.30 Uhr fing das Trommel-

Deutsche Kriegsgefangene im Raum Verden (IWM)

feuer der feindlichen Artillerie an; es war unheimlich. Dann kamen Panzer, etwa 30 Stück. Es brannte überall durch Flammenwerfer. Als ich aus dem Loch sah, waren uns schon einige Panzer im Rücken, die auf uns schossen. Neben mir, wo Ihr Sohn und Stelljes im Loch waren, war es ruhig, nichts zu sehen und zu hören! ... Ich kroch aus meinem Loch, um nach den beiden zu sehen. Beide saßen dort still und rührten sich nicht. Ihr Junge hatte einen Kopf- und Brustschuß durch Maschinengewehr. Die beiden haben, als die Panzer von hinten kamen, vermutlich aus dem Loch gesehen und dem Feind ein gutes Ziel geboten." Der Kampf um Kirchlinteln war um 15.30 Uhr beendet. Die 14, meist sehr jungen Gefallenen wurden auf dem örtlichen Friedhof zur letzten Ruhe gebettet.

Parallel zu dem Angriff auf Kirchlinteln war die 4. Panzer-Brigade bereits seit dem 16. April auf Bendingbostel vorgestoßen. Zu Kampfhandlungen kam es hierbei zunächst nicht. Trotzdem liegt an der britischen Vormarschstraße ein einzelnes deutsches Soldatengrab. Es befindet sich auf dem Gemeindefriedhof in Hamwiede und birgt einen unbekannten Deutschen. Dieser hatte vermutlich zum Marine-Grenadier-Regiment 5 gehört und war hier seinen Verwundungen erlegen. Sein Grab wird von der Gemeinde vorbildlich gepflegt.

Auf deutschen Widerstand stieß die Panzer-Brigade erst vier Kilometer weiter nördlich bei Großheins. Eine vorgeschobene deutsche Sicherung verlor zwei Mann. Dann standen die Briten vor Bendingbostel.

Einige Einzelheiten über den Verlauf der Kampfhandlungen beschrieb der dort ansässige Lehrer Johann Wülber. Dieser hatte am 1. Weltkrieg teilgenommen und bis 1940 auch am 2. Als am 16. April der Gefechtsstand des Infanterie-Bataillons 65 in seiner Schule eingerichtet wurde, ahnte er, was passieren mußte. Verhindern konnte er es nicht. Das Bataillon, das aus jungen, nur sehr flüchtig ausgebildeten Soldaten bestand, ging entlang der Verdener Straße in Stellung. Der linke Nachbar war eine Kompanie des Marine-Grenadier-Regiments 7. Rechts lagen Teile des Infanterie-Ersatzbataillons 489. Die Deutschen, die auch hier nur über Handfeuerwaffen verfügten, wurden lediglich durch ein einzelnes 8.8 Flak-Geschütz unterstützt. Dieses stand an dem kleinen Waldstück südlich von Bendingbostel. Der britische Angriff begann mit mehreren Feuerschlägen, die auf den deutschen Stellungen an der Straße Jeddingen–Verden lagen. Nach geraumer Zeit wurde es in die Tiefe, auf die Ortschaften Bendingbostel und Schafwinkel verlegt. Zum selben

Soldatengräber auf dem Friedhof Kirchlinteln

Soldatengrab auf dem Gemeindefriedhof Hamwiede

Zeitpunkt traten das 44. „Royal Tank Regiment“ und das 6. Bataillon der „Royal Welsh Fusiliers“ in zwei Angriffsgruppen an. Die deutschen Soldaten hatten ihre Stellungen an der Straße aufgeben und bis zum Waldstück zurückgehen müssen. Dort war das Flak-Geschütz durch Artillerietreffer ausgefallen, ohne in die Kampfhandlungen eingegriffen zu haben. Durch Einsatz der Reserve-Kompanie wollte das Grenadier-Bataillon 65 seine Stellungen an der Straße zurückgewinnen. Hier waren jedoch mehrere Panzer aufgefahren, die in breiter Feuerfront Bendingbostel und das Waldstück beschossen. Die jungen Grenadiere, die dagegen machtlos waren, setzten sich nach Großsehlingen ab. Viele waren verwundet; 14 waren gefallen. Am Nachmittag rückten die Briten in Bendingbostel ein.

In Schafwinkel, auf dem kein Artilleriefeuer gelegen hatte, war nur ein Soldat gefallen. Dennoch ging die Marine-Kompanie, die nunmehr auch in der rechten Flanke bedroht war, auf Odeweg zurück. Hierbei geriet sie in Artilleriefeuer, das vermutlich von Bendingbostel aus geleitet wurde. Weitere sechs Marinesoldaten fielen. Die britische Panzer-Brigade stellte ihren Angriff ein und besetzte Odeweg und Schafwinkel erst am nächsten Morgen. Zu Kampfhandlungen ist es hierbei nicht mehr gekommen. Anschließend wurde der Angriff in westliche Richtung fortgesetzt. In Großsehlingen fielen nochmals vier Soldaten des Grenadier-Bataillons 65. Das Infanterie-Ersatzbataillon 489 hatte in Brunsbrock sechs Gefallene und in Kreepen sieben.

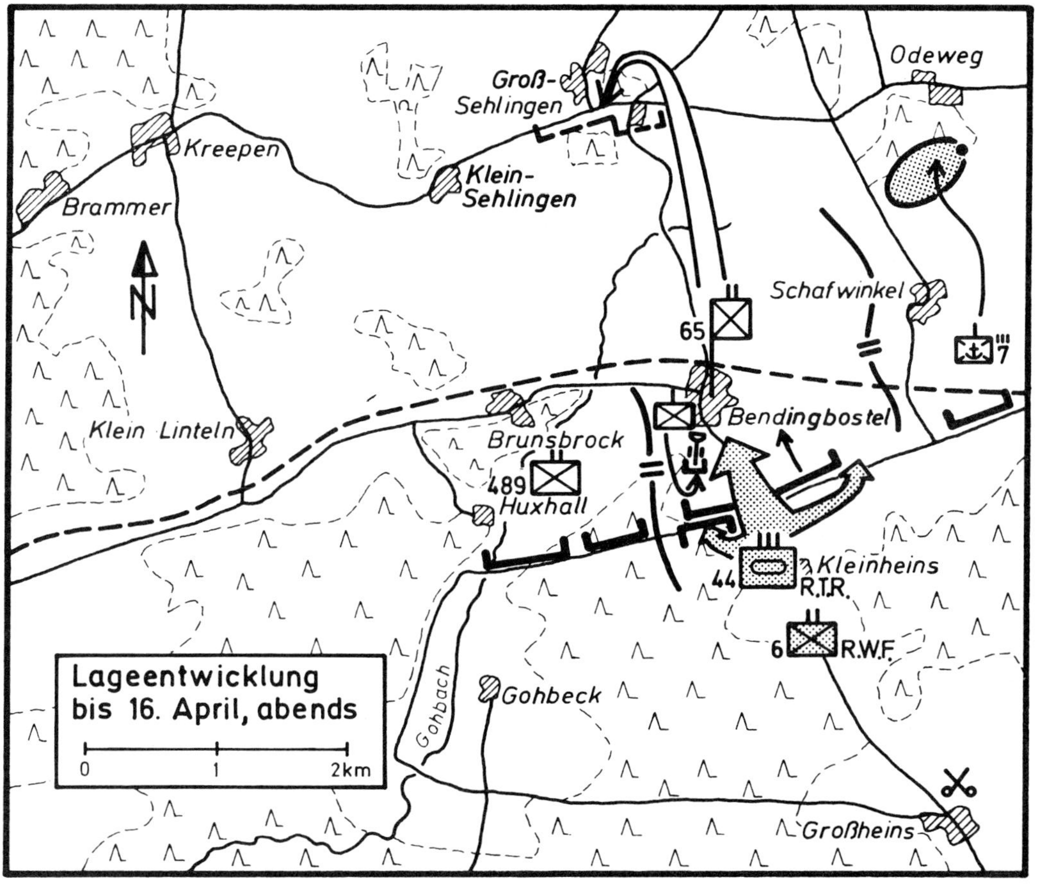

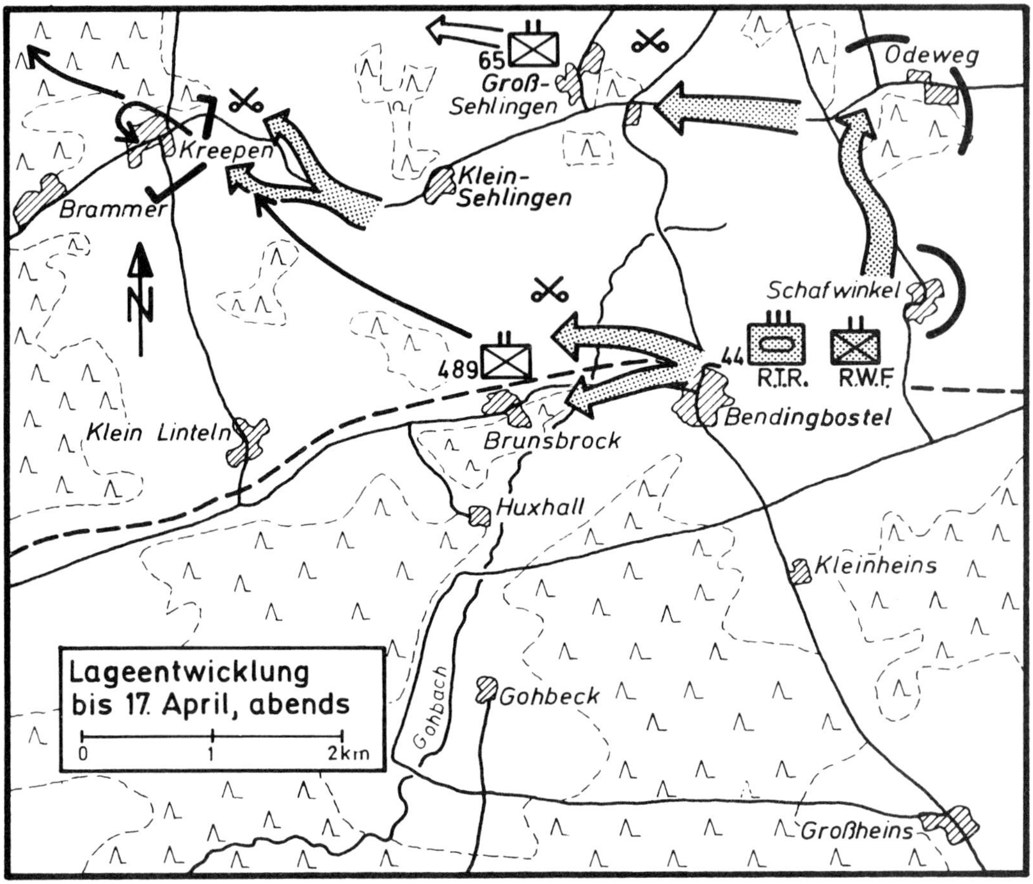

Über Brammer konnte die 4. Panzer-Brigade ihr Angriffsziel Scharnhorst noch am Abend des 17. April ohne weiteren Widerstand nehmen. Die deutschen Soldaten, die während der letzten beiden Tage gefallen waren, wurden auf der sehr eindrucksvollen Kriegsgräberstätte in Bendingbostel bestattet. Bereits nach der Besetzung von Kirchlinteln stand dem Vorstoß der 53. „Welsh Division" auf Verden nichts mehr im Wege. Von direkten Kriegseinwirkungen war die Stadt jedoch bereits vor drei Tagen getroffen worden. Zunächst hatten eigene Pioniere die

Kriegsgräberstätte in Bendingbostel

beiden Aller-Brücken zerstört. Die Detonation der fünf Tonnen Sprengstoff an der Nordbrücke hatte fast alle Häuser der Altstadt beschädigt. Noch am selben Tage war ein Tieffliegerangriff erfolgt, der eine Frau und zwei Kinder schwer verletzt hatte. Am 14. April schoß erstmalig die britische Artillerie in die Stadt. Die meisten Schäden entstanden in der Sedan- und Münchmeyer Straße, am Andreaswall und in der Stifthofstraße. Am Nachmittag traf ein Jagdbomberangriff vor allem die Südstadt. Unglücklicherweise löschte die Feuerwehr bereits einen Brand in Cluventhal, als die letzten beiden Bomben zwischen drei Löschzügen detonierten. Elf Feuerwehrleute wurden tödlich verletzt. So hatte der 14. April in Verden 40 Menschenleben gefordert. Aber das Schlimmste, die eigentliche Verteidigung der Stadt, stand noch bevor.

Die gesprengte Nordbrücke wurde später durch britisches „Bailey"-Gerät wieder passierbar gemacht.

Obwohl diese nach damaliger Rechtslage verbindlich befohlen war, wurde im Rathaus darüber diskutiert. Abschließend erklärte jedoch Landrat Dr. Weber, daß Verden als strategisch wichtiger Punkt verteidigt werden müsse. Geglaubt hat er hieran selbst nicht, wie er einen guten Freund bereits Tage zuvor hatte wissen lassen. Daß er es offiziell sagte, war seines Amtes und hatte keine nachteiligen Folgen. Landrat Dr. Weber war vielleicht die tragischste Persönlichkeit in Verden. Im April 1945 stand er ständig im Widerstreit zwischen eigener Einsicht und Parteimeinung. Vielen Menschen in Deutschland ist es ähnlich gegangen. Für Dr. Weber war der Konflikt nicht lösbar. Am 15. April, gegen Mittag erklärte er einem ihm sehr vertrauten Beamten: „Es ist aus mit Deutschland und mit mir." Zwei Stunden später wurden der Landrat und seine Frau im Keller des Landratsamtes gefunden. Sie hatten sich offenbar mit Jagdwaffen erschossen. Dr. Weber trug das goldene Parteiabzeichen am Rock.

Kampfkommandant von Verden war der Ritterkreuzträger und Kommandeur des Marine-Grenadier-Regiments 7, Kapitän z. S. Karl Neitzel. In seinem letzten Aufruf an die Verdener Bevölkerung hieß es: „Als der für die Verteidigung der Stadt verantwortliche Kampfkommandant habe ich befohlen, daß alle Kräfte, gleichgültig ob Männer, Frauen und Jugendliche, für den Bau von Panzersperren eingesetzt werden . . ." In der Verdener Zeitung vom 14./15. April forderte der zuständige Kreisleiter: „Ich erwarte daher aber auch, daß die Bevölkerung alles tut, den militärischen Notwendigkeiten Rechnung zu tragen und z. B. auch an dem Sperrenbau alle verfügbaren Kräfte einzusetzen, damit es uns gelingt, den Feind so lange als möglich aufzuhalten . . . Wir sind und bleiben eine unauflösbare Gemeinschaft. Sieg Heil! – Brändel, Kreisleiter –."

An diesen, wie an vorangegangenen Aufrufen fällt auf, daß vorrangig die Bürger zum Bau von Sperren aufgefordert wurden. Die Verdener taten sich damit wohl etwas schwer. Durchhalte-Parolen der billigen Art fehlten. Vom Endsieg redeten weder Neitzel noch Brändel. Die höchste Forderung war: „. . . den Feind so lange als möglich aufzuhalten.“ Neben dem Kampfkommandanten und dem Kreisleiter spielte noch ein dritter Mann in Verden eine wichtige Rolle. Es war der dem Kampfkommandanten direkt unterstellte Stadtkommandant Rittmeister Heinz Lindhorst. Dieser war im Februar 1944 im Kessel von Tsherkassy schwer verwundet worden und schließlich als nicht mehr verwendungsfähig im Lazarett Verden angekommen. Dort erhielt er jedoch Anfang April den Befehl, sich umgehend bei Kapitän z.S. Neitzel zu melden, der ihn als Stadtkommandanten einsetzte.

Kurz nach Amtsübernahme erhielt er einen dringenden Anruf aus Dörverden. Der Anrufer war Amtmann Rudolf Lindhorst, der Onkel des Verdener Stadtkommandanten und Kommandeur eines der beiden Volkssturm-Bataillone. Dieser meldete, daß er sich mit seinen Männern in Dörverden befände, wo gerade ein Sprengtrupp erschienen sei, der das E-Werk zerstören wolle. Der Rittmeister „befahl“ seinem Onkel, mit den Pionieren zu reden, und schloß: „. . . laßt sie nicht an das E-Werk heran.“ So bildete der Verdener Volkssturm einen Sicherungsring um das E-Werk und wartete, bis der Sprengtrupp unverrichteter Dinge abgezogen war.

Einen Tag später erschien beim Verdener Stadtkommandanten der Leiter des Ernährungsamtes Thiess. Er bat, die Bestände des Verpflegungslagers Cluventhal an die Zivilbevölkerung verteilen zu dürfen. Ohne die Entscheidung des zuständigen Kapitäns z.S. Neitzel einzuholen, entsprach Lindhorst dieser Bitte. So konnten u. a. immerhin 23 Tonnen Dosenfleisch, das waren 3 Kilogramm pro Person, an die Bevölkerung verteilt werden. Als im Hafen wenig später ein tiefliegender Schlepper festmachte, wurde seine Ladung ebenfalls gelöscht. Es waren 635 Tonnen Braunzucker, die auf diesem Wege zur Verteilung kamen.

An der befohlenen Verteidigung der Stadt konnte aber Lindhorst ebensowenig ändern wie Kreisleiter Brändel oder Kapitän z.S. Neitzel. Dennoch kam alles anders. Die Briten rückten am 17. April nach nur kurzem Schußwechsel in die Stadt ein.

Verden verdankt diesen glücklichen Umstand dem Befehl Nr. 8 des General-Kommandos Ems. Der Befehl datierte vom 15. April 1945. In Ziffer 2.) legte er fest: „Gen. Kdo. Ems verstärkt, unter Fortführung der Verteidigung im Brückenkopf Bremen und an der Weserfront, die Verteidigung an der Allerfront durch Einsatz der Division Nr. 480 beiderseits Verden.“ In Ziffer 3.) wurde ausgeführt: „Hierzu übernimmt Div. Nr. 480 den Befehl über alle Truppen im Abschnitt beiderseits Verden am 16. 4. 45, 06.00 Uhr. Division Nr. 480 hat hierbei die von der Allermündung bis in Gegend Eitze eingesetzten Kräfte der 2. Marine-Inf.-Div. mit eigenen Kräften abzulösen . . .“

Die Ablösung einer im Kampf befindlichen Truppe durch eine andere ist eine unerhört schwierige Operation. Unter erheblichem Feinddruck und bei bereits eingetretener Verzahnung ist sie schlechterdings unmöglich. Die Kräfte, die der Division hierfür zur Verfügung standen, waren nicht mehr als sieben ungenügend ausgebildete Infanterie-Bataillone. Das achte, sicherlich kampfstärkste Bataillon, das ebenfalls zur Division zählte, war das SS-Bataillon 12. Es hatte bekanntermaßen lagebedingt seinen Einsatzraum nordwestlich Verden nicht erreichen können. Der Korps-Befehl Nr. 8 nahm auch hierauf keine Rücksicht. Eine aus dieser Zeit erhaltene Lagekarte verdeutlicht die taktische Augenwischerei.

Die zwischen Verden und Kükenmoor durchgezogene Linie suggeriert noch heute eine geschlossene deutsche Front. Tatsächlich waren aber nur wenige Ortschaften mit schwachen Kräften besetzt. Eben diese Linie sollte die 480. Division mit dem

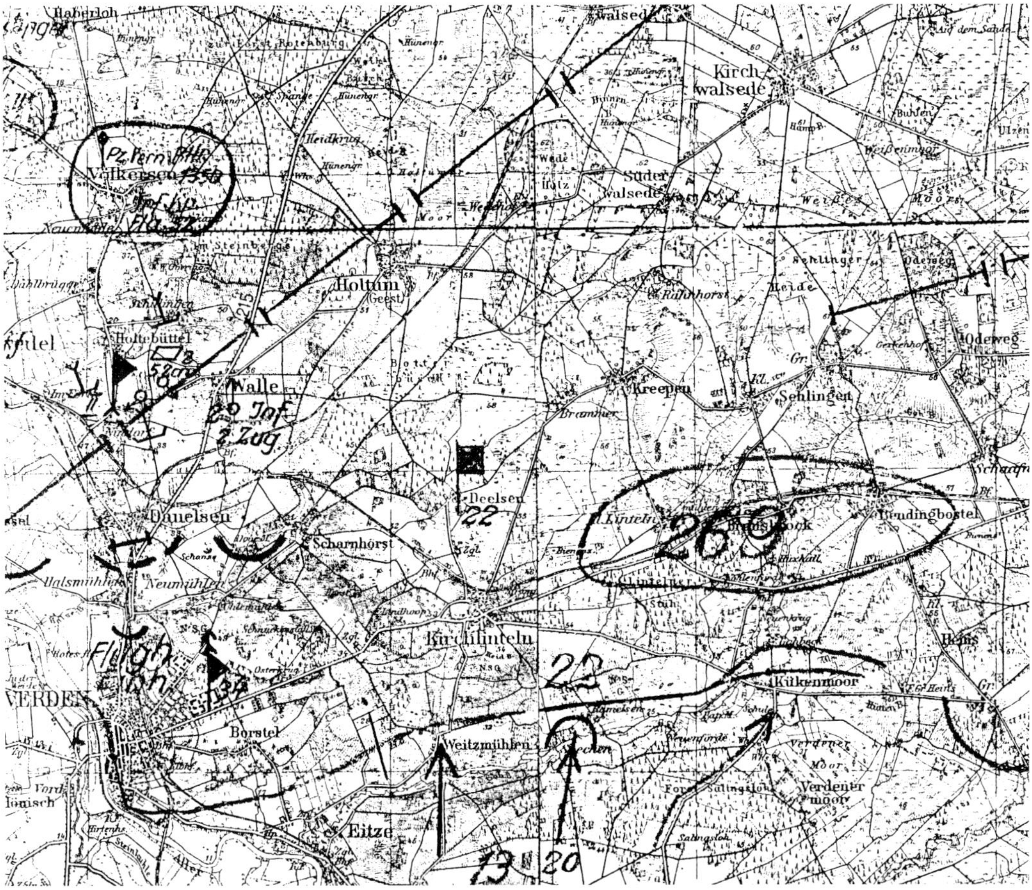

Original der Lagekarte vom 15. April 1945

bereits stark abgekämpften Artillerie-Regiment 22 besetzen. Tatsächlich waren die Artilleristen auch in Stellung, allerdings nur für wenige Stunden. Bis zum 16. April, 06.00 Uhr hatte das Marine-Grenadier-Regiment 7 die Stadt Verden befehlsgemäß geräumt. Von der 480. Division waren zu diesem Zeitpunkt höchstens Vorkommandos eingetroffen. Mehr war unter den gegebenen Verhältnissen kaum möglich. Da Truppe aber noch nicht vorhanden war, konnte Verden nicht verteidigt werden; auch nicht, wenn es irgendwer gewollt hätte. Der undurchführbare Korps-Befehl Nr. 8 vom 15. April hat Verden davor bewahrt, verteidigt zu werden. Aber auch die Umkehrung dieser Zusammenhänge gab einen Sinn: Wer Verden retten wollte, mußte diesen undurchführbaren Befehl geben. Er war von dem General der Infanterie Siegfried Rasp unterzeichnet.

Somit hätte der Einmarsch der 71. britischen Infanterie-Brigade aus Kirchlinteln ohne Schußwechsel erfolgen können. Es wäre auch fast so gekommen. Aber dann ereignete sich doch noch eine jener Tragödien, für die in unseren Geschichtsbüchern üblicherweise kein Platz ist.

Das Vorkommando des Pionier-Ausbildungs-Bataillons 34 war am 16. April in Verden eingetroffen. Es richtete seinen Gefechtsstand in der Kaserne an der Lindhooper Straße ein. Ein Feldwebel hatte offenbar den Auftrag, ein paar Nahsicherungen auszustellen. Mit den Pionier-Schülern Rauscher, Rein und Hewelke ging er zum Waldfriedhof. Dort, wo heute der Blumenladen ist, befahl er eine Stellung anzulegen. Nachdem die drei alleine waren, liehen sie sich von Friedhofswärter Victor Witte drei Spaten. Der alte Mann riet ihnen von ihrem Vorhaben ab. „Was wollt Ihr denn noch? Ist doch vergebens, was Ihr tut." „Wir haben Befehl, hier die Engländer zu erwarten und mit Panzerfaust abzuknacken." Während sie sich gerade noch eingruben, wurde der letzte deutsche Widerstand in Kirchlinteln gebrochen. Die Reste des Artillerie-Regiments 22 waren hierdurch nahezu umgangen. Sie zogen sich zurück. Erst in die Kaserne, und in der Nacht in die Nähe von Holtum. Die drei 17jährigen Pionier-Schüler waren von diesem Zeitpunkt an die einzigen Soldaten, die Verden nach Osten gegen die 71. Brigade und das 5. „Royal Tank Regiment" sicherten. Gegen 02.00 Uhr des 17. April begann das britische Störfeuer. Einige Granaten schlugen auf dem Waldfriedhof ein, einige auch in der Kaserne. Um 05.00 Uhr waren Panzergeräusche aus ostwärtiger Richtung zu hören. Für das dann Folgende gibt es keine Zeugen. Nach dem Einmarsch der Briten waren die drei Pioniere Rauscher, Rein und Hewelke gefallen; höchstwahrscheinlich durch Infanteriebeschuß. In der Brunnenweg-Kaserne fielen noch zwei Soldaten; ein Brite und Oberleutnant Alexander Dickau. Er hatte zum Vorkommando des Infanterie-Bataillons 45 gehört. Der Friedhofswärter, der den Oberleutnant neben den drei Pionieren am 24. April auf dem Waldfriedhof beerdigt hatte, erinnerte sich: „Die Leiche war in einem unbeschreiblichen Zustand." Auf dem Friedhof sind weitere vier Soldaten bestattet, die bei den Kämpfen im Raum Verden oder im Lazarett starben: Ein Oberleutnant z.S., ein 17jähriger Matrose, ein Unteroffizier und ein RAD-Vormann. Der Marineoffizier war möglicherweise Chef der Kompanie, die bei Weitzmühlen drei britische Angriffe abgewehrt hatte.

Pionier Gerhard Rauscher (Weihnachten '43 noch als Luftwaffenhelfer) fiel am 17. April vor Verden.

Soldatengräber auf dem Waldfriedhof Verden

Soldatengräber auf dem Domfriedhof Verden

Außerdem ruhen auf dem Verdener Domfriedhof neun Soldaten, die in diesen Tagen in der Nähe gefallen sind oder im Lazarett verstarben. Vier von ihnen gehörten zur Marine und damit sehr wahrscheinlich zum Regiment des Kapitäns zur See Neitzel.

Am Mittag des 17. April hatten die Briten die Besetzung von Verden endgültig abgeschlossen. Das Oberkommando der Wehrmacht gab bekannt: „Feindkräfte nahmen nach hartem Kampf Verden ..."

Gefangengenommene Marinesoldaten bei oder in Verden. (IWM)

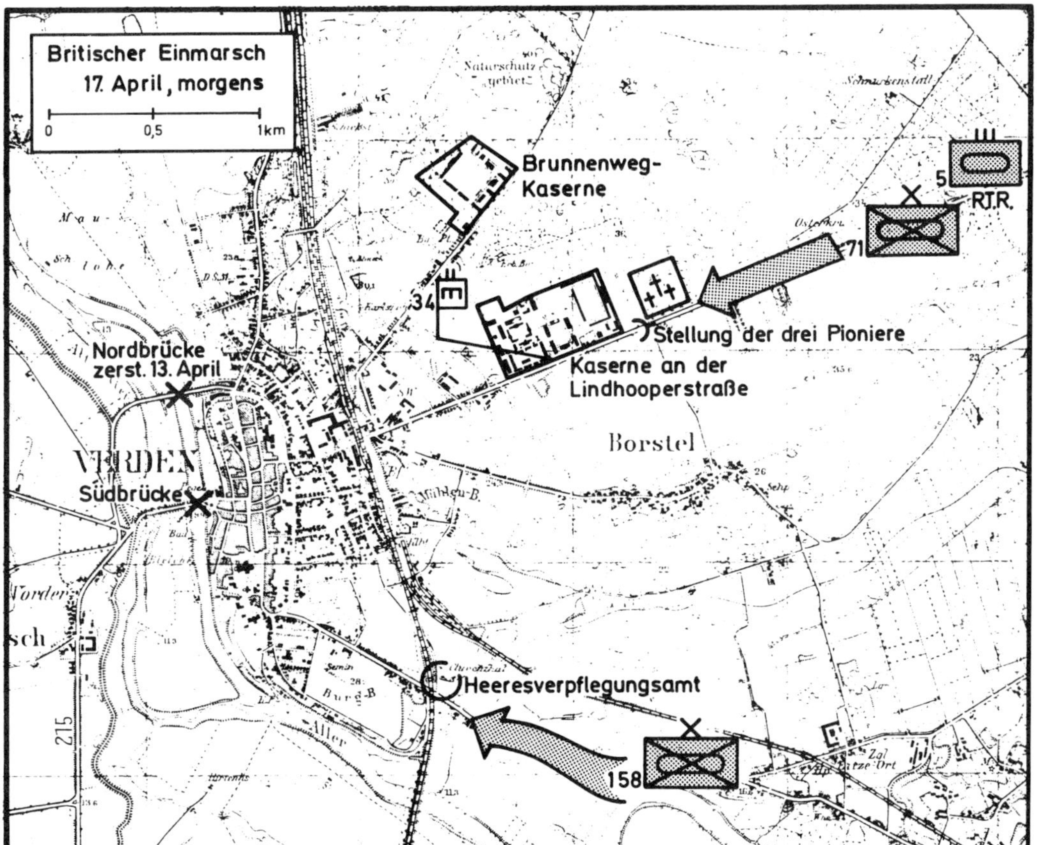

Links:
17. April, britische Soldaten auf dem Verdener Marktplatz (IWM)

Unten:
Abbau einer Panzersperre in Verden (IWM)

Visselhövede, Neuenkirchen und das Ende eines Regiments

Kapitän z.S. Hermann Jordan, Kommandeur des Marine-Grenadier-Regiments 5, fiel am 20. April 1945 in Neuenkirchen. (1943 noch in Luftwaffenuniform)

Am 16. April trat eine weitere britische Division ins Gefecht. Es war die „Guards Armoured Division", die Garde-Panzer-Division. Sie schob sich zwischen die 7. Panzer-Division, die gerade auf Soltau vorstieß, und die 53. Division, die mit der Einnahme von Kirchlinteln ihren kampflosen Einmarsch in Verden vorbereitet hatte.

Diese Garde-Division war nicht irgendwer. Sie war Garde. Ihre Tradition reichte weit zurück. Bis nach Waterloo. Dort hatte eines ihrer vornehmsten Regimenter, die „Coldstream Guards", Napoleons Bärenmützen geschlagen. So jedenfalls sieht es die britische Geschichtsschreibung. Richtig war das nie, aber es bestimmte das Bewußtsein dieser Division. Ihre Hauptsorge war daher auch die Satisfaktionsfähigkeit des Gegners. Natürlich wollten sie kämpfen, aber nicht unbedingt gegen jeden. Ihre stilistisch hervorragende Divisionsgeschichte nennt auch für die letzte Phase des Krieges den Lieblings-Feind: Die 1. Fallschirm-Armee des Generals Student. Jetzt aber sollte die Garde auf Visselhövede und später auf Rotenburg angreifen. Ihr Kommandeur, Generalmajor Adair, hatte somit zunächst „nur" die Reste der stark angeschlagenen 2. Marine-Infanterie-Division vor sich. Daß aber nicht nur Fallschirmjäger, sondern auch Marinesoldaten ernstzunehmende Gegner sein können, zeigten ihm die nächsten Tage.

Die 2. Marine-Infanterie-Division sollte eine 20 Kilometer breite Front von Jeddingen bis Neuenkirchen verteidigen. Im Zentrum lag Visselhövede. In diese Richtung stieß die „Guards Armoured Division" am 17. April 1945 vor. Sie marschierte in einer schier endlosen Kolonne auf der Straße von Walsrode nach Norden. An ihrer Spitze befand sich das 2. „Armoured Reconnaissance Regiment". Dahinter folgten die drei Grenadier-Bataillone der 32. Garde-Brigade, die zusätzlich durch das Panzer-Regiment 4./7. „Royal Dragoon Guards" verstärkt worden war. Den Schluß bildete die 5. Panzer-Brigade mit weiteren vier Bataillonen. Ohne die Panzermörser, Schützenpanzer und Panzerjäger marschierten insgesamt 150 Kampfpanzer und 15.000 britische Soldaten auf einer Straße gegen Visselhövede.

Generalmajor A. H. S. Adair, Kommandeur der Garde-Panzer-Division

Das Panzeraufklärungs-Regiment erreichte am Abend Hilligensehl, fünf Kilometer südlich davon. Nach einigen Aufklärungsvorstößen in Richtung Ottingen, vor allem aber Kettenburg, bereitete die Division ihren Angriff für den nächsten Tag vor.

Während des unbehinderten Vormarsches der Briten hatte sich das Marine-Ersatzbataillon 2 im Raum Kettenburg zur Verteidigung eingerichtet. Der Bataillonskommandeur, Major Stoschke, verteilte seine fünf Kompanien zu je ca. 100 Mann auf Ottingen, Kettenburg und Wehnsen.

In Riepholm stand der Rest des Marine-Füsilier-Bataillons 2. Er hatte mit ca.

80 Soldaten gerade noch die Stärke einer schwachen Kompanie. Um Visselhövede war somit ein Halbkreis gebildet worden, der den taktischen Möglichkeiten zu entsprechen schien. Doch das war ein Irrtum. Die deutschen Hauptkräfte, das auf Bataillonsstärke geschrumpfte Marine-Grenadier-Regiment 5 unter Führung von Kapitän z.S. Jordan, hatte sich in Visselhövede zur Verteidigung eingerichtet. Die Marinesoldaten standen somit in zwei Linien. Der erste Halbkreis war nur ein dünner Schleier, der nicht in der Lage sein konnte, wenigstens den ersten britischen Vorstoß aufzuhalten.

Das westlich Kettenburg gelegene Schloß und das Gut sollten in den Kampfhandlungen der nächsten Tage eine besondere Rolle spielen. Das Schloß war in den Jahren 1875 – 1878 entstanden. Der Baustil zeigte am Hauptportal und den Giebelfassaden vorwiegend neugotische Elemente, während die Fensterfronten an Renaissance erinnerten. Daneben war auch eine kleine Kapelle für den katholischen Gottesdienst entstanden. Ihr besonderer Schmuck war ein von Papst Pius IX. geschenktes Altargemälde. Schloß und Kapelle, die aus den Ziegeln der gutseigenen Brennerei erbaut waren, standen im Frühjahr 1945 noch keine 70 Jahre. Nachdem eine Kompanie des Marine-Ersatzbataillons 2 am Montag, dem 16. April, gegen Mittag in der Scheune untergezogen war, verlangte der Schloßherr, Oberstleutnant a. D. Baron von der Kettenburg, den Bataillonskommandeur zu sprechen. Major Stoschke erschien gegen Abend auf dem Gut. Nach einem kurzen Gespräch, in dem der Baron vermutlich auf die vielen Ostflüchtlinge, die im Schloß untergebracht waren, und vielleicht noch auf anderes hingewiesen hatte, befahl der Major, die Scheune zu räumen.

Unter den verärgerten Soldaten war auch der Unteroffizier-Vorschüler Siegfried Breyer: „Mitten in der Nacht wurde uns befohlen, unser Biwak im Gutswald aufzuschlagen. Eine militärische Notwendigkeit hierzu bestand nicht. Es ging auf dem Gut ohnehin merkwürdig zu. Wir hatten den Eindruck, daß der Gutsbesitzer sehr auf unser schnelles Verschwinden und das Nachrücken der Briten hoffte. Er fürchtete bei dem zu erwartenden Feuerkampf offensichtlich um sein Anwesen, vermutlich aber auch um das riesige Verpflegungslager, das in der Scheune untergebracht

Baron von der Kettenburg

Schloß Kettenburg

Unteroffizier-Vorschüler Siegfried Breyer geriet in Visselhövede in Kriegsgefangenschaft.

Oberbootsmann Fritz Huckenbeck wurde bei Gut Kettenburg verwundet.

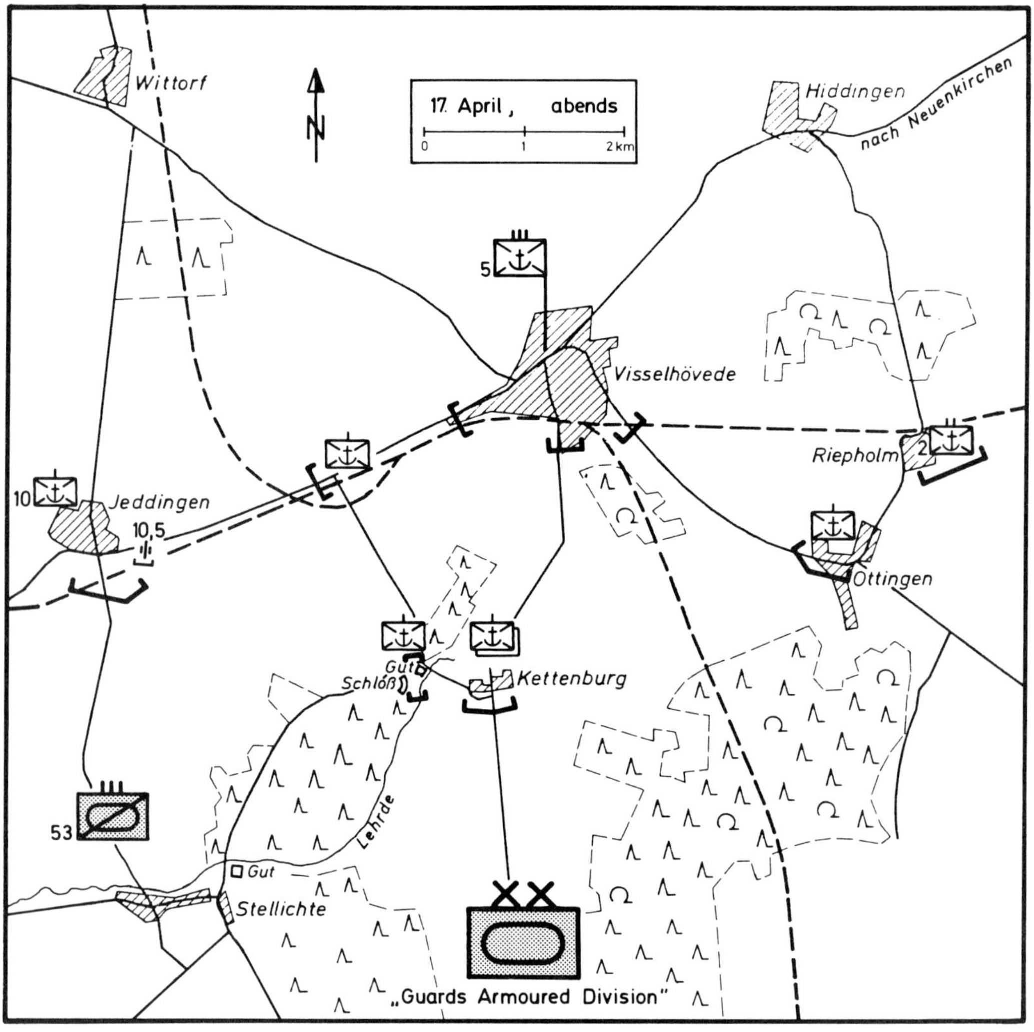

war. Dort waren Marketenderwaren bis unter die Decke gestapelt. Tausende von Konservendosen, Dauerwürsten, Cola-Schokolade und Zigaretten der Marke ‚Sulima-Rekord'." Am nächsten Tag verlegte Major Stoschke die Kompanie. Siegfried Breyer und seine Kameraden gingen zwei Kilometer nördlich des Gutes zwischen Straße und Eisenbahnlinie in Stellung. Sie sicherten somit nach Jeddingen. Dort hatte sich aber bereits seit dem 15. April die 10. Kompanie des Marine-Grenadier-Regiments 7 zur Verteidigung eingerichtet. Möglicherweise hat Stoschke hiervon nichts gewußt. Auf jeden Fall lag seine 5. Kompanie schlechthin „falsch", wie sich noch zeigen sollte.

Annähernd zur selben Zeit kamen zwei Züge seines Bataillons bei Gut Kettenburg an. Aber diese haben das Anwesen nie betreten. Ein Zug unter Führung des Fähnrichs zur See Ernst Rogge schanzte im Wald, ca. 100 Meter südlich des Herrenhauses. Die Stellungen reichten bis an das sumpfige Bachufer der Lehrde. Dort sind sie noch heute als flache Mulden erkennbar. Der andere Zug unter Führung von Oberbootsmann Fritz Huckenbeck, der ebenfalls aus 30 Mann bestand, legte seine Stellungen hart nördlich des ehemaligen Gärtnerhauses an. Er hatte es scheinbar besser getroffen.

Die im Gärtnerhaus wohnende Familie Schulze hatte Kartoffelpuffer gebraten. Tochter Lisa hatte sie Huckenbecks Männern gebracht. Es war ein warmer Frühlingsabend. Im Osten schimmerte es rötlich. – Soltau brannte und wurde gerade von der 7. U.K. Panzer-Division besetzt. Im Süden war es unheimlich ruhig. Die „Guards Division" wartete auf den nächsten Tag. Im Westen war Kanonendonner zu hören. Jeddingen lag bis in die späten Abendstunden unter dem Artilleriefeuer der 4. Panzer-Brigade. Nach den Kartoffelpuffern holte Lisa ihre Ziehharmonika. Sie spielte Soldatenlieder. Vor allem „Argonnerwald um Mitternacht". Die Soldaten sangen mit. Nur der jüngste von ihnen, der 17jährige Karl N. hockte stumm neben seinem Deckungsloch. Zwischen zwei Strophen sagte er halblaut: „Ich möchte nur noch einmal meine Mutter sehen." Das Artilleriefeuer auf Jeddingen hatte nachgelassen. Die Soldaten rollten sich in ihre Decken. Ein Posten sicherte nach Stellichte und Jeddingen.

Am Morgen des 18. April griffen das Irische-Garde-Bataillon und das Panzer-Regiment der Dragoner-Garde die Ortschaft Kettenburg an. Während sich die beiden dort eingesetzten Marine-Kompanien noch nach Kräften wehrten, stieß das 1. „Welsh Guards Battalion" nach Westen, auf Gut Kettenburg vor. Ohne Widerstand erreichten die Waliser den Hof des Gutes. Sie sicherten zu den Türen und Fenstern der anliegenden Gebäude, aber es fiel kein einziger Schuß. Zunächst besetzten sie das heutige Herrenhaus. Knapp 100 Meter entfernt lagen die Stellungen des Fähnrichs Rogge. Die Marinesoldaten drehten den Briten den Rücken zu. Der damalige Gefreite Heinz Dennhardt erinnert sich: „Wir wurden plötzlich aus den Gebäuden heraus beschossen. Viele Kameraden fielen. Unser Fähnrich auch. Als ich meine Stellung räumen wollte, erhielt ich einen Oberschenkelschuß. – Dann war ein englischer Sanitäter da, der mich verband. Auf einer Trage wurde ich in eine leere Scheune gebracht. Dort waren noch weitere acht Gefangene, u. a. ein Oberfeldwebel. Später kam ich auf einen Verbandplatz, vermutlich in Walsrode."

Der „Oberfeldwebel", den Dennhardt in der Scheune gesehen hatte, war der ebenfalls verwundete Oberbootsmann Fritz Huckenbeck. Ihm und seinen 30 Soldaten war es noch schlimmer ergangen. Er erzählt: „Plötzlich schoß es aus dem 50 Meter hinter uns liegenden Gärtnerhaus. Mehrere Kameraden fielen durch Kopfschüsse.

Gefreiter Heinz Dennhardt kämpfte am Gut Kettenburg.

Dann kamen sie von allen Seiten. Wir hatten keine Chance. Einige von uns versuchten zu fliehen. Ich bekam einen Schuß durch den rechten Oberarm, der im Brustkorb stecken blieb. Zwischen zwei gefallenen Kameraden stellte ich mich tot. Dann kamen die Tommys. Sie nahmen den Toten alles ab. Vor allem die Ringe. Sie versuchten auch mir den Ehering vom Finger zu ziehen. Aber der saß zu fest. Ich hörte ein Messer aufklappen und sprang auf. Ich wurde mehrfach mit Gewehrkolben geschlagen. Dann mußte ich zusammen mit einem Kameraden, dem die Nase aus dem Gesicht geschossen worden war, einen anderen Kameraden mit Hüftschuß in eine Scheune tragen. Wir drei waren die einzigen, die von meinem Zug übriggeblieben waren." Am Gärtnerhaus waren 14 Marinesoldaten mit Kopfschuß gefallen. In der Gegend von Kettenburg bis Stellichte entstand daher das Gerücht, die Soldaten seien nach Gefangennahme exekutiert worden. Allerdings hatte das tragische Ende des Zuges-Huckenbeck tatsächlich den Charakter einer Exekution gehabt. Die britische Garde hatte von schräg oben in die Stellungen der Marinesoldaten hineinschießen können. Auf 50 Meter Entfernung waren da nur Kopfschüsse möglich.

Gut und Schloß Kettenburg, um deretwillen sich die deutschen Soldaten im umliegenden Gelände eingraben mußten, waren unversehrt geblieben.

Als das Schießen gegen 16.00 Uhr aufgehört hatte, kam Familie Schulze aus dem Keller des Nachbarhauses. „Es war entsetzlich. Sie lagen alle dicht am Haus. Wir konnten einfach nicht hinsehen. Am Abend zuvor hatten sie noch gesungen." Die Toten vom Gärtnerhaus wurden auf ausdrücklichen Wunsch des Barons begraben, wo sie gefallen waren. Zur Beisetzung kamen alle Personen, die sich auf Schloß und Gut befanden. Auch die Ostflüchtlinge. Es waren ca. 30. Sie waren überwiegend adelig. Der Gutspfarrer hielt eine Ansprache. Abschließend sangen alle „Ich hatt' einen Kameraden". Die Frauen weinten. Einige Männer auch. Für Schloß Kettenburg war der Krieg zu Ende.

Der Baron wird darüber froh gewesen sein. Er fühlte sich befreit. Er war nie Nationalsozialist gewesen. Eher das Gegenteil. An der Kettenburg hatte auch nie eine Hakenkreuz-Fahne geweht. Noch nicht einmal am 20. April, zu „Führers Geburtstag". Wenn schon geflaggt werden mußte, dann zeigte der Baron zwei andere Fahnen. Eine schwarz-weiß-rote und die welfische. Der Baron hatte aus seiner Haltung keinen Hehl gemacht. Man kannte sie im Schloß und vermutlich auch in Visselhövede. Merkwürdigerweise hat er nie Ärger bekommen. Den einzigen Krach, den es wegen seiner regimefeindlichen Meinung gab, verursachte er selbst. Als nämlich die Küchenmagd nach dem Einmarsch der deutschen Truppen in Paris die Glocke der Gutskapelle läutete, fuhr er aus der Haut. Nach dem Krieg hat sich in Kettenburg sehr viel geändert. Das Gärtnerhaus und das danebenstehende Gebäude sind 1962 abgerissen worden. Auch das Schloß, um das sich damals alles gedreht hatte, ist verschwunden. Nur in einigen Reiseführern ist es noch verzeichnet; sehr zum Ärger des derzeitigen Gutsbesitzers, der schon vielen enttäuschten Touristen erklären mußte, daß es hier kein Schloß mehr gibt. Noch nicht einmal eine Ruine. Es wurde nach dem Tode des Barons Stein für Stein abgetragen. Die Ziegel, die aus der gutseigenen Brennerei stammten, seien schlecht gewesen, heißt es. Dennoch wurden eben diese Ziegel in der Umgebung zum Aufbau von Familienhäusern verkauft. Auch die Dachschindeln fanden Abnehmer. Eingeweihte wollen wissen, daß eigentlich nur der Dachstuhl hätte erneuert werden müssen. Lange vor dem Schloß ist noch etwas anderes verschwunden: Das große Verpflegungslager und das damalige Gärtnerhaus. Geblieben ist auf noch immer gutseigenem Gelände der Friedhof der 14 Marinesoldaten, die dort am 18. April das Anwesen des Barons verteidigen sollten, ohne es dem britischen Beschuß auszusetzen. Er ist als „Marinefriedhof" ausgeschildert. Über Jahrzehnte wurde er vom Gut betreut. Seit 1977 haben die in Visselhövede stationierten Bundeswehrsoldaten die Patenschaft übernommen. An der Straße nach Stellichte, nur 100 Schritt vom Friedhof entfernt, wachsen große Holunderbüsche, und mitten darin stehen zwei Torpfeiler. Es sind die absolut letzten Zeugen für das Schloß von Kettenburg. Aber auch ihre Tage sind längst gezählt. Auch sie sind aus den „schlechten Steinen" der gutseigenen Ziegelei.

Während das 1. Bataillon der „Welsh Guards" um Schloß und Gut kämpfte, hatten das 3. Bataillon der „Irish Guards" und das 4./7. Panzer-Regiment der „Dragoon Guards" den Ort Kettenburg angegriffen. Die beiden dort eingesetzten Marine-Kompanien wehrten sich nach Kräften. Erst als ihre Kompaniechefs, Oberleutnant z.S. Grahl und Leutnant Ulm, sowie fünf weitere von ihnen gefallen waren, zogen sich die Marinesoldaten nach Visselhövede zurück. Die Gefallenen vom Ort Kettenburg und von der Lehrde wurden auf dem Kettenburger Friedhof beigesetzt. Die britischen Verluste in Kettenburg betrugen ebenfalls sieben Tote sowie weitere 28 Verwundete, darunter zwei Offiziere.

Am späten Nachmittag trat das 2. „Armoured Reconnaissance Regiment" umgehend zum Stoß auf Visselhövede an. Mit seiner Spitze gelangte es vielleicht bis in die Straßen des südlichen Stadtteils. Dann aber schlug den Briten aus allen Häusern ein heftiges Abwehrfeuer entgegen. In der britischen Divisionsgeschichte ist hierüber zu lesen: „ . . . die Anzahl der Feinde verdeutlichte uns bald, daß die Aufgabe nicht vor Einbruch der Dunkelheit zu Ende geführt werden konnte. Deshalb entschloß man sich, bis zum nächsten Morgen zu warten." Das britische Panzeraufklärungs-Regiment zog sich aus Visselhövede zurück. Immerhin war es auf einen zahlenmäßig gleichstarken Gegner getroffen. Auf derartige Gefechte mußte

„Marinefriedhof" bei Gut Kettenburg

Soldatengräber auf dem Friedhof in Kettenburg

es sich nicht einlassen, – nicht im April 1945. Die beiden „Coldstream Guards"-Bataillone erhielten daher den Auftrag, Visselhövede ostwärts zu umgehen und bis Neuenkirchen vorzustoßen. Bei Riepholm stellten sich die letzten Soldaten des Marine-Füsilier-Bataillons 2 nochmals einem übermächtigen Gegner zum Kampf. Nachdem mehr als zehn von ihnen verwundet und der letzte Kompanieführer, Leutnant Marhenke, mit sechs anderen Soldaten gefallen war, kapitulierte der Rest. Bataillonsarzt Dr. Langer war der einzige noch lebende Soldat im Offizierrang. Das Bataillon, dessen Kommandeur, Korvettenkapitän Gördes, bereits vor einer Woche bei Essel gefallen war, bestand nicht mehr. Trotzdem wurde es in der Stärkemeldung des Korps-Ems vom 21. 04. '45 noch immer mit drei Offizieren und 80 Mann geführt. Es war eine der damals unvermeidbaren Falschmeldungen. – Die in Riepholm und Ottingen Gefallenen sind auf dem Friedhof in Jeddingen beigesetzt worden.

Die „Coldstreams" fuhren nach Drögenbostel. Dort fielen zwei weitere Marinesoldaten, die in Visselhövede beerdigt wurden. Um 20.00 Uhr standen die Gardesoldaten vor Neuenkirchen. In der britischen Chronik ist zu lesen, daß der Ort ohne besondere Schwierigkeiten genommen werden konnte. Lediglich ein britischer

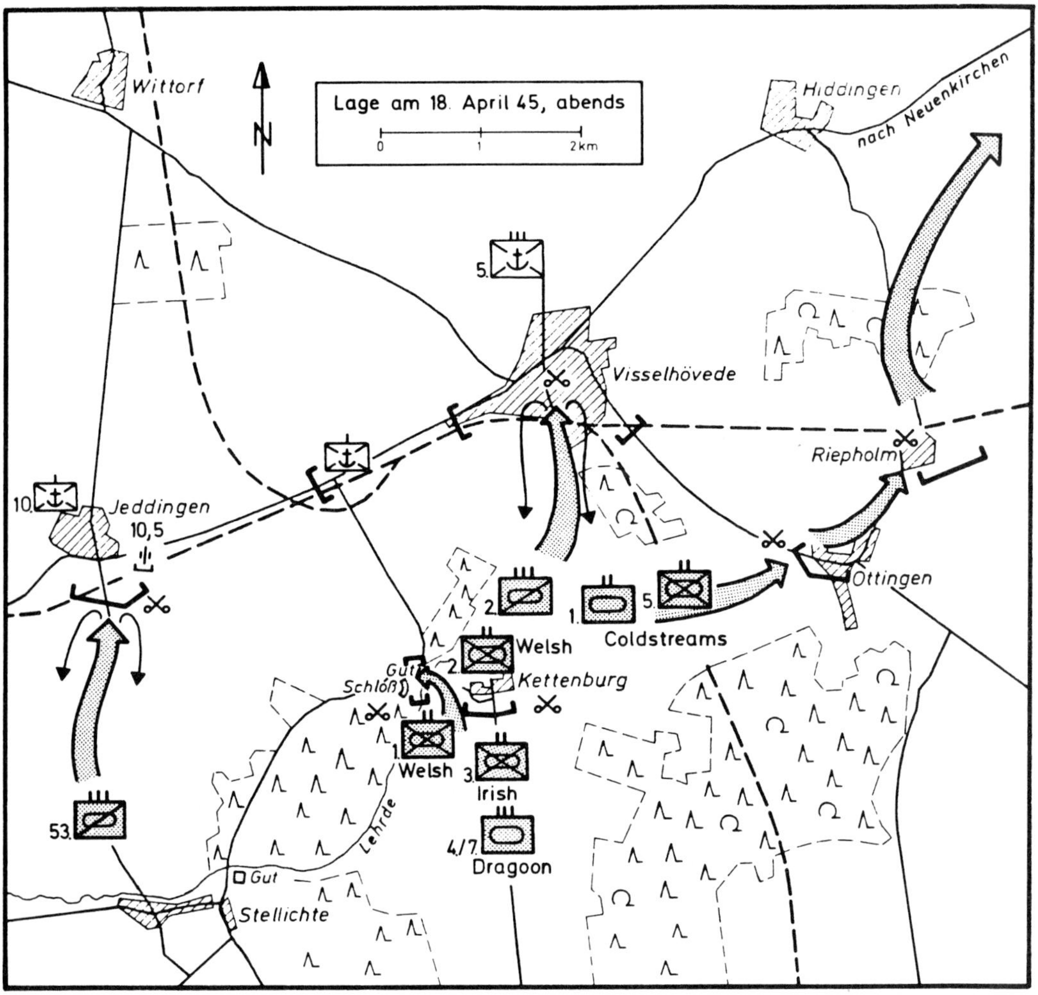

Soldat war gefallen. Ca. 60 Deutsche gingen in Gefangenschaft. Der Regimentsgefechtsstand wurde im stattlichen Haus der Familie Glüß an der Soltauer Straße eingerichtet. Obwohl an diesem Abend nur wenig gekämpft worden war, lagen in Neuenkirchen 15 Häuser in Schutt und Asche. Sie alle waren ausgebrannt. Das deutete auf Flammenwerferpanzer hin, die die „Coldstreams" nicht hatten. Die Hausruinen bildeten eine Kette, die sich von Süden nach Norden durch Neuenkirchen zog. Die „Coldstreams" waren jedoch von Westen gekommen. Es mußte also am selben Tag noch ein anderer britischer Verband in Neuenkirchen gekämpft haben und wieder verschwunden sein, denn der Ort wurde schließlich erst von den „Coldstreams" besetzt. Auch die genaueste deutsche Quelle, die Tagesmeldung des Korps-Ems mit Stand 18.00 Uhr, trägt zur Klärung nicht bei, sondern verwirrt zusätzlich. Dort ist zu lesen: „In die Flanke angreifende eigene Stoßtrupps nahmen Neuenkirchen (10 km nordostwärts von Visselhövede) wieder in Besitz."

Sicher ist zunächst nur, daß die Ortschaft im Verteidigungsabschnitt der 2. Marine-Infanterie-Division lag. Genaugenommen lag Neuenkirchen im Abschnitt des Marine-Grenadier-Regiments 6 unter Führung des Kapitäns zur See Werner Hartmann. Der Kapitän, der sein Regiment aus den schweren Kämpfen an der Aller einigermaßen intakt hatte herausziehen können, lag mit seinem Gefechtsstand seit dem 17. morgens in Behningen. Erst am 19. richtete er einen neuen Gefechtsstand in Moordorf ein. In der Zwischenzeit war er durch die „Coldstreams" jedoch abgeschnitten worden. Er mußte die feindlichen Linien also „durchstoßen". Auch für die Meldung, Neuenkirchen sei wieder in deutschem Besitz, gibt es eine Erklärung. In der 1986 erschienenen, sehr gründlichen Chronik des Ortes „Das Kriegsende 1945 ..." erzählen Augenzeugen, daß Neuenkirchen bereits um 14.30 Uhr aus südlicher Richtung von Briten angegriffen worden sei. Aus Süden, das heißt von Frielingen aus, das bereits am 16., gegen 14.00 Uhr von der 7. U.K. Panzer-Division besetzt worden war. Die „Desert Rats" hatten jedoch beim Angriff auf Soltau einige Verluste und umgingen die Stadt westlich. Sie waren bereits am 18. April, um 10.00 Uhr in Schneverdingen, neun Kilometer nördlich Neuenkirchen. Die letzten Teile dieser Division, vermutlich das 5. „Dragoon Regiment", vermied die überlasteten Nebenstraßen und suchte sich seinen eigenen Weg nach Norden. Es mußte hierzu kurzfristig durch den Nachbargefechtsstreifen der „Guards Armoured Division". Doch Führungslinien waren für die Briten damals richtigerweise nur Anhalt. Daher stießen die „Dragoon"-Panzer am 18. April gegen Mittag von Frielingen nach Norden in Richtung Neuenkirchen vor. Als ihnen am Ortseingang vom Wohnhaus Schröder das erste schwache Abwehrfeuer entgegenschlug, setzten sie Flammenwerferpanzer ein. Mehrere Kompanien drehten nach Westen und stießen dann

Oberstleutnant Swetenham, Kommandeur des 5. „Dragoon Regiment", wurde nach dem Krieg von Feldmarschall Montgomery für seine militärische Gesamtleistung ausgezeichnet.

über die Kabenstraße zum Ortszentrum vor. Auf diesem Weg gingen drei weitere Häuser in Flammen auf. Die Panzersperre in der Frielinger Straße wurde durch einen Volltreffer geräumt. Der schwache deutsche Widerstand im Schützenwald war schnell gebrochen. Die heftigste Gegenwehr leistete ein Dutzend Marinesoldaten rechts der Soltauer Straße in unmittelbarer Nähe des Friedhofes. Als fünf

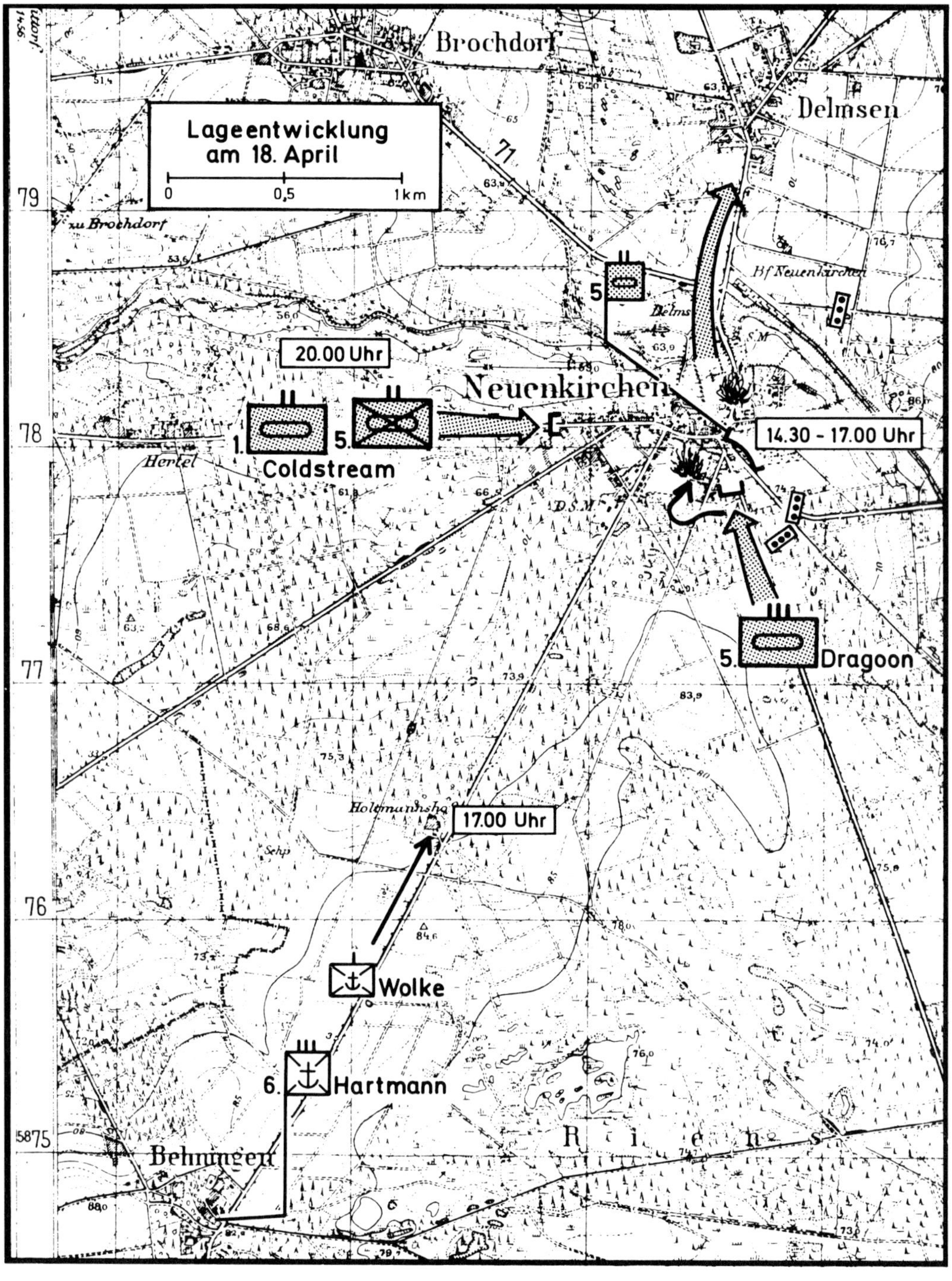

von ihnen gefallen waren, war der britische Durchbruch gelungen. Vereinzelten Widerstand muß es noch in der Bahnhofstraße gegeben haben, denn auch hier setzten Flammenwerfer nochmals vier Häuser in Brand. Die Neuenkirchener hatten während der gesamten Zeit in ihren Kellern um ihre Habe gezittert. Rauszuschauen wagte niemand. Gegen 17.00 Uhr war der böse Spuk vorbei. Die „Dragoons" rollten weiter nach Schneverdingen, um den Anschluß an ihre Division zu halten. Neuenkirchen war wieder feindfrei. Das wird der Zeitpunkt gewesen sein, zu dem sich Kapitän z.S. Hartmann entschloß, seinen Gefechtsstand von Behningen nach Norden zu verlegen. Natürlich wollte er Neuenkirchen nicht aufgeben. Die ca. kompaniestarken Kräfte, die gerade von den „Dragoons" überrannt worden waren, gehörten zu seinen Artilleristen, die seit Tagen auf ihre Geschütze gewartet hatten. Er teilte Oberleutnant z.S. Wolke als Kampfkommandanten des Ortes ein. Der Oberleutnant war ehemals Chef der 2. Kompanie des 1. Bataillons gewesen. Doch nachdem der Bataillonskommandeur, Korvettenkapitän Melzer, und der Chef der 1. Kompanie an der Aller gefallen waren, führte Wolke das Bataillon. Aber auch das war eine Illusion. Das Bataillon – Wolke war zwar der zahlenmäßig stärkste Truppenteil von Hartmanns Regiment, es zählte ca. 300 Mann, aber es war absolut nicht führbar. Es war auf seinem Marsch von Fallingbostel nach Neuenkirchen durch die schnell vorstoßenden Panzer-Regimenter der „Desert Rats" vollständig aufgesplittert worden. Gegen 17.30 Uhr, als Regimentskommandeur Hartmann mit seinem Stab nach Norden verlegte, erreichte Wolke Neuenkirchen, zu dessen Kampfkommandant er avanciert war. Er fand dort nichts von seinem Bataillon. Lediglich am westlichen Ortsrand noch einige Marineartilleristen und auf den ostwärtigen Ausfallstraßen die drei Minensperren, die am Vortage von Pionieren angelegt worden waren. Die eine lag auf dem Falshorner Weg, eine andere an der Reichsstraße 71, die dritte an der Straße nach Gilmerdingen. Die Briten waren genau von dort gekommen, wo keine Minen lagen, nämlich von Frielingen. Dennoch wird Wolke auf der Reichsstraße das zerstörte Militärfahrzeug mit der aufmontierten 3.7 cm Drillingsflak gesehen haben. Es war ein deutsches. Das ehemals von dem Marinegefreiten A. geführte Geschütz sollte am Vortage angeblich (!) nach Lüneburg verlegen. Warum hatte wohl eine Drillingsflak der Marine in den Gefechtsstreifen des dort eingesetzten XXXIX. Panzer-Korps zu marschieren? Die Sache war merkwürdig und endete dann auch bereits in der Minensperre auf der Reichsstraße. Der Luftspäher, Gefreiter Georg I., war auf der Stelle tot. Der Geschützführer A. kam mit einer erheblichen Beinverletzung in das Rotenburger Lazarett.

Oberleutnant z.S. Wolke wartete ab 17.30 Uhr verzweifelt auf Teile seines Bataillons. Aber sie kamen nicht. Statt dessen erreichten die „Coldstreams" die Ortschaft um 20.00 Uhr. Für Wolke war nichts mehr zu tun. Dennoch stimmte die zitierte Meldung des Korps-Ems durchaus. Neuenkirchen war um 18.00 Uhr wieder in deutschem Besitz; allerdings nur bis 20.00 Uhr. Wolke versteckte sich und floh am nächsten Tag durch die britischen Linien nach Norden. Für Neuenkirchen war der Krieg vorbei. 15 Gebäude waren abgebrannt. Insgesamt fünf Zivilpersonen hatten den Tod gefunden.

Am nächsten Tag trat die „Guards Armoured Division" an, um Visselhövede zu nehmen und das dort eingeschlossene Marine-Grenadier-Regiment 5 aufzureiben. Es war wie im Wald von Bothmer, wie bei Essel und bei Rethem. Die Entscheidung war längst vor dem ersten Schußwechsel gefallen. Trotzdem war Kapitän z.S. Jordan entschlossen, bis zur letzten Patrone zu kämpfen.

Die Bevölkerung wußte auch, was auf sie zukam. Der Krieg war seit einem halben Jahr immer konkreter geworden. Seine Vorboten waren 500 holländische Flüchtlinge. Sie waren im September '44 nach Visselhövede gekommen, weil sie wegen ihrer politischen Haltung befürchten mußten, als Kollaborateure behandelt zu werden, wenn ihre Heimat erst einmal von den Westalliierten befreit worden war. Im Januar '45 zogen die ersten Trecks der Ostflüchtlinge durch die Stadt. Im Februar begannen die Luftangriffe. Angriffsziel waren fast immer der Bahnhof sowie die wenigen noch verkehrenden Züge. Es gab hierbei die ersten Todesopfer unter der Zivilbevölkerung. Vom 10. April an verging kein Tag ohne Fliegeralarm. Über Sonntag, den 15. April '45 berichtete die ehemalige Lehrerin Frau Steimke: „Während des Gottesdienstes treffen Tiefflieger von Deylens Fabrik. Die Detonationen erschüttern ganz Visselhövede. In der alten nahegelegenen katholischen Kapelle bricht fast eine Panik aus. Nur der amtierende Prälat behält die Ruhe. Aufrecht steht er am Altar und sagt mit fester Stimme: ‚Und nun laßt uns beten.'"

Zwei Hallen der Fabrik brannten vollständig aus. Menschenopfer hatte dieser Luftangriff jedoch erstaunlicherweise nicht gefordert. Am 18. April, nachdem Kettenburg verlorengegangen war, setzte abends starkes Artilleriefeuer ein. Frau Steimke, die sich im Keller ihres Hauses in der Großen Straße mit zwölf weiteren Personen befand, berichtete: „Bei jedem Einschlag meinen wir ‚Jetzt ist es aus'. Unwillkürlich ducken wir uns, halten die Hände vor Augen und Ohren. Um 20.00 Uhr tritt etwas Ruhe ein."

Der letzte Akt begann am Morgen des 19. April: „. . . with heavy artillery support." – „. . . mit der Unterstützung schwerer Artillerie." Die Garde-Division verfügte immerhin über zwei Regimenter. Während ein Bataillon der „Coldstream Guards" in Neuenkirchen verblieb, griff das 5. Bataillon von Nordosten an. Bevor es aber Visselhövede erreicht hatte, gab es auf deutscher Seite die ersten Verluste. Hoffnungslos unterlegene Splittergruppen von Marinesoldaten kämpften und fielen; zwei Kanoniere und zwei Obergefreite in Hiddingen, Oberleutnant Lubek, ein

Luftangriff auf den Bahnhof von Visselhövede im Februar 1945. (IWM)

Oberfeldwebel und zwei Kanoniere in Schwitschen. Damit war der Weg freigeschossen. Der Sturm auf die Stadt konnte beginnen. Der britische Hauptangriff erfolgte von Süden aus Richtung Kettenburg. Zwei Bataillone der „Scots Guards", das 2. der „Welsh Guards" und das Panzer-Regiment 4./7. „Royal Dragoon Guards" gingen am ostwärtigen Rand des Bos-Berges schnell zum Stadtrand vor. An der Eisenbahnlinie war das Marine-Ersatzbataillon 2 eingesetzt. Der damalige Unteroffizier-Vorschüler Siegfried Breyer berichtet: „Gegen die anrollenden Kolonnen von Kampf- und Schützenpanzern hatten wir nicht die Spur einer Chance. Unsere Panzerfäuste trafen sicher nur auf 25 Meter. Außerdem wurden wir beständig durch Artillerie- und Granatwerferfeuer eingedeckt." So verlagerte sich das Gefecht schnell ins Stadtzentrum. Am heftigsten wurde von Deylens Fabrik umkämpft. Dorthin hatten sich die meisten Soldaten des Marine-Grenadier-Regiments 5 zurückgezogen. Die weitläufigen Gebäude der Zündholzfabrik boten nachhaltigen Schutz. Doch bald brannte die Fabrik. Dunkle Rauchschwaden zogen über Visselhövede. Kurz nach 10.00 Uhr erstarb der deutsche Widerstand. Es hatte nichts genutzt, daß Major Stoschke seine 5. Kompanie im Laufe des Gefechts an den Rangierbahnhof verlegte und später die Bahnunterführung besetzte. Er war zu spät gekommen. Ein paar hundert Meter südlich der Zündholzfabrik ging fast die gesamte Kompanie in britische Gefangenschaft.

Gegen 11.00 Uhr hatte das Schießen aufgehört. Die britischen Panzer standen in der Hauptstraße, am Bahnhof, auf dem Fabrikgelände und mit Teilen in der Marktstraße. Visselhövede war genommen, – glaubten die Briten. Sie schickten Teile der „Coldstreams" nach Neuenkirchen zurück. Eine Kompanie der „Welsh Guards", die bisher überhaupt nicht in die Kämpfe hatte eingreifen müssen, verließ ebenfalls die Stadt. Sie ging auf einer Höhenrippe, 1,5 Kilometer südwestlich von Visselhövede, in Stellung und sicherte nach Jeddingen. Sie wußte offensichtlich, daß sich dort noch deutsche Kräfte befanden.

Die in Visselhövede verbliebenen Briten verzichteten zunächst darauf, die einzelnen Häuser nach den aufgesplitterten Marinesoldaten abzusuchen. Vielmehr begannen sie, so berichtet ihre Chronik, „ . . . to prepare their well-earned dinners." – „ . . . ihr wohlverdientes Mittagessen vorzubereiten." Zur selben Zeit befand sich Kapitän z.S. Jordan mit seinem Stab, nur etwa 100 Meter von den Briten entfernt, noch immer in „Spörings Gasthof". Seit Angriffsbeginn hatte er „SOS" funken lassen. Aber wer sollte ihm helfen? Hartmanns Marine-Grenadier-Regiment 6, sein linker Nachbar, versuchte, sich im Raum Hemslingen zu sammeln. Der rechte Nachbar, Neitzels Marine-Grenadier-Regiment 7, wurde gerade auf Kirchwalsede zurückgedrängt. Aber immerhin stand eine Kompanie dieses Regiments noch in Jeddingen.

In Wittorf befand sich seit kurzem fast das gesamte 1. Bataillon bzw. das, was noch davon übriggeblieben war. Auch für dieses Bataillon waren die Kämpfe der Vortage sehr verlustreich gewesen, vor allem die bei Weitzmühlen. Trotzdem mochten es noch gut 200 Mann sein, die Kapitän zur See Neitzel zum Gegenangriff auf Visselhövede ansetzen konnte. Im Eilmarsch waren sie bis kurz vor 11.00 Uhr in den Raum nördlich von Visselhövede gelangt. Wenige Minuten später begann ihr Angriff. Der U-Boot-Obergefreite Walter Neu berichtete darüber: „Wir kamen den leichten Abhang herunter und drangen von links in die Stadt ein. Schon von weitem sahen wir, wie die Engländer auf Panzern und LKW's auf einer Ausfallstraße die Stadt verließen. Der Widerstand der noch verbliebenen Engländer war nicht allzu groß, so daß wir ohne Verluste zum Stadtkern kamen. Der Schwerpunkt des Angriffs lag, von uns aus gesehen, auf der rechten Stadtseite. Wir hatten es dann vermutlich nur noch mit der Nachhut zu tun. Nun waren wir also in der Stadt." In der britischen Divisionsgeschichte ist über den deutschen Angriff zu lesen: „Ohne jede Warnung begann plötzlich ein wilder Kampf. Zwei Panzer-Mörser, die in der Hauptstraße standen, wurden durch Panzerfäuste zerstört . . . Das gesamte Stabspersonal befand sich unter Führung von Oberstleutnant Windsor-Lewis, der voll in seinem Element war, im Kampf um das nackte Leben . . . Für nahezu zwei Stunden war die Situation hoffnungslos verwirrt . . . Allmählich bekamen die Panzer die Oberhand . . ." Obergefreiter Neu: „Wir standen im Zentrum auf einem großen Platz mit Kopfsteinpflaster, als der Gegenangriff begann. Wir hörten aus allen Richtungen Panzermotorenlärm, Kanonenabschüsse und Einschläge." Die „Shermans" des 4./7. „Dragoon Regiment" schossen in Höfe, Fenster und Türen. Einer ihrer Führungspanzer unter dem Kommando von Captain Rose rollte durch die Burgstraße in Richtung Marktplatz. Auf Höhe der Schmiede Dunecke, dicht vor Jordans Gefechtsstand, setzte ihn eine Panzerfaust in Brand. Rose und sein Fahrer konnten sich retten. Lade- und Richtschütze verbrannten. Dem konzentrischen Angriff der britischen Panzer hatten die Marinesoldaten nichts mehr entgegenzusetzen. Einer von ihnen erinnert sich: „In irgendeinem Keller, an der Straße in Richtung Friedhof, suchte ich mit fünf weiteren Kameraden Deckung. Wir sahen Panzer und Infanterie heranrücken. Panzerfäuste hatten wir nicht mehr." Kapitän Neitzel zog sein halbiertes Bataillon aus Visselhövede zurück.

Kapitän Jordan, noch immer in „Spörings Gasthof", war mit den Resten seines Marine-Grenadier-Regiments 5 wieder alleine. Sein Gefechtsstand lag unter Artilleriefeuer. Der zu befürchtende Volltreffer blieb glücklicherweise aus. Während der Feuerpausen schoben sich die britischen Panzer immer dichter heran. Auch die feindliche Infanterie zog ihren Ring enger. Von außen war keine Hilfe mehr zu erwarten. Marine-Grenadier-Regiment 5, das vor der Schlacht um Rethem mehr als 1.000 Soldaten gezählt hatte, war auf ca. 300 Mann zusammengeschmolzen. Viele von ihnen waren verwundet. Alle waren in irgendwelchen Häuserblocks eingeschlossen. Der Kapitän konnte sie schon lange nicht mehr führen. Als die Briten dicht vor seinem Gefechtsstand waren, gab er auf. Mit fünf Offizieren seines Stabes kam er mit erhobenen Händen aus „Spörings Gasthof". Nach und nach ergaben sich auch die anderen Widerstandsnester. In den Schilderungen der Lehrerin Steimke steht hierzu: „Auf der Straße treibt ein englischer Panzer einen Trupp von etwa 20 deutschen Soldaten vor sich her. Die armen Gefangenen haben die Hände am Hinterkopf und müssen laufen. Dieser Anblick tut mir sehr weh. Ich kann nicht anders, ich muß weinen." So endete am Abend des 19. April 1945 die

Spörings Gasthof war der letzte Gefechtsstand des Marine-Grenadier-Regiments 5.

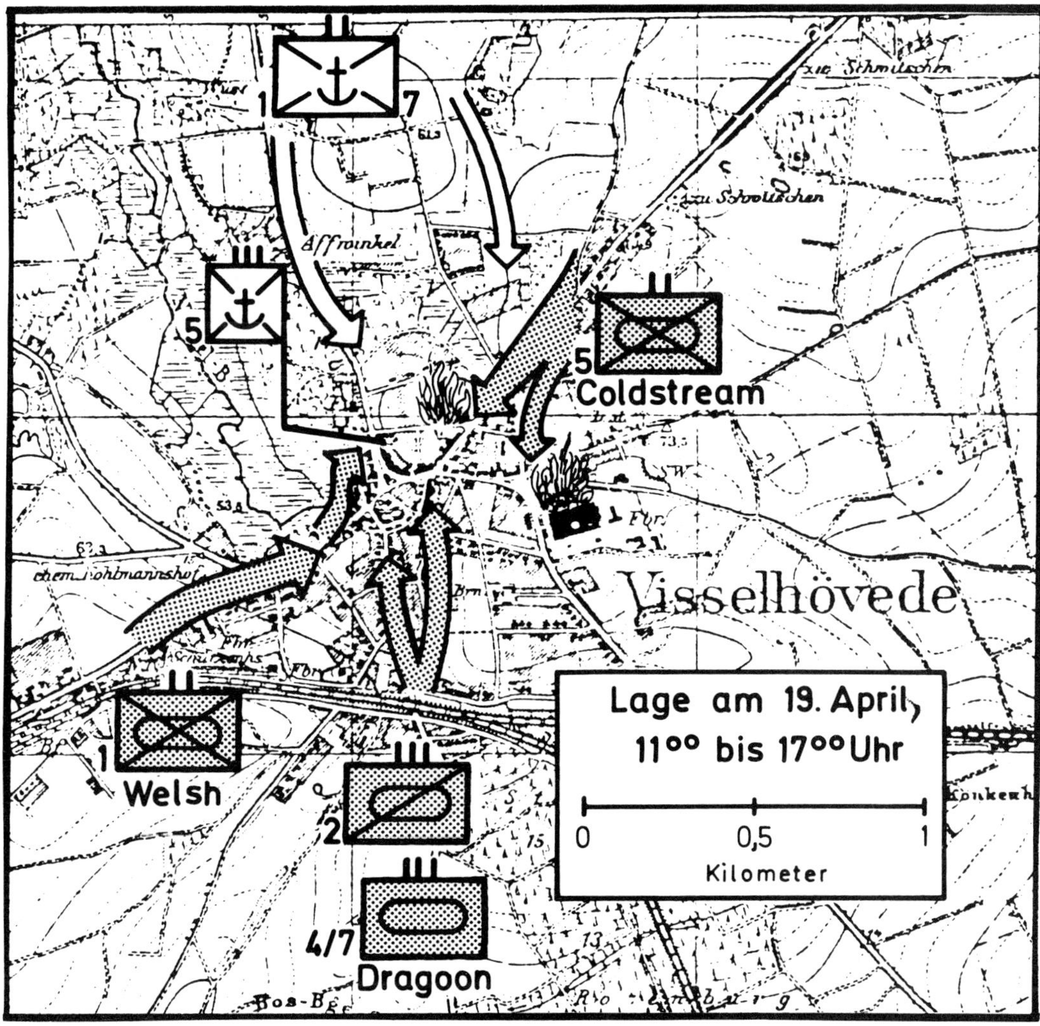

Geschichte des Marine-Grenadier-Regiments 5 mit dem Kampf um Visselhövede. In der Ortschaft waren an diesem Tage 45 deutsche Soldaten gefallen. Sie wurden zusammen mit den Toten von Hiddingen, Schwitschen und Drögenbostel auf dem Gemeindefriedhof beigesetzt. Dort gibt es aber außerhalb des Ehrenfriedhofs noch ein einzelnes Soldatengrab. In diesem ruht Guardsman Gordon Henry Trundle. Er hatte zum 5. Bataillon der „Coldstream Guards" gehört, das Visselhövede aus Richtung Schwitschen angegriffen hatte. Auf Wunsch seiner nächsten Angehörigen wurde er dort beerdigt, wo er gefallen war, nämlich in Visselhövede. Sein Grab ist das einzig bekannte britische Soldatengrab auf einem deutschen Friedhof. Es wird von der Visselhöveder Friedhofsverwaltung beispielhaft gepflegt. Die anderen 20 gefallenen Briten wurden auf dem „War Cemetery" in Becklingen beigesetzt.

Neben den damals Gefallenen berichten die Briten von 400 deutschen Gefangenen. Sie haben dabei sicher auch Polizisten, Feuerwehrmänner, Eisenbahner sowie HJ-Jungen mitgezählt und anschließend noch aufgerundet. Aber das ist keine typisch

Deutsche Soldatengräber

Britisches Einzelgrab

britische Gepflogenheit. Sieger machen das immer so. Die Gefangenen wurden auf eine Koppel gebracht. Auf ihr steht heute an der Straße nach Dorfmark die Bundeswehrkaserne. Tage später wurden sie abtransportiert; meistens nach Belgien.

Die „Coldstream Guards“ machten es anders. Sie fuhren „ihre“ Gefangenen nach Neuenkirchen. Unter diesen war auch Regimentskommandeur Jordan. Der Kapitän zur See nutzte am nächsten Tag die erste Chance zur Flucht und versteckte sich in einer Tischlerei. Hier hätte er bis Kriegsende bleiben müssen, um zu überleben. Doch Jordan wollte offenbar noch immer nicht aufgeben und sich zu den deutschen Linien durchschlagen. Er war daher unter Zeitdruck. Je länger er sich versteckt hielt, um so weiter würde sein Weg durch das von Briten besetzte Gebiet. Mehr noch bedrängte ihn Frau X., sich doch den Briten zu ergeben. Sie war nicht ortsansässig, befürchtete jedoch, daß es zu weiteren Kampfhandlungen kommen könnte, wenn der Kapitän entdeckt würde. Vermutlich hat Jordan abgelehnt, sich gefangenzugeben. Sicher ist nur, daß Frau X. – sie lebt heute in Schneverdingen – gegen Mittag zum Gefechtsstand der „Coldstreams“ gegangen ist. Wenig später kamen mehrere Soldaten mit schußbereiten Waffen zur Tischlerei. Jordan saß in der Falle. Der Kapitän, der in Rethem und Visselhövede bis zuletzt gekämpft und

Deutsche Kriegsgefangene der Garde-Division, 19. April (IWM)

dennoch überlebt hatte, war verloren. Er hätte sich in das Unvermeidbare fügen sollen. Er tat es nicht. Er versuchte eine letzte, verzweifelte Flucht. Als er über den Maschendrahtzaun sprang, wurde er getroffen. Er war auf der Stelle tot. Jordan wurde zunächst in Neuenkirchen beigesetzt und 1956 mit den anderen neun in Neuenkirchen gefallenen Soldaten nach Munster umgebettet. Die drei in Neuenkirchen gefallenen Briten wurden auf dem Friedhof in Becklingen beigesetzt.

Der linke Nachbar der „Guards Armoured Division", die 53. „Welsh Division", war mit ihren Spitzen schnell nach Norden vorgestoßen. Die 4. Panzer-Brigade und ein Bataillon des „King's Royal Rifle Corps" waren bereits am 19. April in Unterstedt, drei Kilometer südwestlich Rotenburg. Auf der „Nahtstelle" zwischen beiden Divisionen lag weit südlich ihrer Angriffsspitzen die kleine Ortschaft Jeddingen. Sie wurde noch immer von schwachen deutschen Kräften gehalten und war so zum südlichsten Stützpunkt zwischen Verden und Soltau geworden. Bereits am 15. April hatte sich hier die 10. Kompanie des Marine-Grenadier-Regiments 7 zur Verteidigung eingerichtet. Die Kompanie verfügte über Schnellfeuergewehre, Panzerfäuste und einige Maschinengewehre. Ihren Gefechtsstand hatte sie bei Euhus eingerichtet. Als Feuerverstärkung stand ab 16. April nur ein 10.5 cm Geschütz zur Verfügung. Es gehörte zur Marine-Artillerie-Abteilung III, der der Krieg nach kurzem Einsatz furchtbar mitgespielt hatte.

Die Marineartilleristen unter Führung von Major Vogelsang hatten vor ein paar Tagen neun Geschütze am Bahnhof Wittorf ausgeladen. Das war eine mühsame Arbeit gewesen. Die überschweren, klobigen Geschütze waren russische Beutewaffen des Kalibers 12.8 cm. Sie waren auf 10.5 cm Rohre umgerüstet worden. Pferdebespannt und mit einem erheblichen Troß war die Abteilung von Wittorf nach Stellichte gezogen. Am 15. April ging der Marsch über Idsingen, Fulde bis Schneeheide. Auf der Kreuzung mit der Walsroder Straße wurden die bespannten Geschütze, vor allem aber der Troß vom feindlichen Artilleriefeuer überrascht. Während die Artilleristen im Straßengraben in Deckung gingen, waren die Gespanne den Sprenggranaten hoffnungslos ausgesetzt. Einige Geschützführer versuchten, den Feuerschlag im gestreckten Galopp zu unterlaufen. Aber die Geschütze waren zu schwer. Dennoch verlor die Abteilung nur zwei Mann. Von den Pferden aber überlebten nur wenige. Auch von diesen mußten wegen ihrer Verletzungen noch einige erschossen werden. Da die klobigen Geschütze im Mann-

Grab des Kapitän z. S. Jordan in Munster

Britischer Soldatenfriedhof in Becklingen

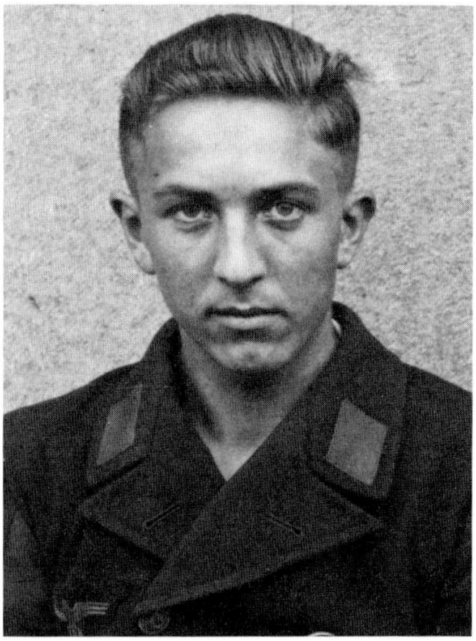

Marineartillerist Ernst Dormayer, der „VB“ von Jeddingen.

schaftszug weder vorwärts bewegt noch in Stellung gebracht werden konnten, mußten sie gesprengt werden, – bis auf eines. Matrose Ernst Dormayer hatte zwei Pferde einfangen können und damit ein Geschütz bespannt. Der Marsch ging zurück nach Stellichte. Die Abteilung bestand noch aus ca. 40 Mann, zwei Pferden und einem Geschütz. Sie war zerschlagen worden, bevor sie überhaupt zum Einsatz gekommen war.

Der Spieß, Hauptfeldwebel Austermann, redete ständig davon, daß er mit zwei Freiwilligen zur Kreuzung zurückkehren wolle, um die Gefallenen zu bergen. Da aber von allen Seiten Panzerkanonenabschüsse zu hören waren, wurde nichts daraus. Die beiden Toten, der 17jährige Horst K. und ein heute unbekannter Kanonier, wurden später von anderen, zurückgehenden deutschen Truppen geborgen. Beide liegen seither auf dem Walsroder Soldatenfriedhof.

Am 16. April hatte der Rest der Marine-Artillerie-Abteilung die Ortschaft Jeddingen erreicht. Sie brachte ihr Geschütz zwischen Friedhof und Bahnlinie in Stellung. Ernst Dormayer erinnert sich: „Wir sahen einige Schützenlöcher, die mit Marinesoldaten besetzt waren. Plötzlich schien alles wieder einen gewissen Zusammenhang zu haben.“ Am nächsten Nachmittag stieß das 53. „Armoured Reconnaissance Regiment“ auf Jeddingen vor. Es bestand aus ca. 70 leichten bzw. mittleren Panzern und hatte offenbar den Auftrag, die rechte Flanke seiner 53. „Welsh Division“ zu überwachen. Kurz vor Stellichte war ihnen Ortsgruppenführer Heinrich Dreyer mit einer weißen Fahne entgegengekommen. Er befand sich in Begleitung eines Fräulein Scherdewan, die sich als Dolmetscherin angeboten hatte. Dreyer, dessen Haus durch Artilleriebeschuß bereits ein Opfer der Flammen geworden war, ließ übersetzen, daß Stellichte frei von deutschen Soldaten sei. Die Briten stellten den Beschuß ein und ließen sich von Dreyer durch den Ort führen, dem so sicherlich weitere Schäden erspart worden sind. Wenig später stand die Angriffsspitze des Aufklärungs-Regiments vor Jeddingen.

Ein deutscher Augenzeuge: „Am Nachmittag kamen die Panzer, blieben vor dem Ort stehen und verteilten sich in gebührender Entfernung auf freiem Feld.“ Dennoch konnten zwei Panzerspähwagen mit Panzerfäusten abgeschossen werden. Ein unbekannter Chronist schrieb hierzu: „Ein 18jähriger Soldat und der Waffenfeldwebel der Kompanie waren die glücklichen Schützen, welche kurze Zeit darauf beutebeladen auf dem Gefechtsstand erschienen, wo unter tollem Halloh die Verteilung der Zigaretten, Schokolade, Konserven und Waffen erfolgte.“ – Die Reihenfolge der Aufzählung ist sicherlich kein Zufall. – Am Abend lag Artillerie- und Granatwerferfeuer auf Jeddingen und Umgebung. In sehr unterschiedlicher Stärke dauerte es bis in die Nacht hinein an. Die Marine-Kompanie hatte hierdurch vier Verwundete.

Der Morgen des 18. April verlief für Jeddingen zunächst ruhig. Gegen Mittag setzte jedoch Artilleriefeuer ein. Es lag vorwiegend auf der Wegekreuzung bei Euhus. Wenig später stießen die Kampfpanzer des 53. Aufklärungs-Regiments aus Richtung Wehnsen über das freie Gelände nach Norden vor. Der erste von ihnen wurde am Ortsrand wiederum mit Panzerfaust abgeschossen. Wenig später der zweite. Zur gleichen Zeit wurde am südwestlichen Ortsausgang ein weiterer Spähpanzer vernichtet. Der britische Hauptstoß erfolgte jedoch von Süden, über das offene Gelände links der Straße von Bleckwedel.

Dicht an der Straße, am Rande eines Hofwaldes hatte sich der Matrose Ernst Dormayer einen gut getarnten Kampfstand ausgebaut. Er lag alleine ca. 100 Meter vor den eigenen Stellungen und hatte den Auftrag, als Vorgeschobener Beobachter die Trefferlage ihres letzten Geschützes zu korrigieren. Dormayer war nie als VB ausgebildet worden. Ein ihm bis dahin unbekannter Oberleutnant hatte ihm das in wenigen Minuten erklärt: „Das ist ganz einfach. Sie beziehen den letzten Einschlag auf das jeweilige Ziel. Dann melden Sie nur, soundsoviel Meter mehr rechts oder links, weiter vor oder zurück. Den Rest macht dann die Geschützbedienung. Aber Sie sind hier der wichtigste Mann." Der Oberleutnant hatte Dormayer noch versprochen, ihn gelegentlich ablösen zu lassen. Dann war er davongegangen. Dormayers Hauptproblem war die Übermittlung seiner Schußkorrekturen. Üblicherweise wurde hierzu ein Funkgerät oder ein Feldfernsprecher verwendet. Er hatte weder das eine noch das andere. Er sollte vielmehr seine Schußbeobachtung nach hinten rufen. Dort lag 50 Meter entfernt ein weiterer Soldat, der die Meldung seinerseits weitergeben sollte, bis sie endlich die Geschützbedienung erreicht hatte. Der 18jährige Dormayer aus dem Allgäu saß in seinem Schützenloch, beobachtete angestrengt nach Süden und hörte die dumpfen Motoren der anrollenden Panzer immer lauter werden. Sehen konnte er nichts. Die Feindpanzer waren noch hinter der kleinen Höhenkuppe, die der Straßengabel bei Bleckwedel vorgelagert war. Plötzlich waren sie da. Über die Anhöhe rollten sie in breiter Front den flachen Hang hinunter. Entfernung 1.000 Meter. Die schwarzen Flecken, die sich gut vom braunen Acker abhoben, nahmen Konturen an. Entfernung 800 Meter. Es müssen zwischen zehn bis zwölf Panzer gewesen sein. Aber der junge Allgäuer hat sie nicht gezählt. Zum ersten Mal in seinem Leben sah er feindliche Panzer, und diese da rollten direkt auf ihn zu. Zwischen ihnen und ihm war nichts als brauner Acker. Entfernung 600 Meter. Die Panzerfront hatte den winzigen Graben, der die flache Senke durchzog, erreicht. Dormayer sah, wie sie zielsuchend ihre Rohre schwenkten. Er wunderte sich, warum das Geschütz noch nicht das Feuer eröffnete. Urplötzlich entlud sich die in Minuten angestaute Angst in einem wilden Schrei: „Panzer – 500 vor mir!" Als es über ihm rauschte, zog er unwillkürlich den Kopf ein. Weit hinter dem rechts fahrenden Panzer flogen Erdplaggen durch die Luft. „Aber Sie sind hier der wichtigste Mann", schoß es ihm durch den Kopf und rief nach hinten: „100 – weniger!" Wieder rauschte es über ihm, und dicht vor dem rechten Panzer detonierte die 10.5 cm Granate. Der nächste fuhr 50 Meter links davon, war aber noch etwas weiter zurück. „50 – links!" – Die folgende Granate verfehlte ihr Ziel um mehr als 30 Meter und traf einen anderen Panzer ins Laufwerk. Der Angriff war ins Stocken gekommen. Die Panzer eröffneten ihrerseits das Feuer. Schuß auf Schuß jagten sie auf die ersten Häusergruppen von Jeddingen. Das Geschütz, das sie eigentlich suchten, stand nur 800 Meter von ihnen entfernt, aber hinter einer Bodenwelle. Unerreichbar für Panzerkanonen. Dormayer brüllte seine Schußkorrekturen in den Gefechtslärm. Aus den kleinen Kugelblenden der Feindpanzer zuckten gelbrote Blitze. Gelegentlich peitschten die MG-Garben durch das trockene Gehölz. In die harten Panzerabschüsse mischten sich die dumpfen Einschläge des 10.5 cm Geschützes. Pulverdampf und Erdfontänen nahmen Dormayer die Sicht. Dennoch spähte er über den Rand des Schützenloches und brüllte: „100 – rechts! – 50 – links! – 100 – zurück! – 50 - vor!" Die Geschützbedienung hörte weder ihn noch seinen Hintermann. Sie schoß Sperrfeuer mit einem Geschütz. Allmählich verebbte der Gefechtslärm. Die Panzer zogen sich zurück. Ihre Rohre schwenkten noch immer, als suchten sie den unerkannten Gegner. Das Sperrfeuer dauerte an. Alle fünf Sekunden eine Granate. Der Aufschlag war jeweils um 50 Meter versetzt. Plötzlich war es am Südhang von Jeddingen still geworden. Auch Dormayer hatte zu schreien aufgehört.

Er erinnerte sich: „Drei oder vier Panzer standen auf der Plaine. Einer von ihnen qualmte, auch die anderen schienen verlassen. – Kurz darauf bin ich wohl ein-

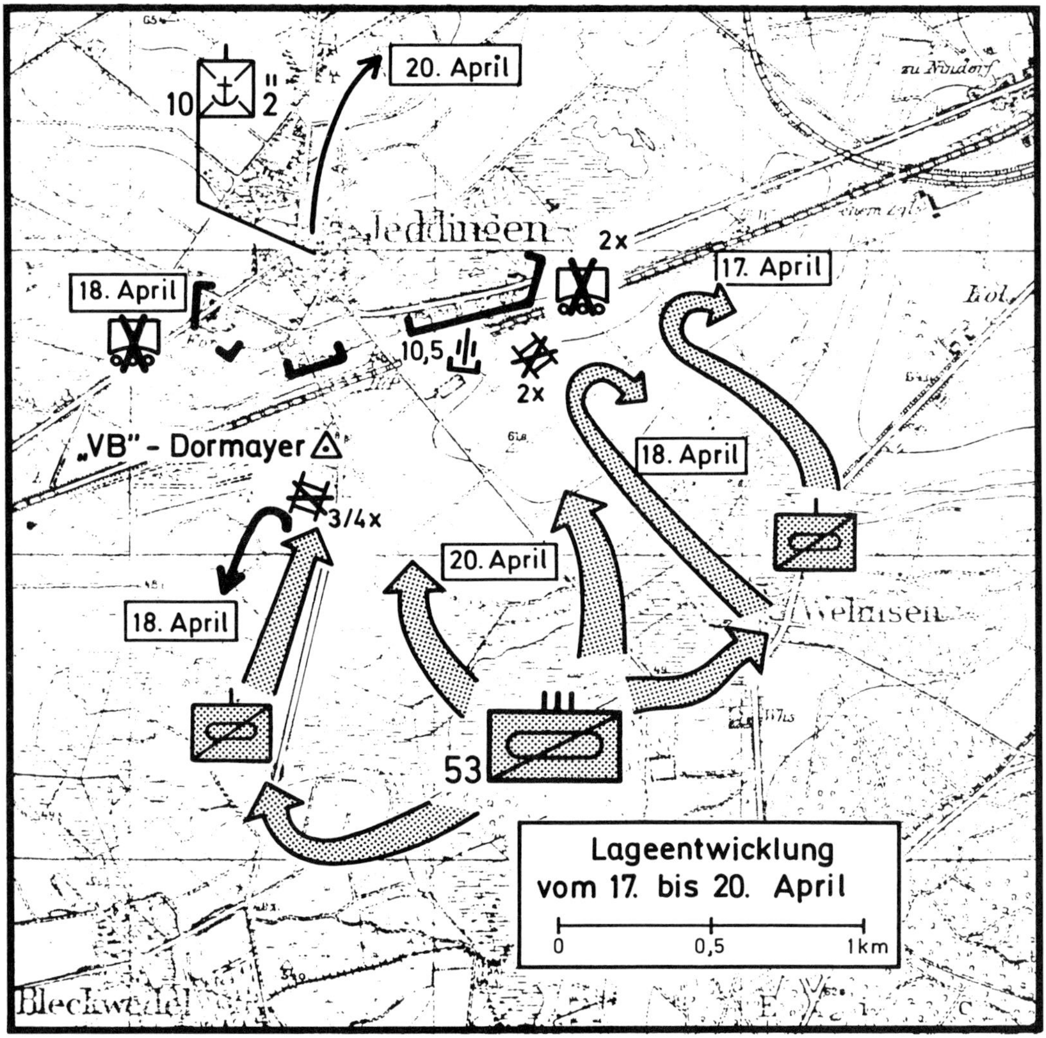

geschlafen. – Als ich wach wurde, war es kalt und dunkel. Ich rief nach hinten: ‚Was ist los?' und bekam keine Antwort. Es war alles totenstill." Er schlich sich zurück, traf aber niemanden. Dormayer war alleine. Er ging nach Jeddingen und traf ein paar Heeressoldaten, die ihm erklärten, die Marine sei abgerückt, würde aber bald wiederkommen. Er solle nur warten.

Tatsächlich waren sie am nächsten Morgen wieder da. Auch der Oberleutnant, der ihn im Schnellkurs zum VB ausgebildet hatte. Dormayer fragte, warum er nicht abgelöst worden sei. Der Oberleutnant lächelte verlegen: „Wir haben Sie vergessen." Der junge Allgäuer dachte: „Leck mich am Arsch", organisierte sich eine Decke und rollte sich ein. – Als er die Augen schon lange zuhatte, sah er noch immer die anrollende Panzerfront und die Dreckfontänen und hörte sich rufen „100 – weniger".

Am 19. April, als die „Guards Armoured Division" Visselhövede besetzte, herrschte bei Jeddingen relative Ruhe. Gelegentlich einige Feuerüberfälle der feindlichen Artillerie, gegen Mittag ein Jabo-Angriff mit Bombenabwürfen und einigen Salven der 2 cm Bordkanonen. Feindpanzer tauchten nur in weiter Entfernung auf. Sie schienen ausschließlich beobachten zu wollen. Einen Angriff riskierte das britische Aufklärungs-Regiment nicht mehr. Nach den bisher erlittenen Verlusten war deutlich geworden, daß ohne Infanterie der deutschen Marine in Jeddingen nicht beizukommen war. Die nur vier Kilometer entfernt stehende Garde-Division hatte ausreichend „Foot Guards", aber sie hatte auch ihre eigenen Probleme. Vor allem wollte sie selbst schnell vorwärts. So mußte die Nachbardivision schon alleine zusehen, wie sie mit Jeddingen fertig wurde. Es blieb Generalmajor Ross nichts anderes übrig, als seine 158. Brigade, die bereits mit Spitzen bei Unterstedt dicht vor Rotenburg stand, zurückzuholen. Die britische Infanterie kam über Kirchwalsede und das schon vor drei Tagen besetzte Odeweg. Am Ortseingang von Dreeßel schlug ihr deutsches Gewehrfeuer entgegen. Das Dorf wurde von wenigen Marinesoldaten und Angehörigen eines Grenadier-Ersatzbataillons 65 verteidigt. Insgesamt waren die deutschen Kräfte nicht stärker als 70 Mann bzw. Jungens. Ihre schwerste Waffe waren zwei MG. Das 6. "Royal Welsh Battalion" setzte nach dem ersten Schußwechsel unverzüglich Granatwerfer ein, um die Deutschen in Deckung zu zwingen. Obwohl sie alleine an Zahl vierfach überlegen waren, brauchten die Waliser vom Mittag bis zum Abend, ehe sie Dreeßel besetzt hatten. Trotz aller Vorsicht hatten sie vier Mann verloren. Auf deutscher Seite waren drei Marinesoldaten und drei Grenadiere gefallen. Sie ruhen heute zusammen mit anderen Angehörigen des Bataillons 65 auf dem Friedhof in Bendingbostel.

Für die 10. Kompanie des 2. Bataillons, Marine-Grenadier-Regiment 7 und ihr deutsch-russisches 10.5 cm Geschütz war die Lage endgültig aussichtslos. Sie war von drei Seiten umstellt. Gegen mindestens zwei Brigaden und ein Bataillon erübrigte sich jeder Kräftevergleich. Sie bekam auch noch in der Nacht den Befehl, sofort in nordostwärtige Richtung auszubrechen. Nur die Verwundeten sollten zurückgelassen werden. Sie befanden sich bei Euhus im Keller und wurden sowohl durch ihren Unterarzt als auch durch die Bevölkerung teilnehmend versorgt.

Im Morgengrauen des 20. April versuchte die Kompanie den Ausbruch. Aber sie war zu spät aufgestanden. Als sie endlich aus Jeddingen raus war und quer über das Feld in Richtung Nindorf marschierte, ging bereits die Sonne auf. Die Morgennebel waren verflogen, als sie den alten Bahndamm erreicht hatte. Matrose Dormayer, der unfreiwillige VB, schilderte es so: „Hier ging es nicht mehr weiter, der Nebel war fast weg und die Flieger schon wieder aktiv. Der Befehl, zurück in die eben verlassene Stellung, war beruhigend, aber unbefriedigend. – Es war ruhig, die Engländer waren noch nicht nachgerückt." Somit lag die Marine-Kompanie am 20. April mehr als 20 Kilometer hinter der Front. Die Briten wußten das aber nicht. Jedenfalls fuhr gegen 14.00 Uhr ein Jeep des „Royal Signal Corps" durch Jeddingen. Etwa im Ortskern wurde der Jeep-Besatzung und einigen Marineposten die merkwürdige Lage klar. Die Briten reagierten am schnellsten. Mit vorgehaltenen Waffen zwangen sie den nächsten Deutschen, auf den Kühler ihres Wagens zu steigen. In rasender Fahrt wollten sie mit ihrer Geisel entkommen. Sie hatten nicht mit dem Obergefreiten gerechnet, der sich mitten auf die Straße stellte und sein volles Magazin durch die Frontscheibe des britischen Wagens schoß. Der Fahrer, ein Oberleutnant, war auf der Stelle tot. Der Jeep landete in einem Vorgarten. Die deutsche „Geisel" und der britische Beifahrer überlebten. Bei seiner Vernehmung erklärte er, sie hätten den Auftrag gehabt, eine Fernmelde-Drahtverbindung von Neu Wehnsen nach Bendingbostel herzustellen. Es sei ihnen gesagt worden, daß Jeddingen bereits am Vortage von britischen Truppen besetzt worden sei. Als man in Jeddingen daranging, den gefallenen Oberleutnant zu beerdigen, traten drei britische Bataillone an, um die Ortschaft nun endgültig mit allen Mitteln zu besetzen. Noch vor den 6. „Royal Welsh" rollten zwei Panzer-Kompanien aus Dreeßel in Richtung Jeddingen. Sie gehörten sehr wahrscheinlich zum 44. „Royal Tank Regiment", das gerade als Verstärkung eingetroffen war. Im Süden baute das Aufklärungs-Regiment eine halbkreisförmige Feuerfront auf. Langsam fuhren sie auf Jeddingen vor und schossen dabei aus allen Rohren. Die Gebäude von Hinrich und Willi Luttmann gingen in Flammen auf. Ebenfalls die Dorfschmiede. Der Oberleutnant, der die Marine-Kompanie führte, befahl, auf das Waldstück am nordostwärtigen Ortsrand auszuweichen. Ohne weitere Kampfhandlungen rückten die Briten in Jeddingen ein. Es war ca. 16.00 Uhr, als der zurückgebliebene Unterarzt die sechs Verwundeten an die Offiziere der 158. Infanterie-Brigade übergab.

In der folgenden Nacht setzte sich die Marine-Kompanie einzeln und in kleinen Gruppen Richtung Rotenburg ab. Daß aber dort jemand von ihnen angekommen ist, ist unwahrscheinlich. Sie hatten keine Karten und konnten nur nachts marschieren. Viele von ihnen werden sich verlaufen haben oder im Kreis gegangen sein. So ist es jedenfalls dem Matrosen Dormayer ergangen. Nach zwei anstrengenden Nachtmärschen erreichte er eine kleine Ortschaft, von der er glaubte, sie läge dicht bei Rotenburg. Bei Helligkeit stellte er fest, daß er in Wittorf gelandet war; also dort, wo vor genau einer Woche der Marsch in den Einsatz begonnen hatte. Wichtiger als diese Erkenntnis war die Tatsache, daß Wittorf nur vier Kilometer nördlich Jeddingen lag; eine Strecke, die leicht in einer Stunde bewältigt werden konnte. Dormayer versteckte sich in einer Scheune. Eine aus Bremen evakuierte Frau brachte ihm Verpflegung. Sie erzählte ihm, daß Wittorf seit Tagen von den Briten besetzt sei. Alle umliegenden Dörfer auch. Dormayer erinnert sich: „Ich kam in schwere Zweifel . . ." Dann gab er endlich auf. Er baute sein Gewehr auseinander, brach den Schlagbolzen ab und legte es mit dem Restbestand an Munition und einer Handgranate offen auf den Boden. Der Bremerin übergab er sein Postsparbuch und einen Brief an seine Eltern. – Beides ist dort Monate später angekommen. – Dann ging Dormayer langsam die Dorfstraße hinunter zum britischen Gefechtsstand im Bürgermeisteramt. Die Hände hatte er am Hinterkopf. Er war einer der letzten Soldaten, die am 22. April südlich Rotenburg in Gefangenschaft gingen.

Soldatengräber auf dem Friedhof in Jeddingen

In Jeddingen waren sechs Marineangehörige gefallen. Das ist wenig, gemessen an der absoluten Feuerüberlegenheit der britischen Verbände. Die Gefallenen wurden später auf dem örtlichen Friedhof beigesetzt, hinter dem das einzelne Geschütz gestanden hatte, das am 18. April den Panzerangriff auf Jeddingen abweisen konnte.

Die Briten leiteten den Abschluß ihrer Gesamtoperation im Raum Visselhövede – Neuenkirchen – Scheeßel – Rotenburg mit einer komplizierten Umgliederung ein, die sogar graphisch nur schwer darstellbar ist.

Die 53. „Welsh Division" schickte ihre 71. Brigade nach Visselhövede, ließ dort das 4. Bataillon der „Royal Welsh" zur Sicherung zurück und ging Richtung Rotenburg vor. Bereits am 19. April, während die Kämpfe im Zentrum von Visselhövede noch andauerten, war ein Bataillon der „Coldstreams" von Neuenkirchen aus nach Nordwesten marschiert. Tewel fiel nach kurzem Panzerbeschuß. Knapp 20 deutsche Marinesoldaten, vermutlich vom Marine-Grenadier-Regiment 6, ergaben sich der Übermacht. Auf deutscher Seite hatte es nur einen Toten gegeben. Es war der Landwirt Hinrich Friedrich B., der während einer Feuerpause seinen Keller verlassen wollte. Auf der Treppe wurde er von einem Granatsplitter tödlich verwundet.

Der weitere britische Vorstoß nach Nordwesten kostete bei Söhlingen vier Marinesoldaten das Leben. Auch in Hemslingen fiel noch ein Obermaat. Kurz vor Einbruch der Dunkelheit besetzten die „Coldstreams" Deepen zunächst kampflos. Die Brücke über die Veerse war zwar mit Fliegerbomben zur Sprengung vorbereitet, dann aber doch nicht zerstört worden. Nachts versuchten zwei von Offizieren geführte Marine-Spähtrupps, die Brücke zurückzuerobern. Aber die britischen Garde-Soldaten wußten sehrwohl, daß sie die Spitze ihrer Division waren, und sicherten sich entsprechend. So mußte das deutsche Unternehmen scheitern. Zwei Marinesoldaten fielen, die anderen gerieten in Gefangenschaft.

Die beiden „Coldstream"-Bataillone stießen in Wohlsdorf und Bartelsdorf erneut auf Widerstand. Sieben deutsche Soldaten fielen. Die „Coldstreams" hatten zunächst nur einen Guardsman verloren. Allerdings war der Chef der 3. Kompanie des 5. Bataillons schwer verwundet worden. Captain I. O. Liddell war einer der tapfersten Soldaten der gesamten Garde-Division. Er hatte u. a. in Lingen die Brücke über die Ems fast alleine im Handstreich genommen und war hierfür zum Victoria Cross eingereicht worden. Dieses konnte ihm jedoch nur noch posthum verliehen werden, denn der Captain erlag noch am Abend des 21. April seinen Verletzungen. – Die nächste Ortschaft war Scheeßel. Die Garde-Division wußte, daß sich dort mehrere Lazarette befanden, und sie hatte offenbar den Eindruck, daß hier auch nicht mehr mit ernsthaftem deutschen Widerstand gerechnet werden mußte. So entschloß man sich zu einer fast neuen Methode: Von Deepen aus wurde der Bürgermeister angerufen und zur Kapitulation aufgefordert. Die Garde-Chronik berichtet über das Folgende: „Er erwies sich als vernünftig und sehr besorgt um die Zivilisten und Krankenhauspatienten. Die Garde ging kein Risiko ein, sondern bestand auf den Beweis seines guten Willens dadurch, daß verlangt wurde, er solle auf den Führungspanzer aufsitzen und eine große weiße Fahne entfalten. Er zeigte beides; Aufrichtigkeit und gute Gesinnung, indem er sich bereitwillig einverstanden erklärte, dies zu tun." So fuhr der Scheeßeler Bürgermeister am 20. April auf dem ersten Panzer der Garde-Division mit flatternder Fahne durch seine Ortschaft. Trotzdem fielen irgendwo Schüsse. Gefallen ist jedoch niemand. Die Briten waren begeistert. Nicht nur wegen der problemlosen Besetzung der Stadt, sondern auch wegen der intakten Duschen und Wasserleitungen. Sie gönnten sich einen Tag Ruhe. Am 21. April, abends stießen sie bis zum Nordostrand von Rotenburg vor. Damit hatten beide „Coldstream"-Bataillone ihre Ausgangsposition erreicht.

Die in Visselhövede freigewordene 32. Brigade folgte den „Coldstreams" bis Hemslingen und drehte dann nach Westen auf Brockel ein. Hier fielen ein deutscher Leutnant, ein Pionier und ein Kanonier. Damit stellen die Briten ihren Angriff für diesen Tag ein. Nur drei Kilometer entfernt hatte Kapitän z. S. Hartmann seinen Regimentsgefechtsstand im Bahnhof Hemsbünde eingerichtet. Sein Stab bestand

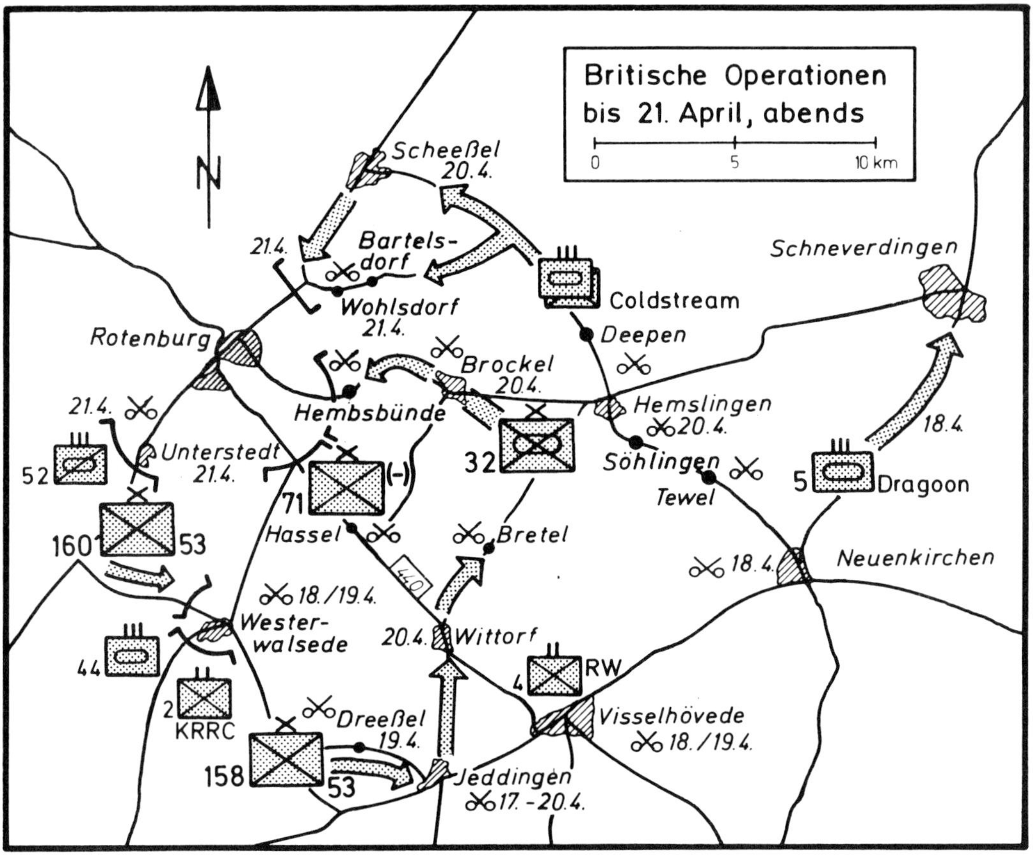

gerade noch aus Major Kinder, Oberleutnant z.S. Wölfel, Leutnant z.S. Klapproth sowie knapp 20 Mannschaften. Alle waren durch die langen Fußmärsche der letzten Tage vollständig erschöpft. Sicherungen wurden daher vermutlich nicht ausgestellt.

So standen am nächsten Morgen gegen 6.00 Uhr völlig überraschend vier „Sherman" nur wenige hundert Meter vor dem Bahnhof. Berstende Sprenggranaten und stürzendes Mauerwerk rissen die Marinesoldaten aus dem Tiefschlaf. Einige wehrten sich nach Kräften und schossen vermutlich beim Vorfahren der Panzer zwei von diesen ab. Die Briten hatten sechs Gefallene. Die deutschen Verluste waren doppelt so hoch. Außerdem lagen in dem eingestürzten Wartesaal mehrere Verschüttete. Einer von diesen war der Regimentsschreiber, Hauptgefreiter Horst Kaiser: „Als der Panzerbeschuß begann, gab ich für mein Leben keinen Pfifferling mehr. Viele stürzten zur Tür. Ein Obergefreiter bekam einen Bauchschuß und schrie fürchterlich. Ich flüchtete in eine Ecke, dann fiel Mauerwerk über mich. Britische Panzersoldaten haben mich wenig später herausgezogen. Sie nahmen mir zwar alles ab, brachten mich jedoch auch zu ihrem Verbandplatz. Insgesamt waren sie faire Gegner."

Kapitän z.S. Hartmann war mit seinen Offizieren und ca. drei Mann in Richtung Rotenburg entkommen.

Mit der Besetzung von Hemsbünde hatte auch die 32. Brigade ihre Ausgangsposition für den Angriff auf Rotenburg erreicht.

Die 71. Brigade war mit ihren beiden Infanterie-Bataillonen auf der Reichsstraße 440 zügig vorangekommen. Lediglich bei Hassel hatte es einen kurzen Feuerkampf gegeben, bei dem zwei Marinesoldaten gefallen waren. Auch diese wurden später in Westerwalsede beigesetzt. Gegen Abend hatte dann auch diese Brigade nur drei Kilometer südostwärts Rotenburg ihre Ausgangsstellung erreicht.

Bei Unterstedt wurde seit Tagen mit unterschiedlicher Intensität gekämpft. Nachdem die dort zunächst eingesetzte 160. Brigade nach Soltau befohlen worden war, hatten Teile des 52. Aufklärungs-Regiments diese Position übernommen, aber bis zum Abend des 21. April ebenfalls keinen Vorstoß durch die Ortschaft erzwingen können. In Unterstedt war neben wenigen Marinesoldaten eine Kompanie des Verdener Artillerie-Regiments 22 eingesetzt.

Die britische Umklammerung Rotenburgs hatte ungefähr die Stärke einer Division. Ihr Angriff auf die Stadt war für den nächsten Tag geplant. Im Rükken dieser Angriffskräfte operierten zwei britische Verbände, die das Gelände nach deutschen Splittergruppen sondieren sollten. Die 158. Brigade, die bereits Dreeßel und Jeddingen freigekämpft hatte, ging über Wittorf weiter

Hauptgefreiter Horst Kaiser wurde in Hemsbünde verschüttet.

nach Norden vor. Hier traf sie allerdings erst am 22. April bei dem Flecken Bretel nochmals auf deutschen Widerstand. Vermutlich hatten sich dort Teile der aus Jeddingen verdrängten Marine-Kompanie festgesetzt. Nach mehrstündigem Feuerkampf waren drei Waliser und sechs Marinesoldaten gefallen.

Die verworrensten Kampfhandlungen hatten bei Westerwalsede stattgefunden. Dort war das 2. Bataillon des „King's Royal Rifle Corps" zusammen mit dem 44. „Royal Tank Regiment" bereits am 18. April auf deutsche Kräfte gestoßen, die heute nicht mehr bestimmt werden können. Es werden jedoch mindestens 100 Mann Infanterie und mehrere 8.8 Flak-Geschütze gewesen sein. Beim ersten Schußwechsel verloren die Briten vier Panzer; kurz darauf zwei weitere. Die Kampfhandlungen, die sich anschließend im unübersichtlichen Waldgelände südwestlich von Westerwalsede abspielten, dauerten bis zum 19. April an. Hierbei setzten die Briten jedoch vorwiegend das 4. Bataillon der „Royal Horse Artillery" sowie eine Mörser-Batterie ein, die mit sehr gezieltem Punktfeuer auf die ungeschützten Flak-Soldaten schoß. Als die Kämpfe am Abend des 19. April abflauten, waren 30 Deutsche gefallen. Unter diesen befanden sich fünf Grenadiere und sechs Marinesoldaten. Die anderen gehörten ausschließlich zum Reichsarbeitsdienst. Es kann daher angenommen werden, daß eine RAD-Batterie, verstärkt durch Splittergruppen, die Hauptlast des Kampfes getragen und knapp zwei Tage lang zwei britische Bataillone gebunden hat. Einer der Gefallenen war der Unterfeldmeister Erwin Schulz, vermutlich der Chef der RAD-Batterie. Obwohl die Briten mindestens sechs Panzer verloren hatten, waren ihre nachweisbaren Personalausfälle gering. Sie betrugen einen Offizier und drei Mann.

Die britische Chronik der „King's Royal Rifle" schließt ihr Kapitel mit der Feststellung: „So endete eine 36-Stunden-Schlacht, auf welche das Bataillon mit Recht stolz sein kann."

Die Gefallenen von Westerwalsede, Hemsbünde, Wohlsdorf, Bartelsdorf und Hassel ruhen auf dem Friedhof in Westerwalsede. Die Gefallenen von Söhlingen, Hemslingen, Deepen, Brockel und Bretel wurden in Jeddingen beigesetzt. Insgesamt waren vom 18. bis zum 21. April im Raum um Visselhövede 159 deutsche Soldaten gefallen. Eine dreifache Zahl wird verwundet gewesen sein. Die Briten hatten sicherlich nicht mehr als 40 Mann verloren, die alle in Becklingen beerdigt wurden.

Unterfeldmeister Erwin Schulz fiel am 19. April 1945 bei Westerwalsede.

Soldatengräber auf dem Friedhof Westerwalsede.

Soltau und der Kessel-Willenbockel

Oberst Gerhard Grosan führte die eingeschlossene Kampfgruppe.

Der Landkrieg erreichte Soltau am 17. April 1945. Der Luftkrieg gegen die Heidestadt hatte dagegen bereits am 22. Februar des Jahres begonnen. Neben den Angriffen einiger Bomber ist vor allem der Einsatz einer australischen „Mosquito" interessant. Sie war mit einer automatischen Kamera ausgerüstet, die die „Erfolge" sofort fotografierte. Der Soltauer Bahnhof wurde fast völlig verwüstet. Daß dort gerade ein Lazarett-Zug hielt, haben die Briten übersehen. Glücklicherweise gab es „nur" einen toten und zwei verletzte Soldaten. Weitere Luftangriffe folgten am 25. Februar und am 7. April.

Die Katastrophe brach über Soltau am 11. April herein. Gegen 12.30 Uhr luden ca. 20 aus Westen kommende Flugzeuge mindestens 200 Bomben über der Stadt ab. Innerhalb von knappen zehn Minuten wurden annähernd 60 Häuser zerstört oder beschädigt. Insgesamt fanden 65 Menschen den Tod; darunter auch sieben Soldaten der Panzer-Abteilung 115.

Die ca. 100 Mann starke Abteilung gehörte zur 15. Panzergrenadier-Division, die gerade im Raum Wildeshausen kämpfte. Sie hatte in Soltau auf einen Panzertransport aus Neuenkirchen gewartet, als sie während der Verpflegungsausgabe von dem Luftangriff überrascht wurde. Kurz darauf rückte die Abteilung zu Fuß nach Neuenkirchen ab.

Nach der Bombardierung erhielt die Soltauer Reitschule vom Wehrkreiskommando X, Hamburg den Befehl, sofort mit allem Pferdematerial nach Schleswig-Holstein zu verlegen. Noch am Abend begann der lange Ritt nach Norden. Es waren ca. 350 Pferde, 80 Pfleger und 45 Soldaten. Einer der verantwortlichen Offiziere, Oberleutnant Joachim Grauenhorst, erinnert sich an eine Besonderheit: „Unserem Zug hatte sich der berühmte Generalfeldmarschall von Manstein angeschlossen." Der Feldmarschall war sicherlich einer der bedeutensten Soldaten des 2. Weltkriegs gewesen. Sein Aufmarschplan gegen Frankreich, sein „Sichelschnitt"

22. Februar, Angriff auf den Soltauer Bahnhof. (IWM)

7. April, „Typhoon"-Angriff auf die Bahnlinie Soltau-Visselhövede. (IWM)

durch die Ardennen, hatten den deutschen Generalstab ebenso verärgert wie den französischen dupiert. v. Manstein, der weltweit anerkannte Offensiv-Stratege, war von Hitler im März 1944 abgelöst worden. Die Zeit der Offensiven war vorbei! Der britische Militärhistoriker Liddell Hart sagte dazu: „So ging die Laufbahn des gefährlichsten militärischen Gegners der Alliierten zu Ende . . ." v. Manstein hatte seinen ältesten Sohn in Rußland verloren. Seine ostdeutsche Heimat hatte er kurz vor den sowjetischen Panzerspitzen im Januar 1945 verlassen müssen. Seither wohnte er im Gutshof Achterberg bei Dorfmark, am Rande des Truppenübungsplatzes Bergen. Hier hatte der Feldmarschall zehn ruhige Wochen gehabt, bis er am 11. April mit der Soltauer Reitschule weiter nach Schleswig-Holstein zog. In Soltau waren nur ca. 50 Soldaten, einige junge Offiziere sowie Oberstleutnant Körner zurückgeblieben. Körner war damit auch Kampfkommandant der Stadt

Breidinger Straße nach dem Bombenangriff am 11. April.

Oberleutnant Joachim Grauenhorst, Offizier an der Soltauer Reitschule.

Generalfeldmarschall v. Manstein bewohnte Gut Achterberg bis Anfang April '45.

Oberstleutnant Körner, Kampfkommandant von Soltau

geworden. Er verstand viel von Kavallerie und wußte alles über Pferde. Nun aber stand er vor einer Aufgabe, die ganz andere Dinge von ihm verlangte, und auch dann nicht lösbar war. Sicherlich sah er das Verhängnis kommen, nur abwenden konnte er es nicht.

Am 14. April mittags wurde er zur Befehlsausgabe der 2. Marine-Infanterie-Division nach Walsrode befohlen. Der Divisionskommandeur verlas als „Geheime Kommandosache" den Befehl Nr. 7 des Ems-Armee-Korps. „1.) . . . Es ist damit zu rechnen, daß der Feind . . . einen Durchbruch in Richtung Soltau erstrebt. 2.) Gen.Kdo-Ems A.K. . . . übernimmt am 14. 4. 1945, 24.00 Uhr, den Befehl im Abschnitt der 2. Mar.-Inf.-Div. mit unterstellter Kampfgruppe Grosan . . ." Bevor Körner zurückfuhr, wurde ihm gesagt: „Soltau wird zum befestigten Platz erklärt." Damit waren die Würfel gefallen. Was in klarer Befehlsform noch überzeugend klang, sah in der Realität erschreckend aus.

Die 2. Marine-Infanterie-Division, die zum Zeitpunkt der Befehlsausgabe bereits an mehreren Stellen entscheidend geschlagen war, konnte noch nicht einmal Neuenkirchen ernsthaft verteidigen. Die Kampfgruppe-Grosan sollte die Linie von Uelzen bis Soltau einschließlich sichern, verfügte dazu aber über viel zuwenig schwere Waffen. Das mußte den Ausschlag geben, denn den Angriff auf Soltau würde die 7. U.K. Panzer-Division führen. Sie hatte immerhin knapp 300 Panzer nebst Panzerjägern, Flak und Artillerie. Sicherlich wußte Oberstleutnant Körner dies alles nicht so genau, aber es hätte ihm auch nichts genutzt. Das Korps hatte befohlen; die Division hatte Soltau zum befestigten Platz erklärt; Körner konnte nur gehorchen.

Noch am selben Abend machte er seine Befehlsausgabe. Sie fand ab 20.00 Uhr in der Reitschule statt. Anwesend waren u. a. der Bürgermeister, der Landrat, der Kreisleiter, der Bannführer und die beiden Kommandeure der Volkssturm-Bataillone. Außerdem mehrere Offiziere. Unter diesen auch ein Hauptmann, der als „Sonderbeauftragter des OKW" befugt war, Standgerichte einzuberufen und Todesurteile zu verhängen und vollstrecken zu lassen. Oberstleutnant Körner sagte ihnen, was ihm befohlen worden war: „Soltau wird zum befestigten Platz erklärt." Bürgermeister Klapproth warf ein, daß die meisten Häuser der Innenstadt Fachwerkbauten seien und die Verteidigung furchtbare Folgen haben müsse. Die Kommandeure der Volkssturm-Bataillone erklärten, daß ihre Männer nicht ausgebildet und kaum bewaffnet seien. Körner erwiderte, er werde Versprengten-Sammelstellen einrichten lassen und somit sicherlich einige Kompanien aufstellen können. Einer der anwesenden Offiziere soll ergänzt haben, daß außer SS-Truppen noch eine kampfkräftige Division zur Verfügung stünde. Tatsächlich gab es zu diesem Zeitpunkt aber nirgendwo eine verfügbare und kampfkräftige Division, die im Raum Soltau hätte eingreifen können. Die sogenannten SS-Truppen waren die gehetzten Soldaten des SS-Bataillons 12, die Soltau nur gruppenweise erreichen konnten und später nicht die Zeit hatten, sich irgendwo zur Verteidigung einzurichten. Als Oberstleutnant Körner seine Befehlsausgabe beendet hatte, verfügte er noch immer nur über seine ca. 50 Soldaten in der Reitschule. Die Spitzen der geschlossen angreifenden 7. U.K. Panzer-Division standen zu diesem Zeitpunkt dicht vor Walsrode, nur 40 Kilometer von Soltau entfernt.

Am nächsten Tag wurden drei Soldaten wegen Fahnenflucht und eine Zivilperson wegen defätistischer Äußerungen im Böhmewald standrechtlich erschossen. Ihre Gräber kennt niemand. Vielleicht gehören sie zu den „Unbekannten" auf dem Soltauer Friedhof. Zur gleichen Zeit bildeten die Versprengten-Sammelstellen beim Hotel Dransfeld und bei Thierbach aus zurückgehenden Soldaten neue Teileinheiten. 30 Mann und ein Feldwebel waren ein Zug. Drei Züge und ein Leutnant waren eine Kompanie. Bewaffnung und Truppengattung spielten keine Rolle. Was sich da sammelte, waren Angehörige geschlagener Verbände und jene, die die Verbindung zur eigenen Truppe verloren hatten. Sie kannten einander nicht und hatten nur eines gemeinsam: Sie waren allesamt mehrfach besiegt worden; am Rhein, an der Weser, an der Aller.

Oberstleutnant Körner bildete aus ihnen drei Kompanien zu je ca. 100 Mann. Diese unterstellte er dem Rittmeister Weidemann. So verfügte Soltau am 15. April wenigstens über ein Bataillon. Das war wichtig, denn die beiden Volkssturm-Bataillone waren nach Darstellung des damaligen Bürgermeisters am selben Tage wegen mangelnder Ausrüstung aufgelöst worden.

Andererseits waren aber auch Teile der Kampfgruppe-Grosan eingetroffen. Sie waren von Ostenholz und Bergen über Achterberg und Tetendorf nach Soltau marschiert. Nur der Ia, Major i.G. Salb, war über Wietzendorf und Munster gefahren. Grosans kampfkräftigste Einheit führte Major Hache. Diese verfügte über einen „Panther", einen „Tiger", zwei Sturmgeschütze und ca. sechs Pak-Geschütze 7.5 cm. Einen weiteren „Tiger" hatte Grosan an der Panzersperre in Bassel zurücklassen müssen, da das Benzin nicht mehr bis nach Soltau gereicht hätte. Der „Tiger" mit dem leeren Tank sollte trotzdem noch eine bemerkenswerte Rolle spielen. Somit waren aber immerhin zehn schwere Waffen verblieben, mit denen die Ortseingänge von Soltau sicherlich nachhaltig hätten verstärkt werden können. Aber genau das machte Oberst Grosan nicht. Der Chef-Taktiker der Panzertruppen-

7.5 cm Pak-Geschütz

schule wußte, daß sich aus der Lücke zwischen Neuenkirchen und Soltau letztlich eine akute Flankenbedrohung ergeben würde. Außerdem mußte ihm klar sein, daß es den angreifenden Briten weniger um Soltau als um die Reichsstraße 3 ging, die nach Norden und damit nach Hamburg führte. Und genau dort wollten die „Desert Rats" hin. So befahl Grosan den „Panther" und die Sturmgeschütze nach Ahlften, während der „Tiger" und die Pak-Geschütze am Westrand von Wolterdingen in Stellung gingen. Seine vier Infanterie-Bataillone versammelte Oberst Grosan zunächst im Raum um Dittmern. Offenbar war ihm die Feindlage zu unklar, um ihnen schon jetzt Stellungen zuzuweisen.

Die Kompanien des Rittmeisters Weidemann besetzten die Panzersperren bei Bassel und Willingen sowie den Ortsausgang nach Frielingen in Höhe des Bahnüberganges. In den beiden letzten Stellungen befanden sich bereits ein bzw. zwei Pak-Geschütze unbekannten Kalibers.

Die „Böhme-Zeitung" nannte ihren Leitartikel „Die letzte Phase". Darunter war zu lesen: „. . . , daß zwar auf dieser Welt keine Wunder zu geschehen pflegen, daß aber der entschlossene Wille und die unbeugsame Standhaftigkeit schließlich doch die Hilfe der Götter herbeiziehen." Und abschließend hieß es: „Die unlösbare Gemeinschaft unseres Volkes muß auch in der schwersten Lage der granitene Fels sein, gegen den die feindlichen Sprengbomben nichts ausrichten können, und der die Zeit überdauern wird." Damit stellte die Zeitung ihr Erscheinen ein. Ihre nächste Ausgabe datiert vom August 1949.

In Soltau wuchs die Spannung. Immer häufiger hörte man im Süden und Südwesten Gefechtslärm. Noch immer zogen Gruppen erschöpfter Soldaten durch die Stadt. Mehrere davon gehörten zum SS-Bataillon 12. Teilweise transportierten sie ihre dürftige Ausrüstung auf Handwagen. Einige der 17jährigen benutzten Spazierstöcke. Ihr Bataillonskommandeur hielt sich mit seinem Gefechtsstand kurzfristig auf dem Harmshof am südlichen Stadtrand auf. Aber er mußte erkennen, daß sein zersplittertes Bataillon nicht mehr führbar war. Er hätte mindestens zwei Tage gebraucht, um es wieder zu sammeln und neu zu gliedern. Aber diese Zeit ließen ihm die Briten nicht. So blieb das allgemeine Marschziel weiterhin Hamburg. Für die meisten bedeutete das noch einmal 70 Kilometer Fußmarsch. Nur die Gruppe des Rottenführers B. marschierte auf gut Glück zum Soltauer Bahnhof und bestieg buchstäblich „den letzten Zug nach Hamburg".

Lediglich einem Offizier des SS-Bataillons war es gelungen, aus Einzelgruppen eine kompaniestarke Einheit zu bilden. Mit dieser ging er in Ahlften beim Bauern Bostelmann in Stellung. In unmittelbarer Nähe standen der „Panther" und die beiden Sturmgeschütze des Majors Hache. Dem Hofbesitzer Bostelmann hat das gar nicht gefallen, zumal ihm der SS-Offizier verbot, das Vieh auf die Weide zu lassen. So mußten die 20 Rinder und zwei Pferde im Stall bleiben, was ihnen zum Verhängnis werden sollte. Der Offizier hatte offenbar befürchtet, daß ihm die Tiere auf der Weide das Schußfeld verstellen würden. Neben dieser SS-Kompanie war die Verteidigung von Soltau noch durch eine Volkssturm-Kompanie aus Munster verstärkt worden. Es handelte sich vorwiegend um 17jährige. Zehn von ihnen waren aus Munster, die anderen stammten aus benachbarten Ortschaften, die heute zum sogenannten Altkreis gehören. Als die Jungen in der Soltauer Reitschule eintrafen, galt der Volkssturm bereits als aufgelöst. Man hätte sie also zurückschicken müssen. Doch statt dessen wurden sie ausgerüstet. Auch das geschah sehr merkwürdig. Zunächst bekam jeder einen Karabiner und zwei volle Magazine. Wer einen Panzer abschießen wollte, erhielt eine Panzerfaust. Wer zwei wollte, bekam ein Fahrrad dazu. Dann wurde die Kompanie verteilt. Vermutlich überwiegend in Tetendorf. Jedenfalls wurde nur dort der Einsatz von Volkssturmsoldaten bekannt. Ebenfalls sicher ist der Einsatz einer Gruppe von zehn Mann, die dort zunächst das Haus eines damaligen Polizeioffiziers besetzte.

„Sherman"-Panzer mit 7.6 cm Kanone

Der Kampf im Raum Soltau begann am 16. April, um 15.00 Uhr. Das 1. „Royal Tank Regiment" war über Jarlingen nach Frielingen vorgegangen. Bei Leitzingen verlor es seine beiden ersten „Sherman"; vermutlich durch Panzerfaustschützen des SS-Bataillons 12. Das Regiment stoppte den Vormarsch unverzüglich und drehte auf Wiedingen, nach Norden ein. Gegen 17.30 Uhr erreichte es die heutige B 71. Dort blieb es stehen und sicherte vor allem nach Norden. Taktisch gesehen war mit dieser engräumigen Umgehung die Entscheidung im Kampf um Soltau bereits gefallen. Die 50 Panzer der „Royal Tanks" konnten von Nordwesten kampflos in die Stadt einmarschieren. Es gab keine deutschen Kräfte mehr, die sich ihnen hätten entgegenstellen können. Aber die Briten interessierte Soltau wenig. Sie wollten auf die Reichsstraße 3. Dennoch versuchten sie am Morgen des 17. einen erneuten Vorstoß entlang der Visselhöveder Straße. Sie verloren wiederum zwei Panzer. Diesmal durch die beiden Pak-Geschütze, die dicht bei dem Bahnübergang standen. Die Briten brachten ein Infanterie-Bataillon nach vorn, das gegen Mittag die deutschen Stellungen überflügelte und sehr vorsichtig die ersten Häuser am westlichen Stadtrand besetzte. Bereits zwei Stunden zuvor waren die 1. „Royal Tanks" von Wiedingen in Richtung Ahlften vorgefahren. Ihr erster Panzer wurde von einem Sturmgeschütz abgeschossen. Der Angriff stoppte. Ab 11.00 Uhr lag Artilleriefeuer auf dem Dorf. Wie die meisten Einwohner waren auch Bostelmanns in den Keller geflüchtet. Der damals zehnjährige Wilhelm erlebte es so: „Erst als es nach Qualm roch, liefen wir alle die Treppe hinauf und flüchteten durch das brennende Wohnhaus zu den Tannen. Da das Artilleriefeuer nicht aufhörte, gruben wir uns in der Tannenschonung mit bloßen Händen in die Erde. Währenddessen brannte das Wohnhaus ab. Auch der Stall mit unserem gesamten Vieh."

Dem „Panther" und den Sturmgeschützen war durch das artilleristische Dauerfeuer keine Zielbeobachtung mehr möglich. Die Sturmgeschütze zogen sich zurück. Der „Panther" schoß einen britischen Spähpanzer ab, wurde aber kurz darauf durch den flankierenden Angriff ebenfalls getroffen. Die Besatzung konnte sich leicht verwundet retten. Trotzdem wagten die Briten keinen direkten Vorstoß. Ihr Regiment fuhr nach Wieheholz. Von dort aus klärte ein Spähtrupp in Richtung Wolterdingen auf. Er erkannte offenbar die deutschen Geschützstellungen. Die Briten schossen ein paar Artilleriegranaten in den Ort, ließen sich aber auf keinen direkten Feuerkampf ein, sondern rollten auf einem sandigen Waldweg weiter

Britischer Spähpanzer „Mark I“

nach Norden, auf Vahlzen zu. Als sich der Spitzenpanzer des 1. „Royal Tank Regiment“ auf 700 Meter dem Ort genähert hatte, erkannte er dort eine klobige Silhouette, die durchaus Ähnlichkeit mit einem deutschen Panzer gehabt haben kann. Der „Sherman“ traf mit dem ersten Schuß. Im Vorbeifahren sahen die Briten, daß sie nur ein Denkmal zerstört hatten. Dieses erinnerte an die für Soltau glücklich verlaufene Schlacht von Langeloh im Jahre 1519. Das zertrümmerte Denkmal liegt heute noch immer an der Kreuzung in Vahlzen und erinnert so auch an die zweite für Soltau sehr verhängnisvolle Schlacht, die fast 430 Jahre später stattfand. Der britische Vorstoß nach Norden erfolgte schnell. Auch der Widerstand einer kleinen SS-Splittergruppe in Schülern konnte rasch gebrochen werden. Als drei Gebäude in Flammen standen, rollten die „Shermans“ weiter in Richtung Schneverdingen.

Die Stadt war in den letzten Jahren durch Ostflüchtlinge von ehemals 3.000 auf jetzt 6.000 Einwohner angewachsen. Die Ortschronik datiert die beiden einzigen Luftangriffe auf den 15. Februar und den 25. März. Hierbei waren drei Menschen getötet, mehrere Häuser und die Schuhfabrik Röhrs zerstört worden. Auf eine Verteidigung war die Stadt nicht vorbereitet. Es wäre wohl auch kein Schuß gefallen, wenn nicht am Tage zuvor die 3. Artillerie-Abteilung der 2. Marine-Infanterie-Division auf dem Schneverdinger Bahnhof eingetroffen wäre. Die Abteilung hätte, wie die gesamte Artillerie der Marine-Division, längst an der Aller stehen sollen. Da sie lagebedingt nicht mehr dorthin gelangen konnte, hatte sie auf dem nächstbesten Bahnhof angehalten und entladen. Das war am Abend des 16. April gewesen. Am nächsten Morgen, als der Abteilungskommandeur eine Geländeerkundung für den Einsatz seiner Geschütze durchführte, rollten die Panzer des 1. „Royal Tank Regiment“ in breiter Front gegen Schneverdingen. Mit Mühe wurden südlich der Stadt auf dem Meyerhof ein Geschütz und eine Vierlings-Flak in Stellung gebracht. Es soll im nahen Hofwald auch einige infanteristisch kämpfende Marinesoldaten gegeben haben. Trotzdem ging alles sehr

Das ehemalige Denkmal für die Schlacht bei Soltau von 1519

schnell. Zunächst brannte der Meyerhof und kurz darauf die Schonung am Nordrand von Gallhorn. Oberleutnant G. und zwei weitere deutsche Soldaten waren gefallen. 17 Verwundete waren noch während des kurzen Feuerkampfes von Schwestern des „Roten Kreuzes" in sehr tapferer Manier versorgt und geborgen worden. Einer von ihnen verstarb Tage später. Seither ruhen auf dem Neuen Friedhof neben anderen Kriegstoten auch vier Soldaten, die in dem zufälligen Kampf um Schneverdingen ihr Leben ließen.

Soldatengräber auf dem Friedhof in Schneverdingen

Gegen 11.00 Uhr übergab Bürgermeister Meyer die Stadt dem Kommandeur der 1. „Royal Tanks". Fast zur selben Zeit wurde die gut 20 Kilometer südostwärts von Schneverdingen gelegene Garnisonsstadt Munster von einer Panzeraufklärungs-Kompanie des „Inns of Courts Regiment" besetzt. Die Garnisonsstadt, in deren sieben großen Baracken-Lagern häufig mehr als 5.000 Soldaten gelegen hatten, war in den letzten Monaten systematisch entmilitarisiert worden. Nachdem auch noch die Genesenen-Kompanie an die Wietze und die Volkssturm-Kompanie nach Soltau abgerückt waren, gab es in Munster nur noch die verwundeten Soldaten, die im Lazarett, der heutigen „Peter-Bamm-Kaserne", lagen. So konnte die britische Aufklärungs-Kompanie, die vermutlich aus dem Raum Uelzen kam, am 17. April gegen Mittag kampflos einrücken. Ihre Spähpanzer standen am Hotel

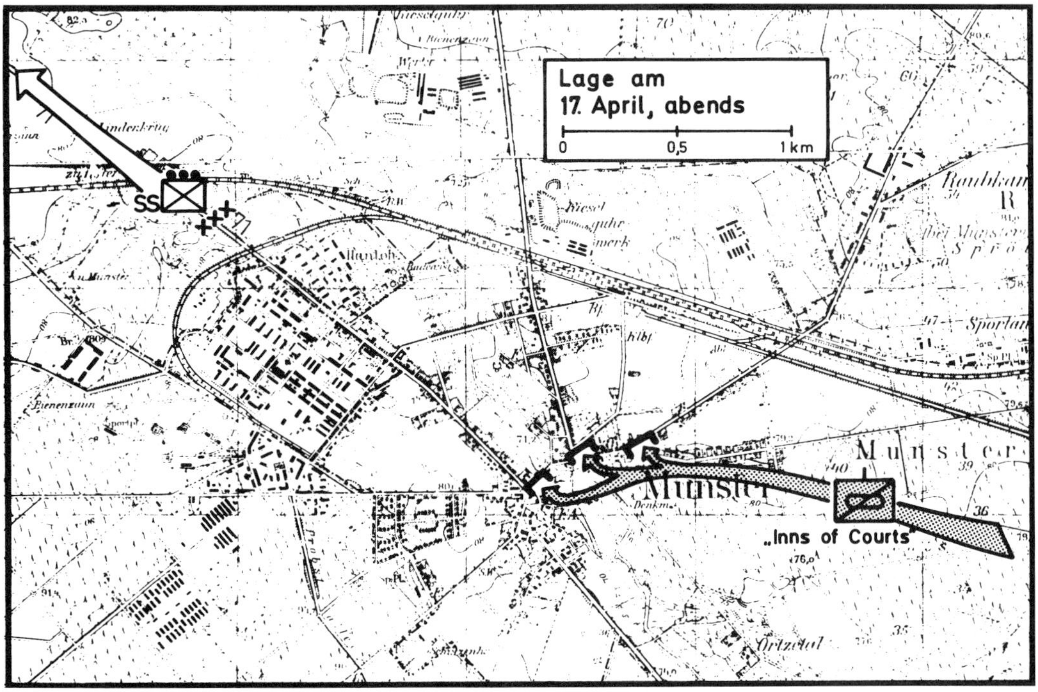

Winkelmann, bei Bäcker Schröder und an der Gabel der Lüneburger Straße. Glücklicherweise fuhren sie nicht weiter. Sie sollten wohl auch nur die linke Flanke ihrer Division gegen deutsche Kräfte aus dem Raum Soltau sichern. Anderenfalls wären sie kurz hinter dem westlichen Ortsrand auf eine Panzersperre gestoßen, die von den SS-Soldaten aus Lachendorf besetzt war. Diese hatten sich bereits am Vortag aus Reiningen hierher zurückgezogen. Bürgermeister Heinrich Cordes, der „Lütje Bur“ genannt wurde, hatte versucht, sie zum Abrücken zu bewegen. Aber er hatte keinen Erfolg. Trotzdem gingen sie noch am selben Tag bis Emmingen zurück, und wenig später waren sie in Wietzendorf. Aber das hatte nichts mit dem Munsteraner Bürgermeister zu tun, sondern geschah auf Befehl. In jedem Falle ist der 17. April für die Garnisonsstadt ein glücklicher Tag gewesen.

In Soltau war das ganz anders. Bevor es dort jedoch zum direkten Kampf um die Stadt kam, ereignete sich nur wenige Kilometer nördlich etwas, das nur aus den militärischen Wirren jener Tage erklärbar war. Das letzte deutsche Fahrzeug, das das Kampfgebiet im Ostenholzer Moor verlassen hatte, war eine Zugmaschine, auf der sich neun verwundete Soldaten befanden. Unter diesen war auch die fünfköpfige Besatzung des „Tiger – F 02“. Der damalige Panzerfahrer Otto George: „Es kursierte das Gerücht, daß es in Hamburg noch Panzer gäbe. Also wollten wir auch dorthin, um uns einen neuen zu holen.“ Unteroffizier Erich Franzen und seinen Männern war von der Ostenholzer Bevölkerung mehrfach geraten worden, einfach Zivil anzuziehen und mit dem Krieg aufzuhören. Der Panzerunteroffizier hat dieses Ansinnen abgelehnt: „Wir fühlten uns als Soldaten und wollten nicht wahrhaben, daß alles umsonst und vorbei war. Irgendwie glaubten wir noch an den Endsieg. Deshalb zogen wir kein Zivil an, sondern fuhren auf einer offenen Zugmaschine nach Norden.“ Am 17. morgens war das Fahrzeug in Soltau. Wegen der feindlichen Tieflieger sollte der Marsch eigentlich erst in der nächsten Nacht fortgesetzt werden. Da aber die Briten bereits ab 06.30 Uhr auf Ahlften vorgingen und somit eine Einschließung drohte, entschlossen sich die Panzersoldaten, auf der Reichsstraße 3 in Richtung Hamburg weiterzufahren. Ein verhängnisvoller Entschluß. Ungefähr zur selben Zeit ließ ein deutscher Pionierfeldwebel eine Sperre aus Panzerminen anlegen. Diese verlief hart südlich der Eisenbahnunterführung quer über die Reichsstraße 3 und sollte offenbar den aus Ahlften erwarteten britischen Vorstoß aufhalten. Doch statt der Briten, die hier nicht durchstoßen konnten, kam die deutsche Zugmaschine. Sie wurde von einer Panzermine buchstäblich zerfetzt. Fünf Mann der neunköpfigen Besatzung waren sofort tot. Unter ihnen der Ladeschütze des „F 02“, Obergefreiter Heinrich Pfaffelhuber. Dem Funker Ernst Spahr waren beide Beine abgerissen worden. Er verblutete innerhalb der nächsten Minuten. Unteroffizier Franzen hatte eine schwere Kopfverletzung und war ohnmächtig. Er lag mit dem ebenfalls schwerverwundeten Otto George und Karl Specht zwischen den Toten mitten auf der Straße. Die Bewohner des nächsten Hauses, die Familie G., hatte in einem nahen Erdbunker Schutz gesucht und kurz vor 10.00 Uhr die Minendetonation gehört. Sie hielten die Explosion jedoch für ein Zeichen des näherrückenden Kampfes und hätten wohl auch anderenfalls nicht gewagt, nachzusehen, was passiert war. Wenig später kam ein deutscher Kübelwagen aus Richtung Soltau und hielt bei den Verwundeten. Otto George, der gerade wieder zu sich gekommen war, erkannte Feldwebel W. und Unteroffizier v. D. Noch Jahrzehnte nach dem Krieg erinnert sich George an die folgende Szene: „Beide waren allgemein als Feiglinge bekannt. Sie erkundigten sich, ob ich große

Schmerzen hätte und sagten, daß sie leider nicht helfen könnten. Die Engländer würden uns dann wohl bald ins Lazarett bringen. Damit fuhren sie weiter." Stunden später haben Frau G. und ihr Sohn die drei Schwerverwundeten in das Haus getragen. Abends wurden sie von britischen Sanitätern in das Soltauer Lazarett gebracht. Alle drei überlebten. Allerdings erwachte Franzen erst am 6. Mai aus dem Koma. Er hatte ein Auge verloren. Fräulein Frieling, die auf Umwegen von dem Unglück erfahren hatte, suchte in vielen Lazaretten nach ihm, bis sie ihn endlich in Soltau fand. Nach seiner Genesung im September 1945 heirateten sie in Ostenholz. Die sechs bei Wolterdingen durch die Minendetonation gefallenen Soldaten erhielten auf dem dortigen Friedhof ihre letzte Ruhestätte.

Sechs Soldatengräber auf dem Friedhof in Wolterdingen

Während das 1. „Royal Tank Regiment" Soltau am 17. April morgens im Westen umgehen sollte, hatte das 8. Panzeraufklärungs-Regiment, das durch eine Kompanie des 11. Regiments verstärkt war, eine ostwärtige Umgehung zu erkunden. Die britischen Aufklärer waren gegen 08.00 Uhr vom Nordrand Dorfmarks aufgebrochen. Mit insgesamt ca. 90 leichten und mittleren Panzern gingen sie vorsichtig über Wense, Fuhrhop zur heutigen B 3 vor. Ohne Feindberührung erreichten sie diese bei Punkt 68.7, genau 1.000 Meter südostwärts der Panzersperre Bassel. Es wird gegen 10.00 Uhr gewesen sein, als der vorausfahrende Spitzenzug die Sperre erkannte und einen Beobachtungshalt einlegte. Reichlich auffällig und ungetarnt stand hinter der Sperre der „Tiger"-Panzer, den Oberst Grosan hier zurückgelassen hatte. Seine 8.8 cm Kanone beherrschte die schnurgerade Straße auf knapp 2.000 Meter. Die 7.6 cm Kanonen der britischen „Shermans" hatten dagegen keine Chance. Auch das Kräfteverhältnis nutzte den Briten nichts. Auf dieser Straße, die keine Umgehung zuließ, waren auch 60 „Shermans" einem einzelnen „Tiger" unterlegen. Was weiter geschah, ist unbekannt. Vermutlich hat das Aufklärungs-Regiment mehrere Stunden lang nach den nicht vorhandenen Umgehungsmöglichkeiten gesucht. Dann hat es offenbar aufgegeben und ist in einem großen Bogen um Soltau herumgefahren. Gegen 14.00 Uhr griff es jedenfalls nördlich Soltau von Langeloh aus auf Heber und Surbostel an. Offensichtlich sollte es nun endlich den Zugang zur heutigen B 3 erzwingen. In beiden Dörfern hatte sich die insgesamt 60 Mann starke Kompanie des Untersturmführers Fries verschanzt. Als die Briten dicht genug heran waren, eröffneten die SS-Soldaten das Feuer. Da den Aufklärern wiederum die eigene Infanterie fehlte, forderten sie auf beide Dörfer nachhaltiges Artilleriefeuer an. Erst als die Kompanie-Fries gegen 19.00 Uhr nach Norden auswich, konnten die 8. „Hussars" endlich zur B 3 vorstoßen. Deutsche Verluste hat es nicht gegeben. Auf britischer Seite soll ein Offizier gefallen sein. Allerdings waren in Heber sieben und in Surbostel drei Bauernhöfe abgebrannt.

Gegen die Sperre bei Willingen rückte gegen Mittag das 5. „Dragoon Regiment“ an. Um 13.30 Uhr wurde der Spitzenpanzer durch die dort postierte Pak abgeschossen. Das Panzer-Regiment stoppte. Ein Bataillon der 155. Infanterie-Brigade ging an der Bahnlinie entlang vor, um die an der Sperre stehenden deutschen Kräfte zu umgehen. Aber die Pak-Bedienung und die 2. Kompanie des Bataillon-Weideman erkannten die Gefahr und zogen sich bis Soltau zurück. Wenig später griffen das 5. und 7. „Royal Tank Regiment“ Soltau direkt von Süden an. Die insgesamt 140 Panzer kamen auf den schmalen Sandwegen über Meßhausen und Loh nur langsam vorwärts. Erst gegen 18.00 Uhr standen sie vor Tetendorf. Der Ortsteil war seit kurzem von einer Volkssturm-Gruppe geräumt worden. Es hatte sich dabei um jene sehr jungen Soldaten gehandelt, die erst am Vortage aus Munster

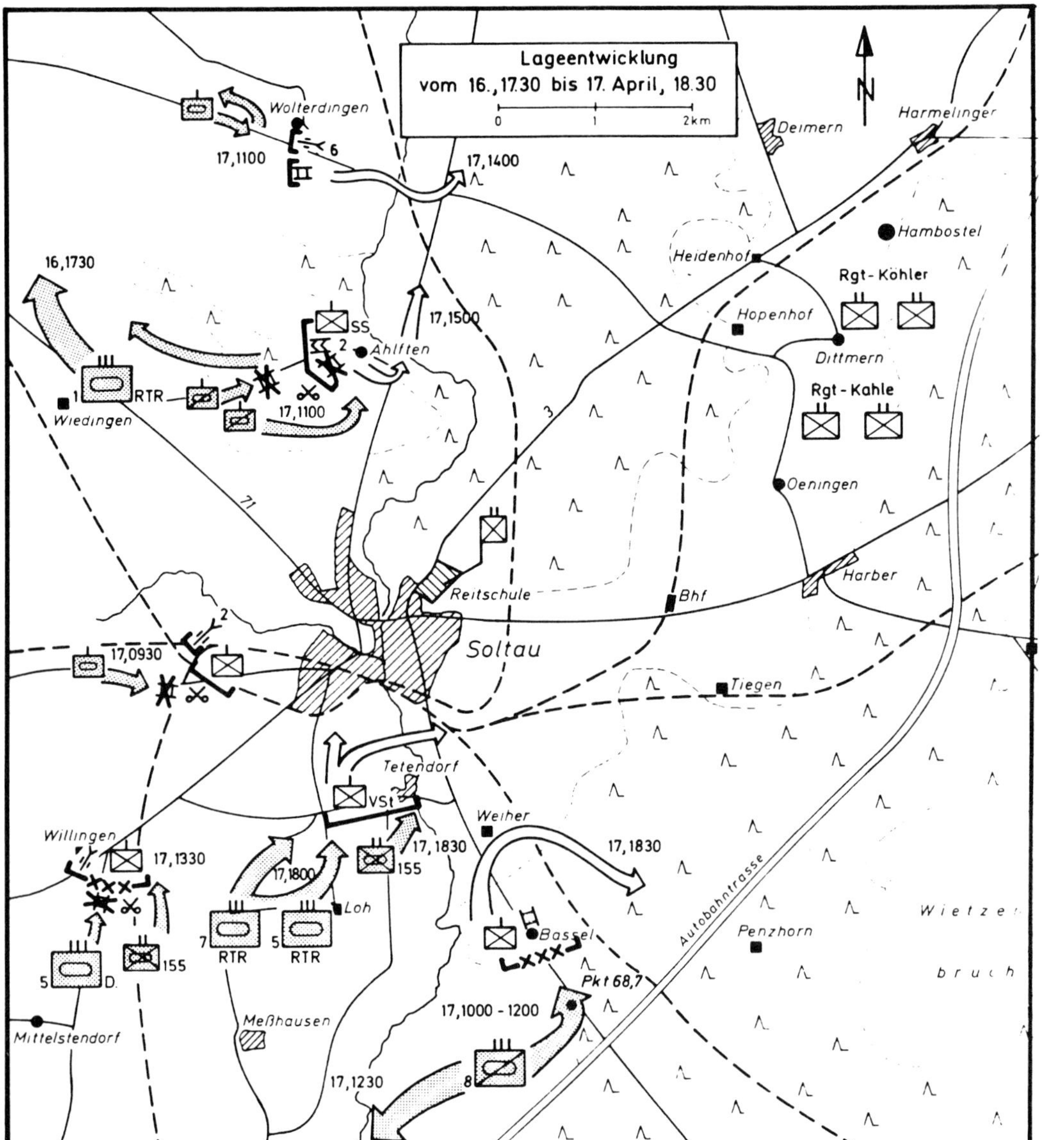

gekommen waren. Das Motorengedröhne der beiden anrückenden Panzer-Regimenter hatte ihnen die Hoffnungslosigkeit ihrer Lage verdeutlicht. Der damals 17jährige Karl Heinz R. erinnert sich: „Als wir die Panzergeräusche von Süden hörten, sagte unser Unteroffizier, daß wir jetzt keine Chance mehr hätten. Wir sollten nach Hause gehen. Wenig später rückten wir an der Eisenbahnlinie entlang ab nach Munster. Bis auf einen. Das war Gerd Behning. Er hielt uns für Feiglinge, vielleicht auch für Verräter. Er kam also nicht mit uns und zog sich vermutlich alleine auf den Stadtkern von Soltau zurück.“ Um 18.30 Uhr sickerte ein Infanterie-Bataillon in Tetendorf ein. Die Panzer-Regimenter folgten. Das 5. „Dragoon Regiment“ durchfuhr Neu Tetendorf um 19.10 Uhr. Damit stand der direkte Kampf in Soltau unmittelbar bevor. Die deutschen Verteidiger bestanden ausschließlich aus den beiden Kompanien, die zuvor an den Sperren bei Willingen und an der Bahnlinie in der Visselhöveder Straße eingesetzt waren. Die 3. Kompanie, die an der Sperre bei Bassel gestanden hatte, war zunächst auf Weiher zurückgegangen. Nach der Besetzung von Tetendorf war sie jedoch praktisch von Soltau abgeschnitten. Sie wich daher in das Wald- und Moorgelände Penzhorn nach Südosten aus.

Während des gesamten Tages hatte Artilleriefeuer auf Soltau gelegen. Das britische Artillerie-Regiment, das im Raum Mengebostel-Jettebruch-Dorfmark mit insgesamt acht Batterien in Feuerstellungen stand, hatte in der Stadt bereits mehrere Häuser in Brand geschossen. Unmittelbar vor dem Einmarsch hörte der Beschuß auf. Fast gleichzeitig drangen das 5. „Dragoon Regiment“ auf der Walsroder Straße und das 5. „Royal Tank Regiment“ auf der Celler Straße in das Stadtzentrum vor. Beide Regimenter wurden von je einem Infanterie-Bataillon gegen

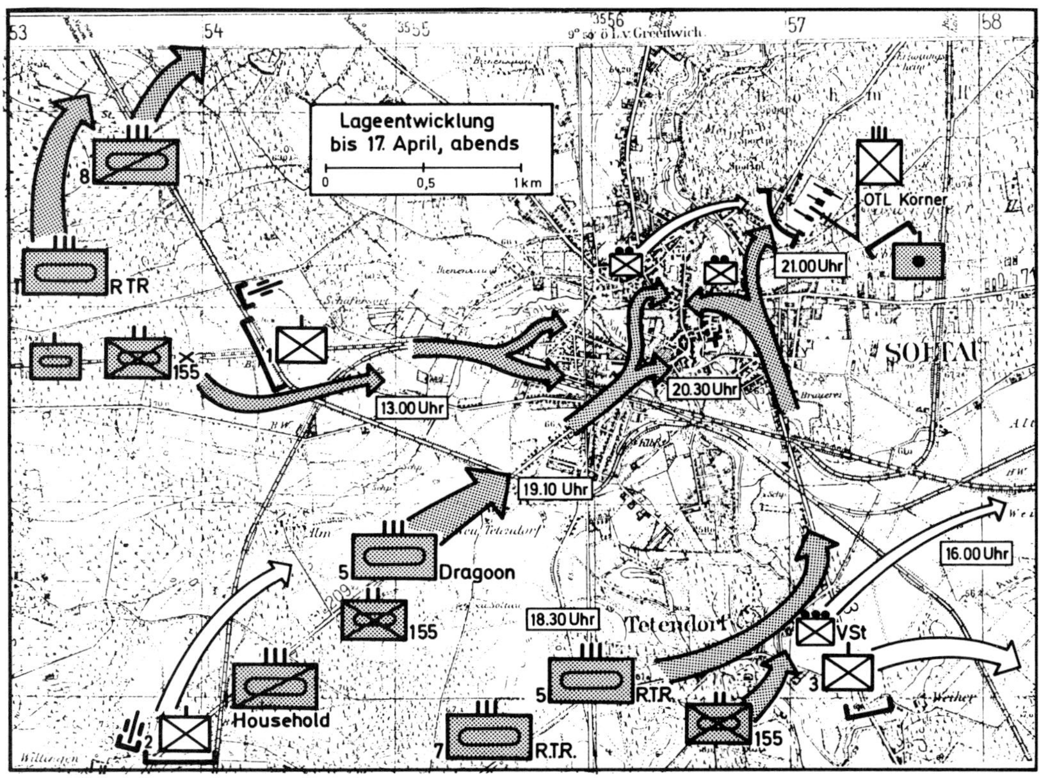

Panzerfaustschützen gesichert. Gegen diese Zangenbewegung der beiden Panzer-Regimenter gab es für die ca. zehn Widerstandsnester in der Soltauer Innenstadt von Anfang an keinerlei Chance. Trotzdem wurde gekämpft. Ein sechs Mann starkes Panzerjagd-Kommando unter Führung von Leutnant Saß lauerte im „Hagen". Als der erste „Sherman" dicht vor der Brücke über die schmale Soltau stand, sprang der Leutnant mit Unteroffizier Abarth und zwei Nahsicherern nach vorn. Ihr im „Hagen" stehendes MG übernahm den Feuerschutz. Als der Panzer gerade auf die Brücke fahren wollte, brüllte Saß: „Feuer! " Abarth hatte seine Panzerfaust kurz an einen Baum gelehnt und drückte ab. Aus dem „Sherman" schoß eine meterhohe Stichflamme. Die Männer des Leutnants Saß riefen: „Hurra, ein Panzer! " und zogen sich zurück. Minuten später war der Teufel los. Die britischen Panzer eröffneten das Feuer auf zahlreiche Gebäude. Flammenwerfer setzten die „Herberge zur Heimat" und das Dach des Finanzamtes in Brand. Die britische Infanterie schoß mit Maschinenpistolen und Maschinengewehren auf alle verdächtigen Fenster und Türen. Den auf der Celler Straße vorstoßenden „Royal Tanks" stellte sich Leutnant Hohn mit seiner Gruppe entgegen. Der nun beginnende Straßenkampf dauerte bis 21.00 Uhr. Leutnant Hohn mußte sich aber bald der feindlichen Infanterie ergeben. Er wurde gezwungen, ihr als Kugelfang zu dienen, während sie langsam durch die Wilhelmstraße vorging. Die Gruppe des Leutnants Saß, die vermutlich noch durch andere Soldaten unterstützt wurde, verzögerte den britischen Vorstoß durch den „Rühberg" für gut eine Stunde. Aber die Briten waren jetzt vorsichtiger geworden. Vor ihren Panzern durchsuchte die Infanterie fast jedes Haus. Saß ging mit seinem MG nochmals auf der Veranda des Hotels Dransfeld (heute „Mann und Mode") in Stellung. Nachdem der letzte Gurt verschossen war, befahl er den Rückzug zur Reitschule. Zur gleichen Zeit trafen sich die Spitzen der beiden Panzer-Regimenter vor dem Soltauer Rathaus. Der dienstgradhöchste britische Offizier in Soltau war zu diesem Zeitpunkt ein „Full Colonel", – ein Oberst unbekannten Namens. Er gab sich mit diesem Erfolg nicht zufrieden. Er wollte noch an diesem Tage die vollständige Eroberung Soltaus abschließen. Er kannte die Reitschule sicherlich von der Karte, und er wußte wohl auch aus Gefangenenaussagen, daß dort der Gefechtsstand des Kampfkommandanten Oberstleutnant Körner war. Noch während die Kämpfe in der Innenstadt andauerten, hatte er aus einem Infanterie-Bataillon und einigen Panzern eine separate Kampfgruppe gebildet, die die Reitschule besetzen sollte. Er hatte zusätzlich in der Böhmheide eine Artillerie-Batterie in Stellung gehen lassen; offenbar, um die Schule unter Beschuß zu nehmen, falls dies notwendig würde. Stabszahlmeister Heitmann befand sich im Keller der angrenzenden Standortverwaltung. Kurz vor 21.00 Uhr wurde er von einem bei ihm beschäftigten, kriegsgefangenen Polen nach oben gerufen. Heitmann, der glaubte, Verpflegung ausgeben zu sollen, kam der Aufforderung nach. Er wurde von fünf Briten gefangengenommen. Auch der unbekannte Colonel war anwesend. Dieser forderte Heitmann auf, mit zur Reitschule zu kommen. Dort sollte der Zahlmeister den Oberstleutnant Körner zur Kapitulation auffordern, anderenfalls würde die Reitschule in Schutt und Asche gelegt. Aber Heitmann kam nicht zu Körner. Er erreichte nur eine knapp 30 Mann starke Besatzung in einem der vielen Keller. Als er mit diesen zu dem britischen Oberst zurückkehrte, detonierte in unmittelbarer Nähe eine deutsche Panzerfaust, die aus einem der anderen Keller abgeschossen worden war. Zwei britische Soldaten waren auf der Stelle tot, mehrere waren verletzt. Ebenso drei deutsche Gefangene. Der Colonel hatte einen Splitter im Hals und andere, leichtere Verletzungen. Die

Kampfgruppe zog sich mit ihren Verwundeten zurück. Der Colonel verstarb wenige Stunden später. Der tödliche Panzerfaustschuß war aus dem Keller II abgegeben worden. Dort befand sich der Gefechtsstand des Oberstleutnants Körner. Gegen 23.00 Uhr führte er das letzte Telefongespräch. Da er zur 2. Marine-Infanterie-Division keine Verbindung mehr bekommen konnte, meldete er Oberst Grosan, der seinen Gefechtsstand in Willenbockel eingerichtet hatte, daß die Soltauer Innenstadt besetzt sei und er nur noch über knapp 30 Mann verfüge. Auch Munition sei nur noch sehr begrenzt vorhanden. Über Grosans Antwort, der über Körner keine Befehlsbefugnis hatte, ist in der Soltauer „Kriegschronik" zu lesen, daß dieser den kameradschaftlichen Rat erteilte, bei nächster Gelegenheit zu kapitulieren. Abschließend verlieh Grosan telefonisch das Eiserne Kreuz an Körner, Saß und Abarth sowie das Kriegsverdienstkreuz an die Wehrmachtshelferin Hildegard Winsemann.

Zur selben Zeit wütete in Soltau die Feuersbrunst. Unter Führung von Wehrführer Ernst Schreiber kämpften 35 Männer gegen die allgegenwärtigen Flammen. Bis zum nächsten Morgen gelang es ihnen mit nur drei Löschgeräten, die Innenstadt vor der totalen Vernichtung zu bewahren. Ihre Namen werden in der schon zitierten Chronik genannt. Während die Feuerwehr ihren Kampf gegen die Flammen führte, standen am Rathaus drei Soldaten im flackernden Schein der Feuersbrunst. Mit erhobenen Händen und dem Gesicht zur Wand wurden sie von einem britischen Feldwebel beschimpft. Es waren die drei gefangengenommenen Offiziere – Zahlmeister Heitman und die Leutnants Saß und Hohn. Der Feldwebel machte ihnen den Tod des Colonels zum Vorwurf und drohte, sie dafür zu erschießen. Ein hinzukommender britischer Offizier untersagte das. Während die Flammen noch immer wüteten und ein weithin sichtbarer Feuerschein reglos über der Stadt stand, ging für Soltau der 17. April zu Ende. Auch für einen einsamen jungen Soldaten, der, – wie viele –, nicht an die endgültige Niederlage glauben wollte.

Gerd Behning, den seine Kameraden in Tetendorf verlassen hatten, wollte nicht aufgeben. Vielleicht hat er noch in Soltau gekämpft. Sicher hat er die brennende Stadt am selben Abend mit einem Fahrrad und seinem Karabiner auf dem Rücken in Richtung Norden verlassen und Anschluß an irgendeine Truppe gesucht. Aber zwischen Soltau und Schneverdingen gab es keinen deutschen Soldaten mehr. Behning wußte das nicht. Er passierte Ahlften, in dem es noch immer bei Bostelmanns brannte, und kam auch an der Abzweigung nach Wolterdingen vorbei. Behning fuhr weiter. Daß Surbostel von den britischen Aufklärern seit 19.00 Uhr besetzt war, konnte er ebenfalls nicht wissen. Aber er hat es wohl geahnt. In der Nähe des Hofes Tödter in Hillern ist

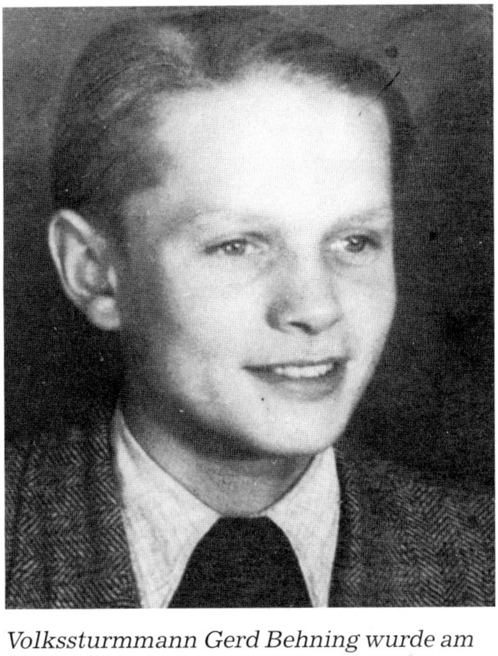

Volkssturmmann Gerd Behning wurde am 17. April bei Hillern tödlich verwundet.

er vom Rad gestiegen. Als er auf das Hauptgebäude zuging, fiel ein Schuß. Gerd Behning brach zusammen. Sein Kopf war von schräg hinten durchschlagen. Er lebte noch. Am nächsten Morgen fand man ihn. Die Briten brachten ihn nach Walsrode. Er verstarb dort am 23. April und wurde auf dem Walsroder Friedhof beigesetzt. Gerd Behning war der einzige Soldat der Garnisonsstadt Munster, der in unmittelbarer Nähe seines Heimatortes zu Kriegsende gefallen ist.

In der Tagesmeldung des Oberbefehlshabers „Nord-West" hieß es: „Aus dem Raum Soltau stieß der Gegner nach N über Schneverdingen nach unbestätigten Meldungen bis Welle (18 km SW Lüneburg) vor."

Der für Soltau im doppelten Sinne schicksalhafteste Tag seiner fast 600jährigen Stadtgeschichte war Mittwoch, der 18. April 1945. Zunächst gingen in den frühen Morgenstunden Panzer mit Infanterie in der Winsener Straße in Richtung Reitschule vor. Gleichzeitig umstellte eine dünne Schützenlinie in Stärke einer Kompanie die Kasernen im Süden. Der dann folgenden Aufforderung zur Kapitulation kamen Oberstleutnant Körner und seine ca. 25 Soldaten unverzüglich nach. Insgesamt hatten die Briten im Raum Soltau etwas über 200 Gefangene gemacht. Diese wurden bereits am nächsten Tag in Richtung Rhein in Marsch gesetzt. Später landeten sie fast alle in einem der großen belgischen Kriegsgefangenenlager. Die Schlacht um Soltau war somit am 18. April morgens beendet. Es standen jedoch in unmittelbarer Nähe der Stadt noch die einigermaßen kampfstarken Einheiten des Oberst Grosan. Seine Kampfgruppe war durch Splittergruppen anderer, an der Aller geschlagener Verbände auf eine Stärke von ca. 2.000 Mann angewachsen. Im zu erwartenden Angriffsschwerpunkt des Feindes hatte Grosan sein bestgeführtes Regiment unter dem Kommando von Major Kahle eingesetzt. Hiervon waren das Bataillon des Hauptmanns Sperling zwischen Tiegen und Bahnhof Harber und das Bataillon des Hauptmanns Lotze entlang der Bahnlinie, bis kurz vor Oeningen, in Stellung gegangen. In der Ortschaft lag eine Werfer-Batterie, die sehr wahrscheinlich zum Bataillon des Oberstleutnants Böhme gehört hat. Von Höpenhof bis Hambostel war Grosans zweites Infanterie-Regiment unter Führung von Major Köhler eingesetzt. Nördlich davon, bei Harmelingen, standen die Reste von Major Brünns Panzerjagd-Bataillon. Es waren noch ca. 70 Mann mit einigen Panzerfäusten. In Töpingen, Alvern und Ilster befanden sich nur schwache örtliche Sicherungen; ebenso in Munster, an der Panzersperre „Waldkater". Diese Kräfte gehörten zum Fahnenjunker-Bataillon des Majors Thomsen. Es zählte noch ca. 250 Mann und bildete praktisch die Reserve der Kampfgruppe. Ihre Parole lautete „Totzeck-Grosan". Vielleicht war der Tod des Oberst Totzeck noch nicht allgemein bekanntgeworden. Den Ostrand des Truppenübungsplatzes sicherten die Infanteriekräfte des Bataillon – Böhme. Dessen Gefechtsstand lag mitten auf dem Platz an der Gallwitz-Brücke. Dem Oberstleutnant unterstand auch die kleine Kampfgruppe des Oberleutnants Meven, die entlang der Wietze in Stellung gegangen war. Nördlich Wietzendorf, quer durch den Wietzen-Bruch bis nach Tiegen, sicherte ein Landesschützen-Bataillon, das vermutlich die Nr. 680 hatte. Es wurde von Major Baer geführt. Dessen nächster Vorgesetzter war ein nicht näher bekannter Oberstleutnant Steinmann in Suroide. Die Wietzendorfer Werfer-Batterie war vor drei Tagen nach Norden zurückgegangen. Oberst Grosan hatte sie in der Nähe seines Gefechtsstandes Hof Willenbockel eingesetzt. Von hier aus wollte der Oberst die unterschiedlichsten Truppenteile führen, mit denen er scheinbar zufällig in den größten Kessel geraten war, den es zu Kriegsende in Norddeutschland gegeben hatte. Aber Zufall war das natürlich nicht. Es lag an der gemeinsamen Grenze der beiden angreifenden britischen Korps. Diese waren bereits am 17. April rechts und links an ihm vorbei nach Norden vorgestoßen. So war Grosan nichts anderes übriggeblieben, als die entstandene Lage zu akzeptieren. Er hatte sich eingeigelt. Der Umfang seines Kessels betrug mehr als 40 Kilometer.

Hof Willenbockel – Gefechtsstand der Kampfgruppe-Grosan.

Am Vormittag des 18. April begann der britische Angriff genau dort, wo Grosan am stärksten war: An der „Kleinbahn-Front“, wie der Soltauer Bürgermeister diese Verteidigungslinie später nannte. Die drei Bataillone der 155. Infanterie-Brigade versuchten, durch Panzer und Artillerie unterstützt, Harber, Oeningen und Deimern zu nehmen. Ihr mehrfach vorgetragener Angriff konnte abgewiesen werden. Daraufhin versuchte eine Kompanie des 5. „Royal Tank Regiment“ eine sehr weiträumige Umgehung. Sie fuhr über Heber nach Behringen und wollte vermutlich über Bispingen und dann nach Süden, direkt in das Zentrum der deutschen Verteidigung vorstoßen. Diesem recht kühnen Panzervorstoß hatte Oberst Grosan nichts weiter entgegenzustellen als den einzigen „Tiger“, den er im gesamten Kessel hatte. Es war der Panzer, der tags zuvor den britischen Aufklärungsvorstoß auf Wolterdingen abgewiesen hatte. Grosan hatte ihn auf den Nordwestausgang von Bispingen zurückgenommen. Dort stand er rechts der Straße, vermutlich ohne Infanterieschutz, und bildete den nördlichsten Vorposten der eingeschlossenen Kampfgruppe. Seine Kanone zeigte zur Brücke über die spätere Autobahn, von der damals auch hier erst die Trasse fertiggestellt war. Genau von dort rollten am frühen Nachmittag des 18. April die britischen Panzer in Richtung Bispingen. Von der deutschen Panzerbesatzung leben heute noch Oberfeldwebel „Charly“ und sein Funker W. Ihnen haben der Krieg und die spätere Gefangenschaft so zugesetzt, daß sie heute nicht mehr „darüber“ reden wollen. Nach Berichten örtlicher Augenzeugen standen aber noch Wochen später zwei abgeschossene britische Spähpanzer auf der Autobahntrasse neben dem Brückenfragment. In der Geschichte der 7. U.K. Panzer-Division ist über die britische Panzer-Kompanie zu lesen, daß sie „ . . .bis nach Bispingen kam, dort aber aufgehalten wurde, kehrtmachte und sich wieder dem Regiment anschloß.“ Allerdings hat noch am selben Tage die deutsche Besatzung ihren Panzer aufgegeben. Vielleicht wegen eines technischen Defekts. – Dennoch hatte Grosans Kessel den ersten britischen Angriffen standgehalten.

Am 19. April griff die 155. Infanterie-Brigade erneut die Regimenter – Kahle und Köhler an der „Kleinbahn-Front“ an. Es gelang ihr zwar, die deutschen Vorposten aus den Gehöften Heidenhof und aus Deimern zu verdrängen, aber auch das brachte nur einen Kilometer Geländegewinn. Bei Einbruch der Dunkelheit schickte Hauptmann Noak einen Stoßtrupp los, der Heidenhof zurückgewinnen

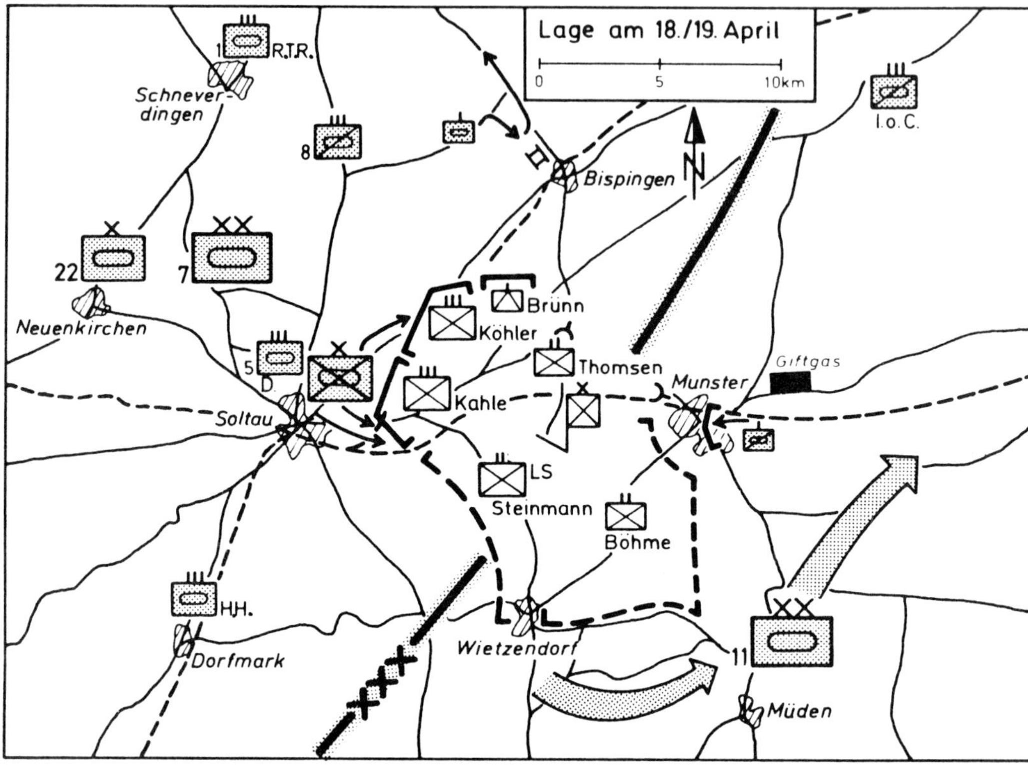

sollte. Das Unternehmen scheiterte. Der Stoßtruppführer Leutnant Georg Vogel fiel. Er wurde später auf dem Soltauer Friedhof beigesetzt. Insgesamt hatten sich Grosans Soldaten auch an diesem zweiten Kampftag erfolgreich behaupten können. In der Tagesmeldung des Armee-Korps-Ems heißt es hierzu: „Die eingeschlossene Kampfgruppe Grosan verhinderte auf schmalem Raum den Durchbruch von Soltau nach Nordosten und hielt bis auf geringe Einbrüche bisherige HKL. Munitionsbestände gehen zu Ende."

Diese Meldung ist bewußt oder unbewußt unvollständig. Oberst Erhard Grosan hatte nämlich bereits am Vortage von der Armeegruppe-Blumentritt, die ihren Gefechtsstand in Wentorf bei Hamburg hatte, über Funk den Angriffsbefehl auf Soltau erhalten. Die Stadt sollte zurückgewonnen werden, um vor allem das Nachführen weiterer britischer Verbände auf der R 3 nach Norden zu verhindern. Immerhin standen die Angriffsspitzen der „Desert Rats" bereits in Dibbersen, 40 Kilometer nördlich von Soltau, und damit dicht vor den Toren Hamburgs. Die deutsche Nordwest-Front drohte in zwei Teile zu zerbrechen. Der dem Oberst erteilte Angriffsbefehl hatte daher einen militärisch durchaus überzeugenden Grund. Er schien auch ausführbar, zumal die einzig präsente britische Brigade an der „Kleinbahn-Front" gebunden und die Masse der Panzer-Regimenter nach Norden vorgestoßen war. Grosan mußte am 19. April in Soltau nur mit Versorgungstruppen rechnen. Schließlich konnte er nicht wissen, daß der 7. U.K. Panzer-Division gerade das 1. „Household"-Panzer-Regiment zusätzlich unterstellt worden war. Der Gegenangriff hätte von dem bisher nicht eingesetzten Fahnenjunker-Bataillon des Majors Thomsen geführt werden können. Dieser war mit der bisherigen Verwendung seiner Soldaten ohnehin nicht zufrieden. Er hatte sich vielmehr schon beim Ia, Major i. G. Salb, nachdrücklich über das „sinnlose Herumliegen“ seiner Männer beschwert und gedroht, er werde nach Osten abrücken und gegen die Russen kämpfen, wenn er nicht bald einen „vernünftigen Auftrag“ bekäme. Es war zu einem heftigen Wortwechsel gekommen, in dem Salb auf das Befehlsverhältnis verwies und darauf, daß die Briten bereits in Lüneburg wären. An einen „Kampf gegen die Russen“ sei also ohnehin nicht mehr zu denken. Der Major der ehemaligen Celler Nebelwerferschule war murrend abgezogen. Sicherlich hätte er den Angriffsbefehl auf Soltau für einen „vernünftigen Auftrag“ gehalten, und vielleicht hätte er mit seinen Fahnenjunkern auch über Abelbeck und Weiher in Soltau eindringen können, aber es ist ziemlich unwahrscheinlich, daß er die Stadt vollständig zurückerobert hätte. Grosan gab jedenfalls den Angriffsbefehl auf Soltau nicht. Bürgermeister Willy Klapproth, der noch nach dem Krieg mit dem Oberst gesprochen hat, schrieb über diesen in die Stadtchronik: „So hat er die für jeden an führender Stelle stehenden Soldaten schwere Verantwortung für die Nichtausführung des Befehls übernommen, seiner Truppe neue große Verluste erspart und die durch Bombenangriffe und Feuersbrünste schon schwer heimgesuchte, mit mindestens 3.500 Flüchtlingen überfüllte Stadt vor neuen schweren Kriegszerstörungen bewahrt. So mag die Geschichte ihn vielleicht dereinst den . . . Retter Soltaus nennen!“

Am 19. April fluteten daher ungehindert weitere britische Verbände durch Soltau nach Norden. Von der ehemaligen „Wietze-Front“ und der „Heide-Linie“ war innerhalb von vier Tagen nicht mehr übriggeblieben als die eingeschlossene Kampfgruppe des Oberst Gerhard Grosan.

Das Ende von „Clausewitz“ bei Fallersleben

General der Panzertruppe Karl Decker, Kommandierender General des XXXIX. Panzer-Korps, nahm sich am 21. April 1945 das Leben.

Am 16. April gliederte die 15. schottische Infanterie-Division um. Die bereits angeschlagene 46. Brigade übernahm die Stellungen in Veerßen. Die kampfkräftigere 227. Brigade wurde einige Kilometer zurückgenommen. Die rechts eingesetzte 44. Brigade schob lediglich noch die „Royal Scots Fusiliers" bis Hambrock vor. Die Division erreichte damit eine schmale, aber tiefe Staffelung, die sie vor künftigen Flankenangriffen wie den bei Stadensen schützen sollte. Nachdem sich die Briten somit praktisch vor den Toren Uelzens eingeigelt hatten, machte sich Generalmajor Barber an die Erarbeitung eines sehr detaillierten Operationsplanes. Der Angriff sollte erst am 18. April beginnen. Für Uelzen bedeutete das aber keineswegs eine Feuerpause. Im Gegenteil. Fast den gesamten Tag über griffen britische Tiefflieger die Stadt an. Zwischen den einzelnen Anflügen schoß die Artillerie Brandgranaten. Ein Uelzener notierte in sein Tagebuch: „Der Montag, der 16. April, war wohl der grauenvollste Tag für unsere Vaterstadt." Vor allem in der Achterstraße, Mauerstraße und in der Hospitalstraße waren schwere Brände ausgebrochen. Am meisten scheint einige Einwohner jedoch der Verlust ihrer Kirche getroffen zu haben. In dem zitierten Tagebuch wird über einen Tiefflieger berichtet, „. . . der ein rasendes Feuer mit Brandmunition gegen den Turm unserer Marienkirche verschoß. Der Turm war schon einige Male durch Artilleriegranaten getroffen, und durch Phosphormunition stand der schöne, stolze Turm in kurzer Zeit in Flammen. Um 12 Uhr waren wir von der ersten Etage aus Zeugen, wie die Spitze mit dem Kreuz herunterstürzte. Das ganze Turmdach brannte lichterloh. Wir weinten alle Schmerzenstränen, als unser stolzer Kirchturm heruntersank." Die Lage der schwachen deutschen Verteidiger hatte sich nach dem Abzug der „Clausewitz"-Einheiten weiterhin verschlechtert: Zum einen hatten sich die ehemals bei Hambrock eingesetzten Kräfte endgültig aufgelöst, zum anderen erreichten die Angriffsspitzen der 11. britischen Panzer-Division bereits am Abend die Ortschaft Ebstorf. Diese bedrohten Uelzen somit von Nordwesten, zumindest aber die mögliche Rückzugsstraße nach Lüneburg. So fiel es kaum ins Gewicht, daß in Veerßen eine Kompanie der Kavallerie-Ersatzabteilung 20 aus Lüneburg eingetroffen war. Die ca. 100 ehemaligen Kavalleristen, die in den letzten Monaten nur noch im Infanteriekampf ausgebildet worden waren, hatten einen Eilmarsch von 35 Kilometern hinter sich. Sie wurden dennoch umgehend in die Verteidigung von Nord-Veerßen eingegliedert. Aus heutiger Sicht, – aber nur aus dieser –, war die damals nicht überschaubare Gesamtlage grotesk. Die 15. schottische Division sicherte sich gegen die möglichen Gegenangriffe der bereits abgezogenen gepanzerten Kräfte der Division „Clausewitz" und bereitete sich sehr gründlich auf ihren Angriff in zwei Tagen vor. Die 11. britische Division bildete bei Ebstorf den nördlichen Teil einer Zange, in deren Zentrum die Kräfte eines deutschen Grenadier-Ersatzbataillons lagen, die entschlossen waren, Veerßen zu verteidigen. Letztlich saßen im Uelzener „Clubhaus" der Kampfkommandant, der Bürgermeister und der Kreisleiter. Gelegentlich erschienen auch Oberst Scherer und der noch immer mit Standgericht bedrohte Generalmajor Tzschökell. Gemeinsam zählten sie die britischen Artillerieeinschläge. Noch nach dem Kriege schätzte der General, daß es 32.000 gewesen seien. Damals tobten währenddessen in der Stadt wilde Feuersbrünste, die wegen der britischen Artillerie nicht gelöscht werden konnten.

Tatsächlich hätte Uelzen von jeder der fünf schottischen Brigaden bereits am 16. April genommen werden können. Doch dies geschah auch am 17. April nicht. Trotzdem wurde der vorsichtige Angriffsplan des britischen Divisionskommandeurs durch den Eifer einiger Unterführer „sabotiert“. Zunächst sollte Sergeant White mit seinem Zug auf Schützenpanzern nur Spähtrupp von Hambrock nach Uelzen fahren. Er traf am Stadtrand auf keinerlei deutschen Widerstand, vielmehr machte er kampflos einige Gefangene. Sein Bataillonskommandeur, Oberstleutnant Richerdson, erkannte die Gunst des Augenblicks und ließ seine „King's Own Scottish Borderers“ bis an den Südostrand von Uelzen vorgehen. Aber damit nicht genug. In den Abendstunden befahl er dem 7. Zug unter Führung von Sergeant Lee ein weiteres Spähtruppunternehmen. Lee drang mit seinen Männern bis zum Hammersteinplatz vor und stand wenig später auf der unzerstörten Ilmenau-Brücke im Herzen von Uelzen. Das alles war ohne Kampf geschehen. Daß allerdings die Brücke nicht gesprengt war, hatte seinen besonderen Grund.

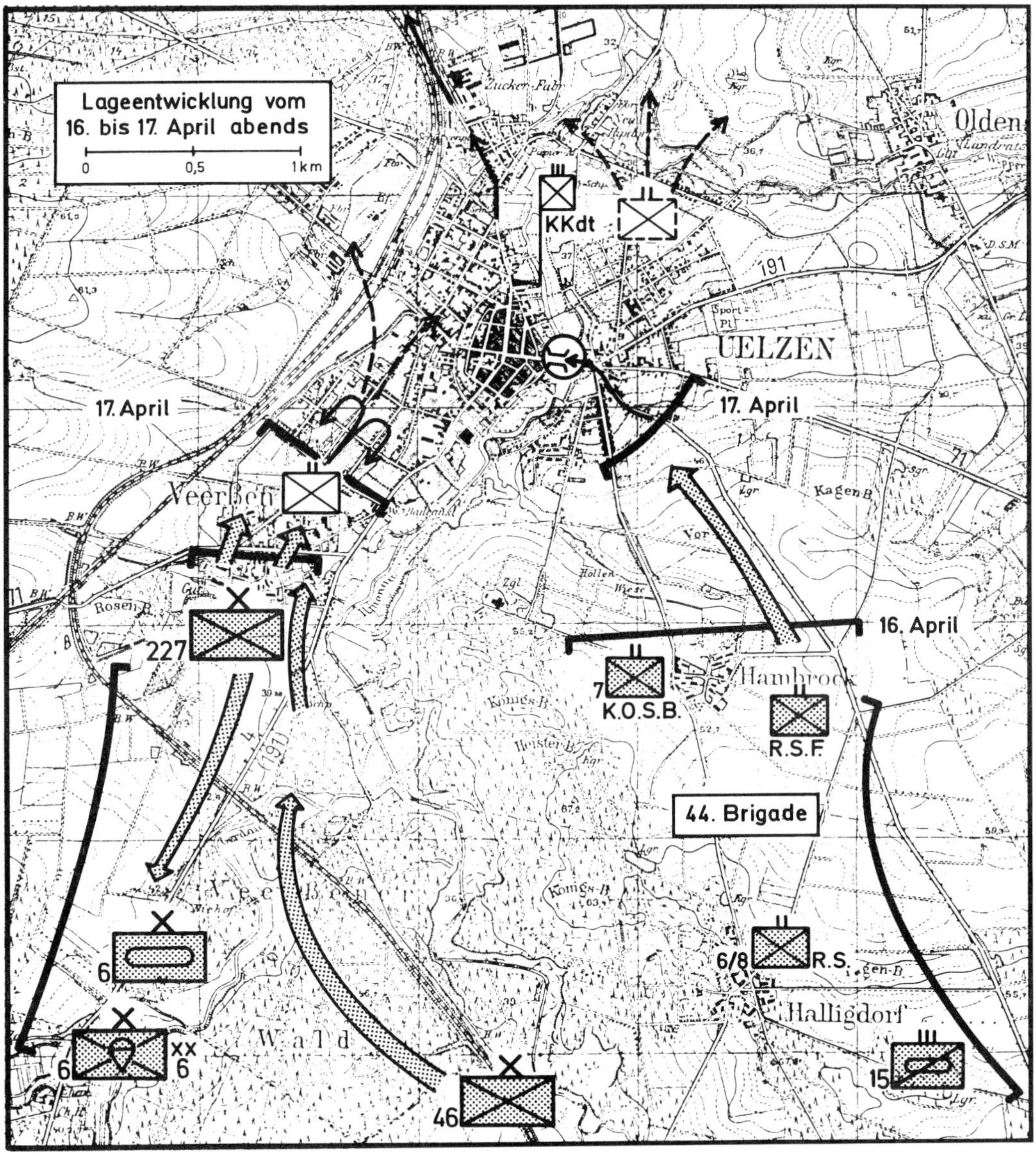

Bereits gegen Mittag war der in Veerßen wohnende Dr. H. zum Kampfkommandanten Oberst Lüders ins „Clubhaus" befohlen worden. Dort bekam er erst einen großen Schnaps eingeschenkt und dann den Auftrag, die wichtige Ilmenau-Brücke zu sprengen. Dr. H. erklärte nach dem Kriege, daß ihm die geplante Brückensprengung schon damals sinnlos und verbrecherisch vorgekommen sei. Seinerzeit berief er sich auf den Mangel an Sprengstoff und wurde ungnädig entlassen. Kurz darauf erhielt der Volkssturm den undurchführbaren Auftrag, die Brücke mit Axt und Pickel abzubrechen. Als der Versuch erwartungsgemäß gescheitert war, ging der Uelzener Volkssturm endgültig nach Hause. So wurde Sergeant Lee zum erfolgreichsten britischen Soldaten dieses Tages. Als Divisionskommandeur Barber von den unerwarteten Meldungen der „Borderers" hörte, änderte er seine bisherige Planung. Er befahl der 46. Brigade, in Veerßen vorzugehen. Aber dort wehrten sich die deutschen Grenadiere und Kavalleristen nach Kräften. Dennoch wurden sie aufgesplittert und geworfen. Einzelheiten sind unbekannt; ebenfalls die Namen der verantwortlichen deutschen Offiziere. Sicher ist nur, daß mindestens 25 deutsche Soldaten fielen, bevor Veerßen endgültig besetzt war.

Die 15. schottische Division stand damit völlig unerwartet am Abend des 17. April mit je einer Brigade am südwestlichen und südostwärtigen Stadtrand von Uelzen. In der Stadt befanden sich nur noch versprengte deutsche Trupps ohne einheitliche Führung. Auch der Gefechtsstand des Uelzener Kampfkommandanten wurde bei Einbruch der Dunkelheit aufgegeben. General Tzschökell, der auch hier Augenzeuge war, berichtete darüber: „Die noch vorhandenen Pkw wurden unbrauchbar gemacht, und mit leichtem Gepäck, – jeder hatte nur einen Rucksack mit den nötigsten Sachen –, machten wir uns in der Abenddämmerung zum Verlassen der Stadt fertig. Ohne besondere Schwierigkeiten kamen wir durch den englischen Einschließungsring und nahmen Richtung auf Westerweyhe–Barum. Trotz der dunklen Nacht war der Weg erkennbar, da die brennende Stadt Uelzen 6 bis 8 Kilometer weit leuchtete. Auch die südlich von Barum brennenden Heideflächen machten in der Dunkelheit einen schauerlichen Eindruck." Die Schlacht um Uelzen war somit in Veerßen und Stadensen geschlagen worden. Der britische Angriff auf das Stadtzentrum konnte am nächsten Tag nur noch zu einer militärischen Formsache werden. Auf dem Soldatenfriedhof in Veerßen ruhen insgesamt 29 Soldaten, die in den Kämpfen vom 14. bis 17. April gefallen sind.

Am 18. April, um 04.00 Uhr begann der Angriff der 44. Brigade auf Uelzen. Sie ging mit je einem Bataillon auf der Hauptstraße, der Hambrocker Straße und der Esterholzer Straße vor. Nirgendwo gab es deutschen Widerstand. Die Brigade, der der ostwärtige Stadtteil zugewiesen worden war, hatte drei Stunden später ohne Schußwechsel ihren Auftrag erfüllt. Sie stand um 07.00 Uhr am Nordostrand von Uelzen. Anders sah es bei der 46. Brigade aus, die Uelzen aus Richtung Veerßen angreifen sollte. Vorsichtshalber ging ihrem Vorgehen ein lang anhaltender Feuerschlag von mindestens zwei

Soldatenfriedhof Veerßen

Artillerie-Regimentern voraus. Dann erst traten gegen 06.00 Uhr die „Seaforth Highlanders" links und die „Glasgow Highlanders" rechts zum Angriff an. Was den Briten an deutscher Truppe noch entgegenstand, ist unsicher. Es können nur noch versprengte Trupps gewesen sein. Eine britische Chronik spricht von Duellen der „Churchill"-Panzer mit deutschen Sturmgeschützen. Aber Ausfälle werden nicht genannt. Dennoch ist es möglich, daß zwei Sturmgeschütze, die keiner Einheit zugeordnet werden können, den Vormarsch der Briten aufzuhalten versuchten. Sicher ist das jedoch nicht. Gegen 11.00 Uhr hatten die „Highlanders" die Bahnhofstraße erreicht. Zur selben Zeit versuchte der Stadtbrandmeister Adolf P., die schwelenden Dachsparren der St. Marienkirche alleine zu löschen. Als dies mißlang, lief er zum Uelzener Polizeihauptmann und bat um Unterstützung. Dieser sagte nur: „Wenn Du die Kirche abbrennen läßt, schlagen Dich die Uelzener tot." Wenig später erstiegen der Brandmeister und zwei junge Frauen mit Wasser-

„Seaforth Highlanders" im Angriff (IWM)

„Churchill"-Panzer in der St.-Viti-Straße (IWM)

St. Marienkirche vor und nach dem Brand

eimern, Handspritze und Feuerpatsche den Kirchturm erneut. Diesmal hatten sie Erfolg. Als Adolf P. anschließend zum Rathaus ging, wurde er von Briten gefangengenommen. Zwei Stunden danach begann eine Feuersbrunst in mehreren Straßen zu toben. In der offiziellen Geschichte der 15. schottischen Division ist zu lesen: „. . .die Infanterie suchte jedes Haus ab, üblicherweise aber erst, nachdem es die Panzer vorsichtshalber als Schutz vor Gewehrschützen beschossen hatten. Die Leuchtspurgeschosse hatten unvermeidbare Folgen, und bald stand der größere Teil der Stadt in Flammen.“ Stadtbrandmeister Adolf P. schildert dieselbe Situation in der Chronik „Uelzen 1918–1945“: „Um 14 Uhr wurden mit Flammenwerfern die Häuser der Veerßer Straße und der Mühlenstraße in Brand gesetzt. Inzwischen war auf alle Feuerwehrleute und Uniformträger von der Truppe Jagd

Gefangengenommene Uelzener Feuerwehrleute, 18. April. (IWM)

gemacht worden. Sie wurden in Richtung Veerßen unter stärkster Bewachung fortgebracht. Und von dort mußte tatenlos zugesehen werden, wie die Feuersbrunst wütete. Einige beherzte Feuerwehrmänner waren der Gefangennahme entgangen, und es zeugt von besonderer Einsatzbereitschaft, sich trotz unmittelbarer Nähe der Eroberer, trotz Drohung des Erschießens immer wieder an die Brandstellen herangewagt zu haben, um noch zu retten, was irgendwie möglich war . . . Auch die Uelzener Frauen zeigten sich ebenso unerschrocken . . ." Trotzdem wurden nach Bericht des Brandmeisters 1.700 Wohnungen, Geschäfte, Büroräume und große Lagerbestände vernichtet.

Die britischen Flammenwerferpanzer waren längst zur „Schockwaffe" gegen die deutsche Zivilbevölkerung geworden. Sie wurden zwischen Weser und Elbe nicht zimperlich eingesetzt. In Uelzen kamen sie jedoch erstmalig hinter der Infanterie, also nachdem der betreffende Straßenzug längst nach versteckten Schützen abgesucht worden war. In Uelzen brannten die Straßen auch nicht wahllos, sondern nur westlich der Ilmenau und auch dort nur auf dem Vormarschweg des rechts angreifenden Bataillons. Dies jedoch waren die „Glasgow Highlanders". Eben jene Soldaten, die drei Tage zuvor vom Nachtangriff der „Clausewitz" am empfindlichsten getroffen worden waren. Vielleicht war daher die Feuersbrunst in Uelzen nur die „Rache für Stadensen". Spätestens gegen 17.00 Uhr hatte das 9. Bataillon der „Cameronians" die Uelzener Zuckerfabrik und damit den Nordteil der Stadt erreicht. Uelzen war besetzt. An diesem Tag ist nur ein Soldat gefallen oder einer vorhergegangenen Verwundung erlegen. Er gehörte zum 9. Bataillon der „Cameronians" und wurde in Hannover beigesetzt.

Über die Uelzener Lazarette gibt es einen Augenzeugenbericht, der in der bereits zitierten Chronik steht. Er schildert die Situation im Keller der Volksschule: „Ohne anständige Schlafgelegenheit, ohne elektrisches Licht und ohne genügend Lebensmittel verbrachten viele Zivilisten gemeinsam mit den Verwundeten vier furchtbare Tage im Volksschulkeller. Das Stöhnen der Soldaten, deren Verwundungen zum Teil von dem schweren Bombenangriff auf den Bahnhof am 22. Februar 1945 herrührten, wurde manchmal von dem Heulen der Granaten übertönt. Die Zivilisten hatten reichlich wenig Bewegungsfreiheit. Ein Teil des Kellerraumes war für sie gesperrt, da dort Ärzte ihre Operationen durchführten . . . Am 18. April wurde die Belagerung der Stadt durch den Einmarsch der Engländer beendet. Englische Truppen besetzten auch das Lazarett Volksschule. Am Nachmittag des gleichen Tages mußten die Zivilisten den Keller verlassen und sich auf dem Schulhof versammeln." Insgesamt 43, zumeist nach der Besetzung Uelzens verstorbene Soldaten sind auf dem Friedhof der St. Marien-Gemeinde beigesetzt.

Lange bevor Uelzen eingenommen wurde, nämlich bereits am Abend des 15. April, liefen die Angriffsvorbereitungen der Panzer-Division „Clausewitz" auf Hochtouren. Da von Hitler persönlich auf das sofortige Antreten aller einsatzbereiten Teile gedrungen worden war, war es unmöglich, die Division geschlossen zum Einsatz zu bringen. Sie mußte also in Form von Kampfgruppen, und das hieß aufgesplittert, antreten. Gegen die taktische Primitivregel „Nicht kleckern, sondern klotzen" war hierdurch in so eklatanter Weise verstoßen worden, daß „Clausewitz" auch nicht die Spur einer Chance hatte, ihr Angriffsziel, den Harz, je zu erreichen. Aber die Einsichten der Generale Decker und Unrein fielen nicht ins Gewicht. Hitler hatte befohlen. So mußte der Angriff der Panzer-Division „Clausewitz" zum tödlichen Opfergang werden. Solche tragischen Momente sind in der Kriegsgeschichte nicht neu.

Soldatengräber auf dem Uelzener Friedhof

Als Napoleon Bonaparte bei Belle-Alliance den restlosen Zusammenbruch seiner Armee vor Augen hatte, befahl er der Leibschwadron, seinen letzten 100 Reitern, das vorstürmende I. preußische Korps anzugreifen. Napoleons Reiter wurden von zwei Kavallerie-Regimentern niedergemetzelt.

Das Bataillon „Feldherrnhalle“ und die Abteilung „Großdeutschland“ traten am 15. April abends zum Vorstoß nach Süden an. Die Führung dieser I. Kampfgruppe hatte für den in Gefangenschaft geratenen Hauptmann Peter ein Major Wallenberg übernommen. Der verwundete Hauptmann Walle war durch Hauptmann Georg Busch ersetzt worden. Die beiden aus Veerßen abgezogenen Panzergrenadier-Bataillone und die „Hetzer“-Kompanie gingen südlich Rätzlingen in Stellungen. Sie sollten hierdurch die noch in Aufstellung befindlichen Truppenteile der Division vor Überraschungsangriffen der Briten sichern.

Am Morgen des 16. April hatte die I. Kampfgruppe die Reichsstraße 248 nordostwärts von Brome erreicht und meldete über Funk die Vernichtung einiger Spähpanzer und mehrerer Lkw. Inzwischen war im Aufstellungsraum der Division „Clausewitz“ ein Eisenbahntransport aus Grafenwöhr eingetroffen. Insgesamt wurden fünf Panzer IV und ca. zehn Flak-Geschütze entladen. Der Führer dieses Transportes war Leutnant Alois Schultz. Zufällig traf er den an Krücken gehenden Leutnant Anding, der glaubte, daß es für ihn Wichtigeres zu tun gäbe, als sich „mit ein paar sauberen Schußwunden ins Lazarett zu legen.“ Von ihm erfuhr Leutnant Schultz, wo sich die I. Kampfgruppe vermutlich befand. Anding sagte ihm auch, daß er als Ordonnanzoffizier von Hauptmann Busch vorgesehen sei, allerdings solle er erst einmal ausschlafen. Aber Schultz winkte ab, „er glaubte, mal unbedingt wieder dabei sein zu müssen“, und fuhr noch am selben Abend mit der II. Kampfgruppe los. Er erreichte die I. Kampfgruppe noch im Laufe des 16. April im Raum nördlich Brome. Seine Verstärkung wird hier sehr begrüßt worden sein, zumal mindestens ein Bataillon der 5. U.S. Panzer-Division den deutschen Vorstoß gestoppt hatte. Mit den fünf Kampfpanzern voraus gelang es jedoch, die amerikanische Stellung zu durchstoßen. Aber das nutzte wenig. Das durch Panzer verstärkte 407. Bataillon der 102. Division verlegte der Kampfgruppe des Majors Wallenberg nach zehn Kilometern erneut den Weg nach Süden. Die Deutschen wurden endgültig in das Waldgebiet südlich der Ortschaft Klötze abgedrängt.

Am selben Tage, so schreibt eine amerikanische Chronik, „. . .vermutete das XIII. Korps, daß sich 400 Mann mit 15 Panzern und 100 Radfahrzeugen in dem waldigen Gelände versteckten. Aus Gefangenenaussagen ergab sich schließlich, daß es sich um Teile der neu aufgestellten Division ‚von Clausewitz' handelte . . .“ Major Wallenberg unternahm weder am 17. April noch an einem der nächsten Tage einen geschlossenen Ausbruchsversuch. Er schien viel-

Panzer IV mit 7.5 cm Kanone

mehr auf das Eintreffen weiterer Kampfgruppen gewartet zu haben, während er zwischenzeitlich den amerikanischen Versorgungsverkehr durch zahlreiche Einzelunternehmungen fast zum Erliegen brachte. Dennoch lief die Zeit gegen ihn, denn die Amerikaner zogen alle in der Nähe stehenden Verbände heran, um den Forst Klötze hermetisch abzuriegeln. Hierzu wurden mindestens (!) drei Kampftruppen-Bataillone, zwei Panzeraufklärungs-Regimenter und zwei Artillerie-Bataillone eingesetzt.

Dieser Kräfteaufwand schien zunächst übertrieben, hatte jedoch seine Berechtigung, denn in Klötze befand sich der Gefechtsstand des XIII. U.S. Korps. Die deutsche Kampfgruppe wußte hiervon jedoch nichts und konzentrierte sich im Südteil des Waldgebietes. Anderenfalls hätte Wallenberg unter Einsatz aller Kräfte sicherlich den Ort nehmen und wichtige Gefangene machen können. So jedoch zog der Kommandierende General, Generalleutnant Gillem, alle verfügbaren Verbände zum Schutz seines Gefechtsstandes und zur Vernichtung der I. Kampfgruppe heran.

Spätestens am 18. April war diese endgültig eingeschlossen. Major Wallenberg meldete die entstandene Lage über Funk. Dann brach die Verbindung aus unbekannten Gründen zusammen. Die Kampfgruppe hatte somit auch keinerlei Kontakt mehr zur „Außenwelt". Nur einem einzelnen Mann gelang es, noch zu ihr durchzustoßen. Es war der Leutnant Wilhelm Schneider, der erst vor wenigen Tagen aus dem Lazarett entlassen worden war. Als er sich am 17. April bei General Unrein meldete, erfuhr er, daß die Panzerjäger-Abteilung „Großdeutschland", deren Adjutant er seit neuestem war, bereits seit zwei Tagen nach Süden angriff. Er entschloß sich, schnellstmöglich seine Abteilung zu erreichen. Als er seinen VW-Kübel ausgerüstet hatte, war da noch ein Sturmgeschütz, das bisher instandgesetzt worden war und ebenfalls zu „Großdeutschland" gehörte. Sehr wahrscheinlich war es das Geschütz des in Nettelkamp gefallenen Oberfeldwebels Giesemann.

Leutnant Wilhelm Schneider, Adjutant der Panzerjäger-Abteilung „Großdeutschland".

Am Abend fuhr Leutnant Schneider mit seinem Kübel und dem Sturmgeschütz los. Nach 30 Kilometern blieb das Geschütz mit Motorschaden liegen. Schneider fuhr alleine weiter. Er fuhr ohne Licht und mied alle größeren Straßen. Aber je weiter er kam, um so dichter wurde der feindliche Fahrzeugverkehr. Schneider übernachtete in einer Scheune und ging am nächsten Morgen zu Fuß weiter. Er fragte verschiedene Einwohner auf mehreren vereinzelten Gehöften nach deutschen Soldaten. Sie alle wiesen ihm die Richtung zum Forst Klötze. Dort kam er am 18. morgens an und fand die Truppe in einem „niedergedrückten Zustand". „Sie wußte, daß die Amerikaner dabei waren, sie einzuschließen und nahm es hin." Aber

Leutnant Schneider war nur auf eine kleinere Gruppe versprengter Soldaten gestoßen, die in dem stark durchschnittenen Waldgelände die Verbindung zu Major Wallenberg und dem Gros der Kampfgruppe verloren hatte.

Über die Vorgänge am 17. und 18. April ist in der Geschichte des 11. U.S. Aufklärungs-Regiments zu lesen: „Diesen Kräften, die später als Teil der ‚von Clausewitz' identifiziert wurden, war es gelungen, die Hauptversorgungsstraße des XIII. Korps zu unterbrechen, so daß es notwendig geworden war, alle Konvois auf eine südlichere Straße umzuleiten. Obwohl Teile einer Panzer-Division sich bemüht hatten, sie zu zerschlagen, war es den Nazis gelungen, sich ihnen zu entziehen und nach Süden in den Wald von Klötze auszuweichen . . ." Noch während sich Schneider nach Süden durchschlug, war die 6. britische Luftlande-Division angetreten, um Uelzen über Rätzlingen im Osten zu umgehen. Südlich der Ortschaft geriet sie in das Abwehrfeuer der beiden Grenadier-Regimenter und der „Hetzer"-Kompanie, die genau diesen erwarteten britischen Vorstoß abwehren sollten. Nachdem das 2. Bataillon der „Oxford and Buckinghamshire" ca. ein Dutzend Gefallener hatte, stoppte der britische Angriff. Artilleriefeuer deckte die erkannten deutschen Stellungen bis zum Einbruch der Dunkelheit ein. 21 deutsche Soldaten fielen.

Im Schutz der Soldaten, die südlich Rätzlingen kämpften, hatte Panzergeneral Karl Decker die letzte Kampfgruppe der Division „Clausewitz" am 18. April aufgestellt. Sie bestand aus dem Divisions- und Korpsstab sowie aus einer Aufklärungs-Kompanie, einer Pionier-Kompanie, einer Fernmeldeeinheit und aus einer Instandsetzungs-Kompanie. Den harten Kern der Kampfgruppe bildete jedoch eine Panzer-Kompanie aus Putlos. Sie bestand aus 15 Kampfpanzern unterschiedlicher Art und wurde von Major v. Bennigsen geführt. Der Major war bisher Lehrgruppenkommandeur an der Schießschule Putlos gewesen. Sein Schulkommandeur, Oberstleutnant F., hatte ihm erklärt, daß alle Schulpanzer zum Einsatz kommen sollten, aber er selbst bereits das Ritterkreuz hätte. So war v. Bennigsen mit seinen 15 Panzern nach Uelzen gefahren. Kaum hatte er sich dort gemeldet, als er einem Standgericht vorgeführt wurde, in dessen Gegenwart General der Panzertruppe Decker ihm eine Frage zu stellen hatte. Sie lautete: „Wie wollen Sie den Angriffsbefehl der Division ausführen?" Es herrschte atemlose Stille. Alle Anwesenden sahen auf v. Bennigsen. Dieser blickte seinem General fest in die Augen und sagte mit spürbarem Trotz in der Stimme: „Wie immer, Herr General." Major v. Bennigsen hatte vor Jahren bereits einmal unter Decker gedient. – Die Angelegenheit war damit erledigt.

Major Walther von Bennigsen (hier noch als Hauptmann) führte die letzte deutsche Panzer-Kompanie zwischen Weser und Elbe.

Das Standgericht war vermutlich das gleiche, das zwei Tage zuvor den Artilleriehauptmann Marquardt zum Tode verurteilt hatte. Im Falle des Majors v. Bennigsen war es prophylaktisch tätig geworden. Das war absolut unüblich, kann jedoch einen konkreten Grund gehabt haben: Generalfeldmarschall Busch hatte den Führerbefehl zum Angriff der Division „Clausewitz" immerhin als „undurchführbar" bezeichnet. Offensichtlich sollte das dann in Uelzen eingesetzte Standgericht die Durchführung des Angriffsbefehls überwachen.

Während Uelzen besetzt wurde und die deutschen Kräfte südlich Rätzlingen allmählich ins Wanken gerieten, schloß die letzte Kampfgruppe ihre Marschvorbereitungen ab. Am späten Nachmittag des 18. April stieß sie nach Süden vor. Die Panzergrenadiere und „Hetzer", die über 36 Stunden den Angriff der 6. Luftlande-Division aufgehalten hatten, erhielten den Auftrag, als IV. Kampfgruppe zu folgen. Was tatsächlich aus ihnen geworden ist, weiß niemand. Sicher sind nur zwei Dinge. Zum einen sind sie nicht nach Süden marschiert, zum anderen sind auf der Kriegsgräberanlage des Friedhofes in Rätzlingen 38 Soldaten beigesetzt, von denen 21 am 17. April und 14 am 18. April gefallen sind. Die britischen Verluste waren zwar deutlich geringer, dennoch hatte der am stärksten betroffene Verband, das 2. Bataillon der „Ox and Bucks", immerhin 16 Gefallene, die ausnahmslos in Hannover ihre letzte Ruhestätte fanden.

Gegen Mitternacht des 18. April erreichte die an der Spitze der III. Kampfgruppe marschierende Panzer-Kompanie das Waldgelände zwölf Kilometer nordostwärts Wittingen. Hinter ihr hatten sich der Divisions-Stab mit Generalmajor Unrein und der Stab des Generals der Panzertruppe Decker eingegliedert. Genau genommen hatte für Decker keine taktisch zwingende Notwendigkeit vorgelegen, den Angriff mitzumachen. Er hätte durchaus mit der Begründung zurückbleiben können, daß noch die Division „Schlageter" und die 84. Infanterie-Division aufzustellen waren. Aber sicherlich war ihm klar, daß aus diesen geplanten Aufstellungen lagebedingt nichts mehr werden konnte. So war er seiner Gewohnheit gemäß dort, wo es am „heißesten" werden mußte, an der Spitze der „Clausewitz". Bisher war es jedoch noch nicht zum Feuerkampf gekommen. Die 6. britische Luftlande-Division hatte zunächst die ostwärtige Umgehung Uelzens zu erzwingen, und die aufgerückte 5. britische Division hatte sich bisher ausschließlich südlich versammelt und wartete auf den Erfolg der „Airbornes", um nach Norden durchstoßen zu können. So war die Kampfgruppe des Majors v. Bennigsen ungehindert von der 2. U.K. Armee in den Gefechtsstreifen der 9. U.S. Armee gewechselt. Aber auch hier, im Gefechts-

Kriegsgräber in Rätzlingen

streifen der 84. Infanterie-Division, war es zunächst ruhig. Die amerikanischen Kampftruppenverbände standen zwar bereits seit Tagen an der Elbe, aber ihre rückwärtigen Verbindungen wurden nur durch Aufklärungspanzer überwacht.

Das nächste Marschziel der deutschen Kampfgruppe war das Waldgelände südlich von Wittingen. Dort sollte das Forsthaus „Malloh“ bis spätestens am 19. gegen Mittag erreicht werden. Aber auch von dort aus waren noch die Gefechtsstreifen von mindestens drei weiteren U.S. Divisionen zu durchstoßen. Die schwierigste Phase mußte jedoch die Überquerung des Weser-Elbe-Kanals werden. Bis dahin waren es aber noch mindestens 50 Kilometer. Zunächst rollte die deutsche Kolonne im Schutze der Dunkelheit und im Rücken der 9. U.S. Armee nach Südwesten. Gegen 03.00 Uhr des 19. April wechselte sie in den Gefechtsstreifen der 5. U.S. Panzer-Division über. Dort scheint sie erwartet worden zu sein. Immerhin hatte die 5. Panzer-Division bereits Tage zuvor mit der I. Kampfgruppe des Hauptmanns Busch zu tun gehabt. Sicherlich wußte sie aus Beutekarten oder Gefangenenaussagen, daß noch weitere Kampfgruppen folgen sollten. So hatte sie an ihrer linken Grenze zur 84. Division mit Pak, Infanterie und Artillerie einen „Panzersack“ gebildet. Dieser war unter sehr zutreffender Geländeausnutzung so angelegt, daß alle hier vorstoßenden deutschen Kräfte aufgehalten und zerschlagen werden konnten. Im Waldgelände nördlich Hasselhorst riß die deutsche Marschkolonne auseinander. Teile verfuhren sich und mußten auf engen Waldwegen gewendet werden. Vor allem war die vorne marschierende Panzer-Kompanie bis auf einen Panzer verschwunden. Generalmajor Unrein ordnete das entstandene Durcheinander nur mühsam. In der Morgendämmerung erreichte er Lindhof (heute Lindhorst). Bei Fortsetzung des Marsches auf Jübar oder Hanum wäre er in das Zentrum der amerikanischen Halbkreisstellung und damit sicherlich in die Vernichtung gefahren. Aber der bereits vorher festgelegte Marschweg führte über Hasselhorst. So drehte die

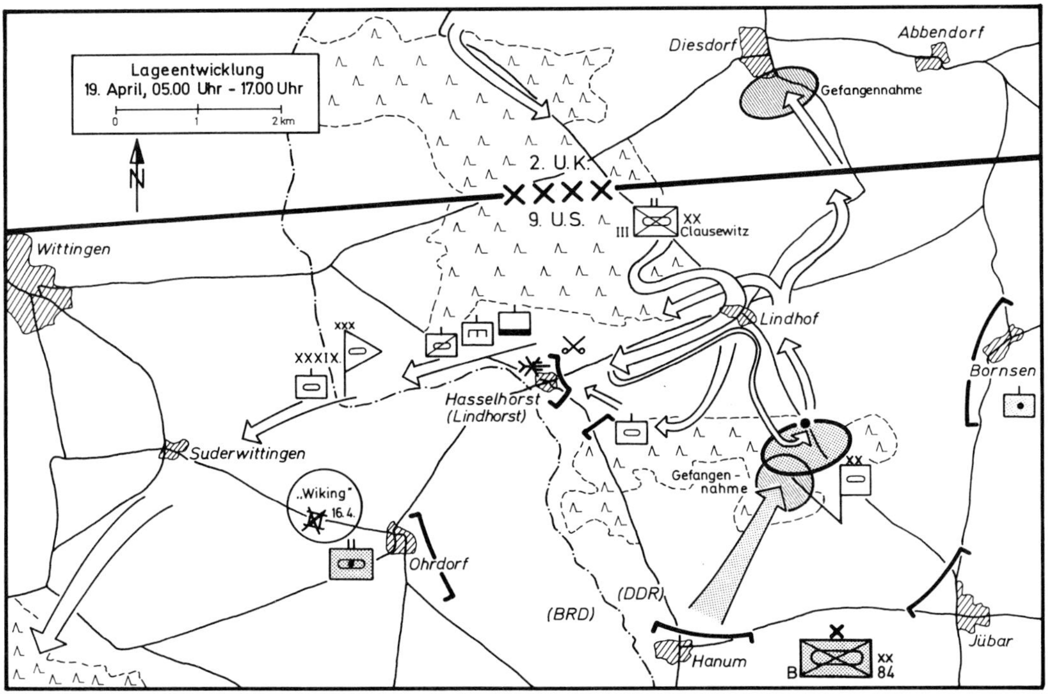

deutsche Kolonne in Lindhof nach Westen ein. Ohne Kenntnis des amerikanischen Hinterhalts war sie zunächst der Vernichtung entgangen. Allerdings traf sie in Hasselhorst auf den äußersten linken Flügel der feindlichen Stellung. Die dort u. a. postierte Pak schoß den einzigen, derzeit verfügbaren deutschen Panzer ab. An einen weiteren Vorstoß war somit nicht zu denken. General Unrein ließ die Kampfgruppe über Lindhof in das Waldgelände südlich der Ortschaft ausweichen und setzte seine Aufklärungs-Kompanie an. Diese meldete wenig später, daß Ohrdorf, Hanum, Jübar und Bornsen feindbesetzt seien. Erstmalig war den Deutschen ihre fatale Lage klar geworden. Vor allem fehlte von der verlorengegangenen Panzer-Kompanie des Majors v. Bennigsen noch jede Spur.

Im geheimen Kriegstagebuch der 5. U.S. Panzer-Division ist zu lesen: „Um 05.30 Uhr kamen Meldungen von der Kampfgruppe B, die aussagten, daß feindliche Fahrzeuge von Norden in das Gebiet eingedrungen waren . . . Eine Gruppe wurde südlich von Hasselhorst und eine andere südlich von Lindhof gemeldet.“ Damit wußten die Amerikaner über die deutschen Kräfte sogar mehr als General Unrein. Die südlich Hasselhorst gemeldete Gruppe konnte nach Lage der Dinge niemand anders sein als die vermißte Panzer-Kompanie.

Als v. Bennigsen gemeldet wurde, daß die Verbindung nach hinten nicht mehr bestand, war er am Waldrand südlich Hasselhorst untergezogen und hatte von dort aus vermutlich auch den gescheiterten Vorstoß auf Hasselhorst beobachtet. Für die amerikanische Pak-Stellung mußte dieser Umstand tödlich sein, denn durch ihre Feuereröffnung hatte sie zwangsläufig ihren Standort enttarnt. Die amerikanischen Soldaten in Hasselhorst waren ohne jede Chance. v. Bennigsen brauchte nur noch zuzuschlagen. So fragte und meldete er nicht, sondern ließ die Hälfte seiner Kompanie am Waldrand zur Überwachung in Stellung gehen und preschte mit den anderen über das freie Feld in die Flanke der Amerikaner. Bevor diese ihre Geschütze nach Süden in Stellung bringen konnten, krepierten die deutschen Panzergranaten.

Mit der Besetzung von Hasselhorst war die amerikanische Stellung an ihrem schwächsten Punkt aufgebrochen und der weitere Weg über Süderwittingen frei. General Unrein ist von der Selbständigkeit seiner Panzer-Kompanie offenbar trotz des Erfolges nicht begeistert gewesen. Nach dem Kriege schrieb er über diese Aktion: „Die vermißten Spitzenpanzer griffen, selbständig und ohne mich zu benachrichtigen, an und sammelten nach Wegnahme von Hasselhorst wiederum selbständig im Wald südlich Bergmoor.“ Der Wald südlich Bergmoor ist jener nördlich Hasselhorst, von wo aus sowohl die Ortschaft als auch der schmale Durchlaß zwischen Wald und Ort überwacht und offengehalten werden konnten. Dort wartete v. Bennigsen ungeduldig auf die noch immer südlich Lindhof untergezogene Kolonne. Über das Weitere berichtete General Unrein: „Um 08.00 Uhr erschien in der Luft ein amerikanischer Artillerieflieger, der das Feuer von einer mittleren amerikanischen Batterie aus Gegend Bornsen (ostw. Lindhof) und einer Batterie aus Gegend Ohrdorf (westl. Lindhof) mit großer Genauigkeit auf die in dem kleinen Wald südlich Lindhof in Deckung gefahrenen Teile der Marschkolonne lenkte. In kürzester Zeit waren etwa 30–40 Mann und viele Fahrzeuge ausgefallen. Ich befahl daher das staffelweise Erreichen des Waldes nördlich Lindhof. Im Verlauf dieser Bewegung verfuhren sich Teile am Nordausgang Lindhof nach Diesdorf und wurden dort gefangengenommen. Weitere Teile und die Masse des Divisionsstabes wurden noch im Wald südlich Lindhof von anscheinend aus Hanum vorgehenden amerikanischen Truppen gefangengenommen . . . Tagsüber erfolgten noch mehrfach Jaboangriffe, die weitere Ausfälle hervorriefen.“

General der Panzertruppe Karl Decker hatte bis hierhin seinen Kommandeuren die Gefechtsführung überlassen. Nun aber griff er selbst ein. Er gliederte die Spähpanzer seines Korpsstabes in die Panzer-Kompanie ein und befahl den unverzüglichen Vorstoß auf Süderwittingen. Er schickte mehrere Melder zu Unrein mit dem Befehl, der Panzer-Kompanie sofort zu folgen, koste es, was es wolle. In zwei aufeinanderfolgenden Marschgruppen entzogen sich die Reste der Panzer-Division „Clausewitz“ der amerikanischen Klammer. In den frühen Abendstunden des 19. April erreichten sie das Waldgelände auf dem heutigen Truppenübungsplatz Ehra-Lessien. Bis zum Weser-Elbe-Kanal waren es nur noch 25 Kilometer, aber die tagsüber erlittenen Verluste waren erheblich. Vor allem die Ausfälle an Personal. Neben ca. 100 Gefangenen mußte damals mit 50 Gefallenen gerechnet werden. Die Zahl ist jedoch nicht nachprüfbar, da das Gefecht auf dem Territorium der heutigen Deutschen Demokratischen Republik stattfand. Dort gibt es aber keine Kriegsgräberlisten und auch keine offizielle Pflege deutscher Soldatengräber.

Der nächste Tag war Freitag, der 20. April. Es war der letzte Geburtstag des Oberbefehlshabers der Wehrmacht Adolf Hitler. Im Waldgelände bei Ehra dachte daran niemand. General Decker und seine Offiziere hatten andere Probleme. Von der Division „Clausewitz” war nicht viel übrig. Die I. und II. Kampfgruppe waren irgendwo nördlich des Kanals eingeschlossen. Zu helfen war ihnen nicht, ohne auch noch die eigene Vernichtung zu riskieren. Die IV. Kampfgruppe, die sich in Rätzlingen vom Feind lösen und nach Süden folgen sollte, war bisher nicht erschienen. Daß sie wahrscheinlich überrannt und zersprengt worden war, mußte jedoch angenommen werden. Was von der III. Kampfgruppe übrig war, entsprach der Stärke eines geschwächten Bataillons: Eine Panzer-Kompanie, eine schwache Aufklärungs-Kompanie, einige SPW mit Pionieren und eine Versorgungseinheit mit ca. 20 Radfahrzeugen. Das war alles. Aber Sprit und Munition waren noch vorhanden. Für einen einzigen, allerletzten Schlag würde es noch reichen. General der Panzertruppe Karl Decker bereitete ihn vor wie alle Angriffe, die er in seinem bisherigen Soldatenleben geführt hatte. Warum auch sollte ausgerechnet der letzte schlechter sein als alle anderen? Die von ihm befohlene Aufklärung erbrachte bis zum späten Nachmittag sehr klare Ergebnisse: Es gab über den Weser-Elbe-Kanal nur eine in seinem Bereich liegende tragfähige, unzerstörte Brücke, die Brücke bei Fallersleben. Sie wurde von starken amerikanischen Kräften gesichert. Decker hatte dennoch keine Wahl. Er ließ aufmunitionieren und alle Fahrzeuge randvoll auftanken.

30 Kilometer ostwärts von General Decker herrschte bei der Kampfgruppe des Majors Wallenberg ebenfalls Aufbruchsstimmung. In den letzten Tagen hatte ein amerikanisches Mörser-Bataillon mehrfach versucht, den Forst Klötze in Brand zu schießen, was jedoch ebenso mißlang wie der Ausbruchsversuch mehrerer kleiner Splittergruppen. Die meisten der ausbrechenden Deutschen wurden von den gut postierten amerikanischen Einheiten gefangengenommen. Zu den wenigen, die durchkamen, gehörte Leutnant Schneider. Er flüchtete alleine in mehreren Nachtmärschen bis zum Brückenkopf Dömitz an der Elbe. Dort wurde er festgenommen und einem Standgericht vorgeführt, das ihm vorwarf, amerikanischer Offizier in deutscher Uniform zu sein. Es schien dem Gericht offenbar unmöglich, daß sich ein deutscher Soldat fast 70 Kilometer zu Fuß aus feindlichem Hinterland zur eigenen

Truppe durchschlagen konnte. Kurioserweise wurde Schneider durch feindliche Artillerie gerettet, die überraschend einen Feuerschlag durchführte und dabei auch den Bauernhof traf, in dem die Verhandlung stattfand. In dem allgemeinen Durcheinander stieß Schneider einen Wachposten zur Seite und flüchtete ins Freie. Trotz detonierender Artilleriegranaten erreichte er unbeschadet das Ufer der Elbe, – wie er glaubte. Er sprang in das kalte Wasser, schwamm und wunderte sich über

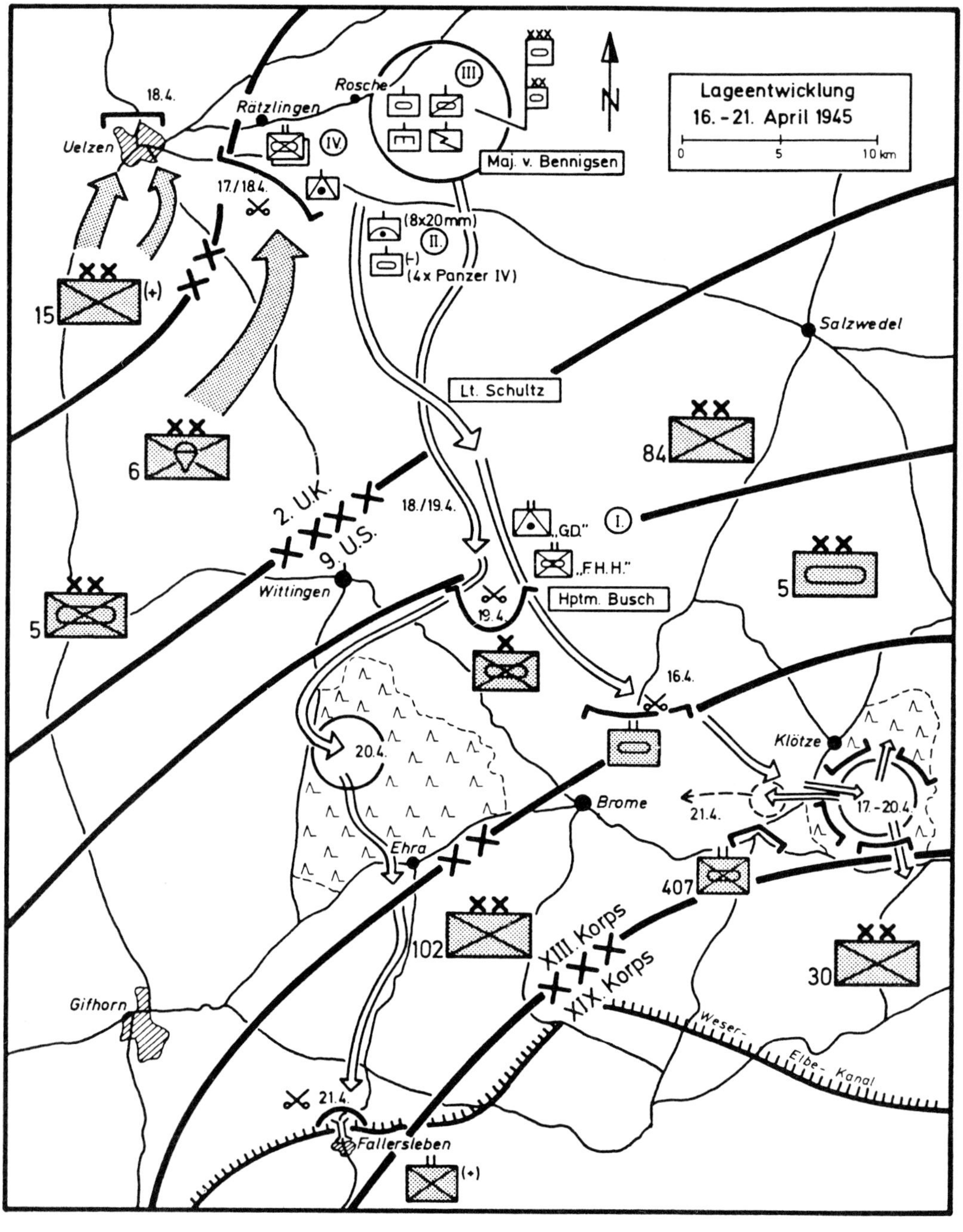

die schwache Strömung. Als er das andere Ufer erreicht hatte, erkannte er, daß er nur einen toten Seitenarm durchschwommen hatte. Aber Schneider hatte keine Wahl. Eine halbe Stunde später lag er frierend und erschöpft am rechten Ufer der Elbe. Er war einer der wenigen, die die Flucht aus dem Klötze-Forst geschafft hatten.

Währenddessen hatte die amerikanische Artillerie weiter in das Waldgelände der Kampfgruppe—Wallenberg hineingeschossen. Der Major ordnete seine Truppe zum Ausbruch. Er mußte erkannt haben, daß ein weiteres Ausharren sinnlos war und die Zahl der eigenen Ausfälle nur erhöhte. Wallenberg hatte offenbar auch hinreichend klare Aufklärungsergebnisse. Jedenfalls hatten sich die Amerikaner an allen nach Süden und Südosten führenden Waldwegen in mindestens Bataillonsstärke verschanzt. Der Durchbruch konnte also nur in westliche oder nordwestliche Richtung gelingen. Während Major Wallenberg seine Befehle gab, setzte erneut amerikanisches Artilleriefeuer ein. Der Major wurde von mehreren Splittern getroffen und fiel schwer verletzt zu Boden. Unverzüglich übernahm Hauptmann Georg Busch, Kommandeur der Sturmgeschütz-Abteilung „Großdeutschland", das Kommando. Er ließ den Major in seinen Kübel-Wagen legen und befahl dem Kraftfahrer, mit weißer Flagge den Forst Klötze in südlicher Richtung zu verlassen. Amerikanische Quellen bestätigen, daß Major Wallenberg schwer verwundet vom 11. Aufklärungs-Regiment gefangengenommen wurde. Über sein weiteres Schicksal ist nichts bekannt. Hauptmann Georg Busch hat im weiteren Verlauf am Operationsplan des Majors Wallenberg festgehalten. Gegen 05.00 Uhr des 21. April jagte ein einzelner Panzer IV bis zur Straße Klötze-Kusey und bog dann nach Süden ein. Hierbei wurde er, vermutlich von einem Artilleriegeschütz, abgeschossen. Die Besatzung geriet verwundet in Gefangenschaft. Hauptmann Busch hat daraufhin offenbar die Stoßrichtung geändert. In jedem Falle überquerten kurz darauf alle Fahrzeuge der I. Kampfgruppe die Straße in schneller Fahrt und zwar in nordwestwestlicher Richtung . Das hier eingesetzte Aufklärungs-Regiment 36, das immerhin eine Strecke von mehr als zehn Kilometern zu überwachen hatte, kam nicht zum Schuß, sondern konnte nur melden, daß die Deutschen offenbar entkommen waren. Aber der Schein trog, — auch den Hauptmann Busch. Er hatte

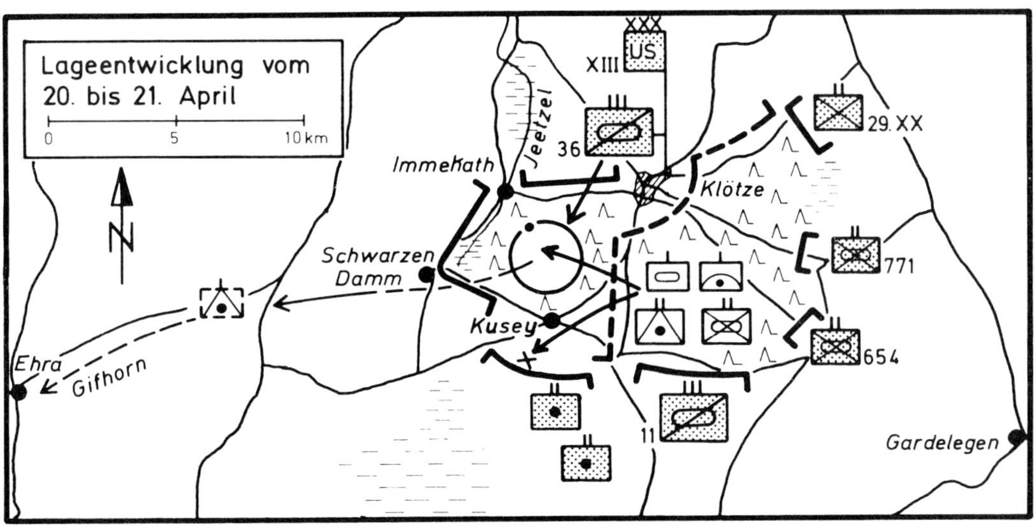

zwar die Kampfgruppe aus dem gefährlichen Klötze-Forst herausgeführt, nun aber stand er in bewaldetem Gelände unmittelbar vor der sumpfigen Niederung des Jeetzel-Baches. Während er eine sehr zeitaufwendige Erkundung durchführen ließ, reagierten die Amerikaner schnell. Das 771. und 654. Bataillon bildeten einen erneuten Halbkreis zwischen Immekath, Schwarzen Damm und Kusey. Das 36. Aufklärungs-Regiment ging zwischen Immekath und Klötze in Stellung. Die beiden Artillerie-Bataillone standen weiterhin im Süden. Busch und seine Männer waren geländebedingt vom Regen in die Traufe geraten. Die kleinen Waldstücke, die ihnen weniger Sichtschutz als der Wald südlich Klötze boten, lagen bald unter feindlichem Artilleriefeuer. Ein weiterer Durchstoß nach Westen war wegen der Jeetzel nicht möglich. Letztlich war der amerikanische Ring nur enger geworden. Die amerikanische Artillerie entschloß sich nach eigener Aussage, den Waldstücken „den angemessenen Haarschnitt zu verpassen“, und begann mit ihrem sehr gezielten Trommelfeuer. Es verfehlte seine Wirkung nicht. Mit erhobenen Händen kamen die Deutschen in kleineren Gruppen und einzeln aus den beschossenen Waldstücken. Nach amerikanischen Quellen war damit die Geschichte der I. Kampfgruppe der Panzer-Division „Clausewitz“ beendet. Angehörige des 36. Aufklärungs-Regiments zählten dann noch die Beutefahrzeuge: Sechs Volkswagen, einige Lkw, 23 Schützenpanzer, zehn Flak-Geschütze auf Halbkettenfahrzeugen und zwei Sturmgeschütze. Die letzte Zahl verwundert, denn Hauptmann Walle hatte bei seinem Nachtangriff mindestens 20 Geschütze gehabt, von denen bisher allerhöchstens die Hälfte ausgefallen war. Somit „fehlten“ am 21. April plötzlich ca. acht Sturmgeschütze der Panzerjäger-Abteilung „Großdeutschland“. Nach der Privatkorrespondenz einiger ehemaliger Angehöriger der Abteilung muß es Hauptmann Busch mit seinem Ordonnanzoffizier Alois Schultz und einigen Sturmgeschützen nochmals gelungen sein, den Amerikanern zu entkommen. Vermutlich wurde diese allerletzte Gruppe in der Nähe von Gifhorn erneut eingeschlossen. Bei den folgenden Kampfhandlungen erhielt Schultz am 23. April einen Brustdurchschuß. Hauptmann Busch legte selbst den Notverband an und schickte den schwerverwundeten Leutnant mit einem Kübel und weißer Fahne zu den Amerikanern. Mit dem Fernglas beobachtete er, wie das Fahrzeug, ohne beschossen zu werden, die amerikanischen Linien erreichte. Dort ist Leutnant Alois Schultz verstorben. Sein Grab ist nicht bekannt. Vermutlich liegt es auf dem großen amerikanischen Sammelfriedhof für deutsche Soldaten in Senne, wo er als unbekannter Soldat beigesetzt wurde. Davon gibt es dort insgesamt 94.

Leutnant Alois Schultz verstarb schwer verwundet in amerikanischer Gefangenschaft.

Die III. Kampfgruppe des Majors von Bennigsen hatte zeitgleich mit der I. Kampfgruppe des Majors Wallenberg am 20. April abends ihre Angriffsvorbereitungen abge-

Oberst i. G. Conrad Kühlein, Chef des Stabes im XXXIX. Panzer-Korps

Major i. G. Gerhard Scharnhorst, Ia des XXXIX. Panzer-Korps

schlossen. Der Kommandierende General des XXXIX. Panzer-Korps, General der Panzertruppe Karl Decker, befahl kurz vor Einbruch der Dunkelheit einige Offiziere zu sich: General Unrein, seinen Stabschef Oberst i. G. Kühlein, seinen Ia Major i.G. Scharnhorst und Oberleutnant Brandt, seinen Schwager und Begleitoffizier. Als alle auf einer kleinen Lichtung versammelt waren, warteten sie auf Deckers Befehlsausgabe. Aber Decker befahl nichts. Er wußte, daß es nichts mehr zu sagen gab. Er bat zum Kartenspiel. Decker war leidenschaftlicher Bridge-Spieler. Aber hierzu fehlte im Wald bei Ehra der Tisch. Es war lediglich eine weiße Decke über einen morschen Eichenstumpf gelegt worden. So spielten sie „17 und 4“. Trotz niedriger Einsätze verlor Decker hoch. Am Ende waren es ca. 50,– RM. Der Panzergeneral verabschiedete jeden seiner Offiziere mit Handschlag, und er lächelte dabei. Dann stand er mit seinem Ia alleine auf der Lichtung. „Wir haben morgen nur zwei Möglichkeiten, zu fallen oder in Gefangenschaft zu geraten. Gefangen nehmen mich die Amerikaner aber nicht“, sagte Decker, und Scharnhorst schwieg. Dann fragte er: „Was ist mit Ihrer Frau und Ihren kleinen Töchtern?“ Decker antwortete: „Genau das ist für mich das Schmerzlichste.“ Decker und Scharnhorst gingen in dieser Nacht nicht schlafen. Der Major versuchte immer wieder seinen General umzustimmen. Aber Decker sagte nur: „Ein deutscher General geht nicht in Gefangenschaft.“

Kurz nach Mitternacht schlug der General seinem Ia auf die Schulter: „Jetzt geht es los.“ Major i.G. Scharnhorst wußte, was zu tun war. Alle anderen auch. Am 21. April, gegen 01.00 Uhr begann die letzte Mission der Panzer-Division „Clausewitz“. Als sie die Straße von Gifhorn nach Brome erreicht hatten, legte v. Bennigsen den ersten Schießhalt ein. Der amerikanische Versorgungsverkehr rollte fast pausenlos nach Osten. Der Major wartete eine größere Kolonne ab und gab dann sein „Feuer frei!“. Die Kanonen der „Tiger“ und „Panther“ rissen die amerikanischen Trucks von der Straße und ließen sie in Flammen aufgehen. General Decker befahl, von da an nur noch mit voller Beleuchtung zu fahren. So gliederten sich die Reste der „Clausewitz" kurzfristig in amerikanische Kolonnen ein und fuhren mit ihnen. An den Ortseingängen von Barwedel, Jembke und Tappenbeck standen amerikanische Sicherungen. v. Bennigsen, der die Spitze übernommen hatte, rief ihnen zu: „Hello boys, come here." – Da seine Frau Tochter des britischen Schriftstellers John Knittel war, sprach er ein lupenreines Englisch. – Die „boys" kamen und der Major ließ sie gefangennehmen. Auf dem nachgeführten Lkw drängten sich bald 30 Amerikaner. Dann aber kam die Kanalbrücke von Fallersleben. Dort gab es keinen Versorgungsverkehr und keine „boys", die man so einfach festnehmen konnte. Vielmehr lagen dort ein Bataillon der 102. Infanterie-Division und zwei weitere Kompanien seit dem Vortage in Alarmbereitschaft. Diese Kräfte hatten sich sowohl an der Kanalbrücke als auch in Fallersleben zur Verteidigung eingerichtet. Dem deutschen Vorstoß fehlte somit für einen möglichen Erfolg das wichtigste Moment: Die Überraschung. Aber das war nicht verwunderlich. Wenn auch General Decker seine letzte Kampfgruppe bisher der Vernichtung hatte entziehen können, so war sie dennoch mehrfach aufgeklärt worden. Spätestens seit dem 17. April gab es in jeder amerikanischen G 2-(Feindlage-)Meldung einen Absatz über die Panzer-Division „Clausewitz". Die Meldung der 84. Infanterie-Division schloß am 19. April mit der Feststellung, „. . .daß diese Truppen heute nach Süden angreifen sollen mit dem Ziel, den Harz zu erreichen." Zwar hatte der deutsche Angriff sich verzögert, aber er konnte nun ganz sicher niemanden mehr überraschen. Schon gar nicht die amerikanischen Kräfte, die an den wenigen unzerstörten Kanalbrücken standen.

Der Weser-Elbe-Kanal (heute: Mittelland-Kanal) hatte bei Fallersleben insgesamt drei Brücken. Aber nur die ostwärtigste Brücke im Verlauf der Reichsstraße 248 hatte die für Panzer erforderliche Tragfähigkeit. Das wußten auch die Amerikaner und brachten auf der nördlichen Deichkrone mehrere Pak in Stellung. Das Gelände beiderseits der Reichsstraße hatte einen weichen, nicht tragfähigen Untergrund. Die anmarschierenden Panzer waren daher ausschließlich auf die Straße angewiesen, es sei denn, sie würden den gut 300 Meter nördlich der Brücke verlaufenden Querweg entdecken. Nur von dort aus konnte eine wirkungsvolle Feuerfront gegen die Pak-Stellung auf der Deichkrone gebildet werden. Was dem erwarteten deutschen Angriff wenigstens die Spur einer Chance gab, waren zwei Nachtsichtgeräte. Diese sogenannten Bildwandler waren in Putlos erprobt und vor dem Abmarsch nach Uelzen in zwei „Panther" eingebaut worden. Mit diesen Geräten konnte auch nachts ohne Fremdbeleuchtung über mehrere hundert Meter gezielt geschossen werden.

Kanalbrücke bei Fallersleben (Foto 1986)

Am 21. April, kurz vor 02.00 Uhr rollten die letzten zehn

„Panther" mit 7.5 cm Kanone

Spähpanzer „Puma" mit 20 mm Kanone

Panzer der Division „Clausewitz" auf die Brücke zu. Dicht hinter ihnen folgten General Decker und Major i.G. Scharnhorst in einem „Puma", ein Funkspähwagen und in einem VW-Kübel der Chef des Stabes, Oberst i.G. Kühlein. Dahinter fuhren einige Halbkettenfahrzeuge der Pionier-Kompanie sowie die Versorgungs-Kompanie mit Instandsetzungs- und Betriebsstoff-Lkw. Die stark geschrumpfte Panzeraufklärungs-Kompanie war – von den Amerikanern unbemerkt – vorausgefahren und hatte über Funk bereits die Pak-Stellung auf der Deichkrone gemeldet. Unerklärlicherweise zögerten die Amerikaner mit der Feuereröffnung unnötig lange. Erst als die deutschen Spitzenpanzer bis auf gut 300 Meter heran waren, schossen sie mehrere Leuchtpatronen ab. Die beiden ersten „Panther" befanden sich zufällig auf Höhe des Querweges und bogen im Licht der amerikanischen Gefechtsfeldbeleuchtung sofort von der Reichsstraße ab. Dann eröffneten die amerikanischen Kanonen das Gefecht. Von den noch auf der Straße stehenden deutschen Panzern konnte nur der erste das Feuer erwidern. Aber er traf nicht. Vielmehr erhielt er nach kurzem Schußwechsel einen Volltreffer und kippte in den Straßengraben. Der nächste Panzer, der sich an dem ausgefallenen vorbeischieben wollte, wurde ebenfalls getroffen. Der deutsche Angriff schien erwartungsgemäß zusammenzubrechen. Zu diesem Zeitpunkt waren die beiden „Panther" mit den Bildwandlergeräten in Schußposition gefahren und jagten eine Granate nach der anderen auf die Deichkrone. Als das amerikanische Feuer immer spärlicher wurde und schließlich vollständig verstummte, fuhr der Spähpanzer des Generals Decker in voller Fahrt zur Brücke. Seine 2 cm Kanone schoß dabei in die dichten Buschgruppen links und rechts der Straße. Die amerikanische Infanterie, die sicherlich Kompaniestärke gehabt hatte, zog sich kämpfend zurück. Der General überfuhr die Brücke und ließ kurz vor der scharfen Rechtskurve halten. Dort sprang er vom Panzer und ging bis zur Brückenmitte zurück. Major i.G. Scharnhorst wunderte sich. Er verstand nicht, warum sich der General so völlig ohne Panzerschutz auf die Brücke stellte. In der Nähe schossen noch immer einige amerikanische Maschinengewehre. Aber das schien den General der Panzertruppe nicht zu kümmern. Im flackernden Schein der auf dem Deich entstandenen Brände stand er hoch aufgerichtet am Brückengeländer. Sein Ledermantel war bis auf den letzten Knopf geschlossen. Gelegentlich blinkte dort das silberne Eichenlaub seines Ritterkreuzes. Scharnhorst hat sich dieses eigenartige Bild fest eingeprägt. Auch noch viele Jahre nach dem Krieg ist er sich sicher: „Der General suchte den Tod. Es war schon unglaublich, daß wir die Brücke nehmen konnten. Aber jetzt mußten wir noch durch Fallersleben. Das konnte einfach nicht klappen. Die Gefahr, verwundet oder unverwundet in Gefangenschaft zu geraten, war größer denn je. Aber genau das wollte der General nicht." Inzwischen waren die noch verbliebenen acht Panzer bis zur Brücke vorgefahren. Der General winkte sie weiter und grüßte jeden einzelnen der in den Luken stehenden Kommandanten. Dann bestieg er wieder seinen Spähpanzer und folgte ihnen. Das nächste Straßenstück verlief zwischen Kanal und Bahnlinie und ließ überhaupt keine Entfaltung zu. Dennoch konnte es ohne Widerstand durchfahren werden. Als die Panzer jedoch in die Bahnhofstraße nach Süden eindrehten, kam es zu heftigem Feuerkampf. Ein „Tiger" fuhr in eine eilig verlegte Minensperre und wurde bewegungsunfähig. Ein zu weit vorgefahrener Sprit-Lkw ging in Flammen auf. Der hinter General Decker fahrende Funkspähpanzer wurde vom Feuer schwerer MGs in Brand geschossen. Die vierköpfige Besatzung kam in den Flammen um. Um demselben Schicksal zu entgehen, bog der Fahrer von Deckers „Puma" in eine Seitenstraße ein. Der Kontakt zu den Panzern ging daher

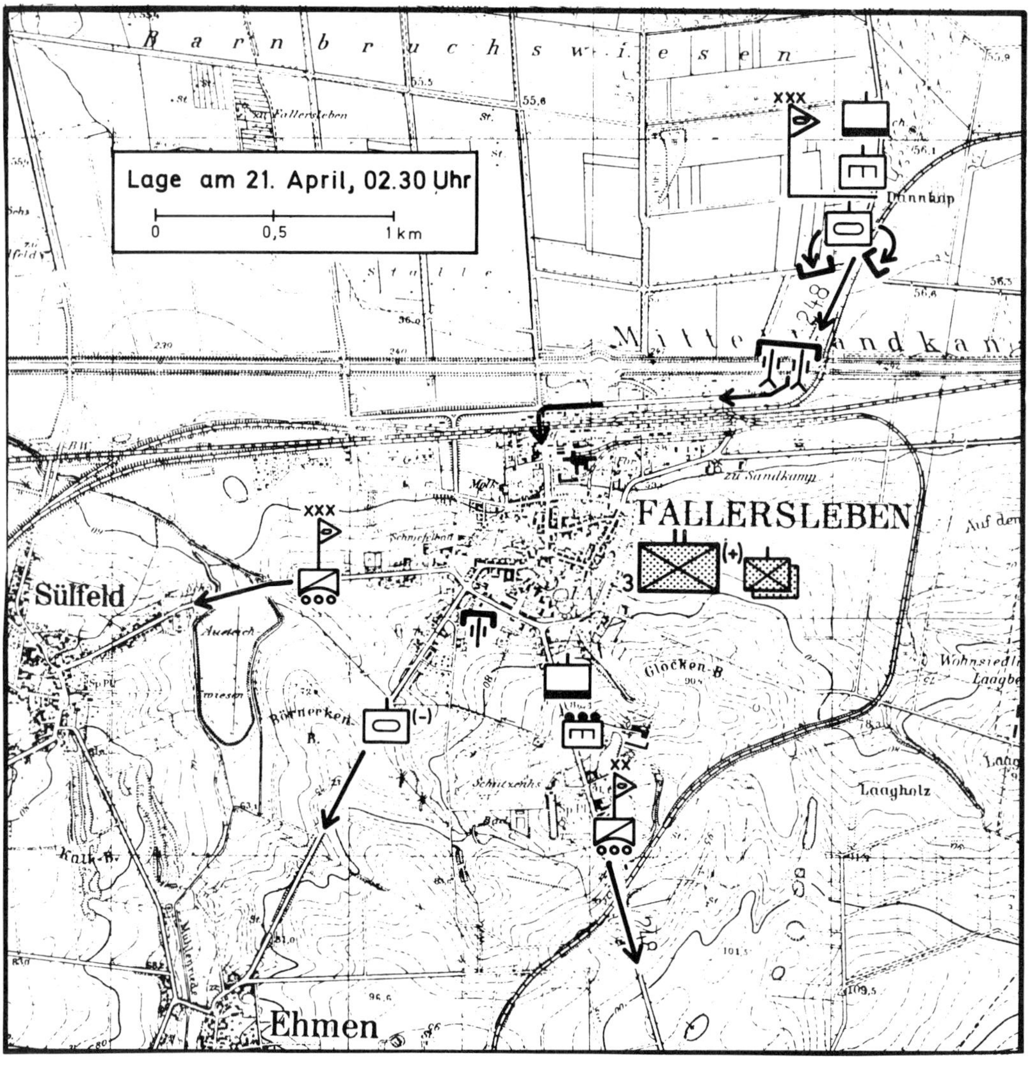

verloren. Daraufhin sprang Scharnhorst vom Fahrzeug und lief diesem durch die enge Straße voraus. Er war mit einer Maschinenpistole und mit Handgranaten bewaffnet. Als er an einer mannshohen Gartenmauer vorbeikam, erkannte er dort einen amerikanischen Infanterie-Zug, der sich offenbar auf einen Angriff vorbereitete. Scharnhorst warf eine Handgranate über die Mauer. Als sie detonierte, war er bereits an der nächsten Hausecke. Dort riß ihn ein Oberschenkeldurchschuß zu Boden. Er rappelte sich auf und flüchtete humpelnd in den nächsten Hauseingang. Während er einen Notverband um die stark blutende Wunde legte, hielt der Spähpanzer neben ihm. Scharnhorst quälte sich hinauf, und der „Puma" erreichte mit Höchstgeschwindigkeit den westlichen Ortsausgang von Fallersleben. Von dort wurde die Fahrt in Richtung Sülfeld–Essenrode fortgesetzt. Als der Morgen zu dämmern begann, ließ Karl Decker in dem ausgedehnten Waldgelände zwei Kilometer nördlich Wendhausen unterziehen. Dort stießen im Laufe des Vormittags noch zwei Lkw zu ihm. Der eine war mit einem Dutzend deutscher Soldaten besetzt. Der andere war vollgestopft mit amerikanischen Kriegsgefangenen.

Während der General Fallersleben nach Westen verließ, hatte sich Major v. Bennigsen an die Spitze seiner Panzer-Kompanie gesetzt. Er mußte unter allen Umständen den Ausbruch aus der Stadt riskieren, wenn er nicht noch weitere Ausfälle in Kauf nehmen wollte. So brausten die restlichen sieben Panzer, aus allen Rohren schießend durch die Stadt. Am südwestlichen Ortsausgang stand ein leichtes Infanteriegeschütz, an dem v. Bennigsen unbemerkt vorbeikam. Dafür schoß es jedoch einen der folgenden Panzer bewegungsunfähig. Major v. Bennigsen atmete auf, als er das offene Gelände am Börneckenberg erreicht hatte. Seinen sechs Panzern schienen noch drei Halbkettenfahrzeuge zu folgen. Ab Ehmen wurde wieder mit voller Beleuchtung gefahren, obwohl es bereits zu dämmern begann. Plötzlich erkannte v. Bennigsen eine auf der anderen Straßenseite haltende amerikanische Panzerkolonne, die offenbar auftankte. Da sie in Marschrichtung Fallersleben stand, ist zu vermuten, daß sie von der 2. Panzer-Division „Hell on Wheels" war und möglicherweise den Auftrag hatte, die Truppen in Fallersleben zu verstärken. Nun war aber anscheinend der Sprit knapp geworden. Anderenfalls wäre das Schicksal der letzten Kampfgruppe der „Clausewitz" spätestens in, vielleicht auch schon nördlich Fallersleben besiegelt gewesen. So aber fuhr v. Bennigsen mit unverminderter Geschwindigkeit an der Kolonne vorbei. Dabei winkte er wie wild und brüllte immer wieder in den Motorenlärm und in das Rasseln der Ketten: „Good morning, boys!" Die Amerikaner winkten zurück; v. Bennigsen zählte insgesamt 15 Panzer. Die folgenden drei Schützenpanzer kamen jedoch nicht mehr durch. Nach dem Kriege standen sie noch lange unbeschädigt auf der Straße. Vermutlich sind ihre Besatzungen in Gefangenschaft geraten. Noch vor Sonnenaufgang erreichte v. Bennigsen Destedt, von wo aus er in den Elm fuhr. Mit bissigem Galgenhumor sagt er noch heute: „Damit hatte ich mein Angriffsziel erreicht. Hier im Elm verlief die Grenze zur 11. Armee des Generals Lucht. Aber wir wunderten uns nicht, hier keine deutschen Soldaten zu treffen. Auch wir waren aufgesplittert und die Tanks der Panzer fast leer." Der Divisionskommandeur, Generalleutnant Martin Unrein, hatte mit einigen VW-Kübeln und den Halbkettenfahrzeugen eines Pionier-Zuges den kürzesten Weg zum Elm gefunden. Er befand sich ab 06.30 Uhr südostwärts Abbenrode. Oberleutnant Hans Kempe, der die Werkstatt/Versorgungs-Kompanie führte, erreichte mit seinen Fahrzeugen den Elm bei Königslutter. Da er keine Verbindung zu Generalleutnant Unrein hatte und sicher war, „in

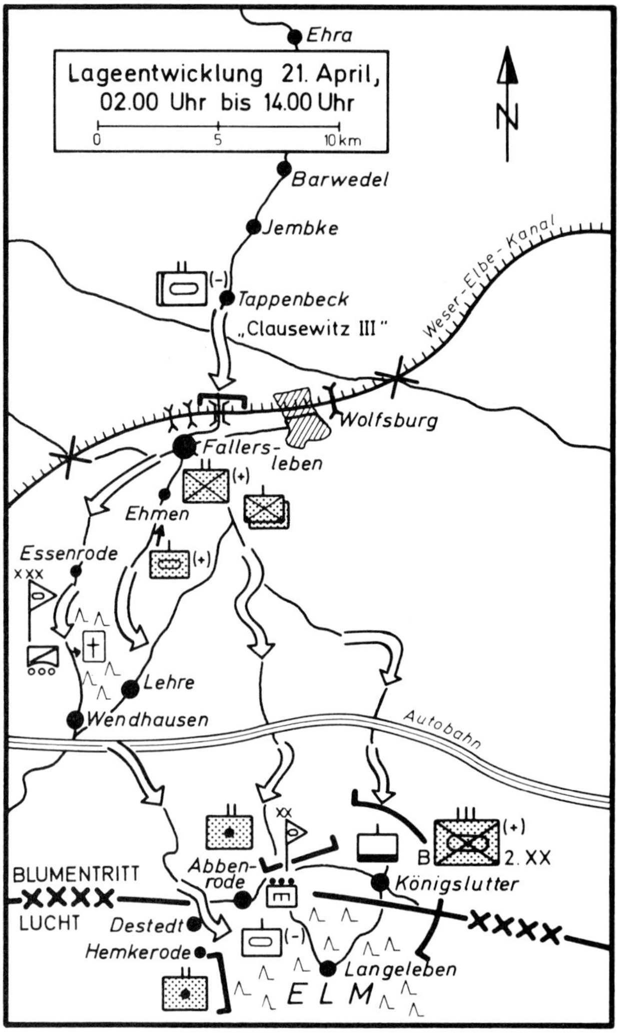

einer Falle zu sitzen", ließ er alle schriftlichen Unterlagen verbrennen und verteilte die restliche Verpflegung sowie das Geld der Kriegskasse. Als dann noch gegen 13.00 Uhr ein Lautsprecherwagen die „tapferen Soldaten der Panzer-Division ‚Clausewitz'" aufforderte, den sinnlosen Kampf einzustellen, gab Kempe seinen Männern den orakelhaft klingenden Befehl, daß jeder zu gegebener Zeit nach seinem Ermessen das Richtige tun solle. Unrein, der von demselben Lautsprecher namentlich aufgefordert wurde, den Wald nach Norden zu verlassen, weil dort eine Generalslimousine für ihn bereit stünde, sammelte seine Männer ebenfalls um sich. Da zwischenzeitlich ständig erneut amerikanisches Artilleriefeuer in unterschiedlicher Stärke auf dem Nordrand des Elm lag, wurde es Zeit, zu handeln. Die feindlichen Geschütze haben vermutlich von Abbenrode und Hemkerode aus ihre Feuerüberfälle geschossen. Unrein teilte die höchstens 70 Mann in zehn Gruppen ein und gab ihnen den Auftrag, sich bis zur Elbe durchzuschlagen und sich, falls möglich, bei Einheiten der Armee–Wenck zu melden. Ein einzelner Panzer war mit fünf zusätzlich aufgesessenen Soldaten bis dicht vor Langeleben gekommen. Verbindung zu den anderen bestand nicht mehr. Stabsfeldwebel Hermann übernahm das Kommando und ließ zunächst eine günstige Stellung für den Panzer suchen. Aus dieser beobachteten sie eine große Zahl „Sherman", die offenbar das Waldgelände großräumig umstellt hatten. Nach dem einstündigen Artilleriefeuer begann amerikanische Infanterie den Wald systematisch zu durchkämmen.

Dem Panzerfahrer, Obergefreiten Albert Vollmert, hat sich die folgende Szene tief eingeprägt: „Nun war es also soweit. Stabsfeldwebel Hermann gab Befehl, den Panzer zu sprengen. – Keiner sprach ein Wort; wir glaubten alle, am Ende der Welt zu stehen. – Hermann dankte und verabschiedete jeden Kameraden mit Händedruck und einem Schlag auf die Schulter. Dann gingen wir in kleinen Trupps auseinander; – wortlos und mit feuchten Augen."

Oberst i.G. Conrad Kühlein, der in Fallersleben von General Decker getrennt worden war, kam mit seinem VW-Kübel auf Schleichwegen und etwas „verspätet“ im Elm an. Er traf nur noch eine von Unreins Gruppen, die zur Elbe wollte. Der Oberst entschloß sich zu einem Husarenstreich. Er wartete die Nacht ab und fuhr gegen 02.30 Uhr nach Fallersleben zurück. Mit eingesetzten Seitenteilen und voller Beleuchtung brauste er durch die Ortschaft und passierte gegen 03.00 Uhr die Brücke. Die müden Posten hatten ihn für einen Amerikaner gehalten. Dennoch geriet er Tage später bei Salzwedel in Gefangenschaft. Auch Generalleutnant Unrein setzte sich zunächst mit seinem Kübel in Richtung Elbe vom Feind ab. Als der Sprit ausging, organisierte er sich ein Fahrrad. Am 24. April wurde er in der Letzlinger Heide bei Roxförde von einem amerikanischen Panzerspähtrupp gefangengenommen. Damit war die gerade einwöchige Geschichte der Panzer-Division „Clausewitz“ zu Ende. Es gab im 2. Weltkrieg keine Division, die schneller aufgerieben wurde, aber auch keine, die einen so undurchführbaren Auftrag erhalten hatte. Ihre Gefallenen liegen in Nettelkamp, Stadensen, Uelzen und Rätzlingen. Zusammengenommen etwas mehr als 80 Mann. Die Zahl der Toten ostwärts unserer innerdeutschen Grenze ist nicht festzustellen. Nach der Intensität der Kampfhandlungen dürften es mindestens 200 gewesen sein. Erstaunlicherweise waren die Verluste in Fallersleben auffallend gering. Auf der sehr gepflegten Kriegsgräberanlage des dortigen Friedhofes ruhen nur zwölf deutsche Soldaten, die in den frühen Nachtstunden des 21. April in Fallersleben gefallen sind. Sie wurden seinerzeit unter reger Teilnahme der Bevölkerung mit Blumen und selbstgebundenen Kränzen beigesetzt. Aber es gibt noch ein Grab, in dem der 13. Gefal-

Obergefreiter Albert Vollmert: „Wir glaubten alle, am Ende der Welt zu stehen.“

Soldatengräber auf dem Friedhof in Fallersleben

lene jenes 21. April ruht. Es liegt auf dem Friedhof in Wendhausen, – nur etwa zehn Kilometer von den anderen entfernt.

Der in Pommern geborene 47jährige General der Panzertruppe Karl Decker stand am Mittag mit zwei Lkw, einem Spähpanzer, wenigen Soldaten und 30 gefangenen Amerikanern im Waldgelände am Buchenberg. Er war Kommandierender General eines Panzer-Korps, von dem nur Teile einer Division real existiert hatten. Diese Teile waren aufgesplittert und unerreichbar für ihn. Er hatte an der Ostfront Panzer-Abteilungen, -Brigaden und -Divisionen geführt. Vor knapp einem Jahr hatte er das Eichenlaub zum Ritterkreuz erhalten. Er hatte wohl hundert ausweglos erscheinende Situationen er- und überlebt. Aber so wie hier am Buchenberg, hinter der Front eines übermächtigen Feindes, war es noch nie gewesen. Er ahnte, daß es keine Hoffnung mehr gab. Dies wurde zur Gewißheit, als die ausgestellten Sicherungen gegen Mittag amerikanische Fahrzeuge aus nördlicher Richtung meldeten. Wenig später fielen am Waldrand vereinzelte Schüsse. Major i. G. Scharnhorst und Deckers Schwager, Oberleutnant Brandt, räumten den Spähpanzer aus. Sie verbrannten eilig alle schriftlichen Unterlagen und machten die 2 cm Kanone unbrauchbar. Sie hörten, wie in einiger Entfernung eine amerikanische Schützenkette laut rufend den Wald durchstreifte. Gelegentlich glaubte Scharnhorst auch polnische Wortfetzen zu hören, und er vermutete, daß befreite Zwangsarbeiter die deutschen Fahrzeuge am Vormittag beobachtet hatten und nun den Amerikanern den Weg zeigten. Aus Richtung Wendhausen war Motorenlärm zu hören. Decker, Scharnhorst und Brandt sahen sich an. Sie waren umstellt. Es gab nur noch die Flucht in Einzelgruppen mit der vagen Hoffnung, sich dadurch der Gefangenschaft zu entziehen. Zuerst mußten sie jedoch ihre Gefangenen loswerden. Scharnhorst ging zu ihnen und erklärte dem Dienstgradhöchsten, einem sehr sachlich wirkenden Captain, daß er sie jetzt freilassen werde. Als „Gegenleistung" sollten sie jedoch das Versteck der Deutschen nicht verraten. Der Captain nickte: „Okay." Scharnhorst ging noch einige hundert Meter mit den Amerikanern und wies ihnen den Weg in nördliche Richtung. Decker und Brandt standen alleine neben ihrem verlassenen Spähpanzer in der Nähe einer Wegeeinmündung. Unvermittelt und ohne ein Wort ging der General in den hohen Buchenbestand.

Inzwischen hatte sich Scharnhorst mit fast versöhnlicher Geste von dem amerikanischen Captain verabschiedet. Mit eiligem Schritt ging er zurück. Da fiel ein einzelner Schuß. Scharnhorst hetzte zur Wegeeinmündung. Brandt kam ihm völlig fassungslos entgegengelaufen. Mit heiserer Stimme wiederholte er mehrfach: „Los, weg hier, der General hat sich erschossen." Da die amerikanische Schützenlinie schon gefährlich nahe zu sein schien, flüchteten beide Offiziere nach Nordosten in Richtung Bockshornberg. Dort warteten sie die Nacht ab und durchschwammen später den Weser-Elbe-Kanal nördlich Wedesbüttel. Nach mehreren anstrengenden Tagen erreichte Scharnhorst sein Gut bei Hoya an der Weser. Da er sich aber dort nicht verstecken konnte, ohne seine Angehörigen zu gefährden, begab er sich freiwillig in Gefangenschaft.

Wenige Tage nach dem 21. April fand der Wendhausener Förster H. am Buchenberg einen toten deutschen General. Er hielt noch immer seine Pistole in der Hand. An den Wurzeln einer mächtigen Buche lehnte in zierlichem Lederrahmen das Foto einer Frau mit zwei kleinen Mädchen. General der Panzertruppe Karl Decker wurde auf dem Friedhof in Wendhausen bestattet. Das zunächst gefertigte Holzkreuz wurde später von seiner Frau durch ein großes Steinkreuz ersetzt. Der Panzergeneral ist der dienstgradhöchste Offizier, der zu Kriegsende zwischen Weser und Elbe den Tod fand.

Grab des Generals der Panzertruppe Karl Decker in Wendhausen

Zwischen Weser und Wümme

Generalleutnant Richard von Schwerin,
Kommandeur der 172. Infanterie-Division

Nachdem die 53. „Welsh Division" Verden besetzt hatte, griff die 52. „Lowland Division" in die Kampfhandlungen ein. Die Division unter dem Kommando von Generalmajor E. Hakewill-Smith hatte die Weser bei Hoya und die Aller bei Rethem überquert. Sie war den Brigaden der 53. Division nach Verden gefolgt und wollte noch am Mittag des 17. April nach Nordwesten angreifen. Sie bestand aus der 156. und 157. Infanterie-Brigade sowie den beiden Panzer-Regimentern 44. „Royal Tank" und „The Royal Scots Greys". Darüber hinaus verfügte sie über Artillerie, Panzerjäger, Flugabwehr und Pioniere sowie ihr Aufklärungs-Regiment. Die Division war voll versorgt und ausgeruht. Nach tagelangem „Hinterhermarschieren" sollte sie endlich zum Einsatz kommen. Ihr Angriffsziel hieß Bremen. Ihr direkter Gegner mußte somit die 172. Infanterie-Division des Generalleutnants Richard von Schwerin werden.

Der 52jährige v. Schwerin war seit drei Jahren Kommandeur mehrerer Divisionen gewesen und trug das Deutsche Kreuz in Gold. Er gehörte zum Korps-Ems des Generals der Infanterie Siegfried Rasp. Seine 172. Division bestand aus den beiden Infanterie-Regimentern des Oberst Maislinger und des Majors Heidenreich. Zusammengenommen waren das ca. 2.500 Mann mit 18 Geschützen kleineren Kalibers. Außerdem verfügte die Division noch über das Festungs-Artillerie-Regiment 1350 mit 34 Geschützen sowie das 2. Bataillon des Werfer-Ausbildungs-Regiments 2 mit 18 Werfern und drei Pak-Geschützen 3.7 cm. Auf Zusammenarbeit angewiesen waren das Flak-Regiment 531 mit 46 Geschützen, die Flak-Abteilung 876 mit 20 Geschützen sowie die 4. und 2. Batterie der Flak-Abteilung 262 mit insgesamt zehn Geschützen. Neben den beiden Infanterie-Regimentern waren das nochmals ca. 1.000 Mann und 130 Geschütze. Insgesamt verfügte die 172. Division über 3.500 Mann und knapp 150 Geschütze. Rein rechnerisch war sie daher der 52. „Lowland Division" fast ebenbürtig. Allerdings standen die deutschen Kräfte zwischen Mahndorf, Uphusen und Dauelsen mit Front zur Weser. Sämtliche Flak-Geschütze waren ortsfest und damit unbeweglich. Sie verfügten nur über Spreng-

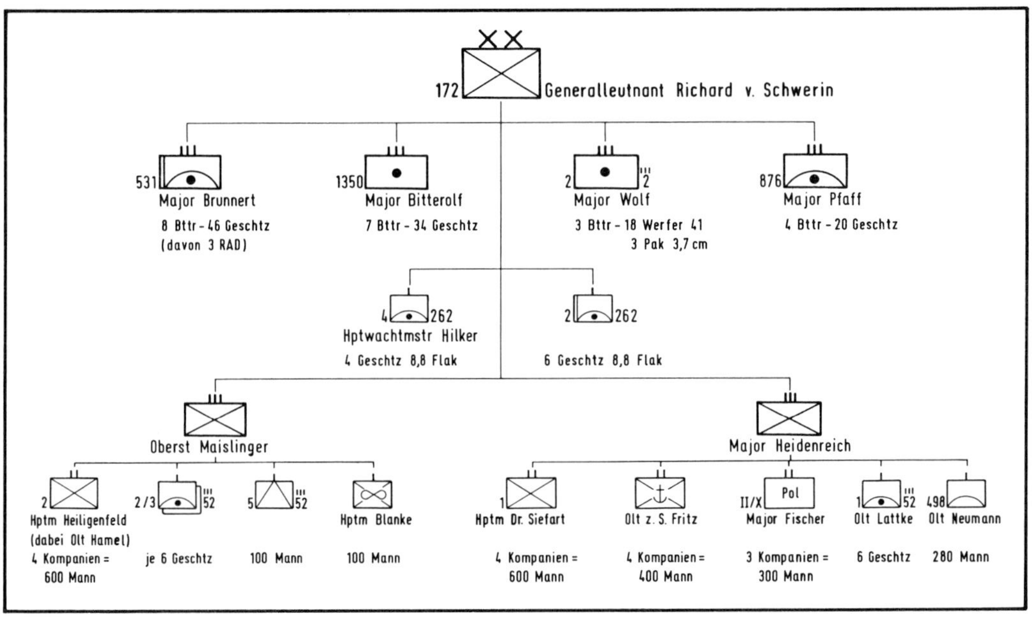

granaten, wie sie üblicherweise zum Kampf gegen die feindliche Luftwaffe eingesetzt wurden. Die für den Kampf gegen Panzer erforderlichen Vollgeschosse fehlten. Bei den Geschützen des Artillerie-Regiments handelte es sich vorwiegend um russische, aber auch belgische Beutewaffen, für die nur wenig Munition vorhanden war. Das Bedienungspersonal bestand aus Marine- und Luftwaffensoldaten, die kaum artilleristisch ausgebildet waren und noch nie im Landkampf gestanden hatten. Lediglich die drei Batterien des Werfer-Bataillons 2 waren so ausgerüstet und ausgebildet, daß sie über eine gewisse Feuerkraft im Kampf gegen feindliche Infanterie verfügten. Bei den beiden Infanterie-Regimentern sah es nur wenig besser aus. Hier konnte lediglich von den beiden Sicherungs-Bataillonen der Hauptleute Heiligenfeld und Dr. Siefart sowie von dem Marine-Alarm-Bataillon „Wesermünde" unter dem Oberleutnant z.S. Fritz einige Kampfkraft erwartet werden.

Trotz allem hätten die Verbände der 172. Division gegen einen frontal auf die Weser angreifenden Feind mit gewissem Erfolg verteidigen können. Immerhin hatte bereits am 8. April die 7. U.K. Panzer-Division einen solchen Vorstoß unternommen. Dabei war es auch in Thedinghausen mit deutschen Grenadieren und Flak-Infanterie zu einem heftigen Feuerkampf gekommen. Die deutschen Kräfte, die offenbar unbedingt angriffsweise operieren wollten, hatten sich abschließend mit erheblichen Verlusten auf das Nordufer der Weser zurückgezogen und die Brücke bei Uesen gesprengt. Aber auch die „Desert Rats" hatten wenig später kehrtgemacht und waren nach Rethem marschiert. Die 52. „Lowland Division" hatte daher auch gar keinen Frontalangriff versucht, sondern die Einnahme von Verden abgewartet. Von hier aus konnte sie die bisher ungeschützte Flanke der 172. Infanterie-Division angreifen und dann alle weiteren deutschen Verbände in klassischer Manier aufrollen. Bevor sie jedoch antrat, hatte der am linken deutschen Flügel eingesetzte Oberst Maislinger reagiert: Das Sicherungs-Bataillon des Hauptmanns Heiligenfeld und zwei leichte Flak-Batterien waren zwischen Heidkrug und Eissel in Stellung gegangen; zwei Werfer-Batterien waren so weit vorgezogen worden, daß sie bis südlich Dauelsen wirken konnten. Der erste britische Angriff aus Scharnhorst und Verden kam vor Dauelsen im Feuer der Werfer-Batterie zum Stehen und wurde abgebrochen.

Am 18. April – „Cameronians" auf dem Weg von Verden nach Dauelsen (IWM)

Am nächsten Tag griffen die „Churchill"-Panzer der „Royal Scots Greys" der Infanterie voraus an. Das deutsche Werferfeuer lag wiederum genau, aber es konnte den Panzern ebensowenig anhaben wie die beiden 20 mm Flak-Kanonen, die der Spitzenpanzer des Sergeant Curran am Südrand von Dauelsen zusammenschoß. Hierbei fielen vier Soldaten des Flak-Regiments 52 und ein Werfersoldat, der vermutlich zu einem VB-Trupp gehört hatte. Aber mit Dauelsen gaben sich die „Greys" noch nicht zufrieden. Sie wollten aus dem Einbruch einen Durchbruch machen und marschierten nach Langwedel. Dort gab es keine Infanteriekräfte, sondern nur zwei Panzersperren mit einem 3.7 cm Pak-Geschütz. Der jetzt führende Panzer des Corporal Birkinshaw schoß es von der Straße und durchbrach beide Sperren. Birkinshaw, der „Eroberer von Langwedel", erhielt hierfür die Military Medal. Von der deutschen Pak-Bedienung waren zwei Mann gefallen. Die „Scots Greys", denen inzwischen die Infanterie der 156. Brigade gefolgt war, stellten zunächst ihren Angriff ein. Sie hatten nicht einen Mann verloren. In Langwedel waren zwei Gebäude stark beschädigt. Eine Einwohnerin war zu Tode gekommen.

Am 19. April rollte der britische Angriff parallel zur Weser weiter. Die Chronik der „Scots Greys" berichtet über „einige Schwierigkeiten". Entsprechend größer waren die Probleme auf der deutschen Seite. Das in Kluvenhagen eingesetzte

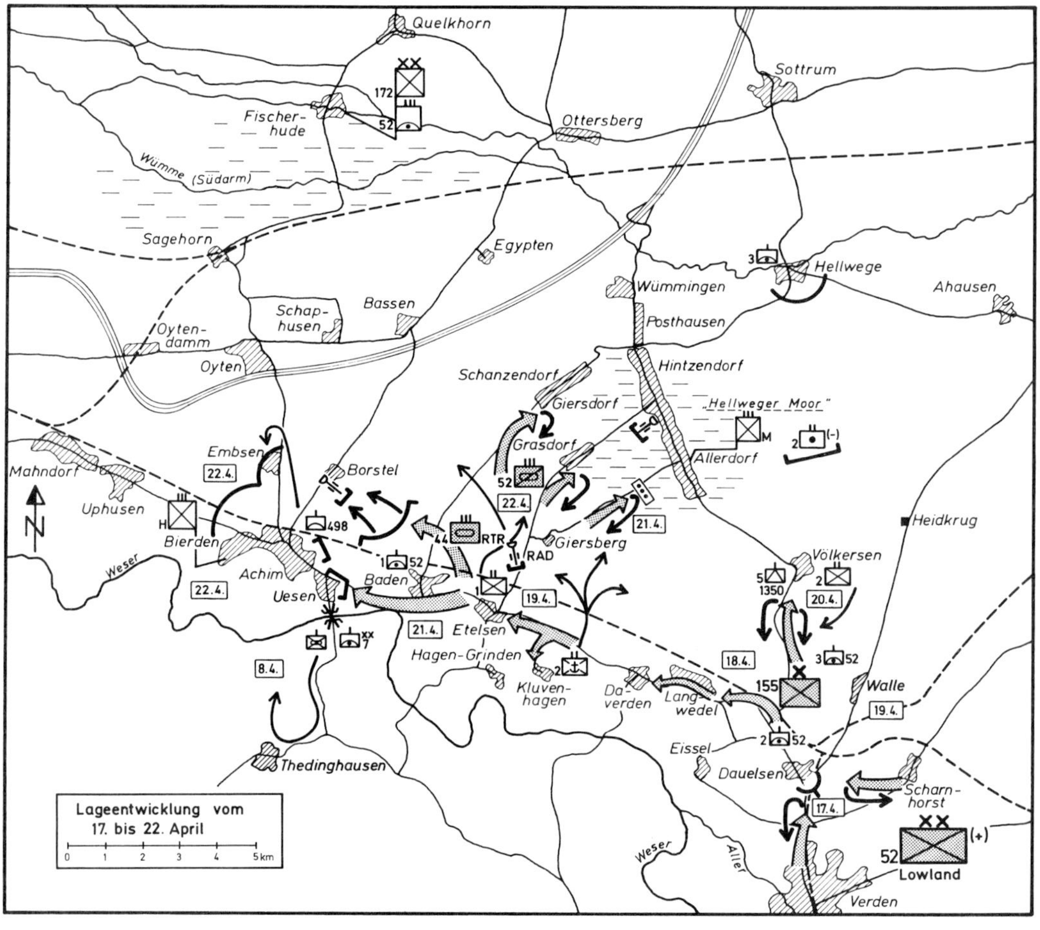

Marine-Bataillon des Oberleutnants z.S. Fritz bestand vorwiegend aus 16- bis 18jährigen Rekruten. Diese trugen die unterschiedlichsten Beutewaffen, an denen sie jedoch nur sehr flüchtig ausgebildet worden waren. Die britischen Panzer rollten ungehindert an ihren Stellungen vorbei und überließen den Rest der nachfolgenden 156. Brigade. Die britische Infanterie umstellte die Marinesoldaten im Norden halbkreisförmig, dann ging sie konzentrisch vor. Nur durch Flucht konnte sich ein Teil der Deutschen retten. 130 von ihnen gerieten in Gefangenschaft. Sechs fielen. Unter ihnen der 16jährige Marine-Offizieranwärter Werner R. aus Rügen. Oberleutnant z.S. Fritz konnte Teile seines Bataillons nochmals in Etelsen sammeln. Gemeinsam mit einem 8.8 Flak-Geschütz einer RAD-Batterie nahm er den ungleichen Kampf erneut auf. Die RAD-Flak war von erfahrenen Männern besetzt. Jeder Schuß wurde ein Treffer. Aber der Erfolg blieb aus, denn die Sprenggeschosse hatten keine Wirkung gegen Panzerstahl. Der „Churchill" des Leutnants Andrews erhielt fünf Treffer, ohne auszufallen. Dem Panzer des Corporal Greenhalgn riß sogar erst der elfte Treffer die Ketten herunter. Kurz darauf zerbarst das chancenlose RAD-Geschütz im Feuerhagel der „Churchill"-Kanonen. Dennoch wurden nördlich Etelsen zwei weitere Panzer abgeschossen. In der bereits zitierten britischen Chronik ist hierzu zu lesen: „Der Feind hatte nur wenig Hartkerngeschosse, manchmal keine. Sonst wären unsere Ausfälle an Panzern höher gewesen." Bis 19.00 Uhr besetzten die Briten Etelsen zur Hälfte. Auf deutscher Seite waren trotz allem nur fünf Soldaten gefallen. Darunter auch der 17jährige Vormann des treffsicheren Flak-Geschützes, Gerhard M.

Am 20. April warfen die Briten die letzten Deutschen aus Etelsen. Diese gehörten sehr wahrscheinlich zum Marine-Bataillon „Wesermünde" und zum Sicherungs-Bataillon des Hauptmanns Dr. Siefart. Im übrigen unternahmen die Briten in Richtung Bremen keinen weiteren Vorstoß. Generalmajor E. Hakewill-Smith konzentrierte sich offenbar auf seine rechte Flanke, die inzwischen fast zehn Kilometer lang geworden war. Zu deren Sicherung hatte er weitere Kräfte angefordert. Gegen Mittag traf über Visselhövede die 155. Infanterie-Brigade ein, die bisher unter dem Kommando der „Desert Rats" gegen die Kampfgruppe-Grosan im Raum Soltau gekämpft hatte. Hakewill-Smith gönnte ihr keine Pause. Er befahl ihr den Angriff von Dauelsen auf Völkersen, um in seiner tiefen rechten Flanke sicher zu sein. In der Ortschaft lagen Teile des von Hauptmann Heiligenfeld geführten 2. Sicherungs-Bataillons sowie eine sogenannte Panzervernichtungs-Batterie. Letztere bestand aus Soldaten des Artillerie-Regiments 1350, die in Ermangelung von Geschützen mit Panzerfäusten ausgerüstet worden waren. Somit waren sie zu „Panzervernichtern" geworden. Aber die angreifende britische 155. Brigade hatte zunächst keine Panzer, dafür aber drei Infanterie-Bataillone. Deren Angriff blieb jedoch im Feuer einer ostwärts Allerdorf stehenden Werfer-Batterie liegen. Dennoch kam es um Völkersen zu einem heftigen Infanteriekampf. Im Gefechtsbericht des Sicherungs-Bataillons steht hierzu u. a.: „Die im linken Abschnitt eingesetzte Kompanie von Oberleutnant Hamel ging bis auf etwa 1 Offizier, 20 Mann verloren." Trotz allem zogen sich die drei britischen Infanterie-Bataillone noch einmal zurück. Auf deutscher Seite waren mindestens sechs Soldaten gefallen und eine sicherlich viel größere Zahl in Gefangenschaft geraten. Unter den Gefallenen befand sich auch Kompaniechef Oberleutnant Erwin Hamel aus Frankfurt an der Oder. Am nächsten Tag, dem 21. April, gingen die britischen Angriffsspitzen zunächst von Etelsen nach Baden vor. Hierbei kam es zu dem

Panzer der „Scots Greys" und britische Infanterie im Vormarsch auf Bremen (IWM)

bisher heftigsten Gefecht der letzten fünf Tage. Im Raum Baden war vorwiegend das 1. Sicherungs-Bataillon des Werfer-Regiments 2 eingesetzt, das am Vortage schon in Etelsen geworfen worden war. Dazu kamen noch einige Marinesoldaten, die Oberleutnant z.S. Fritz nochmals hatte sammeln können. Die „Scots Greys" rasselten mit einigen „geliehenen" Flammenwerferpanzern der „Desert Rats" vor der eigenen Infanterie her. Trotz deutschen Artilleriefeuers konnte das freie Gelände bis zum Ortsrand von Baden schnell und ohne Ausfälle überwunden werden. Dann kam es zum Ortskampf, der in der Chronik „Das Gesicht des Krieges im Landkreis Verden" sehr anschaulich beschrieben ist: „Jedes Schützenloch, jedes Gebäude, wo sich jemand sehen ließ, ob Zivilisten oder Soldaten, wurde von Flammen und Granaten eingedeckt. Überall Feuer! Dazwischen das unheimliche Gerassel der Kettenfahrzeuge, der unzähligen Panzer und Flammenwerfer. Auch Haus Nr. 79 neben der Schule ging in Flammen auf. In der Ortsmitte gab es ein besonderes Spektakel. Bei der Schmiede nämlich befand sich ein deutsches Maschinengewehrnest. Bis zum bitteren Ende wurde hier stur und fanatisch heftiger Widerstand geleistet. Erfolg: Vier Gehöfte gingen in Flammen auf, alles Vieh verbrannte. Was die Bewohner retten konnten, war nur ihr Leben. Überall tobte der Kampf. Häuser brannten. Vieh starb im Flammenmeer und unter zusammenstürzenden Stallungen. Am Kilometerstein Nr. 4 brannte ein Panzer vom Typ ‚Churchill' aus. 34 deutsche Soldaten fielen." Darüber hinaus kamen zwei Zivilpersonen ums Leben, 19 Gebäude waren vollständig zerstört worden. Für den Preis von drei Kampfpanzern und weniger als zehn Gefallenen hatten die Briten am Abend des 21. April die Ortschaft Baden besetzt.

Am gleichen Tage versuchte das Aufklärungs-Regiment einen Vorstoß von Etelsen über Giersberg nach Allerdorf. Vermutlich sollten die Soldaten in Völkersen abgeschnitten werden. Aber die britischen Aufklärungspanzer waren wegen der sumpfigen Wiesen ausschließlich auf Wege und Straßen angewiesen. Der Weg von Giersberg war vermint. Die beiden ersten Spähpanzer fuhren fast gleichzeitig auf die deutschen Druckminen auf. Beide Fahrzeuge wurden zur Seite geschleudert und blieben bewegungsunfähig im Straßengraben liegen. Mehrere Briten waren verwundet, zwei waren gefallen. Sie wurden in Becklingen beigesetzt. Damit war der zweite Versuch, nördlich der Straße Verden–Bremen Raum zu gewinnen, gescheitert. Bis zu diesem Zeitpunkt waren in Dauelsen, Langwedel, Völkersen, Daverden, Kluvenhagen und Etelsen 45 deutsche Soldaten gefallen. Sie wurden gemeinsam auf dem neuen Friedhof in Daverden beigesetzt. Die Gefallenen von Baden ruhen auf dem dortigen Friedhof. Unter ihnen auch der aus Baden stammende Kapitänleutnant Wilhelm August König. Es kann als sicher angenommen werden, daß er

Soldatengräber in Daverden

Soldatengräber in Baden

sich auf Urlaub befunden und aus „freien Stücken" an der Verteidigung seines Heimatortes teilgenommen hatte.

Noch am Abend des 21. April flog die britische Luftwaffe mehrere Angriffe auf Uesen und Achim. Die Bevölkerung saß verängstigt in den Kellern. Sie wußte, daß nun der Kampf um ihre Ortschaft spätestens am nächsten Morgen bevorstand. Major Heidenreich hatte die Verteidigung mit seinen schon recht demoralisierten Soldaten nur flüchtig vorbereiten können. Was sollte er den britischen Panzern schon entgegenstellen? Trotzdem waren die Reste der 1. Batterie des Flak-Ausbildungs-Regiments 52 nochmals am Ortsrand von Uesen in Stellung gegangen. Die nur mit Karabinern ausgerüstete Schweinwerfer-Batterie des Oberleutnants Neumann lag am Nordostrand von Achim. Ebenfalls eine Polizei-Kompanie, die von Mahndorf abgezogen worden war. Die schwersten Waffen auf deutscher Seite standen bei Borstel. Es waren vier 8.8 cm Geschütze der 4. Batterie des Flak-Regiments 13 unter Führung eines Hauptwachtmeisters. Major Heidenreich hatte seinen Gefechtsstand in Bierden. Dieser wurde von den gesammelten Teilen des Marine-Alarm-Bataillons gesichert.

Auf britischer Seite wurde zunächst in kürzester Zeit umgegliedert. Die 156. Brigade, die bisher mit dem Panzer-Regiment „Scots Greys" den Angriff geführt hatte, sollte einen Tag pausieren. An ihrer Stelle übernahm die 157. Brigade mit dem 44. „Royal Tank Regiment" die Spitze. Sie traten am 22. April um 05.30 Uhr an. Zunächst trafen die drei britischen Infanterie-Bataillone auf die Flak-Soldaten in Uesen. Der ungleiche Kampf war schnell entschieden. Als Leutnant Büchel, Unteroffizier Wagner, ein Gefreiter und ein heute unbekannter Soldat gefallen waren, ging Oberleutnant Lamprecht mit mehreren Verwundeten recht ungeordnet über Embsen nach Oyten zurück. Wenig später standen die Briten direkt vor Achim. Zwei ca. 40jährige Polizeiwachtmeister fielen, ebenfalls ein Unteroffizier und fünf weitere Soldaten. Dann zogen sich die Deutschen auch hier in Richtung Oyten zurück. Ungehindert rollten die britischen Panzerkolonnen in Achim ein. An ihrer Spitze befanden sich zwei Flammenwerferpanzer. Im Ortskern waren in der Hauptstraße zwei versteckte Sprengladungen vergraben. Sie konnten elektrisch gezündet werden. Als sich die Flammenwerfer darüber befanden, brachte sie ein namentlich nicht bekannter Soldat zur Detonation. Die Flammenwerfer brannten aus. Weitere Verluste hatten die Briten in Achim nicht. So gingen sie unverzüglich zum Angriff auf Bierden vor. Major Heidenreich hatte seinen Gefechtsstand zwar bereits nach Norden verlegt, aber die Marinesoldaten verteidigten die Ortschaft trotzdem. Sie wichen erst, als ein Maat und drei weitere Marinesoldaten gefallen waren. Damit hatte die 157. Brigade ihren Tagesauftrag fast erfüllt. Sie sollte aber auch noch am selben Tage Borstel, Embsen und nach Möglichkeit Oyten besetzen. Sie hatte hiermit die Masse des 44. „Royal Tank Regiment" beauftragt. Als die britischen Panzer aus dem Badener Holz nach Westen rollten, schlug ihnen aus Borstel das Abwehrfeuer der 4. Batterie der Flak-Abteilung 262 entgegen. Der stellvertretende Batterieführer, Hauptwachtmeister Hilker, schoß, was seine Rohre hergaben. Allerdings hatte auch er nur Sprenggranaten. Trotzdem stoppte der britische Panzerangriff. Dann folgte auf 1.000 Meter Entfernung ein mehrstündiges Duell – Panzer gegen Flak. Die deutschen 8.8 cm Geschütze konnten zunächst die Überlegenheit ihrer stärkeren Kanone voll ausnutzen. Auf britischer Seite fielen ca. fünf Panzer aus. Je länger der Feuerkampf jedoch dauerte, desto mehr „Sherman" schalteten sich in das Gefecht ein. Bis zum frühen Nachmittag konnten sich die vier Geschütze gegen die annähernd zehnfache Anzahl von Panzern des 44. „Royal Tank Regiment" behaupten. Dann aber ging die Munition aus. Hauptwachtmeister Jonny Hilker ließ die Geschütze sprengen und zog sich mit den Bedienungsmannschaften nach Oyten zurück. In der Stellung bei Borstel war nur der gefallene Obergefreite Ernst F. zurückgeblieben. Die Ortschaft wurde kurz darauf von den „Royal Tanks" besetzt. Diese stießen jedoch unverzüglich weiter auf Embsen vor. Für diesen Ort war zunächst keinerlei Truppe zur Verteidigung vorgesehen gewesen. Trotzdem hatte sich dort offenbar eine Handvoll deutscher Soldaten zur Verteidigung eingerichtet.

Der Ortschronist schrieb: „Ein Oberleutnant bezog Stellung an der Straße Achim-Oyten", und später: „Der Oberleutnant, der alleinige Verteidiger des Dorfes Embsen, wurde schwer verwundet." Der einzige Oberleutnant, der zu dieser Zeit und in dieser Gegend gewesen sein konnte, war der Chef der ehemaligen Scheinwerfer-Batterie 498, Oberleutnant Neumann. Nachdem seine Batterie den Nordostteil von Achim hatte räumen müssen, war er vermutlich auf Embsen zurückgegangen. Alleine ist er jedoch sicher nicht gewesen, denn in Embsen fielen drei deutsche Soldaten. In der Geschichte des Grenadier-Regiment-Heidenreich ist zu lesen: „22.4.45 Bierden und Achim in Feindeshand. Abschnitt Neumann vom Feind eingeschlossen, größtenteils gefangen. Vermißt sind u. a. Oberleutnant Neumann, Unterarzt Dr. Steffen und der schwerverwundete Oberleutnant Lattke." Von den drei Soldaten ist nur das Schicksal des 29jährigen sächsischen Flak-Offiziers Gerhard Lattke sicher. Er verstarb einige Tage später im Behelfslazarett Baden und wurde anschließend auf dem dortigen Friedhof beigesetzt. Insgesamt waren am 22. April in Uesen, Achim, Bierden, Borstel und Embsen 20 deutsche Soldaten gefallen. Sie ruhen alle auf dem Friedhof in Achim.

Soldatengräber in Achim

Zeitgleich mit den Kämpfen im Raum Achim griff das 52. Panzeraufklärungs-Regiment nach Norden an. In der Ortschronik steht hierüber: „Am Sonntag, dem 22. April, fuhren die Engländer mit starkem Feuerschutz von Etelsen-Steinberg aus gegen Grasdorf bis an den Schuldamm. Ein 8.8 Flak-Geschütz schoß von der Ortsgrenze Grasdorf-Hintzendorf aus mehrere Panzer ab. Gleichzeitig war . . . auf Giers-/Schanzendorf angegriffen worden. Trotz brennender Häuser (Wahlers und Sebalde) mußten sich die Engländer auch an diesem Sonntag zurückziehen, um nicht leichtsinnig ihre Soldaten zu opfern." Das Regiment des Oberst Maislinger hatte den dritten britischen Angriff zurückgeworfen. Die örtliche Chronik spricht daher einigermaßen berechtigt von der „Festung" im Hellweger Moor.

Am 23. April setzte die 52. „Lowland Division" ihren Angriff nach Norden und Westen fort. Bereits in der vergangenen Nacht war Uphusen mehrfach von Jagdbombern angegriffen worden. In den frühen Morgenstunden ging die 157. Brigade, durch Panzer verstärkt, gegen Uphusen vor. Am Ortsrand hatten sich die aus Bierden verdrängten Marinesoldaten eingegraben. Sie eröffneten das Feuer mit Maschinengewehren und Panzerfäusten. Die Briten verhielten, belegten den Ortsrand mit Artillerie und griffen erneut an. Die an der Spitze fahrenden Flammenwerferpanzer schossen mit Brandöl um sich. Bald standen 22 Häuser in Flammen. Uphusen war gegen Mittag besetzt. Mehr als 100 deutsche Soldaten gingen in Gefangenschaft. Somit hatte die 52. „Lowland Division" in genau einer Woche den gesamten Gefechtsstreifen der 172. Division rechtwinklig durchstoßen und drang sogar bis Mittag des nächsten Tages mit einer Panzer-Kompanie in Hemelingen ein. Diese Unternehmung verlief ohne Infanterieschutz und war daher etwas waghalsig. Zwei britische Panzer wurden durch Panzerfäuste vernichtet.

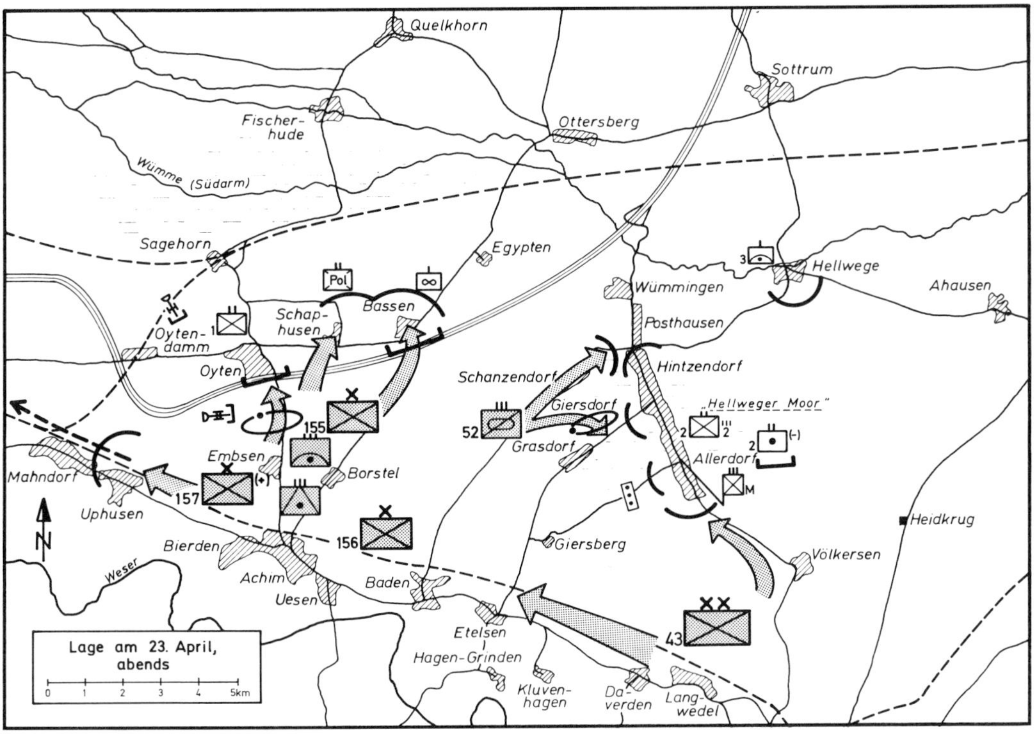

In nördlicher Richtung fielen die britischen Fortschritte am 23. April spärlicher aus. Das 1. Sicherungs-Bataillon, Werfer-Ausbildungs-Regiment 2 hatte unter Führung von Hauptmann Dr. Siefart die Südausgänge von Oyten besetzt. So kam der Angriff der verstärkten 155. Brigade hart nördlich Embsen zum Stehen. Als dann noch zwei Flak-Batterien des Regiments 262, nördlich Embsen und von Oytendamm, die Briten unter Feuer nahmen, zogen sich diese zurück. Erst der erneute Angriff einer Panzer-Kompanie, vermutlich der „Scots Greys", erreichte den Südrand von Oyten. Nach heftigem Feuerkampf an der Autobahnbrücke setzte sich auch die britische Infanterie in Oyten fest. Ein weiteres Vordringen riskierten sie jedoch nicht. Zur gleichen Zeit wurden Schaphusen und Bassen von je einem Infanterie-Bataillon fast kampflos besetzt. Das 52. Panzeraufklärungs-Regiment, verstärkt durch ein Infanterie-Bataillon der 156. Brigade, griff die „Festung" Hellweger Moor zum vierten Mal an. Der erste Vorstoß von Giersdorf nach Südosten blieb im Feuer von Teilen des Werfer-Regiments 2 liegen. Dagegen hatte der britische Angriff auf Schanzendorf Erfolg. Außerdem klärten Teile der bisher nachgeführten 43. britischen Infanterie-Division aus Richtung Völkersen nach Allerdorf auf. Oberst Maislinger entschloß sich daher, mit allen Teilen bis zur Wümme zurückzugehen, um hierdurch eine Einschließung zu verhindern. Während in der Nacht die Absetzbewegungen reibungslos verliefen, wurde in den frühen Morgenstunden des 24. April die Nachhut vom Gros der deutschen Kräfte abgeschnitten. Nur ein Leutnant erreichte mit wenigen Soldaten auf vielen Umwegen durch das Moor die eigene Truppe an der Wümme. Die anderen wurden versprengt, viele gerieten in Gefangenschaft. Außerdem waren in Allerdorf auf Maislingers ehemaligem Gefechtsstand unbeabsichtigt drei Soldaten zurückgeblieben. Sie gehörten zum Alarm-Bataillon „Wesermünde" und waren nach dem britischen

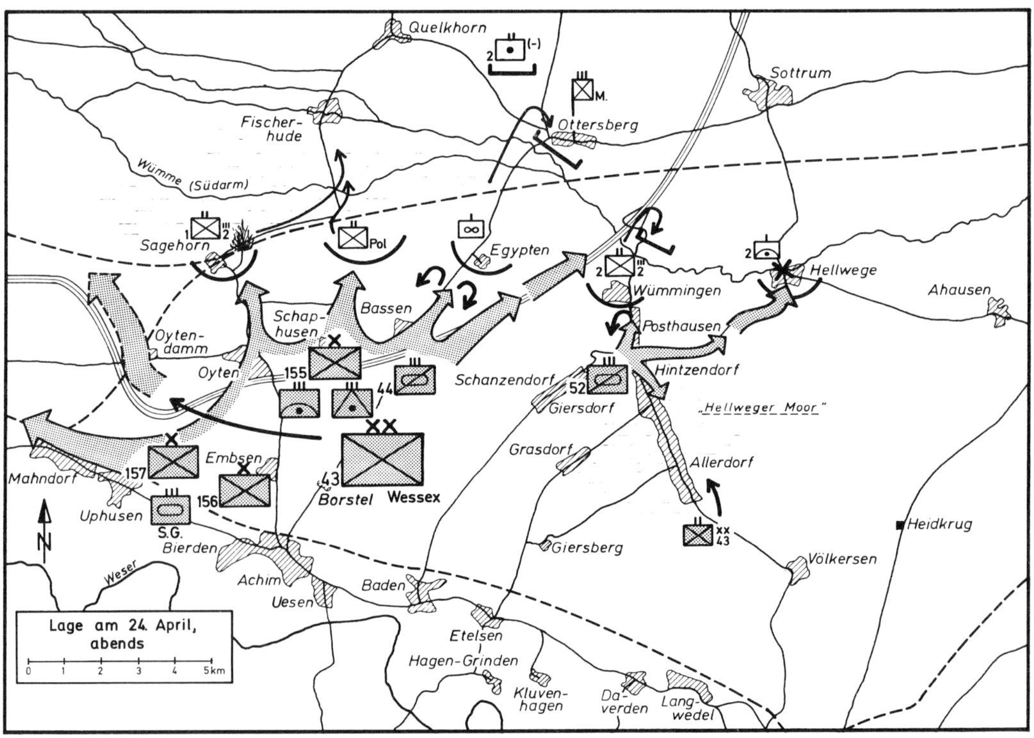

Angriff auf Kluvenhagen hierher verschlagen worden. Als Oberst Maislinger seinen Gefechtsstand eilig und in aller Stille nach Norden verlegte, schliefen die drei Marinesoldaten noch in der Scheune. Am Morgen des 24. April wurden sie sich über ihre Lage klar: Zu dritt waren sie von einem hundertfach überlegenen Gegner umstellt. Im Süden bei Völkersen stand mindestens ein Infanterie-Bataillon der 43. Division. Von Norden war das 52. Panzeraufklärungs-Regiment nach Allerdorf eingedreht. Die Marinesoldaten hätten mit weißer Fahne das Eintreffen der Briten abwarten können und sicherlich überlebt. Statt dessen gingen sie mit ihren Handfeuerwaffen nur 100 Meter vom Hof der Familie M. in Stellung. Wenig später kam es zu einem kurzen, aber heftigen Feuerkampf. Zwei Marinesoldaten fielen, der dritte entkam. Die „Festung" Hellweger Moor war nach fünf Tagen endlich in britischer Hand. Die beiden Gefallenen, Hermann R. und Hermann S., ruhen auf dem Friedhof in Daverden.

Generalmajor Thomas, Kommandeur der 43. „Wessex Division"

Im Verlauf des 24. April war in Anlehnung an die Wümme nochmals eine annähernd durchgehende deutsche Verteidigungsstellung entstanden. Zunächst hatte sich Hauptmann Dr. Siefart mit den Resten seines Sicherungs-Bataillons hinhaltend kämpfend von Oyten nach Sagehorn zurückgezogen. Als er den schnell nachstoßenden Briten Widerstand bot, belegten diese Sagehorn zwei Stunden lang mit Artilleriefeuer. Den dann nachfolgenden zweiten britischen Angriff beschreibt die „Geschichte des Grenadierregiments Heidenreich": „Dauernd schwere Straßen- und Häuserkämpfe in Sagehorn . . . Hohe Verluste. Batl.Kommandeur Hptm. Siefart fällt nach hervorragend tapferem Einsatz schwer verwundet in Feindeshand . . ." In der Ortschaft lagen sieben Häuser in Trümmern. Durch den Einsatz von Flammenwerferpanzern brannten fast alle Scheunen ab. Dennoch konnte Sagehorn von den Briten nur teilweise besetzt werden. Das ostwärts davon stehende Polizei-Bataillon wurde langsam auf die Wümme zurückgedrängt. Sein Kommandeur, Major Fischer, wurde hierbei verwundet. Die in Egypten eingesetzte Flugzeugführer-Kompanie des Hauptmanns Blanke konnte mit Unterstützung einer Werfer-Batterie mehrere britische Vorstöße aus Bassen abweisen und dabei einen Spähpanzer abschießen. Auch das in Wümmingen stehende Sicherungs-Bataillon verteidigte sich zunächst erfolgreich. Die in Hellwege eingesetzte leichte Flak-Batterie bekam mittags erstmalig ernsthafte Feindberührung. Aber ihre vier Geschütze standen mit Hauptschußrichtung nach Süden, während das britische Aufklärungs-Regiment von Südwesten kam. Nach kurzem Schußwechsel machte die deutsche Batterie Stellungswechsel auf das Nordufer der Wümme. Sie hatte mindestens zwei Aufklärungspanzer abgeschossen. Wenig später wurde die

Brücke, angeblich von Marinepionieren, gesprengt. Bei dem folgenden britischen Artilleriebeschuß starben in Hellwege vier Zivilpersonen und zwei Soldaten. Oberleutnant Friedrich Lange, der seit dem britischen Übergang bei Westen seine Kompanie mit häufig wechselnden Unterstellungsverhältnissen auf das Nordufer der Wümme gebracht hatte, erhielt „. . . den ehrenvollen Auftrag, den in Hellwege eingedrungenen Feind im Gegenstoß zu werfen." Lange, der die Aussichtslosigkeit einer derartigen Unternehmung richtig einschätzte, führte den Angriffsbefehl nicht aus. Sicherlich hat er hierdurch seiner ohnehin nur noch 60 Mann starken Kompanie weitere, nutzlose Verluste erspart. Gegen 18.00 Uhr wurden starke britische Kräfte mit Panzern auf der Autobahn im Vorgehen nach Nordosten gemeldet. Oberst Maislinger, der diesem Feind nichts mehr entgegenstellen konnte, nahm alle Einheiten bis 22.00 Uhr hinter die Wümme zurück. In Oyten, bei Schaphusen, Bassen und in Sagehorn waren insgesamt 16 Deutsche gefallen. Darunter eine Flak-Oberhelferin, Hauptmann Dr. jur. Siefart und ein Soldat, bei dessen Beerdigung notiert wurde: „Ein unbekannter Soldat, bei dem Brand eines Hauses bis zur Unkenntlichkeit verbrannt, nachdem er vorher tödlich verwundet war." Die Beisetzung aller erfolgte auf dem Alten Friedhof in Oyten.

Die 52. „Lowland Division" stellte mit Erreichen der Wümme am 24. April ihren Angriff nach Norden ein. Für die bisher kaum eingesetzte 43. „Wessex Division" unter Führung von Generalmajor Thomas war nun aber der Raum gewonnen worden, um über die Autobahn bei Oytendamm die Ausgangsposition für den Schlußangriff auf Bremen erreichen zu können. Noch mehrere Tage warteten die in Ottersberg und Fischerhude stehengebliebenen deutschen Einheiten auf den nächsten feindlichen Vorstoß. Aber dieser blieb mit gutem Grund aus. Schließlich sollte die 52. „Lowland Division" zusammen mit der 43. Infanterie-Division die Hansestadt Bremen von Osten besetzen und nicht zwischen Wümme und Teufelsmoor nach deutschen Splittergruppen suchen. So begnügte sie sich mit gelegentlichen artilleristischen Feuerüberfällen und akzeptierte die Wümme als „Grenzfluß". Für die 172. Division war daher die heiße Phase des Krieges vorbei. Sie zog sich innerhalb der nächsten zehn Tage ohne Feinddruck, aber in Anlehnung an deutsche Nachbarverbände nach Norden zurück. Sie hatte den britischen Flankenangriff auf Bremen immerhin eine Woche lang verzögert und hierbei, wie das sehr sauber geführte Kriegstagebuch ausweist, 36 feindliche Panzer und Spähpanzer vernich-

Grab des Hauptmanns Dr. Hans-Jürgen Siefart auf dem Friedhof in Oyten

tet oder bewegungsunfähig geschossen. Die eigenen Verluste betrugen zwischen Weser und Wümme nachweislich mindestens 114 Gefallene. Davon waren sieben Offiziere, 26 Unteroffiziere und 81 Mannschaftsdienstgrade.

Am 5. Mai streckte die 172. Division im Raum Bederkesa-Bremerhaven die Waffen. Sie beschloß ihren nach dem Kriege gefertigten Tätigkeitsbericht mit der Erklärung: „Mit reinem Gewissen und in selbstverständlicher Pflichttreue sind wir Soldaten in den Krieg gezogen, mit ebenso reinem Gewissen und blankem Ehrenschild haben wir gezwungen am 5. Mai 1945 die Waffen wieder niedergelegt."

Bremen im Rücken

Kampfkommandant Generalleutnant Fritz Becker

Kommandeur des Flak-Regiments 13, Oberst Ernst Müller (li), und Hauptmann Schlipf (re)

Kampfkommandant von Bremen war Generalleutnant Fritz Becker. Er hatte bis Ende März 1945 die 389. Infanterie-Division an der Ostfront geführt und trug das Ritterkreuz sowie das Deutsche Kreuz in Gold. Becker hatte am 5. April die Verantwortung für die Verteidigung Bremens übernommen. Die Kräfte, die ihm hierzu zur Verfügung standen, waren gering. Zu den stärksten Truppenteilen gehörten die Flak-Regimenter 13 und 606, dessen Gefechtsstand sich in Habenhausen befand, wo die Großbatterie des Hauptmanns Schlipf in Stellung gegangen war. Insgesamt waren alle Flak-Batterien in den südlichen und südwestlichen Vororten so aufgestellt, daß sie die möglichen britischen Anmarschstraßen beherrschen konnten. Diese waren zumeist noch mit Sperren unterschiedlichster Art versehen. Bei der Ortschaft Strom und am Wardamm war je eine Kompanie des Grenadier-Ersatzregiments 65 eingesetzt. Das Regiment bildete den ostwärtigen Flügel der 15. Panzergrenadier-Division. Vor dem vorwiegend von Flak-Kräften gebildeten inneren Verteidigungsring lagen großflächige Überschwemmungen, die durch das Anstauen der Ochtum herbeigeführt worden waren. Sie engten alle Bewegungen auf die etwas erhöht liegenden fünf Zufahrtsstraßen ein.

Feindwärts des ca. 4,5 Kilometer breiten Wassergürtels war der zahlenmäßig größte deutsche Verband eingesetzt: Das SS-Ausbildungs- und Ersatzbataillon 18 „Horst Wessel". Dieses war seit Anfang Januar in Hamburg-Langenhorn in der „Germania-Kaserne" aufgestellt worden, bestand aus sieben Kompanien und zählte ca. 1.500 Mann. Fast alle von ihnen waren Freiwillige. Viele waren Volksdeutsche aus dem Banat und anderen Ländern Osteuropas. Unter Führung von Hauptsturmführer Krämer war das Bataillon Ende März nach Assen in Holland verlegt worden, hatte aber wenig später den Befehl erhalten, sofort umzukehren und im Raum Bremen die deutsche Verteidigung zu verstärken. Die SS-Soldaten waren über eine derartige Einsatzplanung empört, zumal sie große Strecken des Marschweges zu Fuß zurücklegen mußten. Einige von ihnen sprachen sogar von Verrat. Am 5. April kam das Bataillon in Bremen an und erhielt den Befehl, in der Linie Huchting-Brinkum-Leeste-Kirchweyhe in Stellung zu gehen. Krämer, der zwischenzeitlich zum Sturmbannführer befördert worden war, befahl die 1. Kompanie des Obersturmführers Baumgart nach Huchting, die 7. Kompanie des Obersturmführers Hoblik nach Stuhr und die 3. Kompanie des Obersturmführers Fritz Esche nach Seckenhausen. Seinen Gefechtsstand richtete Krämer in Brinkum ein. Hierher legte er auch seine 4. Kompanie, die als einzige über Granatwerfer verfügte. Ihr Chef, Obersturmführer Lohse, ließ einen Zug als Sicherung bis Erichshof vorgehen. Nach Osten schloß sich in Leeste die 5. Kompanie des Obersturmführers Lübcke an. In Kirchweyhe lag die 6. Kompanie des Obersturmführers Rietz und in Dreye die 2. Kompanie des Obersturmführers Gigas. Sturmbannführer Krämer hatte somit alle Kompanien eingesetzt. Reserven hatte er bei der Breite seines Verteidigungsabschnittes nicht bilden können. Die eingenommene Gefechtsgliederrung seines Bataillons läßt vermuten, daß er den feindlichen Hauptstoß entlang der Reichsstraße 51 auf Seckenhausen und Brinkum erwartete. Diese Lagebeurteilung war sicherlich richtig, dennoch begann der Kampf um Bremen an seinem äußersten linken Flügel, in Kirchweyhe.

Am 9. April gingen das 8. Panzeraufklärungs-Regiment „Royal Hussars" und das 1./5. Bataillon des „Queen's Royal Regiment" von Südweyhe auf Kirchweyhe vor. Obersturmführer Rietz hatte seine Soldaten am südlichen Ortsrand, hinter den Friedhofsmauern und an der Kirche in Stellung gehen lassen. Den Kirchweyher Einwohnern hatte er zuvor unter Strafandrohung das Zeigen weißer Fahnen verboten. Am frühen Vormittag begann das Gefecht, das in dem Heimatbuch von Walter Schacht sehr anschaulich beschrieben ist: „Bald standen die ersten Gebäude in Flammen. Die Brandgranaten der englischen Panzer hatten ihre Wirkung getan. Dicke Rauchschwaden zogen über unser Dorf Kirchweyhe . . . Vor und auf dem Friedhof tobte der Kampf mit besonderer Heftigkeit. Die Kapelle erhielt zahlreiche Treffer. Viele Grabdenkmäler zeigten Spuren des Kampfes. Zwischen den Gräbern hielt der Tod seine Ernte . . . Am Nachmittag ebbte das Kampfgetöse mehr und mehr ab. Der sinnlose Widerstand der Waffen-SS war gebrochen." Nach fünfstündigem Kampf zog sich der Obersturmführer mit seiner Kompanie nach Dreye zurück. Er hatte 20 Verwundete. Elf seiner Soldaten waren gefallen. Die meisten davon auf dem Friedhof, auf dem sie dicht an der Mauer, an der sie gekämpft hatten, später beigesetzt wurden. Bei den ungefähr zehnfach überlegenen Briten sind keine Verluste bekanntgeworden. In Kirchweyhe waren drei Zivilpersonen zu Tode gekommen und neun verletzt. Insgesamt waren ca. 23 Gebäude abgebrannt.

Noch am selben Tag stießen die 8. „Hussars" am Südrand des Oberschwemmungsgebietes auf Leeste vor. Als ihnen aber von dort das heftige Abwehrfeuer der 5. Kompanie entgegenschlug, stellten sie ihren Angriff ein.

General der Infanterie Siegfried Rasp befahl wenig später mit Korps-Befehl Nr. 5: „Kampfkommandant Bremen bereitet die Ablösung des SS-Pz.Gren.A.Btl. 18 durch Truppen des eigenen Befehlsbereichs vor." Ob Generalleutnant Fritz Becker irgend etwas vorbereitet hatte, ist unbekannt; sicher ist nur, daß das SS-Bataillon nie abgelöst wurde. Innerhalb der nächsten vier Tage herrschte eine merkwürdige Ruhe an der Bremer Südfront. Lediglich von Kirchweyhe aus schoß die britische Artillerie gelegentlich Störfeuer nach Dreye, das drei weiteren SS-Soldaten das Leben kostete. Mehr passierte jedoch nicht. Mancherorts kann man lesen, daß der deutsche Widerstand in Kirchweyhe die Briten vorsichtiger gemacht habe. Richtiger ist, daß der britische Befehlshaber der 2. Armee seinen Operationsplan geändert hatte und nun umgliederte. Trotz aller Erfolge hatte sich nämlich die 7. Panzer-Division „Desert Rats" in dem panzerungünstigen Gelände bei Wildeshausen und Harpstedt

Soldatengräber auf dem Friedhof in Kirchweyhe

ebenso festgelaufen wie am Südrand des Überschwemmungsgebietes von Bremen. Daher befahl er den „Desert Rats“, das Nachrücken der 3. Infanterie-Division abzuwarten und dann der 53. „Welsh Division“ über Hoya nach Rethem zu folgen. Diese Umgliederung kostete vier Tage, die von deutscher Seite jedoch nicht genutzt werden konnten, da es an Truppe fehlte, die Verteidigung noch weiter zu verstärken. Mit der „Ruhepause“ war es am 13. April vorbei.

Taktische Zeichen und Überschwemmungsgebiet wurden auf der Originallagekarte eingezeichnet. Die Eintragungen „Kpf. Kdt. Bremen“ und „8. Flak-Div.“ stammen vom April 1945.

Als Vorausverband der 3. Infanterie-Division traf das 1. Bataillon des „Suffolk Regiment“ in Seckenhausen auf die 3. Kompanie des Obersturmführers Esche. Es entwickelte sich ein Häuserkampf, bei dem die Briten gute Fortschritte machten. Kurz nach Einbruch der Dämmerung hatten sie die wichtige Kreuzung der heutigen B 51 mit der B 322 besetzt. Sie hörten jedoch, daß sich deutsche Soldaten in den Nachbarhäusern verschanzten, und kurz darauf klangen „SS-songs“ zu ihnen herüber. Einer der wenigen Zeugen erinnert sich: „Wir sangen ‚Wenn alle untreu werden . . .‘.“ Kurz nach Mitternacht griffen Esche und seine Männer an. Die britische Chronik berichtet: „Dann erschienen die Deutschen von allen Seiten und warfen Handgranaten durch die Fenster. Captain Rogers und Sergeant Foreman sammelten den Zug und veranlaßten den Rückzug in die Gegend der 'A'-Kompanie.“

Am Vormittag des 14. April lag britisches Artilleriefeuer auf der Straßenkreuzung und nördlich davon. Die Granatwerfer der 4. Kompanie schossen aus Brinkum zurück. Erst als die Panzer des 4. „Royal Tank Regiment“ nach vorn rollten, nahm das „Suffolk“-Bataillon seinen Angriff erneut auf. Der Häuserkampf dauerte bis zum Einbruch der Dunkelheit, dann griffen zwei Flammenwerferpanzer ein. Sie schossen ihren Feuerstrahl in jedes Haus und jeden Graben. Die Briten berichten: „Der Feind verließ seine Stellungen und flüchtete.“ Seckenhausen war nach 36 Stunden Ortskampf endlich von den Briten besetzt. Die Verluste waren auf beiden Seiten erheblich. Das 1. Bataillon des „Suffolk Regiment“ verlor zunächst Major Claxton, den Chef der 2. Kompanie. Wenig später fiel sein Stellvertreter, Captain Jones. Auch der Chef der 3. Kompanie, Major Vines, wurde schwer verwundet und starb. Insgesamt verloren die Briten zwölf Gefallene, 36 Verwundete und 13 Vermißte. Am schwersten wog aus britischer Sicht der Verlust von Major Claxton. Der Bataillonskommandeur, Oberstleutnant Craddock, sagte über ihn: „Ich fühlte immer, daß er zu selbstlos war, um den Krieg zu überleben.“ Von den Verwundeten verstarben in den nächsten Tagen noch vier Mann. Später wurden auf dem Soldatenfriedhof von Becklingen 16 Angehörige vom 1. Bataillon des „Suffolk Regiment“ beigesetzt. Auf deutscher Seite waren 24 Soldaten gefallen. Sie gehörten überwiegend dem Jahrgang 1928 an und ruhen seither auf dem Friedhof in Brinkum.

Am 15. April ging das „Suffolk“-Bataillon nur sehr langsam und ohne Widerstand auf Brinkum vor. Es wartete offenbar auf seinen rechten Nachbarn, die 185. Infanterie-Brigade. Alleine traute es sich die Besetzung von Brinkum kaum zu. Die drei Bataillone der Nachbarbrigade ließen nicht lange auf sich warten. Zunächst traf das 2. Bataillon des „Shropshire Light Infantry Regiment“ in Kirchweyhe ein. Es unternahm nur zwei kurze Vorstöße in Richtung Dreye und begnügte sich mit der Feststellung, daß die Ortschaft noch von deutschen Kräften besetzt war. Das 1. Bataillon des

Soldatengräber auf dem Friedhof im Brinkum

„Norfolk Regiment" näherte sich Leeste aus südostwärtiger Richtung und ging zwischen Schlade und Überschwemmungsgebiet in Stellung. Das 2. Bataillon des „Warwickshire Regiment" warf die schwache deutsche Sicherung bei Erichshof nach kurzem Feuerkampf und drehte nach Westen ein. Die Ortschaft, in der sich die Kompanie des Obersturmführers Gerhard Lübcke zur Verteidigung eingerichtet hatte, war somit von allen Seiten umstellt. Ein Ausweichen nach Norden war wegen der kilometerweiten Überschwemmungen nicht möglich. Die SS-Kompanie konnte nur kapitulieren oder kämpfen. Sie entschloß sich zu letzterem.

Spätestens jetzt mußte dem jüngsten SS-Soldaten der Auftrag des Bataillons recht bedenklich erscheinen, denn Generalleutnant Becker hatte sie sicherlich nicht versehentlich südlich des Wassergürtels eingesetzt. Auch er wußte, daß aus einer Geländesperre nur der einen Vorteil ziehen konnte, der auf der freundwärtigen Seite stand, während jedes Hindernis im Rücken grundsätzlich zum „Kampf bis zum letzten Atemzug" zwang.

Das Gefecht um Leeste dauerte bis zum Nachmittag. Die Briten setzten neben dem Infanterie-Bataillon alles ein, was sie an Waffen hatten: Artillerie, Panzer und Flammenwerfer. Schließlich war die verzweifelt kämpfende 5. Kompanie des SS-Bataillons 18 im nordostwärtigsten Ortsteil beim Bahnhof auf engstem Raum zusammengedrängt. Als sie sich ergab, war sie noch ca. 50 Mann stark, von denen die meisten verwundet waren. Halbsoviele werden die Flucht durch das eiskalte Wasser des Überschwemmungsgebietes gewagt haben; von ihnen fehlt jede Spur. Auf dem Leester Friedhof wurden wenig später 33 SS-Soldaten bestattet. Unter ihnen auch ihr Kompaniechef, Obersturmführer Gerhard Lübcke. Die beiden britischen Bataillone hatten zwölf Mann verloren, die heute auf dem Becklinger Soldatenfriedhof ruhen.

Am 16. April morgens begann der britische Angriff auf Brinkum. Um den bisher eingesetzten Brigaden 8 und 185 etwas Ruhe zu verschaffen, befahl der Kommandeur der 3. Infanterie-Division, Generalmajor Whistler, die 9. Infanterie-Brigade nach vorn. Auch diese wurde durch Flammenwerfer und Panzer des 4. „Royal Tank Regiment" unterstützt. Neben der 4. Kompanie des SS-Bataillons war in Brinkum

Generalmajor Whistler, Kommandeur der 3. Infanterie-Division

Soldatengräber auf dem Friedhof in Leeste

auch die 3. Kompanie des Obersturmführers Esche in Stellung gegangen. Diesmal ließen sich die Briten jedoch auf einen Häuserkampf „Mann gegen Mann“ wie in Seckenhausen nicht ein. Nach einem kurzen Artillerievorbereitungsfeuer griffen Panzer, Flammenwerfer und Infanterie gleichzeitig an. Die SS-Soldaten wehrten sich nach Kräften, dennoch wurden sie Haus für Haus zurückgedrängt. Sie hatten hinter sich wiederum nur eine große Wasserfläche mit der schmalen, aber mehrfach gesperrten Straße nach Kattenturm. Nur knapp der Hälfte von ihnen gelang es, am Rande des Überschwemmungsgebietes nach Stuhr auszuweichen. Die anderen wurden im Ortskern eingeschlossen. Unter diesen auch der 17jährige Sturmmann G. aus Berlin. „Ich war mit fünf Kameraden in der Schule. Einige von ihnen waren verwundet. Da fuhren die Flammenwerferpanzer in Stellung. Wir hatten keine Panzerfäuste und waren machtlos. Wir konnten höchstens noch verbrennen. Da ergaben wir uns.“ – Die Briten machten ungefähr 100 Gefangene, von denen mindestens 30 verwundet waren. Unter diesen befand sich auch Obersturmführer Fritz Esche, dem später der rechte Unterschenkel amputiert wurde. Er erinnert sich: „Da waren auch einige Marinesoldaten, die bedingungslos an unserer Seite kämpften.“ Das Korps-Ems meldete: „Der Obersteuermannsmaat Kästner hat am 16. 4., gegen 24.00 Uhr, im Nordostteil von Brinkum trotz schweren Scharfschützen- und MG-Feuers auf der Straße ohne Deckung kniend, mit der Panzerfaust auf nächste Entfernung einen schweren Panzer vernichtet. Der 15jährige SS-Grenadier Ellendt bewährte sich hervorragend und schoß drei Scharfschützen ab.“ In Brinkum waren zunächst zehn SS-Soldaten gefallen. Der elfte, Rudolf Neumann, erlag seinen schweren Verwundungen im Haus der Familie Mahlstedt. Sie alle ruhen zusammen mit den Toten von Seckenhausen auf dem Brinkumer Friedhof. Britische Verluste wird es sicherlich auch gegeben haben, aber sie lassen sich nicht nachweisen.

Am 17. April passierte wenig. Die 185. Brigade lag unverändert in der Linie Leeste–Kirchweyhe und wartete auf die „Buffalo“-Amphibien, die sie nach Arsten übersetzen sollten. Die 9. Brigade etablierte sich in Brinkum und beschränkte sich in Richtung Kattenturm auf einige Spähtruppunternehmen. Lediglich die 8. Brigade bereitete sich ernsthaft auf den nächsten Angriff vor. Dieser galt der Ortschaft Stuhr, in der sich die Reste der 3. und 4. Kompanie sowie die 7. Kompanie zur Verteidigung eingerichtet hatten. Auch Sturmbannführer Krämer hatte seinen Gefechtsstand dorthin verlegt. Insgesamt werden sich in Stuhr zu diesem Zeitpunkt etwa 200 SS-Soldaten befunden haben. Am Morgen des 18. April traten die Briten erneut an. Das 2. Bataillon des „East Yorkshire Regiment“ ging von Süden vor. Das Bataillon der „King's Own Scottish Borderers“ attackierte von Südosten. Das Bataillon des „Lincolnshire Regiment“ griff von Osten an. Das in Seckenhausen angeschlagene Bataillon des „Suffolk Regiment“ hatte noch immer Ruhe. Der britische Angriff traf Stuhr am frühen Morgen des 18. April. Die Situation war ähnlich wie in Leeste und Brinkum. Die alleine an Zahl mindestens sechsfach unterlegenen SS-Soldaten kämpften mit dem Wasser im Rücken gegen eine erdrückende Überlegenheit. Die Reste der 3. und 4. Kompanie sahen sich gleichzeitig von zwei Infanterie-Bataillonen, Panzern und Flammenwerfern angegriffen. Nur die am Westrand von Stuhr liegende 7. Kompanie des Obersturmführers Johannes Hoblik war zunächst ungebunden. Hoblik, der offensichtlich nicht untätig bleiben wollte, entschloß sich zum Unmöglichen. Er führte seine Kompanie zum Gegenangriff gegen Teile des „East Yorkshire Regiment“. Der Angriff blieb im britischen Artilleriefeuer liegen. Dennoch war Stuhr bis zum Mittag des 19. April in deutscher Hand. Erst als die endgültige Umfassung über Moordeich von Westen drohte, wichen die SS-Soldaten nach Huchting aus. Neben ca. 50 Gefangenen blieben in Stuhr 53 Gefallene zurück, die vermutlich nicht alle zum SS-Bataillon 18 gehört hatten. Sicherlich waren auch einige von ihnen Marinesoldaten, deren Schiffe gerade in der Bremer Werft repariert wurden. Außerdem starben in Stuhr drei Zivilpersonen. Seither ruhen 56 Tote auf dem dortigen Friedhof. Die britischen Verluste waren wesentlich geringer. Es sind bisher nur sechs

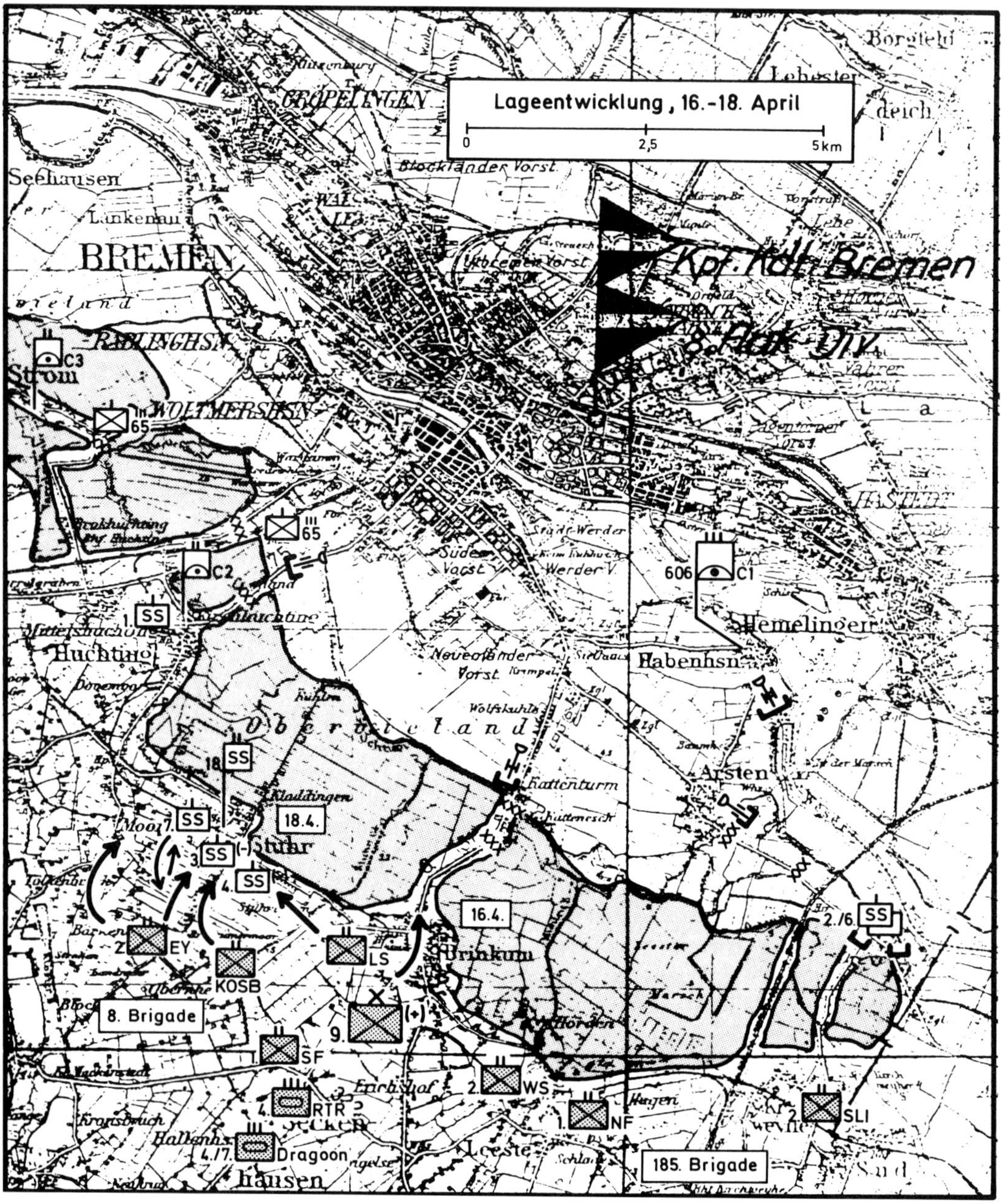

Überwachsene Soldatengräber in Stuhr

Gedenkplatte unter dem Steinkreuz

Gefallene nachweisbar.

Im Laufe des 19. April wurde die in Huchting stehende 1. Kompanie des SS-Bataillons durch die Reste der 3., 4. und 7. Kompanie um ca. 250 Mann verstärkt. Sturmbannführer Krämer hatte innerhalb von zehn Tagen 900 Mann an Gefallenen, Verwundeten und Gefangenen verloren. Von den verbliebenen 600 waren gut 200 Mann der 2. und 6. Kompanie in Dreye abgeschnitten. Mit den übrigen 400 Mann stand er nun im Raum Huchting, der an drei Seiten von überschwemmten Weiden eingeschlossen war. Die vollständige Vernichtung des Bataillons schien unmittelbar bevorzustehen. Da faßte Krämer einen eigenwilligen Entschluß und befahl, hinter die Überschwemmungszone zurückzugehen. Die 4. Kompanie, die noch immer einige Granatwerfer mitschleppte, sollte zuerst ausweichen und dann den Rückzug der anderen Kompanien überwachen. Krämer selbst fuhr durch die Panzersperre bei Grolland, die von RAD-Angehörigen gesichert wurde, bis zum Gefechtsstand in Habenhausen. Er ließ eine Verbindung zum Kampfkommandanten von Bremen, Generalleutnant Fritz Becker, herstellen und meldete seinen Entschluß. Für den Verlauf des Gesprächs gibt es keine Zeugen. Trotzdem läßt er sich erahnen. Zu den ersten, die von Huchting nach Nordosten in Richtung Grolland zurückgingen, gehörte der 17jährige Karl Rigow. Er war für seine Verhältnisse ein erfahrener Soldat. Rigow hatte in der Flieger-HJ den Segelfliegerschein erworben und sich noch als 16jähriger als Unterführeranwärter auf zwölf Jahre bei der Waffen-SS verpflichtet. Nach der üblichen Ausbildung und einem Kradschützen-Lehrgang kam er kurz vor Weihnachten 1944 bei Breslau zum Einsatz. Vor der völligen Einschließung der Stadt wurde er nach Hamburg-Langenhorn kommandiert, um von dort aus an einem Unterführerlehrgang teilzuneh-

Sturmmann Karl Rigow überlebte den „Kessel von Huchting".

men. Aber daraus wurde nichts. So war Sturmmann Rigow Zugmelder bei Hauptscharführer S. in der 4. Kompanie des SS-Bataillons 18 geworden. Er hatte die bisherigen Einsätze in Brinkum und Stuhr bis auf einen Streifschuß am Unterarm glimpflich überstanden und war erleichtert, nun auch dem „Kessel von Huchting" entkommen zu sein. Als er an der Panzersperre in Grolland ankam, gab es zwei Überraschungen. Er berichtete: „Dort traf ich meinen ehemaligen Schulkameraden Otto Abraham, der beim R.A.D. war und hier Posten stand. So ein Zufall. Als wir noch da standen und uns unterhielten, kam plötzlich mein Haufen wieder zurück. Auf meine Frage, was los sei, bekam ich zur Antwort, der Festungskommandant von Bremen (ich glaube ein General Becker) habe befohlen, daß die SS wieder in ihre alten Stellungen zurück muß." Tatsächlich bezogen die SS-Soldaten nochmals im Raum um Huchting Stellung, wie es der Generalleutnant befohlen hatte.

Die 8. britische Infanterie-Brigade schob sich vorsichtig, aber beständig immer dichter an den linken Flügel der Deutschen heran. Verzweiflung machte sich breit. Rigow erinnert sich an einen seiner Kameraden, der die Deckung verließ, auf den nächsten Deich stieg und zu den Briten unverständliche Wortfetzen hinüberschrie. Dann brach er in Weinkrämpfe aus. Bevor eine MG-Garbe über die Deichkrone fegte, hatte man ihn zurück in Deckung gezerrt.

Noch am Abend des 19. April griffen die Briten ohne Feuervorbereitung an. Es gelang ihnen, die SS-Soldaten, die ihre Stellungen noch nicht vollständig bezogen hatten, zu überraschen und schnell mit einer Infanterie-Kompanie nach Huchting hineinzustoßen. Auf heute noch ungeklärte Weise nahmen sie hierbei Sturmbannführer Krämer und mindestens einen weiteren Offizier gefangen und setzten sich in den Ortsrändern von Mittels- und Kirchhuchting fest. Das SS-Bataillon 18, dessen Führung von Obersturmführer Johannes Hoblik übernommen wurde, zählte in Huchting noch ca. 400 Mann. Diese waren auch hier von Marinesoldaten, die keinem bestimmten Truppenteil zugeordnet werden können, verstärkt worden. Sicherlich gab es jedoch für die in Huchting eingeschlossenen Soldaten keinen Zweifel an ihrer wirklichen Lage. Diese war hoffnungslos. Einer der „jungen und gläubigen Freiwilligen, die bis zuletzt an den Endsieg geglaubt hatten", erinnerte sich: „Jeder, der ausweichen wollte, mußte entweder über die Straße oder durchs Wasser. Beides war Selbstmord. An diesem Tage ging mein Hauptscharführer in den Freitod." Hauptscharführer S. war ein erfahrener, mit Kriegsauszeichnungen dekorierter Soldat. Er erschoß sich mit seiner Pistole am Vorabend des 20. April in einem Huchtinger Bauernhaus.

Der Angriff der 52. „Lowland Division" aus Osten war zu diesem Zeitpunkt bis Etelsen vorgestoßen. In Erwartung dieses Angriffs hatte Generalleutnant Becker bereits seit einiger Zeit das Wehr bei Hastedt schließen lassen, so daß der Wasserstand der Weser flußaufwärts, zunächst bis in die Höhe der Ortschaft Bollen, beständig gestiegen war. Die Weser war dann allmählich über die Ufer getreten und überschwemmte am Morgen des 20. April die Flußniederung nördlich und ostwärts Dreye. Diese, wie bisher alle anderen getroffenen Verteidigungsmaßnahmen, war sicherlich mit Bremens Gauleiter Wegener abgesprochen gewesen. Die Überschwemmung wirkte sich jedoch auch gegen die beiden SS-Kompanien aus, die nunmehr in Dreye annähernd eingeschlossen waren. Es bestand von dort aus nur noch eine schmale Landbrücke nach Arsten, was sich im späteren Gefechtsverlauf ungünstig auswirken mußte. Der britische Angriff begann jedoch zunächst wiederum in Huchting. Gegen die Panzer, Flammenwerfer und Artillerie hatten die SS- und Marinesoldaten keine Chance. In der Tagesmeldung des Korps-Ems stand hierüber nur ein sehr kurzer Satz: „An der Südfront Bremen Huchting verloren.“ Die Kämpfe im Raum Huchting hatten ca. 30 deutschen Soldaten das Leben gekostet.

Der Bremer Gauleiter Wegener

Am 21. April trat eine Kampfpause ein. Die 3. britische Infanterie-Division stand unmittelbar vor den wenigen Durchlässen des Überschwemmungsgebietes und wartete darauf, daß der Angriff der „Lowland Division“ von Osten weiter vorstieß. Der letzte, entscheidende Schlag gegen Bremen sollte offensichtlich von beiden Divisionen zum gleichen Zeitpunkt aus zwei verschiedenen Richtungen geführt werden. Der Stab des Korps-Ems nutzte diese Kampfpause für eine kurze Bilanz. Nach dieser verfügte der Kampfkommandant von Bremen noch über insgesamt 1.463 Mann. Von diesen entfielen ca. 150 Mann auf den Stab, die Nachrichten-Kompanie sowie eine Granatwerfereinheit. Außerdem wurde das Grenadier-Ersatzbataillon 376 mit einer Gesamtstärke von 396 und das 4. Alarmbataillon „Wesermünde“ mit 511 Mann genannt. Die Stärke des SS-Bataillons 18 wurde mit zehn Offizieren, 29 Unteroffizieren und 616 Mannschaften ebenfalls sehr genau angegeben. Ohnehin ist allen damaligen deutschen Stäben trotz der allgemeinen „Götterdämmerung“ zu bescheinigen, daß sie, soweit nachweisbar, vorbildliche Arbeit geleistet haben. Das gilt sowohl für die Führung der Lagekarten als auch für das Abfassen von Befehlen und täglichen Routinemeldungen. Trotzdem kam es gelegentlich auch zu sehr hilflosen Floskeln: „ . . . auf Grund der schwierigen Munitionslage (besonders Artl.-Munition) hat sich die Lage des Korps weiter verschärft.“ – oder: „Die Verknappung des Treibstoffes im Korps-Bereich macht sparsame Bewirtschaftung erforderlich.“

Auch am 22. April passierte an der Südfront Bremens nichts. Dagegen stieß die „Lowland Division“ immerhin bis Bierden vor. Das SS-Bataillon 18 war ohne Druck dennoch bis Woltmershausen zurückgegangen und erwartete auch an diesem Tag den britischen Angriff vergebens. Die Briten hatten Zeit und setzten zunächst nochmals ihre Luftwaffe ein. Kurz nach 18.00 Uhr fielen mindestens 400 Tonnen Sprengstoff auf das bereits stark angeschlagene Bremen. Die örtlichen Flak-Batterien schossen aus allen Rohren. Trotzdem sollen 180 Menschen getötet und etwa 300 Häuser zerstört worden sein.

Der 23. April verlief ähnlich. Die 3. Infanterie-Division wartete, die „Lowlanders“ kamen bis Uphusen, und abends griff die „Air Force“ erneut an. Die Bremer Bevölkerung lebte seit Tagen in Luftschutzbunkern, in denen es keinen Strom und kein Wasser gab. Auch Sauerstoff war knapp. So dämmerte Bremen seiner endgültigen

Besetzung entgegen. Schlimmer konnte es für niemanden mehr werden. Am 24. April begann dann endlich der letzte Akt. Das „Norfolk“- und das „Warwickshire“-Bataillon der 185. Brigade griffen mit den inzwischen zugeführten Schwimmpanzern über den Wassergürtel auf Arsten an. Ebenfalls das Bataillon „King's Shropshire Light Infantry“, das auf den beiden Straßen nach Norden vorging. Die 9. Brigade stieß mit den „Ulster Rifles“ nach Kattenturm vor. Die 8. Brigade durchstieß die Sperre bei Grolland. Die „Lowland Division“ erreichte mit der 157. Brigade den Vorort Hemelingen. So standen die Briten am Abend des 24. April nach einer gelungenen, sehr umfangreichen Operation direkt vor den Toren der

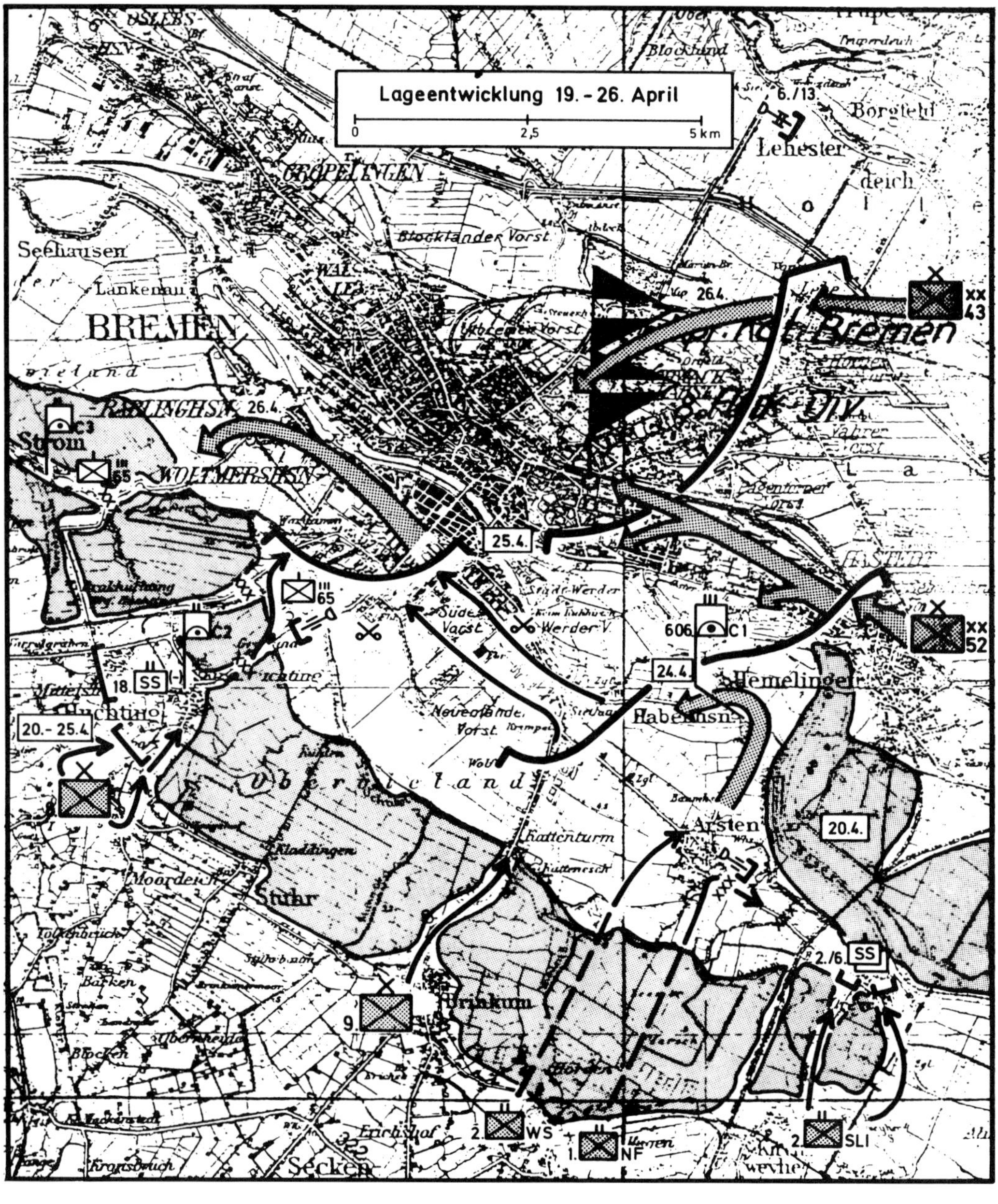

Bremer Flak, hier Flak-Regiment 13, im Einsatz

Hansestadt. Zu erwähnenswerten Kampfhandlungen war es hierbei nicht gekommen. Zum größten deutschen Verlust wurde die Kapitulation der beiden SS-Kompanien in Dreye. Die zur Insel gewordene Ortschaft wurde zunächst mit Artilleriefeuer eingedeckt und dann aus drei Richtungen gleichzeitig von zwei britischen Bataillonen angegriffen. Angesichts dieser Lage ergaben sich die SS-Soldaten geschlossen. Es ist zu vermuten, daß einer der beiden Kompaniechefs diesen Entschluß, sicherlich gegen den Willen der jüngeren Soldaten, durchgesetzt hatte.

Am 25. April ging die 3. britische Division nur langsam vor. Hierbei kam es zu heftigen Kämpfen bei der Huckelrieder-Kaserne, in der Gegend der heutigen Roland-Klinik, und am Flugplatz der Focke-Wulf-Werke. Die 157. Brigade besetzte die Hafenanlagen und fuhr bis in die Nähe des heutigen Weser-Stadions. Die von Osten nachgeführte 43. Division marschierte über Oyten und Oberneuland bis zur Leher Heerstraße. In der Tagesmeldung um 18.00 Uhr meldete das Korps-Ems: „Mit großer Materialüberlegenheit an Artillerie, Panzern (einschließlich Schwimm- und Flammenwerferpanzern), starker Luftwaffe setzte der Gegner seine Angriffe gegen die Ost- und Südostfront von Bremen fort und stieß bis zum inneren Verteidigungsring vor."

Am 26. April bekam die 3. Infanterie-Division den Auftrag, bis Woltmershausen vorzugehen und das Gelände zwischen Bremen und Delmenhorst zu „säubern". Bei dieser Aktion wurde das SS-Bataillon 18 endgültig zerschlagen. Die letzten fielen in der Nähe des Güterbahnhofs Neustadt, am Lankenauer Deich und in der

„King's Own Scottish Borderers" im Kampf an der Huckelrieder-Kaserne, 25. April (IWM)

Britischer Soldat an der gesprengten Kaiser-Brücke, 27. April (IWM)

„Royal Norfolks" auf dem Neustädter Bahnhof, 25. April (IWM)

Soldatengräber auf dem Friedhof Bremen-Osterholz

kleinen Ortschaft Strom. Die Überlebenden zogen sich in Splittergruppen in unterschiedliche Richtungen zurück. Es kann nur vermutet werden, daß sich einige von ihnen bis Jever zurückzogen, andere sollen noch in Ganderkesee und Bookelskamp bei Delmenhorst sowie in Worpswede gekämpft haben. In jedem Falle endet die Geschichte des SS-Ausbildungs- und Ersatzbataillons 18 „Horst Wessel" am 26. April 1945. Seine fast 170 Gefallenen ruhen auf den Friedhöfen in Kirchweyhe, Leeste, Brinkum, Stuhr und Bremen-Osterholz, wo ungefähr 34 von ihnen bestattet sind.

Hauptwachtmeister Hermann Müller befehligte die letzte, voll einsatzbereite Flak-Batterie im Norden von Bremen. Vom „Kuh-Siel" aus verschoß er seine Rest-

Hauptwachtmeister Hermann Müller, hier noch als Wachtmeister, befehligte die letzte Bremer Flak-Batterie.

Major Alfred Huth gab am 26. April, gegen 23.00 Uhr den hoffnungslosen Kampf um Bremen auf.

munition auf die britischen Panzer der 43. Division bei Oytendamm im indirekten Richten, dann ließ er die Geschütze sprengen.

Major Pope of Box, „Wiltshire Regiment", nahm Generalleutnant Becker gefangen. (IWM)

Die britischen Angriffsspitzen drangen nunmehr von allen Seiten, vor allem jedoch aus Norden, ins Stadtzentrum vor. Im „Bürgerpark" leisteten Teile des Alarmbataillons „Wesermünde" und des Grenadier-Ersatzbataillons 376 unter Führung von Major Alfred Huth den letzten Widerstand. Der britische Angriff kam zum Stehen.

Generalleutnant Fritz Becker, dessen Befehlsbunker am Rand des Bürgerparks lag, setzte um 21.30 Uhr seinen letzten Funkspruch ab: „Infanterie-Angriffe abgeschlagen, habe keine Munition mehr. Halte noch mit letzten Teilen. Es lebe der Führer!"

Diese „letzten Teile" gingen unter Führung von Major Huth gegen 23.00 Uhr angesichts der totalen britischen Überlegenheit in Gefangenschaft.

Am nächsten Tag, dem 27. April, kapitulierte der Kampfkommandant von Bremen vor dem „Wiltshire Regiment" gegen 11.00 Uhr.

„Standuhr" zwischen Wietzendorf und Munster

Zeichnung eines unbekannten Künstlers

Am 20. April herrschte nahezu Ruhe an der „Kleinbahn-Front". Die 155. Brigade der „Desert Rats" unternahm keinen weiteren Versuch, gegen die Infanterie-Regimenter der Majore Kahle und Köhler vorzugehen. Sie wartete vielmehr auf die Verstärkung, die von der links angreifenden 53. „Welsh Division" kommen sollte. Aus vielerlei Gründen kam hierfür letztlich nur die 160. Brigade in Frage, die eigentlich für den Angriff auf Rotenburg vorgesehen war. Sie wurde aber aus Unterstedt über Visselhövede und Neuenkirchen nach Soltau geführt. Zusammen mit der 155. Brigade sollte sie am nächsten Tag die „Kleinbahn-Front" endlich aufbrechen. Auch nördlich und südlich der eingeschlossenen Kampfgruppe blieb es am 20. April ruhig. Geschossen wurde an diesem Tage nur am Ostrand des deutschen Kessels, an der Panzersperre bei Munster.

Nachdem die SS-Soldaten die Panzersperre am 17. April verlassen hatten, wurde diese einen Tag später erneut besetzt. Diesmal von einer Gruppe Celler Fahnenjunker. Sie gehörten zum Bataillon des Majors Thomsen und wurden von Leutnant Grupe geführt. Sie waren ca. zwölf Mann. Neben Grupe noch Leutnant Kalb, ein Oberfähnrich und neun Fahnenjunker. Ihnen war eingeschärft worden, daß um Munster selbst nicht gekämpft werden sollte; wegen der Giftgaslager. Andererseits sollten sie jedoch einen britischen Vorstoß entlang der R 71 nach Soltau verhindern.

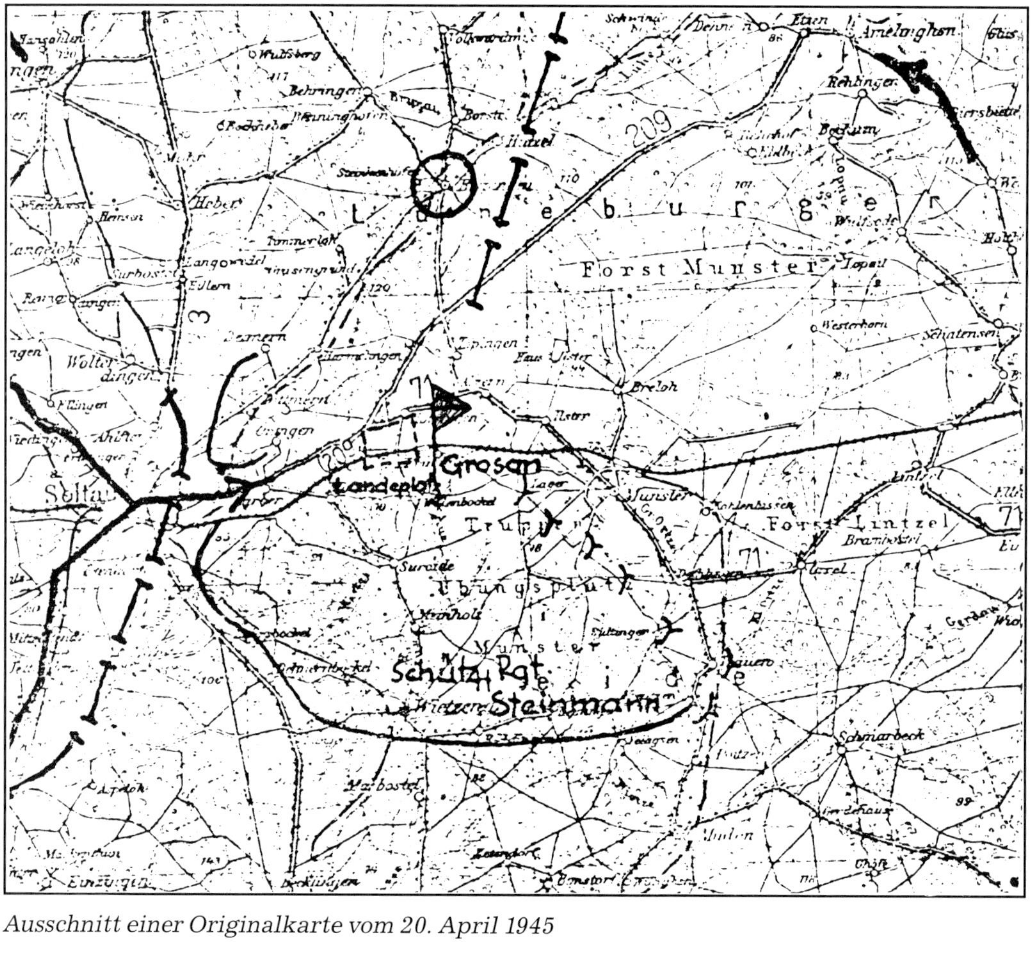

Ausschnitt einer Originalkarte vom 20. April 1945

So lagen Grupe und seine Männer seit dem 18. April in Höhe der Bahnlinie hinter der Panzersperre und warteten. Die Bahnwärterfamilie H. versorgte sie mit Verpflegung. Nur Munition war knapp. Vor allem fehlte es an Panzerfäusten. Ungefähr am 18. April hatten die Soldaten Besuch erhalten. Munsteraner HJ-Jungen erzählten ihnen, daß die Briten bereits im Ort seien. Sie versprachen auch, sich um Munition zu kümmern. Unter ihnen befand sich der 13jährige Gerhard Bockelmann. Sein Vater war Führer der Ortsfeuerwehr und Kommandant des Volkssturms gewesen, bis dieser nach Soltau abgerückt war. Wilhelm Bockelmann hatte den jungen Volkssturmsoldaten keine Waffen mitgeben wollen, sondern diese im Keller des Spritzenhauses verschlossen. Niemand außer seinem Sohn Gerhard wußte das. Als dieser von der Panzersperre zurückkam, drängte er den Vater, ihm noch einmal die vielen Waffen zu zeigen. Um Ruhe zu haben, ging Wilhelm Bockelmann mit seinem Sohn kurz in den Keller des Spritzenhauses und schloß die Tür hinterher sehr sorgfältig zu. Aber das nutzte nun nichts mehr, denn Gerhard hatte unbemerkt den Riegel des Kellerfensters öffnen können. Noch am selben Abend schleppte er mit einem Freund mehrere Panzerfäuste und Gewehrmunition zum „Waldkater". Gerhard Bockelmann: „Für uns war das mehr eine Art von Indianerspiel, und außerdem wollten wir natürlich unseren Soldaten helfen."

Wilhelm Bockelmann,
Führer der Ortsfeuerwehr in Munster

Das „Indianerspiel" hörte am 20. April auf. General Roberts, Kommandeur der 11. U.K. Panzer-Division, stand mit seinen Angriffsspitzen bereits nördlich Lüneburg, aber er hatte seit fast einer Woche keine direkte Verbindung zu seinem linken Nachbarn, der „Desert Rats Division". Roberts, der natürlich auch von dem Kessel der Kampfgruppe-Grosan wußte, wollte das am 20. April endgültig ändern. Er befahl dem Gefechtsverband „Todforce" den Angriff durch Munster, möglichst bis nach Soltau.

Für „Todforce" gibt es keine der sonst üblichen Regimentsgeschichten. Auch diesbezügliche Nachfragen in London führen heute nicht mehr weiter. Das ist kein Wunder, denn „Todforce" hat im britischen Sinn keine Geschichte. Dieser Verband wurde erst im März 1945 mit Überschreiten des Rheins gebildet. Er bestand aus dem 75. „Anti Tank Regiment" und Teilen des 63. „Light Anti Aircraft Regiment". Weil die britische Panzer- und Flugabwehr chronisch „unterbeschäftigt" war, hatte General Roberts aus beiden Truppenteilen einen zusätzlichen Gefechtsverband gebildet. Dieser wurde von Oberstleutnant A. F. Tod, dem Kommandeur des ehemaligen 75. „Anti Tank Regiment" geführt. „Todforce" hatte bis zum 15. April die Nahsicherung des Brückenkopfes über die Aller bei Essel übernommen, war am 18. April bis nach Uelzen vorgestoßen und hatte dann kehrtgemacht. Am Vormittag des 20. April rollten die 24 Jagdpanzer „M-10“ und zwölf Flak-Geschütze auf der Uelzener Straße in Richtung Munster. Im britischen Kriegstagebuch steht: „... attack on Munster.“ – „Angriff auf Munster“. Zunächst wurde es ein Einmarsch.

Frau B., damals Besitzerin des renommierten Gasthofes „Deutsches Haus“, erinnert sich: „Als wir hörten, daß die Engländer von Oerrel kamen, haben wir schnell Bettlaken aus den Fenstern gehängt. Eine lange Panzerkolonne rollte langsam in den Ort. Sie hielt vor unserem Haus und der Gaststätte ‚Winkelmann'. Dann besprachen sich einige Offiziere. Offenbar ging es um die Frage, welches Haus besetzt werden sollte. Schließlich entschloß man sich sicherheitshalber für beide. Ich mußte noch am selben Tage mit den Kindern ausziehen." Während Oberstleutnant Tod seinen Gefechtsstand einrichten ließ und die Panzerkolonne noch in Reihe auf der Straße stand, kam ein Feuerwehrwagen den Emminger Weg herunter gefahren. Er stoppte dicht vor dem ersten britischen Panzer. Aus dem Führerhaus stieg ein rußverschmierter Feuerwehrmann, der gerade im „Hauptlager“ einen Schwelbrand bekämpft hatte. Es war Bockelmann. Er ging langsam auf die fremden Soldaten zu, und als er vor ihnen stand, zog er seine Pfeife aus der Tasche. Da passierte etwas Eigenartiges. Ein britischer Sergeant reichte ihm ein Päckchen „Navy Cut“. Und als Bockelmann damit die Pfeife gestopft hatte, reichte ihm ein anderer ein brennendes Streichholz. Bockelmann paffte, wischte sich den Ruß von der Stirn und vielleicht auch ein paar Schweißperlen, die dazwischen geraten waren. In diesem Moment applaudierten die Umstehenden. Das waren ein paar verschüchterte Deutsche, ein Dutzend befreiter Gefangener und die britischen Panzersoldaten. Bockelmann lächelte. Die anderen taten es auch. Dann ging er gemessenen Schrittes zu seinem Feuerwehrwagen zurück und fuhr an den britischen „M-10“ vorbei zum Spritzenhaus. Stunden später war ganz Munster besetzt, – bis auf die Panzersperre am „Waldkater“. Vermutlich hätten sich die Briten darum an diesem Tage nicht mehr gekümmert, wenn die Fahne nicht gewesen wäre.

Irgendein Munsteraner hatte dem Leutnant Grupe bereits am Vortage eine Hakenkreuz-Fahne gebracht. Grupe hatte sie an eine Schranke binden lassen und diese dann senkrecht gestellt. So ergab sich für die Briten ein unerträgliches Bild. Hinter einer Panzersperre aus Rundhölzern hockte ein Dutzend deutscher Fahnenjunker und blockierte den Weg nach Soltau. Über ihnen flatterte ausgerechnet an „Führers Geburtstag“ das Hakenkreuz. Tod befahl anzugreifen. Seine Männer haben das wohl nicht ganz ernst genommen. Jedenfalls ging ein Soldat des 63. Flugabwehr-Regiments direkt auf die Panzersperre zu. Er wollte einfach nur die Fahne einholen. Er starb, bevor er sich der Sperre auf 100 Meter genähert hatte. Für die Briten war damit der Einmarsch nun doch noch zu einer „attack“ geworden. Tod ließ seine Panzer auffahren. Vier von ihnen bildeten einen Halbkreis in nur 300 Meter Entfernung zur Panzersperre. Aber dort rührte sich nichts. Im Obergeschoß der Gaststätte „Waldkater“ waren Beobachter eingezogen. Auch sie machten keine Ziele aus. So rollten die Panzer vor. Als der erste von ihnen dicht vor der Sperre stand, krachte eine Panzerfaust. Der „M-10“ war getroffen. Seine Besatzung rettete sich in den Straßengraben und robbte zurück. Die drei anderen Panzer eröffneten daraufhin das Feuer. Sie schossen blindlings auf die Sperre und hatten Erfolg damit. Der Oberfähnrich wurde schwer verwundet. Er hat vermutlich überlebt.

„M-10“-Jagdpanzer

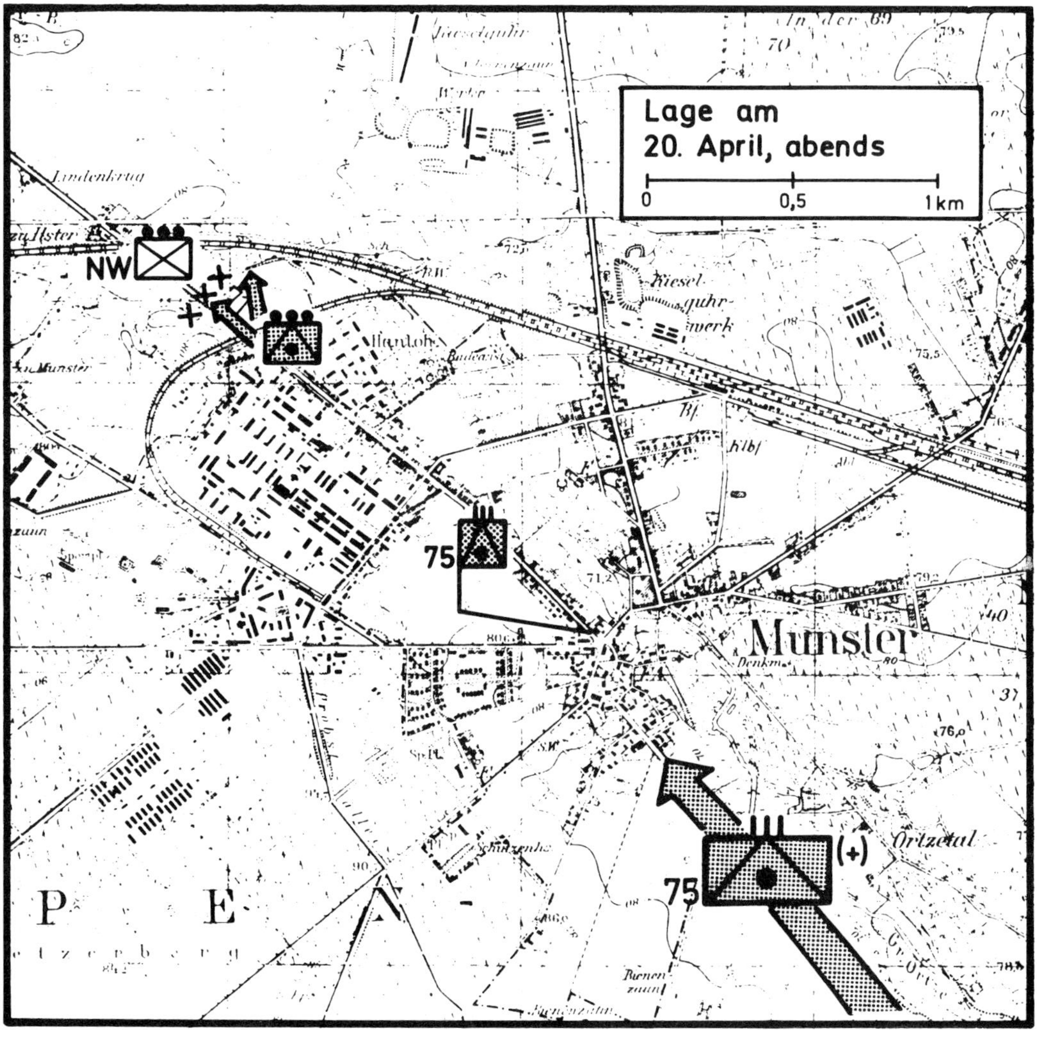

Leutnant Kalb fiel. Er ruht auf dem Munsteraner Ehrenfriedhof. Auch am nächsten Tag beobachteten die Briten noch immer die Panzersperre, die in der Nacht von Grupe und seinen Männern geräumt worden war. Sie hatten sich in Richtung Ilster zurückgezogen. Nur die Hakenkreuz-Fahne blähte sich noch immer.

Am selben Tage vollzog sich 13 Kilometer nördlich von Munster die recht geräuschlose Kapitulation des Marinesperrzeugamtes Druhwald bei Steinbeck an der Luhe. Im Druhwalder Depot waren bisher vorwiegend Seeminen mit Sprengstoff gefüllt und zu den Seehäfen transportiert worden. Mit dem Näherrücken der Front hatte man mit der Sprengung der Anlagen begonnen. Die Marinesoldaten des Depots waren sich bereits seit Tagen einig, daß eine Verteidigung des Geländes unsinnig sei. Kampfhandlungen sollten also um jeden Preis vermieden werden. Probleme ergaben sich nur durch eine Ausbildungs-Kompanie der SS-Division „Langemarck". Sie bestand ausschließlich aus Holländern, war bis vor kurzem noch in Soltau stationiert gewesen und folgte nun ihrer Division, die nördlich von Berlin die Umklammerung durch die Sowjet-Armee verhindern sollte. Ihr Kompaniechef, Obersturmführer Reuter, hatte seine ca. 150 Mann in der Linie Hützel—Borstel in Stellung gehen lassen. Seinen Gefechtsstand hatte er in der Gaststätte, die heute „Welcome" heißt. Bürgermeister Heinrich Eggert hatte Reuter jedoch am 20. April morgens veranlassen können, abzuziehen. Für den holländischen SS-Obersturmführer kann das nicht zu Gewissenskonflikten geführt haben. Alle europäischen SS-Angehörigen waren nur verpflichtet, gegen den Bolschewismus, nicht aber gegen die Westalliierten zu kämpfen. Auch taktisch gesehen konnte niemand von ihm erwarten, daß er allein mit seinen Rekruten gegen die Panzerspitzen der 11. und 7. britischen Division kämpfte. So war die „Langemarck"-Kompanie nach Osten abmarschiert. Einer ihrer Angehörigen ruht auf dem Soldatenfriedhof in Munster. Das Marinesperrzeugamt konnte also am 20. April problemlos kapitulieren, zumal ihm anderenfalls der Einsatz von Flammenwerfern durch die Briten angedroht worden war. Hierauf konnte man sich schon wegen der Restmunition nicht einlassen. Der damalige Depotangehörige Arnold E., der heute Uhrmachermeister in Hützel ist, erinnert sich an die „sehr faire Behandlung durch die Briten".

Wenig später besetzten die Briten die Kampfstofflager in der Raubkammer und in Oerrel. Sie staunten über die Mengen an Kampfstoffen; vor allem über die Nervengase Tabun und Sarin sowie die modernen Füllanlagen. Natürlich hatten auch die

Offiziere des Sperrzeugamtes Druhwald bei Steinbeck/Luhe

Die Briten in Oerrel (IWM)

Kampfstoffbomben in der Raubkammer (IWM)

Briten Kampfstoffe. Aber das war nach heutiger Kenntnis nur Hautkampfstoff, mit dem man direkt in Berührung kommen mußte, um dadurch geschädigt zu werden, während beim Nervenkampfstoff schon kleinere, eingeatmete Mengen zum Tode führten. Die Briten hatten auch einen Plan, nach dem die Bombardierung aller deutschen Großstädte mit Kampfstoffen vorbereitet war, falls es zum „Gaskrieg" kommen würde. Daß es zu dieser Art Krieg nicht kam, mußte aus damaliger Sicht verwundern. Immerhin war von Deutschland der „Totale Krieg" verkündet worden. Und Deutschland war nicht nur im offensiven Gaskrieg am weitesten. Auch die Bevölkerung war durch Ausrüstung und Ausbildung an der „Volksgasmaske" besser geschützt als die restliche Zivilbevölkerung Europas. Kampfstoffe waren daher in den letzten Jahren des Krieges das einzig überlegene deutsche Kampfmittel. Es wurde dennoch nicht eingesetzt. Man wird Hitler und seiner Führung keine moralischen Motive unterstellen wollen. Was war schließlich schon alles geschehen? Und doch kann es Hitler selbst gewesen sein, der intuitiv den Gaskrieg nicht wollte. Er war im 1. Weltkrieg im Grabenkampf an der Westfront durch französischen Kampfstoff erheblich verletzt worden. – Vielleicht ist das der Grund, warum es keinen zweiten Gaskrieg gab. – Sicher ist diese These jedoch nicht.

Am 21. April griff die 160. Infanterie-Brigade über die 155. Brigade hinweg die „Kleinbahn-Front" mit Artillerieunterstützung an. Grosans Infanterie-Regimenter wehrten sich wieder nach Kräften. In Dittmern brannten sechs Gebäude ab. Oeningen ging zu zwei Dritteln in Flammen auf. Die Briten rückten ein und plünderten. Kinder beschenkten sie mit Schokolade. Einen militärischen Erfolg hatten sie aber doch nicht zu verzeichnen. Noch einmal gliederten sie um. Da die Straße von Soltau nach Bispingen nun nicht mehr unter deutschem Feuer lag, sollte das 1. „Household Regiment" von Norden angreifen. Zum gleichen Zeitpunkt sollte „Todforce" aus Munster heraus antreten. Der Auftrag der 160. Infanterie-Brigade war der Angriff auf Wietzendorf. Sie sollte anschließend über Suroide nach Willenbockel vorstoßen. Am 22. April mußte der deutsche Kessel in viele Teile gespalten werden.

Die 155. Infanterie-Brigade begann mit dem Angriff entlang der R 71 auf den Bahnhof Harber. Die Bataillone-Sperling und Lotze mußten vor allem wegen des britischen Artilleriefeuers ihre Stellung an der „Kleinbahn-Front" aufgeben und nach Osten ausweichen. Das Artilleriefeuer ließ nach, und kurz darauf tönte mit englischem Akzent aus dem Bahnhofslautsprecher zu den Deutschen herüber: „. . . Bataillon-Sperling und Bataillon-Lotze, gebt den Kampf auf! Euer Kampf ist heldenhaft, aber sinnlos!" Während Hauptmann Heinz Lotze seine verbliebenen ca. 150 Soldaten hinter einer kleinen Höhenkuppe sammelte, konnte Sperling die Reste seines ehemaligen Bataillons nicht mehr halten. Erschöpft und entmutigt zogen sie gruppenweise bis zum Schellberg. Hauptmann Lotze hatte inzwischen den Kleinbahnhof unter Feuer nehmen lassen.

Zum gleichen Zeitpunkt befand sich die 160. Infanterie-Brigade auf dem Marsch in Richtung Wietzendorf. Sie fuhr auf der R 3 bis Langemannshof, bog dort nach Osten ab und stand vermutlich am frühen Nachmittag vor einer gesprengten Moorgraben-Brücke, nur einen Kilometer von Wietzendorf entfernt. Links der Straße stand dichter Wald. Rechts war das Gelände offen, aber hoffnungslos versumpft. Die Wietzendorfer Landwehr hatte an der richtigen Stelle gesprengt. Die Briten hatten hiermit nicht gerechnet. Sicherlich hatten sie auf der Karte den kleinen Moorgraben und die einzige für sie nutzbare Brücke übersehen. Jedenfalls war kein Pioniergerät dabei. Mehr als drei Bataillone standen somit in kilometerlangen Kolonnen dicht, aber hilflos vor ihrem Angriffsziel. Dennoch wurde Wietzendorf am selben Tag besetzt. „Todforce" war am Vormittag aus Munster nach Süden vorgegangen. Weder beim Hollmoor noch beim Lecker Berg traf das verstärkte Regiment auf deutschen Widerstand. Die Infanteriekräfte des Bataillon-Böhme hatte Oberst Grosan bereits vor zwei Tagen nach Suroide befohlen. Lediglich an der Wietze hatten Landesschützen des Regiment-Steinmann erneut die alten Stellungen mit Front nach Süden besetzt. Sie wurden von Major Bär kommandiert. Bär, der offenbar nicht wußte, was in seinem Rücken ablief, hatte zunächst eine heftige Auseinandersetzung mit Wilhelm Ohlhoff, dem Ortsgruppenleiter von Wietzendorf. An mehreren Gehöften der „Wietze-Front" wehten weiße Tücher. Bär wollte erzwingen, daß diese entfernt würden. Dies gelang ihm jedoch nur teilweise. Am späten Nachmittag waren die Briten da. Aber sie kamen nicht, wie die Landesschützen es erwartet hatten, von Süden, sondern von Norden. Zum Feuerkampf ist es nicht mehr gekommen. Die überraschten Deutschen ergaben sich dem ohnehin weit überlegenen Feind. Zu einem Zwischenfall kam es lediglich in Reiningen an der Straßengabel bei Wiermann. Dort fuhr eine britische Vierlingsflak auf eine Minensperre, die Bärs Männer in letzter Minute verlegt hatten. Zwei Briten wurden schwer verletzt. Der alte Herr Wiermann war der einzige in der Nähe befindliche Deutsche. Er sollte für die Minensperre verantwortlich gemacht werden. Erst als er den Briten erzählte, daß kurz vorher auch ein deutsches Fahrzeug in der ihm unbekannten Sperre beschädigt worden sei, ließen die Briten von ihm ab. Über Halmern und Reddingen gelangten die Kompa-

Wilhelm Ohlhoff, Ortsgruppenleiter von Wietzendorf und Bürgermeister von Reiningen

nien von „Todforce“ am frühen Nachmittag kampflos bis nach Wietzendorf. Ihr Vormarsch wurde am nördlichen Ortsrand durch die ebenfalls gesprengte Lange-Brücke gestoppt. Damit stellte auch „Todforce“ seinen Angriff ein. Wietzendorf war damit endgültig britisch. Diese Gewißheit wird für die Bevölkerung nunmehr beruhigend gewesen sein, denn es hatte vor wenigen Tagen ein etwas verwirrendes Zwischenspiel gegeben. Die SS-Soldaten, die zuvor an der Panzersperre in Munster gelegen hatten, waren über Emmingen bis in den Nordteil von Wietzendorf eingedrungen. Dort trafen sie einige HJ-Jungen. Sie fragten, was aus den vielen Gefangenen des nahen Lagers geworden sei. Der damals 16jährige Rolf H.: „Offenbar erwarteten die SS-Männer, daß die Bevölkerung von den Gefangenen terrorisiert würde. Ich sagte ihnen, daß dies nicht der Fall sei und nur einige bei Bäcker Meyer Brot backen würden. Daraufhin umstellten sie die Bäckerei und schossen durch die Fensterscheiben. Die Kriegsgefangenen kamen mit erhobenen Händen heraus. Auf dem Hof wurden sie nach Waffen durchsucht. Aber sie hatten keine. Anschließend wurden sie abgeführt. Vermutlich zum Lager.“

Britische Vierlings-Flak

Das 1. „Household Regiment“ war über Harmelingen kampflos in Bispingen eingerückt. Dort drehte es nach Süden ein. Es fand auch Töpingen frei von deutschen Truppen. Trotzdem riskierten die Briten keinen weiteren Vorstoß in Richtung Willenbockel. Das war sicher richtig. Anderenfalls wären sie auf das Bataillon des Majors Thomsen getroffen, der mit seinen Fahnenjunkern dann endlich einen „vernünftigen Auftrag“ gehabt hätte. Die ca. 70 Panzer des „Household Regiment“ drehten in Töpingen nach Westen ab. Sie wollten offenbar die Reste von Major Brünns Panzerjagd-Bataillon, das ostwärts Harmelingen lag, vernichten. Brünns Männer hatten vor zwei Tagen einen britischen Jeep mit mehreren Offizieren abgeschossen. Ob es an diesem 22. April ostwärts Harmelingen noch zum Feuerkampf gekommen ist, kann nicht gesagt werden. Vermutlich sind Brünn und seine schwache Truppe der Übermacht kampflos gewichen. Das letzte Gefecht dieses Tages fand dort statt, wo die Kampfhandlungen begonnen hatten, – am Kleinbahnhof Harber.

Als Hauptmann Lotze gemerkt hatte, daß sich die Briten mit der Einnahme des Bahnhofsgebäudes zufriedengaben und nicht nachdrängten, formierte er sein kompaniestarkes Bataillon zum Gegenangriff. Vielleicht hatte er sich wieder – wie bei Essel – Steilfeuerunterstützung „organisiert“. Die Werfer-Batterie, die beim Hof Willenbockel gelegen hatte, machte jedenfalls Stellungswechsel bis an die Straße Moide–Harber. Wenig später griff Lotze an. Es war ein irrwitziger Angriff. Lotze war bis auf die Werfer-Batterie mit seinen Männern völlig allein. Das linke Nachbar-Bataillon des Hauptmanns Sperling war weit zurückgegangen.

Vor ihm lag mindestens ein britisches Bataillon, das über Panzer und Artillerieunterstützung in jedem Umfang verfügte. Lotze war in allen Belangen völlig unterlegen. Sein Angriff war schlechterdings nicht möglich. Die Briten haben das genauso gesehen und daher nicht damit gerechnet. Eben das hatte der deutsche Hauptmann gehofft und damit recht behalten. Lotze hatte in genau zehn Tagen das Vertrauen seines „zusammengewürfelten Haufens“ gewonnen. Seine Männer wußten, daß er trotz der wiederaufgebrochenen Beinverletzung stets der Erste war, und sie folgten ihm. Am frühen Nachmittag war der Bahnhof Harber wieder in Lotzes Besitz. Die überrumpelten Briten hatten sich mit einigen Verwundeten zurückziehen müssen. Aber Oeningen und Dittmern waren noch immer fest in britischer Hand. Die geplanten Gegenangriffe des Regiment-Köhler hatten nicht stattgefunden. Mit einem schnellen britischen Vorstoß von Oeningen auf Harber wären Lotzes Männer endgültig abgeschnitten gewesen. Aber so klar war das damals für keine Seite erkennbar. Kein Zweifel konnte für Oberst Grosan jedoch über die Gesamtlage seiner Kampfgruppe bestehen. Von Töpingen aus spannte sich ein Halbkreis britischer Truppen über Soltau bis Wietzendorf. Die von dort aus quer

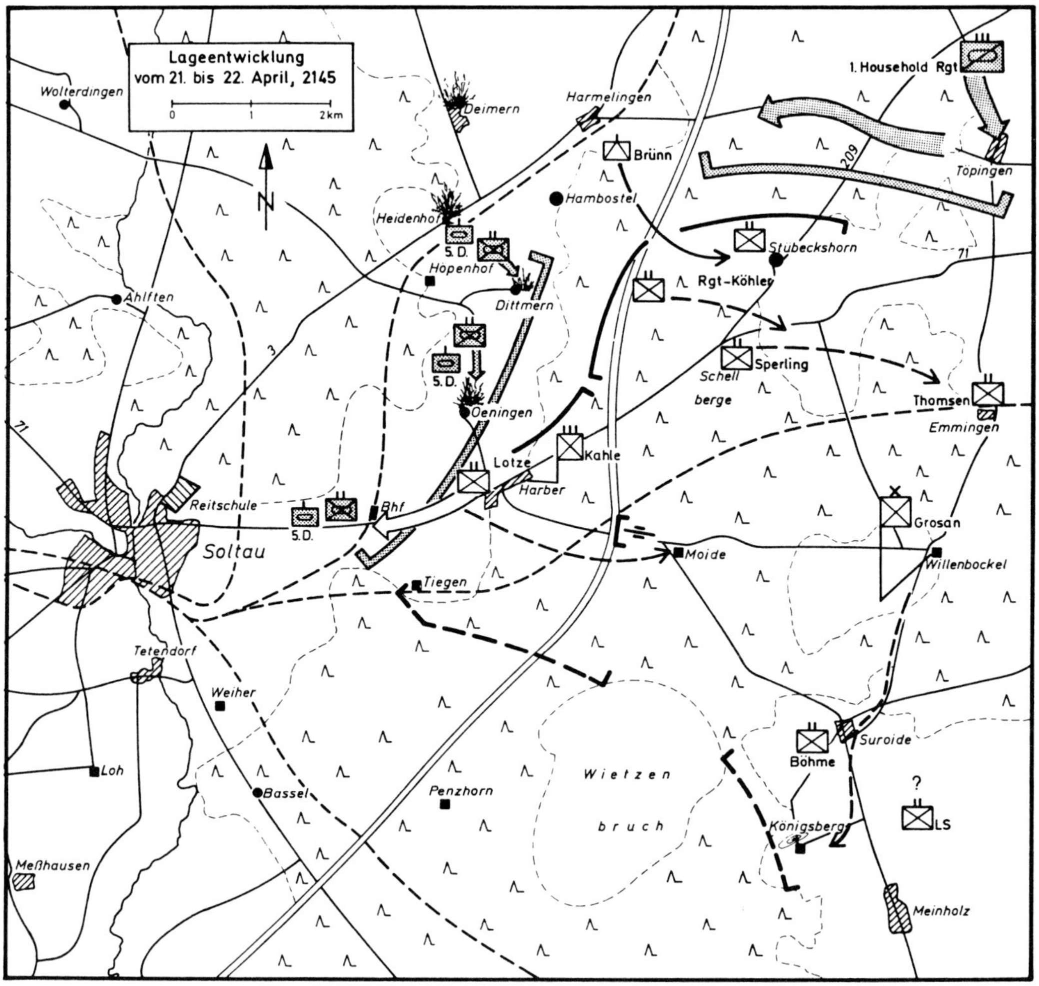

über den Truppenübungsplatz bis Munster verlaufende Wietzendorfer Straße wurde vom Regiment „Todforce“ beherrscht. Grosan, der vielleicht noch über 600 kampfbereite Soldaten verfügte, hatte zwei britische Brigaden und drei Regimenter mit gut 100 Panzern gegen sich. Auf deutscher Seite war auch die Munition bereits knapp geworden. Die einmal geplante Versorgung aus der Luft hatte aus Mangel an Flugzeugen nicht stattfinden können. Die Kampfgruppe stand unmittelbar vor ihrer endgültigen Vernichtung. Das Korps-Ems, vorgesetzte Dienststelle des Oberst Grosan, erließ am selben Tag den Korps-Befehl Nr. 13. Dort steht u. a.: „1.) . . . Kampfgruppe Grosan wurde ostwärts Soltau nach tapferem Widerstand und erfolgreichen Einzelunternehmungen auf engem Raum zusammengedrängt. 2.) . . . 3.) . . . e) Kampfgruppe Grosan hat Befehl, sich zur deutschen Front durchzuschlagen.“

Bahnhof Harber nach einem Foto von 1986; er wurde wenig später abgerissen.

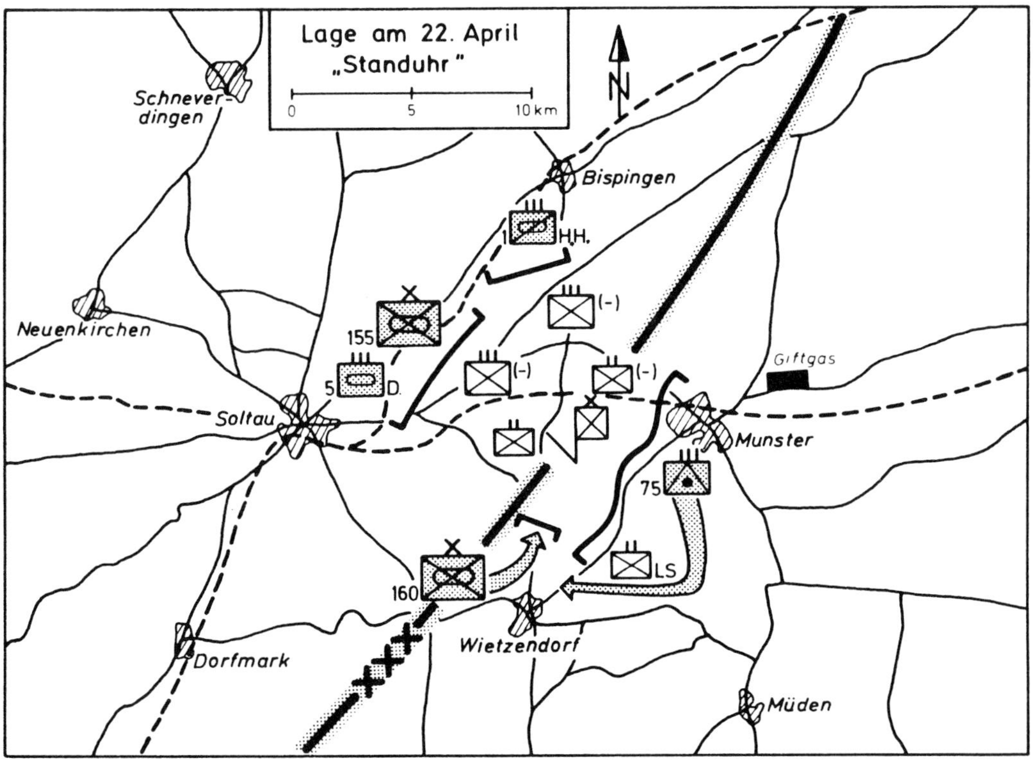

Der 22. April 1945 war ein Sonntag. Nachmittags saß Oberst Grosan mit Major i.G. Salb in der guten Stube des Hofes Willenbockel. Er grübelte über einer Karte. Da wurde ihm gemeldet, daß der Befehl zum Durchschlagen eingegangen sei. Noch einmal sah der Oberst flüchtig auf die Karte. Dann schob er sie endgültig beiseite. Seine Kampfgruppe war von insgesamt zwei britischen Divisionen weiträumig umgeben. Wohin er sich bei seinem Ausbruch auch immer wenden würde, stets waren mehr als 50 Kilometer Luftlinie durch feindbesetztes Gebiet zurückzulegen. Der Oberst und sein Ia sahen sich wortlos an. Da betrat der Hofbesitzer, Heinrich Willenbockel, den Raum. Major i.G. Hans Salb erinnerte sich noch 40 Jahre nach dem Krieg an diese eigentümliche Situation. „Herr Willenbockel war in feierliches Schwarz gekleidet und hielt die schwere, alte Familienchronik unter dem Arm. Er erklärte uns, daß die Chronik das Alter des Hofes und den Gang der Generationen seit dem Jahre 1448 ausweist. – Ich ließ die beiden Herren allein." Sicherlich fürchtete Willenbockel wegen des nahen Endkampfes um seinen Hof. Vielleicht hat er auch von seinen beiden Söhnen gesprochen. Geraume Zeit später saß der Oberst wieder alleine in der guten Stube mit der auffallend großen Standuhr. Er rang um den letzten und damit schwersten Entschluß seines Soldatenlebens. Das Zwiegespräch, das er an diesem Sonntagnachmittag mit sich selber führte, hat er später in der Kriegsgefangenschaft aufgeschrieben. Er nannte es „Der Tote von Ostenholz“: „Und da standest du auf und gingst ganz langsam wie träumend auf die Uhr zu. Mit ganz vorsichtiger Hand öffnetest du den Schrank – und dann hobst du zögernd, langsam die Hand dem Pendel entgegen. ‚Halte die Uhr an – flüsterten wir Toten – halte die Uhr an – halte die . . .' Da hieltest du das Pendel an. Wir standen still! Weißt du es noch?“ – „Wie könnte ich diese Stunden vergessen? Ja, ich weiß von diesem schwersten Kampf meines Lebens – und ich weiß auch, daß ich Furcht bekam, wieder weich zu werden, und ich rief einen jungen Offizier, daß er meinen Befehl zur Auflösung meiner Kampfgruppe aufschreibe.“ „Und als Stichwort befahlst du ‚Standuhr'.“ „Ihr gabt mir das ein. Jetzt erst versteh ich das.“ „Mit diesem Befehl wurde dein Gewissen wieder frei.“ „Kamerad, nein – jetzt lastete der Eid, den ich gebrochen hatte, auf mir . . .“ Tatsächlich befahl Oberst Grosan seiner Kampfgruppe mit Stichwort „Standuhr“, am 22. April, um 21.45 Uhr alle Gefechtshandlungen einzustellen.

Das Bataillon-Sperling löste sich in Emmingen auf. Das Bataillon-Lotze ging in einem Zuge bis Moide zurück und trat auf Hof Avenriep zum letzten Appell an. Hauptmann Lotze hielt eine sehr kurze Ansprache. Er dankte vor allem für Kameradschaft, Tapferkeit und bewiesenen Mut. Dann wurden Entlassungsscheine verteilt. Die Waffen und die restliche Munition wurden in den kleinen, heute vermoorten Feuerlöschteich geworfen. Oberst Grosan schrieb den Offizieren seines Stabes eine kurze Beurteilung. Über Major i.G. Salb notierte er: „Hat sich als Ia der Kampfgruppe bis zum bitteren Ende unserer Kampfkraft hervorragend bewährt. Grosan, Oberst.“ Dann verabschiedete man sich sehr herzlich von Heinrich Willenbockel. Grosan rückte mit seinem Stab zum Königsberg ab. Dort standen einige zu Meinholz gehörende Pächterhäuser, die im Lokaljargon „Lustiger Strumpf“ genannt wurden. Grosan wollte hier offiziell vor der 160. Infanterie-Brigade der 7. U.K. Panzer-Division kapitulieren. Auch die im nahen Suroide liegenden Einheiten wurden aufgelöst. Es waren Teile des Landesschützen-Regiment-Steinmann und ca. zwei Kompanien des Bataillon-Böhme. Frau Ilse Siebert erinnert sich an diesen bewegten Frühlingsabend noch sehr genau. „Am 22. abends traten die

Oberstleutnant Steinmann und sein Landesschützen-Regiment gingen bei Suroide in Gefangenschaft, 23. April. (IWM)

Soldaten an. Ihr Führer hielt eine Rede. Dann sangen sie noch ein Hitler-Lied. Auf Hof Lütjens wurde anschließend das Kriegsende gefeiert. Es gab Alkohol. Wehrmachtshelferinnen waren auch dabei. Viele liefen wenig später über die Weiden. Andere wollten noch weiterkämpfen und zogen nach Willenbockel." Tatsächlich sammelten sich am Abend noch mehr als 100 Soldaten mit einigen Fahrzeugen auf Grosans ehemaligem Gefechtsstand. Heinrich Willenbockel bat sie eindringlich, doch weiterzuziehen. Aber er fand kein Gehör. Kurz vor Einbruch der Dunkelheit überflog ein britisches Aufklärungsflugzeug den Hof und die verhängnisvolle Truppenansammlung. Eine halbe Stunde später begann das feindliche Artilleriefeuer. Aber es lag fast 1.000 Meter zu weit nördlich und hörte auch bald auf. Am frühen Morgen des 23. April setzte es erneut ein. Mit jeder Salve näherte es sich dem Hof um 100 Meter. Das Ende war absehbar. Es hatte den Charakter einer Hinrichtung angenommen und glich in seiner tragischen Unabwendbarkeit der allgegenwärtigen deutschen Katastrophe. Gegen 06.00 Uhr schlugen die ersten Granaten auf dem Hof ein. In fieberhafter Eile ließ Willenbockel den Kastenwagen anspannen und fuhr mit allen Hofbewohnern in Richtung Munster davon. Hinter ihnen detonierte die nächste Artilleriesalve.

Als Willenbockels Stunden später zurückkehrten, standen Haus, Scheune und Stallungen in hellen Flammen. Zum Löschen war es zu spät. So brach der ehrwürdige Hof in einer wilden Feuersbrunst stückweise und rettungslos in sich zusammen. Zum selben Zeitpunkt bestiegen Oberst Grosan und seine Offiziere in Wietzendorf einen britischen Lastkraftwagen, der sie nach Celle ins Kriegsgefangenenlager brachte. Mit der Kapitulation der Kampfgruppe und den schwelenden Trümmern von Willenbockel war der Krieg an der „Heide-Linie" endgültig beendet. Der „verlorene Haufen", der die Beschießung von Willenbockel heraufbeschworen hatte, kam nicht mehr geschlossen zum Einsatz. Viele von ihnen kapitulierten bereits in Stübeckshorn. Andere versuchten sich auf eigene Faust durchzuschlagen. Die Bewohner der Dörfer und Bauernhöfe atmeten auf. Mit Blick auf die deutschen Soldaten taten sie auch das nur schweren Herzens. Im Tagebuch der Familie Avenriep aus Moide steht hierzu: „Rest geht mit erhobenen Händen in Gefangenschaft – ein trauriges Bild! – . . . ein langer Zug zieht an uns vorbei; so manches bekannte Gesicht grüßt ein letztes Mal."

Am selben Tag beantragte General der Infanterie Blumentritt das Ritterkreuz für Oberst Grosan und Hauptmann Lotze. Die Begründungen lauteten: „Oberst Grosan hat . . . mit seiner seit Tagen eingeschlossenen Kampfgruppe . . . Feinddurchbruch ostw. Soltau verhindert und starke feindl. Kräfte gebunden . . ." „Hptm. Lotze hat mit selbst aufgestelltem Btl. Krise an Aller beseitigt. Aus eigenem Entschluß in vorbildlicher persönlicher Tapferkeit, trotz eigener schwerer Verwundung, seine kampfgeschwächten Kompanien zum Gegenangriff vorgerissen, dadurch Feinddurchbruch ostw. Soltau verhindert." Die Kriegsauszeichnung wurde beiden Offizieren in Abwesenheit am 9. (!) Mai 1945 im Auftrag von Großadmiral Dönitz verliehen.

Auf den Friedhöfen in Soltau und Munster liegen jeweils ca. 40 Soldaten, auf dem Gemeindefriedhof in Wietzendorf ruhen drei Soldaten, die bis zum „Standuhr"-Befehl entweder direkt oder an den Folgen ihrer Verwundungen starben. Sicherlich hat Oberst Grosan ungemein höhere Verluste seiner Kampfgruppe dadurch vermieden, daß er den Angriffsbefehl auf Soltau nicht gab und kapitulierte, statt den Befehl zum Durchschlagen zur eigenen Front weiterzugeben.

Soldatengräber auf dem Friedhof in Soltau

Soldatenfriedhof Munster

Die „Guards Division“ in Rotenburg, Zeven und Bremervörde

Generalleutnant Eberhard Rodt, Kommandeur der 15. Panzergrenadier-Division

Bis zum 21. April hatte sich die Lage für das Korps-Ems in bedrohlicher Weise zugespitzt. Während drei britische Divisionen den Ring um Bremen immer enger gezogen hatten, hatte die eigene 172. Division beständig nach Norden ausweichen müssen. Die benachbarte 480. Division war zwischen Visselhövede und Verden praktisch aufgerieben worden. Mit ihren stark angeschlagenen und dezimierten Einheiten stand sie nördlich der Reichsstraße 215. Ihre Kampfkraft war zur Bedeutungslosigkeit abgesunken. Daran änderten auch Einzelaktionen nichts, wie die, die das Korps am 20. April gemeldet hatte: „Lt. Bruns, A.R. 22 in Div. Nr. 480, sprengte nordostwärts Verden mit Stoßtrupp 4 feindliche Geschütze, nachdem vorher gesamte Munition der erbeuteten Geschütze auf fliehenden Gegner verschossen wurde. Lt. Bruns fiel."

Die Restteile der 2. Marine-Infanterie-Division hatten sich noch einmal nordwestlich Rotenburg gesammelt und waren dort der neu zugeführten 15. Panzergrenadier-Division unterstellt worden. Diese Division hatte den nahezu unglaublichen Auftrag, einen Gefechtsstreifen von 55 Kilometer Breite, nämlich von Rotenburg bis Horneburg an der Elbe, zu verteidigen. Sie hatte bis vor kurzem noch unter dem Kommando des II. Fallschirm-Korps im Raum Delmenhorst gekämpft. Am 19. April war sie dem Korps-Ems unterstellt worden und hatte zunächst den Auftrag erhalten, „. . .einen Gegenangriff über den Raum von Rotenburg in die Flanke des nach Norden stoßenden Feindes . . ." vorzubereiten. Die vollmotorisierte Division löste sich vom Feind und erreichte nach einem wohlorganisierten Marsch ihren Versammlungsraum Zeven mit ersten Teilen bereits am 20. April. Dort stellte sich ihrem Kommandeur, Generalleutnant Eberhard Rodt, die Lage jedoch erheblich verändert dar: Während bei Auftragserteilung der „nach Norden stoßende Feind" lediglich aus der 7. U.K. Panzer-Division bestanden hatte, sammelten sich nunmehr im Raum Rotenburg bereits die ersten Verbände der 53. „Welsh"- und der „Guards Division". Rodts Flankenangriff nach Osten konnte damit jederzeit durch einen britischen Flankenangriff von Süden abgeschnitten werden. Der Generalleutnant meldete sich umgehend auf dem Gefechtsstand seines Kommandierenden Generals in Hepstedt und schlug vor, mit seiner Division in der Linie Zeven-Rotenburg zur Verteidigung überzugehen. General der Infanterie Rasp willigte ein und erweiterte den Auftrag sogar: „15. Panzengrenadier-Division verteidigt zwischen Rotenburg und Horneburg." Rasp befürchtete offenbar, daß die britischen Verbände auf Selsingen und Bremervörde eindrehen und damit sein gesamtes Korps einschließen könnten. Nur weitere Kräfte standen für den überdehnten Einsatz der 15. Panzergrenadier-Division nicht zur Verfügung. Generalleutnant Rodt konnte das nur zur Kenntnis nehmen. Dann befahl er seiner Division die Gefechtsgliederung: Reste der Marine-Division Stellung zwischen Mulmshorn und Waffensen. Nach Norden anschließend die Füsilier-Regimenter 104, 115, das Regiment-Wackernagel sowie am äußersten linken Flügel das Panzergrenadier-Regiment 115 mit dem Pionier-Bataillon 33. Teile der genannten Regimenter bestanden vorwiegend aus Angehörigen der seit Tagesfrist aufgelösten Panzergrenadier-Brigade „Großdeutschland", die es nur schwer verwinden konnten, so kurz vor Kriegsende in eine „normale" Division eingegliedert worden zu sein. Hierbei ging es sicherlich nicht nur um Waffenstolz, sondern vorwiegend um das Gefühl der militärischen Heimat.

Die schwächste Stelle in der Front des Korps-Ems bildete die Stadt Rotenburg. Zu ihrer Verteidigung standen nur ein schlecht ausgebildetes Infanterie-Bataillon und ein sogenanntes Sammel-Bataillon aus Angehörigen des örtlichen Fliegerhorstes zur Verfügung. Neben den üblichen Handfeuerwaffen gab es nur einige ortsfeste Flak-Geschütze, deren Zahl trotz des Fliegerhorstes auffallend gering war. Noch ungünstiger war die Verbindung zu den Nachbarverbänden. Während zu der südwestlich von Rotenburg stehenden 480. Infanterie-Division noch ein gewisser Zusammenhalt bestanden haben mag, aber nicht sicher ist, war der rechte Flügel

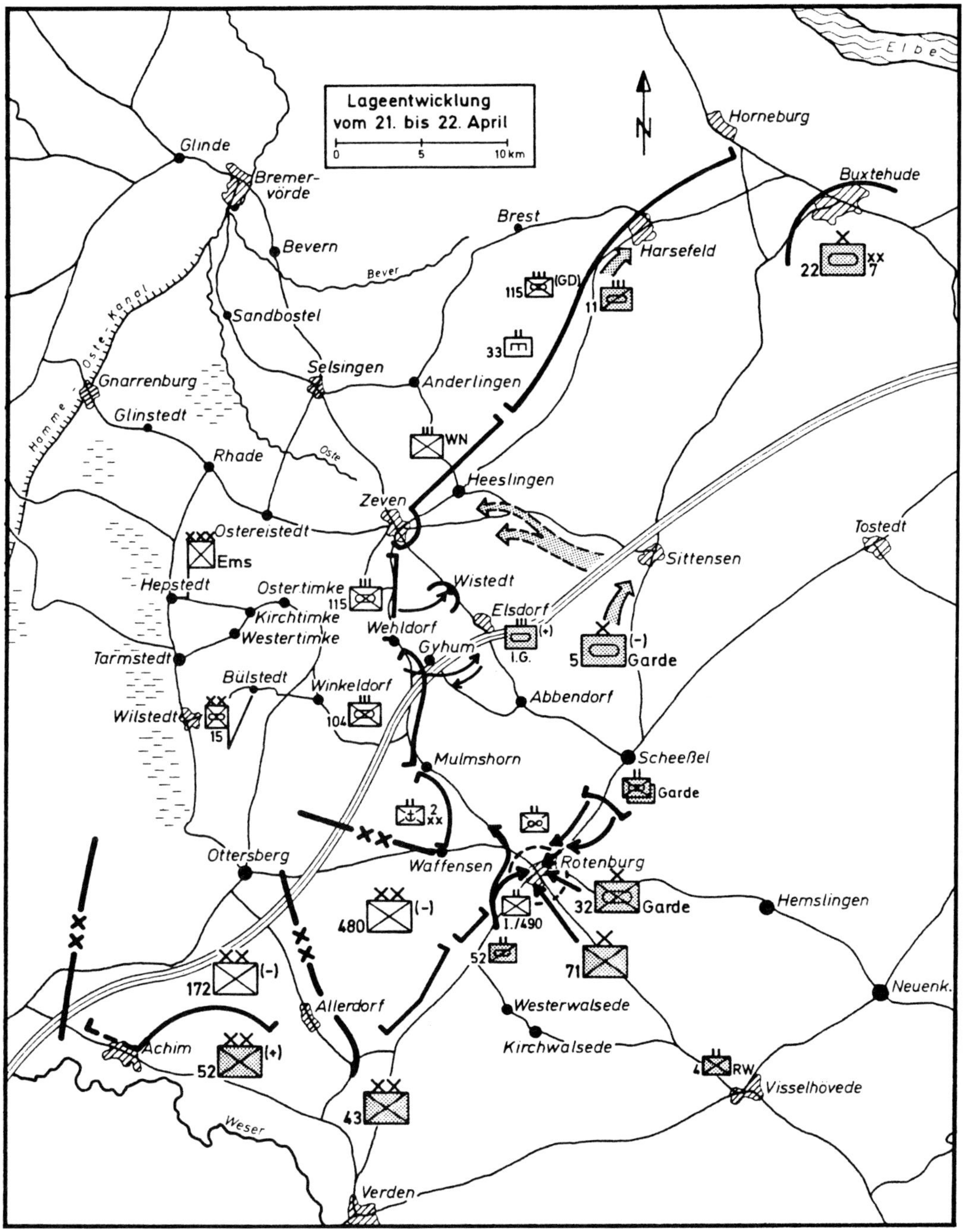

der ehemals 2. Marine-Infanterie-Division so weit zurückgeklappt, daß hier keinerlei ernstzunehmende Verbindung mehr bestehen konnte. Somit ragte Rotenburg der anrückenden Garde-Division wie ein brüchiger Balkon entgegen. General der Infanterie Rasp, dessen Befehlsgebung bereits Verden vor seiner Verteidigung bewahrt hatte, schien auch an Rotenburg nicht interessiert, anderenfalls hätte er die Stadt mit mindestens einem seiner Regimenter verstärkt. Da seine Kräfte aber hierzu nicht reichten, ohne an anderer Stelle eine Lücke zu reißen, tat er nichts. Das war sicherlich zu wenig; auf jeden Fall für den Kampfkommandanten von Rotenburg, den bisherigen Horstkommandanten Oberst Alfred Schuster. Dieser glaubte als einziger höherer Offizier im Abschnitt des Korps-Ems an die Notwendigkeit, die Stadt verteidigen zu müssen. Hätte der Luftwaffenoffizier seine Situation aus Heeressicht beurteilt, so hätte er schnell erkannt, daß er sich in einer hoffnungslosen Insellage befand. Schuster sah das nicht und wollte die Stadt verteidigen. Er war gutgläubig. Immerhin war der Luftwaffengeneral Erdmann am 8. April bei ihm gewesen und hatte befohlen, aus dem verfügbaren Luftwaffenpersonal das „Sammel-Bataillon" zu bilden. Später erschien auch noch Generalleutnant Heidenreich, um mit ihm über die Verteidigungsvorbereitungen zu sprechen. Am selben Tag meldete sich bei ihm auch der Kommandant von Hoya, Oberst Petzet, der sich von der Weser hierher zurückgezogen hatte, nachdem dort alle „Geheimen Kommandosachen" vernichtet worden waren. Was Oberst Schuster in seiner hoffnungslosen Lage befohlen oder unternommen hat, darüber gibt es keinerlei Unterlagen. Es existieren nur noch einige Vernichtungsverhandlungen. Die letzte datiert vom 19. April 1945. Ihr Inhalt: „Die nachstehend aufgeführten Nachrichtengeräte wurden, teils durch Sprengung, teils durch Verbrennen bzw. Zerschlagen, zerstört: . . ."

Bevor sich aber das unvermeidbare Schicksal von Schuster und Rotenburg vollendete, kam es nördlich der Stadt zu bemerkenswerten Kampfhandlungen. Die in Stellung gegangene 15. Panzergrenadier-Division hatte aufgeklärt, daß die Angriffsspitzen der Garde-Panzer-Division von Scheeßel auf Sittensen vorgingen. Es handelte sich tatsächlich um die 5. Panzer-Brigade, die von Sittensen aus nach Westen zum Angriff auf Zeven eindrehen sollte. Die Brigade sicherte ihre linke Flanke durch das 2. Panzer-Bataillon der Irischen Garde, das zusätzlich durch Infanterie verstärkt worden war. Der Bataillonsgefechtsstand befand sich in Elsdorf. In annähernder Kenntnis dieser Lage befahl Generalleutnant Rodt am 20. April abends, daß das Regiment 104 auf Elsdorf und das Regiment 115 auf Wistedt angreifen sollten. Beide Verbände wurden hierzu mit Sturmgeschützen der Panzerjäger-Abteilung 33 verstärkt. Der Angriff sollte durch das Feuer des Artillerie-Regiments 33 unterstützt werden und im Morgengrauen des 21. April erfolgen. Als zwei Grenadier-Kompanien des Regiments 104 mit drei Sturmgeschützen gegen 04.00 Uhr antraten, regnete es in Bindfäden. Bis Gyhum trafen die Deutschen auf keinen Widerstand, ließen aber zur Sicherung vermutlich eine Kompanie im Ort zurück. Während sich die britischen Gefechtsvorposten in Elsdorf noch über den Regen und die damit verbundene schlechte Sicht ärgerten, wurden sie von den Grenadieren überrannt. Leutnant Geraghty und sieben weitere Gardesoldaten fielen. Die Briten wurden in verbissenem Straßenkampf an den ostwärtigen Ortsrand gedrängt, von wo aus sie sich jedoch nicht vertreiben ließen, sondern in Hoffnung auf die dringend angeforderte Verstärkung ausharrten. Dennoch vergingen mehrere Stunden, bis die Panzer-Kompanie des Majors Pole-Carew auf der Autobahn von Sittensen anrückte. Über Funk meldete Pole-Carew, daß er zunächst die deutsche Operationsbasis in Gyhum angreifen wolle. Die am Ortsrand von Elsdorf zusammengedrängten Gardesoldaten setzten einen verzweifelten Funkspruch ab, um dem Major ihre schwierige Lage zu erklären. Endlich hatten sie Erfolg. Die Panzer-Kompanie verließ die Autobahn und drang von Süden nach Elsdorf ein. Pole-Carew, der an der Spitze fuhr, wurde kurz darauf von einer Panzerfaust getroffen, die jedoch nicht detonierte. Daraufhin wurde das britische Vorgehen langsamer. Trotzdem gelang es bis zum Nachmittag, die deutsche Grenadier-Kompanie zu werfen. Damit hatte das Grenadier-Regiment 104 trotz erheblicher Verluste ihr Angriffsziel nicht halten können.

Anders waren inzwischen die Kampfhandlungen im Norden verlaufen. Auch hier war der Angriffsbefehl zunächst an das Grenadier-Regiment 115 ergangen. Von diesem war der Befehl an das 2. Bataillon weitergegeben worden und letztlich an dessen 6. Kompanie. Diese war die Offizierbewerber-Kompanie der ehemaligen Panzer-Brigade „Großdeutschland" und schien daher offenbar für einen solchen Angriff am geeignesten. Der Kompaniechef war Leutnant Jürgen von Bülow. Er hatte seine drei Züge auf die zugewiesenen drei Sturmgeschütze verteilt, die Zugführer eingewiesen und war losgefahren. Sein Kommandeur, Major Weichsel, hatte ihm nachgerufen: „Hals- und Beinbruch." v. Bülow verließ Wehldorf in ostwärtiger Richtung. Nach gut einem Kilometer stand er mit dem ersten Sturmgeschütz vor der hölzernen Brücke über die Aue. Der Leutnant dachte noch „Sie muß einfach halten, sonst fällt der ganze Angriff ins Wasser", da krachte es auch schon. Das 40-Tonnen-Sturmgeschütz hatte sich in der morschen Holzkonstruktion und dem Bach festgefahren. Es konnte weder vor noch zurück. v. Bülow schickte einen Melder zum Bataillonsgefechtsstand und ging ohne die Sturmgeschütze über die sumpfigen Wiesen nach Nordosten vor. Hinter dem Bahndamm ging seine Kompanie weit auseinandergezogen in Deckung. Es mochte ungefähr 07.00 Uhr sein. Der Regen hatte etwas nachgelassen. Mit dem Fernglas entdeckte v. Bülow keine 350 Meter entfernt, einen nur ungenügend getarnten „Sherman". Es war der Panzer des Sergeant Gallagher. Der Leutnant wußte, daß die Briten grundsätzlich zugweise operierten und ihre Panzer mit Infanterie verstärkten. Er mußte also in Wistedt mit mindestens vier „Sherman" und einem Infanterie-Zug rechnen. Das bedeutete, daß er dem direkten Gegner zwar an Zahl überlegen, an Feuerkraft aber stark unterlegen war. Unter diesen Umständen war ein Angriff auf Wistedt unvertretbar. Als er sich hierüber noch Gedanken machte, kam aus Richtung Wehldorf ein einzelner Soldat ange-

Leutnant Jürgen von Bülow führte eine Kompanie aus Offizierbewerbern am 21. April zu einem der letzten erfolgreichen Gegenangriffe.

laufen. Es war der Adjutant des Majors Weichsel. Er sagte etwas barsch: „Der Kommandeur will wissen, warum Sie nicht längst angegriffen haben.“ v. Bülow entgegnete genauso schroff: „Die Sturmgeschütze sind wegen des Baches für den Angriff ausgefallen. Da drüben stehen mindestens vier Panzer. Von der Begleitinfanterie ganz zu schweigen. Wie soll ich da angreifen?“ Der Adjutant tat abweisend: „Sie sollen sofort angreifen!“ Noch einmal begehrte v. Bülow auf: „Die großen deutschen Städte sind längst vom Feind besetzt, und ich soll hier ein Kaff zurückerobern – ohne schwere Waffen. Nur mit Gewehren und Panzerfäusten?!“ Der Adjutant wurde unsicher und wiederholte nur noch monoton: „Sie sollen sofort angreifen!“ Dann grüßte er so stramm, als das im Liegen möglich war, und lief nach Wehldorf zurück, – ohne sich auch nur ein einziges Mal umzusehen. Leutnant Jürgen v. Bülow rief seine Zugführer zu sich. „Herhören, wir nehmen Wistedt im Handstreich. Ich habe die Tommys beobachtet. Vermutlich haben sie ihre Panzer nur teilweise besetzt und machen zur Zeit Frühstückspause. Wir versuchen es sicherheitshalber mit einem Billig-Trick, frei nach Caesars ‚Bellum Gallicum‘. Die erste Gruppe des ersten Zuges umgeht das Dorf weiträumig und macht dann im Norden etwas Rabatz. Anschließend volle Deckung und bei allem nicht übertreiben. Zur gleichen Zeit gehen wir geschlossen und geräuschlos über die Weiden bis zum Ortsrand vor. Der Einbruch erfolgt erst auf meinen Befehl.“ Eine gute halbe

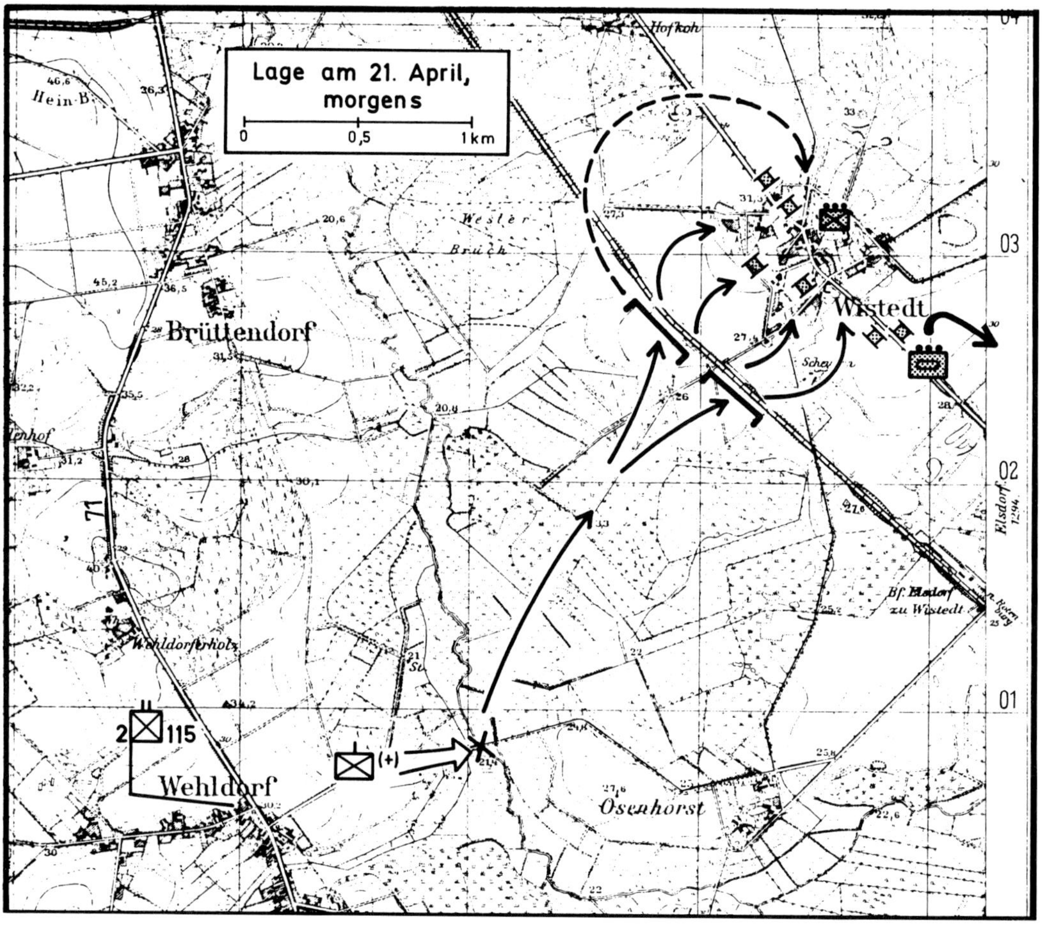

Stunde später hörte v. Bülow Gewehrfeuer am Nordostrand von Wistedt. Auf Handzeichen kamen die 90 Offizierbewerber der ehemaligen „Großdeutschland"-Brigade hinter dem Bahndamm hervor und liefen in geöffneter Ordnung zum Dorfrand. Es war noch kein Schuß gefallen. Die Kompanie verhielt. Nördlich von ihr war spärliches Gewehrfeuer zu hören. Sonst schien sich nichts zu bewegen. Da gab v. Bülow das Zeichen zum Sturm. Schulmäßig, wie auf einem Übungsplatz, stürmten die Offizierbewerber in das Dorf. Plötzlich brüllte irgend jemand „Hurra!" und alle stimmten ein. Zwischen Gewehrschüssen und Panzerfaustdetonationen hallten die langgezogenen „Hurra"-Rufe. Aus heutiger Sicht müssen sie sehr verzweifelt geklungen haben. Damals waren die Briten jedoch gänzlich überrumpelt. Einige von ihnen hatten tatsächlich am wohlgedeckten Frühstückstisch gesessen, andere hatten sich die Gegend angesehen. Erst als es im Norden zu schießen anfing, merkten sie, daß es ernst wurde. Bevor aber der Infanterie-Zug des Leutnants Harvey-Kelly nach Norden in Stellung gehen konnte, erfolgte v. Bülows Angriff im Süden. Drei „Sherman" wurden mit Panzerfäusten abgeschossen. Den vierten übernahm Oberfeldwebel Brackert. Er hämmerte auf die geschlossene Turmlucke und brüllte: „Aussteigen!" Die britische Panzerbesatzung ging mit weiteren vier Mann in Gefangenschaft. Trotzdem war Wistedt noch nicht völlig besetzt. In einer Scheune am Ortsrand hatten sich einige britische Panzersoldaten und mehrere Infanteristen gesammelt. Als sie dort angegriffen wurden, blieb ihnen nur die Flucht in das leichtbewaldete Moorgelände ostwärts von Wistedt. Einer von ihnen war der Panzerfahrer Guardsman Edward Charlton. Er hatte das Browning-Maschinengewehr, das er von seinem Panzer mitgenommen hatte, im Hüftanschlag und stoppte mit gezielten Feuerstößen den deutschen Infanterieangriff. Auch Leutnant Jürgen v. Bülow bemerkte das. Er schrieb später: „Ein feindliches MG bepflasterte uns in ununterbrochener Schußfolge." Außerdem rollten aus Elsdorf unter Führung von Leutnant Osborne vier weitere „Sherman" heran, die den Ausbruch ihrer eingeschlossenen Kameraden unterstützen sollten. Aber bevor Leutnant Osborne am Ortsrand war, krachten Panzerfaustabschüsse. Zwei weitere „Sherman" waren ausgefallen. Unter dem Feuerschutz der beiden verbliebenen Panzer flüchteten neun britische Soldaten von Wistedt nach Westen. Der zehnte war Guardsman Charlton. Er stand mitten auf dem westlichen Wegekreuz des Ortes und feuerte auf die nachdrängenden deutschen Grenadiere. Er schoß nicht sonderlich genau, zwang die Verfolger jedoch in Deckung. In seinem letzten Brief hatte er geschrieben: „Mach Dir keine Sorgen, Mutter, ich riskiere nicht mehr als nötig und werde mit fliegenden Fahnen durchkommen." Am 21. April stand er deckungslos und ohne direkte Unterstützung auf einer nassen Dorfstraße und versuchte, ca. 30 deutsche Soldaten aufzuhalten. Eine Gewehrkugel traf sein Schul-

Bei Wistedt abgeschossener „Sherman" des Leutnants Osborne

Guardsman E. C. Charlton

Charltons Grabstein in Becklingen

Charltons Victoria Cross, das letzte in Europa

tergelenk. Mit herabhängendem linken Arm hob er sein Maschinengewehr auf einen Torpfosten und schoß weiter. Charlton wurde ein zweites Mal getroffen, verlor viel Blut und schoß weiter. Erst eine dritte Kugel warf ihn zu Boden. In der Zwischenzeit hatten seine Kameraden ausweichen können. Charlton verstarb wenige Stunden später auf dem Verbandplatz des Grenadier-Regiments 115, – vermutlich in Zeven. Er wurde zusammen mit den anderen in Wistedt gefallenen Gardesoldaten auf dem Soldatenfriedhof in Becklingen beigesetzt. Er erhielt posthum das Victoria Cross, das dem Ritterkreuz entspricht. Leutnant v. Bülow, der für seinen erfolgreichen Angriff das Eiserne Kreuz erhielt, richtete sich am Vormittag des 21. April in Wistedt zur Verteidigung ein. Er hatte keinen Mann verloren, aber vier Verletzte. Noch am selben Abend wurde er durch zwei weitere Kompanien verstärkt. In der Tagesmeldung des Korps-Ems war zu lesen: „Im Kampf um Wistedt hat sich die Kampfgruppe II./Pz.Gren.Rgt. 115 unter Führung von Major Weichsel besonders ausgezeichnet. In vierstündigem harten Straßenkampf wurde der Ort vollständig vom Feind gesäubert . . .“

Während der Gefechte bei Elsdorf und Wistedt war Rotenburg mit Flugblättern überschüttet worden. Darauf war zu lesen: „Der Krieg ist für Deutschland verloren, und weiterer Widerstand ist sinnlos.“ Dann wurde aufgefordert, Repräsentanten zu schicken, die die Kapitulation der Stadt erklären sollten. „Diese sollen auf der Hauptstraße nach Scheeßel, nicht vor sieben und nicht nach acht Uhr, morgen, am 22. April, und mit einer weißen Fahne kommen . . . Nur auf diese Art kann Rotenburg weiteres Elend erspart bleiben.“ Zusätzlich schickten die Briten drei Gefangene, darunter einen Polizisten, mit der Aufforderung zur Kapitulation. Aber sie erhielten keine Antwort, und es erschien auch kein Repräsentant, der die Übergabe der Stadt vereinbaren wollte.

Am 22. April, um 09.30 Uhr begann der Angriff der Garde-Panzer-Division auf Rotenburg. Die „Coldstreams“ attackierten von Nordosten, die 32. und 71. Brigade von Südosten. Das 52. Aufklärungs-Regiment griff von Südwesten auf Unterstedt an. Als dort zehn deutsche Soldaten gefallen waren, brachen die britischen Aufklärer durch. Aus britischer Sicht war der deutsche Widerstand insgesamt gering.

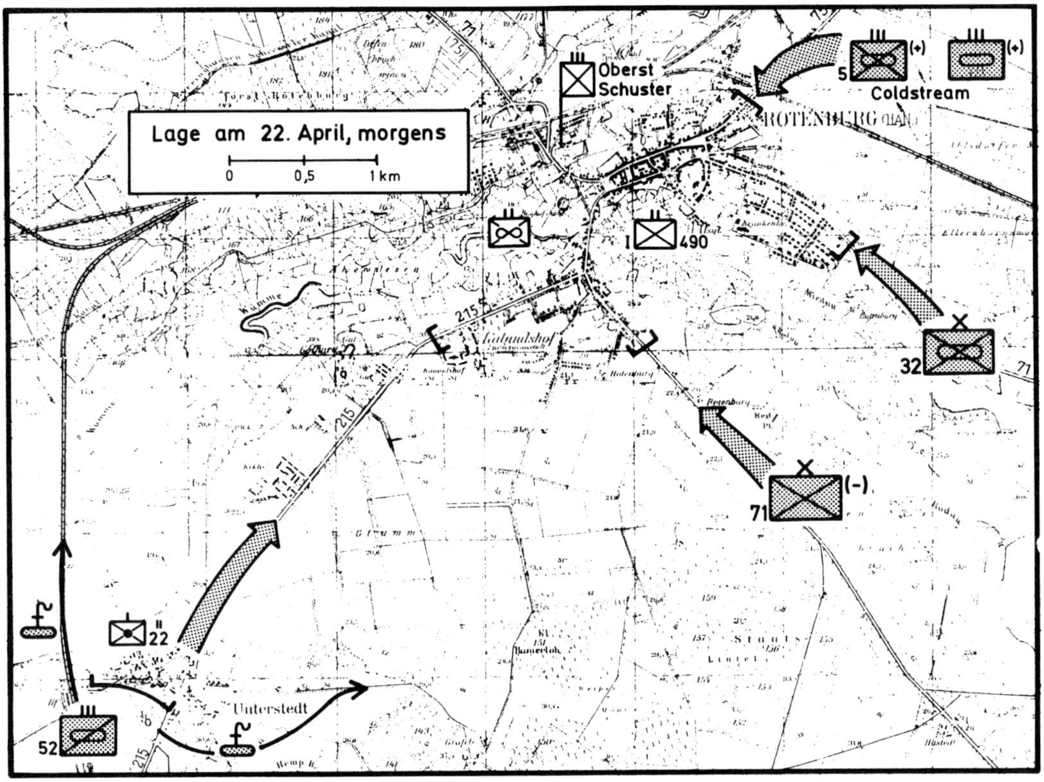

Vermutlich hatte die Flugblatt-Aktion vom Vortag doch ihre Wirkung gehabt. Die Chronik der Division berichtet nur von wenigen, zerstreuten Widerstandsnestern, die sie gelegentlich für kurze Zeit aufhielten. Es heißt aber auch: „Eine dieser Gruppen gab den Flammenwerfern der ‚Northumberland Fusiliers‘ ihre erste echte Möglichkeit, zu überprüfen, wie wirkungsvoll sie sein konnten. Sie wurden herbeigerufen, als ein Panzer von einer Panzerfaust getroffen worden war; ein Deutscher war unvorsichtig genug, um die Ecke eines Gebäudes zu sehen, wobei er voll von einem Flammenstrahl im Gesicht getroffen wurde und zusammenbrach und sofort starb. Daraufhin ergaben sich 63 Mann in wenigen Minuten.“ Das waren die 17jährigen des 1. Bataillons vom Grenadier-Regiment 490. Bevor die Stadt endgültig besetzt war, gab es noch für Leutnant Dick eine glänzende Möglichkeit, sich auszuzeichnen. Er erreichte mit seinem Spähtrupp die Eisenbahnbrücke. Obwohl sich deutsche Pioniere dort befanden, zündete keiner von ihnen. Vielmehr ließen sie sich in einen Feuerkampf ein, wobei einer getötet und ein anderer verwundet wurde. Leutnant Dick entschärfte die Sprengladungen und wurde für das Military Cross eingereicht. Im Laufe des Tages machten die Briten noch mehrere hundert Gefangene, von denen sie erfuhren, daß bei Verteidigung der Stadt ein großes Durcheinander bestanden habe. Viele Befehle hätten sich widersprochen. Leutnant z.S. Hans Klapproth, der am Vortag mit anderen Marinesoldaten die Stadt in Richtung Mulmshorn durchquert hatte, schrieb in seiner Biographie von „. . .zerstreuten und Restteilen militärischer Einheiten, die herumirrten, offensichtlich ohne Ziel und Zweck.“ Was wirklich geplant und befohlen war, konnte nur der Kampfkommandant, Oberst Alfred Schuster, wissen. Auch er war in Gefangenschaft geraten und in das Sammellager nach Scheeßel gebracht worden. In einem abgestellten Eisenbahnwagen diktierte er einem Offizier eine längere Erklärung. Abschließend unterschrieb er und stürzte sich kopfüber aus dem Abteil. Er brach sich die Wirbelsäule und war auf der Stelle tot. Die Briten meinten, Schuster sei sehr niedergeschlagen gewesen, da er doch die Stadt bis zum letzten Mann und bis zur letzten Patrone hätte verteidigen sollen und dies nun alles nicht gelungen wäre. Der Offizier, der Schusters Diktat aufnahm, ist nicht auffindbar. Auch die letzte Erklärung des Obristen kennt niemand. Er hat die Hintergründe um die Verteidigung von Rotenburg mit in das Grab genommen.

Im Kampf um Rotenburg und die vorgelagerten Orte hatten ca. 80 deutsche Soldaten ihr Leben lassen müssen. Anschließend verstarben im Rotenburger Lazarett in der Lindenstraße, gegenüber der Kirche, noch 34 Verwundete. Sie alle ruhen zusammen mit anderen Kriegsopfern auf dem Rotenburger Ehrenfriedhof.

Während die Garde-Panzer-Division noch in Rotenburg einrückte, war die 71. Brigade der 53. „Welsh Division" bereits auf der Reichsstraße 71 weiter nach Nordwesten vorgegangen. Sie sollte über Mulmshorn die Autobahn Hamburg-Bremen erreichen und mußte daher zunächst auf die Restteile der ehemaligen 2. Marine-Infanterie-Division treffen. Diese Teile bestanden vorwiegend aus Angehörigen des Marine-Grenadier-Regiments 6. Die im Raum Visselhövede zerschlagenen Regimenter 5 und 7 waren aus dem Kampfgebiet so gut als möglich herausgezogen worden. Ein Teil von ihnen war sogar vor wenigen Tagen mit der Eisenbahn von Scheeßel nach Cuxhaven gefahren. Die jetzt am 23. April zwischen Waffensen und Mulmshorn stehenden Marinesoldaten gehörten größtenteils zum 2. Bataillon des Korvettenkapitäns Meinke und zählten ungefähr noch 300 Mann; darunter auch einige Marinepioniere. Von der 15. Panzergrenadier-Division waren sie durch Zuführung von zwei Sturmgeschützen und einen Vorgeschobenen Beobachter der

Leutnant z. S. Hans Klapproth, 1. Bataillon, Marine-Grenadier-Regiment 6

Rotenburg kurz nach der Besetzung (IWM)

Artillerie verstärkt worden. Als die 71. Brigade, unterstützt durch das 53. Aufklärungs-Regiment, durch das Waldgelände Luhner Holz vorging, kam es zur ersten Feindberührung mit den offenbar stark besetzten Gefechtsvorposten der Marinesoldaten. Auch die beiden deutschen Sturmgeschütze schalteten sich in den Feuerkampf ein. Nunmehr gingen die drei britischen Infanterie-Bataillone entfaltet durch das Waldgelände vor. Hierauf setzte nach britischen Berichten sehr zielgenaues Artilleriefeuer ein. Der Angriff kam zum Stehen, bevor er überhaupt auf die eigentlichen Stellungen an der Eisenbahnlinie nach Mulmshorn getroffen war. Brigadekommandeur Maxwell Elrington, der offenbar dem Angriff neuen Schwung geben wollte, fuhr nach vorne. Die seinerzeit zufällig entstandene Situation wirkt in der Rückschau fast schicksalhaft. Immerhin war es Elringtons Brigade gewesen, die vor genau zehn Tagen mit dem Nachtangriff auf Klein Häuslingen die Stellungen des Marine-Grenadier-Regiments 6 am Nordufer der Aller aufgerollt hatte. Im weiteren Verlauf dieser Kämpfe hatte das 1. Bataillon dieses Regiments blutige Verluste hinnehmen müssen; auch der Bataillonskommandeur und zwei Kompaniechefs waren unter den Toten. Nunmehr war Brigadier Elrington ein zweites und letztes Mal auf dasselbe Regiment getroffen, von dem der Krieg aber nur noch ein schwaches Bataillon übriggelassen hatte. Wenn die 71. Brigade ihren Erfolg von der Aller wiederholen konnte, so durfte sie von sich behaupten, das Marine-Grenadier-Regiment 6 nahezu im Alleingang zerschlagen zu haben. Als Brigadier Maxwell Elrington die Spitzen seiner im Luhner Holz festliegenden Bataillone mit seinem Jeep erreicht hatte, muß ihm klar geworden sein, daß der Vorstoß entlang der Hauptstraße zu leicht gestoppt werden konnte, und daß ein Durchkämmen des großen Waldgeländes zuviel Zeit kosten würde. So suchte er nach Nebenwegen, die aus dem unübersichtlichen Gelände herausführten, – möglichst in westliche Richtung. Aber Elrington befahl dies nicht nur, er suchte selbst. Auf einem unbekannten Waldweg fuhr sein Fahrzeug auf eine deutsche Panzermine. Der schwerverwundete Brigadier Maxwell Elrington, hervorgegangen aus „The Border Regiment“, verstarb noch am selben Tage. Er ist der dienstgradhöchste britische Soldat, der in den Kämpfen zwischen Weser und Elbe fiel. Er wurde auf dem Soldatenfriedhof in Becklingen beigesetzt.

Grab des Oberst Alfred Schuster auf dem Ehrenfriedhof in Rotenburg

Die 71. Brigade stellte am 23. April ihren Angriff im Luhner Holz ein. Kurzfristig wurde das Kommando von Oberstleutnant Hanmer übernommen, bevor Brigadier Firbank neuer Brigadekommandeur wurde. Noch am Abend des 23. April wurden die beiden „Coldstream“-Bataillone und die 32. Garde-Brigade in Rotenburg durch die frisch herangeführte 51. Division abgelöst. Die Garde-Division sammelte sich im Raum Sittensen. Ihr nächstes Angriffsziel hieß Zeven. Die dort ein-

Brigadier Maxwell Elrington wurde am 12. Februar durch Feldmarschall Montgomery mit dem D. S. O. ausgezeichnet.

gesetzten Teile der 15. Panzergrenadier-Division hatten die britische Kräfteansammlung erkannt und wußten, was ihnen bevorstand. Die gesamte Division verfügte noch über zehn Jagdpanzer, vier Sturmgeschütze und drei Pak. Diese waren auch nicht mehr in Züge oder Kompanien gegliedert, sondern wurden vom Divisionskommandeur einzeln eingesetzt. Am 23. April waren sie über eine Breite von 13 Kilometern verteilt. Für die direkte Verteidigung von Zeven standen nur zwei Sturmgeschütze unter Führung von Leutnant Käs zur Verfügung. Der ihnen gegenüberstehende Panzerfeind war 60-fach überlegen. Trotzdem griffen die Briten nicht unverzüglich an, sondern betrieben Aufklärung, die jedoch in allen Fällen ostwärts Zeven abgewiesen wurde. Für die 15. Panzergrenadier-Division war das die Ruhe vor dem Sturm. Generalleutnant Rodt befahl: „Die Division wird wie bisher die ihr gestellten Aufträge erfüllen und im augenblicklichen Schicksalskampf um unsere Heimat ihre Pflicht tun.“

Bevor es jedoch hierzu kam, schickten die Briten zwei Deutsche, die zur Übergabe der Stadt auffordern sollten. Der eine war der Landwirt Johann Dittmer, der andere Paul Schulz. Beide wohnten in dem von Zeven ca. sechs Kilometer entfernten Freyersen. Die Briten drückten ihnen weiße Fahnen in die Hand und mehrere Kapitulationsaufforderungen in Englisch und Deutsch. Dann mußten sie auf einen Panzer steigen und wurden nach Wiersdorf gefahren. Dort befahl man ihnen, die restlichen zwei Kilometer zu Fuß nach Zeven zu gehen, die Kapitulationsaufforderung dem Bürgermeister zu übergeben und bis 17.00 Uhr zurückzukehren. Die unfreiwilligen Parlamentäre hatten nur 2½ Stunden Zeit. Während sie nach Zeven marschierten, lasen sie zum erstenmal den Text, den sie zu überbringen hatten: „An den Bürgermeister von Zeven. Ich habe jetzt Flugzeuge und Waffen genug, um Zeven in Ruinen zu verwandeln. Dies wird eine militärische Notwendigkeit sein, wenn sich die Stadt nicht ergibt und militärische Aktionen gegen meine Truppe unternommen werden ... Ob Zeven sich ergibt oder zerstört wird, hat keinen Einfluß auf die militärische Lage in Deutschland ...“ Unterschrieben war diese Kapitulationsaufforderung vom Kommandeur der 5. Garde-Brigade. Das war eigenartig, denn üblicherweise

Landwirt Johann Dittmer, der unfreiwillige Parlamentär

konnte eine Brigade keine feindliche Division zur Kapitulation auffordern. Die Kapitulationsaufforderung hatte daher durchaus den Charakter einer Provokation. Dittmer und Schulz haben sich diese Gedanken sicherlich nicht gemacht, sondern waren froh, nach kurzer Zeit mit ihrem Schreibmaschinentext endlich und ungeschoren den ersten deutschen Posten erreicht zu haben. Dieser schickte sie weiter. Im Zevener „Haus Georg" lag ein Kompaniegefechtsstand des 2. Bataillons vom Regiment des Majors Wackernagel. Der Kompaniechef schickte sie zum Bataillonsgefechtsstand nach Oldendorf. Von dort ging es wieder zurück nach Zeven zum Regimentsgefechtsstand. Dort nahm man ihnen die Übergabeaufforderungen zunächst ab und bot ihnen Rotwein an, von dem es bei den Soldaten in Zeven reichlich gab. Vermutlich war irgendwo in der Nähe ein mit Wein gefüllter Kesselwagen liegengeblieben.

Nach dem Rotwein geschah aber noch lange nichts. Es war inzwischen 17.00 Uhr geworden, und sie sollten längst wieder in Wiersdorf sein. Endlich, gegen 21.00 Uhr wurden die beiden „Parlamentäre" nach Bühlstedt auf den Gefechtsstand von Generalleutnant Rodt gebracht. Aber sie bekamen den General nicht zu Gesicht, sondern nur seinen Ic Offizier, der für die Feindlage verantwortlich war. Dieser fragte sehr eindringlich nach Anzahl und Art der britischen Fahrzeuge. Abschließend fuhren Dittmer und Schulz in einem Wehrmachtsfahrzeug wieder nach Zeven und wurden bei Brüggemann einquartiert. Dort mußten sie die nächsten Tage bleiben. Den Bürgermeister von Zeven hatten sie trotz ihrer Irrfahrt nicht erreicht. Aber sicher hätte dieser auch nichts tun können, um den britischen Angriff am nächsten Tag zu verhindern. Immerhin waren der Zevener Volkssturm und auch die örtliche Hitlerjugend noch nicht aufgelöst oder nach Hause gegangen, sondern offenbar zum Kampf entschlossen. Zeven war daher sicherlich eine der wehrhaftesten norddeutschen Städte. Trotzdem war die Tagesmeldung des Korps-Ems an die Armeegruppe-Blumentritt mit Stand 18.00 Uhr eine Falschmeldung. Dort hieß es nämlich: „Zeven wurde vom Feind schriftlich zur Übergabe aufgefordert. Die Aufforderung wurde durch zusammengefaßtes Artilleriefeuer beantwortet." Angesichts der Munitionslage verboten sich solche emotionalen Drohgebärden von selbst. Es hat keine Feuerzusammenfassung des Korps-Ems auf den Feind gegeben, vielleicht den Wunsch. Immerhin verrät diese Meldung, daß die Zevener Kapitulationsaufforderung weitergegeben wurde. In keiner britischen Chronik wird diese Aufforderung erwähnt. Auffällig ist jedoch, daß der Angriff der 5. Brigade am nächsten Tag erst um 11.00 Uhr erfolgte. Das war auch für damalige

Regimentskommandeur Major Eberhard Wackernagel, vormals Ia der A/E-Brigade „Großdeutschland".

britische Verhältnisse spät. Vermutlich hatte der Brigadier noch immer auf seine beiden Parlamentäre gewartet.
Nach dem Angriff von zwei Bomberstaffeln und dem üblichen Artilleriefeuer auf den Ortsrand von Zeven gingen die Briten vor. Die 5. Garde-Brigade sollte mit drei Bataillonen den Nordteil von Zeven besetzen, während drei weitere Bataillone, verstärkt durch die „Northumberland"-Füsiliere, den südlichen Stadtteil nehmen sollten. Diesem massierten Angriff stand nur das 2. Bataillon des Hauptmanns Goeldel gegenüber. Mit vier Grenadier-Kompanien sollte der gesamte Raum zwischen Brauel im Norden und der Aue-Brücke im Süden, also eine Front von fünf Kilometern Breite, verteidigt werden. Die beiden Sturmgeschütze am Ostrand von Zeven waren auch nicht mehr als ein Tropfen auf den heißen Stein. Sie konnten an dem hoffnungslosen Kräfteverhältnis ebensowenig ändern wie der beschwörende schriftliche Befehl des Majors Wackernagel: „Ich erwarte, daß das Regiment nach erfolgter Eingliederung in die 15. Pz.Gren.Div. dem Namen GROSSDEUTSCHLAND weiterhin Ehre machen und in Deutschlands schwerster Zeit sich weiter rücksichtslos und tapfer, getreu der Tradition unserer GD-Verbände, im Rahmen der 15. Pz.Gren.Div. voll einsetzen wird."
Bevor der eigentliche Kampf um Zeven begann, trafen die aus Wiersdorf vorgehenden britischen Verbände auf eine Gruppe von Hitler-Jungen, die zum Volkssturm einberufen worden waren. Diese hatten sich an der Straßengabel einen Kilometer ostwärts der Stadt eingegraben. Bereits am Vortage war es ihnen gelungen, einen feindlichen Panzerspähtrupp abzuweisen. Dabei war der gerade erst 16 Jahre alt gewordene Fritz Wichern gefallen. Da die Briten die Stellung an der Straßengabel aber nun kannten, griffen sie diese flankierend an und nahmen die Hitler-Jungen gefangen. Kurz darauf kam es am Ortsrand zum Feuerkampf zwischen den „Dragoon"-Panzern und den beiden Sturmgeschützen des Leutnants Käs. Nach unbestätigten deutschen Angaben sollen hierbei mindestens vier britische Panzer abgeschossen worden sein. Die aus Heeslingen vorgehenden britischen Bataillone trafen bis zum Ortsrand auf keinerlei Widerstand. Gegen 12.30 Uhr befanden sie sich in der Nähe des Finanzamtes und richteten sich dort mit einem Bataillon zur Verteidigung ein, während die „Grenadier Guards" zunächst bis zum Marktplatz vordrangen. Die 7. Kompanie des Leutnants Richter sowie die Sturmgeschütze des Leutnants Käs waren damit nahezu eingeschlossen. Trotzdem lieferten sie den weit überlegenen Briten noch einen heftigen, aber nur kurzen Straßenkampf. Nachdem insgesamt acht Deutsche gefallen und mindestens sieben verwundet waren, ergaben sich die Leutnants Richter und Käs und ca. 100 Mann. Die im Nordostteil von Zeven eingesetzte 6. Kompanie konnte sich der britischen Umklammerung offenbar rechtzeitig entziehen. Sie verlor trotzdem ca. 40 Mann, die in Gefangenschaft gingen, während sich der Rest hinter die Eisenbahnlinie westlich Zeven zurückzog. Die 8. Kompanie, die zwischen Reichsstraße 71 und der Straße nach Wistedt in Stellung war, sah sich wohl nicht in der Lage, nun auch noch eine Front nach Norden zu bilden. Sie wich ohne Verluste über die Aue aus, sprengte die kleine Brücke und ging erneut in Stellung. Besondere militärische Bedeutung erhielt an diesem Tage die unscheinbare Höhe 30.0 zwischen Zeven und Brauel. Dort hatte sich in den unübersichtlichen Kriesgruben die 5. Kompanie verschanzt. Bei ihr befand sich ein Vorgeschobener Beobachter des Artillerie-Regiments 33. Als sich am nördlichen Stadtrand die „Grenadier Guards" zeigten, leitete er das Feuer einer Batterie so zielsicher, daß sich die Briten vorerst zurückziehen mußten. Dann aber antworteten sie mit lang anhaltenden Feuerschlägen. In den „Mitteilungen des Heimatbundes Bremervörde-Zeven"

Britischer Infanterist bei Zeven (IWM)

Zevener HJ in Gefangenschaft

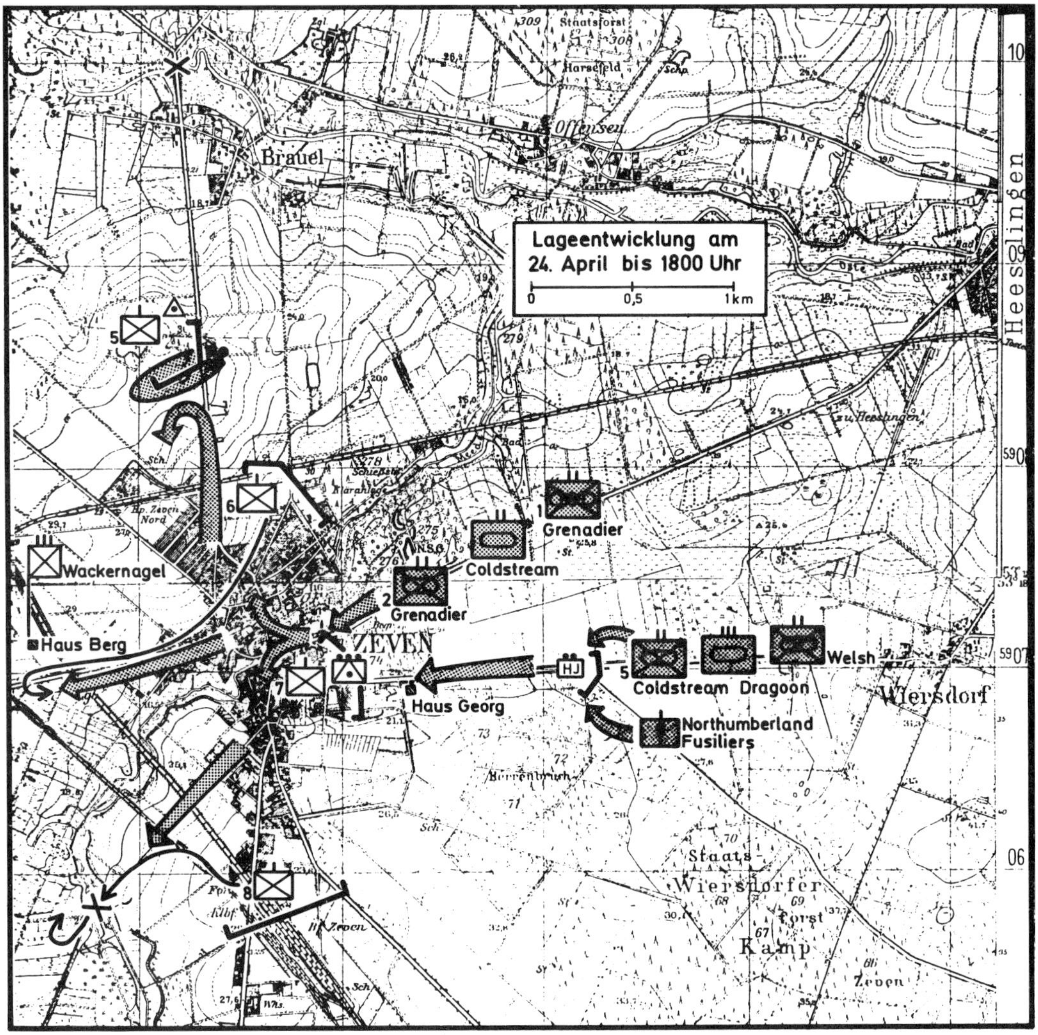

wird von mehr als 400 Artillerieeinschlägen berichtet. Anschließend griffen die „Grenadier Guards“ über das offene, leicht ansteigende Gelände an. Aus dem Buschwerk, das die Kriesgruben umstand, schlug ihnen heftiges MG-Feuer entgegen. Daraufhin brachen sie ihren Angriff ab. Offenbar wollten sie wegen des Hügels 30.0 keine Verluste riskieren. Der britische Vorstoß nach Westen und Südwesten verlief dagegen problemlos. Lediglich zwischen den Bahnlinien im Zuge der Bremer Straße kam es nochmals zum Feuerkampf. In der Tagesmeldung des Korps-Ems ist zu lesen: „Der Ort ging nach vierstündigen, erbitterten, für beide Seiten verlustreichen Straßenkämpfen verloren. In den Nachmittagsstunden setzte der Gegner aus Zeven heraus seinen Angriff mit Schwerpunkt nach Südwesten fort.“ Die „verlustreichen“ Kämpfe hatten die Briten nicht mehr als fünf Mann gekostet. Unter diesen befand sich auch Captain Marriot vom 2. Bataillon der „Grenadier Guards“, der durch Granatsplitter schwer verletzt wurde und kurz darauf verstarb. Trotz des betont vorsichtigen britischen Taktierens war die Verteidigung von Zeven relativ schnell zusammengebrochen.

Neben der eindeutigen materiellen deutschen Unterlegenheit gab es hierfür aber wohl noch zwei andere Gründe. Zum einen konnte die deutsche Gefechtsgliederung nicht vollständig überzeugen, denn die Straße nach Heeslingen war offenbar viel zu schwach gesichert worden. Auch der zentrale Einsatz der beiden Sturmgeschütze, die sich lediglich durch enge Straßen zurückziehen konnten und in jedem Falle nur frontale Wirkungsmöglichkeiten hatten, war fehlerhaft. Zum anderen war deutscherseits nur noch mit recht bedingter Entschlossenheit gekämpft worden, sonst wären die 6. und 8. Kompanie nicht ohne Feinddruck so weiträumig ausgewichen. Lediglich die 5. Kompanie hatte sich mit einiger Hartnäckigkeit behauptet. Allerdings betrug ihre Personalstärke am nächsten Tag nur noch einen Offizier, zwei Unteroffiziere und einen Mann. Da es aber nach der Besetzung Zevens zu keinerlei nennenswerten Kampfhandlungen mehr gekommen war, ist anzunehmen, daß die Kompanie fast geschlossen in britische Gefangenschaft gegangen war. Die „Geschichte des Panzerkorps Großdeutschland“ charakterisiert die allgemeine Situation sicherlich zutreffend: „Die Widerstandskraft . . . läßt zusehens nach, die Moral sinkt erheblich; Nachschub geht zu Ende – keiner will mehr in letzter Minute den Heldentod sterben.“

Deutsche Kriegsgefangene am 24. April (IWM)

Aus Zeven heraus setzte die Garde-Panzer-Divison ihren Angriff am 25. April in drei Richtungen fort. Zunächst stießen die beiden „Grenadier Guards"-Bataillone über die nicht mehr besetzte Höhe 30.0 vor und besetzten Brauel. Die dort über die Oste führende Brücke war gesprengt. Ihre Instandsetzung sollte zwei Tage in Anspruch nehmen. Das war mißlich, denn die „Grenadiers" sollten zusammen mit

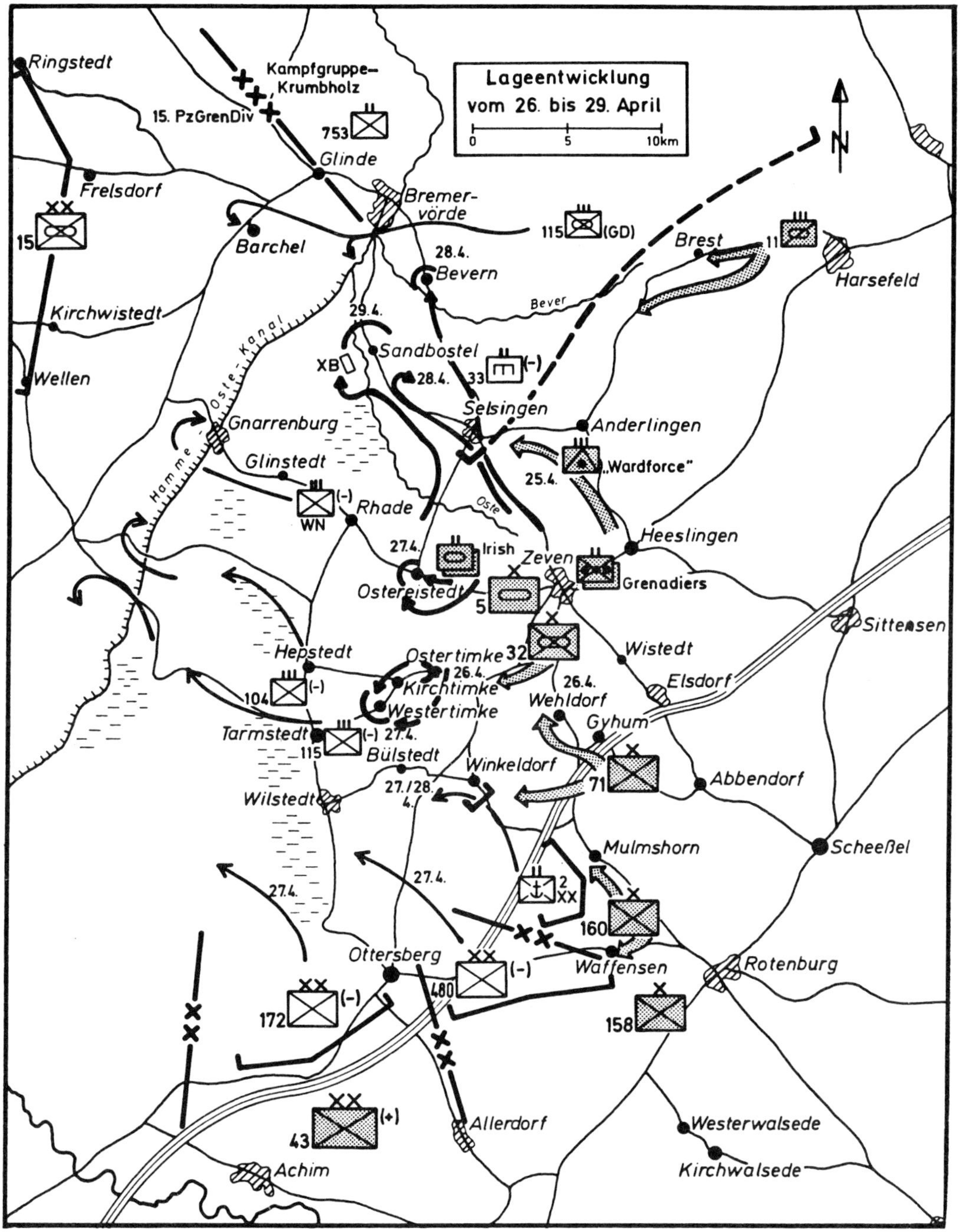

„Wardforce" über Selsingen auf Bremervörde vorgehen. „Wardforce" war eine ähnliche Kampfgruppe wie „Todforce", die in Munster zum Einsatz gekommen war. Sie bestand aus Panzern, Panzerjägern, Infanterie und Aufklärern und wurde von Major Ward, dem stellvertretenden Kommandeur eines Aufklärungs-Bataillons, geführt. Dieser war von Heeslingen aus kampflos in Anderlingen eingerückt und hatte sich entschlossen, ohne die „Grenadiers", die noch am Südufer der Oste auf ihre Pioniere warteten, auf Selsingen vorzugehen. Kurz vor der Ortschaft lief ein Spitzenpanzer auf eine Mine. Seine Infanterie wurde durch nachhaltiges MG-Feuer zunächst in Deckung und dann zum Ausweichen gezwungen. Daraufhin stellte Ward seinen Angriff ein. Auch die britischen Vorstöße auf Ostereistedt und Ostertimke gewannen nur wenig Raum. Lediglich im Süden gelang es der 71. Brigade, gegen einigen deutschen Widerstand die Ortschaft Wehldorf zu besetzen. Trotz der relativ glimpflichen Geländeverluste dieses Tages war sich General Rodt über die Unhaltbarkeit seiner Verteidigungsstellung völlig im klaren. Seine diesbezügliche schriftliche Meldung an das Korps-Ems klingt fast verzweifelt: „Die eigenen für eine Verteidigung der befohlenen Frontbreite (über 40 km) völlig unzureichenden Kräfte zusammen mit der nur schwachen, mit wenig Munition ausgestatteten Artillerie reichen im Verhältnis zu den Kräften des Gegners zu einer Verteidigung nicht mehr aus . . . Die Div. weist auf Grund der Entwicklung der Lage der beiden letzten Tage verantwortlich darauf hin, daß die Zerschlagung der vorwärts der Moore stehenden Teile unabwendbar ist, wenn nicht unverzüglich die erforderlichen Befehle für den hinhaltenden Kampf bis zum Oste-Hamme-Abschnitt und damit gleichzeitig Erhaltung der Kampfkraft der Div. gegeben werden." Der Korps-Befehl Nr. 15 vom 26. April wird dieser Forderung zwar nicht gerecht, aber er ignoriert sie auch nicht. In der lfd. Ziffer 2.) heißt es: „Ems-Korps verteidigt sich weiter in dem behaupteten Raum. Dem Bestreben des Feindes, die Front des Korps aufzuspalten, und durch Teilumfassungen die eigenen Kräfte zu zerschlagen, wird sich das Korps abschnittsweise durch Zurückkämpfen hinter den Hamme-Oste-Kanal entziehen."

Hiergegen war das Verhalten der Briten ungleich eindeutiger. Mit erheblicher Artillerieunterstützung griffen sie mit der Masse der 32. Brigade nach Südwesten an. Ihr Angriffsziel war Westertimke. Sie wußten, daß dort ein Kriegsgefangenenlager war, in dem sich 8.000 britische Soldaten befanden. Bis kurz vor Ostertimke kam der Angriff gut voran. Am frühen Nachmittag tauchten plötzlich zwei Parlamentäre vor der britischen Front auf. Es waren der Lagerkommandant Kapitän z.S. Rogge und sein Zahlmeister Heuken. Beiden wurden die Augen verbunden. Dann brachte man sie über mehrere Zwischenstationen zum Gefechtsstand der Garde-Division. Dort legte Kapitän Rogge ein Schrei-

Kapitän z. S. Rogge und Zahlmeister Heuken auf dem Gefechtsstand der „Guards Armoured Division"

ben von General Rodt vor. In diesem wurden die Briten um eine zehnstündige Waffenruhe gebeten. Während dieser Zeit sollten die Gefangenen aus dem Kampfgebiet heraus hinter die britischen Linien verlegt werden. Generalmajor Adair dachte längere Zeit über den deutschen Vorschlag nach. Immerhin klang dieser sehr human. Trotzdem lehnte Adair ab. Den Grund erklärt die britische Divisionsgeschichte: „Es war kürzlich ein Abkommen zwischen der britischen und deutschen Regierung getroffen worden, nach dem alle Kriegsgefangenen in ihrem Lager belassen werden mußten; und dies mußte den Deutschen ebenso bekannt sein wie uns selbst. General Rodt war kein Narr, und es war ein durchsichtiger Versuch seinerseits, um etwas zusätzliche Zeit zu gewinnen, um seine Division herauszuziehen.“ So wurden Kapitän Rogge und sein Zahlmeister zunächst festgehalten, während die Briten ihre Vorbereitungen trafen, den Angriff in Richtung Westertimke fortzusetzen. Auf welches „kürzlich“ getroffene Abkommen sich Adair berief, ist unsicher. Recht hatten die Briten in jedem Fall mit der Feststellung: „General Rodt war kein Narr . . .” Seine Funkaufklärung hatte nämlich den Weg der Parlamentäre von einem zum anderen Gefechtsstand mitverfolgt. Am späten Nachmittag des 26. April hatte er somit ein lupenreines Bild von der britischen Gefechtsgliederung. Auch der wenig später beginnende Funkverkehr ließ auf sofortige Angriffsfortsetzung schließen. Rodt gliederte in kürzester Zeit um. Alle verfügbaren Panzer sammelte er im Raum Ostertimke. Zwischen 17.30 und 18.00 Uhr begann der britische Angriff. Er brach nach deutscher Darstellung „unter schwersten feindlichen Verlusten zusammen“. Die Briten berichten nicht darüber. In jedem Falle blieb Ostertimke am 26. April noch in deutscher Hand.

Am 27. April geriet die Front der 15. Panzergrenadier-Division jedoch endgültig ins Wanken. Der nur durch Teile des Pionier-Bataillons 33 und das Panzergrenadier-Regiment 115 gesicherte linke Flügel war der bei weitem schwächste Frontabschnitt. Die direkt davor liegende Stadt Buxtehude und die Ortschaft Harsefeld waren bereits seit Tagen von Verbänden der 7. U.K. Panzer-Division kampflos besetzt worden. Diese hätten, wenn es ihre Absicht gewesen wäre, längst in Stade und noch weiter nordwestlich stehen können. Aber das war nicht ihr Auftrag. Das Angriffsziel der „Desert Rats“ war Hamburg. Buxtehude und Harsefeld hatten sie nur zur Sicherung der eigenen Flanke besetzt. Das 11. Panzeraufklärungs-Regiment hatte trotzdem mehrfach kleinere Vorstöße vor allem in südwestliche Richtung unternommen, bis es in der Nähe von Brest in einen deutschen Hinterhalt gelaufen war. Ein britisches Radfahrzeug ging in Flammen auf, ein Spähpanzer wurde abgeschossen, ein Schützenpanzer „Dingo“ wurde von den Deutschen erbeutet. Seither beschränkten sich die Briten auf Sicherung und verzichteten auf Einzelunternehmungen. Am Morgen des 27. April wiederholte sich die Episode von Brest mit umgekehrten Vorzeichen. Der erbeutete „Dingo“ rappelte mit frisch aufgemalten Balkenkreuzen von Westen kommend Richtung Harsefeld. Die erste britische Sicherung ließ ihn vorbeifahren, die zweite eröffnete das Feuer. Als der „Dingo“ zurücksetzen wollte, wurde er auch von hinten angeschossen. Die deutsche Besatzung, die aus nur einem Mann bestand, ergab sich, und die Aufkärer hatten ihren „Dingo“ wieder. Über dieses, für die Briten so erfreuliche Ereignis berichtet ihre Chronik mit einiger Ausführlichkeit: „ . . .es stellte sich heraus, daß der einzelne Mann der Kommandeur jener Panzerfaustschützen war, die den Hinterhalt gelegt hatten. Wichtiger war jedoch, daß er ein alter Panzergrenadier des Afrika-Korps war, ein ehemaliger Offizier der 21. Panzer-Division, der später, nach

El Alamein, an der Ostfront verwundet wurde. ‚In zehn Jahren', sagte er zu Tony Crankshaw, ‚werden wir beide zusammen gegen die Russen kämpfen.'"

Die beiden Bataillone der „Irish Guards", die seit den Gefechten bei Wistedt und Elsdorf nicht mehr eingesetzt worden waren, erhielten den Befehl, über die Panzer-Brigade hinweg auf Ostereistedt anzugreifen. Im Ort war mindestens eine Kompanie des 1. Bataillons vom Regiment-Wackernagel in Stellung gegangen. Diese Kräfte waren zusätzlich durch zwei Sturmgeschütze verstärkt. Die auf Ostereistedt zuführende Straße und mehrere Wege waren vermint worden. Die „Irish Guards" mischten Panzer und Infanterie und griffen den Ort aus zwei Richtungen an. Zunächst verloren sie einen Panzer in einer Minensperre, dann wurden bis ca. 17.30 Uhr drei weitere von den deutschen Sturmgeschützen abgeschossen. Kurz vor 18.00 Uhr verstummten auf deutscher Seite schlagartig alle Waffen. Als die Iren von mehreren Seiten in den teilweise brennenden Ort eindrangen, herrschte gespenstische Stille. Auf der Dorfstraße lagen zwei Gefallene. Als die Briten den Ortskern erreicht hatten, kamen ihnen mit erhobenen Händen zwei Offiziere entgegen. Es waren der Kompaniechef und der Kompanieoffizier der Jäger-Kompanie z.b.V. Was der Kompaniechef bei seiner Vernehmung aussagte, steht in der britischen Chronik: „. . .er erklärte, er habe den Befehl gehabt, bis zum letzten Mann zu halten, es sei denn, daß er die ausdrückliche Erlaubnis bekäme, sich zurückzuziehen. Diese Erlaubnis habe er nicht erhalten, aber er habe sich auch nicht in der Lage gefühlt, seine Männer offenen Auges über diesen Befehl in Kenntnis zu setzen. Er habe ihnen daher befohlen, sich nach Norden zurückzuziehen, aber er und der andere Offizier seien zurückgeblieben, da sie durch ein Schnellverfahren zum Tode verurteilt würden, wenn sie ihre Truppe begleitet hätten."

Südlich Ostereistedt war in den frühen Morgenstunden die 32. Brigade zum Angriff angetreten. An der Spitze fuhr das 2. Bataillon „Scots Guards". Das Füsilier-Bataillon 115 hatte sich mit Schwerpunkt im Raum Kirchtimke zur Verteidigung eingerichtet. Eine verhältnismäßig starke Sicherung stand in Ostertimke. Das Regiment war durch drei Jagdpanzer sowie einige VB des Artillerie-Regiments 33 verstärkt worden. Sein noch erhaltenes, handschriftliches Kriegstagebuch gibt ein sehr genaues Bild von den folgenden Kampfhandlungen: „27. 4. 45 – 9.45 Angriff auf Ostertimke im Schutze v. künstl. Nebel m. Pz. u. Inf. 10.10 Starke Feuerüberfälle auf K.-timke. 10.45 Gegner in Ostrand K.-timke eingebrochen. 12.00 Feind Kirchtimke nördlich umgangen, bis in den Westteil v. Kirchtimke vorgedrungen. Abgeschnittene kleine Kampfgruppen leisten erbitterten Widerstand. 12.50 Erhebliche eigene Verluste beim Kampf um Kirchtimke. Feindverluste an Panzern 7. Eigene Verluste 3 Jagdpanzer." Tatsächlich waren die britischen Verluste jedoch höher, als von deutscher Seite erkannt werden konnte. Alleine die „Scots Guards" verloren bis Kirchtimke mindestens fünf Panzer. Dann übernahm das 1. Bataillon der „Welsh Guards" die Spitze und verlor nach britischen Angaben weitere neun Panzer ausschließlich durch Minen. Das war zunächst unerklärlich, zumal britische Pioniere verdächtige Geländeteile vor den Panzern mit Minensuchgeräten überprüft hatten. Ebenso unerklärlich war ebenfalls, wieso von mehreren in einer Spur fahrenden Panzern erst der dritte oder vierte, nicht aber der erste durch eine Minendetonation außer Gefecht gesetzt wurde. Unter Berücksichtigung der zerfahrenen und durch Regen aufgeweichten Sand- und Kieswege hatten sich die deutschen Pioniere eine bisher unübliche Verlegeweise einfallen lassen: Sie vergruben ihre Minen nicht nur zehn, sondern ca. 20 Zentimeter tief. Hierdurch konnten sie zunächst nicht aufgespürt werden, wurden aber auch nicht vom ersten darüberfahrenden Panzer ausgelöst. Da die nachfolgenden Panzer, schon aus Gründen der eigenen Sicherheit, stets in der Kettenspur des vorausfahrenden folgten, wurde die Spur immer tiefer, bis die jeweilige Mine endgültig freigelegt und zur Detonation gebracht wurde. Der auffallend risikobereite Angriffsschwung der Briten war trotz ihrer Ausfälle an Panzern nicht zu stoppen. Sie spielten vielmehr ihre materielle Überlegenheit voll aus, was sie bisher nur sehr selten auf diese Weise getan hatten. Für dieses ungewöhnliche Draufgängertum gab es nur eine Erklärung: Das Kriegsgefangenenlager in Westertimke.

General Rodt zog um 18.00 Uhr die erforderliche Konsequenz und befahl dem Füsilier-Regiment 115, nach Westen auszuweichen. Am 27. April, um 18.30 Uhr befreiten die „Welsh Guards" 8.000 britische Gefangene, unter denen sicherlich auch einige Amerikaner waren. Die hierbei befreiten Angehörigen der Garde-Panzer-Division wurden sehr genau gezählt. Es waren 42, von denen die meisten nach dem Rhein-Übergang in Gefangenschaft geraten waren. Zirka die Hälfte der Befreiten gehörte zur britischen Handelsmarine. Da sich eine britische Flagge offenbar nicht finden ließ, wurde für das Pressefoto am nächsten Tag eine amerikanische Fahne gehißt, von der sich natürlich nicht sagen läßt, wo sie eigentlich herkam. Für die „Scots"- und „Welsh Guards" war der Angriff auf Westertimke der letzte dieses Krieges gewesen. Neben den insgesamt 14 ausgefallenen Panzern hatten die Schotten drei Gefallene und 18 Verwundete. Über die Verluste der Waliser ist nichts bekannt, sie werden jedoch vermutlich höher gewesen sein. Auf deutscher Seite waren acht Soldaten gefallen.

Durch die tiefen Einbrüche, die der Garde-Panzer-Division seit dem 24. April bei der 15. Panzergrenadier-Division gelungen waren, wurden die noch im Süden stehenden sogenannten Divisionen 172 und 480 von rückwärts bedroht. Das Korps-Ems befahl diesen Verbänden daher, ebenfalls in nordwestliche Richtung auszuweichen. Für einen kurzen Augenblick war somit das 2. Bataillon des Marine-Grenadier-Regiments 6 zum südostwärtigsten „Eckpfeiler" des Korps geworden. Dann kam auch für die Marinesoldaten endlich der erlösende Befehl: „. . .setzt sich ab 21.00 Uhr vom Feind ab und erreicht mit Fussteilen Bf. Osterholz-Scharmbeck, mit mot. Teilen Beverstedt." In den Nachtstunden zum 28. April verließ der letzte angeschlagene Verband der ehemaligen 2. Marine-Infanterie-

Kriegsgefangenenlager Westertimke nach der Befreiung (IWM)

Division das Gefechtsfeld. Von den seinerzeit 13.000 Marinesoldaten sammelten sich in den nächsten Tagen noch ca. 3.000 Mann in Cuxhaven, von wo aus sie mit Fähren nach Brunsbüttel übergesetzt wurden. Dann ging es weiter im Fußmarsch nach Norden. Einer, der den dreiwöchigen Einsatz der 2. Marine-Infanterie-Division vom Anfang bis zum Schluß mitgemacht hat, beschreibt das Ende: „Am 8. Mai mußten wir die Waffen abgeben und marschierten in die Gefangenschaft. Wenn auch Kriegsgefangene im eigenen Lande, waren wir doch noch Soldaten. In guter Marschordnung zogen wir in Heide ein: ‚O Deutschland hoch in Ehren . . .', schallte unser Gesang durch die Straßen. Von den Einwohnern des Städtchens wurden wir empfangen, als zögen wir als Sieger ein. Blumen wurden uns zugeworfen – und welch seltene Gabe in jenen Tagen! – Zigaretten wurden in die Marschkolonnen gereicht."

Die Gräber von ca. 400 Marinesoldaten liegen vorwiegend zwischen Aller und Wümme. Einer der ersten Gefallenen war der Divisionskommandeur, Vizeadmiral Ernst Scheurlen, gewesen. Der letzte war der aus Kiel stammende Maat Karl Eiser. Er fiel am 27. April bei Winkeldorf. Vermutlich gehörte er zu der Nachhut, die das Absetzen des Marine-Bataillons gegen die nachdrängende 71. britische Brigade sichern sollte.

Nördlich Zeven hatten die Garde-Pioniere am 28. April die Brücke über die Oste endlich repariert, so daß die beiden Bataillone der „Grenadier Guards" nach zweitägiger Zwangspause wieder eingesetzt werden konnten. Sie marschierten zunächst nach Selsingen, das am Vortage von „Wardforce" kampflos besetzt worden war. Dann erhielten sie den Auftrag, gleichzeitig auf Sandbostel und Bevern vorzugehen und vor allem die Brücke über das Flüßchen Bever unzerstört zu gewinnen. Der weitere Vorstoß auf der Straße nach Bremervörde wurde ausschließlich durch eine Vielzahl von Sprengkratern behindert. Auf deutsche Soldaten trafen sie erst in Bevern. Es handelte sich um das vier Mann starke Sprengkommando, das gerade die für die Briten so wichtige Brücke zur Zerstörung vorbereitete. Sie ergaben sich der ersten Kompanie der „Grenadiers". Die Briten unterbrachen die Zündverbindungen und verbrachten eine ruhige Nacht nur fünf Kilometer vor den Toren von Bremervörde. Die andere Gruppe der „Grenadiers" sollte Sandbostel nehmen und das in der Nähe liegende Kriegsgefangenenlager befreien.

Das Lager bestand seit 1939 und trug die offizielle Bezeichnung STALAG X B. Seine Belegungsstärke betrug 22.000 Insassen, unter denen viele Briten waren. Diese Informationen hatten die „Grenadiers" von einem erst vor wenigen Tagen aus Sandbostel entflohenen britischen Offizier. Kurz vor der Ortschaft wurde der Spitzenpanzer abgeschossen, und es setzte deutsches Granatwerferfeuer ein. Die „Grenadiers" verloren in kürzester Zeit sieben Mann, stoppten und forderten Verstärkung an, die jedoch erst für den nächsten Tag zugesagt werden konnte. Zur Verstärkung der „Grenadiers" in Sandbostel marschierten am 29. April morgens die beiden irischen Bataillone von Ostereistedt über Selsingen nach Norden. Sie hätten jederzeit über Sandbostel hinaus bis Bremervörde vorgehen können. Aber ihr Auftrag lautete, das westlich von Sandbostel und der Oste gelegene Kriegsgefangenenlager zu befreien. Da die Brücke, die über das Flüßchen führte, bereits gesprengt war, wurde diese Operation recht umständlich. Zunächst mußte südlich Sandbostel die Infanterie mit Booten übergesetzt werden, dann begannen Pioniere mit dem Bau einer Kriegsbrücke, damit später auch Panzer folgen konnten. Schließlich kam es nach britischen Darstellungen zu einem „scharfen Scharmützel mit einigen SS-Wachen". Kurz darauf war das Lager befreit. Es wurde vom Kommandeur der Panzer-Brigade, Brigadier Gwatkin, in Begleitung des stellvertretenden Divisionsarztes, Oberstleutnant Moore, besichtigt. Die Briten fanden nach ihren Darstellungen „... elende und kranke Insassen im Konzentrations-Teil. Typhus wütete neben anderen Schrecken; es war wenig genug, das für viele von ihnen getan werden konnte, und tatsächlich starb mehr als die Hälfte von ihnen nach der Befreiung." Kurz nach dem Kriege entstand auf dem ehemaligen Lagerfriedhof ein wuchtiges Denkmal. Es trug die Aufschrift: „Hier ruhen 46.000 russische Soldaten und Offiziere, zu Tode gequält in der Nazigefangenschaft." Auch ein Hinweisschild mit der Aufschrift „KZ-Friedhof" wurde aufgestellt. Heute gibt es mindestens eine Initiativgruppe, die die Errichtung eines Dokumentenhauses anstrebt. So hat bzw. hatte Sandbostel scheinbar eine gewisse Ähnlichkeit mit Bergen-Belsen. Aber dieser Schein trügt. Er beruht auf einer Vielzahl falscher und verschwiegener Informationen. So erwähnt keine britische Chronik den deutschen Parlamentär, der das Lager übergeben sollte. Daß es ihn gab, steht auch heute noch nur in der Tagesmeldung des Korps-Ems vom 29. April 1945: „...ein Parlamentär, der zur Übergabe der 22.000 Gefangenen (9.000 Russen, 13.000 Empire-Soldaten) im Lager Sandbostel abgesandt war, ist nicht zurückgekehrt." Das erwähnte „scharfe Scharmützel mit einigen SS-Wachen" kann so scharf nicht gewesen sein. Jedenfalls fielen im Raum Sandbostel nur sechs deutsche Soldaten; davon drei in der Nähe der britischen Übersetzstelle an der Oste. Von den anderen ist bei einem der Truppenteil unbekannt, die letzten beiden gehörten zu dem „Großdeutschland"-Pionier-Bataillon. Sie waren aber sicherlich nicht am Kriegsgefangenenlager, sondern zur Sicherung der gesprengten Brücke eingesetzt. SS-Angehörige sind im weiten Umkreis von Sandbostel nirgendwo beigesetzt. Trotzdem gab es tatsächlich SS-Wachen und auch einen „Konzentrations-Teil" innerhalb des Lagers, von dem das Korps-Ems offenbar nichts wußte. Aber das kann nicht verwundern, denn KZ-Häftlinge waren in Sandbostel erst seit kurzem; vermutlich seit dem 25. April. Zu diesem Zeitpunkt war ein Transport von ca. 8.000 KZ-Häftlingen von Neuengamme nach Sandbostel evakuiert worden. Bereits beim Eintreffen hatten viele von diesen Fleckfieber. Zirka 2.000 von ihnen verstarben.

Bleiben zunächst die 46.000 zu Tode gequälten Russen. Der ehemalige Chefarzt des Lagers, Dr. med. Bensch, berichtete jedoch, daß von 1941 bis 1945 insgesamt 6.230 sowjetische Kriegsgefangene verstarben, die meisten von ihnen im Jahre 1942 an einer Flecktyphusepidemie. Der Arzt schrieb 1947: „Es ist ganz außerordentlich bedauerlich und völlig unverständlich, daß die Engländer damals bei der Kapitulation auf jede ordnungsgemäße Übergabe des Lazaretts verzichtet haben. Ich wurde mit meinem gesamten Stab und Sanitätspersonal gefangen genommen, abgeführt und in Baracken außerhalb des Lagers festgesetzt. Kein Schriftstück, keine Akte, keine Unterlage – die alle peinlichst geordnet und bis zur letzten Stunde mit der allergrößten Sorgfalt und Gewissenhaftigkeit geführt, zur Einsichtnahme und Vorlage bereit gehalten waren – wurden Gegenstand einer Aussprache oder Erörterung. Ich bin niemals bis heute über die Belange des Lazaretts befragt oder vernommen worden, und es entzieht sich völlig meiner Beurteilung, was mit den Akten des Lazaretts geschehen ist, warum die engl. Behörden sich dieser selbstverständlichen Sorgfaltspflicht entzogen haben und warum nichts passiert ist, Fragen so grundsätzlicher Bedeutung zu klären und amtlich in irgendeiner Form festzuhalten."

Der Lagerarzt von Sandbostel, Oberstabsarzt Dr. med. Bensch, begrüßt beim Neujahrsappell 1945 die angetretenen serbischen Sanitäter.

Amtlich festgehalten wurden auch andere Dinge nicht. Es gab in Sandbostel einen Kiosk, an dem mit „Lagergeld" eingekauft werden konnte, es gab eine zivil gekleidete Lager-Band, und es gab Rote-Kreuz-Pakete. Diese jedoch nicht für die sowjetischen Gefangenen, weil Sowjet-Rußland das Genfer-Abkommen noch nicht unterzeichnet hatte. Das von Dr. med. Bensch geführte Lazarett war für damalige Verhältnisse hervorragend ausgestattet. Es verfügte über 1.400 Betten und wurde auch von deutschen Offizieren und der Zivilbevölkerung aufgesucht. Friedrich L., ein Unteroffizier der Lagerkommandantur, schrieb später, daß „ . . . die wirklich gute Behandlung der Gefangenen aller Nationen aber nur möglich gewesen sei, durch die straffe Führung der Kommandanten Oberstleutnant von Engelbachten und Oberstleutnant von Foris, die für das Wohl der Gefangenen sorgten und scharf gegen Übergriffe des Wachpersonals vorgingen." Sandbostel war von daher ein Musterlager. Das aber wollten damals die Briten und später die Geschichtsschreibung nicht anerkennen. Brigadier Gwatkin ging jedenfalls mit Oberstleutnant von Foris durch das Lager, um die Reaktion der Gefangenen zu testen. Jene, die den Weg säumten, zogen vor dem deutschen Kommandanten die Kopfbedeckung. Dann wurden die Vertrauensleute der Gefangenen nach ihrer Behandlung durch die Deutschen befragt. Hierbei ergab sich nicht der leiseste Vorwurf. Von Lazarettarzt Dr. med. Bensch ist bekannt, daß er wenige Wochen nach Kriegsende nach Hause, auf die Nordseeinsel Borkum entlassen wurde.

Kriegsgräberstätte Sandbostel

Auf der Kriegsgräberstätte Sandbostel sind heute nach offiziellen Angaben 9.846 Verstorbene beigesetzt. Davon gehören 236 zu neun verschiedenen Nationen, 2.610 sind KZ-Häftlinge unbekannter Nationalität und 7.000 Russen. Die letztgenannte Zahl ist aufgerundet und berücksichtigt die Angaben von Lagerarzt Dr. med. Bensch nicht. Bereits Anfang der fünfziger Jahre wurde auf Betreiben der Landesregierung das sowjetische Mahnmal im Rahmen der Umgestaltung der Kriegsgräberstätte entfernt. Die Zahl von „46.000“ taucht dennoch gelegentlich in der neueren Fachliteratur auf, wenn auch mit dem Zusatz „umstritten“. Sie kann jedoch nach den genannten Quellen ganz einfach als Übertreibung bezeichnet werden.

Am 30. April ging die Garde-Panzer-Division nur sehr zögernd auf Tarmstedt vor. Insgesamt tat sich vor den Ausweichstellungen der 15. Panzergrenadier-Division nur wenig. Der Grund war der Hamme-Oste-Kanal, von dem die Briten meinten, daß ein derartiges Hindernis nichts für eine Panzer-Division sei. Sie bereiteten also eine Umgliederung vor. Danach sollte die bisher in zweiter Staffel nachgeführte 51. „Highland Division“ den Angriff nach Nordwesten fortsetzen und die Garde in Richtung Norden, auf Stade vorgehen. Die relative Ruhe am Hamme-Oste-Kanal entsprach nicht der realen militärischen Lage Deutschlands.

Die „Geheimen Tagesberichte der Wehrmachtsführung“ wurden täglich kürzer. Es waren auch nur noch Katastrophenmeldungen. „Nach Inbesitznahme von München stoßen amerikanische Divisionen auf die Alpen vor und nähern sich von Mittenwald aus Innsbruck . . . Den Brückenkopf bei Lauenburg konnte der Feind auf eine Breite von 20 Kilometern und Tiefe von 12 Kilometern erweitern . . . Um den inneren Kern von Berlin zogen die Russen ihren Ring enger. Kämpfe im Tiergarten, an der Postdamer Brücke, U-Bahnhof, Potsdamer Platz, Friedrichstr., Unter den Linden. Die Flaktürme am Zoo leisten noch heftigen Widerstand.“ Das Großdeutsche Reich lag in seinen letzten Atemzügen. Sein gewählter Führer Adolf Hitler diktierte im Bunker der Berliner Reichskanzlei sein Testament: „ . . . Das Volk und die Wehrmacht haben in diesem langen und harten Kampf ihr Alles und Letztes hergegeben . . . Die Anstrengungen und Opfer des deutschen Volkes in diesem Krieg waren so groß, daß ich nicht glauben kann, sie könnten umsonst gewesen sein . . .” Um 12.25 Uhr hißten zwei sowjetische Feldwebel auf den Zinnen des Reichstagsgebäudes die rote Fahne mit Hammer und Sichel. Um 15.30 Uhr erschoß sich Adolf Hitler. Zu seinem Nachfolger hatte er Großadmiral Karl Dönitz bestimmt.

Großadmiral Karl Dönitz, der Nachfolger Adolf Hitlers

Auf das Stichwort „Gotenzug“ ging die 15. Panzergrenadier-Division am 1. Mai hinter den Hamme-Oste-Kanal zurück. Nur die wenigen Durchlässe durch die ausgedehnten Moorgebiete ostwärts des Kanals wurden noch gehalten. Das Stichwort sollte vermutlich an die Goten erinnern, die sich nach Felix Dahn vor der römischen Übermacht zu einem engen Paß des Vesuv geflüchtet hatten. Die Goten konnten sich behaupten und erhielten später freien Abzug. Die deutschen Kräfte am Kanal verteidigten sich gegen mäßigen Feinddruck nur bis zum nächsten Tag mit einigem Erfolg. Dann wurde Bremervörde vom Spitzenbataillon der 51. Division, dem 5. der „Seaforth Highlanders“, gegen nur geringen Widerstand besetzt. 300 deutsche Soldaten sollen in Gefangenschaft gegangen sein, 13 waren gefallen oder erlagen später ihren Verwundungen. Sie alle sind auf dem Neuenfelder Friedhof beigesetzt. Die Bevölkerung, die während der Kampfhandlungen in die Nachbarorte geflohen war, kehrte anschließend zurück. Ein Augenzeuge berichtet: „Welch ein Anblick in der Stadt! Die Straßen fast verstopft von Panzern und Soldaten. Dazwischen Ausländer, die plündernd und raubend von einem der zerstörten Häuser zum anderen ziehen. Abends gegen sechs Uhr wird der Befehl ausgegeben, daß sich alle deutschen Männer mit Spaten und Schaufel an den Mühlenbrücken einzufinden haben . . . englische Pioniere haben eine neue Militärbrücke geschlagen. Sie ist zu schmal, den starken Frontverkehr zu bewältigen. Wir werden deshalb den Pionieren zugeteilt, um ihnen beim Bau einer zweiten Brücke zu helfen.“

Nach der Besetzung von Bremervörde gingen auch die letzten deutschen Sicherungen auf das Westufer des Kanals zurück. An den Moordurchgängen waren in Hepstedt, Hanstedt und Glinstedt insgesamt neun deutsche Soldaten gefallen. Bevor aber noch die britischen Pioniere mit dem Bau von Kriegsbrücken in Bremervörde begannen, setzten Infanterie und Panzer den Angriff in nordwestliche Richtung fort. Sie wollten zunächst nach Glinde und von dort aus auf der R 495 weiter in Richtung Cuxhaven vorstoßen. Entscheidend war daher vor allem die Besetzung der Straßengabel in Glinde. Der kleine Ort lag genau auf der Grenze zwischen der Kampfgruppe des Oberst Krumbholz und der 15. Panzergrenadier-Division. Da offenbar versäumt worden war, den Ort durch ein Anschluß-/Nahtkommando zu besetzen, gab es in Glinde zunächst keine deutschen Soldaten. Der britische Vorstoß hätte daher völlig problemlos und ohne Feindberührung verlaufen können. Allerdings war die überraschend schnelle Besetzung von Bremervörde sowohl Oberst Krumbholz als auch Generalleutnant Rodt gemeldet worden. Krumbholz, der seinen Gefechtsstand in dem nur zehn Kilometer entfernten Hollen hatte, scheint dieser Meldung nicht getraut zu haben. Er entschloß sich daher, sich selbst ein Bild von der Lage zu machen, und fuhr mit seinem Ordonnanzoffizier Leutnant Chors in Richtung Bremervörde.

Der 47jährige Oberst war seit 30 Jahren Soldat. Im 1. Weltkrieg war er Leutnant gewesen, in der Reichswehr wurde er zum Hauptmann befördert. Im 2. Weltkrieg war er zunächst Regimentskommandeur am Eismeer und später Kommandant von Sylt. Im Frühjahr 1945 hatte er den Auftrag erhalten, aus Marinesoldaten eine Kampfgruppe aus vermutlich drei Bataillonen aufzustellen. Mit diesen sollte er von Bremervörde im Verlauf der Oste bis Hachthausen sichern und später verteidigen. Von Oberst Krumbholz sagte ein Offizierkamerad nach dem Krieg: „Er ging an die Aufgabe als Truppenführer mit Schwung heran und war trotz stärkster Beanspruchung ganz von seiner Aufgabe erfüllt. Wiederholt versicherte er mir seine große Freude, noch einmal als Truppenführer eingesetzt zu werden.“

Am Morgen des 2. Mai kam Oberst Krumbholz mit seinem Ordonnanzoffizier jedoch nur bis kurz vor Bremervörde. Dort erkannte er, daß britische Panzer die Stadt bereits in nordwestliche Richtung verließen. Er befahl zu wenden und schnell zum Gefechtsstand zurückzufahren. Als sich sein offener Pkw zwischen Glinde und Ebersdorf befand, setzte plötzlich Artilleriefeuer ein. Der damalige Leutnant Fritz Chors berichtete später der Frau des Obristen: „Die Granaten schlugen unmittelbar bei uns ein, doch wurde keiner getroffen. Ihr Mann lief aus dem haltenden Wagen, um ebenfalls Deckung zu nehmen, als eine Granate in der Krone des Baumes krepierte, unter dem ich lag. Ich sah Ihren Mann fallen, glaubte aber, er wäre in Deckung gegangen. Der Artilleriebeschuß dauerte ungefähr 20 bis 30 Minuten, bei dem die Granaten in größter Nähe auf der Straße und den umliegenden Feldern einschlugen. Mein Nebenmann, ein Infanterieoffizier, wurde getötet, mein Fahrer verlor seinen Arm, nur ich blieb wie durch ein Wunder unverletzt. Als der Beschuß beendet war, wollte ich losfahren, doch der Schrei eines Soldaten hielt mich an: ‚Unser Oberst ist tot!‘ Ich lief zu Ihrem Mann, der am Straßengraben lag, und wollte ihm aufhelfen. Aber ein Splitter hatte ihm von seitwärts kommend den Kopf in Höhe der Schläfe durchschlagen, so daß der Tod auf der Stelle eingetreten sein muß.“ Oberst Paul Krumbholz wurde zunächst in Hollen, in der Nähe seines letzten Gefechtsstandes beigesetzt und später auf den Soldatenfriedhof nach Wingst umgebettet.

Ein mit dem Oberst befreundeter Marineoffizier schrieb dessen Witwe aus der Kriegsgefangenschaft: „Ihr Gatte hat als aufrechter Soldat fürs Vaterland sein Leben geopfert. Vielleicht kann es Ihnen ein Trost sein, daß alle die Demütigungen und Bitternisse, die wir jetzt zu erdulden haben, ihm erspart geblieben sind.“

Da der Verlust von Bremervörde am Morgen des 2. Mai eine erhebliche Flankenbedrohung für die 15. Panzergrenadier-Division darstellte, befahl Generalleutnant Roth dem Panzergrenadier-Regiment 115, den weiteren Vorstoß der Briten zumindest solange zu verzögern, bis er die Restteile der Division auf weiter westlich gelegene Stellungen zurückgenommen hatte. Das Panzergrenadier-Regiment gab den Einsatzbefehl an zwei seiner Grenadier-Kompanien weiter. Die eine davon lag im Raum Barchel und wurde von Leutnant Herbert von Mudra geführt. Der gerade 21jährige Leutnant hatte schon den Krieg in Afrika und in Italien hinter sich. Ein Schußbruch des rechten Handgelenks war gerade verheilt, da mußte er

Oberst Paul Krumbholz fiel am 2. Mai 1945 nördlich von Glinde.

Kriegsgräberanlage in Wingst/Ellernbruch

sich mit den Resten seiner Kompanie aus dem schon fast geschlossenen Ruhrkessel herauskämpfen. Seither hatte er mit seinem Regiment erst im Raum Delmenhorst und seit fast 14 Tagen im Raum Zeven-Bremervörde verteidigt. Schließlich war seine Kompanie in die Reserve gelegt worden. Da erhielt er um 08.00 Uhr den Befehl, den Vorstoß der Briten aus Bremervörde aufzuhalten. Leutnant v. Mudra ließ die Lkw besteigen und war wenig später in der kleinen Ortschaft Glinde. In diesem Moment setzte hier das britische Artilleriefeuer ein. Beide Grenadier-Kompanien gingen rechts und links der Straße nach Bremervörde in Stellung und gruben Deckungslöcher. v. Mudra und Leutnant Tauer, der Chef der Nachbarkompanie, richteten einen gemeinsamen Gefechtsstand in unmittelbarer Nähe der Straßenabzweigung nach Cuxhaven in einem Wohnhaus ein. Der Melder der Kompanie-Tauer berichtete über das Folgende nach dem Krieg: „Wir saßen zusammen in einem Zimmer des Hauses. Die Stimmung war gedrückt, es wurde wenig gesprochen. Gegen 11.00 Uhr griff der Engländer aus Bremervörde heraus an, und unsere Linien zogen sich rechts und links der Straße zurück. Herr Leutnant ging auf die Straße und sprach mit einigen zurückgehenden Soldaten. Ich hatte den Eindruck, als ob er mit sich kämpfte, ob er als Soldat seine Leute zu neuem Widerstand sammeln sollte, oder als Mensch weiteres Blutvergießen verhindern solle. Herr Leutnant kam wieder ins Haus und besprach mit meinem Kompaniechef, was für uns zu tun sei. Den Gedanken, das Haus zu verteidigen und die vorhandenen Panzerfäuste zu verschießen, verwarfen wir, denn im Keller befanden sich eigene Verwundete und die Hausbewohner. So entschlossen wir uns, um nicht in Gefangenschaft zu geraten, auch in Richtung Cuxhaven zurückzugehen. Herr Leutnant sprang ins Fenster, kam aber zurück, da er von rechts mit M.G. beschossen wurde. In diesen Minuten waren die letzten Soldaten schon lange an unserem Gefechtsstand vorbei. Wir versuchten nun, in der anderen Richtung durch die Haustür aus dem Haus zu kommen. Herr Leutnant trat als erster aus dem Haus und beobachtete die Straße. Er rief uns noch zu, daß am Bahnübergang ein Panzer stehe. Im selben Moment

Leutnant Herbert von Mudra fiel am 2. Mai 1945 in Glinde.

Soldatengräber auf dem Neuenfelder Friedhof in Bremervörde

erhielt das Haus einen Panzergranaten-Volltreffer. Das Dach stürzte ein, und es war ein undurchsichtiger Staub. Als ich wieder aufstand, sah ich Herrn Leutnant auf der Straße liegen, die unter M.G.-Feuer lag. Sein Melder rief Herrn Leutnant an, bekam aber keine Antwort. Wir räumten den Kellereingang frei und wurden bald darauf gefangengenommen. Als wir aus dem Haus kamen, fragte Herr Leutnant Tauer die Engländer, ob er nach unseren Gefallenen sehen könne. Es wurde erlaubt. Herr Leutnant war nach vorn gefallen und lag auf dem Gesicht. Wir drehten ihn um, es war nichts von einer Verwundung zu sehen. Herr Leutnant Tauer untersuchte ihn, er stellte fest, daß der Tod durch Herzschuß sofort eingetreten sein muß." Das Grab des Leutnants Herbert v. Mudra befindet sich auf dem Neuenfelder Friedhof in Bremervörde.

Glinde, das wegen seiner Straßenführung in nord- und südwestliche Richtung von einiger Bedeutung war, wechselte noch einmal den Besitzer. In der Nacht vom 3. zum 4. Mai wurde der Ort von Soldaten des Panzergrenadier-Regiments 115 unter Führung von Hauptmann Weizenbeck ein letztes Mal zurückerobert. Erst als die Reste der 15. Panzergrenadier-Division in der Linie Ringstedt–Frelsdorf–Kirchwistedt–Wellen ihre letzte Stellung in diesem Krieg – nur knapp 20 Kilometer vor den Toren von Bremerhaven – bezogen hatten, gaben auch die ehemaligen „Großdeutschland"-Soldaten das nunmehr unwichtige Straßenkreuz in Glinde auf. Die dort gefallenen zehn Soldaten wurden in Bremervörde beigesetzt.

Am 5. Mai, um 05.00 Uhr notierte Leutnant Schliemann im Stab des Korps-Ems einen Fernspruch der Armeegruppe-Blumentritt: „Ab 5. 5. 1945, 08.00 Uhr deutscher Sommerzeit Waffenruhe gegenüber den Truppen Montgomery's. Sie umfaßt alle Verbände des Heeres, der Kriegsmarine, der Luftwaffe und der Waffen-SS . . . Truppe bleibt mit Waffen in Stellung . . . Gehorsam und Disziplin mit aller Strenge aufrecht erhalten. Weitere Befehle folgen." Das Oberkommando der Wehrmacht (OKW) ergänzte den Befehl zur Waffenruhe durch folgenden Zusatz: „Wenn wir in Nordwestdeutschland, Dänemark und Holland die Waffen niederlegen, so

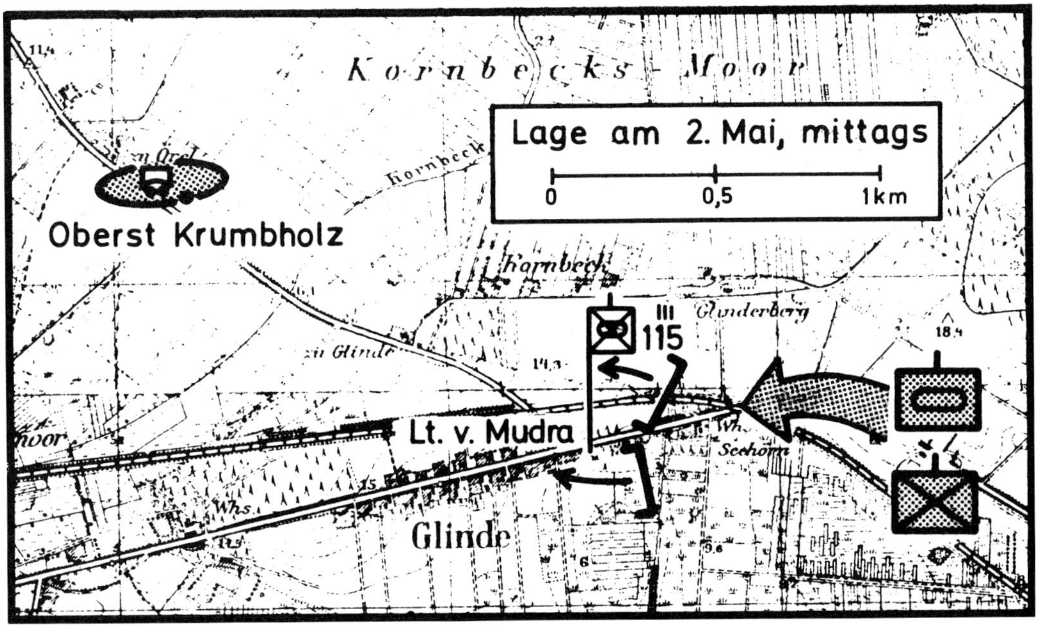

geschieht es, weil der Kampf gegen die Westmächte seinen Sinn verloren hat. – Im Osten jedoch geht der Kampf weiter, um möglichst viele deutsche Menschen vor der Bolschewisierung und Versklavung zu retten!“ Kurz darauf ging die Masse der 15. Panzergrenadier-Division im Raum Westersode-Hemmoor in die britischen Kriegsgefangenenlager. Sie hatte vom 20. April bis zur Waffenruhe zwischen der heutigen B 71 bis hart westlich des Hamme-Oste-Kanals ca. 260 Gefallene. Diese ruhen auf den Ehrenfriedhöfen in Gyhum, Zeven, Wingst und auf dem Neuenfelder Friedhof in Bremervörde.

Ehrenfriedhof Gyhum

Ehrenfriedhof Zeven

Vor den Toren Hamburgs

Kampfkommandant Generalmajor Alwin Wolz

Während am 17. April die Masse der 7. U.K. Panzer-Division zum Angriff auf Soltau angetreten war, versuchten einige Teile der Division, die Stadt zu umgehen und möglichst schnell weiter nach Norden vorzustoßen. An der Spitze dieser Kräfte marschierte das 1. „Royal Tank Regiment". Es erreichte bis zum Abend des 17. April den kleinen Ort Wintermoor, knapp zehn Kilometer nördlich Schneverdingen. Dort kam es zu einem kurzen Schußwechsel mit einigen Nachzüglern des SS-Bataillons 12. Am 18. April setzten die „Royal Tanks" ihren Angriff in Richtung Welle–Buchholz fort. Zu diesem Zeitpunkt gab es auf deutscher Seite zwischen der Autobahn Bremen–Hamburg und Lüneburg keinen geschlossenen deutschen Verband mehr. Lediglich zahlreiche kleine Gruppen von Reichsarbeitsdienst und Marine versuchten, sich nach Hamburg durchzuschlagen. Die unter diesen Verhältnissen „kampfkräftigsten" deutschen Einheiten waren die Kompanien des SS-Bataillons 12. Die meisten von ihnen hatte Hauptstürmführer Peinemann jedoch zum Wilseder Berg und weiter in Richtung Hanstedt dirigiert. Das auf höchstens 400 Mann geschmolzene, stark abgekämpfte SS-Bataillon war damit vorübergehend dem feindlichen Hauptstoß entzogen. Es marschierte, teilweise mit requirierten Fahrzeugen, unbehelligt in Richtung Winsen/Luhe. Somit befanden sich vor den Panzerspitzen zunächst ausnahmslos Splittergruppen, die selten Zugstärke erreichten. Eine von ihnen war in Welle.

Leutnant Klaus I. hatte dort ungefähr ein Dutzend Versprengter gesammelt. Unter diesen waren auch Marineartilleristen, die noch am Vortage in Schneverdingen gekämpft hatten. Die Zivilbevölkerung hatte den Soldaten von der reichlich vorhandenen Milch angeboten und dann den Ort verlassen. Von Leutnant I. hatte sie den Eindruck, „als ob er den Krieg noch gewinnen wolle." Als die ersten britischen Panzer nach Welle hineinrollten, wurden sie mit Panzerfäusten beschossen. Kurz darauf standen die Schmiede und ein Haus in der Moorstraße in Flammen. Leutnant I. und zwei weitere Soldaten fielen. Alle drei wurden später zusammen mit fünf Opfern eines Luftangriffes auf dem Weller Friedhof beigesetzt.

Nördlich Welle, in Höhe der Siedlung Höckel, wurden die „Royal Tanks" schlagartig erneut, nunmehr jedoch von zahlreichen Panzerfäusten unter Beschuß genommen. Mehrere „Sherman" blieben bewegungsunfähig liegen. Die britischen Panzer gingen nach Welle zurück. Dort waren inzwischen das 8. Panzeraufklärungs-Regiment und das Infanterie-Bataillon der 1./5. „Queen's" eingetroffen. Beide Verbände riskierten aber keinen Angriff auf Höckel, sondern versuchten, das ausgedehnte Waldgelände Langeloh über Tostedt zu umgehen. Auf halber Strecke kam es erneut zum Feuerkampf. Die britische Chronik berichtet von einem einzelnen „Tiger", der „einen langen Aufenthalt verursachte", obwohl die britische Infanterie mit Flammenwerfern vorging. Schließlich wurde der deutsche Panzer ausgeschaltet. Die Besatzung kam mit dem Leben davon. Welchem Truppenteil dieser letzte „Tiger" südlich von Hamburg angehörte, ist zunächst unklar. Lediglich in der Soltauer Chronik ist unter dem 17. April abends zu lesen: „Man sah auch einen deutschen Tigerpanzer vorbeifahren, vielleicht derselbe, der bei der Panzersperre Bassel liegenblieb und am 18. April die aus der Stadt vorfühlenden Engländer in Schach hielt."

Tostedt wurde noch am Abend des 18. April nach kurzem Schußwechsel besetzt. In der Ortschaft waren Leutnant z.S. Gerhard Bethge sowie ein weiterer Soldat gefallen. Sieben andere erlagen in den nächsten Tagen ihren Verwundungen. Sie wurden gemeinsam mit 18, teilweise unbekannten Kriegstoten auf dem Friedhof in

Soldatengräber auf dem Friedhof in Welle

Soldatengräber auf dem Friedhof in Tostedt

Britische Panzer im stark zerstörten Hollenstedt, 20. April (IWM)

Tostedt bestattet. Am nächsten Tag teilten sich die britischen Angriffskräfte in zwei Gruppen. Die eine besetzte nach vorangegangenem Luftangriff die Ortschaft Hollenstedt, die andere griff im Zuge der R 75 in Richtung Buchholz an. Sie stieß jedoch bereits bei Trelde auf einen neuen deutschen Verband, der erstmals an dieser Stelle sicher nachgewiesen ist. Es handelte sich um das Panzervernichtungs-Bataillon des Korvettenkapitäns Peter-Erich Cremer.

Der Kapitän mit Ritterkreuz war Kommandant des U-Bootes „U 2519“, das zusammen mit einigen anderen bei Blom & Voss zur Reparatur im Dock lag. In der ersten Aprilwoche hatte Cremer den Auftrag erhalten, aus den wartenden U-Boot-Besatzungen und dem Personal des U-Boot-Stützpunktes Hamburg ein Bataillon aufzustellen. Korvettenkapitän

Korvettenkapitän Peter Erich Cremer führte ein Panzervernichtungs-Bataillon.

Cremer bildete aus den ca. 300 U-Boot-Soldaten zwei Kompanien, die von den Kapitänleutnants Peschel und Thäter geführt wurden. Innerhalb der Kompanien wurden 16 Mann starke Panzervernichtungstrupps gebildet, deren Führung jeweils ein Offizier übernahm. Über die Ausbildung zur Panzernahbekämpfung notierte der Diesel-Maat Walter K. in sein Tagebuch: „Ein einziger Tag Ausbildung hat aus einem U-Boot-Mann einen Landser gemacht. Am folgenden Tag hat man mich mit der Panzerfaust bekanntgemacht. Am dritten Tag Pistolenschießen. Ausgerechnet am Freitag, dem 13. April, kommen wir in Stellung. Wir werden hin- und hergeschoben." Die Kompanie-Thäter wurde südwestlich, die Kompanie-Peschel südsüdostwärts von Hamburg eingesetzt. Von beiden Kompanien wurden offenbar einige Vernichtungstrupps dem Feind entgegengeschickt. Jedenfalls notierte Walter K.: „Am 17. April, um 10.30 Uhr der erste Angriff von 15 Panzern der Tommys. Neben mir liegt Obersteuermann Glowka. Mein Kamerad Kokscht wird schwer verwundet." Auf den ersten Blick scheint diese Notiz fragwürdig, denn am Vormittag des 17. April standen die britischen Angriffsspitzen noch bei Soltau. Allerdings enthält die Kriegschronik der Stadt auch hierzu einen bemerkenswerten Hinweis. Pastor Schmidt berichtet von U-Boot-Soldaten, die gegen 18.00 Uhr ins Pfarrhaus gekommen waren und erzählt hätten, daß sie mit 16 Mann bei nur zwei eigenen Verlusten die Briten den ganzen Tag lang am Kuhbach, hart nordwestlich Soltau, aufgehalten und hierbei einen Panzer und zwei Lkw abgeschossen hätten. Jetzt sei aber nichts mehr zu machen. – Über diese Soldaten urteilte Pastor Schmidt: „. . .die Leute machten einen ganz ruhigen und sachlichen Eindruck." Wenn aber die Panzervernichtungstrupps des Korvettenkapitäns Cremer, dem sie den Spitznamen „Ali" gegeben hatten, bis Soltau vorgegangen waren, dann ist auch nachvollziehbar, wer die Panzerfaustschützen bei Höckel waren, und warum ein Leutnant zur See in Tostedt gefallen ist.

Am Morgen des 19. April hatten sich die Panzerfaustschützen von Höckel zurückgezogen. Ungehindert rollten die Panzer der 1. „Royal Tanks" nach Norden. Teile der 8. „Hussars" marschierten von Tostedt nach Nordosten. Im Schnittpunkt des britischen Vormarsches lag die kleine Siedlung Trelde. Eigentlich wollte Korvettenkapitän Cremer hier erstmals nachhaltig verteidigen. Aber diesem britischen Zangenangriff konnte er keinen ernsthaften Widerstand entgegensetzen. So gingen seine U-Boot-Soldaten zu Fuß langsam kämpfend auf der R 75 in Richtung Harburg zurück. In Trelde war es daher nur zu geringfügigen Kampfhandlungen gekommen. Deutsche Soldaten sind jedenfalls nicht gefallen. Dennoch ist auf dem Gemeindefriedhof Trelde-Kakenstorf die damals 24jährige Flak-Helferin Marianne D. beigesetzt. Ihr Todesdatum ist jedoch unbekannt.

Die nächste Ortschaft, auf die die britischen Panzer am 19. April stoßen mußten, war Steinbeck. Da bereits seit Tagen mehrere Gruppen abgekämpfter deutscher Soldaten durch den Ort in Richtung Harburg weitermarschiert waren, hofften die Steinbecker auf eine kampflose Besetzung. Aber diese Hoffnung trog. Bereits am frühen Vormittag waren junge Marinesoldaten, vermutlich ein Panzerjagd-Kommando, sowie ein gutes Dutzend meist älterer Flak-Soldaten erschienen, um sich zur Verteidigung am Ortsrand einzurichten. Die Bevölkerung wehrte sich und bat dringend: „Geht nur rüber in den Stuvenwald! Hier wird nicht verteidigt! Glaubt Ihr, wir wollen zu guter Letzt unser Leben aufs Spiel setzen?" Aber die Soldaten, die in Steinbeck vermutlich einen Teil des äußeren Hamburger Verteidigungsringes bilden sollten, ließen sich nicht beirren. Dennoch setzten sich einige in den hart nördlich gelegenen Stuvenwald ab, andere baten um Rasierzeug, „. . .um sich einigermaßen sauber in Gefangenschaft zu begeben." Die meisten von ihnen verschanzten sich am Ortsrand. Gegen 15.00 Uhr griffen die „Royal Tanks" und das Infanterie-Bataillon der 1./5. „Queen's" an. Die Bevölkerung flüchtete in die Keller und lauschte ängstlich auf den Gefechtslärm. Die Steinbeckerin Ursula B. erinnerte sich später: „Es knisterte und knatterte draußen. Es war, als ob es dunkel wurde. Unsere Kühe brüllten im Stall. Wir wußten nicht, was wir machen sollten und liefen aus dem Keller raus. Wir kamen aber nur bis in den Flur und flohen wieder zurück in den Keller. Hier warteten wir einige Stunden. Der Kampf wurde heftiger. Geschosse spritzten gegen unsere Hauswände. Fenster klirrten. Keiner von uns sprach, nur ich fragte leise meine Mutter: ‚Ist es bald vorbei?'" Gegen 17.30 Uhr wurde Steinbeck besetzt. Im Ort waren sechs Gebäude abgebrannt und 21 deutsche Soldaten gefallen; die meisten von ihnen in unmittelbarer Nähe der Gaststätte Stöver – heute „Zur Eiche" – im Ortskern von Steinbeck. Sie hatten sich dort vorwiegend hinter einer Steinmauer gegen die angreifenden Briten verteidigt. Unter den Gefallenen waren zwei Leutnants, zwei Marinesoldaten und zwei Polizeiwachtmeister. Zum überwiegenden Teil gehörten sie jedoch zu den verschiedensten Flak-Einheiten. Sie wurden gemeinsam in einem Sammelgrab in der Nähe der Gaststätte Stöver beigesetzt. Einer der jüngsten war der 19jährige Matrose Karl-Heinz Kleeboth. Nur wenige deutsche Soldaten gerieten in Gefangenschaft. Unter ihnen auch die beiden, die sich nur „einigermaßen sauber" ergeben wollten. Die britischen Panzer stießen noch am selben Tage bis zur Autobahn nach Dibbersen vor und besetzten den Ort kampflos. Am 20. April marschierten sie auch in Buchholz und Jesteburg ein. Dort gibt es eine ausgedehnte Grabanlage mit 94 Kriegs-

Matrose Karl-Heinz Kleeboth fiel am 19. April 1945 in Steinbeck.

Grabstätte in Steinbeck

Kriegsgräber auf dem Friedhof in Jesteburg

toten. Der größte Teil von ihnen erlag seinen Verwundungen im örtlichen Lazarett. Bei zirka 30 der Gefallenen muß angenommen werden, daß sie an den Gefechten südlich Hamburg teilgenommen haben. Am äußersten linken Flügel der „Desert Rats" kam es zu einigen kurzen, aber heftigen Kampfhandlungen. Als eine Kompanie der 8. „Hussars" von Hollenstedt nach Osten auf Holtorfsbostel vorging, wurde sie von einem nicht näher bestimmbaren deutschen Ersatztruppenteil unter Feuer genommen. Ein Hauptmann, ein Oberleutnant, ein Feldwebel, ein Unteroffizier und ein Obergefreiter fielen. Sie ruhen zusammen mit fünf Unbekannten auf dem Gemeindefriedhof in Regesbostel. Britische Verluste sind nicht bekannt. Das 1. Bataillon der „Rifle Brigade" stieß auf Neu-Wulmstorf vor und traf hierbei in Daerstorf auf deutschen Widerstand. Dort war die bereits zum inneren Verteidigungsring gehörende 20. Panzer-Ersatzkompanie eingesetzt. Aber diese Panzersoldaten verfügten über keinen einzigen Panzer. Sie hatten nur Gewehre und wurden von einem einzigen 8.8 Flak-Geschütz unterstützt. Trotzdem berichten die Briten von einem „harten Gefecht in Daerstorf", wo die erste Kompanie ihres 1. Bataillons in Nahkämpfe verwickelt wurde. Nach mehreren Stunden war der Ort endlich in britischer Hand. Sie hatten hierbei nur einen einzigen Mann verloren. Auf deutscher Seite waren hingegen neun Soldaten gefallen. Sie alle wurden auf dem Gemeindefriedhof in Hittfeld bestattet. Im britischen Angriffszentrum erfolgte gegen Mittag entlang der R 75 der Vorstoß des 5. „Dragoon Guards"-Panzer-Regiments zusammen mit den 1./5. „Queen's". Vor ihnen befand sich nur noch ein Panzerjagd-Kommando und eine Gruppe der 7. Kompanie des SS-Bataillons 12. Die SS-Soldaten hatten in drei Nachtmärschen und nur auf Nebenstraßen gerade den kleinen Ort Lürade erreicht, als dort ihr

Grabstätte in Regesbostel

Kriegsgräber auf dem Friedhof in Hittfeld

Kompaniefeldwebel mit warmer Verpflegung eintraf. Sie legten eine Marschpause ein und wollten mit der Essenausgabe beginnen, als die Panzer der 5. „Dragoon Guards" in die Ortschaft fuhren. Die deutsche Bataillons-Chronik berichtet: „Während man noch die Essenkanister öffnet, erscheinen unerwartet Panzer auf der Bildfläche und bestreichen mit ihren verdammten Explosivgeschossen die Landstraße. Die Grenadiere reißen die rückwärtigen Fenster auf und verlassen fluchtartig den Gastraum. Über einen endlos erscheinenden Acker erreicht man schließlich unversehrt die ersten Häuser von Appelbüttel." Ganz zutreffend kann diese Schilderung nicht sein, denn am 20. April fielen in Lürade jeweils drei SS- und Volkssturmsoldaten sowie je ein Angehöriger von Flak und Marine. Alle acht wurden später auf dem Friedhof in Hittfeld beigesetzt.

Auf dem rechten Flügel der „Desert Rats" konnte das 11. Panzeraufklärungs-Regiment bis Stelle vorstoßen und dabei mehr als 60 Gefangene machen. Diese gehörten sicherlich größtenteils zu der Panzervernichtungs-Kompanie des Kapitänleutnants Peschel. Ebenfalls am 20. April besetzte die Masse des „Inns of Courts"-Aufklärungs-Regiments die Ortschaft Winsen an der Luhe. Diese Aufklärer gehörten zu der bereits nördlich Lüneburg stehenden 11. U.K. Panzer-Division. Ihre Grenze zu den „Desert Rats" verlief zwischen Stelle und Winsen/Luhe.

Am 21. April gab es an Hamburgs Südfront nur wenig Bewegung. Am linken britischen Flügel besetzte eine Aufklärungs-Kompanie die kleine Ortschaft Moisburg. Die britische Chronik berichtet darüber: „. . .der dortige Bürgermeister, ein glühender Nazi, ersparte allen eine Menge Schwierigkeiten, indem er auf eine Giftphiole biß und tot zu Boden fiel." Im britischen Angriffszentrum schoben sich die 131. Infanterie-Brigade sowie die Masse der 22. Panzer-Brigade und das 9. Bataillon der „Durham Light Infantry" noch dichter an Harburg heran. Hierbei wurde auf deutscher Seite die Autobahn-Straßenbrücke bei Maschen gesprengt. Der Ort selbst konnte fast kampflos besetzt werden. Die „Inns of Courts" schickten einige Spähtrupps bis Hoopte und standen somit direkt an der Elbe. Die britische Front reichte von dort über Stelle und Maschen bis Vahrendorf und Daerstorf. Der Schlußangriff auf Hamburg mußte eigentlich unmittelbar bevorstehen. Aber er blieb aus. Auch am nächsten Tag besetzte ein gemischter britischer Verband lediglich Buxtehude. Zu Kampfhandlungen kam es hierbei nicht. Die Briten machten jedoch einige hundert Gefangene. Im übrigen verhielten sich die „Desert Rats" jedoch ungewöhnlich ruhig. Das war auffällig, denn gerade ihr Kommandeur, General Lyne, hatte seine Division seit dem Aller-Übergang bei Rethem unablässig vorwärts gedrängt. Der Grund für den plötzlichen Stillstand lag nun aber gerade in diesem ungestümen Vorwärtsdrang. Lyne hatte nämlich hierbei seine Kräfte aufgesplittert. Seine gesamte 155. Brigade sowie die Masse von zwei Panzer-Regimentern und die neu zugeführte 160. Brigade standen noch im Raum Soltau im Gefecht mit der Kampfgruppe des Oberst Grosan. General Lyne verfügte somit nur noch über eine halbe Division, nämlich über zwei Brigaden und zwei Aufklärungs-Regimenter. Diese Kräfte schienen ihm für einen Angriff zu schwach. Auch General Ritchie, Kommandeur des XII. britischen Korps, konnte nicht helfen. Er hatte ebenfalls keine Reserven mehr. Selbst Feldmarschall Montgomery, der bisher nur mit militärischem Überfluß geführt und gewonnen hatte, befand sich in einem taktischen Patt. Er hatte seinen Schwerpunkt eindeutig an seinem äußersten rechten Flügel südlich Lauenburg gebildet. Dort versammelte sich seit dem 19. April neben den drei Divisionen des VIII. Korps die neu unterstellte 5. Infan-

Gesprengte Autobahnbrücke bei Maschen, 21. April (IWM)

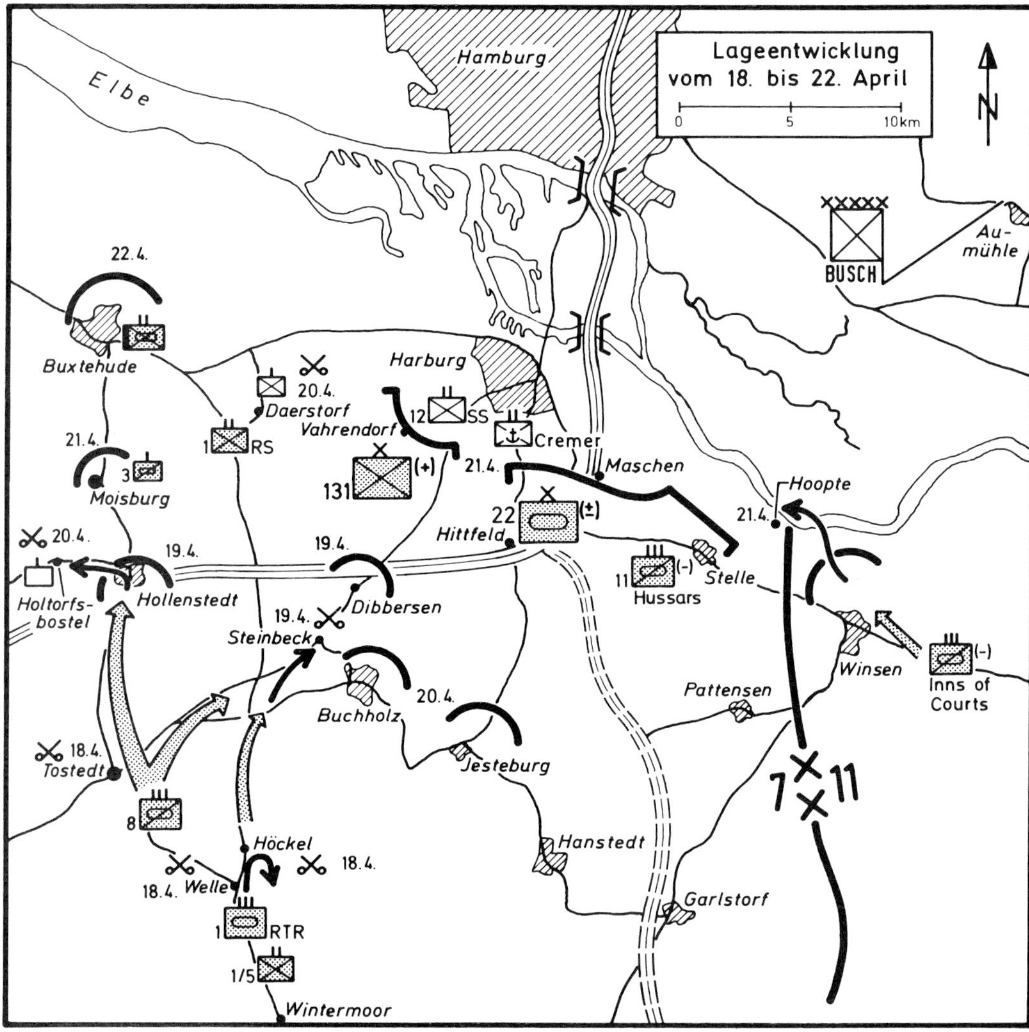

terie-Division, die seit knapp einer Woche aus Italien zugeführt worden war. So standen auf einer Frontbreite von 40 Kilometern vier Divisionen im Karree. Trotzdem gliederte Montgomery nicht um. Sein vorrangiges Angriffsziel war Lübeck. Unter allen Umständen wollte er dort vor der Roten Armee sein, um ihr den Weg nach Schleswig-Holstein zu verlegen. Hamburg konnte also warten. Was zu dieser Operationsplanung jedoch so gar nicht paßte, war die sehr zeitaufwendige Angriffsvorbereitung, die ganze zehn Tage in Anspruch nahm. Die bröckelige deutsche Front, die auf dem nördlichen Elbufer stand, hätte er mit einem Mindestmaß an Risikobereitschaft jederzeit und an jeder beliebigen Stelle durchstoßen können. Aber Montgomery versuchte das nicht. Vielleicht aus Vorsicht und militärischer Gründlichkeit. Vielleicht aber auch aus Gründen eines komplizierteren Kalküls. Er wollte zwar vor den Sowjets in Lübeck sein, aber auch nicht zu früh. Je stärker nämlich der Druck der Roten Armee aus Osten wurde, um so leichter mußte der britische Angriff aus Süden werden. Aber diese These ist wohl eine zu gewagte militärische Spekulation. Sicher ist nur, daß vom 21. bis 29. April an der Elbe zwischen Hamburg und Bleckede wenig geschah. Dafür gab es jedoch hinter der ruhig gewordenen britischen Front einige Bewegung. Dort hatten nämlich inzwischen nachgeführte, entsprechend vorbereitete Einheiten die Regierungsgewalt in den Städten und Landkreisen übernommen. In Soltau war zum Beispiel Oberstleutnant A. R. Martin Chef der Kreismilitärregierung geworden. Kurz nach Übernahme seiner Dienstgeschäfte wurde ihm die Entdeckung mehrerer Massengräber gemeldet. Alle lagen entlang der Bahnstrecke von Soltau nach Norden. In den Gräbern waren offensichtlich erst seit kurzem verstorbene KZ-Häftlinge beerdigt. Die Zahl der Opfer betrug in Wolterdingen 269, in Schneverdingen 62, in Wintermoor 156 und in Handeloh 64. Insgesamt waren es 551 Tote, die Oberstleutnant Martin zunächst von Frauen und Kindern, später von männlichen Einwohnern der jeweiligen Ortschaft freilegen ließ. Er befahl außerdem, einfache Holzsärge herzustellen, ließ die Frauen Kränze binden und veranlaßte eine würdige Beisetzung auf den Gemeindefriedhöfen. Für Martin gab es keinen Zweifel, daß die Ortsansässigen in

Oberstleutnant Martin mit zwei Soltauer Ärzten vor den Särgen der KZ-Toten, 25. April. (IWM)

irgendeiner Weise am Tod der KZ-Häftlinge schuldig waren. Er wußte zunächst nicht, daß von Neuengamme KZ-Züge nach Belsen gefahren waren, die Hauptsturmführer Kramer von dort zurückgeschickt hatte. Irgendwann, vermutlich um den 17. und 18. April herum, lagen diese Züge mit Tausenden von Häftlingen zwischen Wolterdingen und Handeloh fest. Die britischen Panzerverbände waren in Soltau und Höckel. Die Bahnlinie war somit abgeschnitten. Die meist kranken und bereits sehr geschwächten Häftlinge hatten Verpflegung für drei Tage. Diese war schnell aufgebraucht. Die Zivilbevölkerung, die von diesen Zügen Kenntnis hatte, blieb nicht teilnahmslos. In einigen Fällen wurden den Häftlingen Kartoffeln, Magermilch und Wasser gebracht. Die Wachmannschaften, die aus älteren SS-, aber auch Wehrmachtsangehörigen bestanden, ließen die Bevölkerung gewähren. Eine zusätzliche Gefahr für die KZ-Züge stellte die britische Luftwaffe dar. Eine der Häftlinge berichtete: „Ich hörte Flugzeugebrumm, dann Geknatter, und im Nu war um uns die Hölle los . . . Im Zug hat es vier Tote und mehr als zwanzig Verletzte gegeben." Ein anderer Häftling schrieb: „Ein englisches Flugzeug, das diesen Zug für einen Truppentransport hält, bestreicht den Zug auf ganzer Länge mit Maschinengewehrfeuer. Es gibt weitere Tote nach so vielen anderen. Unsere Wächter verließen voller Schrecken ihre Posten, um im Bahnhof oder im nahen Dickicht Dekkung zu suchen. Einige Häftlinge nutzen die Panik aus, sammeln ihre letzten Kräfte, um die Flucht zu versuchen, und auch sie verschwinden ins Dickicht. Aber die Posten haben sie wieder gefangen und eröffnen das Feuer auf sie." Weitere Einzelheiten stellt die Dokumentation „KZ-Züge auf der Heidebahn" dar. Allerdings konnten auch durch diese die genauen Todesdaten der zwischen Wolterdingen und Handeloh ruhenden KZ-Häftlinge nicht bestimmt werden.

Obwohl die Briten vor den Toren Hamburgs für ein paar Tage zur Ruhe übergegangen waren, bestand für die Bevölkerung kein Grund zu der Hoffnung, daß für sie der Krieg vorbei wäre. Irgendwann würden die Briten zum letzten Angriff antreten. Die Hansestadt war ihrerseits auf die Verteidigung vorbereitet. Kampfkommandant war der Flak-Generalmajor Wolz. Ihm unterstanden immerhin zahlreiche Volkssturmverbände, die 3. Flak-Division, das Regiment des Oberst Eckart – zu dem auch das Panzervernichtungs-Bataillon-Cremer zählte – sowie das Marine-Bataillon des Eichenlaubträgers Korvettenkapitän Emmermann und die Reste des SS-Bataillons 12, dessen Soldaten seit ihrem Einsatz im Ostenholzer Moor den Namen „Panzerteufel" trugen. Insgesamt sollen es über 20.000 Mann gewesen sein, die Wolz zur Verteidigung der Hansestadt zur Verfügung standen. Diese zunächst sehr hochgegriffene Zahl relativiert sich jedoch, wenn man berücksichtigt, daß das großflächige Stadtgebiet ebenso wie die weitläufigen Hafenanlagen zu sichern waren. Letztendlich waren die im äußeren Verteidigungsgürtel eingesetzten Kräfte vergleichsweise schwach. Südlich von Harburg traten zum Beispiel neben nicht näher bestimmbaren Flak- und Polizeieinheiten ausschließlich das Panzervernichtungs-Bataillon-Cremer und das SS-Bataillon 12 in Erscheinung. Neben den immerhin zahlenmäßig starken militärischen Kräften ließen auch die Sprengvorbereitungen an den Elbbrücken und Teilen der Hafenanlagen auf die Verteidigung der Stadt schließen.

Die auf ca. 1,2 Millionen Menschen geschrumpfte Bevölkerung sah dem Kommenden mit banger Sorge entgegen. Schließlich war Hamburg die durch Bombenangriffe am meisten getroffene Stadt Norddeutschlands. Fast 50 Prozent aller Wohnungen, nämlich 277.330, waren total zerstört, während nur ca. 20 Prozent

Grabstein auf dem Friedhof in Wolterdingen

Grabkreuz auf dem Friedhof in Schneverdingen

Grabstein auf dem Friedhof Wintermoor

Grabstein auf dem Friedhof in Handeloh

unbeschädigt geblieben waren. Die Zahl der Bombentoten wurde seinerzeit mit 70.000 angegeben. Die neuere Geschichtsschreibung spricht hiergegen jedoch nur noch von 45.000. Aber Hamburg steht mit dieser Reduzierung nicht alleine.

Die Luftangriffe auf Dresden im Februar 1945 forderten nach den ehemals gültigen Angaben des amerikanischen State Department 250.000 Todesopfer. Seit neuestem sollen es nur noch 35.000 Tote gewesen sein.

Die schlimmsten Bombenangriffe hatte Hamburg bereits 1943 über sich ergehen lassen müssen. Die britischen Bomber hatten ihre tödliche Last nicht einfach fallen lassen. Sie taten es mit System. Sie warfen zunächst Sprengbomben, die alle Fensterscheiben zerspringen ließen, dann folgten die Brandbomben, mit denen sie einen weiträumigen Feuerkreis legten. In dessen Zentrum entstand ein Feuersturm, der mit einer Geschwindigkeit von 75 Metern pro Sekunde einem Hurrikan gleichkam. Tausende von Hamburgern verglühten in der mörderischen Hitze. Die verkohlten Leichen schrumpften hierbei auf eine Länge von ca. 1,30 Meter. Wem die Zahl der Hamburger Bombenopfer unwichtig erscheint, dem reicht dann vielleicht auch in diesem Falle das Prinzip.

Außerdem hatten die Bomber sicherlich nicht zufällig auf die Hamburger Arbeitergebiete gezielt. Manche Historiker vermuten, daß hierdurch Unruhen im Stil von 1918 hervorgerufen werden sollten. Aber solche Annahmen sind wohl irrig, denn auch die Briten wußten, daß die deutschen Männer an der Front waren; Frauen und Kinder konnten damals keine Unruhen stiften. Vielmehr sollte durch den Bombenterror in der Heimat die Moral der Frontsoldaten gebrochen werden.

Die ehemaligen Brandflächen sind heute nur noch an den später entstandenen Neubaugebieten wie Hamm, Horn, Rothenburgsort, Barmbek und Eidelstedt zu erkennen. Nach den ersten deutschen Luftangriffen auf London hatte der „Hamburger Anzeiger" im Dezember 1940 geschrieben: „. . .London gleicht einem feuerspeienden Vulkan . . ." Seither hatten die Briten mit tödlicher Münze zurückgezahlt. Über Hamburg-Blankenese jedoch, das von ihnen nie bombardiert worden war, hatten sie Flugblätter abgeworfen, auf denen zu lesen war: „Blankenese wollen wir schonen, dort wollen wir später wohnen."

Der Turm der Hamburger St.-Michaelis-Kirche inmitten der Trümmerwüste

Opfer des Feuersturms

Ungeachtet der örtlichen Verhältnisse hatte Hitler im Anschluß an eine Lagebesprechung in Berlin dem Generalfeldmarschall Busch, als Oberbefehlshaber „Nord-West“, und dem höchsten Hamburger NS-Funktionär, Gauleiter Kaufmann, am 3. April befohlen, daß die Hansestadt als Festung auszubauen und bis zum Letzten zu verteidigen sei. Für den Generalfeldmarschall hat es offenbar keinen Zweifel an der Verbindlichkeit dieses Befehls gegeben. Auch rein militärisch gesehen lag die Notwendigkeit, Hamburg verteidigen zu müssen, auf der Hand, denn die Stadt bildete das Zentrum der Heeresgruppe Nord-West. Der Verlust von Hamburg mußte daher automatisch den Zusammenbruch der von Busch zu führenden Verteidigung nach sich ziehen. Während der Generalfeldmarschall daher mit allen Mitteln um die „Festung-Hamburg“ kämpfen wollte, war der Kampfkommandant der Hansestadt, Generalmajor Wolz, längst zu einem anderen Entschluß gekommen. In einem Bericht vom 10. 6. 1945 schrieb er: „Bei Übernahme des Kommandos war ich mir persönlich völlig im Klaren, dass ich es angesichts der gesamten Kriegslage niemals zu einer ernsthaften Verteidigung Hamburgs kommen lassen würde.“ Auch Gauleiter Kaufmann dachte ähnlich. In einer Sitzung im Gauhaus, die etwa am 20. April stattfand, erklärte er nahezu wörtlich: „Ich werde nichts tun, was ich nicht mit meinem Gewissen vereinbaren kann, und was sich gegen die Interessen der Hamburger Bevölkerung auswirken könnte.“ Diese Äußerung des Gauleiters hatte Folgen. Generalmajor Wolz berichtete: „Auf dem Parteiwege gelangte jedoch . . .die Absicht des Gauleiters, die Stadt kampflos zu übergeben, in weite Kreise der Öffentlichkeit. . . Schon an einem der nächsten Tage erschien der Generalfeldmarschall Busch bei mir und erteilte mir in scharfer Form den Auftrag, die Stadt Hamburg bis zum letzten Mann zu verteidigen. In einer etwa 1½ Stunden dauernden Unterredung hatte ich Gelegenheit, dem Generalfeldmarschall die entsetzlichen Folgen vor einem Kreis von Offizieren vorzutragen.“ Erwartungsgemäß ließ sich Busch von Wolz jedoch nicht umstimmen, vielmehr mußte der Kampfkommandant von Hamburg nunmehr befürchten, abgelöst und durch einen anderen, „loyaleren“ Offizier ersetzt zu werden. Wolz schrieb wörtlich: „Ich habe daher von diesem Zeitpunkt an nur mehr den wilden Mann gespielt, damit ich nicht abgelöst und irgend jemand anderes als Kampfkommandant von Hamburg eingesetzt würde.“ Wie Generalmajor Wolz seine Rolle als „wilden Mann“ spielte, schilderte er später ebenfalls: „Am 25. 4. 1945 trat durch den schnellen Verlust der Allerlinie und durch das Ausweichen der schwachen Teile der Armee Blumentritt nach Osten die Gefahr ein, dass Hamburg früher als es der allgemeinen Lage entsprach, durch vorpreschende Teile des Feindes zur Kapitulation aufgefordert wurde. Ich war

Gauleiter Karl Kaufmann wollte die Verteidigung Hamburgs unter allen Umständen verhindern.

mir klar darüber, dass die Kapitulation Hamburgs unweigerlich die Aufgabe von Schleswig-Holstein und Dänemark und daher erhebliche militärische und politische Folgen nach sich ziehen würde. Es war notwendig, für mich noch einige Tage Handlungsfreiheit zu behalten, und so begann ich mit einem schnell zusammengestellten Regiment aus Marine, Polizei und Luftwaffe den Kampf gegen die gegen Hamburg vordringenden Teile der 7. englischen Panzerdivision, und zwar bei der Ortschaft Heckel. Diesen Kampf führte das Regiment sehr erfolgreich, denn es schoss fast 40 feindliche Panzer ab."

Entgegen den bisher zutreffenden Schilderungen des Generals ist der zuletzt zitierte Teil seines Berichts von bemerkenswerter Fehlerhaftigkeit: Die Aller-Linie ging nicht am 25., sondern bereits am 13./14. April verloren. Die Armee–Blumentritt war nicht nach Osten, sondern nach Norden, „günstigstenfalls" nach Nordosten ausgewichen, wenn man damit die Celler Nebelwerfer des Generals Tzschökell meint. Das Regiment aus „Marine, Polizei und Luftwaffe" war das Regiment des Oberst Eckart. Dieses kämpfte jedoch nicht am 25. April oder gar danach gegen die „vordringenden Teile" des Feindes, sondern bereits am 18. April. Die Ortschaft, bei der dies geschah, hieß auch nicht Heckel, sondern Höckel. Bleiben die „fast 40 feindlichen Panzer". Nirgendwo, noch nicht einmal bei Uelzen, haben die Briten derartige Verluste gehabt, obwohl dort noch recht panzerstarke deutsche Kräfte zum Einsatz kamen. Es ist, vor allem bei der seinerzeit üblichen britischen Vorsicht, absolut undenkbar, daß sie bei Höckel derartige Ausfälle auch nur annähernd riskiert hätten. In ihrer Divisions-Chronik wird zwar von deutschen Panzerfaustschützen bei Höckel, aber auch von dem sofortigen Ausweichen des 1. „Royal Tank Regiment" berichtet. Möglicherweise konnte der britische Spitzenzug abgeschossen werden, und vermutlich ist auch der in der Nähe stehende deutsche „Tiger" erfolgreich zum Schuß gekommen. Aber „fast 40 feindliche Panzer" können es nur durch eine bewußte Falschmeldung oder durch einen Übermittlungsfehler gewesen sein. Einer, der damals an verantwortlicher Stelle dabei war, Korvettenkapitän Cremer, sagte noch Jahrzehnte später sehr überzeugt: „Die Abschußmeldungen waren Propaganda. Sie sollten Mut machen. Wir U-Boot-Männer haben insgesamt ca. zehn feindliche Panzer bewegungsunfähig geschossen, vielleicht auch etwas mehr. Der Rest ist Legende."

Trotz all dieser Irrtümer und Falschmeldungen ist jedoch richtig, daß General Wolz am 25. April zwei militärische Aktionen südlich von Hamburg befohlen hatte, von denen eine die blutigste wurde, die es im Vorfeld der Hansestadt überhaupt gegeben hat. Er selbst hat hierüber nicht berichtet. Allerdings war am 27. April 1945 in einer Hamburger Zeitung zu lesen: „Zur Lage im Groß-Hamburger Raum südlich der Elbe am gestrigen Donnerstag teilt die zuständige militärische Kommandobehörde mit: Erfolgreiche eigene Erkundungen im Raum Ehestorf–Vahrendorf.. . . Ein Feindpanzer wurde vernichtet. Der Feind hatte Verluste. Außerdem wurden 21 Gefangene aus dem Regiment ‚Devon' eingebracht, das zu der englischen Infanterie-Brigade (mot) 131 und somit zur 7. englischen Panzerdivision gehört. Eine gegen Hoopte angesetzte gewaltsame Aufklärung hat gute Erfolge gezeitigt. Der Feind ist im Raum Hoopte–Stöckte–Winsen mit Schwerpunkt bei Winsen mit starken Infanterie- und schwächeren Panzerkräften versammelt." Entgegen der Zeitungsmeldung, an der wiederum einiges unrichtig war, hatte General Wolz auch nicht „Erkundung im Raum Ehestorf-Vahrendorf" befohlen, sondern Angriff auf Vahrendorf. Der Befehl war an das SS-Bataillon des inzwischen zum Sturmbannführer beförderten Peinemann ergangen. Dieser soll über den Angriffsbefehl nicht besonders erfreut gewesen sein, was verständlich erscheint, denn auch in den Harburger Wäldern lagen seine Soldaten weit auseinandergezogen. Reguläre Reserven hatte er nicht. General Wolz schickte ihm zwei Sturmgeschütze der 8. Fallschirmjäger-Division, die sich gerade nördlich Hamburg sammelte. Ursprünglich war diese Division mit unbekannter Stärke für den Einsatz bei Lauenburg vorgesehen, zumal hier in Kürze der britische Angriff über die Elbe erwartet wurde. Außerdem meldeten sich vom Flak-Turm in Wilhelmsburg einige Offiziere, die erklärten, daß sie den Angriff mit einem Feuerschlag ihrer 8.8- und 10.5 Geschütze eröffnen würden. Nach einem kurzen Blick ins Gelände meldeten sie sich mit der Erklärung ab, daß in der kommenden Nacht nur nach Plan geschossen werde. Einen Beobachter brauchten sie daher nicht zurückzulassen. Die SS-Soldaten fanden sich damit ab und waren zufrieden, überhaupt von der Flak unterstützt zu werden. Das war sicherlich ihr erster von zwei entscheidenden Fehlern; schließlich hatten sie ohne Flak-Beobachter nur ein einziges Mal die erforderliche Feuerunterstützung. Später nicht mehr, egal, wie ihr Angriff sich entwickeln würde.

Sturmbannführer Peinemann gab der dicht vor Vahrendorf liegenden 7. Kompanie unter Führung von Untersturmführer Früh den Befehl zum Angriff. Dieser sollte um 01.10 Uhr am 26. April beginnen. Neben der Wilhelmsburger Flak sollte er von einigen 20 mm Geschützen der in der Nähe liegenden Marinesoldaten und vom MG-Zug der 4. Kompanie unterstützt werden. Außerdem hatte Früh immerhin noch die beiden Sturmgeschütze. Der junge SS-Offizier machte seine Lagebeurteilung. Vom Feind wußte er lediglich, daß sich eine britische Einheit in ca. Kompaniestärke in Vahrendorf befand. Wegen des regelmäßigen Kfz-Verkehrs auf der Straße nach Sottorf waren dort eine weitere Kompanie oder auch ein Gefechtsstand zu vermuten. Bei Alvesen sollte ein Artillerie-Bataillon in Stellung sein. Jedenfalls schoß es aus dieser Gegend seit einigen Tagen regelmäßig kurz vor dem Dunkelwerden. Man hatte sich an diesen „Gute-Nacht-Gruß“ bereits gewöhnt und ging zeitgerecht in Deckung. Früh wußte dagegen nichts von der britischen Infanterie-Kompanie westlich des Kieke-Berges und der mit Schützenpanzern ausgerüsteten Kompanie nordwestlich von Sottorf. Zusammen mit einer weiteren, 1,5 Kilometer südlich von Sottorf stehenden Infanterie-Kompanie gehörten die britischen Kräfte zum 2. Bataillon des „Devonshire Regiment“. Frühs Kompanie war mit unerfahrenen, sehr jungen Soldaten aufgefüllt worden. Es waren ca. 30 Mann aus der „Germania-Kaserne“ in Hamburg-Langenhorn. Sie gehörten

Untersturmführer Heinz Früh, hier noch als Oberfähnrich, war Chef der 7. Kompanie, SS-Bataillon 12.

zum SS-Bataillon 18, das gerade mit letzten Teilen südwestlich der Hansestadt Bremen von der 3. britischen Infanterie-Division aufgerieben wurde. Eigentlich hatten die 30 jungen Soldaten dorthin gewollt, da aber alle Straßen nach Bremen längst von den Briten beherrscht wurden, hatte nichts nähergelegen, als sich umgehend beim nächsten SS-Truppenteil zu melden. So waren sie zu Früh gekommen, der am Abend des 25. April den Angriffsbefehl an seine drei Züge gab: Der I. Zug sollte zunächst den Kieke-Berg besetzen und Vahrendorf anschließend von Nordwesten angreifen. Der II. Zug sollte beiderseits der Straße nach Vahrendorf vorgehen. Der III. Zug sollte den Ort südlich umgehen und dann von Südwesten angreifen.

Befehlsgemäß begann der Angriff am 26. April, um 01.10 Uhr mit dem Flak-Feuer aus Wilhelmsburg. Vermutlich lag es zu weit, denn es konnte vom Waldrand nicht beobachtet werden. Als es nach wenigen Minuten aufhörte, ging die 7. Kompanie des SS-Bataillons 12 vor. Es war der letzte Angriff von Soldaten der SS-Panzergrenadier-Division „Hitler-Jugend". Der im Norden angreifende I. Zug hatte fast 1.000 Meter Ackerland zu überwinden, bevor er den bewaldeten Kieke-Berg erreichte. Als er aber von dort aus nach Südosten, in Richtung Vahrendorf eindrehen wollte, kam es zum Feuerkampf mit der inzwischen alarmierten 1. Kompanie der „Devonshires". Die SS-Soldaten lieferten sich mit den Briten ein erbittertes Waldgefecht und fielen somit für den eigentlichen Angriff auf Vahrendorf aus. Weitere Einzelheiten sind nicht bekannt. Auch nicht, wieviel Deutsche fielen. Mindestens waren es jedoch drei. Einer von ihnen war der gerade 17 Jahre alt gewordene Peter P. In seinem letzten Brief aus Marklohe bei Nienburg schrieb er: „Mir geht es gut, wir liegen hier im Dorf wieder in einer Schule, können jede Stunde weg kommen, liegen in höchster Bereitschaft . . . Na, wie viele Lämmer habt Ihr? Brüten die Gänse schon, und wie geht es sonst zu Hause? . . .Sonst ist die Landschaft genau dasselbe wie zu Hause, ungefähr derselbe Boden, nur es ist hier schon alles viel weiter, die Leute sprechen alle plattdeutsch. Viele Grüße an Mutter . . ."

Der II. Zug konnte schnell in Vahrendorf eindringen und drei Briten gefangennehmen, die mit Bewachung zurückgeschickt wurden. Untersturmführer Früh richtete im Gasthaus Ehrhorn seinen Gefechtsstand ein. Zunächst schien sein Unternehmen gelungen zu sein. Allerdings hatte er noch keine Verbindung zum I. und III. Zug. Auch der II. Zug hatte höchstens ein Drittel von Vahrendorf besetzt. Endlich rappelte ein Sturmgeschütz in die Ortschaft. Kurz nach der Gaststätte wurde es von einer britischen Panzerfaust ausgeschaltet. Es begann ein hartnäckiger Häuserkampf. Aber mit einem Zug junger SS-Soldaten ließ sich die britische Infanterie-Kompanie nicht aus der Ortschaft werfen; schon lange nicht bei Nacht. Der III. Zug hatte Vahrendorf inzwischen im Süden umgangen. Kurz nach dem Löschteich drang er in mehrere Häuser ein, die offenbar fluchtartig von den Briten verlassen worden waren. In der Chronik der „Panzerteufel" ist über diesen Moment jedenfalls zu lesen: „Da man gebratene Ente nicht jeden Tag bekommt, hebt ein allgemeines Schmausen an. Auch die Navy-Cuts schmecken besser als unsere schwarzen Zigaretten." Die jugendliche Freude über die Enten und Navy Cuts konnten jedoch nichts daran ändern, daß das Ortszentrum noch immer von den Briten beherrscht wurde. Eine Verbindung zwischen dem II. und III. Zug bestand ebenfalls nicht. Auch vom I. Zug, der am Kieke-Berg noch im Feuerkampf stand, war noch nichts zu sehen. Um seine Kompanie wieder zu sammeln, ließ Untersturmführer Früh Signalmunition verschießen. Aber auch das nutzte nichts. Er befahl daher einem Spähtrupp, ins Ortszentrum vorzudringen. Unterscharführer Finkler rückte mit seiner Gruppe ab. Von Ferne röhrten britische Panzermotoren. Oberstleutnant Brind, Kommandeur des „Devonshire"-Bataillons, hatte eine Panzer-Kompanie als Verstärkung angefordert und seiner 3. Kompanie, die bereits durch einen Panzer-Zug verstärkt war, den Gegenangriff auf Vahrendorf befohlen. Aber auch die 2. Kompanie seines Bataillons gab sich in Vahrendorf durchaus nicht geschlagen. Als sie ihre Panzer kommen hörte, ging sie gegen den Gefechtsstand der SS-Kompanie vor. Hierbei traf sie auf den Spähtrupp-Finkler. Der Unterscharführer fiel mit einem Feuerstoß in der Brust. Seine Gruppe kämpfte sich zum Gefechtsstand zurück. Dieser war wenig später von den Briten halbkreisförmig umstellt. Zu diesem Zeitpunkt, ca. gegen 03.00 Uhr, brannten in Vahrendorf mehrere Gebäude, denn von Alvesen schoß die britische Artillerie mit beobachtetem Feuer auf den ostwärtigen Ortsrand. Als das zweite Sturmgeschütz der Fallschirmjäger-Division versuchte, von Norden in den Ort einzudringen, wurde es vom ersten „Sherman"-Panzer abgeschossen. Der III. Zug des Unterscharführers Borowski, den nur noch 200 Meter von seinem Kompaniechef trennten, hatte den ersten „Sherman" dicht herankommen lassen. Als dieser das Duell gegen das Sturmgeschütz gewonnen hatte, fuhr er weiter. Zugführer Borowski brachte ihn mit einem Panzerfausttreffer zum Stehen. Zwei weitere Panzerfäuste vernichteten ihn endgültig. Die Besatzung war auf der Stelle tot. Inzwischen war ein zweiter „Sherman" dicht an den abgeschossenen herangefahren; vermutlich, um der Besatzung das Ausbooten zu ermöglichen. Der gerade 18jährige Otto R. hielt diese Situation für seine Chance. Über deckungsarmes Gelände lief er dem „Sherman" mit einer Panzerfaust entgegen. Als er endlich auf 30 Meter heran war und in Anschlag ging, hämmerte das britische Bord-MG los. Der SS-Soldat R. fiel, bevor er geschossen hatte. Der „Sherman" jagte noch einige Granaten ins Dorf und rollte dann langsam zurück. Untersturmführer Früh nutzte das wenig. Offenbar konnte eine Verbindung zwischen seinem II. und III. Zug nicht hergestellt werden, und der I. Zug kämpfte noch immer irgendwo auf dem Kieke-Berg. Außerdem dämmerte es. Von Südwesten rappelten erneut Panzerketten. Früh mußte zurück, bevor ihn die gesamte Wucht des britischen Gegenangriffs traf. Er ließ die vereinbarten Leuchtsignale für den Rückzug schießen. Sein Kompanietruppführer, Oberscharführer Eberhard Köpke, erinnert sich: „Als es gerade zu dämmern begann, gingen wir gemeinsam mit dem II. Zug beiderseits der Straße zum Waldrand zurück." Auch vom I. Zug wichen mehrere Soldaten aus, die meisten gerieten jedoch in britische Gefangenschaft. Kurz vor Sonnenaufgang befand sich somit nur noch der III. Zug im Südwestteil von Vahrendorf. Aber auch dieser war nicht mehr komplett. Die Gruppe des Unterscharführers Schneider hatte ebenfalls bereits den Rückzug angetreten. Übriggeblieben waren noch insgesamt 19 Mann mit den Unterscharführern Lindner und Borowski. Lindner wollte noch nicht ausweichen. Er schickte einen Melder in Richtung Kompaniegefechtsstand. Aber der Melder kehrte nicht zurück. Vermutlich ist er dort gar nicht angekommen. Die Geräusche von Panzerketten waren nahe. Im Ortskern von Vahrendorf deutete Maschinengewehrfeuer noch immer auf die Anwesenheit von Briten hin. Die SS-Unterführer erkannten die Hoffnungslosigkeit ihrer Lage und entschlossen sich zum Rückzug. Hierbei nahmen sie den gleichen Weg wie beim Anmarsch; sie gingen am Südrand von Vahrendorf zurück. Sie taten das geschlossen. Niemand deckte diesen Rückzug. Dieser Fehler war verhängnisvoll. Als plötzlich aus einem nahen Dachfenster ein britisches MG schoß, warfen sich alle 19 SS-Soldaten in einen flachen Graben,

III. Zug, 7. Kompanie des SS-Bataillons 12 im März 1945 in Marklohe.
Das Foto befand sich im Uniformrock eines Gefallenen.

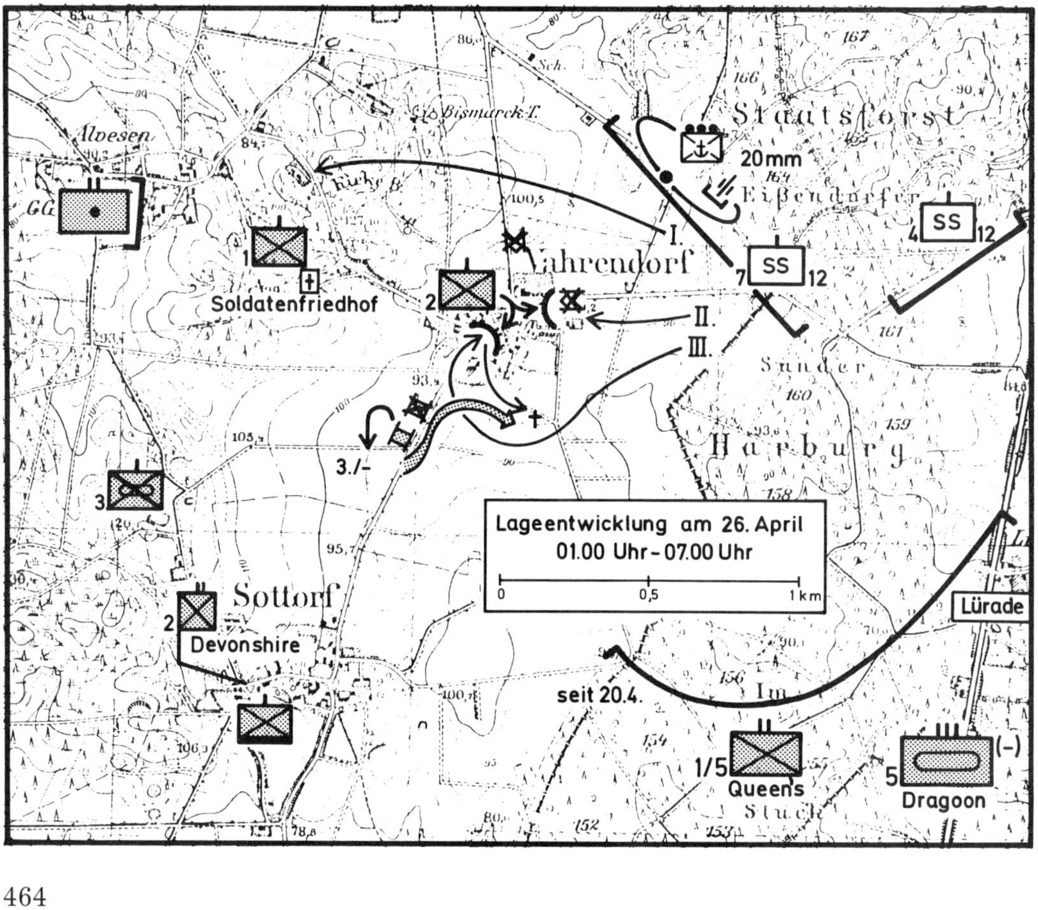

der parallel zum Weg verlief. Was dann geschah, ist mehrfach beschrieben worden. In jedem Falle überlebten nur zwei deutsche Soldaten diese Situation. Einer von beiden war Borowski. Er berichtete nach dem Krieg: „Man kann sich nicht bewegen, ohne das MG-Feuer auf sich zu ziehen. Deshalb weiß auch keiner, was hinter ihm vorgeht. Das MG schießt pausenlos. Ab und zu schreit einer auf vor Schmerz. Einer betet ununterbrochen das Vaterunser. Ein anderer springt auf, fällt aber sofort getroffen gegen den Stacheldrahtzaun. Der Körper wird von Kugeln durchlöchert. Uscha. Lindner hat einen Bauchschuß und liegt im Sterben. Als Borowski sich an der Spitze der Gruppe eine bessere Deckung suchen will, wird ihm von einer MG-Garbe das linke Bein förmlich abgeschossen. Mit letzter Kraft erreicht er eine schützende Mulde. Zeitweise ist er ohne Bewußtsein. Doch erkennt er noch, wie sich von Sottorf 16 englische Schützenpanzer nähern und die Besatzung an der Wegeeinmündung absitzt. Ein hünenhafter Sergeant, der ‚John Bull' gerufen wird, marschiert an der Spitze. In der Hand hält er einen großkalibrigen Colt. Aber keiner der 19 Mann steht auf. Sie sind anscheinend schon tot oder verwundet. Ab und zu hört Borowski einen Schuß. Die verwundeten Kameraden werden von ihren Schmerzen erlöst. Plötzlich springt Grenadier Schadow, der hinter Borowski liegt, auf und schreit um Hilfe. Er erhält einen Schuß in den Hoden und bricht zusammen. Uscha. Lindner wird getötet. Borowski schwimmt in einer Blutlache. Er merkt noch, wie man ihm seine Uhr abnimmt, dann verliert er das Bewußtsein. Erst auf einer Tragbahre erwacht er und sieht auf dem englischen Verbandplatz seinen Kameraden Schadow wieder. Die beiden sind die einzigen Überlebenden der Gruppe."

Oberscharführer Eberhard Köpke, hier noch als Unterscharführer, war Kompanietruppführer der 7. Kompanie.

Gegen Mittag des 26. April sammelte Untersturmführer Früh den Rest seiner 7. Kompanie. Es waren noch ungefähr 30 Mann. Das Unternehmen Vahrendorf hatte fast 120 Soldaten gefordert. Später stellte sich heraus, daß ca. 70 Mann in Gefangenschaft geraten waren. Die anderen waren gefallen. Aber neben den SS-Soldaten und den Fallschirmjägern hatten auch die Marine-Geschützbedienungen einige Ausfälle. Als sie mit ihren 20 mm Kanonen den Kampf unterstützen wollten, hatten sie sehr schnell das Feuer der britischen Artillerie in Alvesen auf sich gezogen. Mindestens fünf von ihnen fielen.

Kurz nach dem Krieg trieb es den ehemaligen SS-Soldaten Wolfgang B. zurück nach Vahrendorf. Er hatte auch zu jener 7. Kompanie gehört, die dort aufgerieben worden war. Von den Einwohnern erfuhr er zunächst, daß im Ort selbst 17 SS-Angehörige gefunden und in einem Sammelgrab beigesetzt worden waren. Später hörte er von einem britischen Soldaten, daß es in einem ehemaligen Bombentrichter auf dem Hof des Bauern W. noch weitere Gefallene geben müsse. Wolfgang B. fand den Hof und den inzwischen zugeschütteten Bombentrichter mit weiteren 17 Toten. Eine Hausangestellte lieferte wenig später mehrere Soldbücher ab, die sie in einer Regentonne gefunden hatte. Wem sie gehört hatten, war nicht mehr feststellbar. Mit Hilfe der Bevölkerung und einer in britischen Diensten stehenden „Deutschen Dienstgruppe“ legte Wolfgang B. auf dem Kieke-Berg einen Friedhof an. Auf diesem ruhen seither 47 Personen: Ein serbischer Kriegsgefangener, ein unbekannter Volkssturmmann, vier Angehörige der 8. Fallschirmjäger-Division, fünf Marinesoldaten, 19 SS-Soldaten und 17 Unbekannte. Über die mögliche Todesursache der 17 Unbekannten ist in der Gegend von Vahrendorf viel erzählt worden, vor allem, nachdem der Bericht des ehemaligen Unterscharführers Borowski bekannt geworden war. Auch das „Hamburger Abendblatt“ schrieb darüber. Allerdings wurde da von Genickschüssen und dem Bericht eines wiederum unbekannten Überlebenden gesprochen. Letzte Klarheit konnte in die damaligen Vorgänge jedoch nicht gebracht werden. Daher wurden 1964 die Gräber von einer deutschen Kommission geöffnet. Der anwesende Arzt soll bei vielen der Beigesetzten drei Brusteinschüsse festgestellt haben, woraus wiederum auf Exekutionen geschlossen wurde. Das damals gefertigte Protokoll ist noch vorhanden, aber nicht zugänglich. Am 27. und 28. April 1945 verstarben im Buchholzer Lazarett noch drei weitere Angehörige des SS-Bataillons 12. Sie waren vermutlich verwundet in britische Gefangenschaft geraten und wurden später mit 62 anderen Kriegstoten auf dem Buchholzer Friedhof beigesetzt. Somit hatte der Nachtangriff auf Vahrendorf mindestens 49 deutschen Soldaten das Leben gekostet. Die britischen Verluste betrugen ca. sechs Gefallene.

Die zweite Aktion, die Generalmajor Wolz am 25. April neben dem Angriff auf Vahrendorf befohlen hatte, war ein „Gewaltsames Unternehmen“ gegen Hoopte. Der in dem kleinen Elbe-Dorf befindliche Feind sollte vernichtet werden. Der Angriffsbefehl erging hierzu an den Korvettenkapitän Peter Erich Cremer. Dieser gab ihn an die im Raum Allermöhe liegende Kompanie des Kapitänleutnants Peschel weiter und verstärkte sie gleichzeitig durch ortskundige Reichsarbeitsdienst- und Flak-Soldaten unter Führung eines Leutnant Niemann. Die Kompanie bestand somit aus vier Offizieren sowie 90 Unteroffizieren und Mannschaften. In Hoopte befand sich zu diesem Zeitpunkt eine Infanterie-Kompanie des 1. Bataillons „Herefordshire Regiment“ sowie ein Panzer-Zug mit vier „Cromwell“, vermutlich von dem „Inns of Courts Regiment“. Der noch vorhandene Gefechtsbericht dieses

Soldatenfriedhof auf dem Kieke-Berg

Soldatengräber auf dem Buchholzer Friedhof

Unternehmens läßt eine sehr klare Rekonstruktion der Kampfhandlungen zu. Zunächst überquerte Peschels Kompanie die Elbe mit Fischerkähnen; vermutlich in der Nähe von Warwisch-Rosenweide. Dann teilte sie sich. Leutnant Niemann sollte mit 18 Mann auf Fliegenberg vorgehen und von Nordwesten einen Scheinangriff auf Hoopte führen. Sobald die Briten hierauf reagierten, hatte Oberleutnant z. S. Fiebig mit einem 55 Mann starken Stoßtrupp von Südwesten in Hoopte einzudringen.

Leutnant z. S. Ulrich Noack: „Ich siege oder falle für Euch."

Eine besonders wichtige Aufgabe fiel der dritten Einsatzgruppe zu. Diese hatte die Straßengabel südostwärts der Ortschaft zu besetzen, um sowohl einen britischen Ausbruch aus Hoopte als auch das Zuführen weiterer Kräfte aus Winsen zu verhindern. Führer dieser 20 Mann starken Gruppe war Leutnant z. S. Ulrich Noack. Sein Vater war Generalmajor beim Oberkommando der 2. Armee an der Ostfront, seine Mutter und sein 10jähriger Bruder lebten in Rathenow in der Mark Brandenburg. Der sowjetische Angriff auf die Stadt begann am 25. April.

Der Leutnant, der sich im Herbst mit der Hamburgerin Marion G. verloben wollte, hatte am 10. April den Befehl für den Landeinsatz erhalten. Noch am selben Tag beendete er sein Tagebuch mit mehrseitigen Eintragungen. Diese gleichen Abschiedsbriefen: „Jetzt ist der Augenblick gekommen, wo dieses kleine Heft

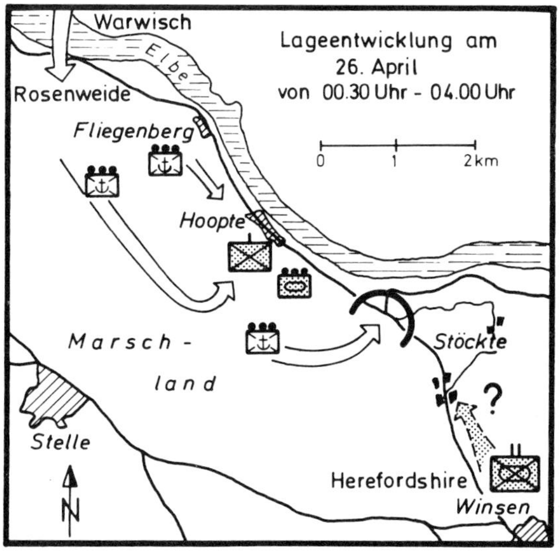

Grab des Leutnants z. S. Ulrich Noack in Winsen/Luhe

abgeschlossen werden muß . . . – Marion, warte auf mich. Wenn Du morgen Abend hier ankommst, werden wir weg sein. Wie gerne hätte ich Dich noch mal in meine Arme genommen.

Vater, Dein Sohn ist Infanterist . . . – Meine Mutter ist mein bester Freund. Ich verdanke ihr alles was ich bin . . . – Mein lieber kleiner Bruder! Gab es je größere Bruderliebe, wie zwischen uns? – Lebt alle wohl, Ihr Lieben! – Ich siege oder falle für Euch . . .“

Der deutsche Operationsplan und der daraus resultierende Kräfteansatz waren schulbuchmäßig. Unzureichend war hingegen die Feuerunterstützung. Kapitänleutnant Peschel konnte zwar über Funk Flak-Feuer anfordern, aber auch ihm fehlte ein artilleristischer Beobachter. Wie bei Vahrendorf konnte auch auf Hoopte nur nach Karte geschossen werden. Darüber hinaus verfügten die Marinesoldaten nur über Gewehre, Panzerfäuste und Handgranaten. Maschinengewehre fehlten völlig. Kurz nach Mitternacht hatte die Gruppe-Niemann die erste unbeabsichtigte Feindberührung. Ein zu weit vorgeschickter Spähtrupp traf am Nordwestrand von Hoopte auf einen britischen Vorposten. Zwei Briten fielen, die anderen alarmierten ihre Kameraden. Zu diesem Zeitpunkt war der Stoßtrupp des Oberleutnants z.S. Fiebig noch mehr als einen Kilometer von Hoopte entfernt. Der Marineoffizier trieb seine Männer an, denn im Dorf wurde es lebendig. Weithin hörbar starteten Panzermotoren. Außerdem besetzten die „Herefordshires“ ihre gut ausgebauten MG-Stellungen. Peschel rief das Artilleriefeuer ab, das jedoch nur mit zwei Salven auf den Ort traf. Die anderen acht lagen zu kurz oder zu weit. Trotzdem verschaffte es den Deutschen die erforderliche Zeit, um in Hoopte einzudringen. Wenig später hämmerten zehn britische Maschinengewehre. Da aber der Himmel bewölkt war und es auch nirgendwo in Hoopte brannte, schossen die Briten nur auf Verdacht in die Dunkelheit. Deutsche Ausfälle gab es nicht. Vielmehr hatten sich nun die britischen MG-Nester verraten.

Drei von ihnen wurden mit Panzerfäusten ausgeschaltet. Als der Matrosen-Gefreite Stehlow ein Bündel von Handgranaten in das vierte MG-Nest schleuderte, fiel er in dessen letztem Feuerstoß. Während die britische Infanterie-Kompanie nun richtigerweise in den Scheunen und Gehöften blieb, rollten die vier „Cromwell“ über die Dorfstraße von Hoopte. Der erste wurde von zwei Panzerfäusten getroffen und brannte aus. Den zweiten „Cromwell“ traf Oberleutnant z.S. Fiebig ins Laufwerk. Der Panzer blieb liegen; ebenfalls der dritte, den der Maschinen-Gefreite Köhl bewegungsunfähig schoß. Der vierte und letzte „Cromwell“ wurde von einem unbekannten Panzerfaustschützen in Brand gesetzt. Der Schütze fiel. Peschel hatte somit nach knapp zwei Stunden mit ca. 70 Mann den Nordwestteil von Hoopte besetzt und alle vier britischen Panzer ausgeschaltet. Aber der Feuerschein der beiden brennenden erhellte die Dorfstraße und einige Vorgärten. Auf jeden deutschen Versuch, weiter in die Ortschaft einzudringen, antworteten die Briten mit gezieltem MG-Feuer. Kurzfristig trat eine Kampfpause ein. Peschel mußte erkennen, daß die Zeit nun gegen ihn lief. Irgendwann war mit dem britischen Gegenangriff aus Winsen zu rechnen. Wenn dieser auch von Leutnant z.S. Noack und seinen Männern verzögert werden konnte, so kam aber in ca. zwei Stunden die Morgendämmerung, die den Briten volle Feuerüberlegenheit bringen würde. Der Rückzug über das deckungsarme Marschland mußte sich dann als nahezu undurchführbar erweisen. Vermutlich gegen 03.00 Uhr gab der Kapitänleutnant den Befehl zum Ausweichen. Ob dieser Befehl auch die Gruppe an der

Straßengabel zwischen Hoopte und Winsen erreichte, ist unbekannt. Auch über die dortigen Kampfhandlungen gibt es keinerlei Berichte. Sicher ist nur, daß die Straße Winsen–Hoopte von britischen Fahrzeugen am 26. April, ab 10.00 Uhr ohne jede Behinderung benutzt werden konnte. Offenbar hatten sich auch die hier eingesetzten Marinesoldaten spätestens bei Beginn der Morgendämmerung zurückgezogen. Es war nur ein einziger Mann gefallen: Leutnant z.S. Ulrich Noack. Der 21jährige Marineoffizier wurde auf dem Winsener Gemeindefriedhof zur letzten Ruhe gebettet. Kapitänleutnant Peschel schrieb in seinem, noch am selben Tage erstellten Gefechtsbericht u. a.: „Die Kampfgruppe hatte kein Maschinengewehr und zu wenig vollautomatische Waffen. Hierdurch ist der volle Erfolg versagt geblieben, weil die feindlichen MGs nicht niedergehalten werden konnten."

Militärisch gesehen waren die Angriffe auf Hoopte und Vahrendorf recht fragwürdige Unternehmungen gewesen. Nicht nur, weil sie gescheitert sind. Auch wenn beide Orte zurückgewonnen worden wären, so hätte dies an der militärischen Situation der Hansestadt überhaupt nichts geändert. Der insgesamt verantwortliche Generalmajor Wolz konnte nunmehr jedoch eigene „Aktivitäten" und auch Panzerabschüsse melden. Er hoffte hierdurch, die ihm ständig drohende Ablösung als Kampfkommandant zu verhindern. Das hieß, er mußte eigene Verluste in Kauf nehmen, um das übergeordnete Ziel, die kampflose Übergabe der Stadt, zu erreichen.

Den ersten konkreten Anstoß, mit den Briten vor Hamburg in Verbindung zu treten, gab der Stabsarzt Dr. Otto Burchard. Der Mediziner war seit 1940 Soldat. Nach Verwundung an der Ostfront hatte er ein Heimatkommando erhalten. Zunächst war er Chefarzt im ehemaligen Freimaurer-Krankenhaus, bis er schließlich Mitte April 1945 den Auftrag erhielt, in den Harburger Phoenix-Werken ein Volkssturmlazarett einzurichten. Stabsarzt Dr. Burchard meldete sich bei dem Direktor des Werkes, Albert Schäfer, erläuterte seinen Auftrag und bekam die für diesen Zweck besonders gut geeigneten Kellerräume zugewiesen. Der Stabsarzt ging unverzüglich an die Arbeit. Als das Lazarett aufnahmebereit war und die ersten Verwundeten eingeliefert wurden, ließ er auf dem Flachdach des Verwaltungsgebäudes ein großes rotes Kreuz auf weißem Grund anbringen. Hierüber gab es mit Direktor Schäfer einige Meinungsverschiedenheiten, weil, wie Schäfer später schrieb, „ . . .im Werk noch gearbeitet wurde, jedenfalls täglich noch hunderte von Betriebsangehörige hier anwesend waren . . ." Eigentlich hätte also die Arbeit bei Phoenix wegen des „Roten Kreuzes" eingestellt werden müssen. Das hätte von der örtlichen Parteiführung jedoch als Sabotage ausgelegt werden können. Schäfer mußte also weiterarbeiten lassen. Burchard mußte seinerseits auf dem Schutz seiner mittlerweile auf 70 Personen angewachsenen Patienten durch das „Rote Kreuz" bestehen. Der Konflikt schien unlösbar, bis die ersten britischen Granaten auf dem Werksgelände einschlugen. Es waren sieben Stück, aber sie verursachten nur wenig Schaden. Für die britische Artillerie, die mindestens sechs Kilometer entfernt stand, war das umstrittene „Rote Kreuz" auf dem Flachdach der Phoenix-Werke ohnehin nicht auszumachen. Mit einer Wiederholung des Beschusses mußte also jederzeit gerechnet werden. So entschloß sich Stabsarzt Dr. Burchard kurzfristig, mit den Briten wegen seines Lazaretts Verbindung aufzunehmen. Obwohl er sich, wie die meisten Deutschen, noch immer an das System gebunden fühlte, hatte er andererseits eine probritische Grundeinstellung, die Familientradition war. Was ihn letztlich zur Kontaktaufnahme mit dem Feind veranlaßte, hat der als bescheiden geltende Mediziner später in einem Satz zusammengefaßt: „Mit den Engländern kann man reden, also muß ich es.“ Burchard ging jedoch zunächst zu Direktor Schäfer und weihte ihn in seine Absicht ein. Der Direktor stimmte vorbehaltlos zu und versprach Unterstützung. Dann suchte Burchard noch den anerkannten Völkerrechtler von Laun auf, um sich über Rechte und Pflichten eines Parlamentärs unterrichten zu lassen. Bei diesem Gespräch war auch der Sohn des Völkerrechtlers, Leutnant Otto Edler von Laun, anwesend, der sich erbot, Burchard als Dolmetscher zu begleiten. Der junge Offizier war mit seiner Einheit erst vor einigen Tagen aus Holland nach Hamburg gekommen und hatte hier zufällig seinen alten Schulfreund Hauptmann Dr. Gerhard Link getroffen. Link, ehemals Panzeroffizier an der Ostfront, gehörte jetzt zum Stab des Generalmajors Wolz. Er veranlaßte, daß auch v. Laun, als militärisch geprüfter Dolmetscher, diesem Stab zugeteilt wurde. Stabsarzt Dr. Burchard nahm das Angebot des jungen v. Laun, ihn begleiten zu wollen, also dankend an. Sodann bat er Generalmajor Wolz um Genehmigung seines Vorhabens. Der Kampfkommandant, der erstmalig die Gelegenheit sah, in recht unverfänglicher Weise zu den Briten Kontakt aufzunehmen, willigte unverzüglich ein und ließ am 28. April je einen Sonderausweis für Stabsarzt Dr. Burchard, Leutnant v. Laun und Direktor Schäfer ausstellen. In diesen Ausweisen stand u. a., daß der jeweilige Eigentümer „. . .im Auftrag des Kampfkommandanten von Hamburg wegen des Ortslazaretts Harburg verhandeln soll.“

Am Sonntag, dem 29. April, fuhren Burchard und v. Laun in Hamburg ab. Zum Erstaunen des Leutnants hielt ihr Wagen bei den Harburger Phoenix-Werken an und nahm Direktor Schäfer auf. v. Laun und Schäfer kannten sich bisher nicht. Der Direktor hatte mehrere Pläne des Werksgeländes dabei, auf denen die Lazarettkeller genau bezeichnet worden waren. Vor Verlassen der deutschen Linien wurden die Parlamentäre noch einmal angehalten. Leutnant v. Laun berichtete später: „Wir. . . mußten kurz vor der Hamburger Südfront durch einen SS-Abschnitt der Kampfgruppe ‚Panzerteufel‘ und uns, wie das die Frontlage erforderte und allgemein militärisch üblich war, bei dem dortigen Kommandeur melden. Dieser war ein höherer SS-Führer. Er war ziemlich kurz angebunden und man merkte ihm an, daß er nicht gerade ein Befürworter dieser Aktion war, aber er beugte sich dem Befehl. Wir besprachen Einzelheiten wegen des Passierens der Front. Er hat uns dabei zugesichert, daß die Bremer Chaussee, die wir benutzen wollten, bis über das Niemandsland hinaus nicht vermint sei und bis zu unserer Rückkehr mit Sicherheit nicht vermint werde. Dann ließ er uns passieren.“ Der ihm nicht bekannte „höhere SS-Führer“ war der Bataillonskommandeur, Sturmbannführer Peinemann, der vor

Hauptmann Dr. Gerhard Link gehörte zum Stab des Generalmajors Wolz.

Stabsarzt Dr. Otto Burchard

Phoenix-Direktor Albert Schäfer

Leutnant Otto v. Laun

vier Tagen auf Anordnung von Generalmajor Wolz den selbstmörderischen Angriffsbefehl auf Vahrendorf hatte geben müssen. Die Gefallenen seiner 7. Kompanie lagen zu diesem Zeitpunkt keine 2.000 Meter entfernt noch immer auf der Dorfstraße. Wie sollte Peinemann also „Befürworter dieser Aktion" sein, mit der nun auf einmal Verhandlungen mit dem Feind angestrebt wurden? Die Parlamentäre, die von alledem nichts wußten, marschierten zu Fuß auf der Reichsstraße 75 weiter nach Süden. Leutnant v. Laun schwenkte eine große weiße Fahne. Plötzlich wurde von britischer Seite das Feuer eröffnet. Die drei Parlamentäre suchten hinter dem ersten Gehöft von Lürade Deckung und wurden bald darauf von britischen Soldaten mit schußbereiten Waffen umringt. Als Gefangene wurden sie zum nächsten Kompaniegefechtsstand gebracht. Dort erfuhren sie, „. . .die SS habe in der vorhergegangenen Nacht unter Mißbrauch der weißen Parlamentärsfahne ein Spähtrupp-Unternehmen durchgeführt." Der ehemalige Leutnant v. Laun bedauerte in einem von ihm gehaltenen Vortrag noch 30 Jahre später, daß bisher noch kein Journalist bereit gewesen wäre, „diese kleine Episode" irgendwo zu erwähnen. Das ist allerdings verständlich, denn auf diese sogenannte Episode gibt es weder in britischen noch in deutschen Quellen einen direkten Hinweis. Außerdem ist es nach Lage der Dinge recht unwahrscheinlich, daß das SS-Bataillon 12 nach seinem Einsatz am 25./26. April noch zu irgendwelchen „Spähtrupp-Unternehmen" freiwillig bereit war. Wozu auch? Unerklärlich ist, daß die britische Infanterie auf drei, aufrecht auf der Straße gehende Männer mit mehreren Waffen das Feuer eröffnete und keinen davon verletzte. Trotz allem ist die Episode des Leutnants v. Laun sicherlich nicht ohne Hintergrund. Bei sehr genauer Betrachtung gibt es zwei Vorgänge beim SS-Bataillon 12, bei denen aber ausschließlich am 26. April, – also drei Tage zuvor –, eine weiße Fahne eine Rolle gespielt haben könnte. Die Bataillons-Chronik notierte für diesen Tag u. a.: „Am Abend suchen Sanitäter in der Dunkelheit noch einmal das Gelände vor dem Panzergraben nach Verwundeten ab, kehren aber ohne Erfolg zurück." Und an anderer Stelle ist zu lesen: „Von unserer Kampfgruppe wollten zwei Mann zum Tommy überlaufen, werden dabei aber gefaßt. Ein Schnellgericht verurteilt beide Grenadiere zum

Tode. Das Urteil wird aber nicht mehr vollstreckt." Die Sanitäter, vor allem aber die Überläufer, könnten weiße Fahnen benutzt und dabei aus britischer Sicht wie ein Spähtrupp ausgesehen haben. Absolut sicher ist diese Version natürlich nicht, aber sie ist wohl die wahrscheinlichste. Nachdem v. Laun den Briten in Lürade mühsam klargemacht hatte, daß sie „echte" Parlamentäre wären und auch entsprechend behandelt werden wollten, ging die Fahrt auf einem britischen Fahrzeug zum nächsten Gefechtsstand. Es war der des 1./5. Bataillons „Queen's Regiment" und lag vermutlich in Tötensen. Dort wurde zuerst Stabsarzt Dr. Burchard in den Gefechtsstand gerufen. In einem größeren Raum stand ein britischer Major, der von zwei anderen Offizieren flankiert wurde. Burchard nahm die Hacken zusammen und hob den rechten Arm zum „Deutschen Gruß". Mit einem lauten Schrei jagte der Major den Stabsarzt ins Freie. In mehreren Fällen hat sich die moderne deutsche Geschichtsbetrachtung sehr gründlich mit dem „Deutschen Gruß" des Stabsarztes befaßt und ihn als völlig unmöglich verworfen. Tatsächlich hatte sich Burchard jedoch nur vorschriftsmäßig verhalten, ebenso, wie er Grundstellung einnahm und das Hoheitsabzeichen mit dem Hakenkreuz an der Uniform trug. Aber der erhobene rechte Arm bedeutete für die Briten nun einmal eine enorme Provokation. Auch in dieser Hinsicht hatte Wolz seine Parlamentäre schlecht vorbereitet. Diese mußten nun erst einmal zur Strafe mindestens eine Stunde im Freien warten. Dann wurde v. Laun hereingerufen. Der Leutnant vermied jegliche Grußform und nickte nur mit dem Kopf, was den Briten offenbar recht war. Dann trug v. Laun die Bitte vor, auf das Lazarett-Gelände der Phoenix-Werke nicht mehr zu schießen. Der Major antwortete, die Deutschen hätten das auch gemacht und lehnte zudem ab, die Parlamentäre zu einem höheren Stab zu bringen. Die deutsche Aktion, an die General Wolz so viele Hoffnungen für die Hansestadt geknüpft hatte, schien damit endgültig gescheitert. Eigentlich wollte Leutnant v. Laun schon gehen, da fielen ihm die Briefe ein, die ihm der Stabsarzt während des Wartens vor dem britischen Gefechtsstand zugesteckt hatte. Diese Briefe waren von britischen Soldaten, die im Lazarett in den Phoenix-Werken lagen, geschrieben worden. v. Laun übergab sie an den selbstsicheren Major und schickte sich an, zu gehen. Aber da veränderte sich das Verhandlungsklima. Der deutsche Leutnant wurde zurückgehalten. Nach einigem Hin und Her wurden die deutschen Parlamentäre zum nächsten Gefechtsstand gefahren. Eigentlich war es der übernächste, denn sie wurden nicht erst zur 131. Infanterie-Brigade des Brigadier Spurling gebracht, sondern zum Gefechtsstand des Kommandeurs der „Desert Rats", zu Generalmajor Lyne, der seinen Gefechtsstand im Gasthaus „Hoheluft" bei Meilsen hatte. Natürlich empfing der General die deutschen Parlamentäre nicht persönlich. Das machte vielmehr Captain Martin Lindsay, der die Zusammenhänge jedoch sehr schnell erkannte und

Meyers Gasthaus „Hoheluft" bei Meilsen

unverzüglich Anweisung gab, die Phoenix-Werke weder mit Flugzeugen angreifen, noch mit Artillerie beschießen zu lassen. Er stellte dabei jedoch die Gegenbedingung, daß die Flak-Türme, die dort zum unmittelbaren Schutz der Elbbrücken standen, abgebaut würden. Die deutschen Parlamentäre, die diese Türme niemals bewußt zur Kenntnis genommen hatten, gaben ziemlich unverfroren hierzu ihre Zusicherung. Glücklicherweise haben die stark mit Flak-Geschützen bestückten Türme in Wilhelmsburg im weiteren Verlauf keine Rolle mehr gespielt, denn demontiert wurden sie von deutscher Seite nicht. Nachdem der offizielle Teil der Verhandlung vorbei war, wurden den deutschen Parlamentären zu Essen und zu Trinken und auch Zigaretten angeboten. Währenddessen ging Lindsay mit v. Laun in ein Nebenzimmer. Der Brite hatte aus v. Launs Soldbuch erkannt, daß dieser zum direkten Stab des Generalmajors Wolz gehörte. Nach einigem diplomatischen Geplänkel fragte Lindsay dann ziemlich direkt, ob v. Laun bereit sei, eine Kapitulationsaufforderung seines Divisionskommandeurs an Generalmajor Wolz mit zurückzunehmen. v. Laun lehnte ab, weil er sich nicht vorstellen konnte, daß Wolz zu diesem Zeitpunkt schon zu einer Kapitulation bereit wäre. Dennoch schlug er seinerseits vor, einen britischen Offizier zu General Wolz zu schicken, der die Kapitulationsaufforderung überbringen sollte. Nach kurzer Rückfrage bei General Lyne, der sich zwar auf dem Gefechtsstand befand, sich aber nicht hat sehen lassen, lehnte Lindsay v. Launs Vorschlag ab. Kurz darauf führte Lindsay ein ähnliches Gespräch mit Schäfer, wobei dieser versicherte, daß Gauleiter Kaufmann ganz sicher entschlossen sei, Hamburg nicht verteidigen zu lassen. Lindsay fragte noch nach der politischen Einstellung anderer leitender Männer sowie nach der Stimmung der Bevölkerung. Anschließend blieben die drei Parlamentäre unter militärischer Bewachung für die Nacht in einem geräumigen Zimmer zurück. Am nächsten Morgen wurde ihnen erklärt, daß der Zivilist Albert Schäfer entlassen sei, daß aber die beiden Offiziere, weil ihnen zu spät die Augen verbunden worden wären, noch dableiben müßten. Dann wurde Direktor Schäfer von Captain Lindsay in ein einzeln stehendes Zelt geführt.

Über das Folgende schrieb Albert Schäfer zwei Jahre später: „In diesem Zelt eröffnete er mir, dass während der Nacht Verhandlungen mit dem britischen Hauptquartier stattgefunden hätten, und dass er einen Brief habe, den er mir anvertrauen wolle, und den ich mit Sicherheit dem Kampfkommandanten von Hamburg, Herrn General Wolz, überbringen müsse. Er gab mir noch die mündliche Erklärung dazu ab, dass die britische Militärregierung kurzfristig jeden Moment bereit sei, in mündliche Verhandlungen einzutreten. Dann wünschte er mir Glück zu dieser Friedensmission, schenkte sich und mir ein Glas Whisky ein, welches wir dann auf baldiges Gelingen der Kapitulationsverhandlungen leerten. Zum Schluß erklärte er mir, dass er mich selbst bis an die Linie fahren werde, bat um Entschuldigung, dass er leider verpflichtet wäre, mir die Augen zu verbinden, aber liess mich nicht von einem Soldaten berühren, sondern verband mir die Augen selbst und fuhr mich dann persönlich zurück in die Kampflinie. Er stellte mich alsdann auf die Strasse, nahm mir die Binde ab und reichte mir eine Zigarette. Dann gab er mir die weisse Fahne, klopfte auf meine Schultern und sagte: ‚Nehmen Sie sich aber vor Ihren eigenen deutschen Minen in acht, welche überall auf Ihrem Wege zu den deutschen Linien gelegt sind.‘ Ich bin dann mit äusserster Vorsicht, mich vor der Berührung mit jedem Draht hütend, den Weg zwischen den beiden Linien zurückgegangen und wurde auf der anderen Seite von einem deutschen Posten in

Empfang genommen." Nachdem sich Schäfer kurz darauf bei General Wolz gemeldet und dieser den Brief von General Lyne gelesen hatte, sagte der Hamburger Kampfkommandant: „Das können die Herren Engländer bald haben", und entließ Schäfer mit einem freundlichen Händedruck.

Am 1. Mai wurden Stabsarzt Dr. Burchard und Leutnant v. Laun bis zu den vordersten britischen Stellungen in Lürade gebracht und durch Captain Lindsay ebenfalls sehr freundlich verabschiedet. Als die beiden Offiziere die deutschen Linien fast erreicht hatten, löste Dr. Burchard eine Sprengladung aus. Der Stabsarzt wurde durch mehrere Splitter in den Beinen leicht verletzt, konnte jedoch ohne fremde Hilfe weitergehen. Über diesen Vorfall wird in drei unterschiedlichen Quellen berichtet. In der einen heißt es, der Stabsarzt sei auf eine Schützenmine getreten. In diesem Falle hätte er einen Fuß verloren. In der anderen wird behauptet, er habe eine siebenfache Ladung von Tellerminen ausgelöst. Dies ist noch unwahrscheinlicher, denn die Detonation von ca. 50 Kilo Sprengstoff ist in unmittelbarer Nähe schon wegen des hohen Luftdrucks nicht zu überleben. In der Chronik der „Desert Rats" ist gar zu lesen: „. . . die beiden deutschen Offiziere . . . sprengten sich selbst in einem ihrer eigenen Minenfelder in die Luft." Sehr wahrscheinlich hat Stabsarzt Dr. Buchard über einen Stolperdraht eine Alarmladung ausgelöst, wie sie vor Infanteriestellungen zum Schutz vor Überraschungen üblicherweise angelegt wurden.

Gegen 15.00 Uhr meldeten sich beide Offiziere bei Wolz zurück und berichteten, daß die Briten innerhalb von 24 Stunden eine Antwort auf die Kapitulationsbedingungen erwarteten. Die hierzu erforderliche Parlamentärgruppe solle die britischen Linien bei Meckelfeld durchqueren. Nach einer letzten Besprechung mit Gauleiter Kaufmann setzte der Kampfkommandant von Hamburg ein Antwortschreiben an General Lyne auf. Hierin bedankte er sich zunächst für die Rücksichtnahme auf das Lazarett in den Phoenix-Werken, verwies aber auch auf die schwerwiegenden Folgen, die sich nach einer Kapitulation Hamburgs für Schleswig-Holstein, Dänemark und Norwegen ergeben mußten. Er schloß: „Trotzdem bin ich bereit, mit einem autorisierten Vertreter der 2. engl. Armee über eine etwaige Kapitulation Hamburgs Besprechungen zu führen. Ich bitte Sie, den beiden Offizieren Ort und Zeit der Besprechung mitteilen zu wollen." Die beiden von Wolz erwähnten Offiziere gehörten wiederum seinem engsten Stab an. Diesmal waren es der Major i. G. Andrae und Hauptmann Dr. Link, die in den frühen Abendstunden des 1. Mai bei Meckelfeld die britschen Linien überschritten und zum Gefechtsstand der 131. Infanterie-Brigade gebracht wurden. Dieser befand sich in der kleinen Ortschaft Klecken, im Gasthaus „Dorfkrug". Dort erfuhren die beiden Offiziere, daß General Lyne für die Kapitulationsverhandlungen autorisiert sei, und daß sich Generalmajor Wolz am nächsten Tag, um 21.30 Uhr an derselben Stelle einfinden solle, wenn er die Kapitulation abschließen wolle. Nach britischen Quellen ist jedoch zu vermuten, daß nur einer der beiden Offiziere zu dieser kurzen „Verhandlung" zugelassen worden war. Es dürfte der dienstgradhöhere, nämlich Major i. G. Andrae, gewesen sein. Abschließend soll sich Folgendes zugetragen haben: „Gerade als der Offizier gehen wollte, kam die erste Meldung von Hitlers Tod über den B.B.C. In der Überlegung, daß diese Neuigkeit General Wolz bei seinem Kapitulationsvorhaben ermutigen würde, berichtete ein Stabsangehöriger dem Deutschen, daß sein ‚Führer' tot sei. Nachdem das letzte Wort übersetzt worden war, brach der Deutsche in Tränen aus . . ." Am nächsten Tag, der die Entscheidung hinsichtlich der Kapitulation der Hansestadt bringen mußte, überschlugen sich die Ereignisse. Zunächst einmal mußte Generalmajor Wolz alle Truppenteile, die sich einer kampflosen Übergabe der Stadt widersetzen würden, aus dem Raum Hamburg entfernen oder ihr Eingreifen verhindern. Seine größte Sorge war die noch immer nördlich Hamburg in Versammlung befindliche 8. Fallschirmjäger-Division. Die Division, die unverständlicherweise noch nicht einmal mit Teilen gegen den britischen Brückenkopf bei Lauenburg angetreten war, unterstand nicht Wolz, sondern Generalfeldmarschall Busch. Sie konnte daher jederzeit zur Verteidigung der Hansestadt eingesetzt werden. Glücklicherweise meldete sich gegen 10.00 Uhr ein Generalstabsoffizier dieser Division bei Generalmajor Wolz, den dieser sehr gut kannte. Es war Major i. G. Bode, der früher einmal im Stab des jetzigen Kampfkommandanten Dienst getan hatte. Nach einer kurzen Lageeinweisung ver-

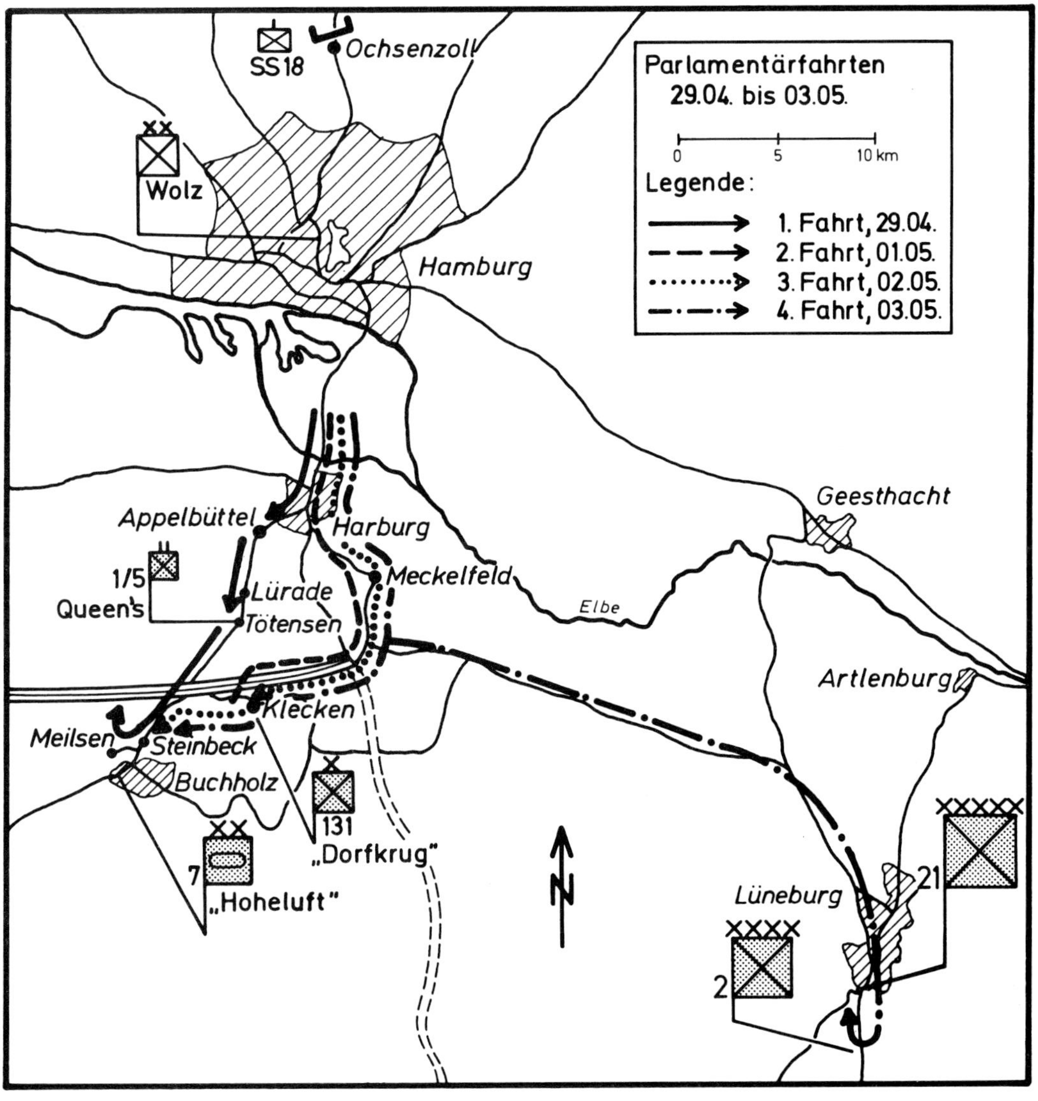

sicherte der Major, daß er alles tun werde, um einen Einmarsch seiner Division nach Hamburg zu verhindern, sofern dieser vorgesehen sei. Das nächstgrößere Problem sah Wolz im SS-Bataillon 12 und einigen Marineverbänden. Er berichtete hierüber: „Im Verlauf des Vormittags wurden dann die Befehle für das Herausziehen des SS-Verbandes ‚Panzerteufel', über dessen Verhalten bei der Kapitulation keine Klarheit bestand, befohlen. Da ich ausserdem wusste, dass die Marine sich hier mit ihren kämpfenden Teilen nicht ergeben wollte, wurde auch der Abmarsch verschiedener Marineverbände während der Nacht befohlen und geregelt. Um 11.00 Uhr (2. 5. 1945) traf dann der General der Flieger Köhler hier ein, um mich als Kampfkommandant abzulösen." Aber der Fliegergeneral dachte offenbar nicht an eine beschleunigte Amtsübernahme, zumal ihm die Hamburger Verhältnisse ziemlich verworren erscheinen mußten. Das hektische Durcheinander in der Befehlsstelle des Kampfkommandanten erreichte den Höhepunkt, als um 12.00 Uhr bekannt wurde, daß im Schaufenster einer Hamburger Zeitung am Gänsemarkt ein Flugblatt aushing, das in dem Satz gipfelte: „Das Schicksal des Krieges kann nicht mehr gewendet werden; der Kampf aber in der Stadt bedeutet ihre sinnlose, restlose Zerstörung." Das Flugblatt trug die Unterschrift des höchsten Hamburger NS-Funktionärs, des Reichsverteidigungskommissars und Gauleiters Karl Kaufmann. Es war als Extra-Ausgabe der Hamburger Zeitung deklariert und sollte erst unmittelbar vor dem Einmarsch der Briten verteilt werden. Seine verfrühte Bekanntgabe hielt Generalmajor Wolz damals für einen „Organisationsfehler der Partei". Dieser „Fehler", für den später ein Hans Erk die Verantwortung übernahm, setzte die verantwortlichen Männer unter unaufschiebbaren Zugzwang. Es gab nun kein Zurück mehr. Generalmajor Wolz schrieb: „Infolgedessen schrien die einen ‚Verrat', während bei den anderen, der überwiegenden Mehrheit, ein grosses Gefühl der Erleichterung, wenn auch noch vermischt mit erheblichen Zweifeln, zu verzeichnen war." Währenddessen rückten die kampffähigsten Einheiten aus dem Raum Hamburg ab. Die Panzervernichter des Korvettenkapitäns Cremer wurden als Wachbataillon-Cremer zu Dönitz nach Plön befohlen. Das SS-Bataillon 12 erhielt für seine restlichen Schützenpanzer erstmalig seit seinem Einsatz an der Weser Betriebsstoff in ausreichendem Umfang. Dann verlegten die geschundenen „Panzerteufel" in den Norden Hamburgs nach Quickborn und wenig später nach Bad Bramstedt. Dort wurden in den nächsten Tagen in den Nachbardörfern die Reste der Kompanien aufgelöst. Es wurden Entlassungsscheine ausgestellt und der letzte Sold verteilt. Meistens hielten die Kompaniechefs noch eine kurze Ansprache, in der der Gefallenen gedacht wurde. Einige sangen auch noch „Wenn alle untreu werden . . .", dann schüttelten sie sich die Hände und gingen auseinander. Das Panzergrenadier-Ausbildungs- und Ersatzbataillon 12 „Hitler-Jugend" bestand nicht mehr.

Einen anderen SS-Truppenteil hatte Generalmajor Wolz völlig unberücksichtigt gelassen, nämlich das SS-Bataillon 18 „Horst Wessel", dessen Standort die Germania-Kaserne in Langenhorn war. Verwunderlich war dies jedoch nicht. Wolz wußte, daß die Masse des Bataillons Ende März in Richtung Holland verlegt worden war. Er wird auch gewußt haben, daß etwa am 20. April weitere 400 Mann dieses Verbandes unter Führung von Hauptsturmführer Niemann in den Sachsenwald als Reserve des Korps–Witthöft abgerückt waren. Trotz allem gab es in der Germania-Kaserne noch ein ungefähr kompaniestarkes Nachkommando, das dem Hauptsturmführer Harms unterstand. Dieser meldete sich am frühen Nachmittag persönlich bei Generalmajor Wolz und fragte, wie er – wegen des Flugblattes – einzugreifen habe. Der General beschwichtigte ihn und erklärte, der Aufruf sei nur für den Fall gedruckt worden, daß die Reichsregierung die Kapitulation Hamburgs anordnen würde; er sei nur irrtümlicherweise ausgehängt worden. Harms mußte sich mit dieser Auskunft abfinden. Trotzdem richtete er sich an der nördlichen Stadtgrenze in Höhe von Ochsenzoll beiderseits der Reichsstraße 433 mit seiner Kompanie zur Verteidigung ein. Erst nach dem entschlossenen Eingreifen eines höheren Wehrmachtsoffiziers und des Vizepräsidenten Dr. Bock von Wülfingen konnte der Hauptsturmführer zum Abzug in Richtung Heide/Schleswig-Holstein veranlaßt werden. Dort ging er Tage später in britische Gefangenschaft.

An dem so ereignisreichen 2. Mai rief Großadmiral Dönitz zwischen 16.00 und 17.00 Uhr in der Hamburger Befehlszentrale an. Dieses Telefongespräch hatte für den noch amtierenden Kampfkommandanten einen völlig überraschenden Inhalt, klärte aber die Verhältnisse schlagartig. General Wolz erinnerte sich: „Gleichzeitig wurde in der telefonischen Aussprache klargelegt, dass General der Flieger Köhler das Kommando als Kampfkommandant von Hamburg nicht mehr antreten, sondern ich die Übergabe der Stadt durchführen sollte.“ Als Termin für die Übergabe nannte Dönitz den 3. Mai, 13.00 Uhr. Dies war auf die Stunde genau der Zeitpunkt, den auch Wolz und sein Stab bisher für die Übergabe vorgesehen hatten. Es sah ganz so aus, als ob die Hamburger Kapitulationsvorbereitungen nun auch die oberste Führung unter Druck setzten, das zu befehlen, was ohnehin nicht mehr zu verhindern war.

Leutnant Otto v. Laun, der die damaligen Ereignisse aus nächster Nähe mitverfolgt hatte, war noch Jahrzehnte nach dem Krieg der Auffassung: „Der mutige Entschluß der militärischen Führung Hamburgs, die Stadt zur Vermeidung sinnloser Blutopfer der fast schutzlosen Bevölkerung dem Feind kampflos zu übergeben, war nun eine Tatsache geworden, über die sich selbst die vorgesetzten Stellen nicht mehr hinwegsetzen konnten.“ Dieser in Hamburg verbreitete Irrtum ergab sich aus der Tatsache, daß man auch im Stab des Generalmajors Wolz keinen Überblick über die militärische Gesamtlage hatte. Es hätte jedoch auffallen müssen, daß in dem zitierten Telefongespräch von Dönitz ebenfalls befohlen worden war, den Briten eine Delegation unter Führung des Generaladmirals von Friedeburg anzukündigen. Das entscheidenste militärische Ereignis am 2. Mai 1945 in Norddeutschland war nämlich der Einmarsch der 11. U.K. Panzer-Division in Lübeck und damit das Erreichen der Ostsee. In seinen Erinnerungen „Zehn Jahre und zwanzig Tage“ beurteilte Großadmiral Karl Dönitz die norddeutsche Großlage nach der Besetzung Lübecks daher folgendermaßen: „Das Tor nach Westen war nicht mehr offen, von englischer Zustimmung hing es ab, ob Soldaten oder Flüchtlinge sich vor den nachdrängenden Russen in die englische Besatzungszone Schleswig-Holstein retten durften. Nur, um dem Strom der Flüchtlinge den Weg nach Schleswig-Holstein offen zu halten, war an der Elbe noch gegen Westen gekämpft worden. Jetzt, nachdem die Engländer Schleswig-Holstein in ihrer Hand hatten, war das sinnlos geworden. Ich gab daher Befehl, die Kapitulationsverhandlungen nach dem vorbereiteten Plan sofort aufzunehmen. Friedeburg sollte zunächst zu Montgomery gehen, die Kapitulation für den nordwestdeutschen Raum anbieten, und, sobald diese abgeschlossen war, zu Eisenhower fahren, um die Übergabe für den ganzen Westen zu erklären.“ Somit waren alle Bemühungen um eine kampflose Übergabe Hamburgs durch die militärischen Ereignisse überholt worden. Aus der

Rückschau, aber auch nur aus dieser, wird klar, daß auch ohne Gauleiter Kaufmann und ohne Generalmajor Wolz mit seinen Parlamentären eine Schlacht um Hamburg in keinem Falle stattgefunden hätte. Ihre Unternehmungen, die somit nur noch moralische Qualität, aber letztlich keinen praktischen Nutzen mehr für die Hansestadt hatten, erlangten jetzt jedoch für ganz Nordwestdeutschland eine entscheidende Bedeutung. Großadmiral Dönitz konnte nämlich die von den Hamburgern zu den Briten hergestellte Verbindung nunmehr zu einer möglichst schnellen Beendigung aller Kampfhandlungen im Westen nutzen. Er tat dies auch, weil er wußte, wie zeitraubend es werden würde, z. B. zu der in Lübeck stehenden 11. U.K. Panzer-Division eine dem britischen Protokoll entsprechende Verbindung herzustellen.

Am 2. Mai, gegen 21.30 Uhr ging Generalmajor Wolz bei Meckelfeld durch die britischen Linien. Ihn begleiteten Major i.G. Andrae, Hauptmann Dr. Link und Altbürgermeister Burchard-Motz, dieser stellvertretend für Gauleiter Kaufmann. Hauptsächlich ging es ihnen um die Kapitulation von Hamburg. „Nebenbei“, so glaubten sie, sollten sie noch den von Dönitz beauftragten Generaladmiral v. Friedeburg ankündigen. Die tatsächliche Gewichtung war jedoch letztlich anders. Generalmajor Wolz und seine Delegation wurden zunächst zum Gefechtsstand der 131. Infanterie-Brigade gebracht. Dort wurden sie von Brigadier Spurling empfangen, dem Wolz erst seine Kapitulationsbereitschaft zu versichern hatte. Dann ging die Fahrt weiter zum Kommandeur der „Desert Rats“, zu Generalmajor Lyne. Spätestens jetzt mußte den Deutschen klar werden, daß das britische Protokoll nicht nur umständlich war, sondern auch seine Tücken hatte. Zunächst verhandelte der britische Divisionskommandeur über alle Einzelheiten des britischen Einmarsches in die Hansestadt mit Generalmajor Wolz, schickte diesen jedoch zur Klärung der organisatorischen Maßnahmen von seinem Gefechtsstand „Hoheluft“ zum Gefechtsstand seines Brigadekommandeurs Spurling nach Klecken, in das Gasthaus „Dorfkrug“ zurück. Generalmajor Wolz schrieb hierüber: „Die Besprechung bei General Lyne ging zwischen 24.00 Uhr und 01.00 Uhr zu Ende und ich fuhr mit General Sperling (sic!) in dessen Hauptquartier zurück, wo er mich mit seinem Plan für den Einmarsch und für die Besetzung der Stadt vertraut machte. Da er meinen Rat für verschiedene Dinge erbat, machte ich ihm Vorschläge, die jedoch nicht berücksichtigt wurden.“ Damit war entschieden, daß die zweitgrößte Stadt des Deutschen Reiches nicht vor einer Armee, einem Korps oder wenigstens vor einer britischen Division kapitulieren sollte, sondern, daß hierzu eine Brigade reichte. Die 131. Infanterie-Brigade des Brigadier Spurling hatte die Ehre. Offiziell kommandierte er drei Infanterie-Bataillone, die zusammengenommen noch nicht einmal die Kampfkraft des Hamburger Volkssturms erreichten.

Um 05.00 Uhr war General Wolz wieder in seinem Befehlsbunker an der Rothenbaumchaussee. Zunächst meldete er von dort an Großadmiral Dönitz, daß Generaladmiral v. Friedeburg mit seiner Delegation um 08.00 Uhr auf Wunsch von General Lyne bei Meckelfeld sein solle. Ein weiterer Wunsch Lynes war, daß Wolz diese Delegation begleiten möchte. Wolz war daher sehr in Zeitnot. In großer Eile mußte er das Ergebnis der mehrstündigen Besprechungen in Befehle und Anordnungen umsetzen. Der britische Einmarsch sollte um 13.00 Uhr beginnen. Die Brücken sollten von der Polizei gesichert werden. Für die Bevölkerung herrschte ab 13.00 Uhr Ausgehverbot. Die Geschütze der Flak-Artillerie durften nicht gesprengt werden. Der Volkssturm sollte sich in Bereitstellungsräumen sammeln. Minen auf und beiderseits der britischen Vormarschstraßen mußten von deutschen Truppen aufgenommen werden. Der Reichsstatthalter sollte mit dem Bürgermeister und dem Polizeipräsidenten den Brigadier Spurling ab 13.00 Uhr am Rathaus erwarten. Weitere Maßnahmen waren durch Generalfeldmarschall Busch noch in Abwesenheit von Generalmajor Wolz befohlen worden. Diese bezogen sich auf den Abzug aller Wehrmachtsteile aus dem Stadtgebiet, die Entwaffnung des Volkssturms, den Abtransport aller Wehrmachtsvorräte, bis auf die Verpflegung, die an die Bevölkerung auszugeben war. Nach einem hastigen Frühstück fuhr Wolz wieder nach Meckelfeld und begleitete die Parlamentärgruppe des Generaladmirals zu General Lyne ins Gasthaus „Hoheluft". Der britische Divisionskommandeur beendete die Besprechung um 10.00 Uhr. Dann schickte er alle deutschen Offiziere zum Gefechtsstand des Kommandeurs der 2. britischen Armee, General Dempsey. Auch Generalmajor Wolz mußte zu seinem großen Ärger mitfahren. Verständlicherweise wollte er lieber die Durchführung der von ihm befohlenen Maßnahmen in Hamburg überwachen. Aber Lyne war von dieser Notwendigkeit nicht zu überzeugen. Vermutlich gegen 11.00 Uhr erreichten die Deutschen Dempseys Gefechtsstand, der in einem hübschen, heute nicht mehr feststellbaren Anwesen, südlich von Lüneburg untergezogen war. Natürlich war dort der britische Armeekommandeur nicht sofort zu sprechen. Die Parlamentäre mußten wiederum warten, bekamen jedoch Tee und englischen Kuchen angeboten. Als Dempsey endlich erschien, besprach er sich erst mit Generaladmiral v. Friedeburg und schickte diesen dann mit seiner Delegation weiter nach Lüneburg ins Hauptquartier des Feldmarschalls Montgomery. Dann war Wolz an der Reihe. Es war inzwischen 12.30 Uhr geworden. Der britische Einmarsch sollte also in 30 Minuten beginnen, während der Kampfkommandant von Hamburg auf einem britischen Gefechtsstand bei Lüneburg saß. Daß die Übergabe der Hansestadt in Abwesenheit ihres ranghöchsten Offiziers schlechter Stil gewesen wäre, sah Dempsey sehr schnell ein und ließ Lyne über Funk befehlen, der Einmarsch sei zu verschieben. Anschließend mußte Wolz zu seiner großen Überraschung eine sehr förmliche Kapitulationssitzung über sich ergehen lassen, in der jedoch keine anderen Bedingungen zur Sprache kamen, als jene, die er schon gegenüber General Lyne angenommen hatte. Trotzdem kam es zu Mißverständnissen, weil der britische Dolmetscher recht mangelhaft übersetzte und Wolz ständig nachfragen und Widerspruch einlegen mußte. Gegen 14.00 Uhr konnte die Kapitulationsurkunde dann schließlich unterschrieben werden. Sie enthielt nur eine Änderung: Die Verschiebung ihrer Gültigkeit von ehemals 13.00 Uhr auf jetzt 18.00 Uhr. Dann konnte Generalmajor Wolz endlich zurückfahren, allerdings noch nicht nach Hamburg. Völlig unnötigerweise, aber wohl um der Vollständigkeit willen, mußte er sich kurz auf dem Gefechtsstand des VIII. britischen Korps bei General Barker melden. Gegen 15.30 Uhr war er dann wieder bei General Lyne in Meilsen. Der Kommandeur der „Desert Rats" sprach von einem „militärischen Durcheinander", wobei er vermutlich an seine vorgesetzten Kommandobehörden dachte, und legte den Einmarsch in Hamburg auf 18.00 Uhr fest. Um 17.00 Uhr war Generalmajor Wolz endlich im Hamburger Rathaus. Von dort aus erteilte er seinen letzten Befehl, der besagte, daß ab sofort kein Wehrmachtsangehöriger die Hansestadt mehr verlassen durfte. Dem Einmarsch der britischen Panzerkolonnen stand nun nichts mehr im Wege. Das 52. Panzeraufklärungs-Regiment sollte aus Richtung Fischbeker Heide über Heimfeld den Stadtteil Harburg besetzen. Das 5. Regiment „Royal Dragoon", das 1. Regiment „Royal Tank" und die 131. Infanterie-Brigade sollten über die Brücken der Süder- und Norderelbe und

Panzer des 5. „Royal Dragoon Regiment“ an den Elbbrücken. (IWM)

durch die Mönckebergstraße direkt zum Rathausmarkt fahren. Auf den ersten Panzern jeder Kolonne hatte vereinbarungsgemäß ein deutscher Offizier aufzusitzen, der mit den örtlichen Gegebenheiten vertraut war und gegebenenfalls als Parlamentär fungieren konnte.

General Wolz schickte Leutnant v. Laun zu der Harburger- und Hauptmann Dr. Link zu der Hamburger Marschgruppe. Über die Besetzung schrieb Generalmajor Alwin Wolz: „Um 18.00 Uhr erfolgte dann planmäßig der Einmarsch, bei dem die Bevölkerung Hamburgs eine hervorragende Disziplin zeigte. Kein Mensch befand sich auf der Strasse, keine weisse oder sonst eine Flagge war zu sehen. An allen wichtigen Punkten wie Brücken, Strassenkreuzungen usw. stand die Schutzpolizei. Am Eingang des Rathauses erwartete ich General Sperling und übergab ihm die Stadt. Darauf führte ich ihn nach oben zum Reichsstatthalter, wo nach kurzer Vorstellung zu einer ersten Besprechung im Kaisersaal Platz genommen wurde. Hierbei wurden dem Gauleiter Kaufmann die Verordnungen und Befehle übergeben, nach denen er die Verwaltung der Stadt weiterführen sollte. Damit befand sich Hamburg in der Hand des Feindes.“

Das war am 3. Mai 1945, um 18.25 Uhr.

Generalmajor Wolz übergibt Hamburg an Brigadier Spurling.

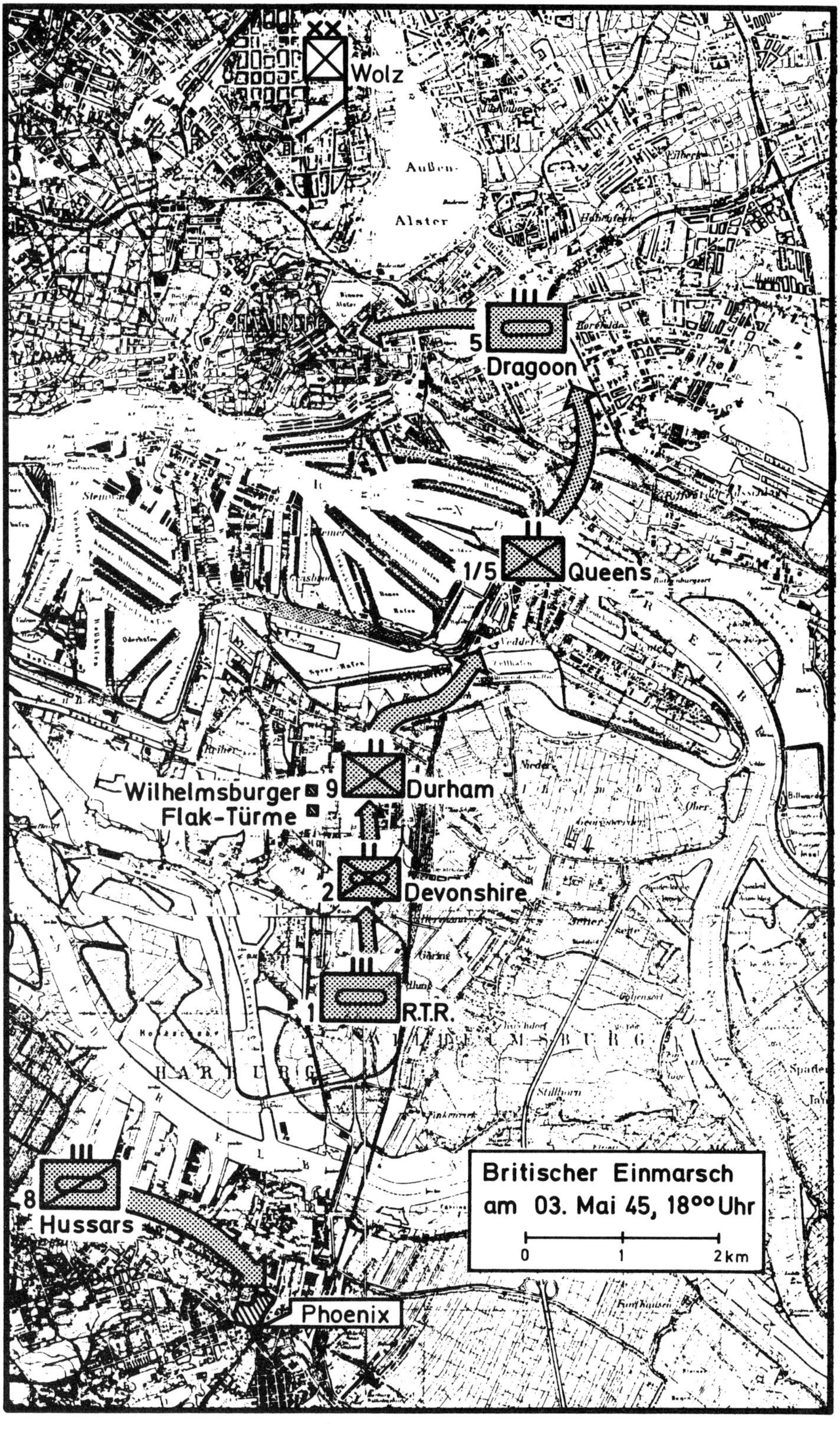
Wolz
Außen-
Alster
5 Dragoon
1/5 Queens
Wilhelmsburger
Flak-Türme
9 Durham
2 Devonshire
1 R.T.R.
8 Hussars
Phoenix
Britischer Einmarsch
am 03. Mai 45, 18⁰⁰ Uhr
0 1 2 km

„Enterprise“ zwischen Dömitz, Lauenburg und Lübeck

Britische Schwimmpanzer beim Elbübergang (IWM)

Das Soldatengrab am Denkmal in Südergellersen

General Roberts hatte am 15. und 16. April seine 11. Panzer-Division weiträumig um die Kampfstofflager bei Munster herumgeführt. Am 17. April trafen die Spitzenpanzer des 3. „Royal Tank Regiment" zunächst in Ebstorf und wenig später auch in Barum auf einige deutsche Flak-Geschütze, deren Widerstand jedoch schnell gebrochen werden konnte. Am 18. April rollten die langen Kolonnen der 29. Panzer-Brigade auf der Reichsstraße 4 ungehindert in Richtung Lüneburg und erreichten bis zum Abend den Raum südlich Hittbergen. Die 159. Brigade stieß von Wriedel über Amelinghausen bis Bardowick vor. Hierbei kam es offenbar nur bei Südergellersen zum Schußwechsel. Ein vermutlich versprengter deutscher Grenadier fiel. Er wurde am Denkmal der Gemeinde beigesetzt.

Lüneburg wurde von einer Aufklärungs- und einer Infanterie-Kompanie „genommen". Die Stadt hatte zwar in ihrem Kampfkommandanten Oberstleutnant von Bülow einen erfahrenen Soldaten, aber dieser verfügte über keinerlei Truppe. Statt dessen gab es während des gesamten Krieges mehrere Lazarette mit einigen tausend Verwundeten. Von diesen verstarben von 1941 bis 1947 insgesamt 507. Ungefähr 320 haben an den Kampfhandlungen zwischen Weser und Elbe teilgenommen. Sie ruhen zusammen mit Hamburger Bombenopfern auf dem Lüneburger Zentralfriedhof. – Das „Fife and Forfar" Panzer-Regiment und „Herefordshire"-Bataillon stießen am 18. April noch bis Winsen/Luhe vor. Hier trafen

Oberstleutnant v. Bülow, Stadtkommandant von Lüneburg, und Oberleutnant Maske

Kriegsgräber auf dem Zentralfriedhof in Lüneburg

sie erstmals auf deutschen Widerstand, der so hartnäckig war, daß die Einnahme der Ortschaft nicht gelang.

Der dritte Großverband der Division, die 1. „Commando Brigade", hatte zunächst linke Flanke und Rücken der Division zwischen Wriedel und Wulfsode gesichert. In das unübersichtliche Waldgelände des Truppenübungsplatzes sind die „Commando Men" jedoch nicht eingedrungen, sonst wären sie bei dem Dörfchen Lopau sehr schnell auf den prächtigen Gauleiterhof des Reichsverteidigungskommissars Otto Telschow gestoßen. Allerdings hatte der Gauleiter zu diesem Zeitpunkt Lopau sicherlich bereits in Richtung Lüneburg verlassen. Jedenfalls hat er sich dort etwa einen Monat später das Leben genommen, als die Briten ihn festnehmen wollten. Er wurde auf dem Lüneburger Zentralfriedhof anonym und ohne Kennzeichnung begraben. Der Hof in Lopau verfiel und wurde später abgerissen. Übriggeblieben ist nur noch das vier Tonnen schwere Welfenroß aus Bronze, das einst den Hofeingang zierte. Es war ein Patengeschenk Hitlers an Telschows Sohn und steht heute vor einem Lüneburger Museum.

Mit dem Vorstoß der 11. Panzer-Division änderte sich jedoch auch der Auftrag der „Commando Brigade". Sie wurde von den Waldrändern des Truppenübungsplatzes nach Ebstorf abgezogen, um diesen für die britische Versorgung wichtig gewordenen Verkehrsknotenpunkt zu sichern.

Am 19. April konnte Winsen nach erneut hartnäckigem Widerstand von dem britischen Panzer-Regiment und dem Infanterie-Bataillon genommen werden. Die deutschen Verteidiger, die aus Teilen des Grenadier-Ersatzbataillons 389 und Marinesoldaten bestanden, hatten einen Obersteuermann, zwei Unteroffiziere und sieben Mann verloren. Zwei weitere erlagen ihren schweren Verwundungen noch innerhalb der nächsten Tage. Unter der Zivilbevölkerung gab es insgesamt acht Tote. Sie alle wurden gemeinsam auf dem Winsener Friedhof beigesetzt. Britische Verluste sind nicht bekannt.

Für General Roberts war die Besetzung von Winsen wichtig, um seine linke Flanke zu sichern. Noch wichtiger war aber die unzerstörte Eisenbahnbrücke von Lauenburg. Eine Straßenbrücke über die Elbe gab es damals noch nicht. Vom Kommandierenden General des VIII. britischen Korps, General Barker, bekam Roberts aber offenbar keine eindeutigen Befehle. Auch Montgomery schaltete sich nicht ein. So handelte der allein gelassene Roberts aus dem Stand. Seine „Commando Brigade",

Gauleiter Otto Telschow

Der ehemalige Gauleiterhof in Lopau

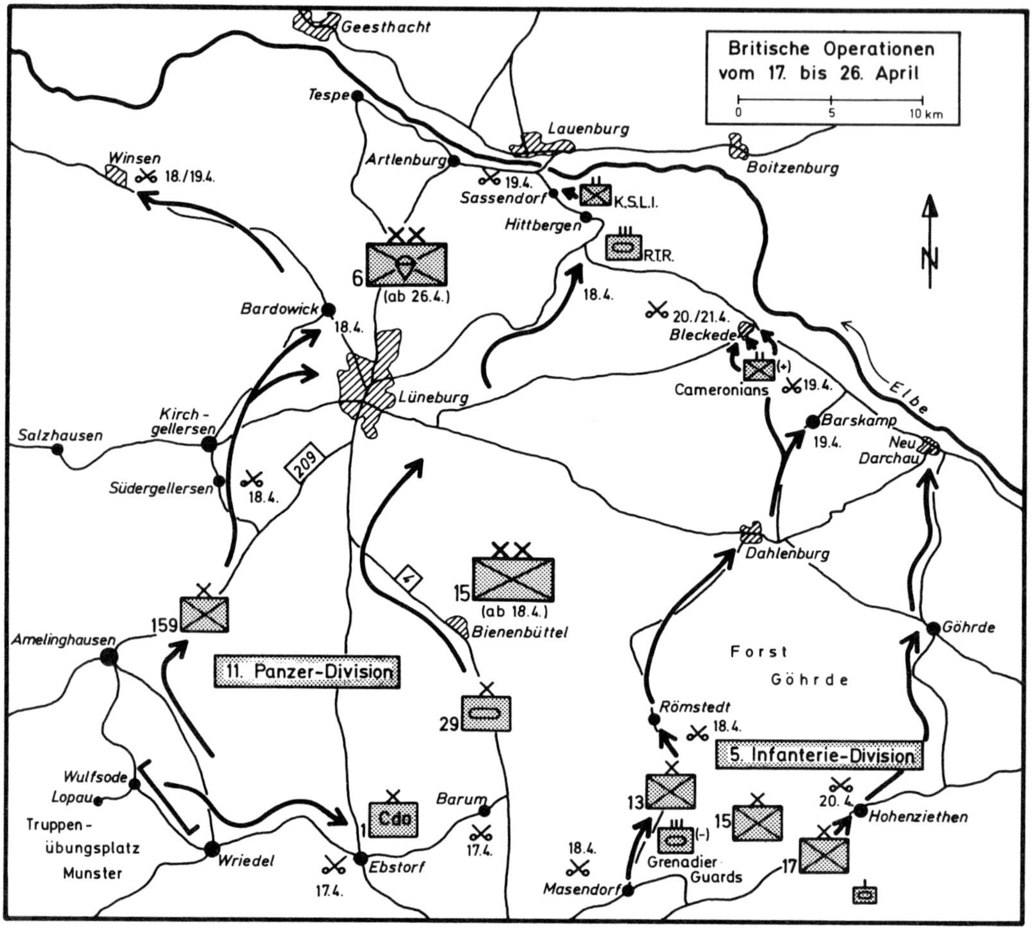

Generalleutnant Barker, Kommandierender General des VIII. britischen Korps

Kriegsgräber auf dem Friedhof in Winsen/Luhe

die notwendig gewesen wäre, befand sich in Ebstorf und mit Teilen bereits in Lüneburg. Für die Lauenburger Eisenbahnbrücke hatte er nur das 3. „Royal Tank Regiment" und das Bataillon der „King's Shrophshire Light Infantry" zur Verfügung, also jene Einheiten, die schon im Ostenholzer Moor gescheitert waren. Am Morgen des 19. April befahl ihnen Roberts den Angriff auf die Elbe-Brücke. Obwohl die gesamte Operation auffallend ideenlos angelegt war, verrät die Divisionsgeschichte, worauf gehofft wurde: „. . . die Brücke, die zum Überqueren des Rheins bei Remagen genommen worden war, war genau eine solche Brücke gewesen."

Der Angriff der „Light Infantry" begann gegen Mittag. Zunächst warf sie eine vorgeschobene deutsche Sicherung in Sassendorf, die hierbei einen 17jährigen Grenadier verlor. Als die Briten wenig später den Ort durchfahren und den Bahndamm erreicht hatten, schlug ihnen von der Brücke heftiges MG-Feuer entgegen. Die „Royal Tanks" kamen gleichfalls bis zum Bahndamm, von wo aus sie einen einzelnen „Tiger" erkannten, der unmittelbar vor der Brücke stand. So hielten die „Comet"-Panzer ebenfalls an, denn sie konnten den Bahndamm nur in Reihe überwinden und hätten hierbei auf ca. 1.000 Meter von dem deutschen Panzer einzeln bekämpft werden können. Möglicherweise hat auch die Erinnerung an den „F 02" ihren Schwung gebremst. Der britische Angriff war somit zum Stehen gekommen, bevor er richtig begonnen hatte. Die etwa kompaniestarken deutschen Kräfte, die sich am diesseitigen Ufer eingegraben hatten, waren aus Versprengten aller möglichen Verbände kurzfristig zusammengestellt worden. Wahrscheinlich wurden sie von einem Oberleutnant geführt. In den zunächst ausschließlich infanteristischen Feuerkampf griff später auch die Artillerie beider Seiten ein. Das britische Feuer lag jedoch nicht auf der Brücke und ihren Verteidigern; vermutlich sollte eine unbeabsichtigte Detonation der angebrachten Sprengladungen vermieden werden. Die britische Artillerie deckte vielmehr ganz Lauenburg mit anhaltenden Feuerschlägen ein. Der Lauenburger Christian B. erinnert sich: „Am Dampferplatz, heute der Platz am ‚Rufer', brannten die Häuser Günsche, Differt, Bannler, August Frank, Ney und das Doppelhaus von Zigarren-Heitmann nieder. In der Oberstadt schlugen die Granaten dicht bei dicht ein, eine Frau und ihre beiden Kinder wurden bei den ersten Schüssen getötet, weitere Lauenburger schwer verwundet. Der Führer der Lauenburger Feuerwehr Prüß wurde bei Löschversuchen getötet, als die Engländer die Löschmannschaften unter Feuer nahmen." In der Nähe des Sportplatzes fiel der Obergefreite Friedrichsmeier. Er war der erste in Lauenburg gefallene Soldat. Trotzdem war die Beschießung der Stadt militärisch ohne besonderen Sinn. Der in jedem Falle nötige Handstreich auf die Brücke unterblieb. Die hierzu sicher am besten geeignete Truppe, die 1. „Commando Brigade", berichtete über diesen 19. April: „Vor uns lag die Elbe. Doch wir hörten, daß die Vorbereitung zum Elbübergang einige Zeit dauern würde. Deshalb machte es sich unsere Brigade in Lüneburg und den umliegenden Orten so gemütlich, wie es eben möglich war. Zum erstenmal seit Wochen konnten wir uns lange ausruhen; wir badeten heiß, aßen gut und tranken Wein. Der Wein, den wir in Lüneburg vorfanden, war ausgezeichnet. Alles in allem verbrachten wir zehn herrliche Tage in Lüneburg."

Gegen Abend ging die deutsche Sicherung ohne direkten britischen Druck auf das nördliche Elbufer zurück. Dann sollte die Brückensprengung erfolgen. Die über diesen Vorgang vorhandenen Quellen sind recht mager. Dennoch wird im Folgenden der Versuch einer Rekonstruktion gewagt.

Die aus vier Abschnitten bestehende Brücke war insgesamt 500 Meter lang. Die 3. Kompanie des Landes-Pionier-Bataillons 520 hatte sie zur Sprengung vorbereitet. Als Sprengmunition dienten vorwiegend 250 kg-Flugzeugbomben. Die Hauptzündung war elektrisch und konnte von einem Bunker in der Nähe des Hafens ausgelöst werden. Die Reserve-Leitfeuerzündung bestand aus zwei Zündkreisen, von denen jeder die Sprengladungen einer Brückenhälfte zünden sollte. Brückenkommandant war Hauptmann Günther. Er hatte die Gesamtverantwortung. Ihm unterstand u. a. der Chef der Pionier-Kompanie, Oberleutnant Wentzel. Dessen Aufgabe war es, auf Günthers Befehl die Sprengung durchzuführen. Außerdem befand sich bei ihnen noch ein namentlich unbekannter Hauptmann, der den Befehl zur Brückensprengung überbracht hatte. Es muß kurz nach 19.00 Uhr gewesen sein, als Günther den Befehl „Zünden!" erteilte. Wentzel betätigte die elektrische Zündmaschine. Die Detonation blieb aus. Sehr wahrscheinlich hat nun auch Hauptmann Günther an Remagen gedacht und an den dort verantwortlichen Major Scherer, der nach mißglückter Sprengung von einem Schnellgericht verurteilt und im Knien durch Genickschuß zu Tode gebracht worden war. Günther und ein freiwilliger Soldat liefen los. Von der Zündstelle im Bunker am Hafen bis zur Reservezündung der südlichen Brückenhälfte waren es fast 1.000 Meter. Nach Entzündung der Schwarzpulverzündschnur blieben ihnen nur wenige Minuten, um wieder den Bunker zu erreichen. Kurz darauf erfolgte die Detonation. Die südliche Brückenhälfte, zu der auch die Drehbrücke gehörte, stürzte in die Elbe. Da aber offensichtlich die gesamte elektrische Zündung ausgefallen war, hätte die verbliebene Brückenhälfte ebenfalls über Leitfeuerzündung gesprengt werden müssen. Die Briten werden zu diesem Zeitpunkt bereits am jenseitigen Brückenende aufgefahren sein. Wilhelm Hadeler schreibt in seiner Dokumentation „Das Kriegsende bei Lauenburg . . .": „Nun konnten sich weder Oberleutnant Wentzel noch ein als Befehlsüberbringer aus Hamburg gekommener Hauptmann, noch der Brückenkommandant Hauptmann Günther entschließen, den Rest der Brücke zu sprengen, zumal sie wohl alle von der Sinnlosigkeit dieser Sprengung überzeugt waren." Der unterstellte Sinneswandel der drei Offiziere ist sicherlich ein Irrtum. Wenn es schon sinnlos war, den Rest der Brücke zu sprengen, dann war bereits die erste Zündung unverantwortlich. Für die eingetretene Unentschlossenheit wird es einen sehr banalen Grund gegeben haben, der sicherlich in dem britischen Feuer zu suchen ist. Dieses beherrschte mittlerweile das gesamte offene Gelände zwischen Elbe, Aue und südlichem Stadtrand. Trotzdem muß in dieser Phase allgemeiner Ratlosigkeit noch etwas passiert sein, denn auf dem Lauenburger Friedhof sind der Pionieroberleutnant Conrad, der „. . . bei der Sprengung der Elbbrücke . . ." getötet wurde sowie zwei andere Soldaten beigesetzt, die „. . . beim Sprengen der Elbbrücke Lauenburg/Elbe auf den Auewiesen im Panzerspähwagen verbrannten." So scheint nicht ausgeschlossen, daß der bisher an keiner anderen Stelle genannte Pionieroffizier versucht hatte, mit dem Panzerspähwagen möglichst dicht an die Brücke heranzukommen, um die restlichen Sprengkörper zu zünden. Sein Wagen wurde hierbei in Brand geschossen; er konnte sich aus der Kommandantenluke zunächst retten und fiel erst dann, während Fahrer und Richtschütze verbrannten. Daß die anderen Offiziere von diesem Vorgang, falls er sich so abgespielt hat, wußten, muß angenommen werden. In der bereits zitierten Dokumentation von Hadeler, der damals Marine-Oberbaurat war, ist das Ende der Geschichte mysteriöser. „Da griff der Führer eines Kampfschwimmerkommandos ein, der einen Sonderbefehl in der Tasche hatte und sprengte die Brücke um 17.30 Uhr.

Dabei wurden alle drei Bogen vollkommen zerstört." Der deutlichste Irrtum ist die Zeitangabe. Auch nach britischen Quellen erfolgte die erste Sprengung etwa um 19.30 Uhr, die zweite gegen 20.00 Uhr. Der namenlose Kampfschwimmer mit dem „Sonderbefehl" muß den verunsicherten Offizieren wie der rettende Engel erschienen sein. Schließlich nahm er ihnen nicht nur die Verantwortung ab, sondern führte seinen „Sonderbefehl" auch noch selber aus. Günther, Wentzel und der Hamburger Hauptmann waren damit aus der Sache heraus, und die Lauenburger Brücke war trotzdem vollständig zerstört. Richtig ist an der gesamten Schilderung sicherlich die Erkenntnis, daß der Brückenrest nicht mehr von Land aus gesprengt werden konnte. Neben anderen Möglichkeiten war der Einsatz von Kampfschwimmern die zuverlässigste. Der Auftrag hierzu kann nach Lage der Dinge nur von Hauptmann Günther ergangen sein.

In Hohnstorf hat es am 19. April ca. zehn deutsche Gefallene gegeben, unter denen möglicherweise auch einige Zivilpersonen waren. Sie wurden in Hittbergen beerdigt. Die Ausfälle des 4. Bataillons der „King's Shropshire Light Infantry" betrugen ebenfalls zehn Tote.

In Artlenburg hatte die schwache Sicherung eines Bremer Polizei-Bataillons gelegen. Diese kann nur den Auftrag gehabt haben, den Anmarsch der Briten zu melden und über die Elbe mit einem Fischerkahn auszuweichen. Diese ohnehin riskante Planung scheiterte völlig, als der britische Vorstoß nicht von Süden erfolgte, sondern eine Infanterie-Kompanie aus Hohnstorf nach Artlenburg hineinfuhr. Den schwachen deutschen Kräften war damit der Rückzug über die Elbe unmöglich. Nach britischen Quellen kämpften sie verbissen. Vier von ihnen fielen. Die anderen zogen sich nach Nordwesten zurück. In den nächsten Tagen fielen noch sieben weitere von ihnen. Sie alle wurden zusammen mit anderen Kriegstoten auf dem Friedhof in Artlenburg beigesetzt.

Nach Sprengung der Elbbrücke hatte Feldmarschall Montgomery einen hinreichenden Grund, seinen Angriff über den Fluß gewissenhaft vorzubereiten. Das geplante Unternehmen erhielt den Decknamen „Enterprise". Diese „Unternehmungslust" galt zunächst für die britischen Soldaten, die fast „. . . zehn herrliche Tage . . ." wie im tiefsten Frieden in Lüneburg erlebten. In den deutschen Kinos liefen britische Filme, Fußballturniere wurden durchgeführt, und in der Reiter-Kaserne exerzierten die Musikkorps für die unausweichliche Siegesparade.

Nur die frisch aus Italien zugeführte 5. Infanterie-Division hatte kurzfristig einen ernsthaften militärischen Auftrag. Sie war bereits am 18. April hart ostwärts an Uelzen vorbeigestoßen und hatte schwachen deutschen Widerstand irgendwelcher Splittergruppen im Dörfchen Masendorf unter Einsatz erheblicher Feuerkraft gebrochen. Wenig später kam es in Römstedt zu einem mehrstündigen Gefecht. Gegen den Protest der Bevölkerung hatte sich ein Hauptmann mit 14 Soldaten in der Ortschaft zur Verteidigung eingerichtet. Der erste „Bren Carrier", der in

Soldatengräber in Hittbergen

Soldatengräber auf dem Friedhof in Artlenburg

Die schottischen „Pipes and Drums“ in der Lüneburger Reiter-Kaserne, 27. April (IWM)

den Ort hineinfuhr, wurde durch eine Panzerfaust abgeschossen. Ein britischer Soldat fiel. Daraufhin ging die Spitzenkompanie zurück, und Römstedt lag längere Zeit unter dem Beschuß britischer Panzerkanonen. Auch eine in der Nähe stehende deutsche Werfer-Batterie soll sich am Feuerkampf beteiligt haben, der bis in die frühen Abendstunden andauerte. Nachdem sich der Hauptmann mit seinen Männern zurückgezogen hatte, rollten die Panzerkolonnen der 13. Brigade durch die Ortschaft, in der sieben Gebäude abgebrannt waren. Das Angriffsziel der Division war Bleckede an der Elbe. Am nächsten Tag traf die noch immer an der Spitze marschierende Brigade im Waldgelände Schiering, in der Nähe von Barskamp auf Luftwaffensoldaten, die die Bezeichnung „Legion Condor“ trugen. Die an Zahl weit unterlegenen Deutschen leisteten erbitterten Widerstand, der erst gebrochen werden konnte, nachdem acht von ihnen gefallen waren. Sie wurden später mit anderen Kriegstoten auf dem Gemeindefriedhof in Barskamp beerdigt.

Am 20. April sollte Bleckede genommen werden. In der Ortschaft befanden sich zwei Kompanien, die vorwiegend aus Marinesoldaten und einigen Grenadieren aufgestellt worden waren. Die Deutschen verfügten zwar nicht direkt über schwere Waffen, wurden jedoch durch eine Flak-Batterie, die auf dem ostwärtigen Elbufer stand, unterstützt. Den ersten Angriff führten eine Kompanie des 2. Bataillons der „Cameronians“ und die Panzer der „Grenadier Guards“. Als die Briten in das beobachtete Feuer der Flak-Batterie gerieten und mehrere Maschinengewehre auf deutscher Seite zu hämmern begannen, zogen sie sich umgehend zurück. Für den nächsten Tag plante der Kommandeur der „Cameronians“ eine Attacke mit allen ihm verfügbaren Waffen. Seine Angriffsvorbereitungen waren am 21. April gegen Mittag abgeschlossen. Mit drei Infanterie-Kompanien nebeneinander, einer Panzer-Kom-

Soldatengräber auf dem Friedhof in Barskamp

panie auf dem linken Flügel und einer Kompanie in Reserve ging er mit Artillerieunterstützung von Süden gegen Bleckede vor. Das gutliegende deutsche Infanterie- und Flak-Feuer brachte auch diesen Angriff zum Stehen. Die britischen Infanterie-Kompanien gruben sich ein, wo sie gerade standen. Trotzdem waren ihre Verluste für damalige Verhältnisse erheblich. In der 4. Kompanie waren alle Offiziere mehr oder minder verwundet, so daß Sergeant McArthur das Kommando übernehmen mußte. 18 Mann waren gefallen, ein Schwerverletzter verstarb Tage später. Als die „Cameronians" am nächsten Tag in aller Frühe ihren Angriff fortsetzten, fanden sie den Ort von den Deutschen verlassen. Diese waren in der Nacht, offenbar mit Fischerkähnen, auf das andere Elbufer ausgewichen. Zurückgeblieben waren in Bleckede nur einige Verwundete, die in Gefangenschaft gingen, und 38 Gefallene, unter denen auch Zivilpersonen waren. Sie ruhen auf dem Bleckeder Gemeindefriedhof.

Parallel zur 13. Infanterie-Brigade der 5. Division war die 17. Brigade auf Neu Darchau vorgegangen. Sie war durch Panzer – vermutlich eine Kompanie – der „Grenadier Guards" verstärkt worden und traf am 20. April in Hohenzethen auf deutschen Widerstand. Zwei oder auch drei „Sherman" wurden von Panzerfäusten abgeschossen. Trotzdem erreichten die Briten über Göhrde ihr Angriffsziel Neu Darchau noch am selben Tage. Im Ort hatten sich wiederum ca. 200 Mann, vorwiegend Polizei und Marinesoldaten, zur Verteidigung eingerichtet. Der erste britische Angriff wurde abgewiesen. Am 21. April besetzte die 17. Infanterie-Brigade Neu Darchau ohne weitere Kampfhandlungen. Wie bei Bleckede hatten sich die Deutschen während der Nacht auf das ostwärtige Elbufer zurückgezogen. Sieben von ihnen blieben in Neu Darchau und wurden auf dem Gemeindefriedhof bestattet.

Montgomerys rechter Nachbar war die 9. U.S. Armee. Diese hatte zwar die Elbe bereits am 12. April fast kampflos erreicht, trotzdem gab es auch in ihrem Verantwortungsbereich noch einen deutschen Brückenkopf bei Dömitz. Der Grund dafür lag auf der Hand: Die Briten hatten sich auf die Ostsee konzentriert, die Amerikaner auf Magdeburg. Dömitz hatte somit im toten Winkel gelegen. Nur widerwillig, so scheint es, hatte General Oliver, Kommandeur der 5. U.S. Panzer-Division, eine seiner Kampfgruppen bis Dannenberg angreifen lassen und den Ort gegen nur schwachen deutschen Widerstand am 23. April besetzt. Dann gliederte die U.S. Armee um. Olivers „Combat Command R" wurde nach Süden abgedreht. Die Armeereserve, die 29. Infanterie-Division, erhielt den Auftrag, den letzten deutschen Brückenkopf im amerikanischen Gefechtsstreifen zu beseitigen.

Soldatengräber auf dem Friedhof in Bleckede

Soldatengräber auf dem Friedhof in Neu Darchau

Auf deutscher Seite sah es schlecht aus. Im Brückenkopf gab es zunächst keine einheitliche Führung, keine schweren Waffen und nur eine fast vollständig entmutigte Truppe. Unter ihnen waren auch viele Celler Nebelwerfer, die in den letzten zehn Tagen immer wieder versucht hatten, sich zu Fuß der ständig drohenden Gefangennahme zu entziehen. Zu ernsthaftem Widerstand hatten sie weder Waffen noch Fahrzeuge und daher auch keine Zeit gehabt. Zu ihnen gehörte die Leutnants-Kompanie des Majors Gürtler, die in Ehlershausen gekämpft und bei Lutterloh gelegen hatte. Wie die jungen Offiziere die letzte Kriegsphase erlebten und empfanden, schilderte Oberleutnant Vetter in seinem bereits zitierten Tagebuch:

„20. 4. Der Führer hat Geburtstag . . . Elbbrücke bei Dömitz durch Tiefflieger zerstört. Nachts unruhig, auch für mich. Dabei lebt man, wie noch nie. Tanz auf dem Vulkan, kann man sagen. Es ist so bedrückend.

21. 4. Regen und Geschieße . . . Alles ist im Fluten . . . Lt. Berner ist gefallen.

22. 4. Sonntag. Morgens läßt sich dann doch nicht der Laden halten. Stellungswechsel nach Klein Heide, dann nach Groß Gußborn . . . Wir denken, es ist nun aus. Abends Erdbeeren mit Schlagsahne und dann im Keller.

23. 4. Vormittags Stellungswechsel nach Osten in den Wald. Bauen Deckungslöcher. Alles so unbestimmt. Kommen sie nun? Feindangriffe ostwärts. Die Abteilung verschießt ihre letzte Munition . . . Abends Quartier in Langendorf bei Lehrers. Es ist eine enorme Sache mit Oberleutnant Köhl, Leutnant Gosche und mir. Deutsche Lieder, Bratkartoffeln, Cherry-Sekt, Lönslieder und Betten. Es ist wohl der Abschied.

24. 4. Dann am Abend doch noch Stellungswechsel nach Langendorf. Der General befiehlt noch, sich bei Möglichkeit doch noch abzusetzen über die Elbe. Es hat keinen Zweck mehr. Wir gehen nochmals ins Lehrerhaus und feiern das Ende. Es ist ganz traurig. Sie kommen und nehmen uns zum ersten Lager nach Groß Gußborn mit."

Oberleutnant Willi Jöst, Kompaniechef der letzten Einheit im Brückenkopf Dömitz

So endete an der Elbe die Geschichte der Celler Nebelwerfer. Hoffnungslos entmutigt, aber sicher ehrlich. Ihr General Tzschöckell, der eigentlich bereits in der Göhrde kapitulieren wollte, ging doch noch über die Elbe zurück und versicherte dort, er wolle in Schleswig-Holstein eine neue Werfer-Brigade aufstellen.

Die frisch eingeführte 29. U.S. Infanterie-Division, die mit den abgekämpften Nebelwerfern sicherlich keine Probleme hatte, traf am nächsten Tag auf die Reste, die den Brückenkopf Dömitz bildeten. Diese bestanden vorwiegend aus der 3. Kompanie, Flak-/Panzerjäger-Abteilung 184. Kompaniechef war Oberleutnant Willi Jöst. Er hatte am Rhein bei Wesel mit seinen Männern im britischen Angriffsschwerpunkt gestanden und 19 Feindflugzeuge abschießen können. Wenig später war es ihm mit viel Glück gelungen, sich der drohenden Einschließung zu entziehen. Seither befand er sich auf dem ununterbrochenen Rückzug. Sein offizieller Auftrag lautete, sich bei seiner 84. Infanterie-Division zu melden, die im Raum Uelzen neu aufgestellt würde. Als er dort von dieser nichts fand, wurde ihm befohlen, sich der „Clausewitz" anzuschließen. Oberleutnant Willi Jöst hatte zwar keine klare Vorstellung, was sich hinter diesem Namen verbarg, suchte aber dennoch Anschluß. Am 19. April erreichte er mit seiner Kompanie den kleinen Ort Schnega, gut 20 Kilometer südostostwärts von Uelzen. Hier erfuhr er, daß die „Clausewitz" längst durch sei und die Amerikaner bereits seit Tagen die Elbe in breiter Front erreicht hätten. Der Gefechtsstand der 84. Infanterie-Division befände sich auf dem anderen Elbufer bei Redefin. Daraufhin entschloß sich Jöst, bei Dömitz über die Elbe zu gehen. Zwischen Clenze und Dannenberg geriet er in dem kleinen Ort Sallahn in einen amerikanischen Hinterhalt. Ein MG-Schütze der 5. U.S. Panzer-Division eröffnete das Feuer, als die deutsche Marschkolonne fast an ihm vorbei war. Obergefreiter Fendt wurde tödlich getroffen, vier weitere Soldaten wurden verwundet. Das war am 21. April, am selben Tage, an dem sich der ehemals höchste Truppenvorgesetzte der Kompanie-Jöst, Generalfeldmarschall und Oberbefehlshaber der Heeresgruppe B, Walter Model, im Ruhrkessel das Leben nahm.

Am nächsten Tag kam Oberleutnant Jöst mit seinen vier Zügen und immerhin 16 Geschützen in Kaltenhof an. Er ließ seine Kompanie so in Stellung gehen, daß sie einen Halbkreis bildete und sich beiderseits an das Elbufer anlehnte. So war der Brückenkopf Dömitz entstanden. Allerdings verfügte er über keine Brücke. Die Eisenbahnbrücke war aus heute nicht mehr zu klärenden Umständen bereits Mitte April zerstört worden. Die Straßenbrücke war zur Sprengung vorbereitet gewesen. Ein alliierter Jagdflieger hatte am 20. April zurückgehende deutsche Soldaten auf der Brücke beschossen und dabei die bereits angebrachten Sprengladungen zur Detonation gebracht. Die Reste der Straßenbrücke stehen heute noch. Sie sind zu einem eindrucksvollen Symbol der deutschen Teilung geworden. Damals wartete Oberleutnant Jöst mit seinen 2 cm Vierlings-Geschützen und seinen 3.7 cm Kanonen auf den amerikanischen Schlußangriff. Aber der ließ auf sich warten. Gelegentlich zogen noch deutsche Splittergruppen vorbei, die sich in Fischerbooten dicht unterhalb der zerstörten Brücke über den Fluß setzen ließen. So ging das bis zum 24. April. Dann hörte Jöst Gefechtslärm im Süden und Motorengeräusche aus allen denkbaren Richtungen. Darüber hinaus erzählten ihm Flüchtlinge, daß der „Ami" ihn längst eingeschlossen hätte. Tatsächlich schob sich die 29. U.S. Infanterie-Division sehr vorsichtig, aber beständig von allen Seiten immer

Walter Model, Generalfeldmarschall und Oberbefehlshaber der Heeresgruppe B, erschoß sich am 21. April 1945.

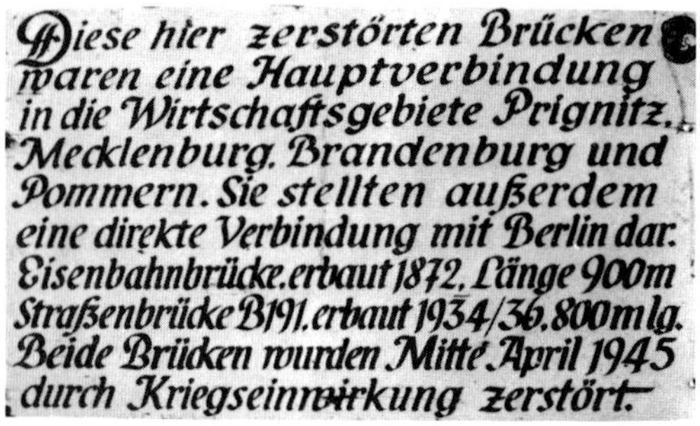

Hinweistafel an der ehemaligen Straßenbrücke

Brückenreste bei Dömitz, Foto 1986

dichter an den Brückenkopf heran. Als am 25. April dann endlich der erste vorgepreschte amerikanische Spähpanzer erschien, verlor Leutnant T., Führer des I. Zuges, die Nerven. Er ließ seine vier 2 cm Vierlinge das Feuer eröffnen und die Munition bis zum letzten Schuß verschießen. Oberleutnant Jöst erkannte, daß seine Kompanie noch nicht einmal den ersten amerikanischen Angriff überstehen würde, und entschloß sich endlich zum Rückzug. Er ließ Fischerkähne bereithalten, befahl die Zerstörung aller Geschütze und setzte im Morgennebel des 26. April über die Elbe. Er meldete sich wenige Tage später auf dem Divisionsgefechtsstand in Redefin. Dort wurde ihm befohlen, sich auf den Kampf gegen die Rote Armee einzustellen. Jöst ließ Fahrzeuge organisieren und bekam auch ein paar neue Geschütze. Als er aber endlich abmarschieren konnte, war es zu spät. Auf dem Weg nach Wismar wurde er von Verbänden der 6. U.K. Fallschirmjäger-Division bei Bad Kleinen eingeholt. Oberleutnant Willi Jöst: „Die nahe ‚Ostfront' konnten wir nun nicht mehr erreichen, gegen die Briten wollten wir nicht mehr kämpfen, also ging die Kompanie am 2. Mai in bester Marschordnung in Gefangenschaft."

Der gesamte Verteidigungsabschnitt zwischen Hamburg und Dömitz unterstand dem General der Infanterie Witthöft. Sein Gefechtsstand lag in Witzeeze, zehn Kilometer nördlich von Lauenburg. Zur unmittelbaren Verteidigung der Stadt waren ein Hamburger- und ein Magdeburger Infanterie-Bataillon eingesetzt. Hinzu kamen noch einige Einheiten in unbekannter Stärke, die aus zurückgehenden Soldaten aufgestellt worden waren. An schweren Waffen gab es insgesamt 39 Geschütze, eine Werfer-Batterie und eine 10.5 cm Flak-Batterie, die bei Gülzow stand. Im Forst Grünhof, gegenüber von Artlenburg, hatte sich das Polizei-Bataillon 10 aus Bremen-Oberneuland verschanzt. Es war durch eine RAD-Kompanie verstärkt worden. Als Reserven lagen im Raum Pampau, 15 Kilometer nördlich von Lauenburg, die 245. Infanterie-Division und im Sachsenwald, zehn Kilometer nördlich Geesthacht, das „zweite" SS-Bataillon 18 aus Hamburg-Langenhorn. Obwohl die 245. Infanterie-Division nur über vier Bataillone ohne schwere Waffen verfügte, hatte sie zusammen mit dem SS-Bataillon jedoch eine höhere infanteristische Kampfkraft als die an der Elbe eingesetz-

Links:
3.7 cm Pak

Rechts:
2 cm Vierlings-Flak

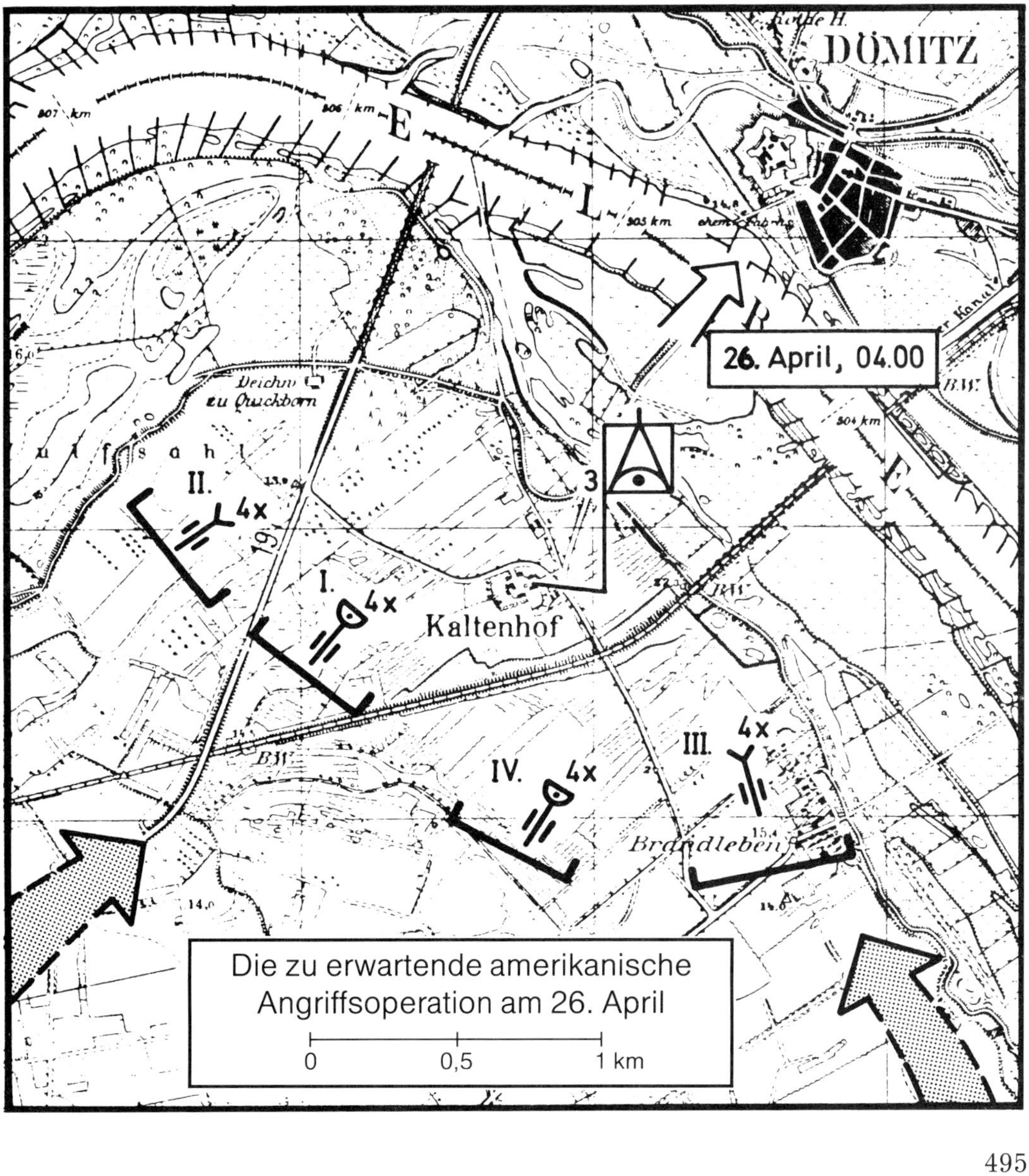

Die zu erwartende amerikanische Angriffsoperation am 26. April

ten Verbände. Eine solche Reservebildung war in der damaligen Lage unvertretbar; schlimmer noch, sie war derart fehlerhaft, daß man geneigt ist, von militärischer Stümperei oder gar von Absicht zu reden.

Während sich die Briten noch immer auf „Operation Enterprise“ vorbereiteten und auf deutscher Seite die Spannung von Tag zu Tag wuchs, kam es in der Nacht zum 24. April in Lübeck zu einer denkwürdigen Begegnung. Der Reichsinnenminister, Befehlshaber des Ersatzheeres und Reichsführer SS Heinrich Himmler suchte Graf Bernadotte, Neffe des schwedischen Königs, in der Außenstelle der schwedischen Gesandtschaft auf. Himmler legte ein Waffenstillstandsangebot an die Westmächte vor, von dem Hitler nichts wußte und das Graf Bernadotte weiterleiten sollte. Dies geschah auch. Das Angebot wurde jedoch abgelehnt, und Himmler wurde von Hitler wegen seiner Eigenmächtigkeit aus der Partei ausgestoßen und aller Ämter enthoben. Am Tag nach dieser Lübecker Begegnung sollen mehrere höhere SS-Offiziere in Booten ostwärts von Lauenburg über die Elbe gesetzt worden sein. Es wird vermutet, daß diese Offiziere im Zusammenhang mit Himmlers Angebot Verbindung zu den Briten aufnehmen wollten. Über den Verbleib der SS-Offiziere ist nichts bekannt. Lediglich in nur schwer zugänglichen Quellen werden im Raum Lauenburg nochmals SS-Offiziere erwähnt. Dort heißt es: „... Nach einem Gerücht im Dorf Sterley, es sei ein SS-General im Mai 1945 erschlagen worden ... Zähne vom Oberkiefer ausgeschlagen, Unterkiefer gut, rechts Kopfseite durch Schlag zertrümmert, ...“ und: „SS-General, gefallen Mai 1945, Fundstelle Waldgrab bei Steinhorst ... Pistolenschuß obere Schädeldecke ...“ Die unbekannten SS-Generale sind heute auf dem Lauenburger Friedhof beerdigt. Ob es zwischen ihnen und Himmlers letzten Aktivitäten einen Zusammenhang gibt, wird sich nach derzeitiger Quellenlage wohl nie klären lassen.

Kurz vor Abschluß der britischen Angriffsvorbereitungen gab es am 27. April bei Lauenburg trotz allem eine deutsch-britische Begegnung. Zunächst kam in Buchhorst auf dem Gefechtsstand des Lauenburger Kampfkommandanten ein Anruf an, der besagte, daß ein britischer Parlamentär auf dem diesseitigen Elbufer gelandet wäre. Dieser wolle mit dem Kampfkommandanten über die „deutsch-russische Frage“ verhandeln. Kampfkommandant war seit kurzem Generalmajor Josef Brüning, der zuvor Truppenübungsplatz-Kommandant von Munsterlager gewesen war. Er gab Oberleutnant Hans-Georg Peters den Auftrag, an die Elbe zu fahren und den Briten zum Gefechtsstand zu bringen. Als Peters dort ankam, war von einem Parlamentär nichts zu sehen. Vielmehr tönte eine Lautsprecheranlage über die Elbe, durch die er gefragt wurde, ob er der Offizier sei, mit dem verhandelt werden könne. Der Oberleutnant hob bejahend den Arm. Pause. Vermutlich war die eingetretene Situation für beide Seiten überraschend. In jedem Falle hatte Peters einen britischen Offizier auf dem diesseitigen Ufer erwartet. Der Inhalt des Telefongesprächs war ganz offensichtlich eine Falschmeldung. Peters hätte zurückfahren können. Daß er es nicht tat, erläuterte der gebürtige Lauenburger nach dem Krieg: „Bittende Blicke bekannter Lauenburger Bürger sagten mir, daß etwas geschehen müsse, und so entschloß ich mich, entgegen meinem Auftrag, gelandete Parlamentäre nach Buchhorst zu führen, ein Sturmboot mit einem Pionierunteroffizier zum drüben gelegenen Elbufer zu schicken, ...“ Als der britische Offizier gelandet war und Peters mit ihm nach Buchhorst fahren wollte, erhielt er von dort den Befehl, zunächst noch am Elbufer zu warten, da noch keine Genehmigung für die Verhandlung vorliegen würde. Während des Wartens erklärte der Brite, es käme ihnen darauf an, Lauenburg ohne Kampfhandlungen zu besetzen, um möglichst schnell zur Ostsee vorstoßen zu können, zumal zu befürchten sei, daß die Sowjets anderenfalls einen Teil Schleswig-Holsteins besetzen würden. – Nach zwei Stunden erfuhr Oberleutnant Peters von Generalmajor Brüning, daß eine Genehmigung für die Verhandlung mit den Briten nicht erlangt worden sei. Daraufhin wurde der britische Offizier wieder zum anderen Elbufer zurückgebracht. Obwohl somit eigentlich nichts passiert war, blieb doch die Tatsache, daß Oberleutnant Peters einen britischen Offizier in bester Absicht, aber ohne Erlaubnis auf das freundwärtige Ufer geholt hatte. Daß ihm hieraus kein Nachteil entstand, führte Peters später auf sein persönliches Verhältnis zu General der Infanterie Witthöft zurück. Ganz unproblematisch war der Fall sicherlich nicht. Immerhin mußte der Zeitpunkt, zu dem die Briten verhandeln wollten, aufmerksam machen. Am 27. April standen sie bereits länger als eine Woche an der Elbe und bereiteten ihren Angriff vor. Auf die Idee mit der „deutsch-russischen Frage" sind sie aber erst gekommen, nachdem ihre Angriffsvorbereitungen fast gänzlich abgeschlossen waren. Wie der Vorgang aus britischer Sicht bewertet wurde, steht in der Chronik der 15. schottischen Division: „Der Feind war nicht angriffslustig . . . Die Soldaten kamen angesichts unserer Beobachter zum Strand, um ihre Kochgeschirre zu säubern . . . Der Höhepunkt wurde erreicht, als ein Offizier der ‚Commando Brigade' . . . sich mit mehreren deutschen Kommandeuren unterhielt . . . Anschließend kam . . . der Offizier zum eigenen Ufer zurück und brachte ein sehr klares Bild von der deutschen Verteidigung und der Lage des Landes auf der anderen Seite mit." Abgesehen von der Übertreibung mit den „mehreren deutschen Kommandeuren" ist jedoch unstrittig, daß sich der arglose Oberleutnant Peters nicht mit irgendeinem britischen Offizier unterhalten hatte, sondern mit einem Angehörigen der 1. „Commando Brigade". Die Gespräche hatten teils in Deutsch, teils in Englisch stattgefunden. Sicherlich hätte Deutsch gereicht, denn das Commando hatte immer noch seinen deutschen Zug, zu dem auch Griffith bei Essel gehört hatte. Der britische Offizier hatte in jedem Falle genau dort mit Peters über die „deutsch-russische Frage" gesprochen, wo die „Commando Brigade" 36 Stunden später als „Speerspitze" Montgomerys über die Elbe setzte.

Am Nachmittag des 28. April nahmen die Briten ihre Angriffsgliederung ein. In erster Staffel sollte die 15. schottische Division bei Artlenburg und die 1. „Commando Brigade" bei Lauenburg übersetzen. Nach Bildung eines acht Kilometer tiefen Brückenkopfes sollten die 11. Panzer-Division bei Artlenburg und die 5. Infanterie-Division bei Lauenburg folgen und am nächsten Tag aus dem Brükkenkopf heraus nach Norden angreifen. Gegen 23.30 Uhr begann das britische Artilleriefeuer. Es schwoll auf und ab und belegte vor allem die in den letzten Tagen aufgeklärten deutschen Stellungen. Während die Bevölkerung von Lauenburg angstvoll in ihren Kellern kauerte und die deutschen Soldaten in ihren Dekkungslöchern die Köpfe einzogen, hatten die Briten Muße genug, diesen letzten großen Feuerschlag an der Elbe aus anderer Perspektive zu beobachten. „Das Bombardement war fürchterlich, weniger wegen seines ununterbrochenen Getöses, das man nach einiger Zeit nicht mehr wahrnimmt, als wegen seiner fremdartig theatralischen Wirkung. Dort, knapp 370 Meter entfernt, wurde ein kahles Steilufer vor den Augen der Zuschauer zu Staub zermahlen. Darüber spielten in phantastischen Formen Myriaden von Blitzen mit orangefarbenen Flammen, die wie Blitze eines Gewitters im gleichen Augenblick aufleuchteten und erloschen. Hier und dort bildeten einzelne unterscheidbare Granaten Feuerkugeln zwischen den Bäumen, wobei sie einen Schein wie Buntfeuer hochwarfen, während darüberhin die Granaten der Bofors-Geschütze ihre Bahn zogen, sich im Wasser spiegelnd. In diesem Augenblick geriet das kleine Haus auf dem jenseitigen Ufer, ‚Der Sandkrug' in Brand und leuchtete auf wie eine chinesische Papierlaterne, bis es in Flammen zusammenstürzte. Die Kraft dieses Bombardements wirkte so urweltlich, daß die, welche es sahen, sich kaum zu fragen wagten, wie sie sich verhalten haben würden, wenn man sie einer solchen Feuerprobe unterworfen hätte." Nach 2½ Stunden wurde das Artilleriefeuer, das bisher vorwiegend den Lauenburger Uferbereich getroffen hatte, weiter nach Norden und damit auch in das Stadtinnere verlegt. Das war das Zeichen für den Beginn des Übersetzens. Exakt um 02.00 Uhr fuhren gleichzeitig bei Artlenburg und Hohnstorf die „Buffalo"-Schwimmpanzer in die Elbe. Als die „Royal Scots" und die „Royal Seaforth" auf dem rechten Elbufer landeten, schoß nur ein deutsches MG. Am abgebrannten „Sandkrug" lag der 17jährige RAD-Soldat Nikolaus Loeck in seinem Deckungsloch.

Er war erst am 27. März aus seinem Heimatdorf Brarupholz in ein RAD-Lager bei Uelzen eingezogen worden. Nach dreiwöchiger Ausbildung hatte sich seine kompaniestarke Einheit zusammen mit dem Bremer Polizei-Bataillon 10 am Nordufer der Elbe zur Verteidigung eingerichtet. Im Feuer der britischen Artillerie waren mehrere von Loecks Kameraden gefallen, verwundet worden oder in das nördlich gelegene Waldgelände ausgewichen.

Als die „Buffaloes" auf seinem Ufer landeten, war der RAD-Soldat Nikolaus Loeck allein. Vermutlich fuhren die ersten beiden Schwimmpanzer bis dicht vor sein Deckungsloch. Nikolaus Loeck schoß den ersten ab und mit einer zweiten Panzerfaust auch den nächsten. Dann traf ihn eine tödliche MG-Garbe. Wenig später verstarb er in den Armen eines britischen Sanitäters.

Nikolaus Loeck schoß am 29. April zwei Schwimmpanzer ab und fiel am Elbufer.

Feldmeister Heinrich Oehus fiel am 29. April im Nahkampf.

Die beiden übergesetzten Infanterie-Bataillone beschränkten sich auf die Sicherung ihres zunächst noch sehr engen Brückenkopfes und warteten auf die zweite Welle. Diese traf kurz nach 03.00 Uhr ein. Daraufhin rückte das „Seaforth“-Bataillon in Richtung Lauenburg ab, um hier Verbindung mit der „Commando Brigade“ aufzunehmen. Die frisch eingetroffenen „King's Own Scottish Borderers“ schlugen einen weiten Bogen, um Schnakenbek aus südostwärtiger Richtung anzugreifen. Das „Agryll“-Bataillon sammelte sich nach dem Eintreffen zunächst in der großen Sandgrube in der Nähe des abgebrannten Hauses. Hierbei wurden die Briten von deutschem Steilfeuer erfaßt. Neun Mann waren auf der Stelle tot, 40 andere waren verletzt. Als die „Royal Scots“ vorsichtig auf der Straße 209 vorgingen, kam es zum Nahkampf mit einigen RAD-Soldaten. Ihr Führer, Feldmeister Heinrich Oehus, fiel im Feuerkampf auf kürzeste Entfernung. Dennoch gingen die „Royal Scots“ nicht weiter vor, sondern überließen Schnakenbek den „Borderers“. Der Kampf um die Ortschaft begann mit der Morgendämmerung und wurde von der Bremer Polizei mit großer Hart-

„Buffaloes“ nach dem Übersetzen am 29. April (IWM)

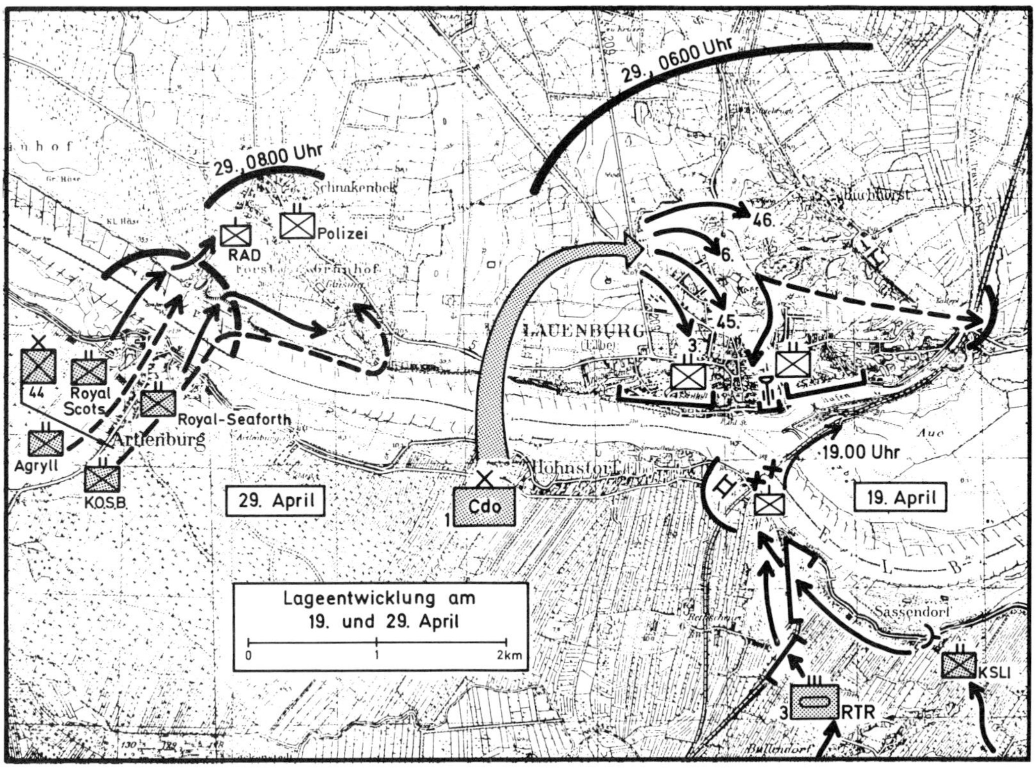

näckigkeit geführt. Dennoch mußten sie im Nahkampf eine Häusergruppe nach der anderen räumen. Erst gegen 08.00 Uhr war Schnakenbek in britischer Hand. Auf deutscher Seite waren drei Polizeioffiziere, 13 Polizeiwachtmeister, sieben Soldaten unterschiedlichster Truppengattungen und zwei RAD-Angehörige gefallen. Unter diesen befand sich auch der Arbeitsführer Ernst N.; der dienstgradhöchste Angehörige des RAD, der zwischen Weser und Elbe gefallen ist. Später wurden am Elbufer noch fünf Gefallene gefunden: Ein Leutnant, drei Polizeiwachtmeister und ein unbekannter Toter. Vermutlich sind sie im britischen Artilleriefeuer gefallen. Die Verluste der Briten betrugen insgesamt 14 Tote.

Der zeitgleiche Angriff der 1. „Commando Brigade“ war sehr ähnlich geplant wie die Übergänge über den Rhein, die Weser und die Aller. Zunächst war den Hauptkräften voraus ein starker Spähtrupp mit Sturmbooten übergesetzt worden. Dieser sollte wie bei Hademstorf-Essel den Angriffsweg auf dem jenseitigen Ufer markieren. Die Deutschen hatten das Übersetzen zwar beobachtet, aber nicht darauf reagiert. Die Lokal-Geschichte sprach später von einem „Scheinangriff“, auf den niemand hereingefallen sei. – Gegen 02.00 Uhr bestiegen dann auch die „Commando Men“ die „Buffaloes“ und setzten westlich Lauenburg, ungefähr bei Stromkilometer 571 über die Elbe. Auch hier war das deutsche Abwehrfeuer bedeutungslos. Ohne Verluste erreichte die Brigade das andere Ufer. Die einzigen Schwierigkeiten bereitete dort der Aufstieg an der fast 40 Meter hohen Steilküste. Er dauerte immerhin – auch ohne deutsche Gegenwehr – 20 Minuten. Dann war das Plateau erreicht, und die Brigade konnte sich an den weißen Wegemarkierungen, die der Spähtrupp des 6. Commandos gelegt hatte, orientieren. In der Morgendämmerung stieß die 1. „Commando Brigade“ fächerförmig aus nordwestlicher Richtung nach Lauenburg hinein. Auf Widerstand trafen sie nur an einer einzigen Stelle, im „Fürstengarten“. Dort stand eine leichte Flak-Batterie mit vermutlich vier 3.7 cm Geschützen. Diese eröffnete auf das schon recht sorglos gewordene 6. Commando das Feuer. Ein Brite fiel. Oberstleutnant Gray befahl einer Kompanie anzugreifen. Dicht an den Boden gepreßt krochen ca. 150 „Commando Men“ halbkreisförmig auf die deutschen Geschütze zu. Da sich die Briten im toten Winkel befanden, waren die Geschützbedienungen ohne Chance. Als der Kompaniechef John Day seinen Angriffsbefehl in den Gefechtslärm brüllte, ereignete sich Merkwürdiges. Zunächst stand der Schotte Norman Towler aus freien Stücken auf, preßte sich sein Maschinengewehr in die Hüfte und jagte lang anhaltende Feuerstöße auf die deutsche Flak-Stellung. Im selben Moment stellten die Geschütze ihr Feuer ein. Die britische Chronik beschreibt diesen kurzen Augenblick: „Aus einem unbekannten Grund hörten die Deutschen plötzlich auf zu schießen ... Innerhalb von Minuten wurden alle Geschütze überrannt und ungefähr 50 Gefangene gemacht ...“ Außerdem waren im Fürstengarten zwei deutsche Soldaten gefallen; der Obergefreite Franz K. mit Brustschuß und der 39jährige Flak-Helfer Eduard B., der „... sich weigerte, zum Zeichen der Gefangennahme die Hände hochzuheben ...“

Am 29. April, gegen 06.00 Uhr waren die Stadt Lauenburg und die nördlich davon gelegenen Höhenkuppen von der „Commando Brigade“ besetzt. Während zu dieser Zeit in Schnakenbek noch immer gekämpft wurde, stieß das 6. Commando zum Elbe-Trave-Kanal vor und nahm die dort unzerstörte Kanalbrücke. Der deutsche Zündtrupp war durch Artilleriegranaten mit Annäherungszünder ausgeschaltet worden. Insgesamt fielen in den frühen Morgenstunden des 29. April in der Stadt

Lauenburg 15 deutsche Soldaten. Einen sehr umfangreichen Auftrag auf britischer Seite hatte Colonel Foster. Ihm unterstanden Pionierkräfte in Stärke von ca. zwei Bataillonen. Mit diesen sollte er bei Lauenburg eine 9-Tonnen-Kriegsbrücke und eine 9-Tonnen-Fähre sowie bei Artlenburg eine 40-Tonnen-Fähre und eine 40-Tonnen-Kriegsbrücke bauen lassen. Der Pioniereinsatz verlief zunächst planmäßig. Bereits gegen 06.00 Uhr konnten die ersten Kampfpanzer im Fährbetrieb bei Artlenburg übergesetzt werden. Mit diesen stieß die ebenfalls übergegangene 46. Brigade auf Krüzen vor. Der Ort hatte bis zum frühen Morgen unter Artilleriefeuer gelegen. Die Bevölkerung hatte solange in den Kellern ausgeharrt. Als sie sich wieder nach oben wagte, waren die Briten auch schon da. Der Sohn des Dorflehrers beschrieb sie als „. . . klein und gedrungen und sehr freundlich . . .“ Trotzdem befahlen sie der Bevölkerung, den Ort sofort zu räumen. Anschließend legten sie eine Rast ein. Ihr Angriffsziel hieß zwar Lütau, aber wer sollte sie schon hindern, diese drei Kilometer bis zum Abend vorzustoßen?

Die inzwischen ebenfalls übergesetzte 227. Brigade griff über die 44. Brigade hinweg nach Norden, auf Gülzow an. Hier kam es zu einem kurzen, aber heftigen Feuerkampf. Auf deutscher Seite fielen ein Stabsgefreiter und zwei 17jährige RAD-Soldaten. Als die etwa sechsfach überlegenen Briten den Ort schon fest in ihrer Hand glaubten, kam es am Dorfausgang zum Nahkampf. Ein Oberleutnant und ein Gefreiter fielen. Gülzow war britisch, und die 227. Brigade hatte die ihr befohlene Brückenkopfausdehnung erreicht. Gegen Mittag wollte die 46. Brigade ihren Marsch von Krüzen nach Lütau antreten. Kompaniechef Captain Morris fuhr im Spähwagen, offen in der Luke stehend, allen voraus. Hart südlich des Heidberges traf ihn ein deutsches Infanteriegeschoß. Er war auf der Stelle tot. Zunächst

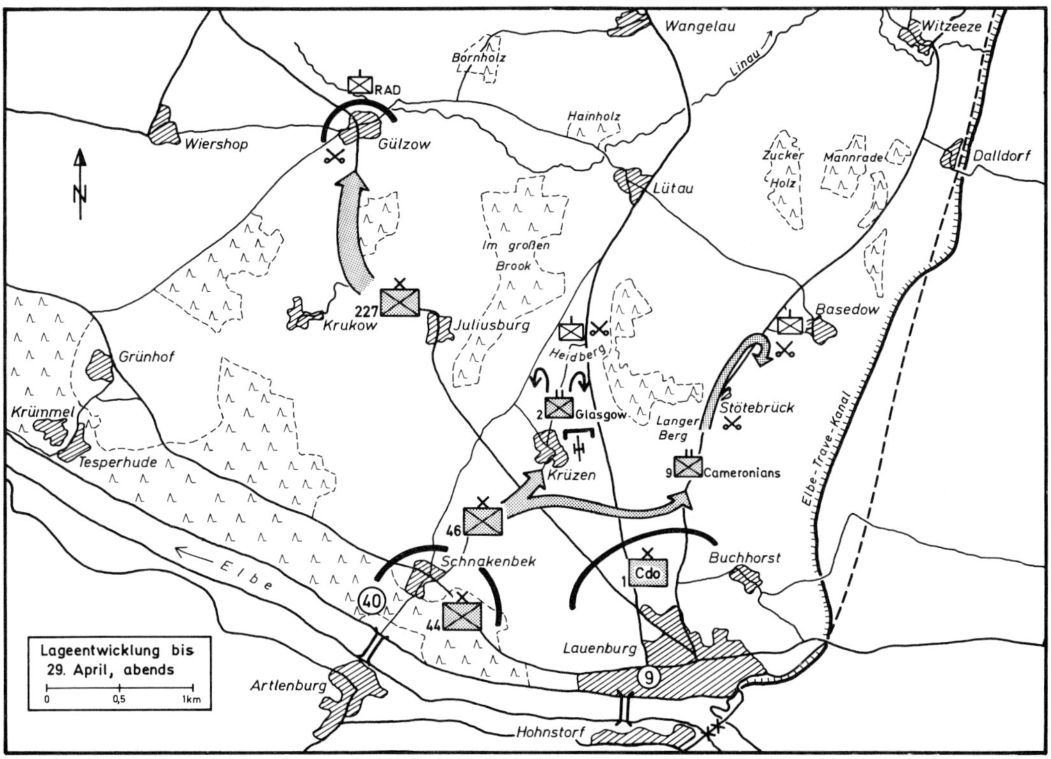

versuchte seine Kompanie, kurz darauf das gesamte 2. Bataillon „Glasgow Highlanders", die flache Höhenkuppe rechts und links zu umgehen. Aber alle Versuche scheiterten im heftigen deutschen MG- und Gewehrfeuer. Daraufhin stellte die britische Infanterie ihren Angriff ein. In Krüzen ging eine Geschütz-Batterie in Stellung, und auch Panzer nahmen aus sicherer Entfernung den Feuerkampf gegen den unerwarteten Gegner auf. Noch einmal versuchte die britische Infanterie, den Weg nach Lütau freizukämpfen. Diesen Versuch stellte sie jedoch nach insgesamt vier Gefallenen ein. Somit hatte die linke Angriffsgruppe der 46. Brigade ihren Auftrag, bis zum Abend Lütau zu besetzen, nicht erfüllen können. Sie war von einer noch nicht identifizierten deutschen Kompanie aufgehalten worden. Diese verscharrte ihre neun Gefallenen in der Kiesgrube am Heidberg und im Waldgelände „Im großen Brook" nur flüchtig und zog sich in der Nacht nach Lütau zurück.

An der Spitze der rechten Angriffsgruppe marschierte das 9. Bataillon „Cameronians". Es traf bereits drei Kilometer nördlich Lauenburg zwischen Langer-Berg und Stötebrück auf Widerstand, der schnell gebrochen werden konnte. Kurz darauf schlug den Briten aus Basedow ein sehr heftiges Abwehrfeuer entgegen. Der Feuerkampf zog sich mehrere Stunden hin, dann gaben die Briten auch hier auf. Sie hatten zwei Mann verloren. Auf deutscher Seite waren ein Leutnant und drei Grenadiere gefallen. Damit hatte auch die rechte Angriffsgruppe der 46. Brigade, die bis zum Abend Dalldorf hatte besetzen sollen, ihr Ziel nicht erreicht.

Die britischen Pioniere hatten an beiden Brückenstellen ehrgeizig geschuftet. Vor allem der Bau der schweren 40-Tonnen-Brücke machte überraschend schnelle Fortschritte. Immerhin war die Elbe seinerzeit etwas über 300 Meter breit und hatte eine Stromgeschwindigkeit von ca. 3 m/s. Größere Probleme machte die deutsche Luftwaffe. Seit dem frühen Nachmittag flogen einzelne Maschinen in kurzen Zeitabständen einen Angriff nach dem anderen. Es waren Focke-Wulf-190, Messerschmitt-109 und Ju-87-Stuka. Aus der dichten Wolkendecke stürzten sie sich immer wieder durch das Abwehrfeuer von mindestens zwei Flak-Regimentern auf die Brückenstellen. Für die Briten muß dieser letzte Einsatz der ehemals so stolzen deutschen Luftwaffe wie Verzweiflung und Todesverachtung ausgesehen haben. In einer ihrer Chroniken heißt es zu dieser Situation: „. . . es war höchst überraschend, wie sie es fertigbrachten, in dieser Phase des Krieges so anzugreifen." Besonders beeindruckend sind offenbar die Angriffe der Ju-87 gewesen. „. . . die Sturzkampfbomber jagten heulend herab, lösten ihre Bomben, kurz bevor sie über der Brücke waren, und stiegen steil in die Sonne, um sich der Beobachtung zu entziehen." Obwohl keine der Bomben die im Bau befindlichen Kriegsbrücken traf, verloren die britischen Pioniere an diesem Nachmittag dennoch 35 Mann. Ihre Verluste lagen damit deutlich höher als die der eigenen Kampftruppe. Außerdem wurden beide Kriegsbrückenschläge durch die häufigen Angriffe immer wieder unterbrochen und der Brückenschluß hinausgezögert. Von den deutschen Flugzeugen sollen nach britischen Quellen 13 abgeschossen worden sein. Bekannt ist am 29. April jedoch nur der Abschuß des Oberfeldwebels Walter, der auf dem Friedhof Artlenburg beigesetzt wurde. Trotz allem war die „Operation Enterprise" am Abend des 29. April in ihrer relativ schwierigen Anfangsphase erfolgreich abgeschlossen. Montgomery konnte damit zufrieden sein, denn eigentlich hatte er auf Lauenburg noch einen Bomberangriff und den Einsatz einer Fallschirmjäger-Brigade geplant. Beides war wegen der starken Bewölkung nicht möglich gewesen

Ju-87 beim Bombenabwurf

Geschütz des 109. Flak-Regiments sichert den Elbübergang. (IWM)

und hatte sich jetzt auch als überflüssig erwiesen. Überhaupt stellt sich in der Rückschau die Frage, ob Lauenburg denn tatsächlich verteidigt worden ist. Sekundärquellen behaupten gelegentlich, in der Stadt hätten neun Bataillone gelegen. Diese Zahl ist sehr wahrscheinlich aus britischen Chroniken bedenkenlos abgeschrieben worden. Bestimmt waren es nicht mehr als zwei. Aber auch von denen war zum Zeitpunkt des britischen Angriffs fast nichts zu spüren. Die „Commando Men“ erwähnen nur die Flak-Batterie im Fürstengarten, mehr nicht. Vor ihnen war aber niemand in der Stadt. Wo also waren die deutschen Bataillone, die Lauenburg am 29. April angeblich verteidigen sollten? Wo war der Kampfkommandant? – In einer Ausgabe der Zeitschrift des Lauenburger Heimatbundes war 1975 zu lesen: „. . .die Übergabe der Stadt sollte . . . am 28. April 1945 erfolgen. Ein Kradmelder, der den Befehl überbringen sollte, war spurlos verschwunden. Die versiegelte Befehlstasche wurde bei den Umbettungen eines SS-Offiziers in der Nähe von Lauenburg gefunden.“ Tatsächlich wurde am 10. 5. 1946 von Basedow nach Lauenburg ein Offizier umgebettet, von dem eine zuverlässige Quelle sagt: „Sollte Rückzugsbefehl der Truppen nach Lauenburg überbringen, da er jedoch fiel, wurde Meldung nicht ausgeführt.“ Der Name des Offiziers soll Leutnant Arnemann gewesen sein. Da es bei der SS den Dienstgrad „Leutnant“ nicht gab, war Arnemann auch kein SS-Offizier. Aber das ist nicht so entscheidend, wie die Art der Befehlsübermittlung. Wichtige Befehle werden von altersher bei jeder Armee von Offizieren persönlich überbracht. Allerdings schickt man auch nicht nur einen, sondern mehrere, schon, um den für Lauenburg angenommenen Fall auszuschließen. Somit ist wahrscheinlich, daß die in Lauenburg eingesetzten Soldaten kurzfristig den Rückzugsbefehl doch noch von einem anderen Kurier erhalten haben. In jedem Falle ist jedoch sicher, daß Lauenburg nicht wie Rethem, Visselhövede, Soltau, Essel, Winsen oder Uelzen verteidigt worden ist, obwohl es zunächst über mehr Truppe verfügte und vor sich das stärkste Geländehindernis hatte, das es in Norddeutschland gibt, nämlich die Elbe mit den Steilufern von Lauenburg.

Der 30. April wurde zum Tag des letzten deutschen Gegenangriffs zwischen Weser und Ostsee. Den Befehl hierzu hatte General der Infanterie Günther Blumentritt bereits am Vortage in Wotersen persönlich an den Kommandeur der 245. Infanterie-Division und das SS-Bataillon 18 erteilt. Zwischen beiden Verbänden bestand keinerlei Verbindung. Während die Division, die über ca. 3.000 Mann verfügte, ihren Einsatz noch vorbereitete, war das ungefähr 400 Mann starke SS-Bataillon noch am Morgen des 29. April mit ersten Teilen losmarschiert. Über Schwarzenbek, Wangelau und Lütau hatte die Spitzenkompanie den Heidberg gegen Mittag erreicht, wo es kurz darauf mit dem Bataillon der „Glasgow Highlanders" zum Feuerkampf gekommen war. Eine weitere SS-Kompanie traf bis zum Abend in Lütau ein. Die dritte, noch fehlende Kompanie wurde für den nächsten Tag erwartet. Da sowohl die britischen als auch die deutschen Soldaten angreifen sollten, mußte es eigentlich zum Begegnungsgefecht kommen. Aber das passierte nicht, weil die Briten eher aufgestanden waren. Zunächst hatte ihre Artillerie die Orte Lütau und Basedow unter heftigen Beschuß genommen, dann griff im Morgengrauen die Infanterie an. Basedow, in dem sich nur noch schwache deutsche Sicherungen befanden, war noch vor Sonnenaufgang in britischer Hand. In Lütau hatte das Artilleriefeuer verheerend gewirkt. Es waren zwar nur drei Gebäude zerstört worden, jedoch lagen in der Schule, die als Lazarett eingerichtet war, drei Zivilpersonen und 49 SS-Soldaten. Die „Glasgow Highlanders" stürmten Lütau vom Heidberg aus. Durch SS-Scharfschützen hatten sie einige Ausfälle, doch dann waren sie am südlichen Dorfrand, und es begann ein wilder Häuserkampf. Er

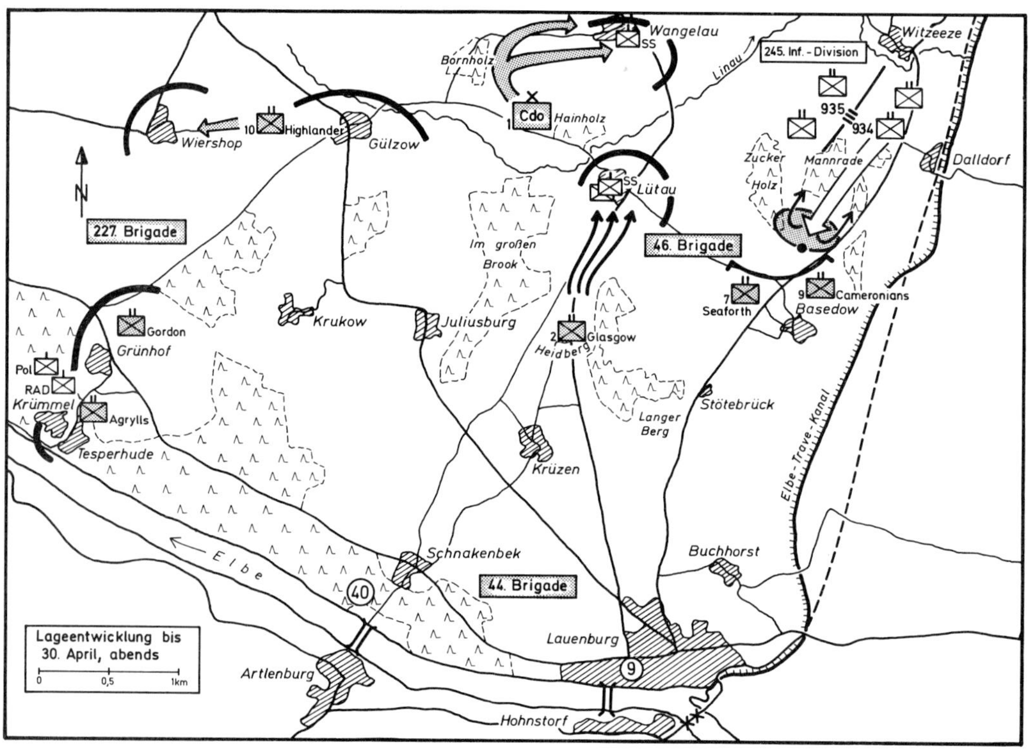

endete am späten Vormittag. Die Briten hatten insgesamt nicht mehr als sechs Mann verloren. Die deutschen Verluste betrugen 29 Gefallene. Davon waren 26 SS- und zwei Marinesoldaten. Viele der SS-Soldaten waren erst 16 Jahre alt. Von den Überlebenden gingen ungefähr 100 in Gefangenschaft. Ca. 60 Mann entkamen nach Norden.

Der Kommandeur der 245. Infanterie-Division hatte seinen Auftrag an beide Regimentskommandeure weitergegeben. Er lautete: „Den bei Lauenburg übergesetzten Gegner in Zusammenarbeit mit einer aus dem Sachsenwald in die Flanke des Brückenkopfes Lauenburg angreifenden SS-Division über die Elbe zurückzuwerfen und den Brückenkopf bei Lauenburg beseitigen." Die beiden Grenadier-Regimenter 934 und 935 hatten am Morgen des 30. April südlich Witzeeze ihre Ausgangsstellung eingenommen. Der Kommandeur des Grenadier-Regiments 934 war Oberst Werner Lutze. Er schrieb später in seinem sehr detaillierten Gefechtsbericht: „Ein wunderschöner Frühlingsmorgen brach an, der für so manchen bewährten Frontsoldaten der letzte werden sollte." Es konnte tatsächlich nur ein Debakel geben, denn auf deutscher Seite fehlte es nicht nur an Kampfmoral und schweren Waffen, sondern es wirkten sich auch mehrere taktische Kardinalfehler verhängnisvoll aus. Am offensichtlichsten war jedoch die Irreführung im Divisionsbefehl, der vom Flankenangriff einer SS-Division sprach. Diese „Division", das waren die 400 jungen SS-Soldaten, die nach der britischen Besetzung von Gülzow keine Möglichkeit mehr hatten, flankierend anzugreifen, sondern höchstens frontal. – Letztlich hatte es aber in Lütau noch nicht einmal zur Verteidigung gereicht. Nunmehr sollte die 245. Infanterie-Division, in diesem Falle vier Infanterie-Bataillone, eine britische Division über die Elbe zurückwerfen, die ihr in allen Belangen überlegen war. Diese sogenannte Gegenstoßreserve hatte außerdem viel zu weit nördlich der Elbe gelegen, um zeitgerecht eingreifen zu können. Jetzt war ihr Einsatz nicht mehr zu verantworten, schon gar nicht im Angriff. Eine Verteidigung im Raum Witzeeze hätte mehr Sinn, aber auch keine Erfolgsaussichten gehabt. Alle Widrigkeiten wurden durch den Operationsplan der 245. Infanterie-Division auf die Spitze getrieben. Er sah nichts weiter vor, als ein bloßes Anrennen in breiter Front. Die simple Möglichkeit, zumindestens mit Teilen auf der anderen Seite des Elbe-Trave-Kanals vorzugehen und aus Osten auf Lauenburg anzugreifen, war übersehen worden. So nahm das Unvermeidbare seinen Lauf. Beide Regimenter gingen mit je einem Bataillon voraus in geöffneter Ordnung vor. Aber bereits nach kurzer Zeit hatten beide Spitzenbataillone keine Verbindung mehr zueinander. Da es auch keine Fernmeldemittel gab, zerfledderte der Angriff bereits in der Phase der Annäherung. Die Briten hatten den deutschen Vorstoß aufgeklärt. Neben den „Cameronians" war auch das 7. Bataillon „Seaforth Highlanders" nördlich Basedow in Stellung gegangen. Sie warteten. Gegen 07.00 Uhr traten die Deutschen in breiten Schützenreihen aus dem Waldstück Mannrade, südwestlich Dalldorf. Die Briten warteten noch immer. Als aber das 1. Bataillon des Regiments 934 vollständig im offenen Gelände war, brach ein Feuersturm los. Britische Artilleriegranaten zerrissen das Weidegelände, und Scharfschützen konzentrierten sich vorwiegend auf Offiziere. So fielen 38 Soldaten, darunter vier Leutnants. Die Zahl der Verwundeten wird wegen des deckungsarmen Geländes ein Dreifaches betragen haben. Mehrere Deutsche winkten mit Taschentüchern und liefen über. Das war das Ende. Der Angriff der 245. Infanterie-Division wurde abgebrochen. Sie leistete am nächsten Tag noch einmal in der Linie Büchen-Müssen tapferen Widerstand, zog sich dann aber 20 Kilometer nach Norden zurück und ging bei Kühsen in britische Gefangenschaft. Oberst Werner Lutze schloß seinen Gefechtsbericht: „... zwar geschlagen, aber ungebrochen in tadelloser Disziplin ...“ Die Briten hatten in dem Gefecht bei Basedow neun Mann verloren. Zwei weitere erlagen ihren Verwundungen am nächsten Tag.

Die 1. „Commando Brigade“ hatte eine ruhige Nacht in Lauenburg verbracht und bekam auch erst am Mittag des 30. April ihren nächsten Angriffsbefehl. Sie sollte Lütau nehmen. Als sie gefechtsmäßig in die „brennende Ruine“ – wie in ihrer Chronik steht – eindrangen, stellten sie enttäuscht fest, das der Ort bereits von deutschen Truppen „gesäubert“ war. Das nächste Angriffsziel hieß Wangelau. Seine Besetzung wurde zur letzten Gefechtshandlung der Brigade im 2. Weltkrieg. Auch diesmal ging sie – wie bei Wesel, Essel und Lauenburg – nicht frontal, sondern traditionsgemäß links umfassend vor. Ein Spähtrupp meldete wenig später, daß sich in Wangelau eine unbestimmte Zahl von SS-Soldaten befände. Tatsächlich war dort seit wenigen Stunden die dritte Kompanie des Langenhorner SS-Bataillons mit zwei Zügen eingetroffen. Diese benahmen sich, offensichtlich ohne jede Kenntnis der örtlichen Lage, reichlich ungeniert. Während in zwei Gehöften Verpflegung zubereitet wurde, war die Sicherung – wenn überhaupt – ausschließlich nach Süden orientiert. Oberstleutnant Nicol Gray, Kommandeur des 45. Commandos, forderte über Funk Feuerbereitschaft von dem bei Krüzen stehenden Artillerie-Regiment. Schießen ließ er jedoch noch nicht. Hierin unterschied er sich von vielen anderen britischen Kommandeuren, die jeden Angriff mit Artillerievorbereitung begannen und dafür auf das Überraschungsmoment verzichteten. Wenig später drang eine Kompanie der „Commando Men“ unbemerkt in zwei Gehöfte ein. Mit einem nicht ganz einwandfreien „Handes hoch! “ nahmen sie die verblüfften SS-Soldaten in der Küche und im Garten gefangen. Der dritte, aus Schwarzenbek anmarschierende SS-Zug lief am Ortsrand in einen klassischen Hinterhalt. Trotzdem fiel im ersten Feuerüberfall der Briten nur ein Unterscharführer. Den anderen SS-Soldaten gelang es, mit einigen Verwundeten die nächsten Gebäude zu erreichen. Von dort aus lieferten sie sich mit den Briten einen 20minütigen Feuerkampf, der Oberstleutnant Gray sicherlich zu lange dauerte. Er nahm nämlich anschließend seine eigenen Kräfte zurück, stellte zwei Kompanien in einem weiten Halbkreis auf und forderte Artilleriefeuer an. Als die Einschläge immer genauer lagen, gaben die SS-Soldaten auf. Sie hatten keine weiteren Verluste und gingen mit 135 Mann in Gefangenschaft. Auf britischer Seite war Sergeant Wilson gefallen. Er wurde zunächst in unmittelbarer Nähe des Hauses beigesetzt, an dem er gefallen war. Dicht daneben beerdigten die Briten einen deutschen Messerschmitt-Piloten. Dieser war vor den Augen der „Commando Men“ im Luftkampf von einer Spitfire abgeschossen worden. Die britische Chronik berichtet u. a.: „Wir nahmen ihm sein Soldbuch ab, dann begruben wir ihn. Seine Name war Kohler, und sein Dienstgrad war Sergeant Major der Luftwaffe ... Es schien eine ironische Verflechtung des Schicksals zu sein, daß diese beiden Männer, der eine ein Brite und der andere ein Deutscher, sterben mußten, als beinahe die letzten Schüsse dieses Krieges fielen. Für uns symbolisierte es die Dummheit der ganzen Sache.“ Sergeant Wilson wurde später auf den britischen Soldatenfriedhof nach Hamburg-Ohlsdorf überführt. Kohler wurde im Mai 1946 nach Lauenburg umgebettet. Da ihm aber das Soldbuch abgenommen worden war, ruht er dort seither als „Unbekannter Deutscher Soldat“ in dem Grab mit der Nummer 145.

Grab des Oberfeldwebels Kohler auf dem Lauenburger Soldatenfriedhof

Grab des Sergeant Wilson – der letzte Gefallene der 1. „Commando Brigade" – auf dem britischen Soldatenfriedhof in Hamburg-Ohlsdorf

Nach dem kurzen Feuergefecht in Wangelau und dem darauf folgenden kampflosen britischen Einmarsch in Witzeeze, hatte der Brückenkopf im Norden seine festgelegte Ausdehnung erreicht. Seine Erweiterung nach Westen war mit erheblich größeren Schwierigkeiten verbunden. Zwar konnte das 10. Bataillon der „Highland Light Infantry" zunächst Wiershop ohne Gegenwehr besetzen, dafür trafen aber die beiden Infanterie-Bataillone der „Agrylls" und „Gordons" bei Grünhof, Tesperhude und Krümmel auf hartnäckigen Widerstand. In dem recht unübersichtlichen Waldgelände hatten sich deutsche Splittergruppen aus RAD, Polizei und mehreren Ersatztruppenteilen festgesetzt. Nachdem fünf Unteroffiziere und neun Mann gefallen waren, konnten die „Agrylls" bis Krümmel vorstoßen. Die „Gordons" besetzten nach kurzem, heftigen Feuerkampf die Ortschaft Hamwarde. Dort waren vier Deutsche gefallen. Zur gleichen Zeit durchfuhr das Aufklärungs-Regiment der 15. schottischen Division Kollow und fühlte vorsichtig auf Schwarzenbek vor. Am Abend des 30. April hatte der britische Brückenkopf an allen Punkten die geplante Ausdehnung erreicht. Damit waren auch die Voraussetzungen für drei großräumige Operationen geschaffen, mit denen die deutsche Wehrmacht endgültig zur Kapitulation gezwungen werden konnte.

Zunächst sollte die 6. Luftlande-Division so schnell als möglich ostwärts des Elbe-Trave-Kanals bis Wismar an die Ostsee vorgehen, um das Eindringen der Sowjets in Schleswig-Holstein zu verhindern. Die 11. Panzer-Division und die 5. Infanterie-Division sollten die Ostsee bei Lübeck erreichen, und die 15. schottische Division sollte mit Masse über Geesthacht auf Hamburg vorstoßen. Hierzu wurde den Schotten die 158. Brigade der 53. „Welsh Division" unterstellt. – Die Waliser fuhren mit Panzerverstärkung bis an den Stadtrand von Geesthacht und riefen den Bürgermeister per Telefon an. Er wurde aufgefordert, die Stadt bis 20.00 Uhr zu übergeben. Anderenfalls würde sie durch Luftwaffe und Artillerie zusammengeschossen. Bürgermeister Dr. Boysen fuhr daraufhin zur Jugendherberge, in der sich der Gefechtsstand des in der Stadt eingesetzten Polizei-Bataillons befand. Zusammen mit dessen Kommandeur fuhr Dr. Boysen dann zum Gefechtsstand des Generals der Infanterie Witthöft weiter. Kurz nach 20.00 Uhr war er wieder in Geesthacht zurück und teilte den Briten telefonisch mit, daß ihm nicht erlaubt worden sei, die Stadt kampflos zu übergeben. Der Polizeioberleutnant Thomas Bruhn war Zeuge dieses Telefongespräches. Er berichtete darüber: „So wie ich bei früheren Anrufen den Feind gebeten hatte, die Stadt doch mit Rücksicht auf die Zivilbevölkerung zu schonen, versuchte auch der Bürgermeister eine Zerstörung der Stadt durch inständige Vorstellungen zu verhindern. Diese Versuche wurden aber vom Feind mit den Worten abgelehnt, daß alles Weitere Sache des Militärs sei. Völlig niedergebrochen begab sich der Bürgermeister in seine Wohnung. Das Schicksal der Stadt schien besiegelt."

Geesthacht hatte bisher in unterschiedlicher Weise durch den Krieg gelitten. Am 7. April hatte es seinen einzigen Bombenangriff zu überstehen gehabt. Aber zum Glück für die Bevölkerung galt dieser Angriff der Kriegsindustrie in Krümmel und Düneberg. Trotzdem gab es in der Stadt sieben Todesopfer. In Krümmel waren dagegen 108 Menschen und in Düneberg 67 Menschen im Bombenhagel zu Tode gekommen. Die nächste Belastung war der Stadt zehn Tage später aufgebürdet worden. Am 17. April waren Wehrmachtsteile aller Truppengattungen eingerückt. Nachdem sie in Massenquartieren untergebracht waren, hatten sie die im Hafen liegenden Lebensmittelkähne geplündert. Die Geesthachter Bevölkerung war entsetzt. Oberleutnant Bruhn schrieb darüber: „Für uns alte Weltkriegssoldaten und auch wohl für die ganze Bevölkerung waren diese Tage vielleicht das Schwerste, was wir bisher erlebten. Hatten wir doch alle die Hoffnung auf einen Umschwung im Kriegsgeschehen nicht ganz verloren. Nachdem, was uns jetzt vor Augen geführt wurde, mußte auch die letzte Hoffnung schwinden. Mit diesen Horden, ein anderer Ausdruck ist für diese Menschen nicht angebracht, konnte ein Krieg nicht weitergeführt werden." Diese Ausschreitungen in Geesthacht waren um so erstaunlicher, als sie im großen Stil erfolgten und rechtlich mit der Todesstrafe belegt waren. Um welche Truppenteile es sich hierbei gehandelt haben könnte, läßt sich höchstens ahnen. Immerhin stand zu diesem Zeitpunkt die Front zwischen Weser und Elbe in der Linie Bremen-Verden-Visselhövede-Soltau-Munster-Uelzen-Dömitz und südlich davon. Alle dort eingesetzten Verbände scheiden als mögliche Täter jedenfalls aus.

Ganz sicher hatte Bürgermeister Dr. Boysen am Abend des 30. April noch ernstere Sorgen. Vielleicht wußte er auch von dem hartnäckigen Widerstand, den das Bremer Polizei-Bataillon in Schnakenbek geleistet hatte. Die in Geesthacht eingesetzten Polizei-Einheiten würden vermutlich ebenso kämpfen. Dennoch wurde die Stadt vor Kampfhandlungen bewahrt, aber die Rettung kam aus völlig unerwarteter Richtung, nämlich aus Hamburg. – Zunächst hatte dort der stellvertretende Betriebsleiter des Werkes Düneberg den Gauleiter Kaufmann angerufen und auf die großen Kampfstoffmengen hingewiesen, die im Werksgelände lagerten. Kaufmann hatte kurz nach 21.00 Uhr zurückgerufen und mitgeteilt, daß eine kampflose Übergabe der Stadt vorgesehen und eine Parlamentärgruppe bereits auf dem Wege sei. Am Morgen des 1. Mai rückte das Polizei-Bataillon in Richtung Bergedorf ab. Gegen Mittag besetzten die Waliser das äußere Stadtgebiet. Am 2. Mai erfolgte die vollständige Besetzung. Der Polizeioberleutnant Thomas Bruhn schloß seinen Bericht über „Geesthacht in den Kriegsjahren 1939–45“: „Unsere Stadt kommt jetzt unter britische Militärherrschaft. Der Krieg geht zu Ende und unser armes Vaterland wird die Folgen zu tragen haben. Der alte GOTT möge uns allen gnädig sein. Ende.“

Einer der letzten deutschen Verbände, die aus dem Raum um Geesthacht nach Nordwesten abrückten, war das 150 Mann starke Bataillon des erfolgreichen U-Boot-Kommandanten Carl Emmermann. Der Träger des Ritterkreuzes mit Eichenlaub hatte, ähnlich wie Korvettenkapitän Cremer, seine Einheit aus U-Boot-Soldaten aufgestellt. Mit diesen hatte er zunächst am Elbe-Trave-Kanal einen 18 Kilometer breiten Sicherungsschleier gebildet, den er jedoch nach dem britischen Übergang bei Lauenburg und Artlenburg weiträumig nach Nordwesten zurücknehmen mußte. Aufgrund einer hervorragenden Ausstattung mit Fernmeldegeräten konnte er seine Teileinheiten trotz der großen Frontbreite nahezu problemlos führen. Am 29. April hatte er den selbständigen Entschluß gefaßt, seine Soldaten aus dem sich anbahnenden Zusammenbruch der deutschen Verteidigung herauszulösen und den Abmarsch nach Glinde, im Osten Hamburgs, befohlen. Für viele der Marinesoldaten bedeutete das einen Fußmarsch von 30 Kilometern. Nachdem einige von ihnen bereits in Basedow und Lütau gefallen waren, stellte sich eine ihrer letzten Gruppen den Briten ostwärts Brunstorf.

Der Unteroffizieranwärter Gefreiter Gerhard Koop ist dabeigewesen: „Am Morgen des 2. Mai 1945 wurde es gegen 6.00 Uhr beim Gegner lebendig. Man hörte Ketten rasseln, Motoren brummen, und dann kam er in voller Marschordnung; voran drei Panzer, dann Schützenpanzer sowie Lkw und Kräder. Der Empfang durch uns war gewaltig und für ihn anscheinend völlig überraschend. Fluchtartig zog er sich

Korvettenkapitän Carl Emmermann, dessen Nachhut die Briten am 2. Mai bei Börnsen stoppte.

Unteroffizieranwärter Gerhard Koop: „. . . den Feind ein paar Stunden aufgehalten.“

zurück. Aber nur eine halbe Stunde später kam es über uns. Mit Artillerie jeden Kalibers wurden wir eingedeckt und das Dorf hinter uns in Brand geschossen. Dann folgten jede Menge Nebelgranaten. Wir waren plötzlich völlig blind. In diesem Moment durchstieß er unsere schwache Linie. Natürlich waren wir die Verlierer. Gegen Mittag war der Spuk vorbei. Immerhin hatten wir den Feind ein paar Stunden aufgehalten."

Koop mußte sich schließlich mit einigen seiner Kameraden gefangen geben. Zunächst wurden sie mit Kolbenschlägen traktiert, dann ausgeplündert und letztlich von einem Kradmelder im Laufschritt über mehrere Kilometer zur nächsten Kriegsgefangenensammelstelle getrieben. Dort sahen sie sich um: „Trotz intensiver Suche fanden wir keine weiteren Marineangehörigen unserer Kampfgruppe, so daß wir davon ausgingen, mit fünf Mann die einzig übriggebliebenen zu sein."

Das „Agryll"-Bataillon war nördlich an Geesthacht vorbeigegangen und traf bei Börnsen ebenfalls auf Teile des Bataillon-Emmermann. Diese konnten das britische Infanterie-Bataillon an einer Panzersperre mehrere Stunden aufhalten, was jedoch nur gelang, weil der britischen Artillerie allmählich die Munition ausgegangen war. Dann wurde auch das Infanteriefeuer eingestellt. – Auf deutscher Seite erschien eine Limousine mit einem Offizier aus dem Stabe des Generals der Infanterie Blumentritt. Dieser verlangte, daß die Panzersperre geöffnet würde, und erklärte, daß er auf dem Weg zum britischen Divisionskommandeur sei, um die Kapitulation Hamburgs anzubieten. Die Marinesoldaten öffneten die Panzersperre. Dann legten einige von ihnen trotzig die Waffen nieder, die anderen marschierten – nach britischer Darstellung – betrübt in Richtung Hamburg. Bei der Panzersperre in Börnsen blieben ein Fähnrich zur See, vier Maate und ein Obergefreiter als Gefallene zurück.

Mit dem Vorstoß aus dem Brückenkopf in Richtung Ostsee hatte zunächst die 11. Panzer-Division und kurz darauf auch die 5. Infanterie-Division bereits am 1. Mai begonnen. Vor den Briten lagen bis zur Ostsee noch gut 50 Kilometer, die wegen der hohen Marschgeschwindigkeit mehr Versorgungsprobleme zur Folge hatten, als es erwähnenswerte Kampfhandlungen gab. Zu kurzen Feuergefechten kam es noch in Pötrau, Büchen, Nüssau, Müssen, Sahms, Kankelau, Tramm und Schretstaken. Hierbei fielen insgesamt nochmals 32 deutsche Soldaten unterschiedlichster Truppenteile. Lediglich in Schwarzenbek ist nachhaltiger gekämpft worden. Auf dem Fabrikgelände am nordostwärtigen Stadtrand hatten sich einige Landesschützen und Flak-Soldaten verschanzt. Vor allem befand sich auf dem Fabrikhof ein einzelner Panzer, von dem angenommen werden kann, daß es jener „Tiger" war, der am 19. April das 3. „Royal Tank Regiment" von der Lauenburger Brücke ferngehalten hatte. Am 1. Mai stand er ihm wieder im Wege. Er war der absolut letzte einsatzbereite deutsche Panzer zwischen Elbe und Ostsee. Das folgende, sehr kurze Panzergefecht wurde damit auch zum letzten an der deutschen Nordwestfront. Das Kräfteverhältnis betrug 1:50. Der „Tiger" traf zweimal. Dann endete er wie der „F 02" auf dem Ostenholzer Weg. Eine britische Granate zerfetzte seine Tanks. – Die 3. „Royal Tanks" wußten um diese Achillesferse. – Der deutsche Panzer verbrannte. Mit ihm ein Mann der Besatzung. Dieser ruht als unbekannter Soldat mit weiteren 15 in Schwarzenbek Gefallenen auf dem Lauenburger Ehrenfriedhof. Nachdem die letzten Schüsse auf dem Schwarzenbeker Fabrikgelände verhallt waren, begann für die 11. Panzer-Division ein Eilmarsch, dem ihr rechter Nachbar, die 5. Division, nicht folgen konnte. Am Abend stand sie

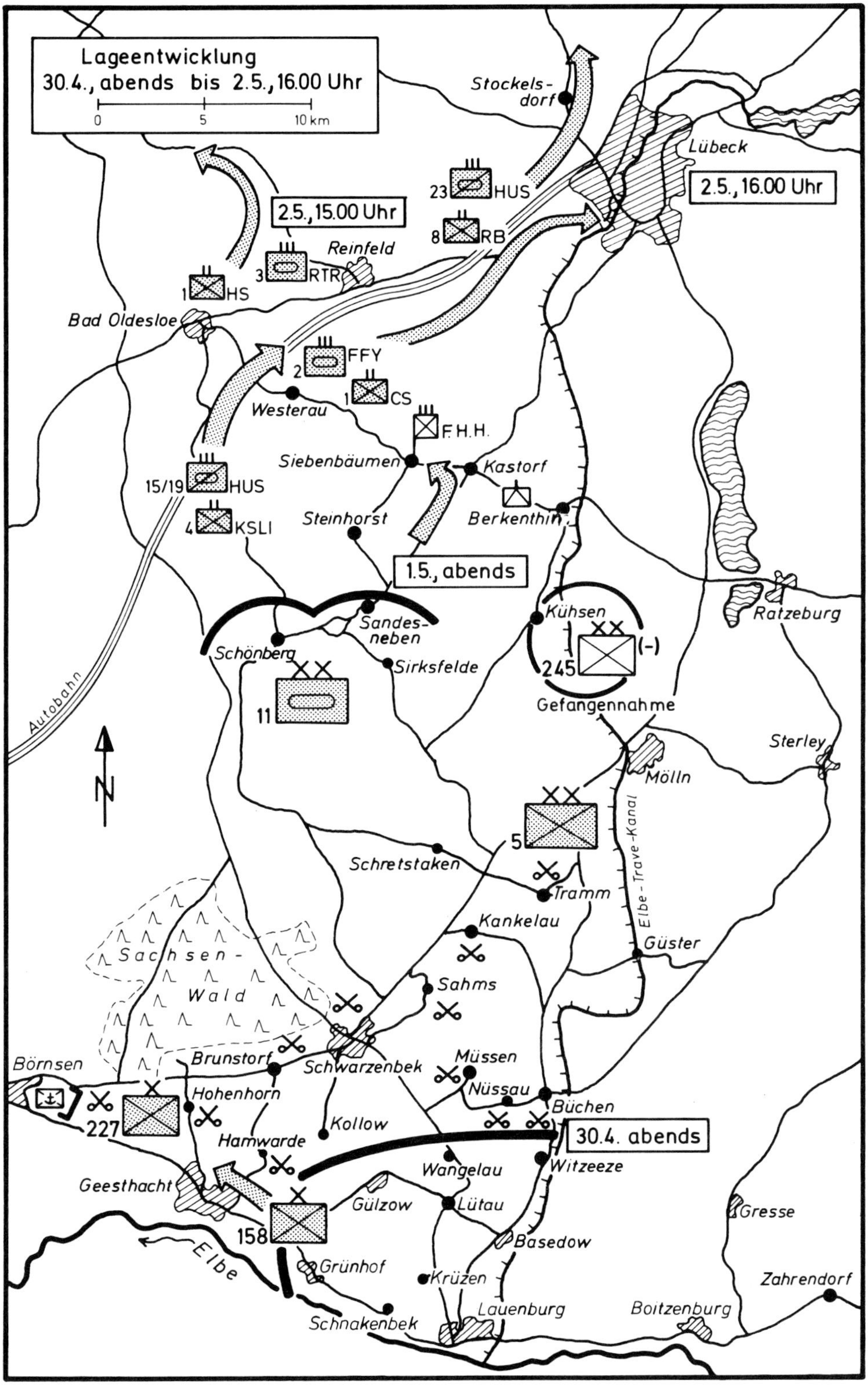
Lageentwicklung
30.4., abends bis 2.5., 16.00 Uhr
0
5
10 km
Stockelsdorf
Lübeck
2.5., 16.00 Uhr
23 HUS
8 RB
2.5., 15.00 Uhr
Reinfeld
3 RTR
1 HS
Bad Oldesloe
2 FFY
1 CS
Westerau
F.H.H.
Siebenbäumen
Kastorf
15/19 HUS
4 KSLI
Steinhorst
Berkenthin
1.5., abends
Sandesneben
Schönberg
Sirksfelde
11
Kühsen
245 (-)
Gefangennahme
Ratzeburg
Sterley
Mölln
Autobahn
N
5
Schretstaken
Tramm
Elbe-Trave-Kanal
Kankelau
Güster
Sachsen-Wald
Sahms
Börnsen
Brunstorf
Schwarzenbek
Müssen
Hohenhorn
Nüssau
Büchen
227
Kollow
Hamwarde
30.4. abends
Wangelau
Witzeeze
Geesthacht
Gülzow
Lütau
158
Elbe
Grünhof
Basedow
Gresse
Krüzen
Zahrendorf
Lauenburg
Boitzenburg
Schnakenbek

bereits auf der Linie Schönberg–Sandesneben. Am nächsten Tag überquerte die linke Angriffsgruppe die Autobahn und war gegen 15.00 Uhr in Bad Oldesloe. Die rechte Gruppe ging mit dem „Fife and Forfar"-Panzer-Bataillon zunächst nach Norden vor und sollte später nach Westerau eindrehen.

In der Nähe von Kastorf beobachtete der Leutnant Klaus Voß, Führer eines kompaniestarken Panzerjagdkommandos, den britischen Vormarsch mit pochendem Herzen. Eigentlich hätte er bei der Führerreserve-West in Jena sein sollen. Aber er hatte auf ein sofortiges Frontkommando gedrängt und war daher zunächst zum Stab der Panzer-Division „Clausewitz" nach Lauenburg und dann zur Panzer-Abteilung 106 „FHH" nach Hagenau geschickt worden. Dort gab es fast keine Panzer, aber sehr viele junge Panzersoldaten. Aus ca. 120 dieser 17–18jährigen wurde ein Panzerjagdkommando gebildet, das Leutnant Voß zurück nach Lauenburg hatte bringen sollen. Die Bewaffnung bestand neben Maschinenpistolen nur aus drei Panzerfäusten, sechs Granatwerfern und sechs Maschinengewehren. Am 27. April war Voß mit seinen Panzerjägern losmarschiert. Am 28. April war er in Zahrendorf, 20 Kilometer ostwärts Lauenburg. Da erreichte ihn der Befehl, sofort nach Siebenbäumen, 20 Kilometer südwestlich Lübeck, zu marschieren und sich dort beim Füsilier-Regiment „Feldherrnhalle" zu melden. Der weitere Auftrag lautete, einen in Kürze erwarteten britischen Angriff auf Lübeck aufzuhalten.

Während Leutnant Voß in den nächsten Tagen nach Norden marschiert war, hatten die Briten die Elbe auf zwei Kriegsbrücken überschritten.

Am 2. Mai war das abgehetzte Panzerjagdkommando in Berkenthin angekommen. Zum Füsilier-Regiment in Siebenbäumen waren es nur noch zehn Kilometer. Da war plötzlich das Rasseln von Panzerketten zu hören. Leutnant Voß ging alleine bis auf eine kleine Anhöhe kurz vor Kastorf vor. Er sah zwischen sich und seinem Marschziel ein britisches Panzer-Bataillon in Gefechtsformation ungehindert nach Norden rollen. Nachdenklich ging er zu seinen Männern zurück. Er war zu spät gekommen. Aber was hätte es genutzt, wenn er noch schneller marschiert wäre?

Seinen jungen Soldaten, die fast ausnahmslos noch immer an eine Wende geglaubt hatten, erklärte er, sie seien gerade von starken Feindkräften überholt worden. Der weitere Kampf sei nun sinnlos. Jeder solle daher versuchen, sich zu seinem Heimatort durchzuschlagen.

Mit einem kurzen Appell löste Leutnant Klaus Voß sein Panzerjagdkommando auf. Er erinnert sich noch heute: „Für jeden von uns brach eine Welt zusammen."

Eigentlich sollte die 11. U.K. Panzer-Division westlich an Lübeck vorbei über Bad Segeberg zur Ostsee, aber da die 5. Division gerade erst den Raum süd-

Leutnant Klaus Voß: „Für jeden von uns brach eine Welt zusammen."

lich Mölln erreicht hatte, wurde der Operationsplan geändert. Die 11. Panzer-Division erhielt den Auftrag, Lübeck zu besetzen. Das 2. Bataillon „Fife and Forfar" und das 1. Bataillon „Cheshire", die beide mit Spitzen in Westerau standen, drehten nach Nordosten ein und waren bereits um 15.30 Uhr am Stadtrand von Lübeck. Der deutsche Kampfkommandant, Generalmajor Kurt Lottner, hatte zu keinem Zeitpunkt an eine Verteidigung der Stadt gegen die Briten gedacht. Es war ihm sogar gelungen, Generalfeldmarschall Busch von der Unsinnigkeit der geplanten Brückensprengungen zu überzeugen. Der Lübecker Volkssturm ist gar nicht erst aufgerufen worden. In der Tat wäre die Verteidigung Lübecks in keiner Weise zu rechtfertigen gewesen. „Das offene Tor nach Osten" war nach dem schnellen britischen Vorstoß ins Schloß gefallen. Für eine Fortsetzung des Kampfes gab es jetzt an keiner Stelle mehr ein halbwegs glaubhaftes Motiv. Außerdem kapitulierten am selben Tage die letzten Verteidiger von Berlin. Schließlich scheint es fast so, als ob Großadmiral Dönitz nur auf die Besetzung Lübecks gewartet hatte, um ca. eine Stunde später Generalmajor Wolz den telefonischen Befehl zu erteilen, die kampflose Übergabe Hamburgs vorzubereiten. Aber eben hierfür war die Besetzung Lübecks die logische Voraussetzung. Somit war Generalmajor Lottner eine bemerkenswerte Rolle zugefallen. Durch Nichtbeachtung des immer noch gültigen Verteidigungsbefehls, also durch Ungehorsam, mußte er eine militärische Lage schaffen, die umgehend und endgültig die Kapitulation nach sich zog. Der Lübecker Kampfkommandant hat genau so gehandelt. Den in der Stadt befindlichen Soldaten befahl er, Lübeck nach Osten zu verlassen. Die Bevölkerung forderte er auf, bei Einmarsch der Briten Ruhe zu bewahren. Er selbst entschloß sich, nicht formal zu kapitulieren, sondern sich in seinem Kommandogebäude gefangennehmen zu lassen. Dann rollten die Panzer der „Fife and Forfar" mit den aufgesessenen „Cheshire"-Infanteristen in die Hansestadt ein. Nach britischen Quellen trafen sie hierbei merkwürdigerweise auf „vereinzeltes Infanteriefeuer". Das ist zwar unwahrscheinlich, stellt jedoch eine Rechtfertigung für die britische Feuereröffnung dar. Insgesamt starben beim Einmarsch der Briten nämlich 42 Deutsche. Kurz nach 16.00 Uhr wurde Generalmajor Lottner gefangengenommen. Der Krieg in Nordwestdeutschland war damit praktisch beendet.

Zuletzt waren zwischen Elbe-Trave-Kanal, der Elbe und der Autobahn von Hamburg nach Lübeck ca. 320 deutsche Soldaten gefallen. Sie wurden alle auf dem Lauenburger Friedhof beigesetzt. Unter diesen ist aber auch der Oberfeldwebel, der sich im August 1945 in britischer Gefangenschaft erhängte, sowie jene vier

Soldatenfriedhof in Lauenburg

Britischer Soldatenfriedhof in Hamburg-Ohlsdorf

SS-Soldaten, die erst am 4. Mai durch Panzerbeschuß in Stötebrück am Gebäude der Überlandzentrale zu Tode gekommen waren. Ebenso ist dort aber auch der Volkssturmmann beigesetzt, der in Güster von einem britischen Panzer überfahren wurde, sowie der HJ-Junge und die Luftwaffenhelferin, die beim Bruch der Ausgangssperre in Sierksfelde erschossen wurden. Schließlich sind im Juli 1952 aus Sterley noch weitere 18 Gefallene nach Lauenburg umgebettet worden. Sie waren alle beim Luftangriff auf einen Militärzug umgekommen. Die Briten hatten vermutlich 107 Gefallene. Von diesen gehörten 58 zur 15. schottischen Division, zehn zur 11. Panzer-Division, vier zur 1. „Commando Brigade" und 35 zu den Pionieren. Sie wurden alle in Hamburg–Ohlsdorf beigesetzt. – Neben der Besetzung Lübecks durch die 11. Panzer-Division war aber auch der Vorstoß der 6. Luftlande-Division von erheblicher Bedeutung für die militärische Gesamtlage. Diese ging am Morgen des 2. Mai bei Bleckede über die Elbe. Anschließend stieß sie über Wittenburg in Richtung Wismar vor. Sie sollte der Roten Armee ein weiteres Vordringen nach Westen verwehren. Unterwegs traf sie auf eine Vielzahl deutscher Soldaten, die ihr zu Fuß, aber auch auf Lastkraftwagen und Fahrrädern entgegenkamen. Die an der britischen Spitze marschierenden „Royal Scots Greys" sagten über sie: „. . . alle schienen sehr erfreut, uns zu begegnen und wollten überhaupt nicht kämpfen." Gegen 13.00 Uhr waren die ersten britischen Panzer am Stadtrand von Wismar. In der Stadt trafen sie überall auf deutsche Soldaten, die zwar noch bewaffnet waren, aber erleichtert den britischen Einmarsch beobachteten. So fuhren die „Royal Scots Greys" ohne Schußwechsel bis zum Nordosten der Stadt, wo sie in unmittelbarer Küstennähe auf einen Flugplatz stießen. Dort sahen sie eine größere Zahl Soldaten in Deckung laufen. Kurz darauf eröffneten die Deutschen das Feuer. Die Briten schossen zurück. Aber bereits wenig später kam ein deutscher Offizier mit einer weißen Fahne über das Flugfeld. Er bat um Nachsicht, die britischen Panzer für sowjetische gehalten zu haben, und versprach, mit seiner Truppe geschlossen in Gefangenschaft zu gehen, wenn das Feuer für einige Minuten eingestellt würde. Die „Royal Scots Greys": „Fünf Minuten später kamen 200 Deutsche in Dreierreihen und perfektem Gleichschritt anmarschiert."

Gegen 21.00 Uhr kam von Osten der erste sowjetische Spähtrupp. Eine halbe Stunde lang verbrachten Briten und Sowjets mit wildem Händeschütteln und Wodkatrinken, dann fuhren die Sowjets zurück.

Montgomerys Plan war in allen Punkten aufgegangen.

Britische und sowjetische Soldaten in Wismar an der Ostsee am 2. Mai 1945.

„Vae victis!“ oder „Keine Gnade den Besiegten!“

(IWM)

Generaladmiral von Friedeburg, General der Infanterie Kinzel, Konteradmiral Wagner und Major Freidel waren am 3. Mai zu Feldmarschall Montgomery gefahren. Dieser hatte sein Hauptquartier seit einigen Tagen in Häcklingen, in der Villa des Direktors Dr. Alexander Möllering. Aber dorthin wurde die deutsche Parlamentärgruppe nicht dirigiert, sondern zum Timeloberg. Dort hatte der britische Feldmarschall seinen „gefechtsmäßigen" Gefechtsstand aufgebaut. Das Herzstück war sein Wohnwagen, in dem ständig ein Bild des deutschen Generalfeldmarschalls hing, gegen den er gerade kämpfte. Rommel und Model hatte „Monty" bereits wieder abnehmen lassen. Busch war an der Reihe. – Natürlich wohnte der siegreiche Brite nicht in dem zugigen, schlecht getarnten Zeltdorf, das er da hatte aufbauen lassen. Er wollte aber offenbar die deutsche Kapitulation unter gefechtsmäßigen Bedingungen. Natürlich war auch der Timeloberg nicht zufällig gewählt worden. Mit seinen 79,1 Metern war er die höchste der in der Nähe gelegenen Erhebungen. Er sah weder damals noch heute wie ein „Victory Hill" aus, aber es gab eben nichts Besseres. Als die deutschen Offiziere dort erschienen, begann auch formal der letzte Akt der Unterwerfung. Wie die gestellte Szene ablief, beschreibt der britische Feldmarschall selbst: „Sie wurden bis vor meinen Wohnwagen geführt, so daß sie gerade unter der britischen Fahne standen, die stolz im Winde flatterte. Ich ließ sie zunächst ein paar Minuten warten, dann trat ich aus meinem Wohnwagen und ging auf sie zu. Sie legten unter der Flagge stehend alle die Hand an die Mütze. Es war ein denkwürdiger Augenblick. Die Deutschen kamen, um sich zu ergeben. Der Krieg war zu Ende." Generaladmiral v. Friedeburg bot Feldmarschall Montgomery die Kapitulation aller deutschen Streitkräfte im Norden an sowie jener drei Armeen, die sich vor den Sowjets durch Mecklenburg zurückzogen. Außerdem bat er, den Zivilflüchtlingen den Durchgang durch die britischen Linien nach Schleswig-Holstein zu erlauben. Montgomery erwiderte, daß er die Kapitulation deutscher Soldaten, die der Roten Armee gegenüberstünden, nicht entgegennehmen könne. Deren Übergabe sei mit seinen sowjetischen Alliierten zu besprechen. Allerdings würden einzelne Soldaten, die mit erhobenen Händen auf seine Linien zukämen, zu britischen Gefangenen gemacht. Auf die Zivilflüchtlinge ging Montgomery nicht ein. Vielmehr forderte er die bedingungslose Kapitulation aller deutschen Land-, See- und Luftstreitkräfte in Holland, auf den Friesischen Inseln und auf Helgoland sowie in Dänemark und Schleswig-Holstein. Dann stellte er Generaladmiral v. Friedeburg vor seine Lagekarte, um ihm die hoffnungslose deutsche Situation zu verdeutlichen, und drohte, die Kampfhandlungen sofort wiederaufzunehmen, falls seine Forderungen nicht erfüllt würden. Anschließend wurden die deutschen Parlamentäre in ein Zelt geschickt, in dem sie ein Essen serviert bekamen. In Gegenwart eines britischen Majors wurde fast nicht gesprochen. v. Friedeburg liefen die Tränen über das Gesicht. – Da die Vollmachten der deutschen Unterhändler nicht ausreichten, um Montgomerys Forderungen zuzustimmen, fuhren v. Friedeburg und Freidel am Nachmittag zu Großadmiral Dönitz nach Plön. Bei diesem befanden sich schon seit gut einer Woche der Generalfeldmarschall Wilhelm Keitel und der Generaloberst Alfred Jodl. Am nächsten Tag kehrte der Generaladmiral um 18.00 Uhr zum Timeloberg zurück. Er erklärte Montgomery, daß das Oberkommando die Zustimmung zur bedingungslosen Kapitulation gegeben habe. Montgomery hatte damit gerechnet und alles andere vorbereiten lassen. In einem Zelt sollte die Unterzeichnung der Kapitulationsurkunde erfolgen. Montgomery hat es selbst beschrieben: „Die Einrichtung des Zeltes war ganz schlicht: Eine Tischplatte auf Böcken mit einer wollenen Kommißdecke, darauf ein

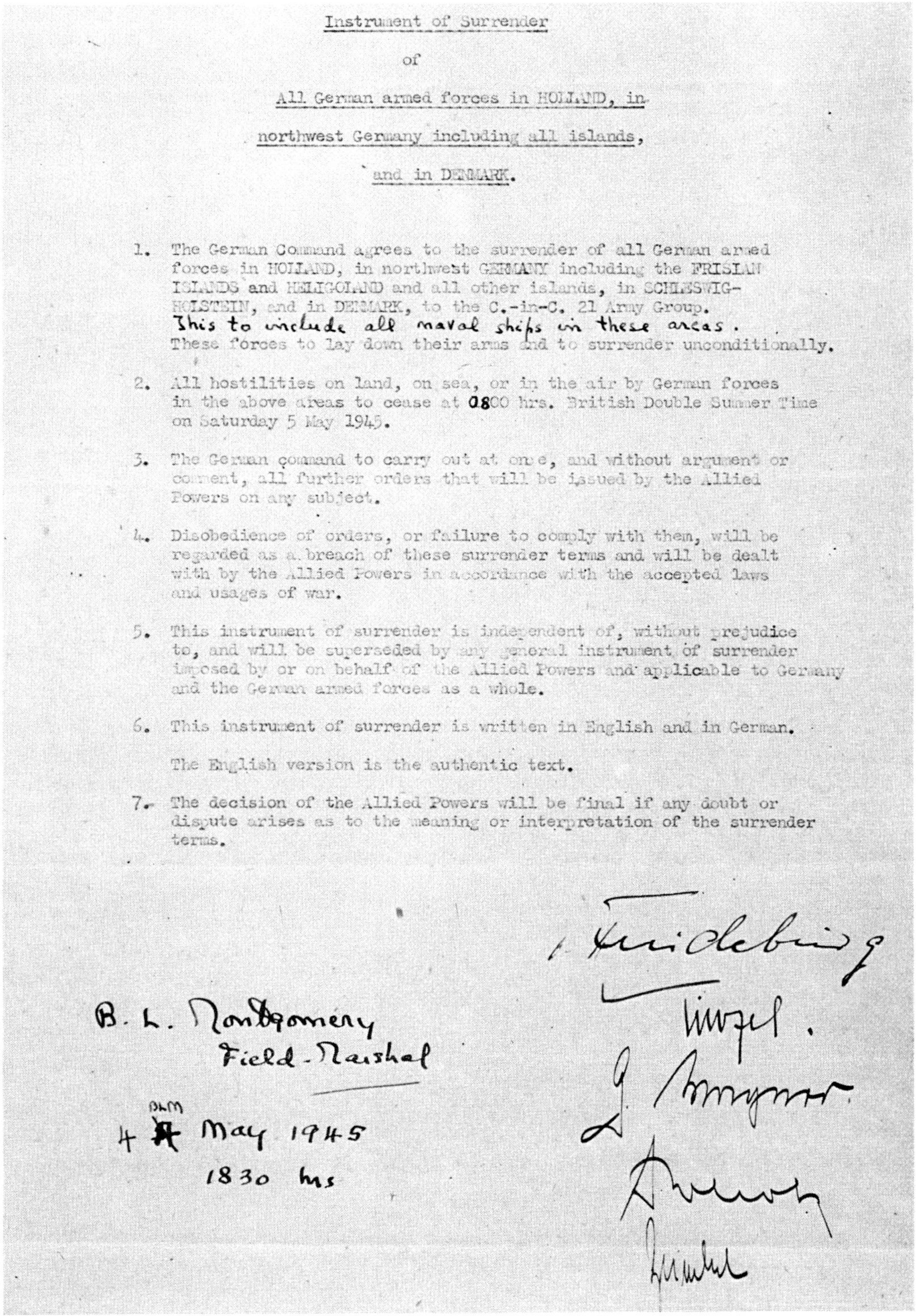

Instrument of Surrender

of

All German armed forces in HOLLAND, in northwest Germany including all islands, and in DENMARK.

1. The German Command agrees to the surrender of all German armed forces in HOLLAND, in northwest GERMANY including the FRISIAN ISLANDS and HELIGOLAND and all other islands, in SCHLESWIG-HOLSTEIN, and in DENMARK, to the C.-in-C. 21 Army Group. This to include all naval ships in these areas. These forces to lay down their arms and to surrender unconditionally.

2. All hostilities on land, on sea, or in the air by German forces in the above areas to cease at 0800 hrs. British Double Summer Time on Saturday 5 May 1945.

3. The German command to carry out at once, and without argument or comment, all further orders that will be issued by the Allied Powers on any subject.

4. Disobedience of orders, or failure to comply with them, will be regarded as a breach of these surrender terms and will be dealt with by the Allied Powers in accordance with the accepted laws and usages of war.

5. This instrument of surrender is independent of, without prejudice to, and will be superseded by any general instrument of surrender imposed by or on behalf of the Allied Powers and applicable to Germany and the German armed forces as a whole.

6. This instrument of surrender is written in English and in German.

   The English version is the authentic text.

7. The decision of the Allied Powers will be final if any doubt or dispute arises as to the meaning or interpretation of the surrender terms.

B. L. Montgomery
Field-Marshal

4 May 1945
1830 hrs

Kapitulationsurkunde (IWM)

Major Freidel, Konteradmiral Wagner und Generaladmiral v. Friedeburg bei Verlesung der Kapitulationsbedingungen durch Feldmarschall Montgomery, 4. Mai (SAS)

Tintenfaß und ein gewöhnlicher Federhalter, wie man ihn in jeder Kantine für 2 Pence kaufen konnte. Auf dem Tisch standen zwei Mikrofone des britischen Rundfunks." Dann verlas der britische Feldmarschall in englischer Sprache die Kapitulationsurkunde und ließ die Deutschen unterschreiben. Als letzter setzte er seinen Namen darunter. Es war der 4. Mai 1945, um 18.30 Uhr. Die Kapitulation trat am nächsten Tag um 08.00 Uhr in Kraft. – Später wurde auf „Victory Hill" ein Gedenkstein errichtet, der heute im britischen Sandhurst auf dem Gelände des „Royal Military College" steht, dort, wo Montgomerys Karriere als Kadett begann. So war aus „Victory Hill" wieder der Timeloberg geworden, der heute nur schwer erkennbar auf dem Lüneburger Standortübungsplatz liegt.

Am 7. Mai, um 02.21 Uhr unterschrieben Generaladmiral v. Friedeburg und Generaloberst Jodl in Reims die Kapitulationsurkunde in Gegenwart von General Eisenhower.

Am 8. Mai unterzeichnete Generalfeldmarschall Wilhelm Keitel die Kapitulation vor der Sowjet-Armee in deren Hauptquartier in Karlshorst bei Berlin. Dem deutschen General wurde später vorgeworfen, er habe hierbei durch das Grüßen mit seinem Marschallstab sehr preußisch-arrogant gewirkt. Moderne Historiker mutmaßen auch, daß er noch immer nicht gelernt hätte. Sicherlich wäre es allen lieber gewesen, er wäre mit krummem Rücken durch die Tür gekommen und noch krummer gegangen. Keitel, der die schmerzlichste aller Teilkapitulationen, nämlich die vor der Sowjet-Armee übernommen hatte, tat ihnen diesen Gefallen nicht. Außerdem war er nicht allein. Während er unterschrieb, hatte man hinter ihm ein paar junge, hochdekorierte deutsche Offiziere aufgestellt, die sich die Lippen blutig bissen, um nicht zu weinen.

Generalfeldmarschall Keitel beim Unterzeichnen der Kapitulationsurkunde in Berlin-Karlshorst, 8. Mai (SAS)

Großadmiral Karl Dönitz hatte in Flensburg-Mürwik umgehend eine behelfsmäßige Reichsregierung zusammengestellt. Diese erarbeitete in den wichtigsten Ressorts Pläne und Memoranden, um das zerschlagene Reich wieder lebensfähig zu machen. Die Alliierten nahmen diese Unterlagen entgegen, und gelegentlich wurde auch darüber gesprochen, aber sie wirkten sich nicht aus. Vielmehr wurde dem Großadmiral am 23. Mai erklärt, daß er und seine Regierung sich als Gefangene zu betrachten hätten. Was dann folgte, waren Demütigung und Entwürdigung. Schwerbewaffnete Infanteristen vom 1. Bataillon des „Herefordshire Regiment" stürmten in den Besprechungsraum des Außenministers, schrien „Hände hoch!" und nahmen Leibesvisitationen vor. Hierzu rissen sie allen die Hosen herunter und beraubten sie um das, was sie bei sich hatten. Dann wurde die verhaftete Regierung auf den Hof getrieben, wo ca. 70 Reporter auf sie warteten. Mit erhobenen Händen mußten sich die Deutschen fast 45 Minuten lang fotografieren und filmen lassen. In der Zwischenzeit wurden ihre Räume systematisch von britischen Soldaten geplündert. Anschließend wurde ihnen befohlen, ihr Gepäck für den Abmarsch in die Kriegsgefangenschaft zu holen. Generaladmiral v. Friedeburg und General der Infanterie Eberhard Kinzel entzogen sich weiteren Entwürdigungen durch den Freitod. Der Admiral nahm Gift, der General erschoß sich. Die „New York Times" schrieb: „Das Dritte Reich starb heute."

Generaloberst Alfred Jodl nach der Gefangennahme

Deutschland war eine „res nullius", ein „Nichts" geworden, an dem sich die Sieger nach Belieben bedienen konnten. So wurden noch intakte Industrieanlagen und Labors abgebaut und deportiert; Fachleute und Spezialisten wurden zwangsweise mitgenommen. Neben der organisierten Demontage herrschte der Terror, den ehemalige Kriegsgefangene und Fremdarbeiter auf die deutsche Bevölkerung ausübten. Es gibt keine Dorfchronik und keine Lokalgeschichte aus diesen Tagen, die nicht von Plünderungen und anderen Gewalttaten berichtet. Auch Morde gehörten dazu. Aber noch nicht einmal diese wurden juristisch erfaßt oder gar verfolgt. Man stößt heute nur noch zufällig darauf. So zum Beispiel in der Chronik von Fallingbostel und in der Gräberliste von Winsen/Aller.

Deutschland war praktisch vogelfrei, und kaum einer hatte die Möglichkeit, sich zu verteidigen. In der Heide war eine Situation entstanden, die an den Dreißigjährigen Krieg erinnerte. Die Bauern verständigten sich mit Jagdhörnern, wenn die marodierenden Haufen unterwegs waren, bewaffneten sich mit Forken und Sensen und stellten Posten um ihr Dorf.

Im gleichen Zeitraum befanden sich 11.094.250 deutsche Soldaten in Kriegsgefangenschaft. Sie lebten größtenteils unter den unglaublichsten Verhältnissen; nicht nur in der Sowjetunion, sondern auch im westlichen Gewahrsam. Besonders

Deutsche Kriegsgefangene auf den Rheinwiesen

schlimm war es in den riesigen amerikanischen Sammellagern an den Ufern des Rheins. So befanden sich zum Beispiel im Lager „Goldene Meile" bei Remagen bis zu ca. 169.000 Gefangene. Das sogenannte Lager war eine drei Quadratkilometer große, eingezäunte Weide. Es gab keine sanitären Anlagen und keine Art von Witterungsschutz. Die Gefangenen gruben sich mit den bloßen Händen Erdhöhlen, die beim nächsten Regen einstürzten. Die Verpflegung war so knapp, daß sie gerade den Hungertod verhinderte. Aber es traten starke Mangelerscheinungen auf, und die Ruhr brach aus. Die Bevölkerung von Remagen warf Verpflegung über den Stacheldraht. Damit konnte die Not nur im Einzelfall kurzfristig gelindert werden, aber diese Haltung demonstrierte Solidarität, die im Deutschland jener Tage häufig geübt wurde. Oft auch in der Hoffnung, dem eigenen Mann, Bruder oder Vater würde anderenorts ebenfalls geholfen werden. – Den Amerikanern wie auch deren Alliierten konnte aus der Not der deutschen Gefangenen kein Vorwurf gemacht werden. Sie waren ganz einfach auf deren zusätzliche Versorgung nicht eingestellt gewesen. Trotzdem war aber an eine schnelle Entlassung aus der Gefangenschaft nicht zu denken. Lediglich die Briten, die in ihrer übervölkerten Besatzungszone mit einer Hungersnot rechnen mußten, entließen Landwirte und -arbeiter bereits im Mai und Juni. Aber das war eine Ausnahme. Das Komitee des Internationalen Roten Kreuzes richtete daher am 21. August '45 an die Hauptgewahrsamsstaaten ein Memorandum, in dem es unter anderem hieß: „. . . daß die Dauer der Gefangenschaft selbst, die nach der Genfer und Den Haager Konvention vom Abschluß eines Friedensvertrages abhängt, nicht unbegrenzt sein kann, selbst wenn den Umständen zufolge ein solcher Vertrag erst nach recht langer Zeit in Kraft treten würde." Tatsächlich enthielt die Den Haager Landkriegsordnung im

Artikel 20 eine erhebliche Schwäche. Dort hieß es: „Nach dem Friedensschlusse sollen die Kriegsgefangenen binnen kürzester Frist in ihre Heimat entlassen werden." Hier war einfach davon ausgegangen worden, daß dem Krieg ein Friedensvertrag und ein Friedensschluß unmittelbar folgen mußten. Beides gab es weder 1945 noch heute. Rein formal konnten die deutschen Kriegsgefangenen also zunächst unbefristet zurückgehalten werden. Gegen den Geist des Abkommens verstießen die Sieger jedoch in jedem Falle. Daher schrieb das Komitee des Internationalen Roten Kreuzes erneut am 12. August 1946 an die Gewahrsamsstaaten: „Das Internationale Rote Kreuz-Komitee kann dieser Situation, die die Unterzeichner des Vertrages vom 27. Juli 1929 nicht vorgesehen hatten, nicht gleichgültig gegenüberstehen, und es muß feststellen, daß allein die Mächte, die die Gefangenen in Gewahrsam halten, in der Lage sind, einseitige Maßnahmen zu ergreifen, die die Rückkehr der Gefangenen in ihre Heimat ermöglichen . . ." Auch dieses Memorandum blieb ungehört. Die Westalliierten entließen die letzten deutschen Kriegsgefangenen 1949, die Sowjetunion erst 1956. Rund 1,3 Millionen deutscher Soldaten kamen in der Gefangenschaft zu Tode. Es half ihnen nicht, daß inzwischen der schwache Artikel 20 durch einen Artikel 118 ersetzt wurde, in dem es nunmehr hieß: „Die Kriegsgefangenen werden nach Beendigung der aktiven Feindseligkeiten ohne Verzug freigelassen und heimgeschafft."

Am 20. November 1945 begann in Nürnberg der Prozeß gegen Hauptkriegsverbrecher. Er war, wie Werner Maser ihn nannte, das „Tribunal der Sieger". Er endete am 16. Oktober 1946 mit der Hinrichtung von zehn Hauptkriegsverbrechern durch den Strang. Der elfte, Reichsmarschall Hermann Göring, entzog sich dem amerikanischen Henker durch Freitod. Die anderen zehn starben qualvoller. Generaloberst Jodl war erst nach 18 Minuten tot, Generalfeldmarschall Keitel sogar erst nach 24 Minuten. Henker Woods war trotzdem mit seiner Arbeit zufrieden. „Alles klappte prima . . . Zehn Leute in 103 Minuten."

Der britische Henker Pierrepoint arbeitete viel langsamer. Er henkte am 13. Dezember 1945 in Hameln die 14 für das KZ Bergen-Belsen zum Tode Verurteilten und brauchte hierfür annähernd sieben Stunden. Entsprechend der Verurteilungen durch Militärgerichte mußte er noch öfter in Aktion treten. Daß er hierbei auch Offiziere zu Tode brachte, deren Schuld nicht annähernd nachgewiesen war, konnte er nicht wissen. Unter diesen Opfern der britischen Militärjustiz waren u. a. Hauptmann Willy Mackensen und Obersturmbannführer Bernhard Siebken. Insgesamt hatte Pierrepoint von seiner Arbeit ein sehr eigenes Verständnis: „Ich henkte damals in Hameln an einem einzigen Tage 27 Männer. Das war für mich ein Job wie jeder andere."

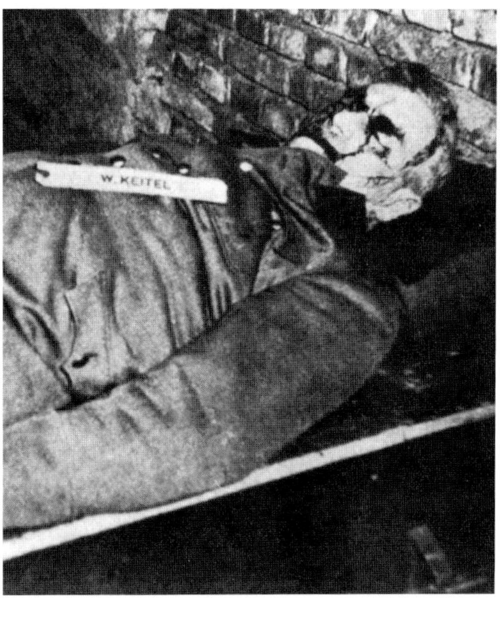

Die juristisch fragwürdigsten Verurteilungen und Hinrichtungen hat es sicherlich in Landsberg gegeben. Dort waren 1.416 ehemalige Soldaten als angebliche Kriegsverbrecher inhaftiert, denen mit allen möglichen Methoden Schuldgeständnisse abgepreßt werden sollten. Als der amerikanische Senat davon hörte, setzte er hintereinander zwei Kommissionen ein. Die erste berichtete: „Wir haben uns davon überzeugt, daß tatsächlich Verbrechen begangen worden sind. Wir bezweifeln aber, ob gerade die Deutschen, die man verurteilt hat, diese Verbrechen begangen haben. In 137 Fällen hat die Untersuchung durch unsere Kommission ergeben, daß den verhörten Deutschen die Hoden unheilbar zerschlagen worden sind. Es ist dies das normale Verfahren der amerikanischen Untersuchungsbeamten gewesen." Senator McCarthy teilte dem Senat das Ergebnis der zweiten Kommission schriftlich mit. Dort hieß es u. a.: „Ich habe Zeugenaussagen gehört und dokumentarische Beweise gesehen, die einwandfrei feststellen, daß angeklagte Personen körperlichen Mißhandlungen in Formen unterzogen wurden, wie sie nur von kranken Hirnen erfunden werden konnten. ... Es muß hier klar zum Ausdruck gebracht werden: Die Prozesse wurden nicht unter den Gesichtspunkten des Rechts, sondern jenen der Rache geführt." – Schließlich klagte der Rechtsanwalt und U.S. Colonel Everett gegen die U.S. Regierung wegen „Verletzung der Menschenrechte". Aber das alles nutzte nichts. Die Todesurteile wurden auch weiterhin vollstreckt. Wie viele es schließlich waren, ist noch unbekannt. Sicherlich mehrere hundert.

Einer der letzten, der am 28. November 1948 unter den Galgen in Landsberg trat, war Leutnant Karl Kirchner. Er rief dem Henker und den anwesenden Zeugen zu: „Melden Sie Ihrem General Clay, daß der tote Leutnant Kirchner Ihnen und Ihren Befehlshabern Verbrechen gegen die Menschlichkeit vorwirft: begangen an Soldaten, Verwundeten und Gefangenen während des Krieges und nachher!" (Zitiert nach Franz Kurowski – „Bedingungslose Kapitulation")

Kriegsverbrecherprozesse fanden aber nicht nur in Deutschland statt, sondern auch im Ausland. Über die Zahl der Todesopfer gibt es wiederum keine verfügbaren Quellen. Es ist lediglich bekannt, daß 56 Generale von Heer, Luftwaffe, Waffen-SS und Polizei zu Tode gebracht wurden. Weitere 70 Generale und Admirale wählten den Freitod. Zu keinem andern Zeitpunkt in der deutschen Geschichte kann die Selbstmordquote höher gewesen sein als nach dem Ende des 2. Weltkrieges. Die zur Realität gewordene Sonnenfinsternis war um vieles schwärzer, als „Eclipse" hatte befürchten lassen.

Auch fehlte einfach alles, was zum Wiederaufbau erforderlich war: Die demontierte Industrie, die Arbeitskraft der deportierten Kriegsgefangenen, ganz abgesehen von einer leistungsfähigen Regierung. Deutschland schien hoffnungslos verloren zu sein. Die ausländische Presse sah das offenbar auch so. Im britischen „Daily Mail" war am 22. Juli 1946 zu lesen: „Belsen ist jetzt ruhig und verlassen. Niemand lebt dort. Die Baracken sind verbrannt, und die Insassen tot oder zerstreut. Aber außerhalb seiner Tore finden wir das neue Belsen, das hygienische, langsam fortschreitende Belsen – unter unserer Aufsicht. Wir waren imstande, die Bestie von Belsen zu verurteilen und hinzurichten. Aber wir konnten nicht sagen, was Kramer hätte tun sollen. Und weil wir die Antwort noch immer nicht wissen, tun wir genau dasselbe, was er tat. Wir haben zuwenig Nahrung für Deutschland und verteilen sie mit peinlicher Genauigkeit unter viel zu viel Menschen."

In den trostlosen Jahren 1945/46 wuchsen die deutschen Frauen über sich selbst hinaus. Sie hatten nur wenig Zeit, die Toten, Vermißten und Kriegsgefangenen zu beweinen, da begann der Kampf um das tägliche Brot der Kinder und älteren Angehörigen. Zwischendurch suchten sie nach den verwertbaren Mauersteinen unter den großen Trümmerhalden. Man nannte sie daher später „Trümmerfrauen“. Sie vollbrachten eine ungeheuere Energieleistung und begannen, allen Widrigkeiten zum Trotz, mit dem Aufbau des in Scherben geschlagenen Deutschlands. Das war der erste Schritt in ihre Zukunft, der noch Teil unserer Gegenwart ist. – Man hat bis heute versäumt, dieser Frauengeneration in jeder Stadt ein Denkmal zu setzen. – Damals wurde ihr Überlebenswille durch die politische Entwicklung überraschend belohnt: Die ehemals verbündeten Sieger zerstritten sich.

Im Jahr 1947 ließen die Briten in Niedersachsen die ersten freien Wahlen zu, und die Amerikaner verkündeten den Marschall-Plan, der als „Europäisches Wiederaufbauprogramm“ vor allem Deutschland zugute kommen sollte.

Es gab wieder Hoffnung auf eine Zukunft: Die Deutschen nutzten sie. Aber diese Chance kam für Hunderttausende zu spät, auch für 5.000 der gefallenen deutschen Soldaten.

Sie hatten es mit dem Leben bezahlt,

„. . . das bittere Ende zwischen Weser und Elbe.“

Anhang

a) Soldatengräber
(1) Deutsche Soldatengräber 526
(2) Britische Soldatengräber 528
(3) Amerikanische Soldatengräber 529

b) Taktische Zeichen 529

c) Dienstgrade 532

d) Quellen und Abbildungen
(1) Deutsche Quellen 533
(2) Ausländische Quellen 538
(3) Fotografien 540
(4) Karten 541

e) Personenverzeichnis 542

f) Ortsverzeichnis 558

a) Soldatengräber

(1) Deutsche Soldatengräber

Achim	20	(Polizei, Marine)
Altenwahlingen	36	(MarGrenRgt 6)
Artlenburg	15	(Polizei)
Baden	34	(Marine, RAD)
Barskamp	19	(Lw „Legion Condor")
Bendingbostel	42	(GrenBtl 65)
Bleckede	47	(Marine)
Borg	14	(SS-Btl 12)
Bremen-Osterholz	34	(SS-Btl 18)
Bremervörde	29	(Marine, 15. PzGrenDiv)
Brinkum	35	(SS-Btl 18)
Buchholz/Nordh.	13	(SS-Btl 12, Marine)
Celle/Blumlager Friedhof	2	(Polizei)
Celle/Stadtfriedhof	83	(Lazarett)
Cuxhaven	28	(Lazarett)
Dahlenburg	5	–
Daverden	28	(Marine, WerfAusbAbt 6)
Dedensen	8	–
Eickeloh	48	(MarFüsBtl 2, SS-Btl 12)
Essel	114	(MarFüsBtl 2, SS-Btl 12)
Fallersleben	12	(PzDiv „Clausewitz")
Fallingbostel	3	–
Faßberg	28	(FlugplatzPers, Ungarn)
Garlsdorf	2	–
Gifhorn	13	–
Großburgwedel	1	–
Groß Häuslingen	59	(MarGrenRgt 6)
Gyhum	134	(15. PzGrenDiv)
Hamwiede	1	(Marine)
Handeloh	1	–
Handorf	1	–
Hankensbüttel	6	–
Hermannsburg	27	(Ungarn, SS-WerfAbt)
Hittbergen	27	–
Hittfeld	40	(Flak)
Hohenaverbergen	41	(MarGrenRgt 7)
Husum	32	(SS-Btl 12, Marine)
Ilvese	13	(KpfGrp-Schulze)
Jeddingen	40	(MarGrenRgt 6)
Jesteburg	30	(unb. SS-Btl)
Kettenburg-Gut	40	(MarErsBtl 2)
Kettenburg-Ort	12	(MarErsBtl 2)
Kirchboitzen	47	(MarGrenRgt 6)
Kirchlinteln	36	(InfErsBtl 489)
Kirchweyhe	14	(SS-Btl 18)
Langenhagen	5	(Flak)

Lauenburg	320	(245. InfDiv, SS-Btl 18)
Leese	67	(SS-Btl 12)
Leeste	33	(SS-Btl 18)
Loccum	22	(RAD, SS-Btl. 12)
Lohheide	58	(Ungarn,KpfGrp–Totzeck)
Lüneburg	320	(Lazarett)
Munster	66	(KpfGrp–Grosan)
Nahrendorf	6	–
Nettelkamp	15	(PzDiv „Clausewitz“)
Neustadt a. Rbg.	16	–
Niedermarschacht	4	–
Nienburg	5	–
Nordburg	4	–
Offen	2	–
Oppershausen	6	(KpfGrp „Wiking“)
Otersen	29	(MarGrenRgt 7, ArtAbt 22)
Oyten	16	(Flak,RAD)
Pattensen	13	(InfBtl. Nr. ?)
Rätzlingen	35	(PzDiv „Clausewitz“)
Regesbostel	10	(I./E.M.R. 212)
Rethem	75	(MarGrenRgt 5/6)
Rodewald	8	(SS-Btl 12)
Rotenburg	187	(FlugplatzPers, Lazarett)
Schneverdingen	10	(MarArtAbt)
Schwarmstedt	59	(MarFüsBtl 2, PakAbt 101, SS-Btl 12)
Soltau	88	(Marine, KpfGrp–Grosan)
Stade	75	(Lazarett)
Stadensen	25	(PzDiv „Clausewitz“)
Stederdorf	7	–
Steimbke	23	(SS-Btl 12)
Steinbeck	20	(Marine, Flak)
Stuhr	53	(SS-Btl 18)
Südergellersen	1	–
Süderwittingen	4	(PzDiv „Clausewitz“)
Sülze	5	–
Tostedt	6	–
Trelde	1	(Flak)
Uelzen	43	(PzGrenErsBtl 8/9)
Unterlüß	9	(SS-WerfAbt)
Vahrendorf	47	(SS-Btl 12, Marine)
Veerßen	29	(PzGrenErsBtl 98, KavErsAbt 20)
Verden/Domfriedhof	9	(MarGrenRgt 7)
Verden/Waldfriedhof	10	(PiBtl 34)
Visselhövede	47	(MarGrenRgt 5/7)
Walsrode	106	(2. MarInfDiv, SS-Btl 12)
Wassel	10	(RAD)
Welle	6	–
Wendhausen	1	(XXXIX. PzKorps)
Wesendorf	86	(FlugplatzPers)

Westen	40	(MarGrenRgt 5/7)
Westerwalsede	96	(RAD, 2. MarInfDiv)
Wienhausen	6	–
Wingst	51	(KpfGrp-Krumbholz, 15. PzGrenDiv)
Winsen/Aller	43	(KpfGrp-Totzeck, RAD, MarFüsBtl 2)
Winsen/Luhe	14	(Marine)
Wolterdingen	6	(KpfGrp – Grosan)
Zeven	42	(15.PzGrenDiv)

Die Zahl hinter der Ortsbezeichnung bezieht sich auf die dort bestatteten Soldaten, die während der Kampfhandlungen im April und Mai fielen. Sie liegt daher sehr häufig unter der Zahl der auf dem jeweiligen Friedhof beigesetzten Kriegstoten. Der Truppenteil wurde in Klammern nur dann hinzugefügt, wenn dieser für die Mehrzahl der Gefallenen feststellbar war. Die errechnete Gesamtzahl von 3.715 Gefallenen stellt die durch Kriegsgräberlisten nachweisbare Untergrenze dar. Eine sicherlich recht große Zahl gefallener deutscher Soldaten konnte jedoch nicht erfaßt werden.

Das sind alle jene,

* die seinerzeit nicht gefunden wurden,
* die von den amerikanischen Streitkräften auf Sammelfriedhöfen, z. B. in Senne/Westf., aber auch in Ysselsteyn/Holland und Lommel/Belgien beigesetzt wurden, und schließlich die,
* die auf dem Territorium der Deutschen Demokratischen Republik gefallen sind.

Die Zahl der tatsächlich gefallenen deutschen Soldaten kann trotz größter Sorgfalt daher nur geschätzt werden. Mit einiger Sicherheit läßt sich jedoch sagen, daß zwischen Weser und Elbe mindestens 5.000, meist sehr junge deutsche Soldaten ihr Leben ließen. Ihre Gräber werden seit 1962 in Verantwortung der Gemeinden recht unterschiedlich gepflegt. Der Volksbund Deutsche Kriegsgräberfürsorge e. V. kann nur beratend wirken, hat aber keine Weisungsbefugnis. Seine Aufgabe sind die zahlreichen Kriegsgräberstätten im Ausland. In den letzten Jahren haben aber auch vermehrt Einheiten der Bundeswehr, Reservistenkameradschaften und Schulklassen die Patenschaft für örtliche Kriegsgräberstätten übernommen.

(2) Britische Soldatengräber

Die gefallenen britischen Soldaten wurden in den Monaten nach der Kapitulation auf vier großen Soldatenfriedhöfen beigesetzt. Diese werden von der „War Graves Commission“ betreut:

Becklingen: 1.465, Celle: 171, Hamburg: 512, Hannover: 329;
Gesamt: 2.477.

Auch hier liegen die angegebenen Zahlen deutlich unter den tatsächlich Beigesetzten, weil auf allen vier Friedhöfen auch britische Luftwaffensoldaten und in Hamburg auch Marineangehörige, die während des gesamten Krieges gefallen waren, bestattet wurden. In die Gesamtzahl der britischen Gefallenen sind zudem Verwundete eingerechnet, die bis Ende 1945 verstarben. Sie stellt daher sicherlich die Höchstgrenze dar.

(3) Amerikanische Soldatengräber

Die gefallenen amerikanischen Soldaten wurden ausnahmslos in die damalige rückwärtige Kampfzone abtransportiert. Hierdurch entstanden in den Benelux-Ländern und in Frankreich große amerikanische Sammelfriedhöfe. Viele amerikanische Gefallene wurden sogar in die Vereinigten Staaten gebracht und dort beigesetzt. Nach den Unterlagen des „National Archives and Record Administration" in Washington betrugen die Verluste der 13 Divisionen der 9. U.S. Armee vom 3. April bis zum 7. Mai 1945 insgesamt 1.285 Mann.

Rechnerisch können für die fünf amerikanischen Divisionen, die im Rahmen dieser Dokumentation zu berücksichtigen waren, daher nicht mehr als 495 Gefallene angenommen werden.

b) Taktische Zeichen

Die in allen Karten verwendeten taktischen Zeichen entsprechen jenen, die heute in der NATO üblich sind und damals bereits von Amerikanern und Briten benutzt wurden. Auf die Verwendung der seinerzeit üblichen deutschen taktischen Zeichen, die von denen der Alliierten erheblich abwichen, wurde aus Gründen der Verständlichkeit verzichtet.

Größenordnung und Truppengattungen

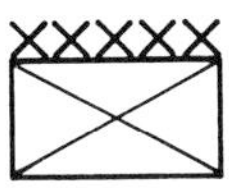
Heeresgruppe (z. B. Nord-West)

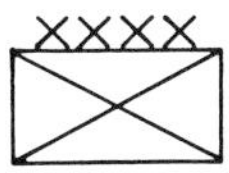
Armee(-gruppe) (z. B. Blumentritt)

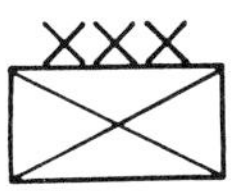
Korps (z. B. Korps–Ems)

6. U.K. Fallschirmjäger–Division

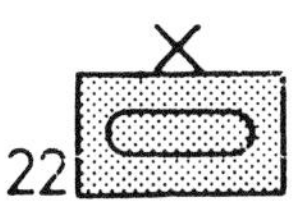

22. U.K. Panzer-Brigade

Marine-Grenadier-Regiment 7 (vermindert)

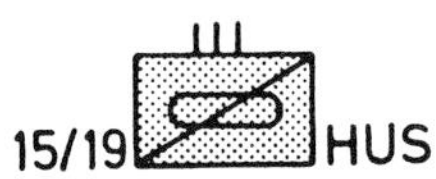

15./19. „King's Royal Hussars" (Panzeraufklärungs-Regiment)

SS-Panzergrenadier-Bataillon 12

 Versorgungs-Kompanie

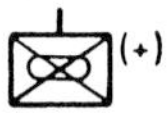 Panzergrenadier-Kompanie (verstärkt)

 Artillerie-/Werfer-Batterie

 Panzerjäger-Kompanie

 Panzeraufklärungs-Kompanie

 Flak-Batterie

 Luftwaffen-Infanterie-Kompanie

 SS-Grenadier-Zug (30 Mann)

 Marine-Grenadier-Gruppe (10 Mann)

 Pionier-Trupp (3 Mann)

 Einzelperson

Waffen und Einrichtungen

 schweres Flak-Geschütz (Flugzeugabwehrkanone)

 leichtes Pak-Geschütz (Panzerabwehrkanone)

 leichtes Geschütz in Stellung

 mittlerer Mörser/Granatwerfer

 MG (Maschinengewehr)

 Kampfpanzer

 Sturmgeschütz

 Schützenpanzer

 Spähpanzer auf Rädern

 Minensperre gegen Panzer

 Straßensperre

 Munitionsdepot

 Gefechtsstand eines Pionier-Bataillons

 Brücke/Kriegsbrücke

Gefechtshandlungen

 Kampfhandlungen

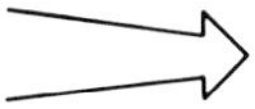 Angriff

 Verteidigungsstellung

 ausgebaute Stellung der Infanterie

 Sicherung/Feldposten

 feindliches Artilleriefeuer auf eigener Stellung

 zerstörte Brücke

 zerstörter Schützenpanzerwagen

c) Dienstgrade
(nicht in allen Fällen uneingeschränkt vergleichbar)

Heer/Luftwaffe	Marine	Waffen-SS	Reichsarbeitsdienst	Hitler-Jugend	U.S./U.K. Armee
Soldat/Flieger	Matrose	SS-Mann	Arbeitsmann	Hitlerjunge	Recruit
Gefreiter	Matrosengefreiter	SS-Sturmmann	Vormann	——	Private
Obergefreiter	Mat.-Obergefreiter	SS-Rottenführer	Obervormann	Rottenführer	Private First Class
Stabsgefreiter	Mat.-Hauptgefreiter	——	——	——	——
Unteroffizier	Maat/Obermaat	SS-Unterscharführer	Truppführer	Kameradschaftsführer	Corporal
Feldwebel/Fähnrich	Bootsmann/ Fähnrich z.S.	SS-Scharführer	——	Scharführer	Sergeant
Oberfeldwebel	Oberbootsmann	SS-Ober/Haupt-scharführer	Obertruppführer	Oberscharführer	Major/ Staff Sergeant
Leutnant	Leutnant z.S.	SS-Untersturmführer	Unter-/Feldmeister	Gefolgschaftsführer	Second Lieutenant
Oberleutnant	Oberleutnant z.S.	SS-Obersturmführer	Oberfeldmeister	Hauptgefolg-schaftsführer	First Lieutenant/ Lieutenant
Hauptmann	Kapitänleutnant	SS-Hauptsturmführer	Oberstfeldmeister	Stammführer	Captain
Major	Korvettenkapitän	SS-Sturmbannführer	Arbeitsführer	Bannführer	Major
Oberstleutnant	Fregattenkapitän	SS-Obersturmbann-führer	Oberarbeitsführer	Oberbannführer	Lieutenant Colonel
Oberst	Kapitän z.S.	SS-Standartenführer	Oberstarbeitsführer	Hauptbannführer	Colonel
Generalmajor	Konteradmiral	SS-Brigadeführer	Generalarbeitsführer	Gebietsführer	Brigadier General/ Brigadier
Generalleutnant	Vizeadmiral	SS-Gruppenführer	——	——	Major General
General der TrGat	Admiral	SS-Obergruppenführer	Obergeneral-arbeitsführer	Obergebietsführer	Lieutenant General
Generaloberst	Generaladmiral	SS-Oberstgruppen-führer	——	Stabsführer der HJ	General
Generalfeld-marschall	Großadmiral	SS-Reichsführer	Reichsarbeitsführer	Reichsjugendführer	General of the Army/ Field Marshal

d) Quellen und Abbildungen

(1) Deutsche Quellen

(a) Institutionen und Behörden, die durch Überlassung von Dokumenten und Informationen diese Arbeit besonders unterstützten:

- Bundesarchiv – Militärarchiv, Freiburg
- Militärgeschichtliches Forschungsamt, Freiburg
- Volksbund Deutsche Kriegsgräberfürsorge e. V., Bezirksverbände Lüneburg, Hannover und Stade
- Staatsarchiv der Freien und Hansestadt Hamburg
- Landesvermessungsämter Niedersachsen und Schleswig-Holstein
- Landesbibliothek Niedersachsen, Hannover
- Stadt-/Gemeindeverwaltungen:
  - * Celle
  - * Eickeloh
  - * Fallersleben
  - * Gardelegen
  - * Hademstorf
  - * Klötze
  - * Lauenburg/Elbe
  - * Magdeburg
  - * Munster/Örtze
  - * Pattensen/Hann.
  - * Rethem/Aller
  - * Rotenburg/Wümme
  - * Schneverdingen
  - * Schwarmstedt
  - * Soltau
  - * Steinbeck/Nordheide
  - * Verden/Aller
  - * Visselhövede
  - * Walsrode
  - * Winsen/Aller
  - * Zeven

(b) Einzelpersonen, die wichtige Unterstützung gewährten:

- Ackermann, Kurt – Fallingbostel
- Bechthold, Dieter – Hannover
- Brunner, Friedrich – Sottrum
- Cordes, Reinhold – Mandelsloh
- Emde, Joachim – Celle
- Gehle, Hermann – Wietzendorf
- Hofmann, Alfred – Stockelsdorf
- Lüllwitz, Wolfgang – Unterlüß
- Mehner, Kurt (Archiv) – Rinteln
- Müller, Irmgard – Wienhausen
- Pralle, Karl-Heinz – Essel
- Rabe, Heinrich – Schwarmstedt
- Richter, Wilhelm – Rethem
- Schneider, Jost W. (Archiv) – Wuppertal
- Walkhoff, Klaus – Meinersen
- Weber, Friedrich – Fallersleben
- Wortmann, Karl – Nienburg

(c) Veröffentlichte deutsche Quellen und sachverwandte Literatur

- „Der letzte Kampf“, Cornelius Ryan, Droemersche Verlagsanstalt, Th. Knaur Nachfolger, München/Zürich, 1966
- „Geschichte des Zweiten Weltkrieges“, Liddell Hart, Econ Verlag, Düsseldorf-Wien, 1972

- „Zeugnisse der Vertreibung“, Alfred de Zayas, Sinus-Verlag GmbH, Krefeld, 1983
- „Das Ende des Schreckens“, Erich Kuby, Ernst Kabel Verlag GmbH, Hamburg, 1984
- „Es begann an der Weichsel – Das Ende an der Elbe“, Jürgen Thorwald, Droemersche Verlagsanstalt Th. Knaur Nachf., München, 1979
- „Der Endkampf um Deutschland 1945“, Wolfgang Paul, Bechtel-Verlag, Esslingen und München, 1976
- „Der Zweite Weltkrieg“, Raymond Cartier, Piper & Co Verlag, München, 1967
- „Die Flüchtlinge – Die Vertreibung der Deutschen im Osten“, Günter Böddeker, Herbig Verlagsbuchhandlung, München-Berlin, 1985
- „Erinnerungen eines Soldaten“, Heinz Guderian, Motorbuch Verlag, Stuttgart, 12. Auflage, 1986
- „Die Generale des Heeres und die Sanitätsoffiziere im Generalsrang“, Wolf Keilig, Podzun-Pallas-Verlag GmbH, Friedberg, 1983
- „Nürnberg-Tribunal der Sieger“, Werner Maser, Econ Verlag, Düsseldorf-Wien, 1977
- „Die Träger des Ritterkreuzes des Eisernen Kreuzes der U-Bootwaffe 1939–1945“, Franz Kurowski, Podzun-Pallas-Verlag, Friedberg, 1987
- „Opfergang der Generale“, Josef Folttmann/Hanns Möller-Witten, Verlag Bernhard & Graefe, Berlin, 1957
- „Zehn Jahre und zwanzig Tage“, Karl Dönitz, Bernhard und Graefe, Verlag für Wehrwesen, München, 1977
- „Die 23 Tage der Regierung Dönitz“, Marlis G. Steinert, Econ Verlag, Düsseldorf-Wien, 1967
- „Würfelspiel um Deutschland 1944–1956“, Rudolf Fiedler, Robert Kämmerer Verlag für politische Bildung, Düsseldorf (ohne Datum)
- „Der Untergang des Dritten Reiches“, Günter Böddeker, Herbig-Verlag, München, 1985
- „Die deutschen Generalfeldmarschälle 1935–1945“, Otto E. Moll, Erich Pabel Verlag, 1961
- „Bedingungslose Kapitulation“, Franz Kurowski, Druffel-Verlag, Leoni am Starnberger See, 1983
- „Die Haager Landkriegsordnung“, Dr. Rudolf v. Laun, Hermann Schroedel-Verlag, Hannover, 1947
- „Das Kriegsgefangenenrecht“, Dr. jur. Joachim Hinz, Verlag Franz Vahlen GmbH, Berlin und Frankfurt a. M., 1955
- „Die Gefangenen“, Paul Carell/Günter Böddeker, Ullstein Verlag, Frankfurt u. a., 1980
- „Geschichte der Nebeltruppe“, Hans Rielau, i. A. BMVtdg, Köln, 1965
- „Die Geschichte der Panzerlehrdivision im Westen 1944–1945“, Helmut Ritgen, Motorbuch Verlag, Stuttgart, 1979

– „Kriegsgeschichte der 12. SS-Panzerdivision Hitlerjugend“, Hubert Meyer, Munin Verlag GmbH, Osnabrück, 1982
– „Die geheimen Tagesberichte der deutschen Wehrmachtsführung im Zweiten Weltkrieg 1939–1945“, Kurt Mehner, Biblio Verlag, Osnabrück, 1984
– „Armee Wenck“, Franz Kurowski, Kurt Vohwinkel Verlag, Neckargemünd, 1967
– „Die 22., 25., 27. Panzer-Division und die 233. Reserve-Panzer-Division“, Rolf Stoves, Podzun-Pallas Verlag, Friedberg, 1985
– „Mit dem Panzerregiment 5 Wiking im Osten“, Ewald Klapdor, Siek, 1981
– „Der Krieg der nicht stattfand“, Günter W. Gellermann, Bernhard und Graefe Verlag, Koblenz, 1986
– „Kurland die letzte Front – Schicksal für zwei Armeen“, Werner Haupt, Podzun Verlag, Bad Nauheim, 1964
– „Das Kriegsende zwischen Ems und Weser 1945“, Günter Wegmann, Kommissionsverlag H. Th. Wenner, Osnabrück, 1982
– „Das Kriegsende 1945 und die ersten Nachkriegsjahre in Neuenkirchen“, Horst Mikasch, Selbstverlag der Gemeinde Neuenkirchen, 1986
– „Aus den letzten Tagen des Zweiten Weltkrieges im Raume Bremervörde–Zeven“, Hans Hermann Intemann, Heimatbund, 1979
– „Hamburg 1945 – Kriegsende, Not und Neubeginn“, Hartmut Holbein, Landeszentrale für politische Bildung, Hamburg, 1985
– „Die Stadt Verden – Eine Garnisonsstadt mit Tradition“, Jürgen Siemers, Verden, 1985
– „Niedersachsen 1945/46 – Kontinuität und Wandel unter britischer Besatzung“, Ullrich Schneider, Niedersächsische Landeszentrale für politische Bildung, Hannover, 1984
– „Bergen-Belsen 1943 bis 1945“, Eberhard Kolb, Vandenhoeck und Ruprecht, Göttingen, 1985
– „Bergen-Belsen“, Eberhard Kolb, Verlag für Literatur und Zeitgeschehen GmbH, Hannover, 1962
– „Gedenkstätten für die Opfer des Nationalsozialismus“, Schriftenreihe der Bundeszentrale für politische Bildung, Bonn, 1981
– „Die Tore öffnen sich“, Derrick Sington, Deutsche Ausgabe, Hamburger Kulturverlag, 1948
– „Heimatgeschichtlicher Wegweiser zu Stätten des Widerstandes und der Verfolgung 1933–1945 – Niedersachsen I“, Pahl-Rugenstein-Verlag, Köln, 1984
– „Endkampf zwischen Rhein und Weser – Nordwestdeutschland 1945“, Werner Niehaus, Motorbuch Verlag, Stuttgart, 1983

– „Ihr Opfer bleibt uns unvergessen! Zur Geschichte des Mahn- und Gedenkweges Gardelegen“, Autorenkollektiv, Kreisleitung Gardelegen der SED, Abteilung Agitation und Propaganda, 2. Auflage, 1984
– „Lüneburg '45“, Helmut C. Pless, Verlagsgesellschaft Lüneburger Heide, 1977
– „Hannover zwischen Null und Neubeginn“, Dieter Tasch, Verlagsgesellschaft Madsack, Hannover, 1985
– „Von der Invasion zur Kapitulation“, Heinz Meyer, Verlag K. W. Schütz, Preußisch Oldendorf, 1987
– „Krieg in der Heide“, Ulrich Saft, Druckerei Gronemann, Walsrode, 1985
– „Kriegschronik 1945 der Stadt Soltau und Umgebung“, Willy Klapproth, herausgegeben von der Stadtverwaltung Soltau, 1955
– „Heimatchronik des Kreises Soltau“, Dr. Bachmann, Archiv für deutsche Heimatpflege GMBH, Köln, 1967
– „Das Gesicht des Krieges im Landkreis Verden Frühling 1945“, Robert Kienzel, Heimatkalender für den Kreis Verden, 1984
– „Fassberg-Geschichte des Fliegerhorstes und des gemeindefreien Bezirks Faßberg in der Lüneburger Heide“, Hans Stärk, Selbstverlag d. Verf., Druck Cellesche Zeitung, 1971
– „Winsen/Aller während des 2. Weltkrieges“, H. Mangels in „Beiträge zur Geschichte der Gemeinde Winsen/Aller“, Verlag Ströher, Celle, 1982
– „Das Kriegsende in Wolthausen“, Hermann Mauer, in „750 Jahre Wolthausen/Wittbeck“, Selbstverlag Gemeinde Winsen/Aller-Ortsteil Wolthausen, 1986
– „Uelzen 1913–1945 von den roten Räten bis zum Ende der braunen Bonzen“, Günter Bismarck, Selbstverlag des Museumsvereins, 1985
– „Vom Stresemann zum Braunhemd – Uelzen von 1918 bis 1948“, Reimer Egge, Becker Verlag Uelzen, 1985
– „Bremen und Nordwestdeutschland am Kriegsende 1945“, Herbert Schwarzwälder, Schünemann Verlag, Bremen, 1972/73/74
– „Lübeck 1945“, Gerhard Meyer, Veröffentlichung des Senats der Hansestadt Lübeck, 1986
– „Lauenburgische Heimat“, (‚Die letzten Kampfhandlungen des Grenadier-Regiments 934 im Zweiten Weltkrieg'), Heimatland und Geschichtsverein Herzogtum Lauenburg, Juni 1975
– „Das letzte Kapitel – Die Geschichte der Kapitulation Hamburgs“, Kurt Detlev Möller, Hoffmann und Campe Verlag, Hamburg, 1947
– „Das Kirchspiel Kirchboitzen im April 1945“, ev.-luth. Kirchengemeinde Kirchboitzen, April 1985
– „KZ-Züge auf der Heidebahn“, Jürgen Wulf, Schneverdingen, 1985

- „Ortschronik von Fallingbostel“, Wilhelm Westermann, Fallingbostel, Oktober 1982
- „Verwaltungsbericht 1926–1955“, Stadt Celle, Celle, 1964
- „Munster“, Wilhelm Wolter, A. Bruns Verlag, Faßberg, 1983
- „Geschichte der Stadt Walsrode“, Hans Stuhlmacher, Selbstverlag der Stadtverwaltung Walsrode, 1964

(d) Zeitungen/Zeitschriften

- „Cellesche Zeitung“, Sonderseite „Schicksalstage in der Heide“, 6. April 1985
- „Allgemeine Zeitung der Lüneburger Heide“, Sonderbeilage „Zur Uelzener Chronik 1945–1955“, Uelzen, April 1955
- „Böhme-Zeitung“, Sonntagsbeilage „Neuenkirchen im Frühjahr 1945“, Soltau, Nr. 35, 1985
- „Rund um die Visselquelle“, – „Visselhövede in schwerer Zeit“, Heft 1, Visselhövede, März 1974
- „Burgdorfer Anzeiger“, – „Panzer rollten über den Brelinger Berg“, Hannover, 9. April 1970
- „Walsroder Zeitung“, –„Halb Rethem lag in Schutt und Asche“, Walsrode, 16. März 1985
- „Zevener Zeitung“, – „Zeven fiel in zwei Etappen“, Zeven, 1975
- „Die Welt“, – „Gefangene von Remagen: Erinnerung wird Mahnung“, Eberhard Nitschke, 24. Juni 1985

(e) Nicht veröffentlichte deutsche Quellen

- „Darstellung des Verlaufs der Kämpfe auf deutscher Seite bei Heeresgruppe ‚H‘ (ab 6. 4. ’45 Oberbefehlshaber Nordwest) vom 10. 3. 1945 bis 9. 5. 1945“, Oberst im Generalstab Geyer, 20. April 1946, – MS B-414 MGFA, Freiburg
- „Korps-Befehle 5. April 1945 – 6. Mai 1945“ – Generalkommando des Ems Armeekorps; Bundesarchiv-Militärarchiv, Freiburg
- „Letzte Kämpfe des ’A.O.K. Blumentritt’ vom 10. 4. – 5. 5. 1945“, General der Infanterie Blumentritt, MS B–361 MFGA, Freiburg
- „Bericht über das XXXIX. Pz.K. vom 22. 4. bis 7. 5. 1945 für ‚Historical Division U.S. Army‘“, Generalleutnant Arndt, – MS B–221 MFGA, Freiburg
- „Tätigkeitsbericht der 172. Reserve Division, 9. 4. – 5. 5. ’45“, RH–26-172/5, Bundesarchiv-Militärarchiv, Freiburg
- „Über die Restteile der II./Panzer-Lehr-Regt 130 im April 1945“, Helmut Ritgen, Celle, 1986
- „Tagebuch der Stunde Null“, Wolfgang Buchwald, Hamfelde, 1960
- „Endkampf – Das Schicksal des A. und E. Bataillons der 12. SS-Panzer Division ‚Hitlerjugend‘“, Wolfgang Buchwald, Hamfelde, 1979

- „Geesthacht in den Kriegsjahren 1939–1945. Ein Tatsachenbericht“, Oberleutnant der Polizei i. R. Thomas Bruhn, Geesthacht, 1947
- „Chronik Stederdorf – Der zweite Weltkrieg 1939–1945“, Wilhelm Hoffmann, Stederdorf, 1951
- „Der 2. Weltkrieg. Bilder aus dem Kriegsgeschehen in meinem Heimatdorf“, Adolf Niebuhr, Stederdorf, 1957
- „Die letzten Kriegstage in der Gemeinde Bötersen“, Lehrer i. R. Heinrich Gerken, Bötersen (ohne Datum)
- „Die Kriegsereignisse in Verden/Aller“, Zusammengestellt von Fr. Lange, Verden (ohne Datum)
- „Die Übergabe Hamburgs an die 7. englische Panzerdivision“, Generalmajor Wolz, Hamburg, 10. 6. 1945
- „Die deutsch-englischen Verhandlungen in Steinbeck-Hoheluft 1945“, Otto Rudolf von Laun, Hamburg, 1975
- „Die Kampfhandlungen bei Groß Häuslingen vom 12. bis 15. April 1945“, Heinrich Imhagen, Groß Häuslingen, 1970
- „Gedenkstunde in Soltau am 22. April 1985“, Dr. Hans Salb, Hamburg, 1985
- „Schneverdingen im II. Weltkrieg“, Borschel, Schneverdingen (ohne Datum)
- „Die Einnahme von Schwarmstedt“, Walter Rohmeyer, Essel (ohne Datum)
- „Kriegsende 1945“ Bericht des Bäckers Meyer, Wietzendorf, 1945
- „Chronik der Gemeinden Reiningen, Reddingen, Halmern“ (ohne Verfasser und Datum)
- „Einsatz der SS-Bataillone 18 ‚H.W.‘ bei Bremen und Lauenburg“, Alfred Hofmann, Stockelsdorf, 1987
- „Die Eroberung Nordwestdeutschlands durch die Engländer unter besonderer Berücksichtigung der Verteidigung der Kampfhandlungen im Gebiet von Rethem/Aller“, Wilhelm Richter, Kassel, 1967
- „Bericht über die letzten Kriegstage in Visselhövede“, Lehrerin Steimke, Visselhövede (ohne Datum)
- „Gasabwehr und Nebeltruppe des Heeres“, Horst Voigt, Hannover, 1986
- „Miliz der Hitlerjugend (HJ) im Nordraum 1945“, Horst Voigt, Hannover, 1988
- „Bergen – Geschichte einer Kleinstadt nach 1945“, Hans-Heinrich Zander, Volkshochschule Celle, 1986

(2) Ausländische Quellen

(a) Ausländische Institutionen

- Imperial War Museum, London/Großbritannien
- Public Record Office, Kew-Richmond/Großbritannien
- Panzer-Museum, Bovington/Großbritannien

– Commenwealth War Graves Commission, Leper/Belgien
– „The Stars and Stripes“ (Archiv), Darmstadt
– National Archives and Record Administration, Washington/USA

(b) Schriftliche veröffentlichte britische Quellen
– „The Red Dragon – The History of the Royal Welch Fusiliers 1919–1945“ P.K. Kemp/John Graves Aldershot, Gale and Polden LTD., 1960
– „The Scots Guards 1919–1955“, David Erskine, William Clowes and son, London, E. C. 4, 1956
– „The Desert Rats – The History of the 7th Armoured Division 1938 to 1945“, Major-General G. L. Verney, Hutchinson, Stratford Place London (ohne Datum)
– „2nd Battalion The Glasgow Highlanders The Highland Light Infantry“, Lübeck, 1946
– „The History of the 53rd (Welsh) Division in the Second World War“, Brigadier C. N. Barclay. C. B. E., D. S. O., William Clowes and sons, Limited, London, E. C. 4 (ohne Datum)
– „The Annals of the King's Royal Rifle Corps“, Major-General G. H. Mills CB, OBE, Celer et Audax Club, Winchester (ohne Datum)
– „History of the 23rd Hussars“, London, 1946
– „The G. Courage DSO, Aldershot, Gale & Polden Limited, 1949
– „The Green Beret“, Hilary St. George Saunders, Landsborough Publications Limited, London W. 1, 1956
– „A History of 11th Armoured Division“, London, 1945
– „The King's Shropshire Light Infantry“, J. R. B. Moulsdale, Leo Cooper Ltd., London, 1972
– „The Golden Horizon“, Cyril Connolly (darin Alan Moorehead: Belsen), Weidenfeld & Nicolson, Limited, London, 1953
– „The Micks – The story of the Irish Guards“, Peter Verney, Pan Books Ltd., London, 1956
– „From the Desert to the Baltic“, Major-General Pip Roberts, CB, DSO, MC William Kimber, London, 1987
– „Commando Men“, Brian Samain, Stevens & Sons Limited, London, 1948
– „The Fifth British Division 1939 to 1945“, George Aris, The fifth Division Benevolent Fund, London, 1959
– „Second to None – The Royal Scots Greys – 1919–1945“, Lieutenant-Colonel R. M. P. Carver, CBE, DS/, MC, Glasgow, 1954
– „The Tanks“, Captain B. H. Liddell Hart, Cassell, London, 1959
– „The Fifteenth Scottish Division“, Lieutenant-General H. G. Martin (ohne Datum)
– „The Story of the Guards Armoured Division 1945“, Captain the Earl of Rosse, Colonel Hill, Geoffrey Bles, London, 1956

- „The King's Royal Rifle Corps Chronicle 1945", The Historical Committee, Winchester, Warren and son limited, 1946
- „Von der Normandie zur Ostsee", Montgomery, deutsche Ausgabe, Bern, 1948

(c) Schriftliche, nicht veröffentlichte britische Quellen

- „The battle for the Aller bridgehead and the relief of Stalag XI B and 357", Major J. Russell, London, 1987
- War Diary of 3rd Royal Tank Regiment, Army Form C. 2118
- War Diary of 75th Anti Tank Regiment R.A., Army Form C. 2118
- War Diary of 15/19th Hussars, Army Form 2118

(d) Schriftliche, veröffentlichte amerikanische Quellen

- „The last Offensive", Charles B. Mac Donald, Office of the Chief of Military History, United States Army, Washington, D.C., 1973
- „With the 102d Infantry Division Through Germany" Allan H. Mick, Washington, Infantry Journal Press (ohne Datum)
- „Hell on Wheels" The 2d Armored Division, Donald E. Houston, San Rafael, California, Second Printing 1979

(e) Schriftliche, nicht veröffentlichte amerikanische Quellen:

- Erfahrungsbericht der 2. U.S. Panzer-Division, April 1945
- G–2 Periodic Report, 5th Armored Division
- G–2 Periodic Report, 84th Infantry Division
- G–2 Periodic Report, 102nd Infantry Division
- After Action Report, 11th Cavalry Group, Februar–Mai 1945
- After Action Report, 771st Tank Destroyer Battalion, April 1945
- After Action Report, 771st Tank Battalion

(3) Fotografien

Die Herkunft der verwandten Fotografien ist an der Kennzeichnung erkennbar. Es bedeutet:

* (IWM) – mit freundlicher Genehmigung des „Imperial War Museum", London
* (SAS) – mit freundlicher Genehmigung des „The Stars and Stripes" Archivs in Deutschland, Darmstadt
* (Bov.) – mit freundlicher Genehmigung des britischen Panzermuseums Bovington
* Nicht gekennzeichnete Fotos sind entweder dem Autor von Einzelpersonen zur Veröffentlichung überlassen worden oder stammen aus dessen Archiv.

Besonderheiten

* Alle Marineangehörigen im Landeinsatz trugen im April '45 Heeresuniform. Da aus dieser Zeit jedoch wenig Fotos vorliegen, mußte auf ältere Fotos in Marineuniform zurückgegriffen werden.
* Nach der Landung in der Normandie vereinbarten alle Westalliierten, ihre Fahrzeuge mit einem weißen Stern zu kennzeichnen, um von eigenen Fliegern nicht bekämpft zu werden. Der „Amerikanische Stern", auch an britischen Fahrzeugen, führte schon damals, zumindest bei der Zivilbevölkerung, zu Verwirrung.

(4) Karten

* Als Originale bezeichnete Karten stammen ausschließlich aus den Archiven des Militärgeschichtlichen Forschungsamtes und des Bundesarchivs-Militärarchivs.
* Topographische Karten 1:25.000 wurden von dem jeweiligen Landesvermessungsamt freundlicherweise zur Veröffentlichung freigegeben.

Die Einzeichnungen in die Topographischen Karten sowie die anderen graphischen Lagedarstellungen wurden von Herrn Gerhard Schulz, Munster, nach Entwürfen des Autors ausgeführt.

e) Personenverzeichnis

A

Abarth, Unteroffizier ... 338 f
Abraham, RAD-Angehöriger ... 396
Ackermann, Kurt, Einwohner von Fallingbostel ... 272, 275
Adair, A.H.S., brit. Generalmajor ... 300, 435
Allermann, Ernst, Einwohner von Jarlingen ... 277
Alpers, Alfred, Einwohner von Meinersen ... 88
Altschwager, Major ... 71, 75, 178 ff
Alturiay, ungar. Oberst ... 160, 202
Anding, Friedrich, Oberleutnant ... 235, 250 f, 253–257, 353
Andrae, Major i. G. ... 474, 478
Andrews, brit. Leutnant ... 377
Andries, Karl-Heinz, Fähnrich ... 133 f, 143
Ardizzone, Edward, brit. Panzersoldat ... 271
Arnemann, Leutnant ... 503
Arnold, Heinrich, Einwohner von Westerbeck ... 90
Asche, Ruth, Krankenschwester ... 150
Atkins, brit. Feldwebel ... 277
Aumann, Wilhelm, Kraftfahrer ... 98
Austermann, Hauptfeldwebel ... 316
Avenriep, Familie, Einwohner von Moide ... 414, 416
Axmann, Arthur, Reichsjugendführer ... 94

B

Backhaus, Dr., Landrat in Fallingbostel ... 275
Baer, Major ... 340
Baerwald, Leutnant z. S. ... 125
Baker, brit. Oberstleutnant ... 252
Balfour, Taylor, brit. Brigadier ... 203
Bange, Richard, Feuerwehrchef in Hannover ... 62 f
Barber, brit. Generalmajor ... 81, 259, 347 f
Barker, brit. Generalleutnant ... 479, 485 f
Barthel, Max, Stabsgefreiter ... 270 f
Bassewitz, Graf von, Oberst ... 107
Baumgart, Obersturmführer ... 388
Becher, Kurt, Standartenführer ... 200, 202
Becker, Fritz, Generalleutnant ... 387 ff, 392, 395 f
Behning, Gerd, Volksturmmann ... 337, 339 f
Behrends, Altbauer in Nettelkamp ... 249
Beims, Bürgermeister in Nienburg ... 49

Bellof, Feldwebel 30
Bennigsen, von, Walther, Major ..... 355 f, 358, 362 ff, 367
Bensch, Dr., Oberstabsarzt ..... 439 f
Bernadotte, Graf, schwed. Diplomat 496
Berner, Leutnant 492
Bernhardi, italien. Oberst 229
Bethge, Gerhard, Leutnant z. S. 448
Binder, Leutnant 72
Binding, Regierungspräsident in Hannover 61
Birk, Leutnant z. S. 128, 144
Birkinshaw, brit. Unteroffizier 376
Bitterolf, Major 374
Blanke, Hauptmann 374, 383
Bloch, Friedel, Oberleutnant z. S. 122
Blumentritt, Günther, General der Infanterie ..... 15, 24 ff, 202 f, 242 f, 245, 342, 416, 429, 445, 460, 504, 510
Bockelmann, Gerhard, Einwohner von Munster 405
Bockelmann, Wilhelm, Führer der Ortsfeuerwehr in Munster ..... 405 f
Bock von Wülfingen, Dr., Vizepräsident in Hamburg 477
Bode, Major i. G. 475
Bode, Otto, Leutnant d. R. ..... 133 f, 143 f
Böhme, Oberstleutnant 71, 75, 182, 227, 340, 410, 414
Boehn, von, Leutnant 180
Böker, Max, Lehrer und Heimatforscher in Eschede 237
Börner, Oberbürgermeister in Hannover 61
Böttcher, Rottenführer und MG-Schütze 162, 164
Bohnekamp, Oberstleutnant 160, 202
Bohls, Landwirt in Fallingbostel 276
Bolling, Alexander R., amerikan. Generalleutnant ..... 58 ff, 193 f
Bols, brit. Generalmajor 38
Borchert, Oberleutnant 71, 75
Bornhof, Leutnant 270
Borowski, Unterscharführer ..... 463, 465 f
Borude, Leutnant 72
Bostelmann, Wilhelm, Landwirt in Ahlften ..... 330 f
Boyer, Howard, amerikan. Oberstleutnant 90
Boysen, Dr., Bürgermeister in Geesthacht 508
Brackert, Oberfeldwebel 423
Bradford, James M., amerikan. Hauptmann 186, 188
Bradley, Omar, amerikan. General 96
Brändel, Kreisleiter in Verden ..... 293 f
Brand, Unteroffizier 72
Brandt, Oberleutnant 363, 370
Braun, Sturmmann 164

Breyer, Siegfried, Unteroffizier-Vorschüler .... 301 ff, 311
Brind, brit. Oberstleutnant 463
Brockbank, brit. Hauptmann 151
Brockmann, Leutnant 160
Brockmann, Heinrich, Panzerschütze 77, 79, 177
Broocke, brit. Oberstleutnant 115
Brox, Leutnant 241
Brüning, Josef, Generalmajor .... 496 f
Brünn, Major 340, 411
Bruhn, Thomas, Polizeioberleutnant .... 508 f
Brunnert, Major 374
Bruns, Leutnant 418
Büchel, Leutnant 379
Bülow, von, Oberstleutnant 484
Bülow, von, Jürgen, Leutnant .... 421 ff
Burchard, Otto, Dr., Stabsarzt .... 469 ff, 474
Burchard-Motz, Altbürgermeister in Hamburg 478
Burgdorf, Wilhelm, General der Infanterie 98
Burkel, Kapitänleutnant 109, 117
Burkhardt, Hans, Gefreiter .... 89 f
Busch, Ernst, Generalfeldmarschall 21, 24, 26, 97, 243, 245, 285, 356, 459, 475, 479, 513, 516
Busch, Georg, Hauptmann .... 353, 357, 361 f
Busch, Hauptschullehrer in Westen/Aller 117

C

Campe, von, Landrat in Nienburg 49
Carstens, Leutnant z. S. 266
Cartier, Raymond, franz. Historiker 11
Cassel, Oberleutnant 70
Charlton, Edward, brit. Gardesoldat .... 423 f
Chors, Fritz, Leutnant 442
Clausewitz, von, Karl (1780–1831), preuß. General und Militärschriftsteller . 245
Claxton, brit. Major 391
Clay, Lucius D., amerikan. General 522
Clyne, Eric, brit. Feldwebel 206
Colville, E. C., brit. Brigadier .... 237 f, 241 f, 248
Conrad, Oberleutnant 488
Cook of Preston, brit. Hauptmann 279
Cordes, Heinrich, Bürgermeister in Munster 334
Corvett, brit. Hauptmann 49
Craddock, brit. Oberstleutnant 391
Crankshaw, Tony, brit. Soldat 436

Cremer, Peter Erich, Korvettenkapitän .... 449 f, 456, 460, 466, 476, 509
Curran, brit. Feldwebel 376

D

Dahn, Felix (1834–1912), Historiker und Schriftsteller 441
Day, John, brit. Kompaniechef 500
Deakin, brit. Feldwebel 175
Decker, Karl, General der Panzertruppe .... 245 f, 259, 345, 351, 355 f, 359, 363–367, 369 ff
Dempsey, brit. General 125, 479
Dennhardt, Heinz, Gefreiter .... 303 f
Dette, Feldwebel 88
Dettmer, Friedrich, Reserveoffizierbewerber 79, 180
Deuring, Leutnant z. S. 273
Deutschbein, Polizeipräsident in Hannover 61
Dick, brit. Leutnant 425
Dickau, Alexander, Oberleutnant 296
Didong, Panzersoldat 90
Diel, Leutnant 72
Dittmer, Johann, Landwirt in Freyersen .... 428 f
Dönitz, Karl, Großadmiral und Reichskanzler ...... 416, 441, 476 ff, 513, 516, 518
Dormayer, Ernst, Matrose 316–320
Dreyer, Heinrich, Ortsgruppenführer 316
Düvel, Landrat in Uelzen 243
Dunbar, brit. Oberst 237

E

Eckart, Oberst 456, 460
Edwards, brit. Major 46
Eggert, Heinrich, Bürgermeister in Hützel 408
Ehrbeck, Friedrich, Feldwebel 186, 188
Eickhoff, späterer Bürgermeister in Eickeloh 152, 168
Einem, von, Oberst .... 99 f
Eisenhower, Dwight D., amerikan. General .... 96 f, 518
Eiser, Karl, Maat 438
Ellendt, SS-Grenadier 393
Elrington, Maxwell, brit. Brigadier .... 286, 427 f
Emmermann, Carl, Korvettenkapitän .... 509 f
Emsmann, Chemiker in der Raubkammer 223
Engelbachten, von, Oberstleutnant 440
Erdmann, Luftwaffengeneral 420
Erk, Hans, NS-Funktionär in Hamburg 476
Esche, Fritz, Obersturmführer 388, 391, 393
Everett, amerikan. Oberst und Rechtsanwalt 522

F

Falkenhayn, von, Erich, Hauptmann .... 86 ff, 97
Farina, Bürgermeister in Uelzen 243
Fehrmann, Rudolf, Oberleutnant .... 28 ff
Feldmann, Hauptmann 241
Fendt, Obergefreiter 493
Ferris, brit. Oberfeldwebel 42
Feuerpfeil, Feldwebel .... 86, 88 f
Fiebig, Oberleutnant z. S. .... 467 f
Fierson, amerikan. Oberst .... 59 ff, 193
Finkler, Unterscharführer 463
Firbank, brit. Brigadier 427
Fischer, Major 374, 383
Flößner, Oberleutnant 166
Floto, Wilhelm, Leutnant 176
Foreman, brit. Feldwebel 391
Foris, von, Oberstleutnant 440
Foster, brit. Oberst 501
Franzen, Erich, Unteroffizier .... 29, 153 ff, 162 f, 334 f
Fraser, Frank, brit. Major 44
Frazer, brit. Leutnant 174
Freiberg, Unteroffizier 133
Freidel, Major 516, 518
Fricke, Willi, Landwirt in Altmerdingsen 184
Friedeburg, von, Hans-Georg, Generaladmiral .... 477 ff, 516, 518 f
Friedrichsmeier, Obergefreiter 487
Frieling, Eberhard, Unteroffizier .... 30, 32 f, 153
Frieling, Gisela, Einwohnerin von Ostenholz 162, 335
Fries, Untersturmführer 274, 276, 280, 335
Fritz, Oberleutnant z. S. .... 374 f, 377 f
Fuchs, Rolf, Matrose 105
Fueß, Hanna, Einwohnerin von Wolthausen 178

G

Gaebler, Hans, Unteroffizier 88
Galla, Alfred, Obergefreiter .... 236 f
Gallagher, brit. Feldwebel 421
Gallhoff, Hermann, Oberleutnant z. S. 286
George, Otto, Panzerfahrer .... 153 f, 163, 334
Geraghty, brit. Leutnant 420
Gerstenmaier, Eugen, Dr., ehem. Bundestagspräsident 10
Geyer, Oberst i. G. .... 24 f
Giesemann, Berthold, Oberfeldwebel .... 3, 250 f, 255, 354
Gigas, Obersturmführer 388

Gillem, amerikan. Generalleutnant 354
Glowka, Obersteuermann 450
Glücks, Obergruppenführer 200
Goebbels, Josef, Dr., Reichspropagandaminister 11
Goebel, SS-Grenadier 230
Goeldel, Hauptmann 430
Gördes, Josef, Korvettenkapitän .... 105, 109, 127 f, 135, 137, 139 f, 143, 145 ff, 153, 306
Göring, Hermann, Reichsmarschall 521
Goller, Kurt, Unteroffizier .... 86, 88 f
Gosche, Leutnant 492
Gotzbacher, SS-Grenadier 230
Grabher-Meyer, Hauptscharführer .... 162, 164 f
Grahl, Oberleutnant z. S. 305
Grauenhorst, Joachim, Oberleutnant .... 326 f
Gray, Nicol, brit. Oberstleutnant .... 151 f, 500, 506
Greenhalgn, brit. Unteroffizier 377
Grese, Irma, SS-Aufseherin im KZ Bergen-Belsen 203
Griffith, James, brit. Leutnant .... 143 f, 497
Grosan, Gerhard, Oberst .. 24, 84 f, 139, 153, 159 f, 166, 173, 175, 198, 202 f, 221 f, 224, 228, 285, 325, 328 ff, 335, 339–343, 377, 405, 409 f, 412–416, 453
Groß, Fritz, Unterscharführer 162
Grote, Arnold, Einwohner von Schwarmstedt 134
Grupe, Leutnant .... 404 ff
Guareschi, G., italien. Schriftsteller 229
Guderian, Heinz, Generaloberst 20
Günther, Hauptmann .... 448 f
Gürtler, Major .... 71 f, 74, 80, 236, 241, 492
Gurnsey, brit. Hauptmann 140
Guse, P., Führer Volkssturm-Bataillon 69
Gwatkin, brit. Brigadier .... 439 f

H

Hache, Major .... 159 f, 173, 329 f
Hadeler, Wilhelm, Marine-Oberbaurat 488
Hähne, Dr., Arzt in Winsen/Aller 77
Hagemeier, Hauptmann 109
Hahn, Direktor in Südwinsen 174
Hakewill-Smith, E., brit. Generalmajor 374, 377
Hamel, Erwin, Oberleutnant 374, 377
Hanmer, brit. Oberstleutnant 427
Harding, brit. Feldwebel .... 162 f
Harms, Bürgermeister in Nordkampen 267
Harries, Karl, Oberst .... 200 f, 203, 205, 208, 215

Harris, brit. Luftmarschall .... 12 f
Hart, Liddell, brit. Militärhistoriker 327
Hartmann, Werner, Kapitän z. S. ..... 49 f, 105 f, 108, 124, 264, 307, 309, 311, 322 f
Hartung, Apotheker in Bergen 215
Harvey-Kelly, brit. Leutnant 423
Heck, Oberstleutnant i. G. 150
Heer, de, Jacob, Lagerinsasse des KZ Bergen-Belsen 219
Heidenreich, Generalleutnant 420
Heidenreich, Major .... 374, 379 f, 383
Heiligenfeld, Hauptmann .... 374 f, 377
Heim, Gregor-Alexander, Oberleutnant .... 72 f
Heitmann, Stabszahlmeister .... 338 f
Held, Rudolf, Leutnant .... 81 f, 138 f, 160
Hemme, Ferdinand, Maschinenmeister in Oldau .... 170 f
Henkel, Hauptmann 98
Herbst, Leutnant 72
Herbst, Oberleutnant z. S. 124
Hermann, Stabsfeldwebel 368
Heuken, Zahlmeister 434
Hewelke, Pionier-Schüler 296
Hilker, Jonny, Hauptwachtmeister 380
Hillmer, Wilhelm, Fahnenjunker-Unteroffizier 70, 179
Hilpert, Carl, Generaloberst 17, 20
Himmler, Heinrich, Reichsführer-SS 69, 199, 496
Hitler, Adolf .... 11, 18 ff, 194, 217, 245, 327, 351, 359, 409, 441, 474, 485, 496
Hoblik, Johannes, Obersturmführer 388, 393, 396
Hochhaus, Hendrik, Oberleutnant z. S. 271
Höß, Rudolf, bis 1944 Lagerkommandant von Auschwitz 200
Hoffmeyer, Dr., Arzt in Rethem 116
Hofmeister, Willi, Hauptgefreiter .... 114 f
Hohmann, Einwohner von Kirchwahlingen 124
Hohn, Leutnant .... 338 f
Holle, Dr., Bürgermeister in Minden 54
Holler, Leutnant 77, 79, 178, 180
Hopsan, Donald, brit. Stabsoffizier 140
Horn, Oberleutnant .... 270 f
Hornbostel, Heinrich, Einwohner von Südwinsen 174
Horneff, Unterscharführer 161
Huckenbeck, Fritz, Oberbootsmann .... 302 f
Hufnagel, Alfons, Matrose .... 114 f
Huth, brit. Major 274
Huth, Alfred, Major .... 400 f

J

Jäckle, Oberleutnant z. S. 112
Jauss, Untersturmführer 185, 193
Jessen, Hans, Granatwerferführer 148
Jodl, Alfred, Generaloberst .... 11, 20, 245, 516, 518 f, 521
Jöst, Willi, Oberleutnant .... 492 ff
Jones, brit. Hauptmann 391
Jordan, Hermann, Kapitän z. S. .... 105, 108 f, 111, 113, 116, 266, 299, 301, 309, 311 f, 314 f

K

Käs, Leutnant 428, 430
Kästner, Obersteuermannsmaat 393
Kahle, Rudolf, Major .... 153, 157, 159 f, 166, 340 f, 404
Kahre, Dr., Major 71
Kaiser, Horst, Hauptgefreiter 323
Kalandy, J., ungar. Major .... 160 f
Kalb, Leutnant 404, 408
Kastner, Dr., NS-Funktionär 200
Kaufmann, Karl, Gauleiter in Hamburg .... 459, 473 f, 476, 478, 480, 508
Keene, Bob, brit. Major 44
Keitel, Wilhelm, Generalfeldmarschall 20, 245, 516, 518, 521
Kempe, Oberleutnant .... 367 f
Kettenburg, Baron von der, Gutsherr 301, 304
Kinder, Georg, Major 108, 323
Kinzel, General der Infanterie 516, 519
Kirchner, Karl, Leutnant 522
Klapproth, Hans, Leutnant z. S. .... 323, 425 f
Klapproth, Willy, Bürgermeister in Soltau 328, 343
Kleeboth, Karl-Heinz, Matrose 451
Knibbe, Otto, Bürgermeister in Bissendorf .... 63 f
Kniese, Reservepolizist in Fallingbostel 272
Knittel, John, brit. Schriftsteller 364
Koch, Heinrich, Polizeioberleutnant 79
Koch-Erpach, Rudolf, General der Kavallerie 98
Köhl, Oberleutnant 492
Köhl, Maschinen-Gefreiter 468
Köhler, General der Flieger .... 476 f
Köhler, Major .... 159 f, 173, 340 f, 404, 412
Köhler, Oberleutnant 37
König, Oberst 185
König, Helmut, Rektor in Uelzen 242
König, Wilhelm August, Kapitänleutnant 378
Köpke, Eberhard, Oberscharführer 463, 465

Körner, Oberstleutnant .... 327 ff, 338 ff
Kohler, Oberfeldwebel .... 506 f
Kokscht, Marinesoldat 450
Kolb, Eberhard, Professor Dr. 198, 219
Konheiser, Obergefreiter 270
Koop, Gerhard, Gefreiter-Unteroffizieranwärter 509
Krämer, Sturmbannführer .... 388, 393, 395 f
Kramer, Josef, Hauptsturmführer .... 174, 198 ff, 203, 205 f, 208 f, 212 f, 522
Kribel, Unteroffizier 88
Krieg, Helmut, Marinesoldat 264, 266
Krug, Erika, SS-Helferin 162, 164
Krumbholz, Paul, Oberst .... 442 f
Kruppa, ungar. Fähnrich 232
Kruse, Schlachter in Bergen 215
Kühlein, Konrad, Oberst i. G. 363, 365, 369
Küstermeier, Rudolf, Lagerschreiber im KZ Bergen-Belsen 199, 201
Kuhlmann, Werner, Panzerschütze 159
Kuhnke, Leutnant 72
Kutscher, Heinrich, Oberstfeldmeister .... 37, 128 f, 145 ff, 160, 168, 174

L

Lading, Pionieroffizier 174
Lamprecht, Oberleutnant 379
Langdon, John F., brit. Oberleutnant 163
Lange, Richard, Oberleutnant .... 119 f, 286, 384
Langer, Dr., Bataillonsarzt .... 139, 149 f, 306
Laqueur, Renata, Lagerinsassin des KZ Bergen-Belsen 201
Lattke, Gerhard, Oberleutnant 374, 380
Laun, Edler von, Otto, Leutnant 470–474, 477, 480
Laun, Edler von, Rudolf, Professor Dr. 470
Lauterbacher, Hartmann, Gauleiter von Südhannover/Braunschweig 85
Lawrence, brit. Fernmeldeoffizier 114
Lee, brit. Feldwebel .... 347 f
Levy-Hass, Hanna, Lagerinsassin des KZ Bergen-Belsen 201
Lichel, Walter, General der Infanterie .... 83 ff, 97 ff
Lidell, J. O., brit. Hauptmann 321
Lieberwirth, Leutnant z. S. 266
Lightbody, Gordon A., brit. Hauptmann 258
Linde, Oberst 130
Lindhorst, Heinz, Rittmeister 283, 294
Lindhorst, Rudolf, Amtmann in Verden 294
Lindner, Unterscharführer 463, 465
Lindsay, Martin, brit. Hauptmann .... 472 ff
Link, Gerhard, Dr., Hauptmann 470, 474, 478, 480
Liy-Tanner, Leutnant 72

Loeck, Nikolaus, RAD-Angehöriger 498
Löffler, Ernst, Panzerschütze 172
Loehning, Paul, Generalmajor .... 57, 61 f, 97 f
Löns, Hermann, Heide-Dichter 178, 492
Lohse, Obersturmführer 388
Lolling, Dr., Standartenführer 200
Loram, E., brit. Major .... 41 f
Lottner, Kurt, Generalmajor 513
Lotze, Heinz, Hauptmann .... 160, 166 ff, 222, 340, 409 ff, 414, 416
Lubek, Oberleutnant 310
Lucht, Walther, General der Artillerie 243, 367
Lübcke, Obersturmfürer 388, 392
Lüders, Oberst 243, 348
Lüllwitz, Paul, Obergefreiter .... 232 f
Lütge, Ernst, Kreisleiter in Gifhorn 90
Lutze, Werner, Oberst .... 505 f
Lynch, Georg, amerikan. Oberst 101
Lyne, brit. Generalmajor .... 263, 268, 453, 472 ff, 478 f

M

Maager, Heinz, Obergefreiter 148
Mackensen, Willy, Hauptmann 521
Mahler, Oberleutnant z. S. 120
Mahnke, Milchhändler in Fallingbostel 276
Maislinger, Oberst .... 374 f, 381 ff, 384
Manstein, von, Erich, Generalfeldmarschall .... 326 f
Manthey, Major i. G. 203
Marhenke, Leutnant 306
Markert, Leutnant z. S. 124
Marquardt, Erich, Hauptmann 259, 356
Marriot, brit. Hauptmann 432
Marsen, Obersturmführer 161, 165
Marshall, George, amerikan. Politiker 523
Martin, A. R., brit. Oberstleutnant 455
Maser, Werner, Historiker und Schriftsteller 521
Maske, Oberleutnant 484
McArthur, brit. Feldwebel 491
McCarthy, amerikan. Senator 522
Meier, Bürgermeister in Hermannsburg 226
Meincke, Korvettenkapitän 121, 124, 426
Meinecke, Ortsgruppenführer in Rethem 109
Meletta, Heinz, Oberstleutnant 231, 234
Melzer, Herbert, Korvettenkapitän 120, 266, 309
Meven, Oberleutnant .... 226 f, 340
Meyer, Hauptmann .... 75 f
Meyer, Bäcker in Wietzendorf 230, 411

Meyer, Bürgermeister in Schneverdingen ... 333
Meyer, Einwohner von Kirchwahlingen ... 124
Michalke, Leutnant z. S. ... 266
Mills-Roberts, Derek, brit. Brigadier ... 38, 40, 137 f, 142 f, 145, 150 f, 153
Model, Walter, Generalfeldmarschall ... 22, 244, 493, 516
Möllering, Alexander, Dr., Direktor ... 516
Montgomery, Bernard Law, brit. Feldmarschall ... 14, 263, 307, 428, 445, 453 f, 477, 479, 485, 489, 491, 497, 502, 514, 516, 518
Moore, brit. Oberstleutnant ... 439
Moorehead, Alan, brit. Journalist ... 217
Morgenthau, Henry, amerikan. Politiker ... 12
Morris, brit. Hauptmann ... 501
Morrison-Jones, brit. Oberstleutnant ... 111 f
Mudra, von, Herbert, Leutnant ... 443 ff
Mühle, Erich, Volkssturmmann ... 266
Müller, Hauptmann ... 227 f
Müller, Ratsherr in Nienburg ... 49
Müller, Ernst, Oberst ... 388
Müller, Herbert, Oberleutnant ... 284
Müller, Hermann, Hauptwachtmeister ... 400
Müller, Irmgard, Einwohnerin von Wienhausen ... 187 f, 190
Munzel, Oskar, Generalmajor ... 84

N

Nadolski, Werner, Hauptmann ... 203, 205
Nagel, Direktor in Nienburg ... 49
Napoleon Bonaparte (1769–1821), Kaiser der Franzosen ... 300, 353
Najork, Erika, Einwohnerin von Neustadt a. Rbg. ... 45 f
Najork, Ursula, Einwohnerin von Neustadt a. Rbg. ... 45
Neitzel, Kapitän z. S. ... 105, 107 f, 293 f, 297, 311 f
Neu, Walter, Obergefreiter ... 288, 311 f
Neumann, Oberleutnant ... 374, 379 f
Neumann, Rudolf, SS-Grenadier ... 393
Nicolussi-Leck, Karl, gen. „Nico“, Hauptsturmführer ... 53–58, 60, 62 f, 97, 184, 189–195
Niehuus, Oberleutnant ... 71, 182
Niemann, Hauptsturmführer ... 476
Niemann, Leutnant ... 466 ff
Niestrag, Ratsherr in Nienburg ... 49
Noack, Ulrich, Leutnant z. S. ... 467 ff
Noak, Hauptmann ... 341

O

Oberndorfer, Willibald, Sturmmann ... 164
Oehr, Fähnrich z. S. ... 152
Oehus, Heinrich, Feldmeister ... 498 f
Ohlhoff, Einwohnerin von Reiningen ... 230

Ohlhoff, Wilhelm, Bürgermeister in Reiningen 230, 410
Olin, Ola, finn. Obersturmführer .... 54 f, 63, 191, 194 f
Oliver, amerikan. General 491
Osborne, brit. Leutnant 423

P

Passek, Wachtmeister 270
Peinemann, Sturmbannführer .... 37, 40, 46 f, 52, 152 f, 155, 159, 165, 272, 448, 461, 470 f
Perchtold, Georg, SS-Panzerschütze .... 195 f
Peschel, Kapitänleutnant .... 450, 453, 466 ff
Peter, Hauptmann .... 248 ff, 253, 353
Peters, Oberleutnant z. S. 120
Peters, Hans-Georg, Oberleutnant .... 496 f
Peters, Marcell, Wachtmeister der Schutzpolizei 79
Petzet, Oberst 420
Pius IX., Papst (1846–1878) 301
Pfaff, Major 374
Pfaffelhuber, Heinrich, Obergefreiter 153, 334
Pfister, Otto, Matrose 115
Pickel, Ortsbeauftragter in Leese 40
Pieper, Hermann, Matrose 113, 115
Pierrepoint, brit. Henker in Hameln 521
Pietsch, Fritz, SS-Grenadier .... 277 f
Plato, von, Oberst 245
Pohl, Oswald, Obergruppenführer 200
Pole-Carew, brit. Major .... 420 f
Polte, Helmut, Fähnrich z. S. .... 139, 144 f, 147 f
Pope of Box, brit. Major 401
Pralle, Bürgermeister in Essel 168
Preuss, Günther, SS-Grenadier 230
Probst, Leutnant 72
Prüm, Major .... 159 f
Prüß, Führer der Feuerwehr in Lauenburg 487

R

Raegener, Adolf, Generalleutnant .... 101 f
Rasp, Siegfried, General der Infanterie 24, 48, 285, 295, 374, 389, 418, 420
Ratansky, Adolf, Ladeschütze 135
Rauscher, Gerhard, Pionier-Schüler 296
Reid, Derick, gen. „Tiger“, brit. Major .... 44 ff
Rein, Pionier-Schüler 296
Reitzenstein, Hauptmann .... 222, 224 f
Reuter, holländ. Obersturmführer 408
Richerdson, brit. Oberstleutnant 347
Richter, Gerhard, Generalmajor .... 222 f
Richter, Oberleutnant 71, 174

Richter, Leutnant . . . 430
Riecke, Hans, Kunstschmiedemeister in Bissendorf . . . 63 f
Rieger, Erich, Hauptmann . . . 95
Rietz, Obersturmführer . . . 388 f
Rigow, Karl, Sturmmann . . . 395 f
Ritchie, brit. Generalleutnant . . . 284, 453
Robbins, A. A., amerikan. Leutnant . . . 190 f
Roberts, G. P. B., brit. Generalmajor . . . 35, 137, 146, 166 f, 224, 231, 405, 484 f
Roberts, Sidney, brit. Unteroffizier . . . 206
Rodehorst, Kirchenvorsteher in Bergen . . . 215
Rodt, Eberhard, Generalleutnant . . . 417 f, 420, 428 f, 434 f, 437, 442 f
Röttger, Wilhelm-Gerhard, Oberstleutnant . . . 57, 59, 62, 64, 97
Rogers, brit. Hauptmann . . . 391
Rogge, Kapitän z. S. . . . 434 f
Rogge, Ernst, Fähnrich z. S. . . . 303
Rommel, Erwin, Generalfeldmarschall . . . 88, 516
Roosevelt, Franklin D., amerikan. Präsident . . . 96
Rose, brit. Hauptmann . . . 312
Rosenthal, Dr., Stabsarzt . . . 230
Ross, R. K., brit. Generalmajor . . . 104, 113, 115 f, 120, 319
Ruppert, Leutnant . . . 72

S

Sänger, Horst, Einwohner von Gifhorn . . . 90
Salb, Hans, Major i. G. . . . 160, 198, 200, 221 ff, 229, 231, 329, 343, 414
Saß, Leutnant . . . 338 f
Saßmann, Leutnant . . . 72
Schacht, Walter, Einwohner von Kirchweyhe . . . 389
Schadow, SS-Grenadier . . . 465
Schäfer, Albert, Phoenix-Direktor in Harburg . . . 469–474
Schäfer, Heinz, Kanonier . . . 187
Scharnhorst, von, Gerhard (1755–1813), preuß. General und Heeresreformer . 285
Scharnhorst, Gerhard, Major i. G. . . . 363, 365, 367, 370
Schaupenheimer, Major . . . 71
Scheller, Anna, Einwohnerin von Bockelskamp . . . 190 f
Scherer, Oberst . . . 71 f, 74, 80, 172, 236, 239, 241, 346
Scheurlen, Ernst, Vizeadmiral . . . 103, 105 ff, 438
Schirach, von, Baldur, früherer Reichsjugendführer . . . 85
Schliemann, Leutnant . . . 445
Schlipf, Hauptmann . . . 388
Schlippenbach, Freiherr von, Hauptmann . . . 84 ff, 91, 97
Schmidt, Pastor in Soltau . . . 450
Schmidt, Hanns, Oberst . . . 160, 200 ff, 208, 215
Schmidt, Siegfried, Artillerist . . . 284
Schneider, Wilhelm, Leutnant . . . 354 f, 359 ff
Schneider, Kreisleiter in Uelzen . . . 243
Schneider, Unterscharführer . . . 463

Schoepe, Walter, Leutnant ... 179
Schreiber, Ernst, Wehrführer in Soltau ... 339
Schrimpf, Heinz, Matrose ... 114 f
Schroers, Flak-Soldat ... 270
Schülke, Alfred, SS-Grenadier ... 30
Schüßler, Untersturmführer ... 193
Schultz, Alois, Leutnant ... 353, 362
Schulz, Erwin, Unterfeldmeister ... 324
Schulz, Paul, Landwirt in Freyersen ... 428 f
Schulz, Reinhold, Maschinenmeister in Marklendorf ... 170 f
Schulze, Georg, Bürgermeister in Winsen/Aller ... 174
Schulze, Lisa, Bewohnerin des Gutes Kettenburg ... 303
Schulze, Paul, Major ... 27 f, 30 ff
Schulze, Willi, Hauptlehrer in Südwinsen ... 174, 178
Schuster, Alfred, Oberst ... 420, 425 ff
Schwerin, von, Richard, Generalleutnant ... 373 f
Scott, Thomas, brit. Hauptmann ... 258
Segelke, Einwohnerin von Hornbostel ... 176
Senarclens de Grancy, Freiherr von, Stabsingenieur ... 231
Seyffert, Dr., Hauptmann ... 128, 168
Siebken, Bernhard, Obersturmbannführer ... 521
Siebert, Ilse, Einwohnerin von Wietzendorf ... 229, 414
Siefart, Dr., Hauptmann ... 374 f, 377, 382 ff
Simpson, amerikan. General ... 96
Sington, Derrick, brit. Leutnant ... 206, 208 f, 212, 217
Smith, brit. Feldwebel ... 279
Spahr, Ernst, Unteroffizier ... 153, 334
Specht, Karl, Richtschütze ... 153 ff, 334
Sperling, Hauptmann ... 160, 340, 409 ff, 414
Spurling, brit. Brigadier ... 472, 478 ff
Stalin, Josef ... 96 f
Steffen, Dr., Unterarzt ... 380
Stehlow, Matrosen-Gefreiter ... 468
Steimke, Lehrerin in Visselhövede ... 310, 312
Steinmann, Oberstleutnant ... 222, 227, 340, 410, 414 f
Stelljes, Infanterist ... 290
Stelter, Heinz, Unteroffizier ... 227
Stephenson, J. H. M., brit. Major ... 252
Stock, Oberfeldwebel ... 89
Stoschke, Major ... 105, 128, 271, 300 f, 303, 311
Strößner, Leutnant z. S. ... 272
Stroh, Oberst ... 70 f, 74
Student, Kurt, Generaloberst ... 24, 26, 300
Stünke, Oberbannführer ... 84, 92 f
Stützle, Nepomuk, Obergefreiter ... 251, 253–257

Süß, Manfred, Untersturmführer ... 239
Swetenham, brit. Oberstleutnant ... 307
Szydlowski, Bruno, Standartenoberjunker ... 50 f

T

Tannenberg, Friedrich, Ortschronist von Hänigsen ... 184
Tauer, Leutnant ... 444 f
Taylor, brit. Oberstleutnant ... 208
Telschow, Otto, Gauleiter von Osthannover/Lüneburg ... 85, 485
Tewes, Hans, Matrose ... 124 f
Thäter, Kapitänleutnant ... 450
Thies, Leiter des Ernährungsamtes in Verden ... 294
Thomas, brit. Generalmajor ... 383 f
Thomsen, Major ... 71, 74 f, 340, 342, 404, 411
Tito, Josip, jugoslaw. Marschall ... 209
Tod, A. F., brit. Oberstleutnant ... 405 f
Totzeck, Erich, Oberst ... 70 f, 74 f, 77, 169, 172 ff, 177, 182, 200, 202, 236, 340
Towler, Norman, brit. Maschinengewehrschütze ... 500
Trundle, Gordon Henry, brit. Gardesoldat ... 313 f
Tzschökell, Paul, Generalmajor ... 67, 69 ff, 74 f, 82, 97, 236, 238, 241 f, 346, 348, 460, 492

U

Ulm, Leutnant z. S. ... 305
Unrein, Martin, Generalleutnant ... 246, 248 f, 252, 351, 354, 356 ff, 363, 367 ff
Urbahn, Horst, Matrose ... 122

V

Veith, Karl, Generalleutnant ... 84 f, 91, 97
Vetter, Kurt, Oberleutnant ... 72, 241, 492
Vines, brit. Major ... 391
Vogel, Georg, Leutnant ... 342
Vogelsang, Major ... 315
Voges, Walter, Einwohner von Oldau ... 170 f
Voigt, Horst, Oberleutnant ... 91 ff
Volker, Heinrich, Oberst ... 138 f, 159 f
Vollmert, Albert, Obergefreiter ... 368 f
Voß, Klaus, Leutnant ... 512

W

Wackernagel, Eberhard, Major ... 418, 429 f, 436
Wagner, Konteradmiral ... 516, 518
Wagner, Unteroffizier ... 379
Wagner, Richard (1813–1883), Komponist ... 196
Wagner, Sebastian, Oberleutnant ... 65 f
Walle, Gustav, Major ... 248 ff, 253–257, 353, 362
Wallenberg, Major ... 353 ff, 359, 361 f
Walter, Oberfeldwebel ... 502

Ward, brit. Major 434
Weber, Dr., Landrat in Verden 293
Wedig, Reinhold, Lehrer in Stadensen .... 249, 251 f, 257
Wegener, Gauleiter in Bremen .... 396 f
Weiand, Egon, Kompaniemelder 144
Weichsel, Major .... 421 f, 424
Weidemann, Rittmeister .... 329 f
Weiß, Joseph, Judenältester im KZ Bergen-Belsen 219
Weizenbeck, Hauptmann 445
Wenck, Walther, General der Panzertruppe 243, 368
Wentzel, Oberleutnant .... 488 f
Whistler, brit. Generalmajor 392
White, amerikan. General .... 95 f
White, brit. Feldwebel 347
Wichern, Fritz, Hitler-Junge 430
Wiermann, Einwohner von Reiningen 410
Wiese, Oberst 54
Wiese, Major 106
Wilhelmy, Dieter, Oberleutnant .... 86 f
Willenbockel, Heinrich, Hofbesitzer .... 414 f
Williams, amerikan. Oberst .... 99 f
Wilsey, brit. Brigadier 112
Wilson, brit. Feldwebel .... 506 f
Winckelmann, Oberleutnant .... 70, 75 ff, 79, 179
Windsor-Lewis, brit. Oberstleutnant 312
Winkelmann, Bürgermeister in Kirchwahlingen 124
Winkelmann, Schlachter in Wietzendorf 230
Winsemann, Hildegard, Wehrmachtshelferin 339
Winterhoff, Leutnant .... 124 f
Wito, Führer der poln. Bauernpartei 208
Witte, Victor, Friedhofswärter in Verden 296
Witthöft, General der Infanterie 494, 497, 508
Wittmann, Leutnant 112
Wölfel, Oberleutnant z. S. 323
Wolf, Major 374
Wolke, Oberleutnant z. S. 309
Wolz, Alwin, Generalmajor .... 447, 456, 459 ff, 466, 469–480, 513
Woods, amerikan. Henker in Nürnberg 521
Wülber, Johann, Lehrer in Bendingbostel 290
Wulf, Leutnant 227, 230

Z

Zahrte, Landwirt in Nettelkamp 249
Ziegler, Oberleutnant z. S. 266
Zimmermann, Unteroffizier 76
Zinly, Wolfgang, Leutnant z. S. 267

f) Ortsverzeichnis

A

Aachen 153
Abbenrode 367 f
Abbensen 86, 185
Abelbeck 343
Achim 24, 379 ff
Achterberg/Wolthausen 181
Achterberg/Dorfmark 327, 329
Achum 31
Ahlften 330 f, 334, 339
Ahnebergen 118 f, 121
Ahrsen 278
Allerdorf 377 f, 382 f
Allerhop 74 ff, 179
Allermöhe 466
Altenboitzen 264, 267 ff
Altencelle 81, 190
Altenwahlingen 107, 116, 121–125, 264, 284, 286
Altmerdingsen 184
Alvern 340
Alvesen 461, 463, 465
Amelinghausen 484
Anderlingen 434
Appelbüttel 453
Armsen 286
Arsten 393, 396, 398
Artlenburg 489 f, 494, 497 f, 501 f, 509
Assen 388
Auschwitz-Birkenau 199 f

B

Bad Bramstedt 476
Baden 377 ff
Bad Kleinen 494
Bad Münder 65
Bad Nenndorf 58
Bad Oldesloe 512
Bad Segeberg 512
Bannetze 70, 174 f
Barchel 443
Bardowick 484
Barleben 101
Barnstedt 118
Barsinghausen 33
Barskamp 490
Bartelsdorf 321, 324
Barum 348, 484
Barwedel 364
Basedow 502–506, 509
Basse 44
Bassel 329 f, 335, 337, 448
Bassen 382 ff
Bayreuth 196
Beckedorf 224, 227
Becklingen 168, 266, 277, 313, 315, 324, 378, 391 f, 424, 427 f
Bederkesa 385
Behningen 307, 309
Behringen 341
Belsen 68, 77, 174, 197–220, 439, 456, 521 f
Bendingbostel 290 ff, 319 f
Benzen 268, 271
Berenbostel 58
Bergedorf 508
Bergen 24, 28, 68, 81 f, 84 f, 137, 139, 148, 158 ff, 166 f, 178, 182, 197–220, 223 f, 327, 329, 439, 521
Bergmoor 358
Berkenthin 512
Berlin 12 f, 22, 28, 85, 94, 96 ff, 164, 196, 202, 244, 393, 408, 441, 459, 513, 518
Bevern 60, 438
Beverstedt 437
Bierde 107, 271

Bierden	379 ff, 397
Bispingen	341, 409, 411
Bissendorf	63 f
Bleckede	455, 490 f, 514
Bleckwedel	317
Bockelskamp	185, 190 ff, 193 f
Bockshornberg	370
Böhme	107, 124 f
Börnsen	509 f
Boitzenhagen	91
Bollen	396
Bollensen	259
Bolzum	64
Bomlitz	276, 278, 280
Bonstorf	224, 226 f
Bookelskamp	400
Bordenau	45, 60, 130
Borg	277 f, 280
Borkum	440
Born	89, 94
Bornsen	358
Borstel/Achim	379 f
Borstel/Aller	118
Borstel/Bispingen	408
Borstel/Verden	286
Bothmer	44, 51, 129 f, 134, 139, 309
Boye	70
Brammer	292
Brarupholz	498
Brauel/Zeven	430, 433
Braunlage	85
Braunschweig	24, 26, 84 ff, 88 f, 91 ff, 97 f, 176, 243, 245
Breitenhees	241, 257
Brelingen	64
Breloh	231
Bremen	12, 24, 26, 104, 125, 268, 285, 294, 320, 374, 377 f, 384, 387–401, 418, 426, 448, 462, 489, 494, 498 f, 508
Bremerhaven	12, 385, 445
Bremervörde	417–446
Breslau	22, 395
Brest/Harsefeld	435
Bretel	324
Brinkum	388 f, 391 ff, 396, 400
Brockel	322, 324
Brome	91, 353, 363
Bruchhausen	268
Brunsbrock	291
Brunsbüttel	438
Brunstorf	509
Buchholz/Aller	135 f, 143, 145 f, 170, 172, 202
Buchholz/ Nordheide	448 f, 451, 466
Buchhorst	496
Budapest	18 f, 160, 208
Büchen	505, 510
Bückeburg	29 f, 55
Bühlstedt	429
Burgdorf	64, 86, 184
Buxtehude	435, 453

C

Calvörde	94
Celle	24, 26, 44, 67–82, 84, 97 f, 159, 168, 170, 172, 174 f, 178, 182, 200, 236 f, 239, 242, 285, 343, 404, 415, 460, 492
Charkow	57
Clenze	493
Cuxhaven	426, 438, 442, 444

D

Daerstorf	452 f
Dalldorf	502, 505
Dalle	241
Dannenberg	491, 493
Dauelsen	374–378
Daverden	378 f, 383
Dedensen	59
Deepen	321 f, 324

Deimern	341
Delmenhorst	399 f, 418, 444
Destedt	367
Dibbersen	342, 451
Diesdorf/Wittingen	358
Diesdorf/ Magdeburg	101 f
Dinant/Maas	18
Dittmern	330, 409, 412
Dömitz	359, 483–514
Dörverden	116 f, 294
Donnerhorst	111, 118
Dorfmark	314, 327, 335, 337
Dreeßel	319 f, 323
Dreikronen/ Walsrode	270
Dresden	13, 458
Dreye/Bremen	48, 388 f, 391, 395 f, 398
Drögenbostel	306, 313
Druhwald	408
Düneberg	508
Dünkirchen	10
Düshorn	272

E

Ebbingen	150
Ebersdorf	442
Ebstorf	229, 232, 346, 484 f, 487
Eckernförde	104
Edemissen	86, 89
Egestorf/ Barsinghausen	33
Egypten/Wümme	383
Ehestorf	460
Ehlershausen	71 f, 80, 492
Ehmen	367
Ehra-Lessien	359, 363
Eickeloh	52, 128 f, 137, 139, 141, 150, 152, 155, 161, 166 ff
Eilstorf	264
Eilvese	43
Eissel	375
Eitze/Verden	286, 294
El Alamein	436
Elferdingen	276 f
Elsdorf	420 f, 423 f, 436
Embsen	379 f, 382
Emmingen	334, 411, 414
Engehausen	129, 139, 151, 170 ff
Engelbostel	59, 61 f,
Engensen	72
Erichshagen	36
Erichshof	388, 392
Eschede	236 f
Esperke	131, 133
Essel	69, 107, 127–156, 164, 168, 172, 187, 203, 271, 306, 309, 405, 411, 497, 500, 503, 506
Essenrode	367
Estedt	99
Estorf	36
Etelsen	377 f, 381, 396
Eversen	81

F

Fallersleben	86, 91, 345–371
Fallingbostel	27 ff, ,124, 128, 153, 159, 177, 263–281, 309, 519
Faßberg	181, 215, 225, 231 ff
Fischerhude	384
Flensburg	518
Fliegenberg	467
Frankfurt/Oder	377
Frelsdorf	445
Freyersen	428
Frielingen	60 f, 307, 309, 330 f
Frille	28 f, 153
Fuhrberg	74, 173
Fuhrhop	335
Fulde	268, 270 f, 315

G

Gallhorn	333
Ganderkesee	400
Gardelegen	99 ff
Geestefeld	118

Geesthacht	494, 507 ff
Gerdehaus	232
Gestorf	65
Giersberg	378
Giersdorf	381 f
Gifhorn	90 f, 362 f
Gilmerdingen	309
Gilten	133 f
Glinde/ Bremervörde	442 ff
Glinde/Hamburg	509
Glinstedt	442
Glissen	36
Glückstadt	104
Göhrde	69 f, 82, 239, 491 f
Goslar	84, 97 f
Grafenwöhr	353
Grasdorf	381
Grindau	131, 133 f
Grolland	395 f, 398
Großburgwedel	64, 72 f, 184
Groß Eilstorf	115, 124, 264, 266 ff
Groß Gußborn	492
Groß Häuslingen	120 f, 264, 266
Groß Hehlen	82
Großheins	290
Großsehlingen	291
Grünhof	494, 507
Gülzow	494, 501, 505
Güster	514
Gyhum	420 f, 446
Györ/Ungarn	54

H

Habenhausen	388, 395
Hachthausen	442
Hademstorf	52, 128 f, 135 ff, 139, 142 ff, 149–153, 155, 160, 166, 168, 500
Häcklingen	516
Hämelerwald	86, 97
Hämelhausen	106
Hänigsen	184
Häuslingen	107
Hagenau	512
Hahnenhorn	194
Halligdorf/Uelzen	259
Halmern	226 f, 230, 410
Hambostel	340
Hambrock/Uelzen	243, 246, 259, 346 f
Hambühren	75
Hamburg	13, 48, 70, 155, 172, 234, 268, 272, 276, 326, 330, 334, 342, 388, 395, 426, 435, 447–481, 484, 488 f, 494, 506–510, 513 f
Hameln	22 f, 521
Hamwarde	507
Hamwiede	268, 290
Handeloh	455 ff
Hankensbüttel	98
Hannover	26, 37, 42, 45, 53–66, 70, 75, 77, 84 ff, 97 f, 100, 130, 133, 138, 142, 184, 193 f, 266, 351, 356
Hanstedt/ Bremervörde	442
Hanstedt/ Nordheide	448
Hanum	357 f
Harber	340 f, 409, 411 ff
Harburg	450, 453, 456, 461, 469 f, 479 f
Harenberg	59
Harmelingen	340, 411
Harpstedt	123, 389
Harsefeld	435
Harsewinkel	54
Hassel/Rotenburg	323 f
Hasselhorst/ Lindhorst	357 f
Hastedt/Bremen	396
Heber	335, 341
Heeslingen	430, 432, 434
Heide	438, 477
Heidenhof	341
Heimfeld	479

Heimsen	40
Helgoland	516
Hellberg	107, 128, 271
Hellwege	383 f
Helmerkamp	192
Helstorf	44, 132, 136 f
Hemelingen	381, 398
Hemkerode	368
Hemmingen	59
Hemmoor	446
Hemsbünde	322 ff
Hemslingen	311, 321 f, 324
Hepstedt	418, 442
Hermannsburg	84, 173, 215, 224 ff, 231, 236
Hesselteich	54
Hiddestorf	65
Hiddingen	310, 313
Hillern	339
Hilligensehl	300
Hintzendorf	381
Hittbergen	484, 489
Hittfeld	452 f
Hiroshima	13
Hodenhagen	51, 107, 139, 271
Höckel/Welle	448, 450, 456, 460
Höfer	236
Höpenhof	340
Hörsten	182, 219
Hösseringen	241
Hohenaverbergen	107, 120, 286
Hohendodeleben	101
Hohenwarthe	101
Hohenzethen	491
Hohne	192 ff
Hohnstorf	489, 498
Holdenstedt	241 f, 248, 251, 253
Hollen	442 f
Hollenstedt	449, 452
Hollige	268
Holtorfsbostel	452
Holtum	152, 296
Honerdingen	273, 278 ff
Hoopte	453, 460, 466 ff
Hornbostel	176, 179
Horneburg	418
Horst	60 f
Hoya	24, 51, 104 ff, 268, 370, 374, 390, 420
Huchting	388, 394 ff
Hülsen	109, 111, 113, 118
Hünzingen	271, 277
Hüpede	65 f
Hützel	408
Husum/Nienburg	42, 46, 48 f
Husum/ Schlesw.-Holst.	104, 298

I

Idsingen	268, 315
Ilse	30
Ilster	340, 408
Ilvese	29 f
Immekath	362
Innsbruck	441
Isenbüttel	91

J

Jarlingen	277 f, 280, 331
Jeddingen	290, 300, 303, 306, 311, 315–321, 323 f
Jeinsen	65
Jembke	364
Jena	512
Jesteburg	451 f
Jettebruch	337
Jever	400
Jeversen	202
Jübar	357 f

K

Kästorf	192
Kakenstorf	450
Kaltenhof	493
Kaltenweide	64
Kankelau	510
Karlshorst	518
Kastorf	512
Kattenturm	393, 398
Kettenburg	300–305, 310 f
Kiel	438
Kirchboitzen	2, 52, 103, 116, 125, 263–281

Kirchhuchting	396
Kirchlinteln	284, 288 ff, 292, 295 f, 300
Kirchtimke	436
Kirchwahlingen	123 f
Kirchwalsede	311, 319
Kirchwehren	59
Kirchweyhe	388 f, 391, 393, 400
Kirchwistedt	445
Klecken	474, 478
Klein Bollensen	249
Klein Eilstorf	123, 268 f
Klein Häuslingen	120 f, 427
Klein Heide	492
Klein London/ Uelzen	249
Klein Wittensee	234
Klötze	353 ff, 359, 361 f
Kluvenhagen	376, 378, 383
Königslutter	367
Koldingen	66
Kollow	507
Kowel	54
Kreepen	291
Kröpke/Ostenholz	85, 138, 152, 155 f, 159 ff, 165 f, 168, 172
Krümmel	507 f
Krüzen	501 f, 506
Kühsen	506
Kükenmoor	294
Kusey	361 f

L

Lachendorf	69, 72, 80, 224, 239, 334
Lachtehausen	81
Landsberg	522
Langeleben/Elm	92 f, 368
Langeloh	332, 335, 448
Langemannshof	410
Langendamm	49
Langendorf	492
Langenhagen	29, 59, 64
Langlingen	184 f, 189
Langwedel	376, 378
Lathwehren	59
Lauenau	32
Lauenburg	441, 453, 461, 475, 483–514
Leese	24, 37 f, 40 f, 136, 276
Leeste	388 f, 392 f, 400
Lehre	91
Lehrte	184 f
Leitzingen	331
Lichtenhorst	51
Lindhof/ heute Lindhorst	196, 357 f
Lindhorst/ früher Lindhof	357 f
Lindsburg	49
Lingen/Ems	321
Loccum	40 f, 104
Löverschen	278
Loh	336
London	405, 458
Lopau	485
Lublin	208
Lübbecke	54
Lübeck	14, 455, 477 f, 483 – 514
Lüneburg	85, 201, 217, 246, 309, 340, 343, 346, 405, 448, 453, 479, 484 f, 487, 489 f, 518
Lürade	452 f, 471 f, 474
Lütau	501 f, 504 ff, 509
Lutterloh	69, 236, 238 f, 241, 492
Luttum	286

M

Magdeburg	26, 90, 92, 94 f, 101 f, 491, 494
Mahndorf	374, 379
Mandelsloh	43
Marbostel	227
Mardorf	42
Margratem/ Holland	99

Marinesiedlung/
Eschede 236
Marklendorf 170 f, 202
Marklohe 462, 464
Maschen 453 f
Masendorf 489 f
Meckelfeld 474, 478 f
Meilsen 472, 479
Meine 90
Meinersen 88 ff
Meinholz 414
Meinkingsburg 48
Meißendorf 177
Melle 54
Mellendorf 72 f
Mengebostel 337
Meßhausen 336
Meyenfeld 59, 61 f
Mieste 100
Minden 22, 54, 159
Misburg 55
Mittelshuchting 396
Mittenwald 441
Möhlhop/früher
Velligsen 226
Mölln 513
Moide 411, 414, 416
Moisburg 453
Molzen 242
Moordeich 394
Moordorf 307
Moskau 10, 17
Müden/Langlingen 192, 194
Müden/Örtze 225 f, 229, 231, 234
München 441
Müssen 505, 510
Mulmshorn 418, 425 ff
Munster/-lager 26, 97, 222 ff, 226, 228, 230 f, 234, 315, 329 f, 333 f, 336 f, 340, 403–416, 434, 484, 496, 508

N

Neddenaverbergen 107, 286
Nettelkamp 3, 248–252, 255 ff, 354, 369
Neu Darchau 491
Neuengamme 439, 456
Neuenkirchen/
Soltau 299–324, 326, 328, 330,404
Neuhaus/
Langlingen 192
Neustadt a. Rbg. 28, 44 ff, 52, 86, 104, 130, 132
Neu Tetendorf 337
Neu Wehnsen 320
Neu-Wulmstorf 452
Niederstöcken 44
Nienburg 24, 28, 36 f, 46, 48 ff, 104, 133, 159, 462
Niendorf II/Uelzen 241
Nienhagen 80
Nienstedt 32
Nienwohlde 249, 253 f, 256
Nindorf/Bergen 215
Nindorf/
Visselhövede 319
Nordburg 187, 192
Norddrebber 43, 130
Nordkampen 267
Nürnberg 11, 521
Nüssau 510
Nymwegen 22

O

Oberneuland 399, 494
Odeweg 291, 319
Oeningen 340 f, 409, 412
Oerbke 27 f, 272, 275 f
Oerrel 223, 231, 242, 406, 408 f
Offen 178, 181 f, 231
Offensen 187
Ohr 23
Ohrdorf 195, 358
Oldau 170 f, 174, 179
Oldenburg i. O. 24, 26
Oldendorf/
Hermannsburg 236
Oldendorf/Zeven 429
Olvenstedt 101
Oppershausen 185–189, 192
Oschersleben 95

Osnabrück	26, 104
Ostenholz/ -er Moor	33, 52, 85, 137, 139, 146, 150, 152 ff, 157–168, 172, 178, 215, 276, 329, 334 f, 414, 456, 487, 510
Ostereistedt	434, 436, 438
Osterholz-Scharmbeck	437
Osterloh	191
Ostertimke	434 ff
Otersen	119, 284
Ottersberg	384
Ottersleben	101
Ottingen	300, 306
Ovelgönne/Celle	71, 75, 179
Owe	268
Oyten	379 f, 382 ff, 399
Oytendamm	382, 384, 401

P

Paderborn	54, 84, 195
Pampau	494
Papenburg	115
Paris	304
Pattensen	65 f
Peine	86
Penzhorn	337
Petershagen	22, 24, 28, 30, 38, 44
Plön	476, 516
Pötrau	510
Poitzen	231
Poltawa	57
Potsdam	24, 98
Pfaffenhofen	246
Putlos	15, 355, 364

Q

Queloh	236 f
Quickborn	476

R

Radom	208
Rätzlingen	353, 355 f, 359, 369
Ramelsen	289
Ramlingen	72
Rathenow	467
Reddingen	226 f, 230, 410
Redefin	493 f
Regesbostel	452
Rehburg	41 f
Reims	518
Reinfeld	510
Reiningen	225 ff, 230, 334, 410
Remagen	141, 487 f, 520
Remscheid	133
Rerick	84
Rethem	28, 51 f, 69, 90, 103–126, 128 f, 133, 139, 150, 264, 266, 268, 309, 312, 314, 374 f, 390, 453, 503
Retsag/Ungarn	160
Ricklingen	60 f, 193 f
Riepholm	300, 306
Riga	284
Ringelheim	250
Ringstedt	445
Rixförde	75, 77, 179 f
Rodewald	50 f, 162
Römstedt	489 f
Rogätz	89, 94
Rom	166
Rosche	241 f, 259
Rosenweide	467
Rotenburg/ Wümme	69, 285, 300, 309, 315, 319 ff, 323, 404, 417–446
Roxförde	369
Ruthe	66

S

Sagehorn	383 f
Sahms	510
Salamis/ Griechenland	128
Salbke	102
Sallahn	493
Salzwedel	193, 369
Sandbostel	438 ff
Sandesneben	512
Sandhurst	518
Sandlingen	185

Sarstedt 65
Sassendorf 487
Schafwinkel 290 f
Schanzendorf 381 f
Schaphusen 382, 384
Scharnhorst 236, 285, 292, 375
Scherenbostel 72
Scheeßel 321 f, 420, 424, 426
Schelploh 237, 241
Scheuen 58
Schillerslage 72
Schlade 392
Schleswig 71
Schlüsselburg 36
Schmarbeck 232
Schnakenbek 499 f, 508
Schneede 270
Schneeheide 268, 270 f, 279, 315
Schneeren 42
Schnega 493
Schneverdingen 90, 307, 309, 314, 332 f, 339 f, 448, 455, 457
Schönberg 512
Schönebeck/Elbe 95 f
Schöppenstedt/Elm 84, 95
Schotenheide 51
Schretstaken 510
Schülern 332
Schulenburg 64
Schwachhausen 187
Schwarmstedt 48, 52, 69, 75, 90, 106, 127–156, 171 f
Schwarzenbek 504, 506 f, 510
Schwitschen 311, 313
Seckenhausen 388 f, 391, 393
Sehnde 66
Selsingen 418, 434, 438
Senne/-lager 22, 362
Siebenbäumen 512
Sierksfelde 514
Sievershausen 88
Sindorf 270
Sittensen 420 f, 427
Söhlingen 321, 324
Soltau 69, 90, 123, 161, 167, 224, 268, 274, 278, 285, 300, 303, 307, 315, 323, 325–343, 377, 404 ff, 408 f, 412 f, 416, 448, 450, 453, 455 f, 503, 508
Sosnowitz 208
Sottorf 461, 465
Specken 289
Sprakensehl 236, 241
Springe 65
Stade 435, 441
Stadensen 248 f, 251–258, 346, 348, 351, 369
Stalingrad 57, 70
Starkshorn 238
Stedebergen 119
Stederdorf 241, 249, 260 f
Stedorf 116 f
Steimbke 50 f, 139
Steinbeck/Luhe 408
Steinbeck/Nordheide 450 f
Steinberg 381
Steinförde 77
Steinhorst 496
Stelle 453
Stellichte 303 ff, 315 f
Stemmen/Kirchlinteln 284
Sterley 496, 514
Stöcken/Han. 58, 106, 113
Stöckse 50
Stöckte 460
Stötebrück 502, 514
Stolzenau 24, 37 f, 40, 128
Straßburg 22
Strom 388, 400
Stübeckshorn 415
Stuhr 388, 393 ff, 400
Suderburg 241
Suderwittingen 195 f, 358 f
Südergellersen 484
Südkampen 267
Südweyhe 389
Südwinsen 75, 174, 178 f

Sülfeld	367
Sülze	81, 84, 173, 182, 224
Süpplingenburg	93
Surbostel	335, 339
Suroide	340, 409 f, 414 f
Sylt	442
T	
Tangermünde	94
Tappenbeck	364
Tarmstedt	441
Tesperhude	507
Tetendorf	329, 331, 336 f, 339
Tetzelstein/Elm	92 ff
Tewel	321
Thedinghausen	375
Thiedenwiese	66
Thören	174
Tiegen	340
Töpingen	340, 411 f
Tötensen	472
Tostedt	448 ff
Tramm	510
Trauen	231 f
Trelde	449 f
Tsherkassy	294
U	
Uelzen	67, 69, 90, 174, 178, 222, 235–261, 328, 333, 346–352, 355 f, 364, 369, 406, 460, 489, 493, 498, 503, 508
Uesen	375, 379 f
Uetze	88, 185
Ummern	192
Unterlüß	69, 224 f, 236, 238 ff
Unterstedt	315, 319, 323, 404, 424
Uphusen	374, 381, 397
V	
Vahlzen	332
Vahrendorf	453, 460–466, 468 f, 471
Veerßen	243, 246 ff, 258 f, 346, 348, 351, 353
Velligsen/ heute Möhlhop	226, 231
Verden	24, 26, 48, 69, 90, 104, 106 f, 109, 119, 152, 267 f, 283–298, 300, 315, 323, 374 f, 378, 418, 420, 508
Versmold	54
Vethem	267
Vinnhorst	61
Visselhövede	69, 270, 285, 299–324, 326, 377, 404, 418, 426, 503, 508
Völkersen	152, 377 f, 382 f
W	
Waffensen	418, 426
Wagenhoff	90
Wahnebergen	109, 119
Walle	152, 169, 182, 198, 205, 224
Walsrode	106 f, 123, 129, 161, 167 f, 222, 263–281, 298, 300, 303, 316, 328 f, 340
Wangelau	504, 506 f
Warschau	18
Warwisch	467
Wassel	66
Watenstedt	84, 94
Waterloo	300
Wathlingen	80
Wedesbüttel	370
Weesen	226
Weetzen	59
Wehmingen	66
Wehnsen	300, 317
Weiher	337, 343
Weitzmühlen	286 ff, 296, 311
Wehldorf	421 f, 434
Welle	340, 448 f

Wellen	445
Wendeburg	89
Wenden	89
Wendhausen	367, 370 f
Wendthagen	32
Wense	335
Wentorf/Hamburg	342
Werben	94
Wesel	36, 243, 246, 492, 506
Wesendorf	88, 90 f
Westen	82, 109, 111, 116 ff, 120, 384
Westenholz	52
Westerau	512 f
Westerbeck	90 f
Westersode	446
Westertimke	434 f, 437
Westerwalsede	323 f
Westerweyhe	348
Wettmar	80
Weyhausen	69, 236, 238, 241
Weyhe	268
Wiebke	99
Wieckenberg	77, 79
Wiedensahl	28 f
Wiedingen	331
Wieheholz	331
Wien	22, 246
Wienhausen	183–196
Wiersdorf	428 ff
Wiershop	507
Wietersheim	28
Wietze	63, 71, 137, 170
Wietzenbruch	71, 74, 80
Wietzendorf	198, 215, 222 f, 226–230, 329, 334, 340, 403–416
Wildeshausen	326, 389
Willenbockel	228, 325–343, 409, 411, 414 f
Willingen/Soltau	330, 336 f
Wingst	443, 446
Winkeldorf	438
Winsen/Aller	24, 69 f, 75, 77, 90, 135, 137, 148, 160, 167, 169–182, 198, 202 f, 231, 503, 519
Winsen/Luhe	448, 453, 460, 467 ff, 484 ff
Wintermoor	448, 455, 457
Wismar	494, 507, 514
Wistedt	420–424, 430, 436
Wittbeck	180
Wittenberge	94, 98, 185
Wittenburg	514
Wittingen	185, 193, 195, 277, 356 f
Wittlohe	120, 284
Wittorf	288, 311, 315, 320, 323
Witzeeze	494, 505, 507
Wohlde	84
Wohlendorf	109 ff, 115
Wohlsdorf	321, 324
Wolfenbüttel	133
Wolterdingen	202 f, 330 f, 335, 339, 341, 455 ff
Wolthausen	77, 79, 169–182
Woltmershausen	397, 399
Worpswede	400
Wotersen	504
Wrestedt	249
Wriedel	484 f
Wümmingen	383
Wünsdorf/Berlin	28
Würzburg	248
Wulfsode	485
Wunstorf	61, 130

Z

Zahrendorf	512
Zeven	417–446

f = Ortsname auf einer und der folgenden Seite.
ff = Ortsname auf einer und bis zu drei folgenden Seiten.